法律硕士教学指导案例

民事诉讼实务卷

III

全国法律专业学位研究生教育指导委员会 编

法律出版社

编写说明

为适应我国专业学位教育发展的客观需求，进一步推动专业学位培养模式改革和提高专业学位研究生教育质量，在教育部和财政部的支持下，中国专业学位教学案例中心建设工作于2013年5月正式启动。该案例中心建设工作受国务院学位委员会办公室和教育部指导，由教育部学位与研究生教育发展中心牵头，各相关专业教育指导委员会共同参与。建设法律硕士专业学位研究生教育教学案例库，是支撑并推进全国法律硕士专业学位研究生培养单位实践必修环节学位课程案例教学与保证法律硕士专业学位研究生教育质量的重要措施。2013年6月，教育部学位管理与研究生教育司批复同意全国法律专业学位研究生教育指导委员会（以下简称指导委员会）秘书处组织开展"案例库建设与案例教学推广项目"。按照规划，指导委员会和教育部学位与研究生教育发展中心共同建设"中国法律专业学位案例中心"，合作开发入库教学案例并纳入中国专业学位教学案例中心平台管理和运营。

该项目启动后，指导委员会决定由韩大元、姜晶两位副秘书长负责组织、协调项目的实施工作，并组织制定了《中国专业学位教学案例库中心法律硕士分中心建设规划》（以下简称规划），对案例库建设确立了明确的目标和阶段性任务，并对项目实施进行了总体布置。为保障项目的顺利实施，指导委员会秘书处成立了以时延安教授为牵头人的专家工作组，起草《案例编写规范》、《评审管理办法》和案例模版及使用说明书范本，开展多次编写培训，组织和协调案例申报及评审工作，负责案例中心的维护、日常管理和应用服务等相关工作。2014年至2016年，指导委员会先后三次向培养单位征集案例，组织专家评审组遴选案例，迄今共征集案例382个，其中入选案例139个。

为推动法律专业学位研究生教育教学案例在教学中的运用，切实提高实践课程的教学水平，指导委员会决定从入选案例中选择部分案例出版。该案例出版工作得到法律出版社的大力支持，并根据出版要求对入选案例进行了合理调整。

目前，“法律硕士教学指导案例丛书”已经编辑完成，我们希望这套丛书对提升我国法律专业学位研究生教育有所裨益。在此，向所有参与法律硕士专业学位研究生教育教学案例库工作的专家、学者及相关同志表示衷心地感谢！受时间和能力所限制，编辑过程难免有不足之处，敬请提出宝贵意见。

丛书编委会

2017 年 12 月

目录
Contents

1 CASE 武侯国土局与招商房地产公司债权人代位权纠纷案

｜摘　要｜

本案例以一起真实债权人代位权案件为蓝本，围绕公司改制过程中出现的债权债务关系，以对债权人代位权的认定为核心问题，涉及的主要问题包括：债权人与债务人之间的债权认定、债务人与次债务人之间的债权认定、可代位行使的债权性质，行使代位权的范围，以及行使代位权的效力。同时，本案例还涉及公司股东出资不实责任以及改制后的公司对改制前的公司债务的承担等公司法上的问题。本案例对于解决其他类型的财产权利纠纷具有参考意义。

｜关键词｜

债权人代位权　次债务人　金钱给付　债务承担　出资不实责任

｜教学目标｜

通过本案例的课程设置，着重让学生理解解决债权人代位权的认定问题，以及国有企业改制过程中涉及的债务承担问题，旨在培养学生运用法律分析问题以及解决实际问题的能力。

教学案例主文

一、招商房地产公司和四川港招公司概况

招商（蛇口）进出口贸易公司于1993年在成都投资设立招商局（蛇口）成都实业开发总公司，又由招商局（蛇口）成都实业开发公司投资注册资金800万元成立了全民所有制的招商局公司。1995年，招商局（蛇口）成都实业开发总公司改制为成都港招实业开发有限责任公司（以下简称成都港招公司）。1999年2月，成都港招公司投资开办了四川港招实业股份有限公司（以下简称四川港招

公司)。成都港招公司在向其开办的四川港招公司投入注册资金时,未将其应当投入四川港招公司的价值 21441941 元的泰丰国际商贸中心项目用地土地使用权转移到四川港招公司。

1999 年 8 月,招商局公司改制为有限责任公司,并更名为招商(蛇口)成都房地产开发有限责任公司(以下简称招商房地产公司)。招商房地产公司的注册资金由 800 万元增加为 1000 万元。1999 年 8 月 11 日,成都港招公司将其所有的招商房地产公司的全部股权 1000 万元转让给四川奇峰房地开发有限责任公司及另两位自然人。同年 8 月 23 日,招商局公司因改制而注销,招商房地产公司成立并开始营业。

招商局公司改制注销时,就其债权、债务及资产与成都招商实业开发有限公司签订了《债权、债务及资产处置协议》并记载于工商机关的相关登记档案中。1999 年 8 月 22 日,招商局公司办理了《企业申请注销登记注册书》,主要载明:注销理由为由全民所有制改为有限责任公司;在企业人员安置、债权债务处理情况栏中,明确改制更名后的招商房地产公司保留原招商局公司在成都市武侯区桂溪乡长寿村七组、桐梓林村一组的 13241.4 平方米的土地使用权(该土地与泰丰国际商务中心项目用地为同一地块),其余资产及债权、债务均由成都港招公司承担;招商局公司在招商银行贷款 230 万美元(折合人民币 19125309.82 元)及该贷款在 1999 年 6 月 30 日后产生的利息,由招商房地产公司承担,招商局公司其余自开业至 1999 年 8 月 9 日的全部债权、债务由成都港招公司承担,另注明招商局公司人员由成都港招公司安置。

2002 年 10 月 30 日,招商房地产公司将 19056597.56 元人民币汇至中国外汇交易中心。同年 11 月 1 日,该款解汇兑换 230 万美元偿还给了招商银行成都市分行。

2004 年 1 月 30 日,成都市工商行政管理局以《成工商处字(2003)第 06133 号处罚决定书》,吊销了成都港招公司的营业执照。

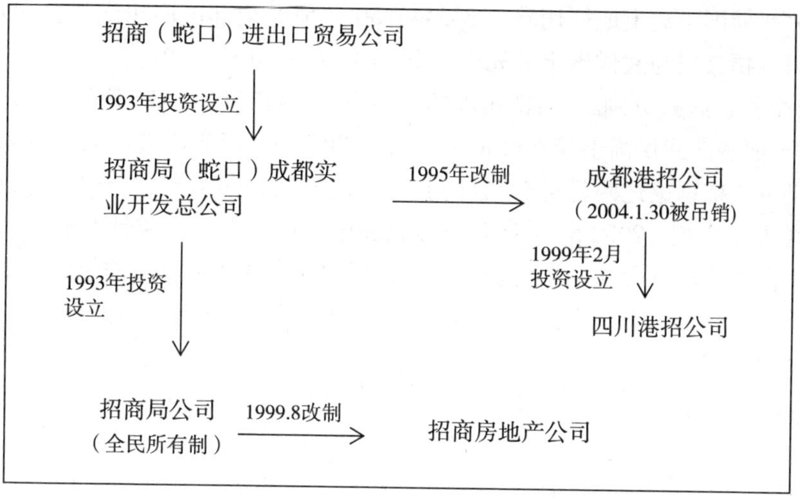

图 1　招商房地产公司和四川港招公司概况

二、成都港招公司与招商局公司签订《债权债务清算协议书》概况

1998 年 4 月 12 日，成都港招公司曾与招商局公司签订《债权债务清算协议书》，约定招商局公司将占地 13241.4 平方米的泰丰国际商贸中心项目用地的土地使用权以评估价 34441941 元抵偿给成都港招公司，用以抵偿招商局公司欠成都港招公司的 3481.55 万元欠款，双方之间债权债务全面结清；招商局公司应于协议生效之日起第二日将土地交成都港招公司开发使用。但该土地使用权至今未转移至成都港招公司名下。

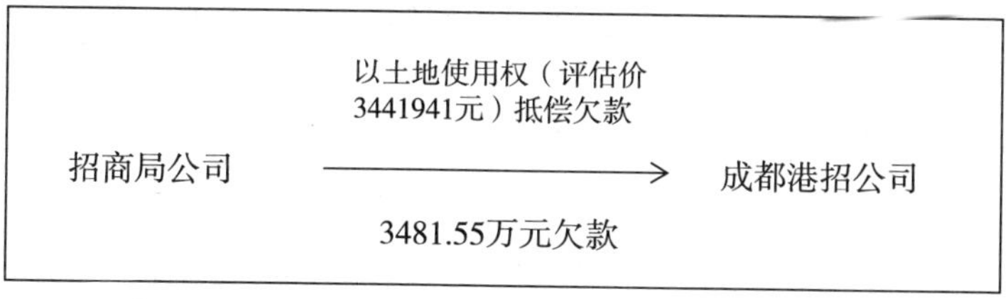

图 2　成都港招公司与招商局公司的债权债务清算协议

三、武侯国土局、四川港招公司、招商局公司三方共同签订《债务关系转移合同》概况

1999 年 7 月 20 日由成都市国土资源局武侯分局（以下简称武侯国土局）、四川港招公司、招商局公司三方共同签订的《债务关系转移合同》约定，招商局

公司欠武侯国土局土地征用费21833446.50元债务全部由四川港招公司承担。后四川港招公司与武侯国土局先后于2000年7月20日、2001年3月29日签订两份《交款合同》,分别约定:四川港招公司应于2000年9月30日前、2001年12月20日前各向武侯国土局支付800万元、1000万元,但四川港招公司并未履行付款义务。依据上述两份《交款合同》,武侯国土局将四川港招公司诉至成都市武侯区人民法院。2002年6月28日,成都市武侯区人民法院针对武侯国土局与四川港招公司拖欠征用土地费两案,分别作出(2001)武侯民初字第1924号、1925号民事判决。该两份判决均认定:1999年7月20日由武侯国土局、四川港招公司、招商局(蛇口)成都房地产开发公司(以下简称招商局公司)三方共同签订的《债务关系转移合同》系各方当事人真实意思表示,其内容合法,应受法律保护,分别判决四川港招公司支付武侯国土局1000万元、800万元。

该两份民事判决书生效后,成都市武侯区人民法院于2003年5月28日发出(2003)武侯民一再字第3、4号民事裁定,对该两案进行再审,并于2003年10月15日作出(2003)武侯民一再字第3、4号民事判决,撤销了该院(2001)武侯民初字第1924、1925号民事判决,确认武侯国土局与招商局公司、四川港招公司于1997年7月20日签订的《债务关系转移合同》无效。宣判后,招商局公司不服,向成都市中级人民法院提出上诉,该院于2004年12月1日作出(2004)成民再字第42、43号民事判决,驳回上诉,维持原判。之后,招商局公司继续向四川省高级人民法院提起申诉,该院于2006年7月5日分别作出(2005)川民再终字第41、42号民事判决,依法撤销了(2003)武侯民一再字第3、4号及(2004)成民再字第42、43号民事判决,维持了(2001)武侯民初字第1924、1925号两份判决。四川省高级人民法院在两份再审判决中,确认了武侯国土局、四川港招公司与招商局公司三方签订的《债务关系转移合同》以及武侯国土局与四川港招公司签订的《交款合同》均为有效合同,分别判决四川港招公司支付武侯国土局1000万元、800万元。

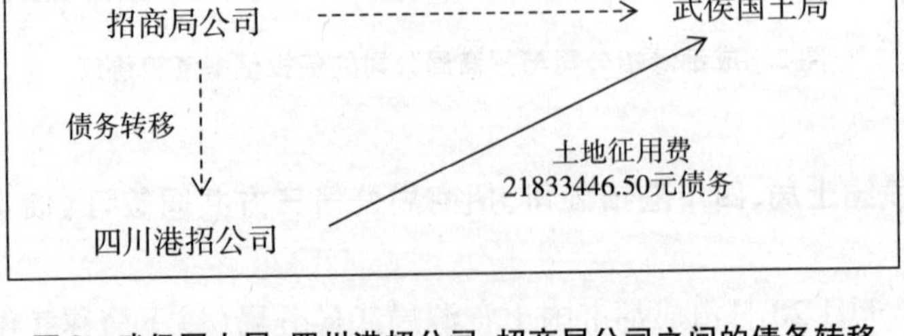

图3　武侯国土局、四川港招公司、招商局公司之间的债务转移

四、成都港招公司对四川港招公司投资不实概况

四川省高级人民法院在审理武侯国土局与四川港招公司的上述再审案件时，在其作出的(2005)川民再终字第41、42号民事判决中，同时认定四川港招公司为成都港招公司投资开办的公司，而成都港招公司未按规定将注册资本金注入四川港招公司，应承担投资不实的责任。2006年9月1日，成都市武侯区人民法院在执行武侯国土局与四川港招公司前述拖欠征用土地费两案过程中，分别作出(2006)武侯执裁字第69、70号民事裁定，认定成都港招公司在向其开办的四川港招公司投入注册资金时，未将其应当投入四川港招公司的价值21441941元的泰丰国际商贸中心项目用地的土地使用权转移到四川港招公司，构成投资不实，故裁定追加第三人成都港招公司为被执行人，成都港招公司应在注册资金不实的21441941元范围内对武侯国土局承担责任。

五、武侯国土局向招商房地产公司行使债权人代位权概况

武侯国土局认为，因成都港招公司既不向武侯国土局承担注册资金不实的赔偿责任，也不以诉讼或者仲裁方式向招商房地产公司主张到期债权，已造成武侯国土局债权受损，故武侯国土局于2006年11月29日向法院提起代位权诉讼，请求判令由招商房地产公司履行成都港招公司对武侯国土局负有的21441941元债务，并承担本案诉讼费、保全费。

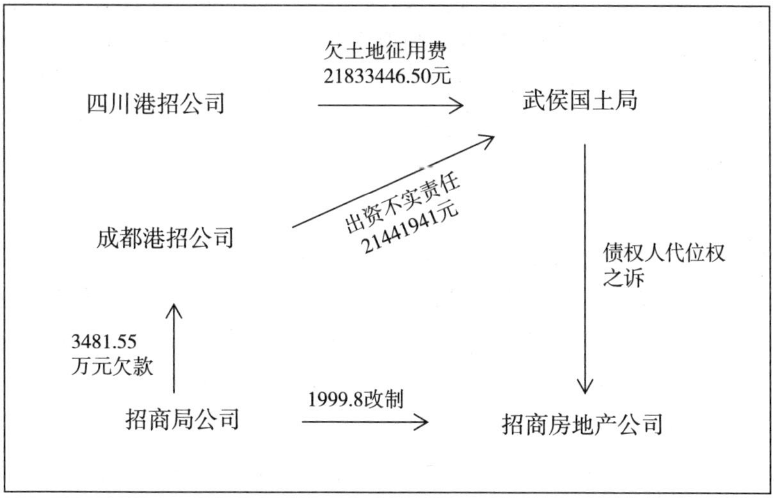

图4 武侯国土局与招商房地产公司的代位权之诉

教学指导手册

教学对象及目标

本案例供法律硕士案例教学使用,法学本科(大二)、民商法学硕士也可以参酌试用。

本案例主要就合同法中的债权人代位权的认定问题进行讲授,并涉及债务承担问题、公司改制问题以及公司股东出资不实责任的内容。本案例主要解决债权人代位权的认定问题,以及国有企业改制过程中涉及的债务承担问题,通过本案例的课程设置,旨在培养学生运用法律分析问题以及解决实际问题的能力。

教学内容

1. 什么是债权人代位权?

债权人代位权,是指当债务人怠于行使其对第三人享有的权利而害及债权人的债权时,债权人为保全其债权,可以自己的名义代位行使债务人对第三人之权的权利。债权人代位权,是债权人为保全其债权而代债务人行使其权利,在性质上为基于债权人的债权而发生的实体法上的权利,其内容在于行使债务人的权利,借以保持债务人的责任财产,而非扣押债务人的财产权利或就收取的财产有优先购买权,不是诉讼上的权利。

2. 债权人代位权的成立要件有哪些?

《合同法》第73条规定:"因债务人怠于行使其到期债权,对债权人造成损害的,债权人可以向人民法院请求以自己的名义代位行使债务人的债权,但该债权专属于债务人自身的除外。"同时,最高人民法院《关于适用〈中华人民共和国合同法〉若干问题的解释(一)》[以下简称《合同法解释(一)》]第11条规定:"债权人依照合同法第七十三条的规定提起代位权诉讼,应当符合下列条件:(一)债权人对债务人的债权合法;(二)债务人怠于行使其到期债权,对债权人造成损害;(三)债务人的债权已到期;(四)债务人的债权不是专属于债务人自身的债权。"由此可以看出,债权人代位权的成立要件可以归纳为:(1)债务人享有对于第三人的权利;(2)债务人怠于行使其对第三人的权利;(3)债务人对债权人的债务已陷于迟延(即已到期);(4)对债权人造成损害。

3. 债务人对于第三人的哪些权利可以被代位行使?

债务人对于第三人的权利,为债权人代位权的标的。关于债务人对于第三人的权利的范围,《合同法》第73条规定为到期债权,《合同法解释(一)》第13条进一步限定为具有金钱给付内容的到期债权。基于债权人代位权在维持债务人责任财产的目的要求,考虑到被代位权利可否由他人代位行使的属性,兼顾各方当事人的利益衡平,可代位行使的债务人对于第三人的权利,应包括如下几类:(1)债权,包括基于合同产生的债权、不当得利返还请求权、基于无因管理而生的债权、基于单方允诺产生的债权、缔约过失场合的损害赔偿请求权、可由他人代为行使的侵权损害赔偿请求权、相邻关系中的损害赔偿请求权等;(2)物权及物上请求权,包括所有权及其请求权、土地承包经营权及其请求权、建设用地使用权及其请求权、地役权及其请求权、抵押权及其请求权、质权及其请求权、留置权及其请求权等;(3)以财产利益为目的的形成权,如变更权、撤销权、解除权、抵消权等;(4)以财产利益为目的的让与权、清偿受领权等;(5)诉讼上的公权利,如代位提起诉讼的权利、申请强制执行的权利、申请注销登记的权利。

《合同法》第73条还规定:专属于债务人自身的权利不得作为债权人代位权的标的。《合同法解释(一)》第12条规定:"合同法第七十三条第一款规定的专属于债务人自身的债权,是指基于扶养关系、抚养关系、赡养关系、继承关系产生的给付请求权和劳动报酬、退休金、养老金、抚恤金、安置费、人寿保险、人身伤害赔偿请求权等权利。"

4. 如何理解"债务人怠于行使其到期债权,对债权人造成损害"?

怠于行使其权利,指债务人应行使并且能行使而不行使其权利。所谓应行使,指若不及时行使,则权利将有消灭或丧失的可能,如请求权将因诉讼时效完成而被义务人抗辩,受偿权将因不申报破产债权而丧失。所谓能行使,指不存在行使权利的任何障碍,债务人在客观上有能力行使其权利。所谓不行使,即消极地不作为,不考虑是否出于债务人的过错。

《合同法解释(一)》第13条规定:"合同法第七十三条规定的'债务人怠于行使其到期债权,对债权人造成损害的',是指债务人不履行对债权人的到期债务,又不以诉讼方式或者仲裁方式向其债务人主张其享有的具有金钱给付内容的到期债权,致使债权人的到期债权未能实现。"根据此规定,债务人怠于行使其到期债权的表现方式是:债务人不履行对债权人的到期债务,又不以诉讼方式或者仲裁方式向其债务人主张债权。

"对债权人造成损害",也即有保全债权的必要,指债权人的债权有不能依债的内容获得满足的现实危险,因而有代位行使债务人的权利以便实现债权的必要。关于是否"有必要",一般认为是债务人已经陷于无资力的状态,即债务人负债超过资产,不能清偿其债务。

5. 代位权行使的主体是谁?

除依债权性质不适合代位而为保全的以外,凡属债权人,原则上均可为代位权的主体。债权人以自己的名义行使代位权。

6. 代位权行使的方法是什么?

《合同法》第 73 条明文规定:代位权的行使采取诉讼方式。法律之所以如此规定,原因在于:(1)若允许在诉讼外行使债权人代位权,则不易达到债权保全的目的;(2)查清系争案件的事实,明确真实的法律关系,是妥当处理系争案件的前提。债务人对第三人是否确实拥有权利,拥有多少权利,该权利上有无限制等,债权人有时不太清楚,而债务人参与诉讼,这些问题会轻易得到解决;(3)通过诉讼方式能够有效地保证某个债权人行使代位权所获得的利益在各个共同债权人之间合理分配,有效防止债权人滥用代位权。

在代位权之诉中,债权人作为原告,共同债权人在符合法律规定的条件下均可作为共同原告;次债务人,即债务人的债务人,作为被告;债权人以次债务人为被告向人民法院提起代位权诉讼,未将债务人列为第三人的,人民法院可以追加债务人为第三人。债权人提起代位权诉讼的,由被告住所地人民法院管辖。

7. 代位权行使的范围是什么?

债权人代位权的行驶范围应被限制在保全债权的必要范围内。《合同法》第 73 条第 2 款明确规定,代位权的行使范围以债权人的债权为限。同时,根据《合同法解释(一)》第 21 条之规定,在代位权诉讼中,债权人行使代位权的请求数额超过债务人所负债务额或者超过次债务人对债务人所负债务额的,对超出部分人民法院不予支持。

在债权人的债权范围内,债权人可以同时或顺次代位行使债务人的数个权利。但在一个权利就足以达到目的时,不得行使其他权利。在应代位行使的权利的价值超过债权保全的程度时,只有在必要的限度内分割债务人的权利,债权人才能行使代位权。但在债务人的权利不能分割行使时，债权人可以行使全部的权利。

8. 债权人代位权的行使在期限上有哪些限制？

债权人的代位权是以债权人行使债务人对于第三人的权利为内容的法定权利，涉及债权人对于债务人的债权，以及债务人对于第三人的权利。所以，债权人在行使该权利的期间上要受到双重限制：

（1）受到债权人对债务人的债权所要求的履行期限、诉讼时效期间的限制。如果债权人对于债务人的债权尚未届期，则债权人欲行使代位权，债务人有权抗辩；即使债务人对债权人的债权已届履行期，但因债权人怠于主张其债权，致使该债权超过了诉讼时效期间，当债权人行使代位权时，债务人也可进行抗辩。

（2）受到债务人对第三人的权利所要求的期间的履行期限、诉讼时效期间等限制。如果债务人对于第三人的债权尚未届期，则债权人欲行使代位权，第三人有权抗辩；即使第三人对债务人的债权已届履行期，但因债务人怠于主张其债权，致使该债权超过了诉讼时效期间，当债权人行使代位权时，第三人也可进行抗辩。

9. 债权人行使代位权产生哪些法律效力？

（1）《合同法解释（一）》第 20 条规定：债权人向次债务人提起的代位权诉讼经人民法院审理后认定代位权成立的，由次债务人向债权人履行清偿义务，债权人与债务人、债务人与次债务人之间相应的债权债务关系即予消灭。

（2）诉讼时效的中断。债权人提起代位权诉讼的，应当认定对债权人的债权和债务人的债权均发生诉讼时效中断的法律效力。并且债权人对同一债权中的部分债券主张权利，诉讼时效中断的效力及于剩余债权，但权利人明确表示放弃剩余债权的情形除外。

（3）债权人行使代位权的必要费用由债务人负担。为诉讼调查取证所必须支出的费用、为财产保全所支出的费用、债权人代为受领次债务人的给付所支出的费用、代位权诉讼所支出的律师代理费、差旅费、诉讼费用等必要费用，原则上应由债务人负担。

（4）第三人对债务人原有的法律地位不因代位权行使而受影响。第三人对债务人的抗辩权，第三人可以对抗行使代位权的债权人。

10. 债权人代位行使债权所得利益是否直接归属债务人？

传统观点认为，行使债权人代位权就是行使债务人的权利，其行使效果直接归属于债务人,成为全体债权人的共同担保。代位的债权人也不能因代位而取得优先受偿权,只能与其他债权人平等地接受清偿。即使在债权人受领交付场合,也必须将该交付作为对债务人的清偿,而不能将其直接作为对债权人自己债权的清偿。但是,现代有观点认为,债权人一经行使代位权,对于因第三人的清偿而归属于债务人的利益得按其债权数额,享有优先受偿权。

这一问题的确存在矛盾:一方面,从代位权制度的价值目的看,此一制度绝非为单个债权人利益受清偿而设,只是为了债务人的责任财产能力增强,行使代位权的债权人仅仅是间接和可能受偿,只有这样才能保持债权的固有平等性。但是,另一方面,如果行使代位权的债权人不能得到优先清偿,则他行使代位权的积极性和动力就不复存在,这一程序的实际意义就不是很大。

对此,《合同法解释(一)》第20条规定:债权人向次债务人提起的代位权诉讼经人民法院审理后认定代位权成立的,由次债务人向债权人履行清偿义务,债权人与债务人、债务人与次债务人之间相应的债权债务关系即予消灭。可见,债权人可以代位受领第三人的给付。

11. 什么是债务承担?

债务承担,是指债的关系不失其同一性,债权人或债务人通过与第三人订立债务承担合同,将债务全部或部分地转移给第三人承担。债务承担,按照承担后原债务人是否免负责任,可以分为免责的债务承担和并存的债务承担。免责的债务承担,指第三人取代原债务人的地位而承担全部债务,债务人脱离债的关系。并存的债务承担,指第三人加入债的关系之中,与原债务人一起向债权人承担同一债务。

《合同法》第83条规定:"债务人将合同的义务全部或者部分转移给第三人的,应当经债权人同意。"原因在于:债的关系建立在债权人对债务人的履行能力了解和信任的基础上,债务人的支付能力对于债权人权利的实现至关重要。如果债务人未经债权人同意而将债务转移给第三人,则该人无足够的资力和信用履行债务时,债权人的利益可能会遭受损失。为了保护债权人的利益不受债务人和第三人之间的债务承担合同的影响,应以债权人同意为债务承担合同对于债权人的生效要件。

免责的债务承担合同一经生效,承担人就取代原债务人成为新债务人。原债务人对承担人的偿还能力并不负担保义务。

12. 什么是出资不实责任？公司的债权人是否可以请求股东承担出资不实责任？

出资是股东最基本、最重要的义务。股东出资不实，是指公司股东在公司设立或增加注册资本时，违反公司章程规定，未出资或出资不足，以及在出资后抽逃出资的行为。出资不实责任是股东违反出资义务的法律后果，我国公司法上的股东出资不实责任在内容上主要是以下四种：

(1)货币出资的缴纳责任。即有限公司股东未按照规定缴纳出资的，应当向公司足额缴纳，股份公司发起人未按照公司章程的规定缴足出资的，应当补缴。

(2)非货币出资的差额补足责任。即公司成立后，发现作为设立公司出资的非货币财产的实际价额显著低于公司章程所定价额的，应当由交付该出资的股东或发起人补足其差额。

(3)违约赔偿责任。即有限公司未缴纳出资的股东应当向已按期足额缴纳出资的股东承担违约责任，股份公司的发起人应当按照发起人协议承担违约责任。

(4)出资连带责任。即对未缴纳的货币出资或价值不足的非货币出资，有限公司设立时的其他股东、股份公司的发起人应承担连带缴纳或补足的责任。

股东违反出资义务时，与此具有利害关系的当事人都可以追究股东的出资责任。股东未履行或未全面履行出资义务的行为，降低了公司对外清偿能力，对债权人利益也构成威胁，因而，在公司不能对外清偿债务时，债权人有权直接请求该股东承担公司不能清偿部分的补充赔偿责任。对此，最高人民法院《关于适用〈中华人民共和国公司法〉若干问题的规定(三)》第13条第2款规定：公司债权人请求未履行或者未全面履行出资义务的股东在未出资本息范围内对公司债务不能清偿的部分承担补充赔偿责任的，人民法院应予支持。这种补充赔偿责任是有限责任，即责任主体向全体债权人承担赔偿责任的范围以股东未履行出资义务的本金及利息范围为限。

13. 改制后的公司应否对原公司的债务承担责任？

法人的变更，是指法人的组织形式、登记事项(如经营范围、法定代表人、住所等)发生变更或者法人的分离或合并。根据《公司法》第174条的规定，公司合并时，合并各方的债权、债务，应当由合并后存续的公司或者新设的公司承继。根据《公司法》第176条的规定，公司分立前的债务由分立后的公司承担连带责任。但是公司在分立前与债权人就债务清偿达成的书面协议另有约定的除外。

根据最高人民法院《关于审理与企业改制相关的民事纠纷案件若干问题的规定》第5条的规定，企业通过增资扩股或者转让部分产权，实现他人对企业的参股，将企业整体改造为有限责任公司或者股份有限公司的，原企业债务由改造后的新设公司承担。

课堂时间安排

本案例可以作为专门的案例教学课来进行，整个案例课的课堂安排6个课时，每课时45分钟。

如下课堂设计，仅供参考。

1. 课前计划：安排学生阅读案例及相关参考资料，对案例所涉及问题进行思考，撰写实践题答案。

2. 课中计划：(1)介绍教学目的，明确讨论主题；(2)分组讨论，回答各项思考题；(3)小组代表提出实践题答案的撰写要点，学生进行讨论和分析；(4)教师归纳总结。

3. 课后计划：布置学生进一步思考合同法对债权进行保全的法理基础及其意义。

思考题和实践题

1. 思考题

(1)本案应由哪级法院管辖？

(2)武侯国土局、四川港招公司、招商局公司三方共同签订的《债务关系转移合同》是否有效？

(3)四川港招公司是否是武侯国土局的债务人？如果是，债务内容是什么？

(4)如何认定成都港招公司的投资不实责任？

(5)成都港招公司是否应当对武侯国土局承担投资不实责任？如果是，该责任范围是什么？

(6)成都港招公司与招商局公司签订《债权债务清算协议书》并约定“以地抵债”的代物清偿方式了结双方债务，但该代物清偿协议并未实际履行，那么双方原来的3481.55万元的债务是否消灭？

(7)如果上述债务没有消灭，成都港招公司对招商局公司享有的债权在性质上是否是具有金钱给付内容的债权？

(8)武侯国土局能否对改制前的招商局公司行使代位权？

(9)改制后的招商房地产公司应否对原招商局公司的债务承担责任？

(10)如果武侯国土局可以对招商房地产公司行使代位权，武侯国土局可否请求招商房地产公司直接向其履行债务?

(11)如果法院认定武侯国土局对招商房地产公司的代位权成立,代位权之诉的诉讼费用由谁承担?武侯国土局在提起代位权诉讼的过程中所发生的必要费用由谁承担?

2. 实践题

(1)如果你是武侯国土局的律师,应当采用什么样的诉讼思路?请根据以上案情,撰写起诉状。

(2)如果你是招商房地产公司的律师,针对以上起诉意见,应当如何答辩?请为招商房地产公司撰写答辩状。

(3)请根据以上案件信息,分析武侯国土局是否对招商房地产公司享有债权人代位权。

参考文献

1. 崔建远:《合同法学》,法律出版社 2015 年版。
2. 李永军:《合同法》(第三版),中国人民大学出版社 2012 年版。
3. 赵旭东主编:《公司法学》(第四版),高等教育出版社 2015 年版。
4. 崔建远:《债权人代位权的新解说》,载《法学》2011 年第 7 期。
5. 徐澜波:《合同债权人代位权行使的效力归属及相关规则辨析——兼论我国合同代位债权司法解释的完善》,载《法学》2011 年第 7 期。

撰稿人 | 孟珍,南京理工大学知识产权学院讲师

2 CASE

于某转发微博侵犯著作权案

摘 要

本案例以一起真实的著作权侵权案件为蓝本,围绕微博转发中涉及的著作权内容、著作权限制等要点进行讨论,所涉及知识点和执业技能内容包括:信息网络传播权的理解和要件、发表权的行使、"适当引用"、"私人使用"、"三步测试法"、"四要素法"等。本案例涵盖著作权法中的权利内容和限制、网络著作权的保护以及限制等热点问题,关系到网络时代著作权保护与合理使用之界限;关系到法律适用中具体条款、一般条款以及原则性条款之间的关系。本案例对于理解新技术环境下的著作权保护和限制制度、如何正确适用著作权限制条款具有参考意义。

关键词

微博转发　合理使用　著作权　"三步测试法"　"四要素法"

教学目标

着重让学生把握以下内容:(1)信息网络传播权是什么性质的权利,它的基本构成要件如何理解;(2)发表权是什么性质的权利,应如何行使,会不会因为其他人对作品的公开而发生穷竭;(3)如何理解信息网络传播权合理使用的具体条款,尤其是与本案密切相关的两种类型:"适当引用"与"私人使用",判定为什么本案不能适用这两个具体条款;(4)理解我国立法中的"合理使用一般条款",思考它与"三步测试法"有什么关系,思考本案采用该一般条款处理是否妥当;(5)考察美国为代表的立法例中关于合理使用开放式条款的规定,思考这种"四要素法"模式是否适用我国,未来可否引进此种法律规则。

教学案例主文

一、引言

张某系国内多家司法考试学校签约主讲教师。2011 年 8 月,张某在一次培训课上发表了惊人的言论,称“凡是中国大陆的女孩子到法国留学的,回来之后都是烂的一塌糊涂,都是超级潘金莲”。这次培训课的视频后来被网友“巴黎观察”发布到微博上,引起了广泛的争议。2011 年 8 月 23 日,学者于某在其实名开设的新浪微博上以“2011 张某 商经”为题在网络上传播上述授课内容的“视频完整版”(长达 78 分 21 秒),截至 2011 年 9 月 9 日已有 854 人次转发,487 人次评论,评论内容多是批评该言论不当。

2011 年年底,张某以侵犯著作权为由,将于某起诉到北京市第二中级人民法院。张某在起诉中称,其在司法考试培训的教室内向百余名学生授课,该授课内容构成口述作品。授课是在特定范围内、针对特定对象进行的,该口述作品并未发表。于某的微博转发行为构成了对授课内容发表权和信息网络传播权的侵害。要求法院判令于某立即删除涉案视频,向其公开道歉以消除影响,并赔偿经济损失 1 万元和精神损失 10 万元。

于某则辩称,涉案视频的内容是司法考试培训课程,是相关培训机构的收费课程,一般应属于职务作品。张某的现有证据不足以证明其拥有涉案作品的著作权,所以张某不是本案适格的原告。涉案口述作品的授课行为实质上属于一种向特定公众发表演讲的行为,作品形成之时即已经发表,故不存在侵犯其发表权的情形。另外,于某还认为,涉案视频是网友上传到他的微博上,他只是转发了该微博,并无侵权故意。

二、作品的著作权归属

2011 年 1 月 12 日,中律东海教育科技(北京)有限公司(以下简称中律东海公司)与张某签订《教师聘用合同》。该合同约定:中律东海公司聘用张某在 2011 年司法考试考年期间教授商法、经济法的教学工作;张某保留上课作品的著作权及信息网络传播权。

2011 年 1 月 17 日,北京市海淀区中律华成培训学校(简称中律华成学校)与张某签订《教师聘用合同》。该合同约定:中律华成学校聘用张某在 2011 年司法考试考年期间教授商法、经济法的教学工作;上课作品的著作权及信息网络传播权归张某所有。中律华成学校和中律东海公司出具《说明》,该《说明》称:张某自2004年至今每年2~9月均在中律华成学校授课;教师上课的著作权属于教师个人作品而非职务作品;张某的课酬标准为1250元/课时(税后),每天为8课时,每课时为45分钟;张某诉于某侵害著作权纠纷所涉课件是中律华成学校的上课内容;为开展商务合作和发展需要,中律华成学校同时运作中律东海公司;2011年1月12日,正值教委与民政部门对中律华成学校进行年检,故使用中律东海公司公章与张某签订了《教师聘用合同》,后于2011年1月17日以中律华成学校名义补盖了公章。

一审法院认为:依据涉案视频中的相关信息,可以认定涉案视频是张某在中律华成学校做司法考试培训的录像,其中的授课内容属于我国著作权法中规定的口述作品。鉴于张某与中律华成学校签订的《教师聘用合同》中关于上课内容著作权的约定,应认定上述口述作品的著作权由张某享有。对此,双方在上诉中均无异议。

三、作品的传播过程和信息网络传播权的内容

2011年8月25日,《中国青年报》刊登了标题为"课堂言论自由不代表无所顾忌"的文章,该文章称:"8月23日凌晨,网友'巴黎观察'在微博上将司法部司法行政学院副教授张某评价留法女大学生的视频公布,引发大量网友围观。该微博经知名学者于某转发后,传播速度迅速加快。"。2011年8月27日,《人民法院报》刊登了标题为"网络转载:谁伤害了谁"的文章,该文章称:于某转载了张某讲课内容的视频。

2011年9月14日,北京市方圆公证处制作了(2011)京方圆内民证字第08724号公证书。该公证书记载:2011年9月9日,在北京市方圆公证处使用该公证处的计算机访问新浪网(网址为:http://www.sina.com.cn),进入"巴黎观察"的微博(网址为:http://weibo.com/parisobservateurs),其中载有标题为"张某要起诉于某?"的博文,该博文的内容为:"在于某、万某、吕某等社会名流在微博上转载了@张某称留法女生都是'超级潘金莲'的言论和视频后,张博士不仅没道歉,还威胁下月起诉于某断章取义。希望张博士自重,作为法律人同样需要文明和尊重。"该博文后有张某授课录像的图标。"巴黎观察"的微博中还载有标题为"中国留法女生都是潘金莲?"的博文,该博文的内容为:"一位任职于司法部司法行政学院,兼职于北大法学院、国家法官学院、中国政法大学的张某博士,在其授课的培训班上,声称'凡是中国大陆的女孩子到法国留学的,回来之后都是烂的一塌糊涂，超级潘金莲都是。’这种不负责任的措辞应该受到强烈谴责！ http://t.cn/amyfz2。”该博文后有张某授课录像的图标。在新浪网（网址为：http://www.sina.com.cn）进入于某的微博（网址为：http://weibo.com/yujianrong），其中载有一篇内容为：“哈哈，你老兄搞一条微博，还要我关注，我把你要‘强烈谴责’他的话删掉后，转发了一下，现在就成了被告了，真是欺负国人啊，吓死我了”的博文。该博文下附有上述“巴黎观察”的标题为“张某要起诉于某?”的博文。于某的微博中还载有内容为：“在法国的友人要我转发这条微博时，我看完录像感到很娱乐，就把后面指责张某博士的话删掉转发了。现在博士骂我没脑子，说要到法院告我，我还真的又笑了。难道这录像是人工合成?”的博文。该博文下附有上述“巴黎观察”的标题为“中国留法女生都是潘金莲?”的博文。在凤凰网上刊登了标题为“副教授张某称留法女大学生都是潘金莲引围观”的文章，该文章称：“8月23日凌晨，网友‘巴黎观察’在微博上将司法部司法行政学院副教授张某评价留法女大学生的视频公布，引发大量网友围观。该微博经知名学者于某转发后，传播速度迅速加快。……微博经于某转发后，转发数量迅速上升。截至记者发稿前，相关微博转发已超过7800次，共有3000余名网友参与讨论。”张某、中律华成学校和中律东海公司均主张从未自行或许可他人将涉案视频上网传播。

在本案起诉时，张某还提出了要求于某立即删除涉案视频的诉讼请求。2012年1月4日，法院向于某送达了包括载有上述诉讼请求内容的起诉状和相关证据材料在内的全部诉讼材料。在2012年2月16日的庭审中，经当庭勘验，涉案视频仍存在于于某的微博中，涉案视频链接自优酷网，该视频的时长为78分21秒。2012年3月7日，于某向法院提交了《情况说明》，称其已将涉案视频从其微博中删除了。2012年3月12日，张某认可于某已将涉案视频从其微博中删除了，并表示鉴于其提出的于某立即删除涉案视频的诉讼请求已经实现，故不再主张并申请撤回该项诉讼请求。

经勘验，对他人博文进行评论时出现选项“同时转发到我的微博”，点选该选项后，则被评论的他人博文会附随于该评论出现在评论者的微博中；该评论者对于其博文中附随的评论无法进行编辑、修改和删除，只能将评论者的博文删除时附随的被评论的博文才会被删除。

一审法院认为：鉴于张某与中律华成学校及中律东海公司均主张从未自行或许可他人将涉案视频内容上网传播，且于某并未提出相反的主张及证据，故应认定将涉案视频上载至网络进行传播的行为未经张某的许可。虽然关于涉案视频的链接不是于某主动设置的，但其转发该链接的行为仍然属于著作权法意义上的作品使用行为。对此,双方在上诉中均无异议。

四、作品的发表和发表权的构成要件

张某在司法考试培训课堂讲授相关内容,被学员录像,是否属于发表?原告认为,授课并未向不特定对象公开,涉案口述作品没有发表,且授课过程属于创作过程,不是“发表”。张某在诉讼中补充提交了中律华成学校工作人员冯海玲的证人证言,用以证明张某的涉案讲课针对的是特定人员。于某的转发行为致张某身心受到巨大打击,造成特别恶劣的社会影响,因此张某要求精神损害赔偿有充足依据。涉案作品是张某在司法考试培训中的授课内容,其培训的对象为百余名学生,而符合司法考试报名条件并向中律华成学校报名参加上述培训且交纳相应的费用即可成为上述培训的对象,故张某授课培训的对象具有公共性和不特定性,属于公众,张某授课培训的行为即为其涉案口述作品的发表行为。二审庭审中,张某撤回要求于某赔偿10万元精神损失的上诉请求及侵犯发表权的上诉理由。

被告同时认为,该视频是由学员“巴黎观察”的微博上传到网络,自己并没有未经许可发表该作品。“巴黎观察”的微博载有标题为“中国留法女生都是潘金莲?”的博文,该博文的内容为:“一位任职于司法部司法行政学院,兼职于北大法学院、国家法官学院、中国政法大学的张某博士,在其授课的培训班上,声称‘凡是中国大陆的女孩子到法国留学的,回来之后都是烂的一塌糊涂,超级潘金莲都是。’这种不负责任的措辞应该受到强烈谴责!”进入于某的微博,其中载有一篇内容为:“哈哈,你老兄搞一条微博,还要我关注,我把你要‘强烈谴责’他的话删掉后,转发了一下,现在就成了被告了,真是欺负国人啊,吓死我了。”这些都表明,于某只是转发“巴黎观察”的微博,并不是首次将作品公之于众。

一审法院认为,由于发表权是一种一次性的权利,著作权人将其作品发表后,发表权即行使完毕,他人未经著作权人同意使用其已发表作品的行为不构成对其发表权的侵犯。因此,张某关于于某的转发行为侵犯其发表权的主张,于法无据。对张某要求于某公开致歉以消除影响的诉讼请求,不予支持。二审法院认为,原审法院认定张某授课培训的行为即为发表涉案作品的行为是正确的。张某有关授课并未向不特定对象公开涉案作品,授课过程不是“发表”的上诉理由,缺乏事实和法律依据,本院不予支持。

五、信息网络传播权的合理使用及其判定

一审法院认为,本案中,涉案口述作品已经发表,于某的涉案转发行为的目的在于评论“巴黎观察”及张某的观点,属于以其言论表达其观点的行为,但表达个人观点不得侵害他人的合法权利;同时,法律允许对于他人作品进行合理使用,此时作品的权利人不得阻止他人的合理使用行为。涉案口述作品为司法考试的授课内容,其使用为课堂教学等,在正常情况下学习该内容者不会去于某的博客中寻找涉案口述作品,而网民访问于某涉案博文的正常目的在于关注各方的观点,而非涉案口述作品中与各方观点无涉的司法考试内容,故于某的转发行为亦不会不合理地损害张某的合法权益。因此,于某的转发行为构成合理使用,并未侵犯张某对涉案口述作品享有的信息网络传播权。对张某要求于某赔偿其经济损失及诉讼合理支出的诉讼请求,不予支持。鉴于张某并未举证证明于某的涉案行为致其精神损害,故其要求于某向其赔偿精神损失的诉讼请求缺乏依据。根据前述分析,依据《著作权法》第 3 条第 2 项、第 10 条第 1 款第 1 项、第 12 项,《著作权法实施条例》第 21 条,最高人民法院《关于确定民事侵权精神损害赔偿责任若干问题的解释》第 8 条之规定,判决驳回张某的全部诉讼请求。

张某不服原审判决,向北京市高级人民法院提起上诉,请求撤销原审判决,依法改判于某在其新浪博客、《人民法院报》和《法制日报》上向张某公开致歉以消除影响;向张某支付律师费 2 万元、公证费 3000 元和复印费 222 元;赔偿张某精神损失 10 万元。他认为,合理使用为《著作权法》第 22 条中规定的 12 种法定情形,原审判决没有明确对号说明,属适用法律不明。即使按照《著作权法》第 22 条第 1 款第 2 项中规定的情形,于某的行为也不符合为创作作品而引用,不构成合理使用。网络用户的浏览习惯不能成为侵犯著作权人合法的发表权、信息网络传播权的理由。如果于某是为了评论的需要,没有必要将涉案作品完整地上传至网络。

二审法院认为,合理使用制度是著作权法律制度中的一项重要内容,其体现了著作权法保护作者和其他著作权人的利益与促进知识与信息广泛传播的双重目的,为了在著作权的排他性与自由表达之间寻求一种平衡。《著作权法》第 22 条规定了合理使用的 12 种情形,同时,《著作权法实施条例》第 21 条规定了上述 12 种合理使用构成的条件,但随着计算机和通信技术的发展,网络等新兴信息传播方式使上述 12 种情形已经不能解决现实中出现的情况。因此,原审法院从本案的具体情况出发,在遵循《著作权法实施条例》第 21 条规定的合理使用构成条件的基础上,采用合理使用的一般原理对本案被诉行为是否构成合理使用进行评述,符合司法精神和合理使用制度的设置目的。张某有关原审判决没

有将本案被诉行为与《著作权法》第 22 条的规定对号说明,属适用法律不明的上诉理由,不能成立。构成合理使用的被使用作品是已经发表的作品,且该使用不得影响该作品的正常使用,也不得不合理地损害著作权人的合法权益。涉案作品在被诉行为发生前已经发表,于某实施被诉行为的目的是为了评论“巴黎观察”的微博及张某的观点,为使评论更具针对性,于某在评论他人微博的同时对他人包含涉案作品的微博进行了转发,该行为符合微博这一社交方式的惯例。而且,正是基于被诉行为的上述特点,使得网民更关注各方的观点而非涉案作品中与各方观点无关的司法考试的内容。因此,于某的被诉行为不会与张某对其涉案作品所行使的权利展开经济竞争,并未影响该作品的正常使用,也不会不合理地损害张某的合法权益。原审法院认定于某的转发行为构成合理使用,并未侵犯张某对涉案作品享有的信息网络传播权是正确的。张某有关于某的涉案行为不构成合理使用的上诉理由,缺乏事实及法律依据,法院不予支持。

教学指导手册

教学对象及目标

本案例供民商法法学硕士案例教学使用,法律硕士、法学本科(大四)、知识产权管理硕士也可以参酌试用。

本案例主要就网络环境下出现的信息网络传播权合理使用的法律适用问题进行讲授。具体要解决的问题包括:(1)职务作品的著作权归属;(2)发表权的概念和构成要件;(3)信息网络传播权的特征和构成要件;(4)信息网络传播权合理使用的判定,尤其根据本案的实际情况,明确合理使用具体条款和一般条款在法律适用上的顺位,以及如何判定新技术条件下新出现的合理使用情形,并以此提出立法模式选择的问题,做出解释论和立法论上的对策建议。

教学内容

1. 什么是职务作品,职务作品的著作权归属如何确定

职务作品也被称为雇佣作品,是指自然人为完成法人或者其他组织工作任务所创作的作品。判断职务作品主要依据两个标准:(1)作品的创作者与该法

人或其他组织之间存在雇佣关系;(2)作品的创作旨在完成单位的工作任务,该作品的创作与工作性质相符合,是其应当履行的职责。《著作权法》第16条第1款规定:“公民为完成法人或者其他组织工作任务所创作的作品是职务作品,除本条第二款的规定以外,著作权由作者享有,但法人或者其他组织有权在其业务范围内优先使用。作品完成两年内,未经单位同意,作者不得许可第三人以与单位使用的相同方式使用该作品。”第2款规定:“有下列情形之一的职务作品,作者享有署名权,著作权的其他权利由法人或者其他组织享有,法人或者其他组织可以给予作者奖励:(一)主要是利用法人或者其他组织的物质技术条件创作,并由法人或者其他组织承担责任的工程设计图、产品设计图、地图、计算机软件等职务作品;(二)法律、行政法规规定或者合同约定著作权由法人或者其他组织享有的职务作品。”

本案中,依据涉案视频中的相关信息,可以认定涉案视频是张某在中律华成学校做司法考试培训的录像,其中的授课内容属于《著作权法》规定的口述作品。鉴于张某与中律华成学校签订的《教师聘用合同》中关于上课内容著作权的约定,应认定上述口述作品的著作权由张某享有。即便本案没有合同约定,张某是执行职务过程中创作的作品,也属于第一种类型的普通职务作品,著作权仍然由张某享有。

2. 什么是发表权?如何行使发表权?

发表权,即决定作品是否公之于众的权利。“公之于众”是指将作品向不特定公众公开,作品是否发表并不取决于不特定的公众实际获得了该作品,而在于不特定公众是否具有获得该作品的可能性,因此,只要作品处于被不特定公众获得的状态,该作品即被发表。公众是否特定,也不取决于数量,而取决于作者的主观意向与提供作品的方式。作品公开范围内的公众人数不确定且该公众之间不存在较为紧密的人格联系,则构成不特定公众。

就本案而言,张某是在司法考试培训教室内首次公开的涉案作品,该培训针对的学生人数虽然是确定的,但该案证据不能证明该培训对于报名学生的人数有具体限制,且张某在授课前也未对培训学校提出学生人数方面的具体要求,即并未作出限制听课学生人数的意思表示。同时,该培训所针对的听课学生来自各行各业,采取报名交费的方式接受较短期限的培训,相互之间不一定熟识,也不存在较为紧密的个人联系。因此,张某在司法考试培训教室内向听课学生公开涉案作品的行为,已构成向不特定公众公开该作品,属于对涉案作品的发表。作品一旦发表,权利已经穷竭,权利人不得再阻止他人以合法理由将作品公之于众的行为。

3. 什么是信息网络传播权？构成要件是什么？

根据《著作权法》的规定，信息网络传播权是指以有线或者无线方式向公众提供作品使公众可在其个人选定的时间和地点获得作品的权利。这一权利是应对网络技术交互式传播的特征而新增设立。信息网络传播权控制行为的本质特征是交互式传播，或者也称为按需传播。“交互性”是指通过信息网络独立接触作品不受时间的限制，公众可在任何时间、地点主动地根据需要而获得作品，这一特征也可以从不同角度被称为是“异地异时”获得作品或“按需传播”。“交互性”应被理解为是信息网络传播权的最根本的法律特征。

鉴于张某与中律华成学校及中律东海公司均主张从未自行或许可他人将涉案视频内容上网传播，且于某并未提出相反的主张及证据，故应认定将涉案视频上载至网络进行传播的行为未经张某的许可。虽然关于涉案视频的链接不是于某主动设置的，但其转发该链接的行为仍然属于著作权法意义上的向公众提供作品的行为，公众可以在个人选定的时间和地点获得该作品，并且该作品实际上已经复制在该微博的服务器上。

4. 什么是合理使用？什么是个人使用？什么是适当引用？如何判定？

合理使用，是指在特定的条件下，法律允许他人自由使用享有著作权的作品，而不必征得权利人的许可，不向其支付报酬的合法行为。个人使用，为个人学习、研究或欣赏，使用他人已经发表的作品的合法行为。该情形也被简称为个人使用的合理使用。《信息网络传播权保护条例》第 6 条中，就没有规定为个人学习、研究或欣赏在网络上向公众提供作品构成合理使用。适当引用，是指为介绍、评论某一作品或者说明某一问题，在作品中适当引用他人已经发表的作品的合法行为。这也被简称为适当引用的合理使用。适用引用的反向度就是引用过量。过量引用包括两种标准：其一，数量标准。一般来说，引用他人作品超出介绍、评论的实际需要，就可能构成过量；其二，实质标准。也就是不得将他人作品的实质部分作为自己作品的实质部分，进而与原作品形成事实上的竞争关系。两个标准必须结合起来。例如，引用他人已经发表的小诗撰写诗评，虽然在数量上是全文引用，但只要形成的评论性文字与原诗词之间没有事实上的竞争关系，也可以构成适当引用。或者说，适当引用后必须产生新作；新作必须区别于原作；新作必须独立于原作；原作的引用必须适宜于新作。如果仅仅是利用原作产生的美学价值和功能为新作进行宣传，也会构成不适当引用。

“微博转发”是一种信息网络传播权控制行为,不是法律上规定的个人使用类型,对其不能援引《著作权法》第22条第1项中“个人使用”条款。理由在于:第一,它不是为个人学习、研究或者娱乐欣赏的目的;第二,《信息网络传播权保护条例》第6条没有规定信息网络传播权的个人使用构成合理使用,这表明立法者原则上否认了将个人使用延展到网络环境下的信息网络传播行为。

从传统著作权法的原理考察,于某的转发行为很难构成适当引用。理由在于:其一,“微博转发”是用户通过点击鼠标,将整个作品从别人的微博空间完全拷贝到个人的微博空间,较为便捷和随意。如果非要考察转发者的动机,很多时候并不真的是为了评论,有时甚至是为了分享或者出于对被转发者的支持。其二,“微博转发”中的音频和视频往往是独创性很强的作品,与之形成鲜明对比的是,所评论的内容主要表现为文字形式,而且表达字数还受到了明确限制。按照传统的引用方式,文字作品中的评论应该对于被评论对象进行文字性的描述,但是网络空间给予评论者以更大的自由,即不需要任何转换型的描述即可将被评论对象全文转发,这种评论模式显然违背了“适当引用”的要求。其三,一般来说,越是转换性的使用,越有可能构成适当引用,进而归于合理使用的范畴。所谓转换性使用是指对原作的使用并非为了单纯地再现原作本身的文学艺术价值或实现其内在功能或目的,而是通过增加新的美学内容、新的视角、新的理念或通过其他方式,使原作在被使用过程中有了新的价值、功能或性质。可是在“微博转发”中没有任何转换性的因素,相反,它完全是一种“保真”的复制,因此也很难认定构成适当引用。

5. 什么是“三步测试法”? 如何判断?

“三步测试法”就是对著作权的任何限制或例外限于某些特殊情形,不与作品的正常利用相抵触、也不无理地损害作者合法利益。《著作权法》中并无明确的条款规定“三步测试法”。但是《著作权法实施条例》第21条规定,“依照著作权法有关规定,使用可以不经著作权人许可的已经发表的作品,不得影响该作品的正常使用,也不得不合理地损害著作权人的合法利益。”这被认为是中国版本的“三步测试法”。

我国实践中直接运用“三步测试法”发展新的合理使用规则,始终存在以下障碍。首先,《著作权法实施条例》第21条的规定直接针对《著作权法》第22条规定。从法律规则的语句表述上看,它调整的前提是“使用可以不经著作权人许可的已经发表的作品”,显然并不是为了权利限制设定一般准则,而是对权利限制进行限制。其次,从“三步测试法”的产生和发展历程看,其主要功能是为了限制权利限制。为了实现著作权人利益和社会公众利益的相互制衡,“三步测试法”力求完成阻止著作权限制机制侵害权利人利益的任务。再次,“三步测试法”作为合理使用一般条款的适用范围不够明确。例如,对于立法上没有规定的合理使用情形,或者曾经规定但是后来被立法所废止的内容,是否还能再次通过“三步测试法”的检验而构成合理使用?实际上,个人使用的信息网络传播,本来是“个人使用”的一种形式,但是《信息网络传播权保护条例》否定了这种合理使用形态,司法显然不应再以“三步测试法”扩张合理使用范围,否则必然挑战立法的权威。最后,如果“三步测试法”具有限制权利限制和建构权利限制范围的双重能力,就很难避免出现循环测试。例如,“微博转发”可被测试为构成“合理使用”,但是也必须被再次测试为是否违背“三步测试法”,以避免逾越合理使用的范围,用以保护权利人的利益。果真如此,则所有的合理使用情形都是不确定的。实际上,作为一项法律规则,是根本不可能实现保护两个反方向利益主体的目的的。

6. 什么是“四要素”判定法?如何理解?

美国1976年《版权法》第107节规定的合理使用的条件包括:A使用的目的和性质。一般应是非营利性的使用,而且应为正当使用。B使用的版权作品性质。一般是已经发表的作品,纪实类作品比虚构性的作品更容易构成合理使用。C使用者所使用的部分占版权作品的数量和实质性。一般不得大量使用,使用部分也不能构成被引用作品之实质部分。D使用产生的效果。一般不得影响版权作品的潜在市场和价值。

从理论上可以运用“四要素法”分析前述“微博转发”案例。第一,关于使用的目的和性质,“营利性”和“转换性”两个要素是考量的重点。“微博转发”作为消费性使用,是在消费空间传播作品,不具有营利目的。评论者转发微博虽然没有明显的“转换性”,但是在具体的使用目的上已经发生了变化,其作品利用的指向不在于作品本身,而是对作品进行消费和评论。从这个要素看,应该作出有利于合理使用的认定。第二,关于使用的版权作品性质。“微博转发”的作品,一般是不足140字的短文,独创性程度相对较低,一般有助于认定为合理使用。但是在本案中,转发的内容并非文字,而是录像制品,同时该作品并非权利人允许上传,所以应该不利于认定为合理使用。第三,关于使用者所使用部分占版权作品的比例和实质性。“微博转发”往往是全文转发或者是较多内容的转发,在实质上不利于认定为合理使用。在前述案例中,为了评论一句话而转发70多分钟视频文件的行为,也超过了合理的限度。第四,关于使用的效果和市场影响。“微博转发”是消费空间的个人评论和娱乐行为,往往不会对所转发作品产生不良的市场影响。而如果是权利人自己在“微博空间”发表意见,反而是欢迎更多的“粉丝”转发。可见,一般的“微博转发”使用作品的效果,不违背权利人的主观意志,也不会与权利人使用作品的市场产生现实的或者潜在的影响。从微博本身的功能上看,权利人也不可能将其视为未来市场推广的竞争性领域。不过,本案的特殊性在于,行为人转发的微博并未经权利人同意而上传。但是,这没有改变“微博转发”本身的消费属性。在各种形形色色信息充斥的微博空间,要求转发者求证所转发微博是否经过合法授权,也是不现实的要求。虽然对于权利人来说,其因为该微博遭到了批评,但是这种批评并非由于作品本身的原因所引发。所以,从这个因素看,应该作出有利于合理使用的认定。总之,在上述四个因素中,第一个与第四个因素有利于认定合理使用,第二个与第三个因素则反之。最终的判定则取决于法官的自由裁量。

课堂时间安排

本案例可以作为专门的案例教学课来进行,整个案例课的课堂安排 3 个课时,每课时 45 分钟。

如下课堂设计,仅供参考。

1. 课前计划:安排学生阅读案例及相关参考资料,对案例所涉及问题进行思考,撰写实践题答案。

2. 课中计划:(1)介绍教学目的,明确讨论主题;(2)分组讨论,回答各项思考题,讨论实践题的撰写要点;(3)小组代表提出撰写要点,学生讨论和分析;(4)教师归纳总结。

3. 课后计划:布置学生进一步思考合理使用制度,司法实践中面对一些特殊的合理使用情形应该采取何种方法处置,才能更为有效发挥其制度功能。

思考题和实践题

1. 思考题

(1)什么是职务作品?职务作品的著作权主体如何判定?

(2)什么是发表权?发表权的行使有哪些限制?

(3)现行法中关于合理使用的具体规定,是否可以适用于微博转发行为?如果本案不能依据合理使用的具体条款作出裁决,那么应该如何处理?或者说,我国是否存在合理使用的一般条款？

(4)在我国，能否直接根据“三步测试法”处理合理使用案件？

(5)在我国，是否应该借鉴美国的做法，明确合理使用的判定要素，赋予法官更大的自由裁量权限？

2. 实践题

(1)如果你是原告张某的辩护律师，你应该从哪些方面为其进行代理？请根据以上案情，编写代理要点。

(2)如果你是被告于某的辩护律师，你应该从哪些方面为其进行代理？请根据以上案情，编写代理要点。

(3)针对上述案例，从解释论和立法论两个不同角度提出完善《著作权法》的对策建议。

参考文献

1. 崔国斌:《著作权法:原理与案例》,北京大学出版社 2014 年版。
2. 梅术文:《著作权法:原理、规范和实例》,知识产权出版社 2014 年版。
3. 李杨:《著作权法个人使用问题研究》,社会科学文献出版社 2014 年版。
4. 于玉:《著作权合理使用制度研究》,知识产权出版社 2012 年版。
5. 吴汉东:《著作权合理使用制度研究》,中国政法大学出版社 2005 年版。
6. 郑成思:《版权法》,中国人民大学出版社 2009 年版。
7. 张今:《版权法中私人复制问题研究:从印刷机到互联网》,中国政法大学出版社 2009 年版。
8. 王迁:《著作权法学》,北京大学出版社 2007 年版。

撰稿人｜梅术文，南京理工大学知识产权学院副教授

3 CASE HF公司诉SH公司案

| 摘　要 |

本案以资本融资为出发点,探究对赌协议的法律效力问题。涉及的知识点和执业技能包括对赌协议的含义、对赌协议的分类、对赌协议的效力认定及民事诉讼中证据收集、事实认定与法律适用等。本案例以非诉讼法律实务为基础,在充分讨论了对赌协议相关知识的同时也涵盖了合同审查及民事诉讼的律师实务等问题。本案例对于学生学习、起草及审查对赌协议等合同及熟悉民事诉讼的程序具有一定的参考意义。

| 关键词 |

对赌协议　估值调整机制　风险防控　私募股权投资　合同审查

| 教学目标 |

着重让学生把握三个方面的内容:(1)对赌协议的含义及适用范围、制定程序以及对赌协议的风险及意义。(2)本案中对赌协议的法律效力认定。(3)以对赌协议第一案为例,探究如何制定具有法律效力的对赌协议。尤其注意对赌协议制定的思路、步骤以及如何保证对赌协议的法律效力。(4)合同审查的注意要点。(5)在民事诉讼中,代理律师拥有哪些权利。

教学案例主文

对赌协议(Valuation Adjustment Mechanism,VAM),又称为估值调整机制,是指收购方(包括投资方)与出让方(包括融资方)在达成并购(或者融资)协议时,对于未来不确定的情况进行一种约定。如果约定的条件出现,投资方可以行使一种权利;如果约定的条件不出现,融资方则行使一种权利。我国的对赌协议第一案是海富投资诉甘肃世恒案。该案经历一审、二审以及最高人民法院的再审,最终由最高人民法院对本案所涉及的对赌协议加以认定,由此确认了对赌协议在我国法律上的效力。

当事人概述、相关主体:本案涉及的当事人有三方,分别是苏州 HF 投资公司(以下简称 HF 公司)、甘肃 SH 公司(以下简称 SH 公司)以及香港 DY 有限公司(以下简称 DY 公司)。

HF 公司,位于江苏省苏州工业园内,主营项目:实业投资,投资咨询。法定代表人:张某某。职务:该公司执行董事。

SH 公司,位于甘肃省定西市安定区,是以生产经营有色金属电解锌为主的港资企业。法定代表人:陆某,职务:公司经理。

DY 公司,位于香港特别行政区,法定代表人:陆某,职务:该公司经理。

三方当事人关系:DY 公司为 SH 公司控股股东,HF 公司以融资方式入股 SH 公司,成为 SH 公司股东之一。

一、对赌协议产生的背景

资本市场具有融通资金、合理配置资源和传递有效信息的功能,融资和再融资是国际资本市场的通行做法,它是资本市场快速扩张、持续发展的重要动力源泉之一,也是发挥资本市场基础性功能的基本方式。改革开放以后,我国资本市场经历了从无到有的长足发展,我国拟上市公司的私募股权融资也快速发展。私募股权投资作为舶来品在中国方兴未艾,作为推动资本市场融资与企业创新的新型金融中介推动者我国的经济、社会的发展。而在私募股权投资运作中,对目标公司进行价值评估是确定投资数额和股权份额等投资协议基础条款的前提条件,所以目标公司的估值问题是私募股权投资中的基石问题。然而,目标公司发展前景的不确定性及投融资双方之间的不对称性,导致双方可能对企业估值很难达成一致。为了消除对目标公司的估值分歧,顺利签订投资协议,投资方与融资企业的实际控制人或管理层会安排一项以未来业绩为衡量基准的估值调整机制,这个机制即位对赌协议。对赌协议本身作为契约机制的安排,自然就成为了私募股权投资环节中的重要一环,其在实际履行中引发的争议也远盛于私募股权投资领域的其他机制,从而使其成为一项“热门话题”与“前沿问题”。

二、案件概述

增资协议:2007 年 11 月 1 日前,SH 公司、HF 公司、DY 公司、陆某共同签订一份《甘肃 SH 有限公司增资协议书》(以下简称《增资协议书》),约定:SH 公司注册资本为384万美元,DY公司占投资的100%。各方同意HF公司以现金2000万元人民币对SH公司进行增资,占SH公司增资后注册资本的3.859%,DY公司占96.15%。并就合资公司章程、增资款项用途、合资公司上市等作出约定。

对赌协议:在《增资协议书》第二项业绩目标约定:SH公司2008年净利润不低于3000万元人民币。如果SH公司2008年实际净利润完不成3000万元,HF公司有权要求SH公司予以补偿,如果SH公司未能履行补偿义务,HF公司有权要求DY公司履行补偿义务。补偿金额=(1-2008年实际净利润/3000万元)x本次投资金额。第四项股权回购约定:如果至2010年10月20日,由于SH公司的原因造成无法完成上市,则HF公司有权在任一时刻要求DY公司回购届时HF公司持有的SH公司的全部股权,DY公司应自收到HF公司书面通知之日起180日内按以下约定回购金额向HF公司一次性支付全部价款。若自2008年1月1日起,SH公司的净资产年化收益率超过10%,则DY公司回购金额为HF公司所持SH公司股份对应的所有者权益账面价值;若自2008年1月1日起,SH公司的净资产年化收益率低于10%,则DY公司回购金额为(HF公司的原始投资金额-补偿金额)×(1+10%×投资天数÷360)。

合资经营合同:2007年11月1日,HF公司、DY公司签订《中外合资经营甘肃SH有限公司合同》(以下简称《合资经营合同》),有关约定为:SH公司增资扩股将注册资本增加至399.38万美元,HF公司决定受让部分股权,将SH公司由外资企业变更为中外合资经营企业。在合资公司的设立部分约定,合资各方以其各自认缴的合资公司注册资本出资额或者提供的合资条件为限对合资公司承担责任。HF公司出资15.38万美元,占注册资本的3.85%;DY公司出资384万美元,占注册资本的96.15%。HF公司应于本合同生效后十日内一次性向合资公司缴付人民币2000万元,超过其认缴的合资公司注册资本的部分,计入合资公司资本公积金。

合资公司利润分配约定:合资公司依法缴纳所得税和提取各项基金后的利润,按合资方各持股比例进行分配。合资公司上一个会计年度亏损未弥补前不得分配利润。上一个会计年度未分配的利润,可并入本会计年度利润分配。

合资公司上市问题协议:双方约定合资公司完成变更后,应尽快成立"公司改制上市工作小组",着手筹备安排公司改制上市的前期准备工作,工作小组成员由股东代表和主要经营管理人员组成。合资公司应在条件具备时改组成立为股份有限公司,并争取在境内证券交易所发行上市。如果至2010年10月20日,由于合资公司自身的原因造成无法完成上市,则HF公司有权在任一时刻要求 DY 公司回购届时 HF 公司持有的合资公司的全部股权。之后，HF 公司依约于 2007 年 11 月 2 日缴存 SH 公司银行账户人民币 2000 万元，其中新增注册资本 114.7717 万元，资本公积金 1885.2283 万元。

合资公司运营情况：据工商年检报告登记记载，SH 公司 2008 年度生产经营利润总额 26858.13 元，净利润 26858.13 元。

纠纷概述：由于 SH 公司未达到 HF 公司的运营目标要求，HF 公司要求 SH 公司按照对赌协议约定的内容执行，但是未得到满意的回复，HF 公司因此上诉，请求按照协议约定的内容执行。

一审法院认为，根据双方的诉辩意见，案件的争议焦点为：(1)《增资协议书》第 7 条第 2 项内容是否具有法律效力；(2)如果有效，SH 公司、DY 公司、陆某应否承担补偿责任。

《增资协议书》系双方真实意思表示，但第 7 条第（二）项内容即世恒公司 2008 年实际净利润完不成 3000 万元，HF 公司有权要求 SH 公司补偿的约定，不符合《中外合资经营企业法》第 8 条关于企业利润根据合营各方注册资本的比例进行分配的规定，同时，该条规定与《公司章程》的有关条款不一致，也损害公司利益及公司债权人的利益，不符合《公司法》第 20 条第 1 款的规定。因此，根据《合同法》第 52 条第 5 项的规定，该条由 SH 公司对 HF 公司承担补偿责任的约定违反了法律、行政法规的强制性规定，该约定无效，故 HF 公司依据该条款要求 SH 公司承担补偿责任的诉请，依法不能支持。由于 HF 公司要求 SH 公司承担补偿责任的约定无效，因此，HF 公司要求 SH 公司承担补偿责任失去了前提依据。同时，《增资协议书》第 7 条第 2 项内容与《合资经营合同》中相关约定内容不一致，依据《中外合资经营企业法实施条例》第 10 条第 2 款的规定，应以《合资经营合同》内容为准，故 HF 公司要求 DY 公司承担补偿责任的依据不足，依法不予支持。陆某虽是世恒公司的法定代表人，但其在 SH 公司的行为代表的是公司行为利益，并且《增资协议书》第 7 条第 2 项内容中，并没有关于由陆某个人承担补偿义务的约定，故 HF 公司要求陆某个人承担补偿责任的诉请无合同及法律依据，依法应予驳回。至于陆某未按照承诺在 2007 年 12 月 31 日之前将四川省峨边县某矿过户至 SH 公司名下，涉及对 SH 公司及其股东的违约问题，不能成为本案陆某承担补偿责任的理由。

综上，一审法院认为 HF 公司的诉请依法不能支持，SH 公司、DY 公司、陆某不承担补偿责任的抗辩理由成立。依照《合同法》第 52 条 5 项，《公司法》第 6 条第 2 款、第 20 条第 1 款，《中外合资经营企业法》第 2 条第 1 款、第 2 款和第 3 条，《中外合资经营企业法实施条例》第 10 条第 2 款之规定，该院于 2010 年 12

月31日作出(2010)兰法民三初字第71号民事判决,驳回HF公司的全部诉讼请求。

HF公司不服一审判决,向甘肃省高级人民法院提起上诉。

二审法院认为:当事人争议的焦点为《增资协议书》第7条第2项是否具有法律效力。

本案中,HF公司与SH公司、DY公司、陆某四方签订的协议书虽名为《增资协议书》,但纵观该协议书全部内容,HF公司支付2000万元的目的并非仅享有SH公司3.85%的股权(计15.38万美元,折合人民币114.771万元),期望SH公司经股份制改造并成功上市后,获取增值的股权价值才是其缔结协议书并出资的核心目的。基于上述投资目的,HF公司等四方当事人在《增资协议书》第7条第(二)项就业绩目标进行了约定,即"SH公司2008年净利润不低于3000万元,HF公司有权要求SH公司予以补偿,如果SH公司未能履行补偿义务,HF公司有权要求DY公司履行补偿义务。补偿金额=(1-2008年实际净利润÷3000万元)×本次投资金额"。四方当事人就SH公司2008年净利润不低于3000万元人民币的约定,仅是对目标企业盈利能力提出要求,并未涉及具体分配事宜;且约定利润如实现,SH公司及其股东均能依据《公司法》、《合资经营合同》、《公司章程》等相关规定获得各自相应的收益,也有助于债权人利益的实现,故并不违反法律规定。而四方当事人就SH公司2008年实际净利润完不成3000万元,HF公司有权要求SH公司及DY公司以一定方式予以补偿的约定,则违反了投资领域风险共担的原则,使HF公司作为投资者不论SH公司经营业绩如何,均能取得约定收益而不承担任何风险。参照《最高人民法院〈关于审理联营合同纠纷案件若干问题的解答〉》第4条第2项关于"企业法人、事业法人作为联营一方向联营体投资,但不参加共同经营,也不承担联营的风险责任,不论盈亏均按期收回本息,或者按期收取固定利润的,是明为联营,实为借贷,违反了有关金融法规,应当确认合同无效"之规定,《增资协议书》第7条第2项部分该约定内容,因违反《合同法》第52条第5项之规定应认定无效。HF公司除已计入SH公司注册资本的114.771万元外,其余1885.2283万元资金性质应属名为投资,实为借贷。虽然SH公司与DY公司的补偿承诺亦归于无效,但HF公司基于对其承诺的合理依赖而缔约,故SH公司、DY公司对无效的法律后果应负主要过错责任。根据《合同法》第58条之规定,SH公司与DY公司应共同返还HF公司1885.2283万元及占用期间的利息,因HF公司对于无效的法律后果亦有一定过错,如按同期银行贷款利率支付利息不能体现其应承担的过错责任,故SH公司与DY公司应按同期银行定期存款利率计付利息。

因陆某个人并未就《增资协议书》第7条第2项所涉补偿问题向HF公司作出过承诺，且其是否于2007年12月31日之前将四川省峨边县某矿过户至SH公司名下与本案不属同一法律关系，故HF公司要求陆某承担补偿责任的诉请无事实及法律依据，依法不予支持。

关于SH公司、DY公司、陆某在答辩中称《增资协议书》已被之后由HF公司与DY公司签订的《合资经营合同》取代，《增资协议书》第7条第2项对各方已不具有法律约束力的主张。因《增资协议书》与《合资经营合同》缔约主体不同，各自约定的权利义务也不一致，且2008年2月29日，在甘肃省商务厅甘商外资字〔2008〕79号《关于甘肃SH有限公司增资及股权变更的批复》中第2条中明确载明“投资双方2001年11月1日签订的增资协议、合资企业合营合同和章程从即日起生效”。故其抗辩主张不予支持。二审法院认为一审判决认定部分事实不清，导致部分适用法律不当，应予纠正。依照《民事诉讼法》第153条第2项、第3项，第158条之规定，二审判决如下：(1)撤销兰州市中级人民法院(2010)兰法民三初字第71号民事判决；(2)SH公司、DY公司于判决生效后30日内共同返还HF公司1885.2283万元及利息(自2007年11月3日起至付清之日止按照中国人民银行同期银行定期存款利率计算)。

SH公司、DY公司不服甘肃省高级人民法院(2011)甘民二终字第96号民事判决，向最高人民法院申请再审，请求裁定再审，撤销二审判决，维持一审判决。

最高人民法院认为：2009年12月，HF公司向一审法院提起诉讼时的诉讼请求是请求判令SH公司、DY公司、陆某向其支付协议补偿款19982095元并承担本案诉讼费用及其他费用，没有请求返还投资款。因此二审判决判令SH公司、DY公司共同返还投资款及利息超出了HF公司的诉讼请求，是错误的。

HF公司作为企业法人，向SH公司后与DY公司合资经营，故SH公司为合资企业。SH公司、HF公司、DY公司、陆某在《增资协议书》中约定，如果SH公司实际净利润低于3000万元，则HF公司有权从SH公司处获得补偿，并约定了计算公式。这一约定使HF公司的投资可以取得相对固定的收益，该收益脱离了SH公司的经营业绩，损害了公司利益和公司债权人利益，一审法院、二审法院根据《公司法》第20条和《中外合资经营企业法》第8条的规定认定《增资协议书》中的这部分条款无效是正确的。但二审法院认定HF公司18852283元的投资名为联营实为借贷，并判决SH公司和DY公司向HF公司返还该笔投资款，没有法律依据，本院予以纠正。

《增资协议书》中并无由陆某对HF公司进行补偿的约定，HF公司请求陆某进行补偿,没有合同依据。此外,HF 公司称陆某涉嫌犯罪,没有证据证明,本院对该主张亦不予支持。

但是,在《增资协议书》中,DY 公司对于 HF 公司的补偿承诺并不损害公司及公司债权人的利益,不违反法律法规的禁止性规定,是当事人的真实意思表示,是有效的。DY 公司对 HF 公司承诺了众星公司 2008 年的净利润目标并约定了补偿金额的计算方法。在众星公司 2008 年的利润未达到约定目标的情况下,DY 公司应当依约应 HF 公司的请求对其进行补偿。DY 公司对 HF 公司请求的补偿金额及计算方法没有提出异议,本院予以确认。

最高人民法院判决:最该法院经过审查认为,2009 年 12 月,HF 公司向一审法院提起诉讼时的诉讼请求是请求判令 SH 公司、DY 公司、陆某向其支付协议补偿款 19982095 元并承担本案诉讼费用及其他费用,没有请求返还投资款。因此二审判决判令 SH 公司、DY 公司共同返还投资款及利息超出了 HF 公司的诉讼请求,是错误的。

总结本案的主要争议焦点有以下几点:第一,对赌协议内容是否具有法律效力。一审法院认为该对赌协议违反了合营各方的利润分配要求,损害了公司及其债权人的权益,故而无效;而二审法院认为其名为联营,实为借贷,是无效的;最高人民法院最后作出了相对有效的判决,认为股东与目标公司之间的对赌协议是无效的,股东与股东之间的对赌协议是有效的,因此不难看出对赌协议的效力问题是本案中的最大的争议焦点。

第二,对赌协议的法律定性。地方法院的判决自相矛盾使在对赌协议的法律定性上产生歧义,一审认为对赌协议是合资企业协议,二审则认为是名为联营,实为借贷的保底条款。

第三,判定对赌协议效力的依据。三级法院对对赌协议效力的判定结果不同,判定依据自然也大相径庭。

对赌协议有效时间的补偿责任承担问题。对赌协议的效力认定结束后就会牵扯到具体的责任承担问题,显然各判决下的责任承担也不尽相同,正因为当事人对于权利义务的分配不满才会导致案件审理逐步升级。

教学指导手册

教学对象及目标

本案例供法律硕士案例教学使用,法学本科(大四)、经济法学硕士、金融法法学硕士也可以参酌试用。

本案例以对赌协议为切入点,首先讨论了对赌协议的法律效力问题、风险规避问题,进而涉及律师在实务中合同审查的要点及在民事诉讼中的主要权利与应进行的工作。具体要解决的问题包括:(1)在对赌协议界定上,如何认定对赌协议的合法有效性;(2)投资方在制定对赌协议时应如何保证对赌协议的合法有效性、如何规避对赌协议可能面临的风险问题;(3)以对赌协议第一案为例,如何解决对赌协议定性问题,尤其是对赌协议的思路、原则问题;(4)律师实务中,合同审查的主要内容;(5)律师在民事诉讼中的主要权利及工作内容。

教学内容

1. 什么是对赌协议?

对赌协议(valuation adjustment mechanism,VAM),最初被翻译为"对赌协议",或因符合国有文化且很形象,一直沿用至今。但其直译意思"估值调整机制"却更能体现其本质含义,所以日常听到的对赌协议,所涉及问题其实和赌博无关,实际上就是期权的一种形式。通过条款的设计,对赌协议可以有效保护投资人利益。在国外投行对国内企业的投资中,对赌协议已经应用。

对赌协议就是收购方(包括投资方)与出让方(包括融资方)在达成并购(或者融资)协议时,对于未来不确定的情况进行一种约定。如果约定的条件出现,投资方可以行使一种权利;如果约定的条件不出现,融资方则行使一种权利。所以,对赌协议实际上就是期权的一种形式。

2. 对赌协议有什么意义?

通过条款的设计,对赌协议可以有效保护投资人利益,但由于多方面的原因,对赌协议在我国资本市场还没有成为一种制度设置。在资本市场中,对赌协议已经被广泛采纳。在创业型企业投资、成熟型企业投资中，都有对赌协议成功应用的案例，最终企业也取得了不错的业绩。研究国际企业的这些对赌协议案例，对于提高我国上市公司质量，也将有极为现实的指导意义。

3. 对赌协议有什么风险？

（1）不切实际的业绩目标。企业家和投资者切勿混淆了“战略层面”和“执行层面”的问题。“对赌机制”中如果隐含了“不切实的业绩目标”，这种强势意志的投资者资本注入后，将会放大企业本身“不成熟的商业模式”和“错误的发展战略”，从而把企业推向困境。

（2）急于获得高估值融资。企业家急于获得高估值融资，又对自己的企业发展充满信心，而忽略了详细衡量和投资人要求的差距，以及内部或者外部当经济大环境的不可控变数带来的负面影响。

（3）忽略控制权的独立性。企业家常会忽略控制权的独立性。商业协议建立在双方的尊重之上，但也不排除有投资方在资金紧张的情况下，向目标公司安排高管，插手公司的管理，甚至调整其业绩。怎样保持企业决策的独立性还需要企业家做好准备。

（4）业绩未达标而失去控股权。企业家业绩未达标失去退路而导致失去控股权。一般来说，国内企业间的“对赌协议”相对较为温和，但很多国外的投资方对企业业绩要求极为严厉，很可能因为业绩发展过于低于预期，而奉送企业的控制权。

4. 如何规避对赌协议可能面临的风险？

（1）对于已经签订对赌协议或者急于融资不得不签类似协议的企业，应该有效控制这类协议的“魔性”。

（2）要注意推敲对方的风险规避条款。在引入对赌协议时，需要有效估计企业真实的增长潜力，并充分了解博弈对手的经营管理能力。在签订对赌协议时，要注意设定合理的业绩增长幅度；最好将对赌协议设为重复博弈结构，降低当事人在博弈中的不确定性。一些合同细节也要特别注意，如设立“保底条款”。通常情况下，对赌协议会有类似“每相差 100 万元利润，PE（这里指市盈率，即股权价格）下降一半”的条款，如果没有保底条款，即使企业经营不错，PE 值（市盈率）也可能降为 0。所以在很多细节上要考虑对赌双方是否公平。

（3）对于准备签订对赌协议的企业，建议合理设置对赌筹码；确定恰当的期权行权价格。对于融资企业来说，设定对赌筹码时，不能只看到赢得筹码获得的丰厚收益,更要考虑输掉筹码是否在自己的风险承受范围之内。

(4)已经签订对赌协议的企业,在出现不利局面时,申请调整对赌协议,使之更加公平。企业可以要求在对赌协议中加入更多柔性条款,比如财务绩效、赎回补偿、企业行为、股票发行和管理层等多方面指标,让协议更加均衡可控。

5. 对赌协议可能在哪些方面会有风险?

(1)财务业绩。这是对赌协议的核心要义,是指被投公司在约定期间能否实现承诺的财务业绩。因为业绩是估值的直接依据,被投公司想获得高估值,就必须以高业绩作为保障,通常是以"净利润"作为对赌标的。

(2)业绩赔偿。业绩赔偿通常有两种,一种是赔股份,另一种是赔钱。赔钱的方式较为普遍。业绩赔偿公式主要有三种:第一,T1 年度补偿款金额 = 投资方投资总额 ×(1 - 公司 T1 年度实际净利润/公司 T1 年度承诺净利润)。第二,T2 年度补偿款金额 =(投资方投资总额 - 投资方 T1 年度已实际获得的补偿款金额)×[1 - 公司 T2 年度实际净利润/公司 T1 年度实际净利润 ×(1 + 公司承诺 T2 年度同比增长率)]。第三,T3 年度补偿款金额 =(投资方投资总额 - 投资方 T1 年度和 T2 年度已实际获得的补偿款金额合计数)×[1 - 公司 T3 年实际净利润/公司 T2 年实际净利润 ×(1 + 公司承诺 T3 年度同比增长率)]。

(3)上市时间。关于"上市时间"的约定即赌的是被投公司在约定时间内能否上市。

(4)非财务业绩。与财务业绩相对,对赌标的还可以是非财务业绩,包括 KPI、用户人数、产量、产品销售量、技术研发等。一般来说,对赌标的不宜太细太过准确,最好能有一定的弹性空间,否则公司会为达成业绩做一些短视行为。所以公司可以要求在对赌协议中加入更多柔性条款,而多方面的非财务业绩标的可以让协议更加均衡可控,比如财务绩效、企业行为、管理层等多方面指标等。

(5)关联交易。该条款是指被投公司在约定期间若发生不符合章程规定的关联交易,公司或大股东须按关联交易额的一定比例向投资方赔偿损失。

(6)债权和债务。该条款指若公司未向投资方披露对外担保、债务等,在实际发生赔付后,投资方有权要求公司或大股东赔偿。债权债务赔偿公式 = 公司承担债务和责任的实际赔付总额 × 投资方持股比例。

(7)竞业限制。公司上市或被并购前,大股东不得通过其他公司或通过其关联方,或以其他任何方式从事与公司业务相竞争的业务。

(8)股权转让限制。该条款是指对约定任一方的股权转让设置一定条件,仅当条件达到时方可进行股权转让。在投资协议中的股权限制约定对于被限制方而言仅为合同义务，被限制方擅自转让其股权后承担的是违约责任，并不能避免被投公司股东变更的事实。因此，通常会将股权限制条款写入公司章程，使其具有对抗第三方的效力。实践中，亦有案例通过原股东向投资人质押其股权的方式实现对原股东的股权转让限制。

(9)引进新投资者限制。将来新投资者认购公司股份的每股价格不能低于投资方认购时的价格，若低于之前认购价格，投资方的认购价格将自动调整为新投资者认购价格，溢价部分折成公司相应股份。

(10)反稀释权。在投资方之后进入的新投资者的等额投资所拥有的权益不得超过投资方，投资方的股权比例不会因为新投资者进入而降低。在签订涉及股权变动的条款时，应审慎分析法律法规对股份变动的限制性规定。

(11)优先分红权。公司或大股东签订此条约后，每年公司的净利润要按PE、VC投资金额的一定比例，优先于其他股东分给PE、VC红利。

(12)优先购股权。公司上市前若要增发股份，PE、VC优先于其他股东认购增发的股份。

(13)优先清算权。公司进行清算时，投资人有权优先于其他股东分配剩余财产。上述三种"优先"权，均是将PE、VC所享有的权利放在了公司大股东之前，目的是为了让PE、VC的利益得到可靠的保障。

(14)共同售股权。公司原股东向第三方出售其股权时，PE、VC以同等条件根据其与原股东的股权比例向该第三方出售其股权，否则原股东不得向该第三方出售其股权。此条款除了限制了公司原股东的自由，也为PE、VC增加了一条退出路径。

(15)强卖权。投资方在其卖出其持有公司的股权时，要求原股东一同卖出股权。强卖权尤其需要警惕，很有可能导致公司大股东的控股权旁落他人。

(16)一票否决权。投资方要求在公司股东会或董事会对特定决议事项享有一票否决权。这一权利只能在有限责任公司中实施，《公司法》第42条规定："有限责任公司的股东会会议由股东按照出资比例行使表决权；但是，公司章程另有规定的除外"。而对于股份有限公司则要求股东所持每一股份有一表决权，也就是"同股同权"。

(17)管理层对赌。在某一对赌目标达不到时由投资方获得被投公司的多数席位，增加其对公司经营管理的控制权。

(18)回购承诺。公司在约定期间若违反约定相关内容，投资方要求公司回购股份。股份回购公式：大股东支付的股份收购款项 =（投资方认购公司股份的总投资金额－投资方已获得的现金补偿）×（1＋投资天数/365×10%）－投资方已实际取得的公司分红。回购约定要注意两方面的内容：一是回购主体的选择。二是回购意味着PE、VC的投资基本上是无风险的。投资机构不仅有之前的业绩承诺的保底，还有回购机制，稳赚不赔。但是这种只享受权利、利益、有固定回报，但不承担风险的行为，法律上可认定为借贷。根据最高人民法院《关于审理联营合同纠纷案件若干问题的解答》第4条第2项的规定，企业法人、事业法人作为联营一方向联营体投资，但不参加共同经营，也不承担联营的风险责任，不论盈亏均按期收回本息，或者按期收取固定利润的，是明为联营，实为借贷，违反了有关金融法规，应当确认合同无效。除本金可以返还外，对出资方已经取得或者约定取得的利息应予收缴，对另一方则应处以相当于银行利息的罚款。

（19）违约责任。任何一方违约的，违约方向守约方支付占实际投资额一定比例的违约金，并赔偿因其违约而造成的损失。

6. 最高人民法院对于对赌协议第一案的判决给我们带来什么启示？如何保障对赌协议的合法有效性？

（1）合理设定对赌的评判标准。要想实现双赢，关键是要设定合理的对赌标准。对赌协议之所以在我国遭到强烈的谴责，原因就是对赌标准设定得过高，利益明显偏向机构投资者一方。由于国内民营企业正处于发展期，急需国际投资银行的技术和资金支持，导致对赌协议的签订往往缺乏理性的分析判断。所以对于融资方的企业管理层来说，全面分析企业综合实力，设定有把握的对赌标准，是维护自己利益的关键渠道。企业管理层除了准确判断企业自身的发展状况外，还必须对整个行业的发展态势，如行业情况、竞争者情况、核心竞争力等有良好的把握，才能在与机构投资者的谈判中掌握主动。

（2）对赌双方都要调低预期。尽管“对赌协议”不是导致企业败局的元凶，但在绝大多数情况下，“对赌协议”让输家（特别是融资方）雪上加霜也是不争的事实。因此，重新考量“对赌协议”的机制、作用并认真研判其中利弊，对求资若渴的本土企业来说也是异常重要。设置“对赌协议”条款的重要目的是给目标企业（包括企业原管理层）带来“激励效应”，但过分的激励也可能会让企业变得非理性甚至走入歧途。特别是对于风险投资人，他们更加关注的是短期效益和自身安全撤退，这与企业追求长期持续发展的经营目标天然冲突，一旦二者不能很好调适和校正，一有变故必将伤筋动骨。不管是原始股东，还是新进入的风险投资人，在“对赌协议”中一定要主动调低双方的预期，尽可能为目标企业多留足灵活进退、自主经营的空间才是明智之举。

(3)精心设计和协商协议条款。对赌协议的核心条款包括两个方面的主要内容:一是约定未来某一时间判断企业经营业绩的标准,目前较多的是盈利水平;二是约定的标准未达到时,管理层补偿投资方损失的方式和额度。首先要注意推敲对方的风险规避条款。当事人在引入对赌协议时,需要有效估计企业真实的增长潜力,并充分了解博弈对手的经营管理能力。在签订对赌协议时,要注意设定合理的业绩增长幅度;最好将对赌协议设为重复博弈结构,降低当事人在博弈中的不确定性。对于准备签订对赌协议的企业,合理设置对赌筹码;确定恰当的期权行权价格。"对于融资企业来说,设定对赌筹码时,不能只看到赢得筹码获得的丰厚收益,更要考虑输掉筹码是否在自己的风险承受范围之内。"对赌标的不宜太细。如果对赌标的很详细,到最后也很难判断是否合理,而且创业者往往为了这些条款,牺牲长远利益而保证达到眼前的要求。比如一个公司一年实际收入 700 万美元、盈利 100 万美元,而对赌协议要求年终达到 1000 万美元、盈利 200 万美元,为了保证当年的收入,企业家就会做一些短期行为,反而影响公司长远的发展。合同细节也要特别注意。比如设立"保底条款"。通常情况下,对赌协议会有类似"每相差 100 万元利润,PE(这里指市盈率,即股权价格)下降一倍"的条款,如果没有保底条款,即使企业经营不错,PE 值(市盈率)也可能降为 0。所以在很多细节上要考虑对赌双方是否公平。

(4)就企业角度而言,要客观估量自己的成长能力,钱并非融得越多越好。

对于创业者而言,在与投资人签订"对赌协议"时应当注意以下事项:从风险防范的角度出发,企业在同私人股权资本的谈判中应掌握主动权,把握好自己的原则和底限,要通过合理的协议安排锁定风险,以保证自身的对企业最低限度控股地位。对于融资企业来说,在设定对赌筹码时,不能只看到赢得筹码获得丰厚收益,更要考虑输掉筹码是否在自己的风险承受范围之内。这样不至于自己饿着甚至死掉。创业团队要对影响企业自身发展的内外因素如商业模式、人力资源、市场发展、竞争对手、资金、客户、原材料等作充分了解和合理分析,制定合理的发展目标。配合投资人做好尽职调查。公开透明地向投资人开放信息,使投资人经过认真的尽职调查,在充分了解企业状况而不是仅凭"对赌"机制保护自身利益的情况下,与创业团队共同制定预期目标。

7. 对赌协议签订后,应该如何实现双赢?

对赌的两种结果——双赢或双输 如果企业达到对赌标准,融资方自然是"赢"了,而投资方虽然"输"了一部分股权,却可以通过企业股价的上涨获得数倍的补偿；如果企业没有达到对赌标准，融资方的企业管理层将不得不通过割让大额股权等方式补偿投资者，其损失不言而喻；而投资方虽然得到了补偿，却可能因为企业每股收益的下降导致损失。因此努力实现对赌标准是双方利益的共同之处，也是融资方实现对赌目的的唯一途径，在决定是否采用对赌方式融资时，企业管理层应谨慎考虑各种因素，权衡利弊，避免产生不必要的损失。

(1)努力提高企业的经营管理水平。对赌协议中的有些条款是大的国际投资银行作为投资的附加条件,硬性施加给企业的。有的企业在履行对赌协议时,为了达到协议约定的业绩指标,重业绩轻治理、重发展轻规范,结果导致对赌失败,或者虽然对赌成功,但企业缺乏后劲,影响了企业的长远发展。对赌的投资方多为国际财务投资者,他们为企业提供资金,帮助企业上市,然后通过出售股权的方式套现、退出企业。因此,更长的路需要企业自己走,即使企业在对赌期间也要加强内部机制的治理,增强企业抵御风险的能力,不断增强核心竞争力。

(2)不断增强企业抵御风险的能力。"对赌协议"往往是作为机构投资者进行投资的附加条件之一施加给企业的。有的企业在对赌期间，为了达到约定的业绩指标，重业绩轻治理、重发展轻规范，结果导致对赌失败，或者虽然对赌成功，但由于对赌期间竭泽而渔,企业缺乏后劲，元气大伤，影响企业的长远发展。机构投资者的任务主要是提供资金，帮助企业上市,同时签订对赌协议保障自身投资利益。在企业上市后，他们多数会通过出售股权套现退出。外资对民营企业只是起到一种助推作用，更长的路需要企业自己走。所以在借力国际资本的同时，企业也要加强内部机制的治理，增强企业抵御风险的能力，避免过度依赖国际资本。

(3)双方灵活协调处理危机。对于那些已经签订对赌协议的企业,在出现不利局面时,申请调整对赌协议,使之更加公平。企业可以要求在对赌协议中加入更多柔性条款,比如财务绩效、赎回补偿、企业行为、股票发行和管理层等多方面指标,让协议更加均衡可控。

8. 合同审查概念是什么？

合同审查就是按照法律法规以及当事人的约定对合同的内容、格式进行审核。要审查合同如何成立或者是否成立、如何生效或者是否生效、有无效力待定或者无效的情形、合同权利义务如何终止或者是否终止、相应的合同约定或者条款会产生什么样的法律后果、会产生什么样的民事法律关系、什么样的行政法律关系、什么样的刑事法律关系、与我方的期待有多大距离。审查过程中,要时刻考虑法律后果概念。使法律后果概念贯穿前面三个环节每一环节。因为任何一个环节出现问题或者发生特定的情况都会导致特殊的法律后果发生。

9. 合同审查的方法

(1)合同条款的审查。基本的步骤和方法就是合同条款的审查。全面细致地对合同条款逐一审查,这是审查合同的基本方法.但审查应该有重点。有三方面内容必须审查:一看合同的主体,二看合同的标的,三看合同的数量条款。此三者为合同的必备条款,无此三者则合同不能成立。对于特定合同按照特定合同的特点和要求对其必备条款进行审查,查漏补缺。

(2)文字审查。合同是文字的游戏,使用规范的语言能够避免误会防止争议的发生。

(3)合法性审查,主要审查是否违反法律强制性规定,合同的无效问题。

(4)涉他权利审查,合同标的可能涉及他人知识产权或者其他利益,应该进行审查,避免侵权。

(5)清洁条款审查,清洁条款的审查很重要,在科技发达的当今社会仿制模仿的技术非常高了,清洁条款对于避免纠纷发生很重。

10. 合同审查的内容

(1)合同主体的审查。审查合同主体时,应重点审查是否具备签订及履行合同的资格。对于企业法人,审查重点是是否拥有合法、有效的《企业法人营业执照》,经营范围、经营方式是否与合同相适应,对于某些限制经营、特许经营等特别行业,是否有相应的经营许可。代订合同的,还应当审查代理人是否具备委托人的授权委托证明,是否在授权范围、授权期限内签订合同。有担保人的合同,应当审查担保人是否具有担保能力和担保资格。

(2)审查合同条款是否完备。应按照合同的性质,依据相应的法律法规的规定对合同条款进行认真审查,确定合同条款有无遗漏,各条款内容是否具体、明确、切实可行。避免因合同条款不全或过于简单、抽象、原则,给履行带来困难和隐患。

(3)合同双方真实意思表示。根据《民法通则》第 59 条、《合同法》第 54 条的规定,重大误解,显失公平的,以欺诈、胁迫的手段或者乘人之危,使对方在违背真实意思的情况下订立的合同,受损害方有权请求人民法院或者仲裁机构变更或者撤销。

(4)合同内容的合法性审查。保证合同的有效性,乃义不容辞的责任。审查合同内容的合法性时,要特别注意《民法通则》第58条的规定、《合同法》第52条的规定和一些特别法的相应规定。应当重点审查合同内容是否损害国家、集体或第三人的利益;是否有以合法形式掩盖非法目的的情形;是否损害社会公共利益;是否违反法律、行政法规的强制性规定。合同个别条款无效并不导致整个合同无效,整个合同无效并不导致合同约定的仲裁条款无效。当合同个别条款无效时,只需修改该个别条款;当整个合同无效时,就要放弃当事人提供的合同草稿,重新起草一份新的合同。

(5)合同内容的合理性审查。

(6)审查合同的文字是否规范审查合同时,应对合同草稿仔细推敲、反复斟酌。确定合同中是否存在前后意思矛盾、词义含糊不清的文字表述,并及时纠正容易引起误解、产生歧义的语词,确保合同的文字表述准确无误。委托人有时为了强调某件事,用词激烈如:“必须、绝对”等,其实不可不必,上述用词只能引起相对方的反感,并无特别的法律效果,“应当”已经可以表明意思。合同用词不能使用形容词如“巨大的”、“重要的”、“优良的”、“好的”、“大的”、“合理的”等,避免使用模棱两可的词语如“大约”、“相当”,亦不要泛指如“一切”、“全部”(若必须用该字眼,就应写下“包括但不限于……”),简称必须有解释,容易产生误解和歧义的词语要定义,用词要统一,标点符号亦不可轻视。俗话说:一字值千金,在合同上表现尤为突出,可谓一字之差,谬之千里。合同用语不确切,不但使合同缺乏可操作性,而且还会导致纠纷的产生。

(7)审查合同签订的手续和形式是否完备。如需经批准或登记的合同,是否约定了办理批准或登记手续的责任;合同中约定了经公证后合同方能生效,应审查合同是否经过公证机关公证;附期限和条件的合同,应审查期限和条件的规定;合同约定第三人为保证人的,应审查是否有保证人的签名或盖章;采用抵押方式担保的,法律规定或合同约定必须办理抵押物登记的,应审查是否办理了登记手续;采用质押担保方式的,应按照合同中约定的质物交付时间,审查当事人是否按时履行了质物交付的法定手续;审查合同双方当事人是否按合同约定签字或盖章。

11. 在民事诉讼中,律师应如何撰写代理词?

(1)代理词的条理必须清楚。代理人需要对案件有清楚的认识,对庭审中双方的争议焦点有精确的把握。才能对案件有正确的认识。代理人在代理词中一定要表达清楚自己的意思,有的放矢,中心要突出。说理要有力度。

(2)代理词的语音需简明、精确,言不在多而贵在精。该表达的表达清楚就可以,感性的抒情没有必要。不需要过多的法理阐述,点到为止。

(3)代理词的所有观点都必须有事实和法律依据。如果是证据,必须是经庭审质证的证据。不能有想当然的观点。

12. 在民事诉讼中,代理律师有哪些权利?

律师代理权分两种:一般代理和特殊代理。

一般授权代理是指代理人仅享有出庭、收集提供证据、辩论、起草代写诉状等法律文书等诉讼权利。根据委托人授权,享有一般授权的代理人只能代理当事人行使其一般民事诉讼权利的代理,包括下列内容:代为起诉、应诉;代理申请诉讼保全或证据保全;申请回避,向法庭提供证据,鉴定人和勘验人,要求重新鉴定调查或勘验请求调解,发表代理意见;申请执行;双方商定的其他可以代理的事项。特别授权代理是指特别授权代理中代理人除享有一般授权代理的诉讼权利外,还可行使代为和解、上诉等涉及当事人实体利益的诉讼权利。

特别授权代理权限包括下列内容为代为承认部分或全部诉讼请求;代为放弃、变更或增加诉讼请求;代为和解;代为反诉;代为提出或申请撤回上诉。

课堂时间安排

本案例可以作为专门的案例教学课来进行,整个案例课的课堂安排3个课时,每课时45分钟。

如下课堂设计,仅供参考。

1. 课前计划:安排学生阅读案例及相关参考资料,对案例所涉及问题进行思考,撰写实践题答案。

2. 课中计划:(1)介绍教学案例的具体情况,明确讨论主题;(2)分组讨论,回答各项思考题,讨论实践题的撰写要点;(3)小组代表提出撰写要点,学生讨论和分析;(4)教师归纳总结。

3. 课后计划:布置学生进一步思考辩对赌协议的制定和风险规避的方式,以及如何更好地发挥对赌协议的作用。

思考题和实践题

1. 思考题

(1)在"对赌协议"中,协议各方实际上对赌的是什么?

(2)投资者与被投资公司签订的"对赌协议"和投资者与被投资公司的主要股东签订的"对赌

协议”有什么区别?

(3)在帮助客户审查合同的过程中,如何最大限度地降低客户的合同风险?

(4)你认为最高人民法院对此案会如何进行判决?

(5)请思考律师在民事诉讼案件中应进行哪些具体的工作?

(6)本案例对我们有何启发?

2. 实践题

(1)如果你是HF公司的代理律师,你应该做哪些诉讼准备工作? 请根据以上案情,编写工作计划。

(2)结合本案案情,为投资HF公司撰写再审代理词。

(3)请撰写审查合同的注意要点。

(4)请自行撰写一份对赌协议。

参考文献

1. 韦祎、崔蕾:《“对赌协议”司法第一案的评析与启示》,载《天津法学》2013年第2期。
2. 栾芳:《对赌协议效力析——从“甘肃世恒案”谈起》,载《公司法法律评论》2013年卷。
3. 高浩翔:《对赌协议的法律性质及效力研究》,天津师范大学2015年硕士学位论文。
4. 单维闯:《我国对赌协议应用问题研究——以海富案为例》,吉林财经大学2014年硕士学位论文。
5. 潘冲:《海富投资诉甘肃世恒一案解读:对赌条款之效力探析》,载《经济研究导刊》2014年第13期。
6. 唐英:《甘肃“对赌协议案”判决之评析——以法律方法的运用为视角》,载《法学论坛》2015年1月。

撰稿人｜李晓新,安徽大学法学院副教授,法学博士

4 CASE

路易威登马利蒂与董党伟、安徽白马商业经营管理有限公司、合肥盛装物业管理有限公司侵害商标权纠纷案

| 摘　要 |

本教学案例以一起真实的商标侵权案件为蓝本，围绕商标侵权民事诉讼各个环节进行设计，涉及法律知识点和法律职业技能主要包括：代理律师如何参与各阶段民事诉讼，商标侵权案件的证据收集、保全、事实认定与法律适用等。本案例涉及的实体法问题包括市场经营管理者商标帮助侵权责任的认定、商标侵权赔偿数额的确定等，涉及的证据和事实问题包括商标侵权的证据收集、证据保全公证等。本案例是最高人民法院发布的2014年中国法院50件典型知识产权案例之一，也是2014年安徽法院知识产权司法保护十大典型案例之一。本案例对认定市场经营管理者商标侵权责任具有参考意义。

| 关键词 |

商标侵权　市场经营管理者　帮助侵权　连带责任　证据保全公证

| 教学目标 |

着重让学生掌握以下四方面内容：(1)代理律师如何撰写起诉状；(2)代理律师如何撰写代理词；(3)如何进行知识产权侵权证据保全公证；(4)法官如何撰写一审判决书，判决书如何说理。

教学案例主文

一、案件当事人

原告：路易威登马利蒂(Louis Vuitton Malletier)，注册地址为法兰西共和国巴黎杜邦－纳沙大街2号。

代表人:迈克尔·布尔克(Michael·Burke),该公司首席执行官。

被告:董党伟(合肥瑶海区党伟皮具店业主)。

被告:安徽白马商业经营管理有限公司,住所地中华人民共和国安徽省合肥市新站区安徽大市场一区 C4 栋,组织机构代码 76276866－5。

法定代表人汪登厚,该公司董事长。

被告:合肥盛装物业管理有限公司,住所地中华人民共和国安徽省合肥新站区站前路安徽白马服装城 5 楼 A001 号,组织机构代码 78494299－4。

二、原告诉讼请求与被告答辩

原告请求判令三被告:(1)停止侵犯原告注册商标专用权行为;(2)连带赔偿原告经济损失人民币 20 万元;(3)连带赔偿原告为调查取证及追究侵权责任所产生的公证费、律师费、差旅费和其他实际支出共计人民币 44840 元;(4)承担本案诉讼费用。

被告董党伟辩称,其门店并非自己经营而是转租他人经营。经询问经营者,店内本无侵权产品,是原告购买时点名要求购买,因此才从别处拿货给原告。原告该行为明显属于"钓鱼执法"。

被告白马管理公司、盛装物业公司共同辩称,两被告不是适格被告。其既不是白马三期市场的开发者和开办者,更不是市场的经营管理方;两被告不是涉案商铺的产权所有者、出租方和承租方,市场开发者和开办者均未委托两被告从事市场的经营管理服务,因此两被告不是法律上的经营管理者。盛装物业公司虽然是白马三期市场的物业管理方,但其服务范围仅是物业管理,也仅收取物业管理费用,没有法定的经营管理义务。而且事实上两被告也从没有进行过经营管理服务。

三、基本案情

原告路易威登马利蒂(Louis Vuitton Malletier)在中国依法拥有第 241081 号、第 241012 号、第 241019 号、第 3226108 号注册商标,商品国际分类均为 18 类,使用商品包括皮具、箱包、皮革制品等,目前均处于有效状态。其中第 241081 号于 2006 年 1 月 15 日核准注册,为字母"LV"叠加文字商标;第 241012 号于 2006 年 1 月 15 日核准注册,为字母"LV"叠加文字与花瓣图形组合商标;第 241019 号于 2006 年 1 月 15 日核准注册,为"Louis Vuitton"文字商标;第 3226108 号于 2006 年 5 月 14 日核准注册,为深色与浅色方格拼接图形商标。原告将上述四注册商标在其箱包、皮具等产品上广泛使用。

董党伟2012年7月17日注册了名称为“合肥瑶海区党伟皮具店”的个体工商户，经营场所为安徽省合肥市瑶海区站前路白马三期1-344号(1156)。

白马管理公司成立于2004年5月26日，经营范围：物业管理，商业经营策划、咨询服务，房产销售代理，服装销售。

盛装物业公司成立于2006年3月7日，经营范围：物业管理，小区规划，室内外装饰，房屋租赁及中介服务，票务代理(除航空业务)，停车服务，楼宇、汽车清洗服务，日用百货、体育用品销售。

2012年8月9日，在北京市中信公证处公证人员监督下，北京罗杰律师事务所的委托代理人芮雪对网址为http://www.ahbaima.com/的网站的相关内容进行了截屏保存。该网站的文章《安徽白马服装城简介》记载：“安徽白马服装城由安徽省粮油进出口(集团)公司、安徽省投资集团和安徽白马商业经营管理有限公司共同投资打造”，在网站“关于我们”栏目中记载：“安徽白马服装城一期2004年10月18日盛大开业。安徽白马服装城一期由安徽省投资集团、安徽省粮油总公司投资，安徽白马商业经营管理有限公司管理……2006年9月30日，由安徽万安置业、安徽白马商业经营管理有限公司联合打造的安徽白马服装城二期开业……由香港宝文置业开发，由安徽白马商业经营管理有限公司管理的白马三期——安徽白马商贸城9月30日盛大开业。”同日，北京市中信公证处出具(2012)京中信内经证字14123号《公证书》，附56页网页打印件，对上述公证过程予以证实。

2014年7月8日，在北京市方正公证处公证人员的监督下，原告的委托代理人彭祎对网址为http://www.ahbaima.com/的网站的相关内容进行了截屏保存。根据该网站网页记载的网站备案/许可证号“皖ICP备05019492”在国家工业和信息化部网站的查询结果，该网站备案/许可证号以及网址属于白马管理公司。网站有大量与白马管理公司有关的信息。比如，《安徽白马集团简介》一文记载：安徽白马商业经营管理有限公司是一家专注于商业地产开发与专业市场建设运营管理的专业化商业管理机构。公司成立于2004年，有着八年的发展历程，先后开发运营了白马一、二、三期市场，并在安徽全省范围内参与合作开发了多个地标性商业综合体项目。白马管理公司现有员工500人，市场从业人员近两万人，经营商家近4000家，市场总经营面积24万平方米，总产值达150亿元，现已发展成为安徽目前规模最大、品类最全、品牌最多的综合市场商圈。2009年9月30日，白马三期——安徽白马商贸城的开业，标志着白马正式向全业态发力。白马商贸城总经营面积达10万平方米，经营范围囊括品牌皮具、箱包、童装、饰品、工艺品、礼品、玩具、家居饰品、音像制品等十几个业态，上百个门类，集中了此前分散全省的品牌批发商,依托成熟市场优势与丰富的品牌、商业资源,成功实现了"销售产品全业态、消费层次全覆盖,市场环境全流通"的商业构想。

该网站还介绍了"安徽白马集团"的组织架构,由包括白马管理公司、盛装物业公司在内的四家单位组成。庭审中,白马管理公司、盛装物业公司承认"安徽白马集团"未办理工商登记注册手续。

2014年7月16日北京市方正公证处出具(2014)京方正内经证字第10839号《公证书》,附26页网页打印件,对上述公证过程予以证实。

2011年11月8日,原告的复代理人北京柯文兄弟知识产权代理有限公司指派工作人员张勇来到位于安徽省合肥市站前路的安徽白马商贸城(白马三期)商厦一楼,在商铺户为1-344的"征途皮具"商铺,购买男士皮包和皮带各一个,价格为人民币400元。安徽省合肥市徽元公证处指派公证人员全程进行了监督。2011年11月22日,该公证处出具(2011)皖合元外证字第19626号《公证书》,附《送(销)货单》和名片复印件各1份、照片6张,对上述公证过程予以证实。照片表明,男士皮包和皮带产品均标示了原告的第241081号、第241012号商标。

2012年2月7日,北京罗杰律师事务所向白马管理公司、盛装物业公司的负责人汪登厚发出律师函,告知白马商贸城三期众多商户销售假冒原告注册商标的情况,要求两公司对市场内商户的售假行为采取综合措施予以有效制止。庭审中,白马管理公司、盛装物业公司否认收到律师函。

2012年3月1日,原告的复代理人北京柯文兄弟知识产权代理有限公司指派工作人员储修凤来到位于安徽省合肥市站前路的安徽白马商贸城(白马三期)商厦一楼,在商铺户为1-344的"征途皮具"商铺,购买女包一个,价格为人民币280元。安徽省合肥市徽元公证处指派公证人员全程进行了监督。2012年3月12日,该公证处出具(2012)皖合元外证字第1814号《公证书》,附名片复印件一份、照片三张,对上述公证过程予以证实。照片表明,女包产品标示了原告的第241081号、第241012号商标。

2014年5月25日,原告的委托代理人北京永凯兄弟知识产权代理有限公司指派工作人员张勇来到位于安徽省合肥市站前路的安徽白马商贸城一楼,在商铺户为1-344的"征途皮具"商铺,购买皮夹一个,价格为人民币280元。安徽省合肥市中安公证处指派公证人员全程进行了监督。2014年6月13日,该公证处出具(2014)皖合中公证字第7266号《公证书》,附名片复印件一份、照片七张,对上述公证过程予以证实。照片表明,皮夹产品及外包装上标示了原告的第241019号、第241081号、第3226108号商标。

2010年3月17日,《中国纺织报》(第4637期)刊登文章《安徽白马:打造专业市场界的“安徽名片”》,内容主要是安徽白马市场一、二、三期的发展过程以及白马管理公司董事长汪登厚就发展白马市场介绍的经验体会。文章中使用的两个分标题是“服务型管理——开启市场的黄金法则”、“一站式服务感动‘上帝’的王牌定律”。文章正文部分记载:安徽白马服装城一期于2004年10月18日开业。2006年9月30日,安徽白马服装城二期开业。安徽白马商贸城(白马三期)于2009年9月30日开业。服务贯彻市场建设的始终,无论是何等复杂的形势与不利的因素,都不影响其升值的潜力,这正是白马商业经营成功的奥秘之一。公司董事长汪登厚认为,不论白马发展到什么阶段,战略重心如何调整,为经营者着想、让消费者满意,都将是白马三期永恒的商业追求,同时也是白马提升核心竞争力的必然选择。汪登厚表示,在白马三期——白马商贸城的经营管理中,摆在首位的仍是经营。安徽白马商贸城位于安徽白马服装城二期西侧,汇聚了3000多个品牌,1000多名经营户,总经营面积达8万平方米,由香港宝文置业开发、安徽白马商业经营管理有限公司管理。

2014年10月9日,原告的委托代理人北京永凯兄弟知识产权代理有限公司的法定代表人张勇来到位于安徽省合肥市站前路上一处建筑物外墙标有“安徽白马服装城(白马三期)”字样的商场入口,对该商场外围道路标牌、商场建筑外观及商场入口处张贴的《关于暑(寒)假、其他节假日以及日常时间市场儿童安全管理通告》和《消防监督管理信息公示牌》进行了拍照,获得照片四张。安徽省合肥市中安公证处指派公证人员全程进行了监督。2014年10月10日,该公证处出具(2014)皖合中公证字第11445号《公证书》,附照片四张,对上述公证过程予以证实。根据照片,《消防监督管理信息公示牌》记载的单位名称是白马管理公司,消防安全责任人是汪登厚。

庭审中,原告认可盛装物业公司仅为涉案商城提供物业管理服务。

庭审中,董党伟陈述,其向盛装物业公司只交纳公摊水电气费、物业管理费,未向白马管理公司交纳任何费用,两公司对其经营从未有过管理行为。

2014年8月2日,董党伟向盛装物业公司交纳公摊水电气费、物业管理费合计531.8元。

2014年9月17日,宝文置业(安徽)有限公司出具《证明》,证明安徽白马商贸城由该公司投资开发,2010年完成该项目的销售和招商工作,现该商贸城的物业管理工作由盛装物业公司承担。

原告在本案中支出了律师费、公证费、购买侵权产品等费用。

以上事实,有原告路易威登马利蒂提供以下证据证实:第241081号、第

241012 号、第 241019 号、第 3226108 号商标注册证明;北京、上海、广州等地工商行政管理机关发布的相关通告;广东省深圳市中级人民法院(2005)深中法民三初字第 738 号民事判决书;国家工商行政管理总局商标评审委员会商评字(2011)第 13236 号商标异议复审裁定书;北京市第一中级人民法院(2014)一中知行初字第 213 号民事判决书;国家工商行政管理总局商标局(2011)商标异字第 48992、48993、36143、44326、48859 号商标异议裁定书;三被告的工商档案信息及白马管理公司提交的证据材料;(2014)京方正内经证字第 10839 号公证书、(2012)京中信内经字第 14123 号公证书;(2011)皖合元外证字第 19626 号公证书;(2012)皖合元外证字第 1814 号公证书;(2014)皖合中公证字第 7266 号公证书;2014)皖合中公证字第 11445 号《公证书》;2010 年 3 月 17 日《中国纺织报》(第 4637 期);律师费发票;公证费发票;购买涉案侵权商品的费用凭证;差旅费票据。被告白马管理公司提供两份证据证实:物业收费发票;宝文置业(安徽)有限公司出具的《证明》。

四、法院判决

合肥市中级人民法院(2014)合民三初字第 00203 号民事判决书对本案作出如下判决:(1)被告董党伟和被告安徽白马商业经营管理有限公司于本判决生效之日起停止侵害原告路易威登马利蒂系列注册商标专用权的行为;(2)被告董党伟于本判决生效之日起 15 日内赔偿原告路易威登马利蒂经济损失及合理支出人民币 30000 元,被告安徽白马商业经营管理有限公司承担连带赔偿责任;(3)驳回原告路易威登马利蒂对被告合肥盛装物业管理有限公司的诉讼请求;(4)驳回原告路易威登马利蒂的其他诉讼请求。

被告如果未按本判决指定的期间履行给付金钱义务,应依照《民事诉讼法》第 253 条之规定,加倍支付迟延履行期间的债务利息。

本案案件受理费 4748 元,由被告董党伟负担 2500 元,被告安徽白马商业经营管理有限公司负担 1500 元,原告路易威登马利蒂负担 748 元。

教学指导手册

教学对象及目标

本案例供法律硕士案例教学使用,法学本科(大四)、民法学硕士、民事诉讼法学硕士也可以参酌试用。

本案例主要就法官、代理律师在民事诉讼中从事的法律活动和市场经营管理者商标侵权责任认定等问题进行讲授。具体要解决的问题包括:(1)代理律师接受委托后如何为当事人撰写起诉状、答辩状;(2)代理律师在民事诉讼活动中如何收集、保全证据,如何撰写代理词;(3)以市场经营管理者商标侵权责任认定为例,探讨在个案法律适用中如何解释法律,在民事诉讼中法官如何运用归入法得出裁判结论。

教学内容

1. 第一审民事诉讼代理律师在开庭前需要完成哪些主要工作?

在第一审民事诉讼中代理律师接受一方当事人委托,签订委托代理合同,由当事人出具“授权委托书”。在办理好委托代理手续后,代理律师需要进一步了解案件事实,收集证据,赴人民法院查阅案卷,做好案件事实调查和取证工作,全面客观地掌握案件事实。原告代理律师在需要时为原告书写起诉状,帮助原告向人民法院递交起诉状,并按照被告人数提出副本,提起民事诉讼。被告代理律师为被告书写答辩状,并在法定期限内向法院提交答辩状。民事诉讼的代理律师应当在举证期限内向法院提供证据材料,在法院组织下进行证据交换事务。在庭审前,代理律师应当准备好拟向对方当事人、证人等发问的提纲;对于对方当事人或者代理人可能提出的问题,拟出回答提纲;准备好将在法庭宣读、出示的证据;撰写代理词的基本框架和基本内容。

2. 在民事诉讼文书中如何进行必要的案例引证?

在疑难案件中,法律文本存在较大的模糊性,甚至存在一定的漏洞,进行必要的案例引证有利于阐明理由,增强说服力。在本案中,原告的民事起诉状中,引证了香奈儿股份有限公司诉黄善旺、北京市秀水豪森服装市场有限公司侵犯注册商标专用权纠纷案(〔2005〕二中民初字第13598号、〔2006〕高民终字第334号)。类似典型案例还有:路易威登马利蒂公司诉北京朝外门购物商场有限公司侵犯商标权及不正当竞争纠纷案(〔2006〕二中民初字第2140号)、拉科斯特股份有限公司诉上海龙华服饰礼品市场经营管理有限公司商标侵权案[〔2009〕沪一中民五(知)初字第211号]、科奇公司(Coach,Inc.)诉上海兴旺国际服饰城市场经营管理有限公司侵犯商标专用权纠纷案[〔2009〕沪二中民五(知)初字第151号]等。学生应当学会从中国裁判文书网、北大法宝数据库等多种途径收集相关典型案例,并在实际案件中加以运用。

3. 在知识产权侵权案件中如何进行保全证据公证?

根据《公证法》第11条第9项的规定,保全证据属于公证机构根据自然人、法人或者其他组织的申请而办理的公证事项。《公证法》第36条规定:"经公证的民事法律行为、有法律意义的事实和文书,应当作为认定事实的根据,但有相反证据足以推翻该项公证的除外。"《民事诉讼法》第69条规定:"经过法定程序公证证明的法律事实和文书,人民法院应当作为认定事实的根据,但有相反证据足以推翻公证证明的除外。"2004年8月18日,中国公证员协会第四届理事会第三次会议通过《办理保全证据公证的指导意见》,2008年11月25日,中国公证协会第五届常务理事会第七次会议对该意见进行了修订。《办理保全证据公证的指导意见》第2条规定:"保全证据公证是指公证机构根据自然人、法人或者其他组织的申请,依法对与申请人权益有关的、有法律意义的证据、行为过程加以提取、收存、固定、描述或者对申请人的取证行为的真实性予以证明的活动。"2012年2月2日,中国公证协会第六届常务理事会第七次会议审议通过《办理保全互联网电子证据公证的指导意见》。在知识产权侵权案件中可以申请公证机关进行保全证据公证。在申请再审人北大方正集团有限公司 、北京红楼计算机科学技术研究所与北京高术天力科技有限公司、北京高术科技公司计算机软件著作权侵权纠纷案(〔2006〕民三提字第1号)中,最高人民法院肯定了"陷阱取证"证据保全公证方式。

在本案中,原告采取了保全证据公证,向法庭提交了下列公证书:(2014)京方正内经证字第10839号公证书、(2012)京中信内经字第14123号公证书;(2011)皖合元外证字第19626号公证书;(2012)皖合元外证字第1814号公证书;(2014)皖合中公证字第7266号公证书;(2014)皖合中公证字第11445号公证书。

4. 在民事诉讼中法官如何解释法律?

由于成文法存在模糊语义、歧义、法律漏洞等原因,需要裁判者在成文法适用中对其进行一定的解释,从而产生了成文法适用中的法律解释。就本案而言,法官裁判案件依据的法律、行政法规、司法解释等主要有:《民法通则》第130条、第134条第1项和第7项,《侵权责任法》第9条第1款,《商标法》第57条第3项和第6项、第63条,《商标法实施条例》第75条,最高人民法院《关于贯彻执行〈中华人民共和国民法通则〉若干问题的意见(试行)》第148条第1款等。根据2013年修正的《商标法》第57条第6项的规定,“故意为侵犯他人商标专用权行为提供便利条件,帮助他人实施侵犯商标专用权行为的”属于侵犯注册商标专用权,2014年修订的《商标法实施条例》第75条规定:“为侵犯他人商标专用权提供仓储、运输、邮寄、印制、隐匿、经营场所、网络商品交易平台等,属于商标法第五十七条第六项规定的提供便利条件。”但是,对何为“帮助侵权”、“商标帮助侵权”、如何认定市场经营管理者商标侵权责任等,法律、法规的规定尚很简单、模糊,需要进一步解释。国务院《关于进一步做好打击侵犯知识产权和制售假冒伪劣商品工作的意见》(国发〔2011〕37号)指出:市场开办者、网络交易平台经营者要承担相应的管理责任,引导和督促商户规范经营。借鉴网络侵权的“通知—删除”规则,对于市场经营管理者的商标侵权责任可以确立这样的规则:市场经营管理者在收到权利人发出的商标侵权警告函之后,应当采取必要的监督、管理措施以消除侵权行为,否则,市场经营管理者应当就损害的扩大部分与该销售者承担连带责任。除此之外,市场经营管理者知道其市场内的销售者存在商标侵权行为,没有采取必要措施,与该销售者承担连带责任。

5. 在民事诉讼中法官如何运用归入法进行裁判?

“法律适用的一种可选的统一方法被称为‘归入法’,这种方法在德国长期得到使用并切实发生效果。”〔1〕“以事实为根据,以法律为准绳”是法律适用的一项基本原则,成文法适用中,法官需要就案件事实是否能够归入法律规则或者裁判规则作出判断。为了作出归入判断,法官往往需要进行必要的论证。就本案而言,较为容易作出“盛装物业公司不属于市场经营管理者”这一判断,而对安徽白马商业经营管理有限公司是否属于市场经营管理者、是否应当与销售者承担连带赔偿责任等问题作出判断,则需要充分的论证。本案的特殊情况是:安

〔1〕 国家法官学院、德国国际合作机构:《法律适用方法:侵权法案例分析方法》,中国法制出版社2015年版,第17页。

徽白马服装城市场内的铺位产权均被零散出售给个人业主,商铺经营者与商铺产权人直接签订商铺租赁合同,经营者只向物业公司交纳水电费和物业费,不交纳管理费。本案法官依据白马管理公司的营利模式进行了较为充分的论证,最终认为:白马管理公司对包括白马三期在内的涉案商城内商户持续提供管理服务工作,其有义务对商户的经营活动进行监督和管理。但白马管理公司未尽义务,致涉案商城内的商铺持续销售侵权产品,白马管理公司对此具有过错,应当对涉案商户的侵权行为致原告损害承担连带赔偿责任。安徽省高级人民法院发布的《安徽法院知识产权司法保护状况(2014)》点评该案时认为:关于市场管理者对市场内商户的知识产权侵权经营行为应当承担连带责任在司法实践中已无争议,但就本案的安徽白马服装城市场而言,情况与其他市场又存在明显不同。本案的亮点在于创新思路,依据白马管理公司的营利模式,其就涉案市场可以通过广告宣传等方式实现获利,再结合其对外宣称的管理内容,较好地完成了责任基础的论证,对于强化市场管理者的监管责任、制止侵权起到了良好的警示作用。

课堂时间安排

本案例可以作为专门的案例教学课来进行,整个案例课的课堂安排 6 个课时,每课时 45 分钟。

如下课堂设计,仅供参考。

1. 课前计划:安排学生阅读案例及相关参考资料,对案例所涉及问题进行思考,撰写实践题答案。

2. 课中计划:(1)介绍教学目的,明确讨论主题;(2)分组讨论,回答各项思考题,讨论实践题的撰写要点;(3)小组代表提出撰写要点,学生讨论和分析;(4)教师归纳总结。

3. 课后计划:布置学生进一步思考代理律师在民事诉讼活动中的职能,以及如何发挥其职能。

思考题和实践题

1. 思考题

(1)什么是共同侵权?共同侵权的类型有哪些?

(2)什么是连带责任?连带责任的类型有哪些?

(3)什么是帮助侵权?帮助侵权的主观状态是什么?

(4)如何认定市场经营管理者的商标帮助侵权责任？

(5)如何确定商标侵权法定赔偿数额？

2. 实践题

(1)如果你是原告的代理律师，在第一审民事诉讼中应该做哪些工作？请根据本案案情，编写工作计划。

(2)结合本案案情，撰写原告代理律师代理词。

(3)结合本案案情，撰写被告代理律师代理词。

(4)如何进行商标侵权保全证据公证？

(5)请根据本案案情，分析安徽白马商业经营管理有限公司是否应当承担商标侵权连带赔偿责任？

参考文献

1. 包俊：《共同侵权行为解释论》，法律出版社2015年版。

2. 张铁薇：《共同侵权制度研究》，人民法院出版社2013年版。

3. 王迁、王凌红：《知识产权间接侵权研究》，中国人民大学出版社2008年版。

4. 王迁：《论场所提供者构成商标“间接侵权”的规则——兼评“朝外门购物商场案”和“秀水街案”》，载《电子知识产权》2006年第12期。

5. 袁秀挺、荣学磊：《市场经营管理者未尽管理义务构成侵权》，载《人民司法·案例》2010年第14期。

6. 胡瑜：《商品市场经营管理者的商标侵权责任》，载《中华商标》2013年第9期。

7. 魏巍、吴平平：《市场管理公司商标间接侵权实证研究》，载《知识产权法研究》2014年第1期。

8. 周多：《论市场经营管理者的商标侵权故意——以中美司法比较为研究视角》，载2014年中华全国专利代理人协会年会第五届知识产权论坛论文集。

撰稿人｜胡小红，安徽大学法学院教授，法学博士

5 CASE 粤超公司诉广东省足协、珠超公司垄断案

| 摘　要 |

本案例是一起真实的垄断纠纷案件,经过一审、二审和再审程序。本案例涉及程序方面的知识点与执业技能主要包括:反垄断民事诉讼原告资格的确定;垄断纠纷一审案件的级别管辖;上诉人二审程序中增加或变更诉由的处理。涉及实体方面的知识点较多,主要包括行业协会是否属于反垄断法上的经营者、行业协会能否成为垄断行为的当事人、行业协会的管理行为与经营行为如何区分,以及具有公共事务管理职能的行业协会,实施的哪些行为可能构成滥用行政权力排除、限制竞争行为等。本案例中的很多行为,在性质认定上具有较大的争议性,这使本案的处理在反垄断法的适用上具有重要的法解释学意义。

| 关键词 |

反垄断民事诉讼　行业协会　垄断行为认定

| 教学目标 |

通过分析案件的程序问题,让学生了解垄断案件的原告资格、级别管辖与一般民事案件的不同,以及在上诉人在二审程序中变更案由的实务应对。通过分析涉案行为是否构成垄断行为,让学生了解行业协会这一特殊主体的反垄断法地位,以及行业协会实施垄断行为的定性问题。

教学案例主文

一、案件当事人

本案原告为广东粤超体育发展股份有限公司(以下简称粤超公司),被告为广东省足球协会(以下简称广东省足协)和广州珠超联赛体育经营管理有限公

司(以下简称珠超公司)。

根据《广东省足球协会章程》的规定,广东省足协是在广东省境内从事足球运动的单位和个人自愿结成的唯一的全省性非营利性社会团体法人,系广东省体育总会的单位会员,接受广东省体育局和民政厅的业务指导与监督管理,是唯一代表广东省的中国足球协会会员。省足协的任务为"根据国家和广东省体育方针、政策和中国足球协会章程及有关规定,统一组织、管理和指导全省足球运动发展,推动足球普及和提高,代表广东省参与全国性的足球比赛及其他活动,并通过必要活动,为足球运动项目的发展筹集资金"。

珠超公司成立于2009年5月11日,经营范围为:足球项目组织服务;会议及展览服务;体育场馆管理;设计、制作、发布、代理国内外各类广告;销售体育用品、门票。公司成立时,刘孝五为珠超公司的执行董事兼经理、法定代表人,被诉时法定代表人为毛为民。珠超公司系广东省足协会员。

粤超公司成立于2011年3月17日,经营范围为:体育比赛活动、群众健身运动组织;体育健身咨询、体育场馆租赁服务;利用自有资金投资体育项目;销售体育用品。粤超公司系刘孝五离开珠超公司后创办的新公司,刘孝五系粤超公司总经理及法定代表人。粤超公司不是广东省足协的会员。

二、案件主要事实

2009年7月8日,广东省足协(甲方)与珠超公司(乙方)"就批准乙方独家在广东省境内投资、组织、管理、运营和举办广东省室内五人制足球联赛,制定有关的规章、规则、标准和制度,决定参赛球队的数量和加盟球队的资格等事宜",签订了《新广东省室内五人制足球联赛协议书》(以下简称《协议书》),主要内容如下:

1."广东省室内五人制足球联赛"是指在广东省境内(包括珠江三角洲地区)举办的,全省范围的,有多个球队参加的职业和/或者业余室内五人制足球比赛。比赛名称亦可使用"珠三角五人制足球超级联赛",或者其他适合的名称。

2.甲方根据《体育法》第31条规定和《中国足球协会章程》第50条规定批准乙方独家在广东省境内投资、组织、管理、运营和举办广东省室内五人制足球联赛,制定有关的规章、规则、标准和制度,决定参赛球队的数量和加盟球队的资格。

3.甲方批准乙方独家拥有广东省室内五人制足球联赛相关的知识产权(包括但不限于比赛名称、简称、商标和标识等)和一切商业的经营开发权权利(由此产生的一切经济收益均归乙方所有),包括但不限于以下权利:赛事冠名赞助的权利；赛事赞助的权利；所有球队运动装备赞助的权利；门票的权利；球队加盟联赛的权利；联赛经营开发的权利；电视转播的权利；互联网报道的权利。

4. 乙方承担联赛运营的下列开支和费用：行政费用；电视转播费用；地方足协劳务费；比赛监督和裁判津贴；比赛奖金；所有球队训练、比赛的装备；市场推广费用和广告费用；公关费用；其他运营费用。

5. 乙方同意在本协议生效后15个工作日内向甲方支付按期举办广东省室内五人制足球联赛保证金人民币10万元。

6. 乙方同意在每年3月31日前（2009年度于7月31日前），向甲方支付当年劳务费用人民币10万元，甲方同意协助乙方举办广东省室内五人制足球联赛提供劳务如下：争取有关政府机构和主管部门对联赛的支持和批准；为乙方组织和管理比赛提供顾问服务；引荐高水平的比赛监督员和高水平的裁判员为乙方联赛服务；协助乙方和地方足协联络以及安排比赛，比赛场地和设施，包括保安设施等服务；协助乙方和电视转播机构就广东省室内五人制足球联赛的电视转播和报道进行沟通和谈判，相关费用由乙方承担；为联赛参赛运动员提供注册的服务；为乙方和香港足协和澳门足总提供协调沟通服务，以便香港和澳门的球队参加比赛。

7. 本协议有效期为10年，自生效之日起至2018年12月31日止。

2009年8月17日，广东省足协向珠超公司发出《举办广东省室内五人制足球联赛批准书》（以下简称《批准书》），主要内容如下：

1. 批准珠超公司实行自主经营、自负盈亏在广东省境内投资、组织、管理、运营和举办广东省室内的五人制足球联赛，制定有关的规章、规则、标准和制度，决定参赛球队的数量和加盟球队的资格。

2. 批准珠超公司独家拥有广东省室内的五人制足球联赛相关的知识产权（包括但不限于比赛名称、简称、商标和标识等）和一切商业经营开发权权利（由此产生的一切经济收益均归广州珠超联赛体育经营管理有限公司所有），包括但不限于以下权利：赛事官名赞助和其他赞助的权利；所有球队运动装备赞助的权利；门票开发的权利和授权产品开发的权利；球队加盟联赛的权利；电视转播的权利；互联网报道的权利。

3. 珠超公司可独家持续经营10年，期限为自2009年8月1日起至2019年7月31日止，经营年度为当年度8月1日起至下年度7月31日止。

上述《协议书》签订及《批准书》发出时，珠超公司的法定代表人仍为刘孝五。

三、双方的争议点及主要理由

粤超公司认为,上述《协议书》和《批准书》构成《反垄断法》上的垄断行为,于2012年6月8日向广州市中级人民法院提起诉讼,请求判令《协议书》和《批准书》无效。

(一)粤超公司的诉讼依据与理由

粤超公司提出的诉讼依据主要包括:(1)《协议书》和《批准书》违反了《反垄断法》第16条“行业协会不得组织本行业的经营者从事本章禁止的垄断行为”;(2)《协议书》和《批准书》具有排除、限制竞争效果,构成了《反垄断法》第13条第1款“禁止具有竞争关系的经营者达成下列垄断协议”中的第2项“限制商品的生产数量或者销售数量”和第5项“联合抵制交易”的垄断协议;(3)《协议书》和《批准书》违反了《反垄断法》第17条第1款“禁止具有市场支配地位的经营者从事下列滥用市场支配地位的行为”中的第6项“没有正当理由,对条件相同的交易相对人在交易价格等交易条件上实行差别待遇”的行为;(4)广东省足协与广东省足球运动管理中心是“一套人马两套班子”,而广东省足球运动管理中心是广东省体育局下设管理足球事务的具体机构,在足球赛事管理上,广东省足协代表了广东省体育局,实际上属于《反垄断法》规定的“法规授权的具有管理公共事务职能的组织”,因此,广东省足协批准珠超公司“独家在广东省境内投资、组织、管理、运营和举办广东省室内五人制足球联赛”,属于滥用行政权力排除、限制竞争行为;(5)珠超公司利用《协议书》与《批准书》以歧义性语言或者其他引人误解的方式进行赛事宣传活动,让人误解只有珠超公司可以举办广东省室内五人制足球联赛,违反了《反不正当竞争法》及相关司法解释的规定,属于不正当竞争行为。

粤超公司认为,《协议书》和《批准书》在客观上已经产生了排除、限制竞争的效果,主要表现为,粤超公司在举办广东省室内五人制足球联赛时,赛事不能获得广东省足协的认可,其对上述赛事进行宣传和推广时受到了媒体的不同待遇,赞助商对其组织的赛事的前景也产生了质疑。

(二)广东省足协的答辩理由

广东省足协的答辩理由主要包括:(1)广东省足协不属于《反垄断法》所定义的行业协会,同时,粤超公司也不是广东省足协的会员,与省足协没有关系;(2)广东省足协不属于反垄断法所定义的、能够独立参与市场经济活动的经营者,其依据章程行使权利不受反垄断法调整;(3)广东省足协系社团法人,不是行政管理部门;(4)广东省足协作为中国足球协会会员,根据相关协会章程规定被授权承接和负责开展包括室内五人制足球联赛在内的各项协会内足球竞赛项目在广东省范围内的组织和管理,有权依照章程决定采取何种方式来行使赛事权利,因此,广东省足协依照章程规定,通过协议方式将室内五人制足球联赛独家委托授权并由珠超公司投资、组织、管理、运营和举办,是自主行使项目赛事权利的充分体现,不构成反垄断法意义上的垄断行为。

(三)珠超公司的答辩理由

珠超公司的答辩理由主要包括:(1)粤超公司不具有原告主体资格。一方面,粤超公司并非《协议书》当事人,也非广东省足协会员;另一方面,粤超公司并没有因《协议书》和《批准书》受到损失,相反,粤超公司的法定代表人刘孝五是最大受益者,因为《协议书》签订和《批准书》发出时,珠超公司的法定代表人正是刘孝五;(2)即便没有广东省足协的批准,粤超公司亦正常举办了室内五人制足球赛事,所以,《协议书》和《批准书》不具有排除、限制竞争的效果。

为了证明上述主张,珠超公司提供了广东省广州市南方公证处于 2011 年 6 月 24 日出具的(2011)南公证内字第 24682 号《公证书》。该《公证书》证明,粤超公司曾举办了“融资城广东职业五人制足球超级联赛”、“首届广东省五人制足球城市冠军杯赛”、“2010 ~ 2011 融资城广东职业五人超级联赛”、“2010 ~ 2011 融资城粤超联赛”等室内五人制足球赛事。珠超公司另提供了部分省内报纸复印件,其中的体育版报道了 2010 年五人制省港杯足球联赛的相关新闻。珠超公司拟以此证明粤超公司实际上已经与省足协合作,举办了五人制省港杯、五人制足球超霸杯。

教学指导手册

教学对象及目标

1. 教学对象

本案例供法律硕士案例教学使用,主要适用于民商经济法学方向的法律硕士,经济法学硕士也可参酌适用。

2. 教学目标

通过分析案件的程序问题,让学生了解垄断案件的原告资格、级别管辖与一般民事案件的不同，以及在上诉人在二审程序中变更案由的实务应对。

通过分析涉案行为是否构成垄断行为，让学生了解行业协会这一特殊主体的反垄断法地位，以及行业协会实施垄断行为的定性问题。

教学内容

1. 哪些主体可以对垄断行为提起民事诉讼？是否只有垄断行为的受害人才有原告主体资格？

在本案审理过程中，珠超公司答辩称，粤超公司并没有因涉案的《协议书》和《批准书》而受到损失，故不具有原告主体资格。

关于原告资格问题，《民事诉讼法》第 119 条规定："起诉必须符合下列条件：(一)原告是与本案有直接利害关系的公民、法人和其他组织……"最高人民法院《关于审理因垄断行为引发的民事纠纷案件应用法律若干问题的规定》第 1 条规定："本规定所称因垄断行为引发的民事纠纷案件，是指因垄断行为受到损失以及因合同内容、行业协会的章程等违反反垄断法而发生争议的自然人、法人或者其他组织，向人民法院提起的民事诉讼案件。"

基于上述规定，并非只有垄断行为的受害人才有反垄断民事诉讼的原告资格，只要是与案件有直接利害关系的主体，在就合同内容、行业协会章程等是否违反反垄断法而发生争议时，也可提起反垄断民事诉讼。本案中，《批准书》和《协议书》涉及在广东省室内五人制足球联赛经营主体的选定、赛事的运作及由此产生的利益分配问题。粤超公司作为与珠超公司同样具有经营广东省室内五人制足球联赛资格、具有竞争关系的民事主体，因省足协将广东省室内五人制足球联赛经营资格独家"授予"珠超公司的行为而与两被告发生争议，符合民事诉讼法及垄断案件司法解释的规定，故具备原告主体资格。

2. 哪些法院可以审理第一审垄断民事纠纷案件？

最高人民法院《关于审理因垄断行为引发的民事纠纷案件应用法律若干问题的规定》第 3 条规定："第一审垄断民事纠纷案件，由省、自治区、直辖市人民政府所在地的市、计划单列市中级人民法院以及最高人民法院指定的中级人民法院管辖。经最高人民法院批准，基层人民法院可以管辖第一审垄断民事纠纷案件。"因此，原则上只有中级人民法院才能审理第一审垄断民事纠纷案件，基层人民法院审理第一审垄断民事纠纷案件的，必须经最高人民法院批准。

之所以要求垄断案件由中级人民法院一审，主要基于两点考虑：一是垄断案件的专业性较强，垄断行为的认定较为复杂，基层人民法院可能难以胜任这样的工作；二是大多垄断行为具有跨地域的特征，垄断案件涉及的相关市场很少局限在基层区域，所以由基层人民法院审理未必合适。

3. 本案一审中，粤超公司基于垄断纠纷的案由提起诉讼，但在上诉时又提出被告行为属于不正当竞争行为，请问法院对此应如何处理？

在二审程序中，粤超公司认为珠超公司实施了不正当竞争行为，实际上是提出了一个新的主张。该主张在一审中并未提及，属二审中新增的；该主张属于不正当竞争之诉，与垄断纠纷之诉并非同一案由。

通常情况下，上诉人在二审程序中更改的案由，如果涉及一审程序未予审查的内容，二审法院直接予以审理的话，意味着该部分判决结果不可上诉，实质上将使二审终审变为一审终审，剥夺双方当事人的上诉权，故对此，法院可予以调解，调解不成的，应告知原告另行提起诉讼。

4. 广东省足协的行为是否违反了《反垄断法》第 16 条“行业协会不得组织本行业的经营者从事本章禁止的垄断行为”？

在案件审理中，广东省足协辩称自己不属于《反垄断法》所定义的行业协会，因此不可能违反《反垄断法》第 16 条“行业协会不得组织本行业的经营者从事本章禁止的垄断行为”的规定。对此，首先应当承认，行业协会完全有可能从事反垄断法上的垄断行为。这主要就体现在《反垄断法》第 16 条规定之中，即“行业协会不得组织本行业的经营者从事本章禁止的垄断行为”。

行业协会的首要身份是行业管理者。行业管理是行业协会自治权的体现，一般属于行业协会内部事务范畴，但行业管理有时也会产生竞争风险。作为行业管理者，行业协会行为引起反垄断法关注的，主要是其“组织”会员企业从事反垄断法禁止的垄断行为，通常是达成垄断协议。例如，会员企业通过行业协会进行成本、利润等信息交流，很容易就能达成价格固定协议；通过其他方面的意思联络，达成地域或客户划分协议，或者联合抵制协议，也较为容易。

具体而言，作为行业管理者，行业协会在垄断协议中的组织作用，主要包括两种情况：一是行业协会本身发布了供其会员遵守的限制竞争决定；二是行业协会虽未发布决定，但提供了交流或合作平台，会员企业通过这一平台达成了垄断协议。

但具体到本案，广东省足协的行为很难适用《反垄断法》第 16 条。因为在行业协会组织本行业经营者达成垄断协议的情况下，行业协会的身份是“组织者”——为垄断协议的达成提供便利的主体，而非垄断协议的当事人，垄断协议的当事人是本行业的经营者。本案中的《协议书》和《批准书》，实际上就是广东省足协与珠超公司之间达成的协议，广东省足协在该协议中属于一方当事人，而不是作为行业协会对会员企业的管理主体，所以，《协议书》和《批准书》不属于“组织”本行业经营者达成垄断协议的情况。

5. 本案中的《协议书》、《批准书》是否属于反垄断法上的横向垄断协议？

粤超公司提出，广东省足协授权珠超公司“独家在广东省境内投资、组织、管理、运营和举办广东省室内五人制足球联赛”，并“决定参赛球队的数量和加盟球队的资格”的行为，属于违反《反垄断法》中的横向垄断协议。这个观点不成立，理由如下：一项横向垄断协议，至少需要两个以上的竞争对手作为协议参加人，本案中的《协议书》、《批准书》不具备这一主体要件。广东省足协与珠超公司在决定广东省室内五人制足球联赛事宜上，不是竞争对手关系，而是广东省足协将自己管理、运营和举办室内五人制足球联赛的权利授权给珠超公司行使。

6. 广东省足协是否构成滥用市场支配地位行为？

粤超公司主张，广东省足协将广东省室内五人制足球赛的组织活动独家交给珠超公司，导致粤超公司举办相关赛事时，不能获得广东省足协的认可，其对上述赛事进行宣传和推广时也受到了媒体的不同待遇，赞助商对其组织的赛事的前景也产生了质疑。因此主张广东省足协构成了滥用市场支配地位行为中的“差别待遇”行为。

粤超公司的主张很难成立：第一，反垄断法上的差别待遇，以行为人具有市场支配地位为前提。因此，粤超公司应当证明广东省足协具有市场支配地位，无法证明这点，差别待遇也就无从谈起。第二，差别待遇表现为具有市场支配地位的经营者对某些交易对手的歧视，而本案中，在组织赛事上，广东省足协与粤超公司、珠超公司之间并非交易对手的关系。第三，赞助商、媒体对待不同赛事的不同态度，属这些主体的独立民事行为，与反垄断法上的差别待遇不是一回事。

7. 广东省足协是否属于反垄断法上的“法律、法规授权的具有管理公共事务职能的组织”，本案中的行为是否构成滥用行政权力排除、限制竞争行为？

粤超公司提供证据表明，广东省足协与省足球运动管理中心是“一套人马两套班子”，省足协就代表着省体育局。这样做的目的，是试图证明广东省足协属于反垄断法上的“法律、法规授权的具有管理公共事务职能的组织”，进而证明则其对珠超公司的“独家授权”构成滥用行政权力排除、限制竞争行为。

应当肯定的是，广东省足协属于《反垄断法》规定的“法律、法规授权的具有管理公共事务职能的组织”，因为依据《体育法》的规定，足球协会拥有对足球运动的组织、管理职能。但在本案中，广东省足协与珠超公司签订《协议书》及发出《批准书》的行为，却并不是在行使法律、法规授予的公共职能，因此也就不属于公共组织，其行为不构成滥用行政权力排除、限制竞争行为。具体理由如下：

第一，根据《广东省足球协会章程》的规定，广东省足协是唯一代表广东省的中国足球协会会员，其对全省足球运动发展具有“统一组织、管理和指导”的任务。这种表述可能会使人以为，广东省内的足球运动都要接受省足协的组织、管理和指导，但实际情况并非如此——只要是合法成立的经营主体，都可依法组织足球运动，而足球运动的管理权主体实际上是广东省体育局，而非省足协。

第二，国家体育总局《全国体育竞赛管理办法（试行）》第 5 条规定：“举办体育竞赛实行审批登记制度。国务院体育行政部门负责审批在中华人民共和国境内举办的全国性和国家性体育竞赛；县级以上地方各级人民政府体育行政部门负责审批地方性体育竞赛。”本案中，广东省足协虽是在广东省境内从事足球运动的唯一代表广东省的中国足球协会会员，但广东省足协并不等同于广东省省体育局，不享有法律法规赋予的对省内足球体育竞赛项目进行审批登记的职权，即其在法律层面不具有“批准”或“不批准”赛事组织单位申办足球竞赛的权力，故即使广东省足协在涉案《批准书》中使用了“批准”、“独家”等字眼，也不意味着广东省足协在广东省室内五人制足球赛事的组织、管理、运营方面就拥有了审批权。

第三，本案还有一个背景事实是，早在 2000 年，广东省政府就发布了《关于省政府审批制度改革及各部门审批核准事项清理审核有关问题的通知》（粤府〔2000〕39 号），其中规定的“取消审批、核准事项”目录就包括“省级足球比赛”。也即在广东省举办室内五人制足球联赛，早已不再需要广东省体育局的审批，更不用说广东省足协的“批准”了。

第四，从实践看，是否举办室内五人制足球赛，与广东省足协的“批准”与否没有必然联系，刘孝五所经营的粤超公司并非省足协会员，也没有得到省足协的“批准”，实际上也举办过多次市内五人制足球赛。

8. 本案中广东省足协的是否构成反垄断法上的“经营者”？

当行业协会直接从事市场经营活动时，其身份便是经营者。作为经营者，行业协会可以以当事人身份实施垄断行为,如可以和他人达成垄断协议,当其在相关市场具有支配地位时也可能会滥用这种地位。这时行业协会的身份与普通经营者没有区别,其行为性质及法律责任也应按普通经营者的标准来确定。

本案审理中,广东省足协辩称自己不属于《反垄断法》所定义的、能够独立参与市场经济活动的经营者,因此其行为不构成垄断。这个判断过于武断,就本案来说也是错误的。

一方面,广东省足协作为中国足球协会会员,根据《中国足球协会章程》第11条关于"会员权利"的规定,在保证不与中国足球协会组织的活动发生任何冲突的前提下,享有在本行政区划内以自己的名义组织各项足球活动的权利。因此,广东省足协本身就是广东省室内五人制足球联赛的适格举办者。在举办足球赛事方面,广东省足协与粤超公司、珠超公司及其他赛事经营者之间就是普通的竞争关系。一旦广东省足协选择举办赛事,其身份就成为普通的经营者。只不过本案中,广东省足协并未实际举办室内五人制足球联赛,也即放弃了这种权利,但这不代表其以后也不会举办足球赛事,所以其经营者的身份是确定的。

另一方面,本案中的广东省足协还实际从事了其他经营行为,主要表现为向珠超公司提供了相关劳务,并收取了服务费。《协议书》和《批准书》中的"批准"用语,似乎表明广东省足协在行使管理权,但从具体内容看,《协议书》和《批准书》实际上就是广东省足协与珠超公司之间的服务合同。《协议书》和《批准书》明确表明,广东省足协向珠超公司每年收取劳务费10万元,对价是为珠超公司提供如下劳务:争取有关政府机构和主管部门对联赛的支持和批准;为珠超公司组织和管理比赛提供顾问服务;引荐高水平的比赛监督员和高水平的裁判员;协助珠超公司和地方足协联络以及安排比赛;协助珠超公司和电视转播机构进行沟通和谈判;为联赛参赛运动员提供注册服务;为珠超公司和香港足协和澳门足总提供协调沟通服务等。

9. 广东省足协的行为是否可能构成哪种垄断行为?

广东省足协在本案中的身份可理解为普通的经营者,《协议书》和《批准书》可能构成反垄断法上的滥用市场支配地位行为。

认定滥用市场支配地位行为,首先应界定相关市场。本案各方争议的焦点表面上看是赛事举办权,但如前所述,举办室内五人制足球联赛与广东省足协的"批准"没有任何关系,所以,《协议书》和《批准书》本质上不是一种赛事举办权的安排,而更像是一项赛事服务合同。基于此,本案的相关市场可以界定为"广东省内室内五人制足球比赛赛事服务市场”。在赛事服务市场上,广东省足协具有支配地位应当是可以确认的。因为任何一项足球联赛的顺利开展,都离不开当地足协提供的各种赛事服务,如引进裁判员、提供运动员注册等,甚至按照《体育法》的规定,运动员注册只能在相应的体育协会进行,所以,在这类赛事服务提供方面,广东省足协具有其他经营者不可比拟的优势。

解决了相关市场和支配地位问题之后,可进一步判断广东省足协的行为构成哪种具体的滥用行为。广东省足协的行为,最有可能构成的应该是滥用市场支配地位行为中的拒绝交易。正因为足协提供的赛事服务对一项足球联赛十分重要,所有联赛举办者都希望能获得这种服务。如果广东省足协仅将这种服务独家提供给珠超公司,则其他赛事举办者便处于与珠超公司极其不利的竞争地位,这就可能构成反垄断法上的拒绝交易。尽管其他经营者也可能继续举办赛事,如粤超公司那样,但却可能支付更高代价,竞争能力因此受到不利影响,这种影响就是反垄断法所应关注的竞争风险。当然,如果实践中广东省足协并未拒绝对其他公司提供类似服务,则不构成拒绝交易。

10. 如果珠超公司对外宣称其得到广东省足协的“独家授权”,该行为是否构成《反不正当竞争法》上的引人误解的虚假宣传?

最高人民法院《关于审理不正当竞争民事案件应用法律若干问题的解释》第 8 条规定,经营者“对商品作片面的宣传或者对比的”或者“以歧义性语言或者其他引人误解的方式进行商品宣传的”,足以造成相关公众误解的,可以认定为《反不正当竞争法》第 9 条第 1 款规定的引人误解的虚假宣传行为。本案中,广东省足协并不属于足球管理机关,本没有权力作出这种“独家授权”,如果珠超公司对外宣称得到足协的“独家授权”,则很容易引人误解,也就很可能构成引人误解的虚假宣传行为。

教学计划及课堂时间安排

本案例可在专门的案例教学课上进行教学,建议围绕下列教学计划,安排 6 个课时,每课时 40 ~ 45 分钟。

1. 课前准备:提前将案例正文及相关参考资料发放给学生,让学生了解案例基本情况并阅读参考资料;同时将教学内容的提纲发放给学生,以便学生提前思考,提高课堂讨论效率。

2. 课堂安排:(1)教师简单介绍教学目标、基本案情,让学生归纳案件的争议点，然后明确讨论的主要问题；(2)就各争议问题分组讨论，每组讨论的问题要有交叉，以便发现不同的观点，从多角度思考问题；(3)每小组安排2~3人汇报讨论情况，一组汇报结束后，与该组有交叉问题的其他组接着汇报，汇报时接受所有学生的提问；(4)针对同一问题的不同观点，进行辩论、回应，看能否达成一致意见；不能达成一致意见的，找出分歧所在；(5)教师归纳总结。

3. 课后习题：教师就本案例涉及的知识点，布置一些延伸的问题，供学生查阅资料后进行思考。本教学手册中的"思考题"可予以参考。

思考题

1. 普通第三人可否对垄断行为提起民事诉讼？各国对该问题是如何规定的？你有何自己的建议？
2. 垄断协议的认定，是否应以相关行为具有排除或限制竞争的效果为前提？欧美法对该问题有怎样的规定？
3. 法院认定一项行为是否构成垄断协议，一般应遵循哪些分析步骤？如果你是一名垄断案件的代理律师，应如何针对法院的分析思路设置代理策略？
4. 在代理实务中，如何处理垄断行为与不正当竞争行为的交叉问题？
5. 在企业对外缔结合同时，一名专业律师应如何结合《反垄断法》的相关规定，给企业提出合规建议？
6. 在滥用市场支配地位案件中，如何避免市场支配地位的认定难题给原告或被告带来被动地位？
7. 我国当前有些行业协会具有一定的管理职能，甚至具有一定的行政色彩，对这些行业协会的行为，如何从反垄断法的角度分析其性质，并提供有效的救济措施？
8. 在面对行政机关或法律、法规授权的具有管理公共事务职能的组织滥用行政权力，实施排除、限制竞争行为时，应如何作出应对策略？我国现行法对这类垄断行为的处理方式有哪些？是否存在一定的改进空间？

参考文献

1. 鲁篱：《行业协会限制竞争法律规制研究》，北京大学出版社2009年版。
2. 叶明：《行业协会限制竞争行为的反垄断法规制》，法律出版社2010年版。
3. 刘贵祥：《滥用市场支配地位理论的司法考量》，载《中国法学》2016年第5期。
4. 王健：《垄断协议的认定与排除、限制竞争的关系研究》，载《法学》2014年第3期。
5. 李剑：《横向垄断协议法律适用的误读与澄清——评"深圳有害生物防治协会垄断案"》，载《法学》2014年第3期。

6. 焦海涛:《行业协会的反垄断法主体地位——基于中国体育垄断第一案的分析》,载《法学》2016 年第 7 期。
7. 于立深:《法定公共职能组织的资格、权能及其改革》,载《华东政法大学学报》2016 年第 6 期。

撰稿人 | 焦海涛,安徽大学法学院副教授,法学博士

6 CASE 钱某诉A公司确认“退出机制条款”无效案

| 摘　要 |

本案系一起对赌协议效力诉讼。A公司收购B公司股份后，由于未能上市成功，准备根据合同中的退出机制条款，要求B公司回购股份，B公司向法院起诉确认退出机制条款无效。案件涉及对赌协议的性质认定和效力判断，合同无效的事由，部分无效与整体无效的关系等合同法和经济法中的重要知识点。同时，本案也涉及仲裁协议的效力范围，确认之诉的级别管辖判断标准等民事诉讼法上的重要知识点。本案中的实体问题和程序问题在商事诉讼实务中都广泛存在，通过引导学生学习本案，可以促进学生了解商事诉讼的实务现状，识记基本法律概念，理解法律适用的方法，养成发现问题、检索资源、解释法律、得出结论的法律思维能力。

| 关键词 |

对赌协议　合同无效　仲裁协议　管辖异议　确认之诉　级别管辖

| 教学目标 |

掌握对赌协议所涉及的主要法律问题：(1)对赌协议的法律性质；(2)对赌协议的相对方；(3)对赌协议无效的事由；(4)对赌协议条款与并购增资合同的关系。掌握法院主管和管辖的重要规则：(1)仲裁协议的性质和效力范围；(2)法院主管与管辖的关系；(3)管辖异议的适用范围；(4)确认之诉的级别管辖判断标准。培养相关法律职业技能：(1)检索资源解释法律；(2)代理词、判决书等法律文书的写作；(3)围绕法律争点进行法庭辩论；(4)法律风险的预见和预防。

教学案例主文

一、引言

A 公司系一香港注册企业；B 公司系一内地企业。B 公司法定代表人和实际控制人钱某，B 公司股东孙某。

A 公司与 B 公司、钱某、孙某共同签订《B 公司增资暨股权转让协议书》（以下简称《增资暨股权转让协议书》），约定 A 公司收购 B 公司的股份并进行增资。该协议第 9 条约定了“退出机制”（俗称“对赌协议”），如果 B 公司未能在 5 年内上市，A 公司有权要求 B 公司及钱某、孙某按照协议约定的方式和价格收购 A 公司持有的 B 公司全部股权。协议同时约定了争议解决方式：“关于协议的争议及与协议有关的一切争议均应提交中国国际经济贸易仲裁委员会（以下简称贸仲）仲裁。”

由于该笔股权交易涉及外资，须报省级商务主管部门审批。省商务厅在审查时指出，《增资暨股权转让协议书》约定的“退出机制”为固定回报，不符合国家有关规定，不予批准。各方签署《B 公司增资暨股权转让补充协议书》（以下简称《补充协议书 1》），删除了“退出机制”条款，并提交省商务厅获得审批。同时，各方又私下签署了另一份《B 公司增资暨股权转让补充协议书》（以下简称《补充协议书 2》）重新约定了“退出机制”条款，但未约定争议解决条款。《补充协议书 2》并未提交省商务厅审批。

5 年后，A 公司未实现上市。为避免 A 公司行使回购请求权，钱某以 A 公司为被告，诉至甲基层人民法院要求确认退出机制的条款无效。

二、诉讼过程

（一）原被告的请求与主张

1. 原告的诉讼请求及理由

原告请求法院确认各方签署的《补充协议书 2》中“退出机制”的约定无效。理由是该条款从内容上确保 A 公司的固定回报，侵害了公司及其他债务人利益，属于无效条款；从形式上规避商务部门审批，也根本无法取得商务部门审批，该条款约定实质确保了 A 公司的固定回报，明显违反法律规定且规避商务部门审批,为无效条款,对各方不具有法律约束力。

2. 被告的答辩主张及理由

(1)受诉法院没有主管权和管辖权。主管方面:涉案合同《增资暨股权转让协议书》明确约定有仲裁条款,《补充协议书2》系涉案合同不可分割的组成部分,本案争议应提交贸仲仲裁,法院对该案没有管辖权。管辖方面:本案诉讼标的额远超基层人民法院可受理的最高标的额且为重大涉外案件,应该由中级人民法院管辖。

(2)“退出机制”条款是PE投资交易中的估值调整条款,并非固定回报,并不违反法律规定。

(3)即便“退出机制”条款的确违法无效,也应当导致整个合同无效,A公司依然可以不当得利要求B公司和钱某偿还并购增资款项。

(二)案件所涉及的法律事实

1. 对赌协议的合同条款

A公司与B公司及其实际控制人钱某和股东孙某于2007年7月16日签订《增资暨股权转让协议书》,约定A公司以15413.78万元的对价认购B公司的股份,增加注册资本额2496万元,同时以11055.22万元的对价从孙某处受让B公司12.53%的股权(以下简称“股权转让及增资”)。该协议第9条“退出机制”约定:A公司自付款日起的第5年后,有权要求法定代表人钱某和/或现有股东按照该协议约定的方式和价格收购A公司持有的B公司全部股权:(1)合资期间,确保A公司该项投资的年投资回报率为10%,如果少于10%,则法定代表人钱某和现有股东收购A公司持有合资公司股份的总价款为:(A公司本次增资出资额+股权转让对价款)×(1+10%×n)-A公司已获得分红款项。其中n为法定代表人钱某和现有股东收购A公司持有的合资公司股权时距离A公司本次付款日已满的年数。(2)合资期间,如果A公司年回报率达到或超过10%,则法定代表人钱某和现有股东收购A公司持有的合资公司股权的总价款为:(A公司本次增资出资额+股权转让对价款)。

2. 删除条款以通过审批

2007年9月13日,河北省商务厅作出的《商务行政许可补正材料通知书》规定,“《增资暨股权转让协议书》中的‘退出机制’为固定回报,不符合国家有关规定。”2007年9月15日,A公司、B公司签订《补充协议书1》,根据河北省商务厅的要求,删除了《增资暨股权转让协议书》第9条“退出机制”的全部内容。2007年9月24日,B公司将《补充协议书1》提交河北省商务厅审批。2007年9月29日,河北省商务厅作出《关于同意B公司股权并购的批复》,批准此次股权转让及增资，并批准A公司、B公司于2007年7月16日签署的《增资暨股权转让协议书》及于2007年9月15日签署的《补充协议书1》。

3. 补充协议2再次增补对赌协议条款且未报批

在明知不可能取得商务部门批准的情况下，合同各方于2007年9月15日私下签订了《补充协议书2》，其中第6条“退出机制”约定与被《补充协议1》所删除的内容相同。《补充协议书2》未报河北省商务厅审批。

4.《增资暨股权转让协议书》订有仲裁条款而《补充协议书2》未订有仲裁条款

合同各方于《增资暨股权转让协议书》中将争议解决方式约定为：关于协议的争议及与协议有关的一切争议均应提交贸仲仲裁。合同对“关于协议的争议及与协议有关的一切争议”进行了定义，明确包括“《增资暨股权转让协议书》以及各方对其进行的有效变更……”而在《补充协议书2》中未约定任何争议解决条款。

（三）本案的证据材料

1. 2013年3月21日，B公司发送给A公司的由北京执业律师及注册会计师×××出具的B公司股权结构图。

2. 法定代表人钱某对B公司控制权结构图，B公司工商基本信息及其公示的近期年度报告。

3. 2014年9月13日，A公司向B公司法定代表人钱某及B公司发出的《关于要求收购我司持有A公司股权的函》及相关快递单。

4. 2014年12月17日，A公司与钱某签署的《备忘录》。

5. 2009年7月7日，B公司向A公司支付正常分配额的付款、扣税凭证、分红明细计算表等。

6. 2009年7月24日，A公司向钱某等支付收购金的付款凭证、账户信息、分红明细计算表。

教学指导手册

教学对象及目标

本案例供法律硕士案例教学使用，法学本科（大三以上）、民商法法学硕士、民事诉讼法学硕士也可以参酌试用。

本案例主要涉及两个问题:第一,对赌协议的理论及实务问题,第二,仲裁协议的效力范围及主管管辖争议的解决。此两个问题都是商事诉讼中十分常见的问题,前者是现行并购合约中十分常见的合同条款,后者则是绝大多数商事合同都会约定的纠纷解决条款。处理好这些问题,对于选取合适的纠纷解决机构,正确的适用法律解决商事争议有较大的意义,具有相当的典型性。

本案的争点具体包括以下五个方面,教学时可围绕此五个板块组织讨论:(1)仲裁协议的效力范围;(2)主管争议的处理程序;(3)确认之诉的级别管辖法院;(4)对赌协议的性质及其效力;(5)合同条款无效与整个合同无效的关系。

教学内容

1. 仲裁协议的效力范围及主管管辖争议的解决

诉讼案件在解决实体争议之前,往往需要对主管和管辖问题的争议做出判断。本案中被告对甲基层人民法院管辖本案表示强烈反对,认为《增资暨股权转让协议书》的仲裁条款效力及于《补充协议书2》,本案争议不能进行诉讼,即便进行诉讼,也应当由中级人民法院管辖。原告则认为:《增资暨股权转让协议书》的仲裁条款效力仅及于协议书本本身,不能及于《补充协议书2》,故本案属于民事诉讼的受案范围,且由于是没有标的金额的确认之诉,因而不构成重大影响的涉外案件,基层人民法院有权管辖。

这一申辩蕴含了多个实务中常见但理论上尚无定论的程序问题。教师在授课中,可以安排学生就本案涉及的程序问题先分设立场,进行辩论,并引导学生从仲裁法、民事诉讼法及相关司法解释中找寻法律依据。本案中被告的异议主要涉及以下三方面的程序问题:

板块一:仲裁协议的效力范围。

仲裁是高度依赖当事人意思自治(信任)的纠纷解决方式,当事人授权在仲裁权取得中占据着相当重要的地位。仲裁协议是仲裁管辖权取得的基础,是一种“静态授权”,一般而言,没有明确、书面的仲裁协议,就不可能有仲裁管辖权。《民事诉讼法》、《仲裁法》及《纽约公约》、《国际商事仲裁示范法》都规定了仲裁协议只能适用于其所在的合同。但在实践中,机械地按照“书面”、“明确”的方式来确定某一合同中是否为仲裁条款所覆盖往往不符合当事人的合理期待、禁反言原则和诚实信用原则,故在国际、国内的实践和学理上,都出现了“仲裁协议效力扩张”(有的学者称为“仲裁协议的‘长臂’效力”)理论。[1] 支持此理论的学者还提出了“因其他文件提起而被并入的仲裁协议扩张的理论”,亦即一合同不包含仲裁条款,但在合同中提及了另一包含仲裁条款的文件,则该合同在满足两文件之间存在不可划分的本质联系、合同当事人意识到并同意仲裁条款之约束两个条件的情形下,可以将该仲裁条款视为该合同的一部分。[2] 最高人民法院也在案例中认为“当事人在主合同中约定其争议纠纷由仲裁机构解决,对于没有约定争议纠纷解决方式的补充协议可否适用该约定,其关键在于主合同与补充协议之间是否具有可分性。如果主合同与补充协议之间相互独立且可分,在没有特别约定的情况下,对于两个完全独立且可分的合同或协议,其争议解决方式应按合同或补充协议的约定处理。如果补充协议是对主合同内容的补充,必须依附于主合同而不能独立存在,则主合同所约定的争议解决条款也适用于补充协议”,[3]基本采用了上述观点。

因此,本案各方于《增资暨股权转让协议书》中约定了关于协议的争议及与协议有关的一切争议均应提交贸仲仲裁,若可认为《补充协议书2》与《增资暨股权转让协议书》不具可分性,则可将《补充协议书2》的争议解释为上述约定中的“与协议有关的争议”。

本案值得探讨的是,双方于《增资暨股权转让协议书》中约定了“关于协议的争议及与协议有关的一切争议”包括“本《增资暨股权转让协议书》以及各方对其进行的有效变更”,因此,《补充协议书2》是否属于对《增资暨股权转让协议书》的有效变更,需要判断“退出机制”条款是否有效。换言之,如果认定该条款无效,则很难认为《补充协议书2》是对《增资暨股权转让协议书》的“有效变更”,也就无法适用前述“仲裁协议扩张”理论使《补充协议书2》被视为具有仲裁条款。而根据后续实体法部分的分析,《补充协议书2》本身很可能因为违法而无效。此时可以引导学生理解“仲裁条款独立性”原则,虽然仲裁条款本身要求合同有效变更后的内容方构成仲裁解决的争议事项,但当合同是否有效变更本身成为争议时,可以根据仲裁条款独立性原则将其纳入仲裁事项。

板块二:主管争议的处理程序。

被告主张本案争议系仲裁条款范围内的争议,仲裁协议排斥司法管辖,故甲

[1] 乔欣:《仲裁权论》,法律出版社2009年版,第158页。

[2] 王小莉:《仲裁协议效力扩张的主要表现形式及其问题研究》,载《仲裁研究》(第22辑),法律出版社2010年版。

[3] 《湖南华厦建筑有限责任公司与常德工艺美术学校不服执行裁定申诉案》,载《最高人民法院公报》2016年第8期。

法院没有管辖权,对该项异议的处理应适用管辖权异议程序。在管辖权异议期间,法院不得对本案进行实体审查。

欲想廓清此问题,首先应当引导学生明晰“主管”与“管辖”的关系。我国法律上并无主管与管辖的明确划分,二者系学理上的一种分类。我国民事诉讼法学界传统理论认为,主管是人民法院与其他国家机关、社会团体在处理民事纠纷方面的分工,人民法院对其主管的案件有审判权,而管辖则是人民法院内部审理第一审民事案件的分工。[4] 而有的学者认为这种分类方法不甚科学,认为其“造成了我国制度自身逻辑的混乱和国际交流的困难”、“不是专业的法律概念”、“有强烈的行政色彩”,进而用“司法职能管辖”、“司法管辖”、“职能管辖”、“审判权的作用范围”、“裁判权的范围”等概念替代“主管”概念。[5] 比较法上,除前苏联和东欧国家外,均无“主管”概念。如日本,使用“民事裁判权”的概念来廓清法院在什么范围内的案件行使裁判权。[6] 又如美国,使用“管辖权”(jurisdiction)来界定法院依法解决社会纠纷的权限。[7] 如果强调大管辖的概念,则主管可以被管辖吸收;反之,二者之间具有较强的独立性。

《民事诉讼法》第127条第1款规定了管辖权异议制度,但未明晰此处之“管辖权”是否包含对法院主管(职能管辖)的异议。全国人大法工委民法室编著的立法释义表明:“当事人在答辩期内以双方自愿达成书面仲裁协议应向仲裁机构申请仲裁为由提出管辖权异议,受诉法院应当依法进行审查。如果仲裁条款、仲裁协议有效,人民法院对该案无管辖权,当事人提出的异议成立,受诉法院依法应裁定驳回原告的起诉,告知当事人向仲裁机构申请仲裁;如果仲裁条款、仲裁协议无效、失效或者内容不明确无法执行的,只要符合本法第一百一十九条受理条件规定的,受诉法院就应裁定驳回对管辖权提出的异议。”[8] 由此观之,立法者似倾向于认为主管异议亦可作为管辖权异议处理。最高人民法院《关于适用〈中华人民共和国民事诉讼法〉的解释》(以下简称《民诉解释》)第216条规定了首次开庭前被告以有书面仲裁协议为由对受案提出异议的处理方式,但未明晰此为管辖权异议还是管辖权异议之外的“主管异议”。有学者认为,主管错误与管辖错误在性质、法律后果上均不同,且《民事诉讼法》第119条

---

[4] 汤维建主编:《民事诉讼法学》(第2版),北京大学出版社2014年版,第109页。

[5] 江伟、傅郁林主编:《民事诉讼法学》(第3版),北京大学出版社2015年版,第78页。

[6] [日]新堂幸司:《新民事诉讼法》,林剑锋译,法律出版社2008年版,第63页。

[7] 江伟、廖永安:《我国民事诉讼主管之概念检讨与理念批判》,载《中国法学》2004年第4期。

[8] 全国人大常委会法制工作委员会民法室:《中华人民共和国民事诉讼法条文说明、立法理由及相关规定》,北京大学出版社2012年版,第211~212页。

第4项规定起诉条件之一为"属于人民法院受理民事诉讼的范围和受诉人民法院管辖",明确将法院主管与管辖界分,故管辖异议不包括主管异议。[9] 从体系上看,《民事诉讼法》、《民诉解释》在"第一审程序"中对主管错误、管辖错误的处理方式的规定是并立的,似亦可得出管辖异议不包括主管异议之结论。另外,最高人民法院民一庭也表达了主管异议不能归入管辖权异议的观点。[10] 从实务判例上看,最高人民法院有多个案例将主管争议置于管辖权异议范畴之内,如最高人民法院(2006)民一终字第11号民事裁定书、最高人民法院(2006)民四终字第28号民事裁定书、最高人民法院(2006)民一终字第34号民事裁定书等。同时,也有很多案例将主管异议排除在管辖权异议的范畴之外,如最高人民法院(2013)民一终字第188号民事裁定书、福建省厦门市中级人民法院(2015)厦民终字第2906号民事裁定书、北京市第二中级人民法院(2015)二中民终字第09156号民事裁定书等。

板块三:确认之诉的级别管辖法院。

被告认为本案诉讼标的额应该按照合同标的额确定,已远远超过甲基层人民法院级别管辖范围。另外,由于本案争议标的额大,属于"重大涉外案件",应由中级人民法院管辖。但原告认为本案系确认合同无效之诉,没有给付内容,不涉及争议标的额的问题,应由基层人民法院管辖,在级别管辖方面,甲法院依法有管辖权。

级别管辖,是指人民法院系统内部上下级人民法院在管辖上的分工,即确定各级人民法院受理第一审民事案件的范围和权限。[11] 《民事诉讼法》第17~20条确立了以案件的性质、案件繁简程度和影响的大小"三合一"作为确定级别管辖的标准的方式,但此方式甚为模糊,不仅操作性差,而且给法院留下了过大的裁量空间。为了级别管辖规则的明确、具体,最高人民法院制定了《全国各省、自治区、直辖市高级人民法院和中级人民法院管辖第一审民商事案件标准》(以下简称《级别管辖标准》),对各地基层人民法院、中级人民法院、高级人民法院受理第一审民事案件的诉讼标的额进行了规定,并因经济社会发展、民事诉讼需要和民诉法的修改通过法发〔2008〕10号文、法发〔2015〕7号文两次对该标准进行了调整。最高人民法院《关于审理民事级别管辖异议案件若干问题的规定》第10条规定"经最高人民法院批准的第一审民事案件级别管辖标准的规定,应

---

〔9〕 张卫平:《管辖异议不包括主管异议》,载《人民法院报》2006年11月6日,第005版。

〔10〕 最高人民法院民事审判第一庭:《民事审判实务问答》,法律出版社2005年4月版,第220~221页。

〔11〕 刘家兴、潘剑锋主编:《民事诉讼法学教程》(第4版),北京大学出版社2013年版,第83页。

当作为审理民事级别管辖异议案件的依据”，确认将诉讼标的额作为审理民事级别管辖异议案件的依据。但需注意的是，《级别管辖标准》并未规定其所适用的诉的类型。此外，《民事诉讼法》第18条第1项规定中级人民法院管辖“重大涉外案件”，《民诉解释》第1条将“争议标的额大”作为“重大涉外案件”的判断标准之一。

本案争议合同所涉金额巨大，已超过最新一次调整级别管辖标准规定的任一地区基层人民法院可管辖案件的诉讼标的额之上限。而本案系确认合同条款无效之诉，为一确认之诉，而确认之诉没有给付内容，是否适用上述文件中以诉讼标的额确定级别管辖的规则值得讨论。

首先，对于确认之诉得否适用诉讼标的额的方式来确定解决级别管辖。有的学者认为，确认之诉也应当按照诉讼标的额来确定级别管辖。有的学者认为，按照诉讼标的额确定管辖法院的情形仅限于给付之诉，确认之诉因为没有给付内容而不能用标的额作为判定级别管辖的标尺，其为非财产性案件，且由于确认之诉需由法院判断之事项并非甚为复杂，由基层人民法院统一管辖对当事人而言并无风险之增加，故应该一律由基层人民法院管辖。但此种学说过于极端，并不构成通说。

其次，若确认之诉可适用诉讼标的额的方式来确定级别管辖，那么应如何确定确认之诉的诉讼标的额亦需探讨。有论者认为应“明确单纯诉请确认无效或解除合同以合同标的额为诉讼标的额”，以“避免确认无效案件、解除合同案件与此后诉请无效返还、赔偿或解决合同后违约赔偿案件在级别管辖上的差别，同时有利于引导当事人基于诉讼成本的考虑将确认无效、解除合同与其相关后果一并起诉”。〔12〕 一些地方法院系统审判指导规范也支持这一观点，例如，《北京市高级人民法院关于规范合同纠纷级别管辖及案件受理费问题的意见》（京高法发〔2014〕450号）第2条规定：“当事人的诉讼请求仅为确认合同效力、继续履行合同或者变更、解除、撤销合同的，应以合同标的总额作为诉讼请求标的额，据以确定级别管辖并收取案件受理费”。上述观点同样可以适用于《民诉解释》第1条作为确定“重大涉外案件”的标准之“争议标的额大”的判定。

实践中，最高人民法院已有数个判例按合同标的额来确定确认之诉的级别管辖。〔13〕 在其中一个裁定中，最高人民法院明确指出，是否属于非财产案件系

---

〔12〕 单国军：《以诉讼标的额为基本标准确定民事案件级别管辖的适用与完善》，载《法律适用》2007年第6期。

〔13〕 参见“王璞与刘胜远等确认合同无效纠纷上诉案”，最高人民法院（2013）民二终字第91号民事判决书。

确定案件受理费依据，而非确定案件级别管辖依据。[14] 因此，类似本案这样的包含确认合同无效之诉在内的非财产案件所涉诉讼标的额，仍可为级别管辖依据。

2. 对赌协议的理论和实务

双方对2007年9月15日原被告签订的《补充协议书2》第6条“退出机制”条款的效力有不同认识：原告诉称：该条款约定实质确保A公司的固定回报，明显违反法律规定且规避商务部门审批，为无效条款，对各方不具有法律约束力。被告辩称：“退出机制”条款是PE投资交易中的估值调整条款，并非固定回报。且条款并不属于“效力性强制性规定”即使违反该款也不会构成合同违法而无效。教师可引导学生首先了解对赌协议的性质，进而厘清判断对赌协议效力的不同要件，并讨论对赌协议条款无效对合同整体效力的影响。

板块四：对赌协议的性质及其效力。

“估值调整协议”（valuation adjustment mechanism）是私募投资中常见的合约安排，在引入我国时被译为“对赌协议”。其基本原理是投资人在投资前约定：如果被投资公司在约定的时限到来之时未达到约定的盈利目标或未能成功上市，则投资人将有权要求获得现金或股权补偿或有义务以一定价格售出其持有的股份。[15] 对赌协议的条款多种多样，但其实质是一种附条件的条款，其旨在于“将交易双方不能达成一致的不确定性事件暂时搁置，留待该不确定性消失后双方再重新结算。由于这种结构性安排，使得达成股权交易的可能性大增，从总体上增加了社会福利”。[16]

关于对赌协议的效力，理论界和实务界曾经存在争议，但最高人民法院就对赌协议的效力问题已经做出了表态。在苏州工业园区海富投资有限公司与甘肃世恒有色资源再利用有限公司、香港迪亚有限公司、陆波增资纠纷案[17]中，最高人民法院明确要求在民间融资投资活动中，融资方和投资者设置估值调整机制（即投资者与融资方根据企业将来的经营情况调整投资条件或给予投资者补偿）时要遵守公司法和合同法的规定。投资者与目标公司本身之间的补偿条款如果使投资者可以取得相对固定的收益，则该收益会脱离目标公司的经营业绩，直接或间接地损害公司利益和公司债权人利益，故应认定无效。但目标公司股

---

〔14〕 参见最高人民法院（2012）民二终字第125号民事裁定书。

〔15〕 李睿鉴、陈若英：《对私募投资中“对赌协议”的法经济学思考——兼评我国首例司法判决》，载《广东商学院学报》2012年第6期。

〔16〕 彭冰：《对赌协议：未来不确定性的合同解决》，载《中国社会科学报》2012年11月28日，第A07版。

〔17〕 参见最高人民法院（2012）民提字第11号民事判决书。

东对投资者的补偿承诺不违反法律法规的禁止性规定的，是为有效。在合同约定的补偿条件成立的情况下，根据合同当事人意思自治、诚实信用的原则，引资者应信守承诺，投资者应当得到约定的补偿。

那么本案中的对赌协议是否有效呢？本案中，对赌协议条款并非B公司自己回购股份，而是其实际控制人钱某与公司其他股东向A公司回购股份，因此属于目标公司股东对投资者的承诺，并不属于最高人民法院在前述判例中确认的情形，故不宜以该协议直接或间接地损害公司利益和公司债权人利益而被认定无效。

但需要注意的是，由于双方通过规避审批的方式签订，该行为被称为脱法行为。“所谓脱法行为是指当事人为了躲避法律障碍、禁止性法律规范或者负担，试图借助其他法律构造形式实现同样的法律或经济效果，也称为规避法律的行为。学说上受到关注的主要是规避禁止性法律规范的脱法行为。这种脱法行为在本质上也是违反禁止性法律规范的法律行为，其特殊之处在于是以迂回而不是直接的方式违法。因此，在实践中一般通过对相关的禁止性法律规范予以解释，将系争的脱法行为纳入其适用范围，判定为无效。”〔18〕因此，还要考察，此处脱法行为究竟规避的是何种法律规范，进而判断该条款的效力，即需要依据《合同法》第52条第5项：“有下列情形之一的，合同无效：……（5）违反法律、行政法规的强制性规定。”

由于B公司为境内公司，而A公司为香港公司，不难发现，此处A公司入股B公司后会导致B公司的公司性质发生转变。经法律检索，可以得知该条款可能违反的是《中外合资经营企业法》第4条第3款“合营各方按注册资本比例分享利润和分担风险及亏损”的规定，进而可能导致无效。合同条款违反法律是否无效，则需要判断违反的法律是效力性规范还是管理性规范。〔19〕“既有学说早就围绕无效制度本身展开了充分的研究，一方面肯定了合同违法无效制度的必要性，另一方面，也充分论证了不当的法律强制规定过度限制私法自治，扭曲市场规则的可能危害，正确指出了‘违法＝无效’这一观念的错误。在解决方案上，目前的研究值得肯定地主张通过区分‘管理性强制性规定’与‘效力性强制性规定’等方法，减少‘强制性规定’对合同效力的影响。同时，也认识到在判断

〔18〕 杨代雄：《恶意串通行为的立法取舍——以恶意串通、脱法行为与通谋虚伪表示的关系为视角》，载《比较法研究》2014年第4期。

〔19〕 谢鸿飞：《论法律行为生效的“适法规范”》，载《中国社会科学》2007年第6期；耿林：《强制规范与合同效力：以合同法第52条第5项为中心》，中国民主法制出版社2009年版；黄忠：《违法合同效力论》，法律出版社2010年版。

合同效力时应综合评估、权衡法律的目的及其他相关因素,避免机械、武断地作出合同无效的判断,尤其应考虑是否可通过其他法律措施而非合同无效制度来替代性地维护社会公共利益。"[20]一般而言,可以从两个方面考虑:"第一,从强制性规定的立法目的进行判断,倘其目的是实现管理的需要而设置,并非针对行为内容本身,则可认为并不属于效力性强制性规定。第二,也可从强制性规定的调整对象来判断该规定是否效力性强制性规定。"[21]在香港新美联合洗水厂有限公司诉南京市江宁区东善桥镇人民政府中外合资经营企业纠纷案中,[22]江苏省高级人民法院认为,作为合资一方如果只享利润,不担风险,而把经营风险和亏损完全转嫁给合资另一方,则会因违背该条而无效。

总之,对赌协议条款本身的效力需要考虑至少两个方面。其一,在于合同相对方。现行法的观点认为,可以与股东对赌,但不可以与公司对赌。因此合同相对人应该选择股东,而非公司,否则会被认定为无效。其二,对赌协议条款本身,也需要注意是否违反效力性强制规定而无效。综上所述,本案原告确认"退出机制"条款无效的诉讼请求可以获得支持,其虽然并非与公司对赌而无效,但其因为违反效力性强制规定而无效。

板块五:合同条款无效与整个合同无效的关系。

双方对《补充协议书2》第6条"退出机制"条款效力与合同整体效力有不同认识:原告主张:该条款的无效,并不影响合同其他内容的效力。被告辩称:"退出机制"条款是PE投资交易中的估值调整条款,也是PE投资的核心内容,如果该条款被认定为无效,则会导致合同整体内容的全部无效,原被告之前订立的《增资暨股权转让协议书》也就失去了效力,被告虽然无法主张按照"退出机制"条款要求原告回购股份,但依然可以主张原告之前所得的股权转让款系不当得利。

合同部分无效的法律后果,《合同法》第56条规定:无效的合同或者被撤销的合同自始没有法律约束力。合同部分无效,不影响其他部分效力的,其他部分仍然有效。因此问题的焦点在于"退出机制"条款的无效是否会影响合同其他部分。此处需要考虑的是合同条款的可分性。如果一体的合同在内容上无法进行区分,那么部分的无效就会导致整个行为的无效。合同的可分是指一体的合同被分成数个部分后,仍有其存在的价值。即在拿掉无效部分后,遗留下来的内

---

〔20〕 许德风:《论合同违法无效后的获益返还——兼议背信行为的法律规制》,载《清华法学》2016年第2期。

〔21〕 韩世远:《合同法总论(第三版)》,法律出版社2011年版,第178页。

〔22〕 参见江苏省高级人民法院(2002)苏民三终字第060号民事判决书。

容作为合同仍然是适合的。[23] 同时,只有当合同部分无效,导致整个合同的目的无法实现,整个合同即失去了存在的意义的情况下,才可以使整个合同无效。[24] 合同部分无效,不导致全部无效的主要有以下情形:(1)合同标的之数量超过法律许可的范围。(2)合同的标的由数种不同事项拼合而成,其中一项或数项无效。(3)合同中的某项条款因违反法律禁止性规定或公序良俗被法院认定无效。[25] 而本案属于第三种情形。结合案情,即使删除“退出机制”条款,A公司购入B公司股份的合同也是有意义的,可以与其“退出机制”条款相分离,A公司购入B公司的股份的合同目的并不会因为退出机制的缺失就无法实现。这也是省商务厅最终审批通过的结果。

预期效果

通过对本案的分析,使学生能够得到三方面的提升:

(1)知识识记。了解对赌协议的性质和效力,了解仲裁协议的效力和范围,了解管辖权异议制度的适用范围。

(2)法律适用。能够运用合同法判断合同条款之间的相互关系;明确合同效力的判断依据不仅仅限于合同法,还可能涉及中外合资经营企业法等其他法规;理解法院主管与管辖之间的关系。

(3)实务技能。通过本次案例分析,培养学生在案例中发现问题,检索法律,查阅文献,写作表达,对抗辩论等方面的综合能力和法律素养。

教学计划

本案例可以作为专门的案例教学课来进行,整个案例课的课堂安排6个课时,每课时50分钟。

课堂时间安排

1.课前计划:向学生提供案例讨论所需的案例材料、相关文献及相关判决,

---

〔23〕 黄忠:《法律行为部分无效的处理规则研究》,载《当代法学》2010年第3期。

〔24〕 韩世远:《合同法总论》(第3版),法律出版社2011年版,第180页。

〔25〕 韩世远:《合同法总论》(第3版),法律出版社2011年版,第170页。

以小组为单位安排学生阅读案例及相关参考资料,对案例所涉及问题进行思考,撰写思考题、实践题答案。

2. 课中计划:(1)介绍教学目的,明确讨论主题:约1课时。(2)学生分为原告、被告两组,结合课前预习和思考,就本案例的争议问题分别发表代理意见:约2课时,其中主管争议部分1课时,对赌协议部分1课时。(3)教师归纳争点,引导学生交叉辩论:约2课时,其中主管争议部分1课时,对赌协议部分1课时。(4)教师总结发言,讲授观点:约1课时。

3. 课后计划:根据课堂辩论和教师讲授等内容,要求学生以法官身份写作本案的裁判文书,须回应(1)甲法院是否对本案有管辖权;(2)对赌协议条款是否有效。

思考题和实践题

1. 思考题

(1)如何起草有效力的对赌协议?合同相对方是谁?合同条款的内容应该如何起草才能使该条款尽量避免被认定为违法无效?

(2)如何使部分条款的无效,不影响整个合同的其余部分的效力?

(3)如何处理才能使主合同中的仲裁条款适用于补充协议而不生争议?

(4)是否有现行有效的法律条文规定了合同无效的情况?

(5)本案中的并购合同为什么需要省商务厅的审批?

(6)本案各方当事人订立补充协议逃避商务厅审批的行为是否会影响合同的效力?

(7)级别管辖的确定标准与标的金额有何关系?

(8)确认之诉如何判断标的金额;如果没有标的金额,如何判断是否构成重大影响?

2. 实践题

(1)如果你作为被告A公司的律师,应当为证明合同条款并非违法而无效做哪些方面的尝试?

(2)作为法官,如何判断法律条文究竟属于效力性规定,还是管理性规定?

(3)如果你作为原告钱某的律师,应当从哪些方面反驳被告对级别管辖提出的异议?

(4)如果你作为一审法官,应如何处理当事人提出的主管争议?作为二审法官呢?

参考文献

1. 王利明:《合同法研究》,北京人民大学出版社2015年版。
2. 崔建远:《合同法》,法律出版社2016年版。
3. 韩世远:《合同法总论》,法律出版社2011年版。

4. 耿林:《强制规范与合同效力:以合同法第52条第5项为中心》,中国民主法制出版社2009年版。
5. 黄忠:《违法合同效力论》,法律出版社,2010年版。
6. 李睿鉴,陈若英:《对私募投资中“对赌协议”的法经济学思考——兼评我国首例司法判决》,载《广东商学院学报》2012年第6期。
7. 彭冰:《对赌协议:未来不确定性的合同解决》,载《中国社会科学报》2012年11月28日,第A07版。
8. 刘燕:《对赌协议与公司法资本管制:美国实践及其启示》,载《环球法律评论》2016年第3期。
9. 杨代雄:《恶意串通行为的立法取舍——以恶意串通、脱法行为与通谋虚伪表示的关系为视角》,载《比较法研究》2014年第4期。
10. 谢鸿飞:《论法律行为生效的“适法规范”》,载《中国社会科学》2007年第6期。
11. 许德风:《论合同违法无效后的获益返还——兼议背信行为的法律规制》,载《清华法学》2016年第2期。
12. 乔欣:《仲裁权论》,法律出版社2009年版。
13. 江伟、傅郁林主编:《民事诉讼法学(第三版)》,北京大学出版社2015年版。
14. 江伟、廖永安:《我国民事诉讼主管之概念检讨与理念批判》,载《中国法学》2004年第4期。
15. 单国军:《以诉讼标的额为基本标准确定民事案件级别管辖的适用与完善》,载《法律适用》2007年第6期。

撰稿人｜刘哲玮,北京大学法学院副教授

7 CASE 沈新南等与刘金法等胚胎继承纠纷案

|摘　要|

本案系一起冷冻胚胎继承纠纷,冷冻胚胎的夫妇意外死亡,双方各自的父母就保存于南京鼓楼医院的冷冻胚胎的监管权和处置权产生了争议。该案主要涉及民法总则、继承法、民事诉讼法和民事执行法等领域,涉及的知识点包括冷冻胚胎是否属于"物"、冷冻胚胎能否继承、知情同意书的法律效果、诉讼中当事人诉讼地位的确定、判决的执行力等,涉及的执业技能内容主要包括律师代理词的撰写、法官判决的说理展开、相关法律风险的提前避免等。本案例出现于2013年,当时在社会和法律界产生了广泛、重大的影响,吸引了各界专家和社会大众在立法、政策、伦理等多层面的持续关注。对本案例的深入讨论,对于正确理解冷冻胚胎的现行法律制度、解决实务中围绕冷冻胚胎产生的纠纷具有参考意义,更对在社会变革现状下准确认识新型民事权利具有示范作用。

|关键词|

冷冻胚胎　继承权　知情同意书　当事人诉讼地位　确认判决　执行标的

|教学目标|

掌握冷冻胚胎纠纷所涉及的主要法律问题:(1)冷冻胚胎的法律性质及能否被继承;(2)知情同意书的法律效果;(3)如何确定当事人的诉讼地位;(4)确认判决的执行力及本案中可能的执行标的;(5)民事案由变更的具体规则。

培养相关法律职业能力:(1)律师代理词的撰写;(2)判决书的说理展开;(3)法律风险的预见和预防。

教学案例主文

一、引言

沈杰与刘曦于2010年10月13日登记结婚，于2012年4月6日取得生育证明。2012年8月，沈杰与刘曦因原发性不孕症、反复促排卵及人工授精失败，要求在鼓楼医院施行体外受精——胚胎移植助孕手术。鼓楼医院在治疗过程中，获卵15枚，受精13枚，分裂13枚。取卵后72小时为预防卵巢过度刺激综合征，鼓楼医院未对刘曦移植新鲜胚胎，而于当天冷冻4枚受精胚胎。

在鼓楼医院治疗期间，刘曦于2012年3月5日，与鼓楼医院签订辅助生殖染色体诊断知情同意书，刘曦在该同意书中明确对染色体检查及相关事项已经了解清楚，同意进行该检查；愿意承担因该检查可能带来的各种风险；所取样本如有剩余，同意由医院按国家相关法律、法规的要求代为处理等。

2012年9月3日，沈杰、刘曦签订配子、胚胎去向知情同意书，载明刘曦与沈杰在鼓楼医院生殖医学中心实施了试管手术，获卵15枚，移植0枚，冷冻4枚，继续观察6枚胚胎。对于剩余配子(卵子、精子)、胚胎，刘曦与沈杰选择同意丢弃；对于继续观察的胚胎，如果发展成囊胚，刘曦与沈杰选择同意囊胚冷冻。同日，刘曦、沈杰签订胚胎和囊胚冷冻、解冻及移植知情同意书，鼓楼医院在该同意书中明确，胚胎不能无限期保存，目前该中心冷冻保存期限为一年，首次费用为三个月，如需继续冷冻，需补交费用，逾期不予保存。如果超过保存期，刘曦、沈杰选择同意将胚胎丢弃。

2013年3月20日23时20分许，沈杰驾驶苏B5U858车途中在道路左侧侧翻，撞到路边树木，刘曦当日死亡，沈杰于同年3月25日死亡。

沈杰系沈新南、邵玉妹夫妻之子；刘曦系刘金法、胡杏仙夫妻之女。沈新南、邵玉妹因与刘金法、胡杏仙发生胚胎监管权和处置权纠纷，于2013年11月25日起诉至江苏省宜兴市人民法院(以下简称一审法院)。一审审理中，因涉案胚胎保存于鼓楼医院，与本案审理结果存在关联性，故一审法院追加该院作为第三人参加诉讼。一审宣判后，沈新南、邵玉妹不服判决，向江苏省无锡市中级人民法院(以下简称二审法院)提起上诉。二审法院于2014年9月17日就该案作出二审判决。

二、一审情形

(一)原告、被告、第三人的主张及理由

原告沈新南、邵玉妹认为,根据法律规定和风俗习惯,死者双方遗留的冷冻胚胎处置权作为原告生命延续的标志,应当由原告来监管和处置。故原告起诉至宜兴市人民法院,要求判令沈杰与刘曦存放于鼓楼医院生殖医学中心的受精胚胎(4 枚)归原告监管处置。审理中,原告向法院明确提出,所谓监管处置即将胚胎从医院取出,由原告保管。

被告刘金法、胡杏仙辩称,胚胎是他们的女儿留下的唯一东西,要求处置权归其夫妻所有。

第三人鼓楼医院辩称,冷冻胚胎的性质尚存在争议,不具有财产的属性,原被告双方都无法继承;沈杰夫妻生前已签署手术同意书,同意将过期胚胎丢弃;胚胎的作用为生育,现沈杰夫妻已去世,在原被告双方都不具备处置和监管胚胎条件的情况下,胚胎被取出后,唯一能使其存活的方式就是代孕,但该行为违法,原被告双方也无权行使死者的生育权,故要求驳回原告的诉讼请求。

(二)一审判决

法院认为,公民的合法权益受法律保护。沈杰与刘曦因自身原因而无法自然生育,为实现生育目的,夫妻双方至鼓楼医院施行体外受精——胚胎移植手术。现夫妻双方已死亡,作为双方父母的原被告均遭受了巨大的痛苦,原告主张沈杰与刘曦夫妻手术过程中留下的胚胎作为其生命延续的标志,应由其负责保管。但施行体外受精——胚胎移植手术过程中产生的受精胚胎为具有发展为生命的潜能、含有未来生命特征的特殊之物,不能像一般之物一样任意转让或继承,故其不能成为继承的标的。同时,夫妻双方对其权利的行使应受到限制,即必须符合我国人口和计划生育法律法规,不违背社会伦理和道德,并且必须以生育为目的,不能买卖胚胎等。本案中沈杰与刘曦夫妻均已死亡,通过手术达到生育的目的已无法实现,故其夫妻两人对手术过程中留下的胚胎所享有的受限制的权利不能被继承。综上,对于原告提出的其与被告之间,应由其监管处置胚胎的诉请,没有法律依据,不予支持。

一审法院依照《民法通则》第 5 条和《继承法》第 3 条的规定,判决驳回沈新南、邵玉妹的诉讼请求。

三、二审情形

(一)上诉人、被上诉人、原审第三人的主张及理由

一审宣判后,沈新南、邵玉妹不服判决,向二审法院提起上诉,其主要理由是:第一,一审判决受精胚胎不能成为继承的标的物没有法律依据。我国相关法律并未将受精胚胎定性为禁止继承的物,涉案胚胎的所有权人为沈杰、刘曦,是两人的合法财产,应当属于《继承法》第3条第7项“公民的其他合法财产”。在沈杰、刘曦死亡后,其生前遗留的受精胚胎,理应由上诉人继承,由上诉人享有监管、处置权利。第二,根据沈杰、刘曦与鼓楼医院的相关协议,鼓楼医院只有在手术成功后才具有对剩余胚胎的处置权利。现沈杰、刘曦均已死亡,手术并未进行,鼓楼医院无论是依据法律规定还是合同约定,对涉案胚胎均无处置权利。一审法院认定胚胎不能被继承,将导致在沈杰、刘曦死亡后,没有任何人可对涉案胚胎行使权利。综上,请求撤销原审判决,判决4枚冷冻胚胎的监管权和处置权归上诉人。

被上诉人刘金法、胡杏仙辩称,涉案胚胎是女儿女婿遗留下来的,上诉人和被上诉人均有监管权和处置权,要求法院依法判决。

原审第三人鼓楼医院辩称,胚胎是特殊之物,对其处置涉及伦理问题,不能成为继承的标的物;根据《人类辅助生殖技术管理办法》等卫生部的相关规定,也不能对胚胎进行赠送、转让、代孕,要求驳回上诉,维持原判。

(二)二审判决

二审法院认为,公民合法的民事权益受法律保护。基于以下理由,上诉人沈新南、邵玉妹和被上诉人刘金法、胡杏仙对涉案胚胎共同享有监管权和处置权。

第一,沈杰、刘曦生前与南京鼓楼医院签订相关知情同意书,约定胚胎冷冻保存期为一年,超过保存期同意将胚胎丢弃。现沈杰、刘曦意外死亡,合同因发生了当事人不可预见且非其所愿的情况而不能继续履行,南京鼓楼医院不能根据知情同意书中的相关条款单方面处置涉案胚胎。

第二,在我国现行法律对胚胎的法律属性没有明确规定的情况下,结合本案实际,应考虑以下因素以确定涉案胚胎的相关权利归属。一是伦理。施行体外受精——胚胎移植手术过程中产生的受精胚胎,具有潜在的生命特质,不仅含有沈杰、刘曦的DNA等遗传物质,而且含有双方父母两个家族的遗传信息,双方父母与涉案胚胎亦具有生命伦理上的密切关联性。二是情感。白发人送黑发人,乃人生至悲之事,沈杰、刘曦意外死亡,其父母承欢膝下、纵享天伦之乐不再。

而沈杰、刘曦遗留下来的胚胎,则成为双方家族血脉的唯一载体,承载着哀思寄托、精神慰藉、情感抚慰等人格利益。涉案胚胎由双方父母监管和处置,既合乎人伦,亦可适度减轻其丧子失女之痛楚。三是特殊利益保护。胚胎是介于人与物之间的过渡存在,具有孕育成生命的潜质,比非生命体具有更高的道德地位,应受到特殊尊重与保护。在沈杰、刘曦意外死亡后,其父母不但是世界上唯一关心胚胎命运的主体,而且亦应当是胚胎之最近最大和最密切倾向性利益的享有者。综上,判决沈杰、刘曦双方父母享有涉案胚胎的监管权和处置权于情于理是恰当的。当然,权利主体在行使监管权和处置权时,应当遵守法律且不得违背公序良俗和损害他人之利益。

第三,至于南京鼓楼医院在诉讼中提出,根据卫生部的相关规定,胚胎不能买卖、赠送和禁止实施代孕,但并未否定权利人对胚胎享有的相关权利,且这些规定是卫生行政管理部门对相关医疗机构和人员在从事人工生殖辅助技术时的管理规定,南京鼓楼医院不得基于部门规章的行政管理规定对抗当事人基于私法所享有的正当权利。

综上,二审法院认为,沈新南、邵玉妹和刘金法、胡杏仙要求获得涉案胚胎的监管权和处置权合情、合理,且不违反法律禁止性规定,应予支持。据此,该院依照《民法通则》第5~7条,《民事诉讼法》第170条第1款第2项的规定,判决撤销一审法院作出的民事判决,沈杰、刘曦存放于南京鼓楼医院的4枚冷冻胚胎由上诉人沈新南、邵玉妹和被上诉人刘金法、胡杏仙共同监管和处置,并且驳回上诉人沈新南、邵玉妹其他诉讼请求。

教学指导手册

教学对象及目标

本案例供法律硕士案例教学使用,法学本科(本科三年级以上)、民法学硕士、民事诉讼法学硕士课程也可以参酌使用。

本案例主要就近年来在社会上引发很大关注的“冷冻胚胎继承第一案”进行分析和讲授。具体要解决的问题包括:(1)冷冻胚胎具有何种法律性质,能否作为继承的对象;(2)就冷冻胚胎的知情同意书具有何种法律效果;(3)案件中第三人的诉讼地位如何确定;(4)部分支持原告诉讼请求的确认判决是否具有执行力,什么是案件中的执行标的;(5)二审法院变更案由的做法,是否符合《民事案件案由规定》和我国主流司法实践。

教学内容

1. 冷冻胚胎的民法属性

(1)冷冻胚胎具有何种法律性质?

在本案审理和相关探讨中,就冷冻胚胎的法律性质产生了较大争议。一审法院认为,施行体外受精——胚胎移植手术过程中产生的受精胚胎是具有发展为生命的潜能、含有未来生命特征的特殊之物,不能像一般之物一样任意转让或继承,故其不能成为继承的标的。上诉人认为,我国相关法律并未将受精胚胎定性为禁止继承的物,涉案胚胎的所有权人为沈杰、刘曦,应当属于《继承法》第3条第7项"公民的其他合法财产"。在沈杰、刘曦死亡后,其生前遗留的受精胚胎理应由上诉人继承,由上诉人享有监管、处置权利。本案第三人鼓楼医院则认为,冷冻胚胎的性质尚存在争议,不具有财产的属性,原被告双方都无法继承。

目前国内外关于冷冻胚胎法律性质的学说,主要有主体说、客体说、阶段说和折中说四种观点。观点一,主体说将受精胚胎看作法律上的人,该说分为两支,一种是把受精胚胎看作有限的自然人,该说被阿根廷、意大利的立法所采纳,表现为限制体外受精的胚胎个数、禁止冷冻或摧毁胚胎、禁止减胎等;另一种是将受精胚胎看作法人,即受精胚胎作为精子和卵子的联合,这种联合与在社团名义下自然人的联合是一样的,美国《路易斯安那民法典》采纳该观点。[1] 观点二,客体说也包括物权和人格权两种思路。采取物权思路的观点认为,民法上的物分为伦理物、特殊物和普通物三个类型,胚胎等脱离人体的器官和组织属于伦理物,对其权利行使应予以最大限度的限制。[2] 采取人格权思路的观点则认为,受精胚胎是生育自决权的客体,具体包括生育的权利和不生育的权利。[3] 观点三,阶段说与前两者不同,在放弃胚胎是人是物的争议的同时,对每一种情形下胚胎应受到保护的法益范围及程度做出具体的规范,例如,以生育为目的人工授精的胚胎应受到保护的程度,应当高于为研究目的所收集的胚胎;已经植入

---

〔1〕 徐国栋:《民法哲学》,中国法制出版社2015年版,第267~270页。

〔2〕 杨立新:《人的冷冻胚胎的法律属性及其继承问题》,载《人民司法·应用》2014年第13期。

〔3〕 徐国栋:《民法哲学》,中国法制出版社2015年版,第271页。

母体的胚胎较之实验室试管中的胚胎，也应受到更强的保护。[4] 观点四，折中说认为，对人类胚胎不仅不能用民法物的标准衡量，而且胚胎不仅仅是一个人的器官，而是男女两个人、精子与卵子结合产生的生命体。胚胎是精卵两个生命体的自然结合，没有民法物的价值，也不具有民法物满足人们某种需要的使用价值。对胚胎必须用全新的观念予以审视，而不能简单作人或物的区分。[5]

我国现行法律并未对冷冻胚胎的法律性质作出明确规定。冷冻胚胎具有发展为自然人的潜能，与处于胎儿形态的自然人较为接近。在医学上，通常认为受精之后的胚胎不是胎儿，只有在其发育到具有初步的人形、受精胚胎着床后第9周开始，才可以称为胎儿。对胎儿的特别保护，一般体现在遗产继承和损害赔偿两个方面，我国《继承法》第28条对于前者规定了特留份制度，我国现行法律对于后者尚未作出规定。由冷冻胚胎到胎儿，尚需要经过胚胎植入、发育的阶段，因此能否将关于胎儿的保护规定类推适用于胚胎的保护，存有疑问。就此而言，将冷冻胚胎视为权利主体的观点，很可能走得太远，也无法找到现行法依据。

冷冻胚胎与人体器官均属人体的一部分。我国现行法律法规将人体器官作为"物"来处理，但是对人体器官的使用也设有诸多限制。根据国务院颁布的《人体器官移植条例》第3条和第7条的规定，人体器官不得买卖，公民享有自愿捐献人体器官的权利。而每次移植哪一枚胚胎，均是由待移植的夫妻和医生经商议后决定，此种决定隐含着对胚胎的"处分"。如果移植成功后还有其他的胚胎未移植，未移植的胚胎会面临被继续冷冻和毁弃的命运。因此，可以将冷冻胚胎视为"特殊之物"，但对该物的处分施以必要的限制。虽然全国人大常委会公布的《民法总则(草案)》一审稿和二审稿并未对此作出规定，但是相关学者建议稿已经采取了上述理解。[6]

(2)冷冻胚胎能否作为继承的对象？

在关注冷冻胚胎的民事法律性质之后，进一步需要思考的是其在继承法上

---

〔4〕 满洪杰:《人类胚胎的民法地位刍议》，载《山东大学学报》(哲学社会科学版)2008年第6期。

〔5〕 刘士国:《人工生殖与自然法则》，载《人民司法·应用》2014年第13期。

〔6〕 参见中国法学会民法典编纂项目领导小组和中国民法学研究会:《中华人民共和国民法典·民法总则专家建议稿》，载中国法学会网:https://www.chinalaw.org.cn/Column/Column_View.aspx?ColumnID=81&InfoID=14364。("第18条 对体外受精胚胎的保管和处置，不得违背公序良俗。")最后访问日期:2016年12月23日;梁慧星主编:《中国民法典草案建议稿》(第3版)，法律出版社2013年版，第22页("第99条第3款:自然人的器官、血液、骨髓、组织、精子、卵子等，以不违背公共秩序与善良风俗为限，可以成为民事权利的客体。");王利明主编:《中国民法典学者建议稿及立法理由(总则编)》，法律出版社2005年版，第242页("人身不是物，但是从人体分离出来的某些部分，如器官、乳汁、血液、卵子等，也可以作为物并成为物权的客体。")

的具体体现。参考前述上诉人提出的法律理由，讨论冷冻胚胎是否属于《继承法》规定的继承标的，其本质问题是对冷冻胚胎的处分限制是否包括对继承行为的限制。

主张冷冻胚胎不能继承的观点，其理由主要是冷冻胚胎的夫妇已经死亡，通过手术达到生育的目的已经无法实现，而且我国目前又禁止代孕，冷冻胚胎无法合法地发育成人。一审法院将冷冻胚胎定位为特殊之物，夫妻双方对该物的使用，必须以生育为目的。一旦夫妻双方的死亡导致通过手术完成生育的目的无法实现，那么附着于该胚胎上的权利也就失去了依据，无法被继承。

主张冷冻胚胎能够继承的观点则认为，既然冷冻胚胎的法律属性是物，在物的所有权人死亡后，冷冻胚胎当然就成为遗产，是继承人继承的标的。禁止代孕的政策将来有松动的可能，将冷冻胚胎作为可继承物处理，也符合人类基本良知与道义。[7]

本案二审法院未采取遗产继承的思路。虽然原卫生部2001年发布的《人类辅助生殖技术管理办法》第3条禁止医疗机构和医务人员实施代孕技术，但是法院认为这类规定是卫生行政管理部门对相关医疗机构和人员在从事人工生殖辅助技术时的管理规定，不能用来否认当事人基于私法享有的正当权利。二审法院所言的“正当权利”，是指对胚胎的监管权和处置权，这两项权利由夫妻双方各自的父母共同享有，符合伦理、情感和胚胎的特殊利益保护。二审法院是从权利归属即确权的角度进行阐释与认定，不同于继承的思路，不能适用民法中关于继承的基本规定。[8] 但是，二审法院提出的“监管权和处置权”，如果既不是以人格权和身份权为权利基础，又不是以物权为权利基础，那么“监管权和处置权”在民法上就是“没有权利基础的权利”。[9]

本案二审宣判之后，关于是否禁止代孕的问题在我国也有了新的法律发展。2015年12月27日，全国人大常委会会议表决通过了《人口与计划生育法修正案》，表决稿删除了此前草案中的“禁止以任何形式实施代孕”相关条款。国家卫生计生委法制司司长对此解读为，虽然这部法律没有涉及代孕的相关条款，但是该委将会同相关部门加强对代孕领域的管理，严禁医疗机构和医务人员实施

---

〔7〕 杨立新：《人的冷冻胚胎的法律属性及其继承问题》，载《人民司法·应用》2014年第13期。

〔8〕 时永才、张圣斌、庄绪龙：《父母对子女遗留冷冻胚胎享有监管、处置权》，载《人民司法·案例》2014年第22期。

〔9〕 杨立新：《一份标志人伦与情理胜诉的民事判决——人的体外胚胎权属争议案二审判决释评》，载《法律适用》2014年第11期。

任何形式的代孕技术。[10] 在全国人大常委会删除有关代孕违法的条款后，2016年3月14日，卫计委专门召开了两个会议，一个是代孕的法律问题研讨会，另一个是研究对非法代孕活动开展专项打击行动的动员会。据与会专家介绍，多数与会专家的意见是采取适度灵活的法律政策，原则上禁止代孕，但在确有需要时适当放开；少数医学专家和婚姻法专家则持反对态度，坚持代孕一律违法的态度。[11] "冷冻胚胎案"的二审主审法官，目前也持"有限开放代孕"的主张。[12] 就此而言，我国尚未形成关于代孕问题的法律共识，需进一步基于我国国情和现有法律规范体系，加以综合考量和讨论。

其他国家法律对于人工胚胎的处理方式各有不同，比较法经验有助于我们深化对这一问题的讨论。在法国法上，胚胎原则上不是"法律上的人"，只有出生才能获得法律主体地位。当冷冻胚胎的"父母"任何一方死亡时，另一方不得基于继承权或其他权利索回胚胎。胚胎只能被销毁、赠与给其他伴侣或者捐赠给科研机构，并且法律规定禁止代孕。[13] 在英国法上，人体胚胎处于民事主体与民事客体中间的特殊地位，从事与胚胎有关的活动需要获得许可，对于胚胎的使用和处置则需要遵循"双方同意"原则。[14] 如果冷冻胚胎使用权人、即胚胎生物学意义上的父母死亡，此时冷冻胚胎可以作为遗产被继承，继承人可以行使被继承人全部使用权，比如变更与医院的合同、捐赠或销毁胚胎等。[15] 此外，英国立法明文规定允许代孕。[16] 日本法律并未对人工胚胎的法律地位作出特别规定，实务见解中也只涉及对亲子关系的判断。日本学说目前关于人工胚胎的讨论多集中在"人体的组成部分"上，至于究竟是将其作为所有权还是人格权的客体，学界也未达成共识。[17] 在德国法上，规范的重点是对胚胎的保护，而非对人工生殖技术的管制。对于死后人工生殖的情形，目前则存在法律漏洞。依据德国一般通说，精卵结合形成的胚胎应被视为生命的开始而不是物，也不得成为继

---

〔10〕《"禁止代孕"条款删除 代孕合法?》，载《南方日报》2015年12月28日。

〔11〕杨立新：《适当放开代孕禁止与满足合法代孕正当要求——对"全国首例人体冷冻胚胎权属纠纷案"后续法律问题的探讨》，载《法律适用》2016年第7期。

〔12〕时永才、庄绪龙：《有限开放代孕的法理思考与基本路径》，载《法律适用》2016年第7期。

〔13〕叶名怡：《法国法上的人工胚胎》，载《华东政法大学学报》2015年第5期；曾品杰：《论人工胚胎之法律地位——从法国法谈起》，载《交大法学》2016年第1期。

〔14〕李蕊佚：《英国法上的人体胚胎规制体系》，载《华东政法大学学报》2015年第5期。

〔15〕李佳伦：《英国法对人体胚胎的民事法律地位的争议》，载《人民司法·应用》2014年第13期。

〔16〕See Surrogacy Arrangements Act 1985; Human Fertilisation and Embryology Act 2008.

〔17〕周江洪：《法制化途中的人工胚胎法律地位——日本法状况及其学说简评》，载《华东政法大学学报》2015年第5期。

承的标的。[18] 在意大利,《医学辅助生殖规范》赋予人工受孕体主体地位,《人工辅助生殖指南》则赋予人工受孕体已出生的人的地位,同时禁止通过代孕母亲让受孕体转化为胚胎,原则上也不允许冷冻胚胎。[19] 最后在美国,医疗机构与病人通常会协议约定,如果该对夫妇离婚、一方或双方死亡或者他们与诊所失去联系时,应当如何处理胚胎,具体包括存储、销毁、捐赠给其他夫妇或者科研机构。但该协议能否执行,各州法院的观点并不相同。[20]

由此可见,法律如何规制人工胚胎,是各国都普遍面临的法律难题。采取何种方式,不仅受到某个法律系统中具体规则的限制,而且取决于社会民众的价值共识。在就是否开放代孕等重要关联问题并未达成共识之前,二审法院回避胚胎继承权问题,赋予四位当事人监管权和处置权,不失为一种照顾伦理、感情和胚胎特殊利益的选择。

2. 知情同意书的法律效果

冷冻胚胎的夫妻生前与医院签署的知情同意书具有何种法律效果?

本案中,冷冻胚胎的夫妻生前与医院签署了知情同意书。知情同意书载明:当事人同意医院按国家相关法律、法规的要求代为处理和丢弃多余的配子(卵子和精子)或胚胎;对于已经成功的囊胚由医院负责冷冻保存,有一定保存期限,如果需要继续冷冻,须补交费用,逾期不予保存;如果超过保存期,则同意将胚胎丢弃。知情同意书在夫妻死亡之后,是否仍如约发生法律效果,不无疑问。

本案二审法院认为,冷冻胚胎的夫妻因意外死亡,合同因发生了当事人不可预见且非其所愿的情况而不能继续履行,医院不能根据知情同意书中的相关条款单方面处置涉案胚胎。

知情同意书是证明医院已经尽到告知义务的法律文书,主要功能是为了证明医院人员已经就治疗的有关事项尽到了告知义务。如果知情同意书对夫妻意外死亡后,冷冻胚胎如何处置的情形进行了约定,应当依照约定来处理。然而,本案中并无此类约定。因此,知情同意书并未赋予医院在患者身亡时,单方面处置冷冻胚胎的权利。此时,冷冻胚胎应当依照法律规定进行处置,这就要结合对冷冻胚胎能否作为继承标的的分析。从避免纠纷的角度考虑,医院与患者在签

---

〔18〕 戴瑀如:《死后人工生殖之禁制与开放——以德国及台湾地区的裁判为中心》,载《华东政法大学学报》2015 年第 5 期。

〔19〕 徐国栋:《人工受孕体在当代意大利立法和判例中的地位》,载《华东政法大学学报》2015 年第 5 期。

〔20〕 李昊:《冷冻胚胎的法律性质及其处置模式——以美国法为中心》,载《华东政法大学学报》2015 年第 5 期。

署知情同意书时，可以参考前述外国法的相关做法，事先就夫妻离婚、一方或双方死亡时胚胎如何处置，做出明确约定。

3. 案件第三人的诉讼地位

如何确定鼓楼医院在本案中的诉讼地位？

一审程序中，原告沈新南、邵玉妹将刘金法、胡杏仙列为被告，南京鼓楼医院则由一审法院追加为第三人参加诉讼。二审的上诉人为原审原告，被上诉人为原审被告，原审第三人鼓楼医院仍被列为第三人。这里需要明确的问题是，鼓楼医院究竟是以《民事诉讼法》中何种第三人的身份参加诉讼。

法院依职权追加当事人参加诉讼的做法，是依据《民事诉讼法》第 56 条第 2 款的规定，对当事人双方的诉讼标的，第三人虽然没有独立请求权，但案件处理结果同他有法律上的利害关系的，可以申请参加诉讼，或者由人民法院通知他参加诉讼。人民法院判决承担民事责任的第三人，有当事人的诉讼权利义务。同时，《民事诉讼法》第 56 条第 1 款规定，对当事人双方的诉讼标的，第三人认为有独立请求权的，有权提起诉讼。就在诉讼中成为有独立请求权第三人的条件而言，一是对本诉诉讼标的行使享有独立的请求权，二是该独立请求权可以指向本诉的原被告双方，三是应当由有独立请求权的第三人主动以起诉方式参加诉讼。有独立请求权的第三人之所以能参加到他人之间的诉讼当中，是因为其认为自己对诉讼标的享有全部或者部分的诉讼请求权。无论原告还是被告胜诉，都会对他的权益造成损害。实质上有独立请求权第三人是为了自己的利益，以独立的原告地位向法院提起一个独立的诉，法院将原被告之间的诉讼和第三人与原被告间的诉讼合并到同一个程序中审理。有独立请求权第三人对自己的诉讼权利要不要行使以及如何行使，都是由当事人自己选择的，而不是法院主动追加或是由其他当事人申请追加。但是值得注意的是，实务中不排除法院在审理过程中通过当事人提供的证据和当庭辩论，发现真正权利人为第三人或者本诉结果会侵害第三人的实体权利时，第三人不知道本诉正在进行的情况。此时法院是否可以依职权通知此类第三人参加本诉，值得思考。

在本案的诉讼场景中，鼓楼医院在一审中并未主动提起对原告和被告的诉讼，而是由法院追加为无独立请求权的第三人参加诉讼。无独立请求权第三人的相关问题在我国司法实践中面临较多争议，一些学者尝试通过类型化的方式提高分析的准确性，并且由于类型化标准和路径的不同，形成了不同的主张。其中，较具代表性的观点将无独立请求权第三人区分为“被告型第三人（义务型第三人）”和“辅助型第三人”两种类型。被告型第三人有可能被判决承担责任，辅助型第三人虽不会被判决承担责任，但如果其辅助的被告在本诉中败诉，辅助型第三人仍面临着被被告起诉的风险。而且，按照最高人民法院《关于适用〈中华人民共和国民事诉讼法〉的解释》第 93 条的规定，当事人无须举证证明已为人民法院发生法律效力的裁判所确认的事实，除非一方当事人有相反证据足以推翻该事实。法院在本诉中认定的事实在后诉中对当事人有预决效力，除非辅助型第三人在后诉中举出足以推翻前诉事实认定的证据。

不过，鼓楼医院在本案中能否作为无独立请求权第三人，也应当结合案件中涉及的实体法律争议来判断。一审中，鼓楼医院辩称，冷冻胚胎的性质尚存在争议，不具有财产的属性，原被告双方都无法继承；沈杰夫妻生前已签署手术同意书，同意将过期胚胎丢弃；胚胎的作用为生育，现沈杰夫妻已去世，在原被告双方都不具备处置和监管胚胎条件的情况下，胚胎被取出后，唯一能使其存活的方式就是代孕，但该行为违法，原被告双方也无权行使死者的生育权，故要求驳回原告的诉讼请求。鼓楼医院的主张表明其既不同意将胚胎判决给原告，又不同意判决给被告，而是主张自己拥有对胚胎的处置权。实际上，鼓楼医院提出的是独立的请求权，而不是作为原告或者被告的辅助型第三人。此外，基于当事人的诉讼目的也可以发现，原告的诉讼请求实际上同时针对本案被告和第三人，即确认其对冷冻胚胎具有监管权和处置权，而另两方无权声索和占有，并为进一步可能的权利处分扫清障碍。在这种理解下，也可以认为本案构成《民事诉讼法》第 52 条第 1 款规定的、共同诉讼标的下的必要共同诉讼，此时刘金法夫妇和鼓楼医院在诉讼构造上也可能处于共同被告的地位。

值得注意的是，二审法院在判决书中也说明，“原审在本案的诉讼主体结构安排方面存在一定的瑕疵，本应予以纠正。但考虑本次诉讼安排和诉讼目的指向恒定，不会对诉讼主体的程序和实体权利义务的承担造成紊乱，本院不再作调整”。这表明二审法院意识到了一审法院将鼓楼医院列为无独立请求权第三人存在问题，只不过在结果上未予直接变更。

4. 确认判决的效力

(1)原告提起确认之诉并得到法院判决支持后，确认判决是否具有执行力？

最早在民事诉讼中并不存在确认之诉，因为当时诉讼的意义是变更当事人之间的权利义务。后来人们在观念上认识到确认权利关系也能解决现存的纠纷，于是逐渐承认确认之诉的作用。与此同时，确认之诉的既判力使“实体法规定的权利内容获得明确化”，以及在社会中宣扬“法院宣告人们享有这种权利，人们必须遵从这种权利”的守法精神，因此确认之诉实际上起到了预防纠纷激化的作用。给付之诉的审理往往要求法院首先对给付的权利义务关系存在与否进行确认,因此确认之诉就成为给付之诉的前提,其他任何类型的诉也都包含着确认的因素和前提。

在本案中,一审原告提起诉讼称:其子沈杰与儿媳刘曦死亡后,根据法律规定和风俗习惯,胚胎的监管权和处置权应由其行使,要求法院判如所请。一审法院驳回原告诉讼请求后,原告提起上诉称:在沈杰、刘曦死亡后,其生前遗留的受精胚胎理应由上诉人继承,由上诉人享有监管、处置权利。原告在两审的诉讼请求表述中虽然没有明确"请求法院确认原告拥有上述权利"类似的语词,但是从请求"判令胚胎的监管权和处置权归原告所有"的文义可以看出,原告的诉讼请求实际上属于确认请求,单纯使用"判令"的表述也并不妨碍对请求事项内容的实质理解。实际上,两审法院作出的判决也都是确认判决,只不过一审法院确认原告不享有处置胚胎的权利,二审法院确认胚胎的处置权和监管权由上诉人和被上诉人共同享有。

不过,原告最终的诉讼目的是要求南京鼓楼医院向其交付胚胎,事后原告也确实以法院判决为由要求南京鼓楼医院交付,但是被医院拒绝。医院是否有权拒绝交付,涉及确认判决是否具有执行力的问题。大陆法系和我国民事诉讼理论一般都认为,确认判决只是对当事人主张的权利或者法律关系进行宣告,其本身并不具有执行力,即不能以判决为执行根据、通过司法执行权就判决中的给付内容强制执行的效力。原因在于,确认判决既不赋予权利,又不课以义务,既不创设法律关系,又不消灭法律事实。就此而言,如果原告希望直接占有涉争胚胎、医院又拒绝提供,原告可能还需要再以鼓楼医院为被告,提起独立的给付之诉。

这里有必要进一步站在我国法规则的角度,思考如下问题:如果确认判决本身的给付内容是明确、只是不包含明确的给付要求,是否应当赋予判决执行力。纯粹从学理出发,并非具有给付意思的判项就一定是给付判决,关键在于判决主文是确认给付内容存在(民事之债),还是直接要求被告为或不为一定给付/行为(司法要求)。就此而言,应当坚持确认判决不具有执行力的基本原理。但是,如果从我国司法现状出发,确实可以发现不少案件在审理和主文撰写中,对于确权之外的给付要求语焉不详。为了避免不必要的诉累和各方资源浪费,目前一种实务界的主流观点认为,此类判决也应当具有执行力,满足立案执行的条件。[21] 从裁判技术应实现的、提高裁判质量的制度功能来看，这种理解也同样具有较强说服力。尤其在严格区分确认和给付判决的裁判技术仍未深入人心的过渡阶段，学者也很难简单基于理论上的美观无视我国的现实需求。结合以上两方面的考量，当下有必要在积极提倡判决主文明确给付要求（应然层面）的同时，通过挖掘诉讼资料和裁判理由的方式拓宽对主文内容的解释（便宜做法），而不是直接肯定确认判项的执行力。就本案而言，也可以尝试这一方案，认为本案判决满足最高人民法院《关于人民法院执行工作若干问题的规定（试行）》第 18 条第 1 款第 4 项就执行条件规定的“申请执行的法律文书有给付内容，且执行标的和被执行人明确”，其主文具有执行力。

（2）本案中的执行标的如何确定？

所谓执行标的，是指执行行为指向和作用的，能够用于满足债权人实体权利请求的对象。执行标的的可执行性主要体现在能够成为执行标的的只能是财产，人身不能被执行。在通过相应的措施限制被执行人人身自由、迫使其履行偿债义务时，对应的是妨害执行的强制措施，后者在发挥督促作用的同时并不能折抵需要执行的债务。在涉及子女抚养权的纠纷中，就交付子女的执行针对的也只是当事人拒不交付子女的行为，其执行内容也不是人身本身。

判断本案中的执行标的，需要考虑胚胎的法律性质和本案具有执行力的给付内容。如前所述，一方面，胚胎的法律性质有两种可能。第一种可能是：胚胎不是民法上的“物”，而是一种具有发展为人的潜能、与胎儿形态更为接近的物，可以作为民法权利主体；第二种可能是：胚胎的法律属性是物，在物的所有权人死亡之后，可以成为遗产，其所有人有权获得给付判决，并相应地请求法院执行。在债务人拒不交付时，继承人可以要求强制执行。另一方面，即使在胚胎被视为人身本身的情况下，由于案件执行内容是对胚胎的交付行为，本案中也不会出现不能执行的问题。

5. 民事案由的诉讼认定

二审法院变更案由的做法是否合法？

根据最高人民法院《关于印发修改后的〈民事案件案由规定〉的通知》，民事案件案由应当依据当事人主张的民事法律关系的性质来确定。但是考虑到当事

---

〔21〕 沈德咏主编：《最高人民法院民事诉讼司法解释理解与适用（下）》，人民法院出版社 2015 年版，第 1236～1237 页；蒋先华、邵萌：《具有给付内容的确认判决符合执行案件受理条件》，载《人民司法·案例》2012 年第 24 期。

人诉争的民事法律关系的性质具有复杂性，为了更准确地体现诉争的民事法律关系和便于司法统计，修改后的《民事案件案由规定》在坚持以法律关系性质作为案由的确定标准的同时，对少部分案由依据请求权、形成权或者确认之诉、形成之诉的标准进行确定，另一些案由也包含争议焦点、标的物、侵权方式等要素。一审法院立案时，应当根据当事人诉争法律关系的性质确定案由。当事人起诉的法律关系与实际诉争的法律关系不一致的，人民法院结案时应当根据法庭查明的当事人之间实际存在的法律关系的性质，相应变更案件的案由。不过，民事案件案由的性质与功能决定了，法院也不得以当事人的诉请暂时没有相应案由可以适用为由，裁定不予受理或者驳回起诉，影响当事人行使诉权。

就此而言，一审原告的诉讼请求是胚胎的监管权和处置权应由其行使，而一审法院认为本案的争议焦点是胚胎能否成为被继承的对象，由此确定案由为继承纠纷。二审上诉人的上诉理由中仍然是原告享有对胚胎的监管、处置权，但是二审法院在判决书中指出，“根据上诉人在原审中的诉请以及当事人之间法律关系的性质，本案案由应变更为监管权和处置权纠纷。”

这里需要讨论的问题是，二审法院能否变更案由，以及变更后的案由是否符合《民事案件案由规定》。基于其在审级制度中应当发挥的纠错功能，上级法院在案件审理过程中有权变更案由。实践中，最高人民法院在面对一审裁判定性错误时，就采取了直接在案由和裁判理由中纠正的做法。[22] 因此，虽然在司法实务中应当提倡准确确定立案案由以及立案和结案案由的一致，[23]但是即使需要变更案由，在判决书事实部分也只需如实记明即可。[24] 然而，《民事案件案由规定》中并没有列明“监管权、处置权”纠纷，二审法院实际上创造出一类新的案由。依据最高人民法院《关于印发修改后的〈民事案件案由规定〉的通知》的规定，“地方各级人民法院对审判实践中出现的可以作为新的第三级民事案由或者应当规定为第四级民事案由的纠纷类型，可以及时报告最高人民法院。最高人民法院将定期收集、整理、筛选，及时细化、补充相关案由”，地方法院并没有创设并自行使用新案由的职权，更稳妥的做法应当是考虑直接适用已有的上级案由。

---

〔22〕 参见“肯考帝亚农产品贸易（上海）有限公司与广东富虹油品有限公司、第三人中国建设银行股份有限公司湛江市分行所有权确认纠纷案”，载《最高人民法院公报》2012 年第 1 期，第 29 页。

〔23〕 宋旺兴：《论民事案由确定制度的完善》，载《法律适用》2012 年第 2 期。

〔24〕 实践中有的法院甚至将案由争议作为裁判理由中的重要争点。参见“杭州佳正实业有限公司、黄国满与浙江新月控股集团有限公司物权确认纠纷再审民事判决书”，(2013)浙民提字第 120 号。

课堂时间安排

本案例可以作为专门的案例教学课来进行，整个案例课的课堂安排 9 个课时，每课时 45 分钟。

课堂计划的安排如下，供参考。

1. 课前计划：安排学生阅读案例及相关参考资料，对案例所涉及问题进行思考，撰写实践题答案。在有条件配置助教安排小班讨论的情况下，首先组织助教讨论案情和涉及的具体问题，形成比较清晰、统一的讨论提纲，并就学生可能提出的关于实体法、程序法和司法实践做法方面的问题，预先准备简要答案。

2. 课中计划：(1) 由授课教师向学生介绍教学目的，明确讨论主题，简要介绍案例的基本情况；(2) 由授课教师或者助教组织分组讨论，在学生充分提炼和了解具有实体法意义的案情和案件程序事项的前提下，引导学生回答各项思考题，讨论实践题的撰写要点；(3) 小组代表提出撰写要点，组织学生进一步讨论和分析，并在有条件的情况下布置同学自行查找理论和实务上的难点；(4) 教师归纳总结，并结合同学的追问，从理论和实务角度加深同学对相关法律问题和司法操作的理解和认识。

3. 课后计划：布置学生进一步思考无锡胚胎案的判决结果可能产生的法律效果和社会效果，分析对胚胎法律保护的现实意义，并且综合认识代孕的合法性。

思考题和实践题

1. 思考题

(1) 能否将我国民法中保护胎儿利益的法律规定，类推适用于冷冻胚胎？

(2) 冷冻胚胎与人体器官的法律地位，有何相似和相异之处？

(3) 一审法院与二审法院对本案的判决，在论证思路上有何不同？

(4) 一审法院和二审法院将鼓楼医院追加为无独立请求权第三人的做法是否妥当？

(5) 有独立请求权第三人与无独立请求权第三人在构成要件上有何不同？

(6) 二审判决生效后，上诉人和被上诉人能否据此要求鼓楼医院交付胚胎？

(7) 如果上题中鼓楼医院拒不交付，当事人能否申请强制执行？

(8) 民事诉讼过程中应当如何确定案由，上诉法院是否有权变更？

2. 实践题

(1) 如果您是原告/被告/鼓楼医院的委托律师，您会如何撰写委托代理词？

(2)假设您是二审法院的法官,您会如何撰写判决书?

(3)对于打算进行人工辅助生殖的人群和提供相关技术支持的医疗机构,您会提出哪些法律建议,以帮助他们避免潜在的纠纷?

参考文献

1. 江伟主编、傅郁林副主编:《民事诉讼法学》,北京大学出版社 2015 年版。

2. 刘家兴、潘剑锋主编:《民事诉讼法学教程》,北京大学出版社 2013 年版。

3. 刘士国:《中国胚胎诉讼第一案评析及立法建议》,载《当代法学》2016 年第 2 期。

4. 时永才、张圣斌、庄绪龙:《父母对子女遗留冷冻胚胎享有监管、处置权》,载《人民司法·案例》2014 年第 22 期。

5. 王利明:《人格权法》,中国人民大学出版社 2016 年版。

6. 王利明、杨立新、王轶、程啸:《民法学》,法律出版社 2015 年版。

7. 魏振瀛主编:《民法》,北京大学出版社、高等教育出版社 2016 年版。

8. 严仁群:《程序性事项释明之探析——以首例冷冻胚胎案为例》,载《江苏行政学院学报》2016 年第 5 期。

9. 杨立新:《人的冷冻胚胎的法律属性及其继承问题》,载《人民司法·应用》2014 年第 13 期。

10. 杨立新:《适当放开代孕禁止与满足合法代孕正当要求——对"全国首例人体冷冻胚胎权属纠纷案"后续法律问题的探讨》,载《法律适用》2016 年第 7 期。

11. 张卫平:《民事诉讼法》,法律出版社 2016 年版。

撰稿人 | 曹志勋,北京大学法学院助理教授

8 CASE 乐视网（天津）信息技术有限公司诉北京百度网讯科技有限公司侵害作品信息网络传播权纠纷案

| **摘　要** |

本案例以真实案件为基础，围绕云空间版权问题进行深入探讨，涉及主要内容包括：云空间版权侵权纠纷问题现状；云空间服务提供商侵权属性分析；云空间服务提供商主观要件理论；对云空间服务提供商“主动审核义务”、“直接经济收益要件”的理解；如何进行云空间版权监管等，以本案例为切入点，对以上内容进行具体实践分析，讨论云空间版权纠纷案件中争议焦点。根据案件实际情况判断云空间服务提供商是否具有主观过错，对“知道”与“应当知道”进行合理分析，从而明确云空间服务提供商是否承担侵权责任，承担直接侵权责任还是间接侵权责任等问题。本案例中，将知识产权理论与司法实践结合，对于处理同类知识产权案件具有指导意义。

| **关键词** |

云空间版权纠纷　侵权属性分析　主观过错　主动审核义务

| **教学目标** |

本案借助乐视网（天津）信息技术有限公司诉北京百度网讯科技有限公司侵害作品信息网络传播权纠纷案这一实例，重点介绍了我国目前云空间版权保护现状，学生通过对案例的阅读、分析，结合教师的指导，使得学生对云空间版权纠纷问题和责任认定可以有基础的掌握，从而对于具体事务操作有较为深刻的理解。在此过程中，着重让学生掌握以下三方面内容：(1)版权侵权中，如何认定云空间服务提供者存在主观过错，结合真实案例对于“知道”和“应当知道”进行合理阐释；(2)云空间服务提供商的责任承担方式（直接侵权责任还是间接侵权责任），结合实际案件当事人的具体行为，分析云空间服务提供商是否应具有主动审核义务，责任的承担是否以获取直接经济利益为前提；(3)针对云空间版权现状提出监管建议。

教学案例主文

一、引言

(一)乐视视频概况

乐视视频,原名乐视网,2004 年成立于北京,创始人贾跃亭,致力打造基于视频产业、内容产业和智能终端的“平台 + 内容 + 终端 + 应用”完整生态系统,被业界称为“乐视模式”。乐视垂直产业链整合业务涵盖互联网视频、影视制作与发行、智能终端、应用市场、电子商务、互联网智能电动汽车等;旗下公司包括乐视网、乐视致新、乐视移动、乐视影业、乐视体育、网酒网、乐视控股等。乐视视频的业务线及产品包括版权分销业务、视频广告业务、会员付费业务、终端销售业务、创新型业务等。

本案原告乐视网(天津)信息技术有限公司(以下简称乐视天津公司),成立于 2011 年 2 月 28 日,在天津市滨海新区市场和质量监督管理局登记成立。法定代表人刘弘,公司经营范围包括信息技术服务,从事广告业务,硬盘播放器的生产和销售等。

(二)百度云概况

百度云是北京百度网讯科技有限公司(以下简称百度公司)提供的公有云平台,主要提供存储、分享、解码播放等服务。用户可以自由将信息上传至云盘中的个人账户,可根据个人喜好决定是否对外分享。用户对外分享后生成链接,并可将其发布至社交平台,公众通过社交平台知晓并可通过链接访问云盘获取该条信息资源。

主要包括以下产品:计算与网络、存储和 CDN、数据库、安全和管理、数据分析、智能多媒体服务、物联网服务、应用服务、网站服务等。

(三)涉案作品《金陵十三钗》版权归属

电影《金陵十三钗》版权归属北京新画面影业有限公司。2011 年 9 月 19 日,国家广播电影电视总局电影管理局颁发电审故字〔2011〕第 076 号电影片公映许可证,载明《金陵十三钗》的出品单位为北京新画面影业有限公司。

2011年7月8日,北京新画面影业有限公司出具《授权书》,将《金陵十三钗》在中国大陆地区的独占专有信息网络传播权及转授权授予乐视天津公司,授权期限自2012年2月16日起至2018年2月15日止。2013年6月3日,乐视网信息技术(北京)股份有限公司(以下简称乐视北京公司)、乐视天津公司共同出具《声明书》,声明无论片中是否标注"视频网站独占播映乐视网"或相应含义字样,凡经相关权利人授权至乐视北京公司的,权利归属乐视北京公司,经权利人授权至乐视天津公司的,权利归属于乐视天津公司。

二、案件起因及原告诉求

原告具有电影《金陵十三钗》的大陆地区独占专有信息网络传播权,其他公司及个人无权私自传播该电影作品,原告认为被告百度公司未经许可,在其经营的百度网站(http://www.baidu.com)百度云产品网页版以及百度云软件使用手机上向用户推荐电影《金陵十三钗》,为用户提供存储空间和"分享"功能,这一行为侵害乐视公司的信息网络传播权,并于2016年2月22日,对百度公司提起侵害作品信息网络传播权之诉,要求被告应当承担相应的法律责任。请求法院依法判令被告赔偿原告经济损失及合理支出共计4万元。具体内容如下:

原告乐视天津公司诉称:我公司享有电影《金陵十三钗》的信息网络传播权,被告百度公司在其经营的百度网站(http://www.baidu.com)百度云产品网页版以及百度云软件(安卓系统手机客户端、iPhone客户端)使用的android手机、iPhone手机上,向用户提供存储空间和"分享"功能,并将分享内容为电影、电视剧的分享者分类到电影、电视剧频道中,百度云主页对分享者进行"达人推荐",公众可以在电影频道分享者的分享内容中找到涉案电影,进行下载和在线播放。在百度云软件(iPad客户端)上,公众可以通过"热门资源"站点"7060影视"电影频道找到涉案电影,进行下载和在线播放。7060影视网站(http://www.7060.com)没有进行ICP备案,也就不会有信息网络传播视听节目许可证,其传播影视剧明显是非法、侵权行为,百度云软件与7060影视进行双向推荐、链接,构成了共同侵权行为。被告百度公司未经许可,在百度云产品网页版以及百度云软件(安卓系统手机客户端、iPhone客户端、iPad客户端)上,向公众提供涉案电影的下载和在线播放服务,侵害了我公司的信息网络传播权,应当承担相应的法律责任。请求法院依法判令被告赔偿原告经济损失及合理支出共计4万元。

三、证据目录

表1 原告证据目录

序号	证据名称	证明对象	证明内容
1	(2012)京方正内经证字第01012号公证书	北京新画面影业有限公司是《金陵十三钗》的出品单位。	该公证书显示:电影片公映许可证,载明《金陵十三钗》的出品单位为北京新画面影业有限公司。
2	(2012)京方正内经证字第01013号公证书	乐视天津公司具有《金陵十三钗》中国大陆地区的独占专有信息网络传播权。	该公证书显示:北京新画面影业有限公司出具《授权书》,将《金陵十三钗》在中国大陆地区的独占专有信息网络传播权及转授权授予乐视天津公司,授权期限自2012年2月16日起至2018年2月15日止。
3	(2013)京东方内民证字第11589号公证书	被告侵犯原告在中国大陆地区的独占专有信息网络传播权。	该公证书显示:2013年12月3日,使用公证处与互联网连接的办公电脑、公证处无线网络、经过公证处清洁检查的办公摄像机、2012年7月31日由公证处公证购买并保存于公证处的型号为HUAWEIU9200的华为手机、型号为A1431的iPhone4S手机、型号为A1395的iPad2平板电脑等设备进行操作。以证明被告侵犯其网络信息传播权。

表2 被告证据目录

序号	证据名称	证明对象	证明内容
1	(2014)京方圆内经证字第10936号公证书	百度公司已尽到事前提示义务。	该公证书显示:2014年5月16日,进入百度云网站页面,查看《百度云服务协议》。
2	(2014)京方圆内经证字第10935号公证书	百度公司已尽到事前提示义务。	该公证书显示:2014年5月16日,进入百度云网站页面进行查看《权利声明》。

续表

序号	证据名称	证明对象	证明内容
3	(2015)京方正内经证字第 02263 号公证书	百度公司在接到权利通知后,及时履行删除义务。	该公证书显示:2015 年 3 月 11 日,在 IE 浏览器地址栏中输入 http://yun. baidu. com/share/home? uk = 959439724&view = share 某 category/type = 0,显示名为 bdpan1 的用户没有分享任何内容。
4	(2015)京方正内经证字第 02312 号公证书	百度公司在接到权利通知后,及时履行删除义务。	该公证书显示:2015 年 3 月 12 日,在 IE 浏览器地址栏中输入 vpn. baidu. com,进入百度 VPN 系统,在输入相应用户名和密码后在其网盘审核系统中查询名为 bdpan1 的用户,显示该用户 ID 已于 2015 年 3 月 6 日封禁。
5	(2015)京方正内经证字第 2359 号、2603 号公证书	百度公司在接到权利通知后,及时履行删除义务。	该公证书显示:2015 年 3 月 12 日,在安卓、苹果手机端和 iPad 上安装百度云客户端后,登录进入百度云,页面无热门资源、达人推荐等栏目,在地址栏中输入 http://yun. baidu. com/share/home? uk = 959439724&view = share 某 category/type = 0,显示无涉案影片。
6	(2015)京方正内经证字第 3237 号公证书	证明 7060 网站将网站的全部影视作品分别存储于各大网盘中,对于侵权行为百度公司不存在过错。	该公证书显示:2015 年 3 月 31 日,打开 IE 浏览器,在地址栏中输入 www. 7060. com,打开网址为 http://www. 7060. la/的网站,可以找到涉案电影,同时可以找到《全民目击》、《特殊身份》等电影。7060 网站的运营模式是将网站的全部影视作品分别存储于各大网盘中,同时在网页中存储这些影视作品对应在各个网盘中的链接地址,当用户点击想要观看的影片时,即跳转到该作品存放在网盘中的资源。

四、本案争议焦点

(一)被告对于侵害原告信息网络传播权的行为是否具有主观过错?

原告认为:被告百度公司在其经营的百度网站(http://www.baidu.com)百度云产品网页版以及百度云软件(安卓系统手机客户端、iPhone 客户端)使用的 android 手机、iPhone 手机上,向用户提供存储空间和“分享”功能,并将分享内容为电影、电视剧的分享者分类到电影、电视剧频道中,百度云主页对分享者进行“达人推荐”,公众可以在电影频道分享者的分享内容中找到涉案电影,进行下载和在线播放。此行为具有主观过错。

被告认为:百度公司并未实施侵犯原告信息网络传播权的行为,百度公司作为信息存储空间服务提供者在本案中也不存在任何过错,依法不应承担侵权责任。具体理由如下:

1. 百度公司经营的百度云(包含网盘)向用户提供的是互联网信息存储空间服务,并且该项服务是免费的。并且百度云信息存储空间服务是封闭的,用户只能通过自己注册的账户和密码进入,而不是像百度贴吧、新浪博客、天涯论坛等一样的开放空间。广大网民使用百度注册账户进入百度云产品,将原本存储在个人计算机本地硬盘上的各类文件上传保存到百度网盘,由用户自行对网盘中的资源在百度云进行管理、分享和下载。百度云自身不上传、提供内容,并且对于用户的传输内容不做任何修改或编辑。就本案而言,原告在诉状中所描述的涉案作品是百度云的注册用户自行上传和分享的,并非百度公司的行为。百度公司不知道也没有合理的理由应当知道网络用户将涉案作品上传和分享的行为;

2. 百度公司对百度云服务的经营管理,已经履行了法定的注意义务和责任。百度公司在经营“百度云”过程中已尽到“事前提示义务”。主要表现为如下两点:(1)百度公司在“百度云服务协议”中已经明确警示用户不得侵犯包括他人的著作权在内的知识产权以及其他合法权益;(2)百度公司在百度网站和百度云权利声明中已经公告权利人的投诉渠道以及投诉需要提交的权属证明材料。

(二)被告行为是否构成共同侵权?

原告认为:在百度云软件(iPad 客户端)上,公众可以通过“热门资源”站点“7060 影视”电影频道找到涉案电影,进行下载和在线播放。7060 影视网站(http://www.7060.com)没有进行 ICP 备案,也就不会有信息网络传播视听节目许可证,其传播影视剧明显是非法、侵权行为,百度云软件与 7060 影视进行双向推荐、链接,构成了共同侵权行为。

被告认为:百度云产品中“热门资源”项下的内容,是向注册用户提供的一种个性化桌面服务,里面的内容都是用户自己根据个人喜好自行添加的,与百度无关,百度不应承担共同侵权责任。涉案的7060影视网就属于这种情况,并不是百度向用户的推荐行为。具体理由如下:(1)“热门资源”模块内的内容由用户自行添加,这是一种个性化的使用模式,添加热门资源模块的选择权由用户自行选择;(2)涉案的“热门资源”模块中的内容7060影视就是由用户自行选择添加的,不是百度的推送,百度不知道用户添加何种资源作为热门资源,也无法知道用户添加的热门资源中是否存在侵权作品;(3)7060影视是案外第三人注册的百度云的网盘用户,其中的内容存储在包括华为、乐视、百度网盘等大网盘中,百度公司作为信息存储空间的提供者,本身不负有主动的事先审查义务。7060影视的行为,是不法网站恶意利用存储空间,将自己网站的内容擅自存储在各个大的网盘中,这种行为百度公司包括原告的网盘一般都不知道,也是互联网网盘打击的对象,原告指责百度公司与其双向链接是不存在的,百度公司正常情况下也不可能知道用户的这种存储在网盘上的资料情况以及私自链接行为;(4)百度公司作为信息存储空间服务的提供者,应适用避风港规则。原告在诉前并未发送侵权通知,我公司在收到起诉状后,即删除了涉案内容并禁封了上传用户的注册账户,履行了事后的监督义务。

五、法院审理结果

(一)法院观点阐释

1. 乐视天津公司有权提起本案诉讼。通常认为,如无相反证据,在作品上署名的公民、法人或其他组织为作者。电影作品和以类似摄制电影的方法创作的作品的著作权由制片者享有,著作权人有权许可他人行使其享有的权利。本案中,根据《金陵十三钗》的片尾署名及授权书的记载,乐视天津公司在授权期限及地区内独占专属享有涉案影片的信息网络传播权,有权提起本案诉讼。

2. 乐视天津公司主张百度公司涉嫌侵权的行为存在于百度公司开发的百度云软件的网页版、手机客户端及iPad版中,而从乐视天津公司提交的公证书可以看出,就涉案影片,网页版和手机客户端的传播方式基本相同,而iPad版则与上述两种载体情况有所区别,故本院将就网页版、手机客户端与iPad版播放涉案影片的行为分别进行评价。

就百度云网页版与手机客户端的播放行为,乐视天津公司主张百度公司提供了信息存储空间服务,涉案影片系名为"bdpan1"的网友上传,百度公司因存在主观过错而应当与网络用户承担连带责任。但百度公司表示,其并不存在主观过错,亦不应承担赔偿责任。鉴于乐视天津公司提交的证据能够显示涉案影片系名为"bdpan1"的网友上传,且双方对百度公司提供了信息存储空间服务均无异议,本院对此予以确认。鉴于本案并无证据表明,网友"bdpan1"提供并传播作品的行为已获得权利人许可,故网友"bdpan1"应当是本案侵犯乐视天津公司信息网络传播权的直接侵权人。根据原告提交的公证书,百度云页面对上传资源的用户进行了"达人推荐",网友"bdpan1"则是位于显著位置的被推荐达人之一,而根据"bdpan1"用户的图标和简介中关于"手机电影下载"、"手机、平板、iPad、iPhone 电影下载"等介绍,显然,网友"bdpan1"的页面提供了大量专业制作、内容完整的影视资源供他人免费下载,此种情况下,百度公司作为涉案平台的经营管理方,理应意识到该网友本身作为数部作品的权利人传播作品或在已获得权利人许可的情况下传播作品的可能性极小,相反,却存在极大的侵权可能性。然而,在用户"bdpan1"涉嫌侵权传播涉案作品如此显而易见的情况下,百度公司仍对其进行达人推荐,表面看来百度公司是对网友进行推荐,而实际上,百度公司是对涉案影视作品进行了推荐。百度公司的上述行为,在客观上帮助了网络用户传播涉案作品,主观上具有明显的过错,理应承担侵权责任。

就百度云 iPad 版的播放行为,乐视天津公司主张百度公司的百度云 iPad 版与 7060 影视网就涉案影片进行了双向推荐和链接,共同提供了涉案影片内容,百度公司应当承担直接侵权责任。而百度公司则辩称,其仅提供了 7060 影视网的链接,且该链接为网友自己设置的,就涉案影片,其提供了信息存储空间服务,并不具有主观过错。对此,法院认为,现有证据无法证明 7060 影视网作为百度云网站的热门资源系用户自行添加的,故法院对百度公司的辩称不予采信。虽然乐视天津公司提交的公证书中显示了在 7060 影视网中搜索数部案外影片,均跳转到百度云中进行播放,但因并未有证据显示就涉案影片,7060 影视网提供了到百度云的链接,故对于乐视天津公司主张百度云 iPad 版与 7060 影视网就涉案影片进行了双向推荐和链接,法院不予支持。本案中,百度公司提供了对 7060 影视网的链接,并在热门资源首要位置对 7060 影视网进行了推荐。百度公司作为百度云服务的提供者,虽然并未对特定作品进行推荐和链接,但其对侵权可能性极大的特定网站进行推荐和链接的方式亦有可能间接帮助侵权人传播作品。作为设链方,百度公司应当对其推荐、链接的特定网站是否合法、引发侵权可能性的大小尽到较高的注意义务,尤其在被链网站未经任何备案的情况下,更应对被链网站中是否存在播放或侵权链接涉案影片的行为尽到更高的注意义务。而本案7060影视网并未经过任何备案,亦未有任何证据证明通过点击百度云推荐的7060影视网,并在打开的页面中最终播放涉案影片的行为系得到权利人许可。百度公司的上述推荐、链接行为显然客观上增加了涉案作品被侵权传播的频率和机会,法院认为,百度公司主观上存在“应知”的过错,应当承担侵权责任。

3. 百度公司应承担的侵权责任。百度公司应当赔偿乐视天津公司的经济损失。至于赔偿数额,鉴于乐视天津公司的经济损失和百度公司的违法所得均缺乏相应证据予以证明,本院将根据涉案影片的公映时间及影响力,结合百度公司侵权行为的方式、性质、过错程度、涉案作品的删除情况等因素,酌情确定赔偿数额。本案中乐视天津公司没有提供证据对其合理支出予以证明,对于该部分本院不予支持。

(二)法院判决内容

法院依照《著作权法》第15条第1款、第48条第1项、第49条,最高人民法院《关于审理侵害信息网络传播权民事纠纷案件适用法律若干问题的规定》第8条、第9条之规定,判决如下:(1)自本判决生效之日起十日内,被告北京百度网讯科技有限公司赔偿原告乐视网(天津)信息技术有限公司经济损失14000元。(2)驳回原告乐视网(天津)信息技术有限公司的其他诉讼请求。

如被告北京百度网讯科技有限公司未按本判决所指定的期间履行给付金钱义务,则应依据《民事诉讼法》第253条之规定,加倍支付延迟履行期间的债务利息。

案件受理费800元(原告已预交)由被告北京百度网讯科技有限公司负担,于本判决生效之日起7日内交纳。

教学指导手册

教学对象及目标

本案例供法律硕士案例教学使用,民商学硕士也可以参酌使用。

本案借助乐视天津公司诉百度公司侵害信息网络传播权纠纷案,重点介绍了我国目前云空间版权保护现状,学生通过对案例的阅读、分析,结合教师的指导,使学生对于云空间版权纠纷问题和责任认定方面可以有基础的掌握,从而对具体事务操作有较为深刻的理解。在此过程中,着重让学生掌握以下三方面内容:(1)版权侵权中,如何认定云空间服务提供者存在主观过错,结合真实案例对于“知道”和“应当知道”进行合理阐释;(2)云空间服务提供商的责任承担方式(直接侵权责任还是间接侵权责任),结合实际案件当事人的具体行为,分析云空间服务提供商是否应具有主动审核义务,责任的承担是否以获取直接经济利益为前提;(3)针对云空间版权现状提出监管建议。

教学内容

1. 如何判定云空间服务提供者侵害信息网络传播权的行为是否具有主观过错?

判断被告是否存在主观过错,要对“知道”和“应当知道”进行深入理解。

首先,对“知道”要件的解释,应引入美国法中的“红旗标准”来进行测试,即要求网络服务提供商对显而易见的侵权,不能视而不见,否则推定为主观认知状态。“红旗标准”的红色应是“深红”而非“浅红”,不应对“红旗标准”做过于宽泛地解释。所谓“深红”,应是一种显而易见的侵权行为,作为专业领域的服务提供商,可以较为容易的作出判断。所谓“浅红”,是指网络服务商虽然也可以认识到内容的侵权性,但由于侵权信息不那么明显,服务商要有主观认识需耗费难以承受的成本。在乐视天津公司诉百度公司一案中,要明确侵权作品的上传和分享是否是被告百度公司的行为、被告是否负有审核义务、审核义务的大小等问题,综合判断被告对侵权行为“知道”与否。

其次,就“应当知道”的理解,云服务提供商网站的“权利声明”问题应进一步探讨。比如,一些云空间服务提供商都在网站上公布了权利声明及类似形式,像“版权协议”、“免责声明”、“使用协议”等。此类权利声明的核心内容是云空间服务提供商不具实质性控制能力,不需要对版权内容进行监控,可以对侵权行为怠于监管。但这样的理解是不正确的,权利声明只是一种接受权利通知主观意愿的表达,或者是不愿意承担过高责任的意愿,不能成为判断“应当知道”的标准,更不能成为逃避责任的借口。比如,在广东强视影业传媒有限公司诉上海土豆网络科技有限公司侵害作品信息网络传播权一案的判决书中,法院就认为,“被告不能以其已在网站‘使用协议’中声称‘不具备充分的监控能力’以及‘对他人在网站上实施的此类侵权行为不承担法律责任’而对网站上显而易见的侵权行为听之任之”。

2. 与第三方合作设置深层链接的侵权定性?

关于云空间存储内容深层链接问题,主要是小网站主通过对网盘内容设置深层链接,并将相关内容聚合到自己的网站界面,通过加框隐藏式的播放器等工具进行展示,云空间服务商通过网络用户点击和下载量,赢取广告收益,与小网站主进行广告分成。对此,有观点认为,视频网站(展示端)由"三无"小网站或网友通过网页、微博、论坛、贴吧等形式来完成,对外展示侵权作品,吸引用户和流量;由指定的播放器(工具端)隐藏侵权链接和侵权作品存储位置并提供解码服务;服务器(存储平台)由云空间服务提供商来完成。三者共同完成了侵权环节,云空间服务提供商与小网站、播放器分工合作、构成共同侵权行为。那么,云空间服务提供商的这一行为要如何定性呢?

根据最高人民法院《关于审理侵害信息网络传播权民事纠纷案件适用法律若干问题的规定》第4条规定:"有证据证明网络服务提供者与他人以分工合作等方式共同提供作品、表演、录音录像制品,构成共同侵权行为的,人民法院应当判令其承担连带责任。网络服务提供者能够证明其仅提供自动接入、自动传输、信息存储空间、搜索、链接、文件分享技术等网络服务,主张其不构成共同侵权行为的,人民法院应予支持。"如前所述,云空间服务提供商应定性为信息存储空间提供商,符合该规定第4条的规定。在认定云空间服务提供商是否构成共同侵权时,不应不适当地扩大"分工合作"的内涵。在移动互联网时代,产业界的连接合作尤其频繁,即使是链接、网络存储,也算是一种特定意义上的"分工合作"。应结合具体案件,考察云空间服务提供商是否与他人以分工合作等方式共同提供作品、表演、录音录像制品。同时要注意,如果这种分工合作,是第三方提供作品,网络服务提供者只是扩大了传播范围,此时不能认为属于第4条规定的"分工合作",以认定间接侵权为宜,如果不当地扩大"分工合作"的内涵,将导致其不适当地陷入侵权风险,使第4条变成了"口袋"条款。

3. 云空间服务提供商是否具有主动审核义务?

现行法中不存在云空间服务提供商主动审核义务的规定。那么,在具体案件中,云空间服务提供商是否对任何作品都无须审核,笔者认为,云空间服务提供商应尽到一定的注意义务。

首先,主动审核不是云空间服务提供商的法定义务。我国现行法也已经明确规定了网络服务提供商不负有主动审核义务,最高人民法院《关于审理侵害信息网络传播权民事纠纷案件适用法律若干问题的规定》第8条规定:"网络服务提供者未对网络用户侵害信息网络传播权的行为主动进行审查的,人民法院不应据此认定其具有过错。”在早期国内相关案例中,如在华纳唱片公司诉北京阿里巴巴信息技术有限公司一案中,法院认为,被告收到原告上述函件后,仅删除了原告提供具体 URL 地址的 24 个侵权搜索链接,怠于履行删除与涉案歌曲有关的其他侵权搜索链接的义务,放任涉案侵权结果的发生,其主观上具有过错,属于通过网络帮助他人实施侵权的行为,应当承担相应的侵权责任。由此可见,法院没有表明网络服务商具有主动审核义务,而是认为被动权利通知产生了服务提供商进一步进行审核涉案作品的义务。

其次,不能仅依“通知”程序拒绝对“显而易见”侵权的主动审核。国家版权局印发的《关于规范网盘服务版权秩序的通知》第 2 条规定:“网盘服务商应当建立必要管理机制,运用有效技术措施,主动屏蔽、移除侵权作品,防止用户违法上传、存储并分享他人作品。”同时结合后面第 5 条、第 6 条的规定,都强调了云空间服务提供商对于明显感知的侵权信息负有主动审核义务。

4. 商业模式视角如何考量云空间服务提供商的侵权行为性质?

云空间服务提供商的主要商业模式为广告服务(页面广告展示)、会员增值服务(下载提速,空间扩容等)但有可能产生纠纷的主要是离线下载、在线播放、内容推广、与第三方合作提供链接。上述商业模式仍然没有脱离信息存储空间服务商的侵权行为定性。具体分析如下:

(1)关于付费离线下载服务的侵权定性。离线下载功能在迅雷、百度云盘、360 云盘等服务中较为常见,离线下载是下载工具的服务器代替电脑用户先行下载,多用于冷门资源,具体步骤如下图:

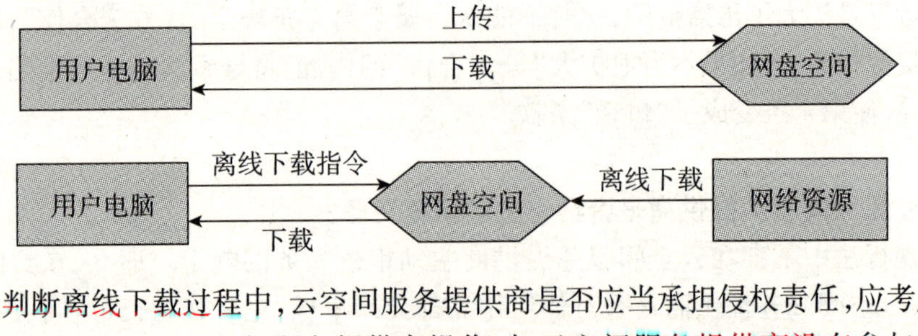

判断离线下载过程中,云空间服务提供商是否应当承担侵权责任,应考虑侵权作品操作是否由云空间服务提供商操作,如云空间服务提供商没有参与侵权作品的操作且自身无法控制,则认定其在离线下载服务中,仍然扮演中介服务提供者角色,不构成对版权的直接侵权。

(2)关于在线播放服务侵权定性。在线播放是云空间服务商提供的常见服务,通常包括两种模式:其一,云盘用户对自身上传至网盘的视频内容在登录云盘账户后可以在线观看;其二,云盘用户对第三人上传的视频内容,通过将内容链接存储到自身账户后,点击链接实现在线观看。

在认定云空间服务提供商侵权责任时,应考虑云空间服务提供商是否操作侵权作品,如果云空间服务提供商仅提供播放技术支持,如音视频播放器,其承担的仍然只是中介角色服务,不构成对版权的直接侵权。

(3)关于内容推广服务的侵权定性。云空间服务提供商提供的资源圈服务,类似于QQ群或微信群功能。云空间服务商提供平台和技术支持,用户可以通过云空间自行组建资源圈,将特定内容向资源圈内的圈友分享。网盘达人推荐功能也是一种内容推广服务。在判定云空间服务商侵权责任时,要对其角色加以确定,如云空间服务商提供的仍然是中介角色的技术服务,是对用户上传情况的技术反馈,对上传内容并没有事先和直接的掌控能力时,就不构成直接侵权。在此案中,海淀法院审理之后就认为,百度公司是百度云服务的提供者,在网页版和手机客户端中,并未直接上传该电影,不构成直接侵权。

5. 技术特性视角下如何正确界定云空间服务提供商的侵权行为性质?

从技术特性来看,云存储技术是一个复杂系统。其将网络中大量不同类型的存储设备通过应用软件集合起来协同工作,共同对外提供数据存储和业务访问功能。主要包括:存储层、基础管理层、应用接口层和访问层等基础结构,具体由网络设备、存储设备、服务器、应用软件、公用访问接口、接入网、和客户端程序等多个部分组成。在技术特性视角下判断云空间服务提供商是否构成侵权,应注重考虑,在云存储系统中的信息文件是由服务提供商自身提供的,还是众多的网络用户自行上传,如云空间服务提供商仅为网络中介服务提供商,承担网络存储空间功能,那么,侵权行为应定性属于间接侵权,符合《信息网络传播权保护条例》第22条之规定。在深圳市迅雷网络技术有限公司诉被告广东一一五科技有限公司侵害作品信息网络传播权纠纷一案中,也认可了此观点。

预期效果

云空间版权侵权问题是当前知识产权学科研究的重要领域。经过6个课时的认真学习,在深入研究本案例的基础上,对云空间版权问题进行深刻的理论分析,将理论融入具体实践进行阐述。学生自主对案例进行阅读、分析,同时结合结合教师的指导,使学生对于云空间的基本属性、版权侵权方式、版权侵权责任认定等方面有较为基础的掌握,对于具体事务操作有较为深刻的理解。

教学计划

本案例可以作为专门的案例教学课来进行，整个案例课安排6个课时，每课时45分钟。

课堂时间安排

1. 课前计划：安排学生阅读案例及相关参考资料，对案例所涉及问题进行思考，撰写实践题答案。

2. 课中计划：(1)介绍教学目的，明确讨论主题；(2)分组讨论，回答各项思考题，讨论实践题的撰写要点；(3)小组代表提出撰写要点，学生讨论和分析；(4)教师归纳总结。

3. 课后计划：布置学生查找相关案例，结合所学内容，对于云空间版权侵权这一法律问题进行深入思考。

思考题和实践题

1. 思考题

(1)关于云存储空间版权的法律规制经历几个阶段？

(2)关于云存储空间版权侵权方式及责任承担，目前存在几种学术观点，请分别阐释。

(3)我国云存储空间版权的立法现状如何？

(4)云空间服务提供商的广告分成是否属于直接经济收益？

(5)“应当知道”在权利通知角度下应如何理解？

(6)直接经济收益要件与云空间服务提供商实质控制能力有什么关系？

(7)试分析云空间版权间接侵权责任制度中的主观要件因素。

(8)我国现行法对云空间版权侵权主观要件理论如何定性？

(9)对于云空间的版权监管有何建议？

2. 实践题

(1)查找关于云空间版权侵权纠纷的中外司法实践案例，结合本案例阐述的理论知识，对其他案例进行深入分析，全面掌握云空间版权的实践操作问题。

(2)查找目前云空间服务提供商参与“广告分成”的实例。

(3)查找关于网络服务提供商主观要件发展历程中的三个理论基础，即间接侵权责任、索尼规则和引诱侵权，对主观要件进行深入研究。

(4)就云空间服务商的版权监管提出几点建议。

参考文献

1. 吴汉东:《论网络服务提供者的版权侵权责任》,载《中国法学》2011 年第 2 期。
2. 姜正元:《影视作品链接者侵权责任研究》,载《科技与法律》2011 年第 1 期。
3. 田宪策、唐苏琴:《云盘服务商的著作权侵权认定规则研究》,载《电子知识产权》2014 年第 7 期。
4. 王艳芳:《〈关于审理侵害信息网络传播权民事纠纷案件适用法律若干问题的规定〉的理解与适用》,载《人民司法》2013 年第 9 期。
5. 司晓、刘政操:《网络云盘版权侵权问题及规制对策》,载《中国版权》2015 年第 6 期。
6.《国家版权局发布通知 规范网盘服务版权秩序》,载新华网:http://news.xinhuanet.com/tech/2015-10/21/c_128340973.htm,最后访问日期:2016 年 10 月 15 日。

撰稿人|陈明涛,北京交通大学法学院副教授

9 CASE “新百伦”商标权不正当竞争纠纷案

摘　要

本案例通过详细讨论“新百伦”商标权不正当竞争纠纷案的缘起、诉讼过程、争议焦点，以及法院对该案的分析判定，使学生不仅深入了解商标权保护策略方面的法律问题，而且熟练掌握企业在经营管理过程中，运用商标法、反不正当竞争法等法律法规，维护企业商标权的方法。

关键词

商标权　商标侵权　反向混淆　赔偿

教学目标

本案例通过介绍新百伦贸易(中国)有限公司、广州市盛世长运商贸连锁有限公司与周乐伦侵害商标权纠纷不正当竞争纠纷一案的产生的缘由、诉讼过程以及最后的判决结果，帮助学生了解企业在注册商标的申请、知名商品特别保护、商标保护方面的知识，同时注意在企业的经营管理过程中，运用商标法、反不正当竞争法等法律，维护自己的注册商标专用权。也引起对外资企业的商标的保护和发展的重视，为企业的发展营造良好的氛围。

教学案例主文

“New Balance”商标案引起了巨大反响，此事件持续了三年之久，如今终于尘埃落定。

一审判决天价罚金，原告周乐伦认为新百伦贸易(中国)有限公司(以下简称新百伦公司)恶意侵犯其商标权，直接影响到了其正常经营 。要求被告立即停止侵权，并且要求被告赔偿其营业利润的一半9800万元及维权费用。法院认为,原告周乐伦于1996年早已获得注册“百伦”商标,百伦商标注册范围核定在25类鞋、服装等。被告于2007年12月要求商标局驳回原告对“新百伦”商标申请,但是被拒,被告在明知商标不可用的情况下,仍然使用“新百伦”商标,故判决侵权事实成立。后新百伦公司方对一审判决表示上诉,而经广东法院查明,美国新百伦商标侵权属实,但是法院表示新百伦公司赢利渠道并非仅从商标获取,从产品的销售利润来看,商标外识设计、技术、销售渠道、材料、和生产能力等多要素统统影响着公司的获利。二审改判500万元,综合全案确定新百伦公司赔偿周乐伦经济损失以及因商标侵权所支出的合理费用。

一时间关于商标权的讨论成为社会热点,并引出了众多关于商标反向混淆侵权的话题。本案不仅涉及的诉讼程序复杂,还涉及商标注册的条件、商标注册的原则、注册商标专用权的保护范围、知名商品的认定、反向混淆等不正当竞争行为及其保护等法律问题。另外,近些年关于侵犯注册商标专用权的不正当竞争行为,以及国际知名品牌维权方面的案例也层出不穷,这并非个案。此前,Bottega Veneta和AIR JORDAN甚至是苹果,都在华遭遇过品牌被抢注的尴尬。根据法律裁决,新百伦贸易(中国)有限公司也将在中国内地挥别新百伦品牌。

那么,“New Balance”商标之争闹得沸沸扬扬,尘埃落定之后再来反思此案所引入的法律问题就会发现,中国现行的商标法理论存在一定缺陷,以致法理判定依据与社会大众的普遍认识存在不少差异。因此,本案具有很强的代表性与指导意义,研究本案例的重要性也就显而易见。

一、本案争议阶段的基本信息

(一)关于一审民事诉讼程序

(1)审理时间跨度:2013年8月9日~2015年4月24日

(2)判决书字号:(2013)穗中法知民初字第547号

(3)诉讼当事人:

原告:周乐伦,男,汉族,1968年5月22日出生,住广东省广州市海珠区石溪蚝壳洲东街93号2号楼5楼。

委托代理人:杨河,广东格林律师事务所律师。

委托代理人:董宜东,广东太平洋联合律师事务所律师。

被告:广州市盛世长运商贸连锁有限公司。住所地:广东省广州市海珠区宝岗大道宏宇广场B座17楼J室。

法定代表人:陈建钊。

委托代理人:黄上椿,广东金领律师事务所律师。

委托代理人:郑璇,广东金领律师事务所实习人员。

被告:新百伦贸易(中国)有限公司。住所地:上海市长宁区长宁路890号1层F6室。

法定代表人:DARREN TUCKER。

委托代理人:郑晓晴、宋国峰,北京市鼎业律师事务所律师。

(4)审判机关:广东省广州市中级人民法院

(二)关于二审民事诉讼程序

(1)审理时间跨度:2015年11月5日~2016年6月16日

(2)判决书字号:(2015)粤高法民三终字第444号

(3)诉讼当事人:

上诉人(原审被告):新百伦贸易(中国)有限公司。住所地:上海市长宁区长宁路890号1层F6室。

法定代表人:DARREN TUCKER。

委托代理人:吴林:上海市方达(北京)律师事务所律师。

委托代理人:杨璞:上海市方达律师事务所律师。

被上诉人(原审原告):周乐伦,男,汉族,1968年5月22日出生,住址:广东省广州市海珠区石溪蚝壳洲东街93号2号楼5楼。

委托代理人:杨河,广东格林律师事务所律师。

委托代理人:董宜东,广东太平洋联合律师事务所律师。

原审被告:广州市盛世长运商贸连锁有限公司。住所地:广东省广州市海珠区宝岗大道宏宇广场B座17楼J室。

法定代表人:陈建钊。

委托代理人:欧慧妍,该公司职员。

上诉人新百伦贸易(中国)有限公司(以下简称新百伦公司)

(4)审判机关和审判组织:

二审法院:广东省高级人民法院

合议庭组成人员:

审判长:徐春建

审判员:张学军、邱永清、邓燕辉

代理审判员:岳利浩

二、一审过程

2013 年 7 月 15 日,该案原告周乐伦以新百伦公司侵犯其“百伦”、“新百伦”注册商标专用权为由,向广州市中级人民法院(以下简称广州市中院)提起诉讼,请求判令被告停止侵权,并赔偿其经济损失 9800 万元。

一审法院认为,周乐伦的“百伦”、“新百伦”注册商标合法有效,其注册商标专用权应受法律保护。新百伦公司在类似商品上使用与周乐伦“百伦”、“新百伦”注册商标相同或者近似的“新百伦”标识,导致相关公众的混淆,侵害了周乐伦的注册商标专用权,应承担停止侵权、赔偿经济损失、消除影响等责任。新百伦公司侵权主观故意明显,即新百伦公司针对周乐伦申请注册“新百伦”商标所提出的商标异议被驳回的情况下,新百伦公司明知周乐伦对“百伦”、“新百伦”商标享有权利,但仍无视他人商标权的存在和中国商标法的相关规定。根据法院保全证据来看,新百伦公司在周某某所主张的侵权期间的获利共约 1.958 亿元,综合考虑新百伦公司主要是在销售过程中使用“新百伦”来介绍和宣传其产品,属于销售行为侵权等因素,故酌情确定新百伦公司向周某某赔偿的数额应占其获利总额的 1/2。

据此,广州市中院一审判令新百伦公司立即停止侵害周乐伦涉案商标权的行为,赔偿周乐伦 9800 万元(含合理支出),并在其官方网站及“天猫商城”开设的“New Balance 旗舰店”、“new balance 童鞋旗舰店”的首页刊登声明消除影响。

新百伦公司不服一审判决,提起上诉。

广东省高级人民法院(以下简称广东高院)经审理,原审法院查明的事实属实,予以确认,并认定新百伦公司侵害了周乐伦注册商标专用权。

关于赔偿数额问题,周乐伦主张以新百伦公司被诉侵权期间的全部产品利润作为计算损害赔偿数额的依据,理由不成立。此外,二审法院根据新百伦公司提供的、其委托第三方作出的《资产评估报告》认为,新百伦公司在被诉侵权期间因侵权所获得的直接利益最少在 145 万元以上,明显超过商标法规定的法定赔偿最高限额 50 万元,因此,该案应根据周乐伦的请求并综合考虑全案证据,在法定最高限额以上合理确定赔偿额。综合全案证据,广东高院最终确定新百伦公司应赔偿周乐伦经济损失及为制止侵权行为所支付的合理开支共计 500 万元。终审判决对一审判决以新百伦公司被诉侵权期间销售获利总额的 1/2 作为计算赔偿损失的数额予以纠正,其他事项维持原判判决。本案一审的巨额赔偿金在中外商标权纠纷领域中也具有里程碑意义。

(一)原告周乐伦主张的事实和理由以及提交的相关证据

1. 主张的事实和理由

(1)原告的"百伦"、"新百伦"注册商标专用权应受法律保护。

原告是第865609号"百伦"注册商标和第4100879号"新百伦"注册商标所有人。"百伦"商标于1994年8月25日向国际工商管理总局商标局提出申请,于1996年8月21日获得注册,有效期至2016年8月20日,核定适用商品为第25类:服装、鞋、帽、袜。原告先后将"百伦"商标授权给广州百伦鞋业有限公司、广州市星珈服饰有限公司(以下简称星珈公司)使用。该商标经过使用人多年的经营使用和广泛宣传,已成为消费者所熟知的、具有较高知名度的知名商标。使用"百伦"商标的鞋类商品在全国多家大城市的高档百货商场均开设了"百伦"品牌专柜,亦在"天猫"网站开设了"百伦旗舰店"。由于现实使用及业务发展的需要,原告在"百伦"商标的基础上设计出"新百伦"商标,并于2004年6月4日向国家工商总局商标局提出注册申请,于2007年10月7日获得国家工商管理总局商标局的初审公告,经异议程序后于2011年7月28日获核准注册公告,商标注册号为第4100879号,注册商标专用权期限自2008年1月7日至2018年1月6日,核定适用商品第25类"鞋(脚上的穿着物)、靴、拖鞋、T恤衫、服装、皮衣、袜、领带、皮带(服饰用)、运动衫"商品。在原告的"新百伦"商标初步审定公告期间。新平衡运动鞋公司(美国)(NEW BALANCE ATHLETIC SHOE, INC. 以下简称新平衡公司)于2007年12月对原告的"新百伦"商标向国家工商管理总局商标局提出商标异议申请,认为原告的"新百伦"商标抄袭、模仿新平衡公司的"NEW BALANCE"商标并与"NEW BALANCE"构成近似,要求驳回原告的商标申请。2011年7月18日,国家工商管理总局商标局作出(2011)商标异字第25006号《"新百伦"商标异议裁决书》,裁定新平衡公司的异议理由不成立,"新百伦"商标予以核准注册。原告在申请"新百伦"商标过程中,已将该商标授权给星珈公司使用,星珈公司对"新百伦"商标进行了大力宣传推广并实际使用在鞋类等产品上。

(2)被告新百伦公司未经许可,长期使用"新百伦"标识销售鞋等商品,侵犯原告的"百伦"、"新百伦"注册商标专用权。

2012年3月,原告发现被告新百伦公司未经原告许可,在宣传和销售其鞋类等产品时长期、大量地使用原告的"新百伦"商标。包括:第一,被告新百伦公司在网络上开设专卖店,使用原告的"新百伦"商标销售其鞋类服饰产品。被告新百伦公司在"天猫"网站开设"新百伦官方旗舰店"和"新百伦童鞋旗舰店",在销售的每款产品的介绍中均以"new balance/新百伦"及"品牌:new balance/

新百伦”的方式使用原告的“新百伦”商标。截至原告于2013年5月8日申请证据保全时，新百伦公司的前述两个网站使用“新百伦”商标标识的商品共有442款，总销售金额合计达69287557元。被告新百伦公司还在“京东商城”平台开设网上旗舰店，以同样的方式使用“新百伦”商标标识销售其鞋类、服饰产品。第二，被告新百伦公司在全国各地单独或合作开设了五百多家专卖店销售侵害原告“新百伦”商标权的鞋类服饰产品。被告新百伦公司官网中的“专卖店”信息公告披露，截止到原告起诉时，被告在全国各地单独开设或合作开设的专卖店数量就达到592家。被告新百伦公司的专卖店在销售其鞋类服饰等产品时，销售小票、单据、卡片、商品价格标签、店里摆放的《产品宣传册》或者《产品说明书》上使用了原告的“新百伦”商标。第三，新百伦公司在商业推广活动、杂志广告、视频广告、官方网站、新浪微博、微淘上使用原告“新百伦”商标，为销售其鞋类、服饰产品进行宣传、推广。根据被告的官方网站介绍，被告新百伦公司曾举办过大量商业推广活动，由被告新百伦公司制作并上传到网络的有关“新百伦”的视频广告多达十七个，不仅视频标题使用原告的“新百伦”商标标识，在视频内容中也多次出现“新百伦”标识，如周笔畅代言的鹿特丹马拉松赛视频广告，出现原告的“新百伦”商标标识多达十几次，该视频在全国各大视频网站上广为传播，被告在其访问量巨大的官方网站、新浪微博、微淘等平台将原告的“新百伦”商标标识作为名称，同时在网站、微博、微淘内商业推广活动，鞋类、服饰产品的推介和专卖店介绍，都使用了“新百伦”商标标识。第四，关于被告盛世公司，其作为被告新百伦公司鞋类商品的合作经销商，在位于广州太古汇的专卖店销售被告新百伦公司的鞋类服饰产品过程中，向顾客散发由被告新百伦公司印制的使用“新百伦”标识的《产品说明书》和《宣传册》，在开具的销售单据中使用原告的“新百伦”商标标识。被告盛世公司同时还在天猫网站上开设了“盛世长运专营店”，通过网络销售被告新百伦公司的鞋类服饰产品，在产品介绍中也以“new balance/新百伦”、产品名称：“新百伦/new balance”的方式使用原告的“新百伦”商标标识，侵害了原告的“百伦”、“新百伦”注册商标专用权。

（3）被告新百伦行为的侵权行为严重损害了原告的商标权益，造成了恶劣的影响，且被告侵权具有明显的故意和恶意。

被告新百伦公司对“新百伦”商标的长期使用已经造成包括广大消费者和相关经营者在内的相关公众对原、被告产品来源的误认和混淆。甚至有大量消费者和经营者直接误以为原告的“新百伦”商标就是新百伦公司产品的中文商标，割裂作为商标权人的原告和“新百伦”注册商标之间的特定联系，严重损害原告的商标权益和商标声誉,抑制了原告和授权的商标使用人日后建立和拓展“百伦”“新百伦”商标价值的空间。被告新百伦公司作为专业鞋类服饰产品在中国的销售商和新平衡公司的关联公司,应知道新平衡公司曾于2007年12月对原告的“新百伦”商标提出过异议及被商标局裁定驳回异议的事实,并应保持谨慎使用的态度,但被告新百伦公司在原告取得“新百伦”商标后,仍使用该商标,其侵权故意明显,其于起诉后也未停止侵权行为。

(4)被告新百伦公司应承担停止侵权、赔偿损失、消除影响的法律责任。

被告新百伦公司销售了大量侵权产品,对原告的“百伦”、“新百伦”商标造成严重损害,其应承担相应的法律责任。据统计,自2011年7月至原告起诉时。被告新百伦公司销售被诉侵权产品的总金额达12.77亿元,至2013年11月底,被告新百伦公司的销售金额达17.6亿元,获取巨额利润。原告请求法院以被告的侵权获取计算被告应赔偿的金额,故请求法院判令:

“一、被告盛世公司、被告新百伦公司立即停止侵犯原告第865609号“百伦”和第4100879号“新百伦”注册商标专用权的行为。

二、被告新百伦公司消除因侵权给原告造成的影响,即在全国性报纸上发布致歉声明,持续时间不少于一周,内容由法院审定。

三、被告盛世公司赔偿原告经济损失人民币30万元,被告新百伦公司赔偿原告经济损失人民币9800万元。

四、被告盛世公司、被告新百伦公司连带赔偿原告为制止侵权所支付的合理开支970990元(包括公证费65460元,调查取证费5530元,律师费60万元)。

五、由被告盛世公司、被告新百伦公司共同承担本案诉讼费用。诉讼中,原告明确上述诉请第2项的“全国性报纸”指《人民日报》。”

2. 法律依据

《反不正当竞争法》

第5条 经营者不得采用下列不正当手段从事市场交易,损害竞争对手:

(二)擅自使用知名商品特有的名称、包装、装潢,或者使用与知名商品近似的名称、包装、装潢,造成和他人的知名商品相混淆,使购买者误认为是该知名商品;

(三)擅自使用他人的企业名称或者姓名,引人误认为是他人的商品;

最高人民法院《关于审理不正当竞争民事案件应用法律若干问题的解释》

第1条 在中国境内具有一定的市场知名度,为相关公众所知悉的商品,应当认定为《反不正当竞争法》第6条第2项规定的“他人有一定影响的企业名称(包括简称、字号等)”。人民法院认定知名商品,应当考虑该商品的销售时间、销售区域、销售额和销售对象,进行任何宣传的持续时间、程度和地域范围,作为知名商品受保护的情况等因素,进行综合判断。

第7条　在中国境内进行商业使用,包括将知名商品特有的名称、包装、装潢或者企业名称、姓名用于商品、商品包装以及商品交易文书上,或者用于广告宣传、展览以及其他商业活动中,应当认定为《反不正当竞争法》第五条第2项、第3项规定的“使用”。

《商标法》

第52条　(一)未经商标注册人的许可,在同一种商品或类似商品上使用与其注册商标相同或者近似的商标的。

3.提交的相关证据

第一组

①潮阳市工商经济发展总公司鞋帽公司申请注册第865609号“百伦”商标;

②周乐伦申请注册第4100879号“新百伦”商标;

③《类似商品和服务区分表》中记载第二十五类包括“服装,鞋,帽”,其中“鞋(脚上穿着物)”属于250003,“运动鞋”属于250132;

④“商标记录”网页打印件记载“百倫”商标的持有人为“ZHOU LE LUN(周樂倫)”;

⑤ 2005年《生活无限》杂志;

⑥星珈公司与案外人签订的《承包经营百货合同》、《联合销售专柜合同》、《联营专柜协议》、《联营专柜合同书》等14份;

⑦编号“2012许2335”《商标许可使用合同》;

⑧编号为2012许2333的《商标许可使用合同》;

⑨星珈公司的宣传手册《璀璨星珈》;

⑩“广东省优秀品牌保护示范榜上榜企业”证书。

第二组

①由星珈公司向案外人“大庆开发区升达经贸有限公司”开具的《广东增值税专用发票》;

②星珈公司的三双男皮鞋;

③原告提交用于证实其对“百伦”商标使用情况的照片；

④于广州市天河区天河东路太古汇商场M层招牌为“NEW BALANCE”的商铺的购买运动鞋一双，取得《广东省国家税务局通用机打发票联》一张和《售货小票》一张、《盛世长远名单》核销单一张、广东银联刷卡单一张，《新百伦英美产品手册》三本和《RUNNING BOOK2013》三本，购物袋一个；

⑤广东省广州市广州公证处出具的（2013）粤广广州第90969号公证书；

⑥于宁波市鄞州区四明中路909号银泰百货五楼的“NB（new balance）”专柜购买编号为5113女鞋－复古鞋00B一双，取得“宁波银泰（鄞州店）专柜小票顾客联”一张，收银凭据顾客联一张及发票一张，专柜在售的运动鞋拍照2张；

⑦浙江省宁波市永欣公证处出具的（2014）浙甬永证民字第391号《公证书》；

⑧于杭州市丰潭路380号城西银泰城正格运动店购买运动鞋一双，取得《浙江省商业零售统一发票》、《销售小票》及流水单各一张，购物地点和商品共拍摄照片六张；

⑨浙江省杭州市国立公证处出具的（2014）杭证民字第561号公证书；

⑩于广州市海珠区前进路的“万国广场”四楼门面标识有“413”、“413B”及“new balance”字样的商铺购买了鞋一双，取得小票及名片各一张。

第三组

①广东省广州市海珠公证处出具（2014）粤广海珠第2959号公证书；

②于广州市天河区天河路的“萬菱匯”商场L1层门面标识有“new balance”字样的商铺购买了鞋一双取得小票及名片各一张；

③广东省广州市海珠公证处出具的（2014）粤广海珠第2960号公证书；

④于云南省昆明市五华区三市街柏联百盛购物广场五楼的“NB（new balance）店”购买了一双运动鞋，并取得了《售货凭证》，机打小票及正式发票各一张；

⑤云南省昆明市真元公证处出具的（2014）云昆真元证字第1826号公证书；

⑥于北京市朝阳区安贞西里5区4号楼华联商厦五层“NEW BALANCE”店（门口有标牌）购买了一双“new balance运动鞋”，出具号码为15765777的发票一张，其上加盖“BHG（北京）百货有限公司”的印章；

⑦北京市方圆公证处出具的（2014）京方圆内经证字第1826号公证书；

⑧广东省广州市广州公证处出具的（2013）粤广广州第086049号公证书，主张被告新百伦公司在产品推荐及介绍鞋类产品时使用了“新百伦”标识；

⑨广东省广州市广州公证处出具的(2013)粤广广州第161233号公证书,原告主张上述网站内容显示的被告新百伦公司的专卖店有800多家且名称使用了“新百伦”字样;

⑩广东省广州市广州公证处出具的(2013)粤广广州第086055号公证书,原告主张上述网站内容显示的被告新百伦公司使用“新百伦”字样。

第四组

①广东省广州市广州公证处出具的(2013)粤广广州第161232号公证书,原告主张上述网站所涉视频显示的被告新百伦公司使用“新百伦”字样;

②广东省广州市广州公证处出具的(2013)粤广广州第241861号公证书,原告主张上述网站内容显示的被告新百伦公司使用“新百伦”字样;

③广东省广州市广州公证处出具的(2014)粤广广州第020697号公证书,原告主张上述网站介绍内容中有“新百伦(New Balance)”的表述;

④广东省广州市广州公证处广东省广州市广州公证处,原告主张上述网站内容显示的被告新百伦公司使用“新百伦”字样;

⑤广东省广州市广州公证处出具的(2014)粤广海珠第4296号公证书,原告主张网站展示鞋类产品时使用“新百伦”标识存在侵权恶意;

⑥广东省广州市海珠公证处出具的(2014)粤广海珠第4305号公证书,原告主张上述网站内容显示的被告新百伦公司使用“新百伦”字样;

⑦河南省郑州市黄河公证处出具的(2013)郑黄证民字第5723号《公证书》,原告主张上述网站内容显示的被告新百伦公司使用“新百伦”字样;

⑧ 2013年7月的《风尚志》杂志(2013年14期)上刊登的广告;

⑨ 2013年8月的《1626》杂志(2013年14期)上刊登的广告;

⑩国家工商行政管理局商标局于2011年作出(2011)商标异字第25006号《“新百伦”商标异议裁定书》裁定。

第五组

① 上海市第二中级人民法院作出的(2012)沪二中民五(知)终字第26号民事判决书;

②被告盛世公司的《专柜协议书》;

③被告新百伦公司的财务报表(2011年7月至2014年2月);

④原告(甲方)与广东格林律师事务所(乙方)签订的《民事委托代理合同》(2013年4月20日、2014年2月24日);

⑤广东省广州市广州公证处于2013年5月20日分别向原告出具发票号码为08025164、10007219、10007220的三张发票、于2013年12月16日分别向原告出具发票号码为10850436及18830295的两张发票、于2014年2月21日分别向原告出具发票号码为08226002、00911064及09670244的三张发票；

⑥广东省广州市海珠公证处于2014年2月24日分别向原告出具发票号码为09678266及00241493的两张发票；

⑦河南省公证处于2013年4月12日向原告出具发票号码为06420343的一张发票；

⑧云南省昆明市真元公证处向原告的代理人"解云霏"开出的发票联一张、北京市方圆公证处于2014年2月24日向案外人广东马内尔服饰有限公司出具公证费发票联一张、湖北省武汉市江天公证处于2014年2月出具发票一张；

⑨被告新百伦公司2011～2014年度的《年检报告》、《本年度生产经营情况表》、《资产负债表》、《利润表》；

⑩律师费发票。

（二）被告广州市盛世长运商贸连锁有限公司（以下简称盛世公司），被告新百伦贸易（中国）有限公司（以下简称新百伦公司）主张的事实和理由以及提交的相关证据

1. 主张的事实和理由

（1）被告新百伦公司商品使用的是新平衡公司合法注册并经其合法许可使用的"NEW BALANCE"等商标标识，没有使用原告"新百伦"的商标，故未侵犯"新百伦"的商标专用权。

"NEW BALANCE"、"NB"和"N"商标由新平衡公司于1983年取得中国商标局核发的第175151、第175152、第175153号《商标注册证》，核定使用商品为"第54类，鞋"。新平衡公司于1995年取得商标局核发的"NB"商标的第749746号和第783142号《商标注册证》，核定使用商品分别为第25类"衣服"和第18类"运动员用手提包"。上述商标均有效续展至今。根据2007年新平衡公司与新百伦公司之间签订的许可协议，新平衡公司许可新百伦公司在中华人民共和国境内使用带有"NEW BALANCE"、"NB"和"N"的商标、商品名称和标志来生产、包装，或者安排生产和包装鞋子、衣服和配件；新平衡公司授权新百伦公司在中国境内进口、出售和分销带有如上所述商标的鞋子、衣服和配件。新百伦公司在商品上标注的也是上述商标标识，并没有将"新百伦"的商标标识使用

于所销售的商品，故新百伦公司并没有侵犯原告周乐伦的“新百伦”商标专用权。

(2)新平衡公司及其“NEW BALANCE”、“NB”和“N”商标使用的时间早于“新百伦”商标，新百伦公司名称使用也早于“新百伦”商标，其知名度均远远高于“新百伦”商标，不存在攀附“新百伦”注册商标及商品声誉的主观意图。

新百伦公司在网站以及商品手册中使用“新百伦”字样是对企业名称的合法使用，不构成商标侵权中国的突出使用，这些网页中均显示网站开办者为“新百伦贸易(中国)有限公司”，消费者可清楚看到并了解出售商品的卖家为新百伦公司，没有引起消费者混淆的主观故意，NEW BALANCE 品牌生产及销售的鞋类产品只有男、女运动鞋，原告的“百伦”、“新百伦”商标的鞋类产品为男女皮鞋、休闲鞋，消费者不会对着两个品牌产生误认，也不可能产生“反向混淆”，并未给原告注册商标专用权造成损害。

(3)被告盛世公司主观上不具有侵权的故意及过失，客观上能证明涉案物品合法的来源渠道，不应承担侵犯周乐伦对“新百伦”注册商标的专用权的责任。

第一，被告盛世公司在太古汇商场开设的“NEW BALANCE”专卖店及销售新百伦公司商品，已与新百伦公司签订了《专柜协议书》，“NEW BALANCE”商品及有关产品资料均由新百伦公司提供，盛世公司是合法销售新百伦公司提供的 NEW BALANCE 产品，并已履行合理的注意义务。

第二，盛世公司派发的《新百伦英美产品手册》《RUNNING BOOK2013》是由新百伦公司印制、提供的，盛世公司使用这些物品亦是根据《专柜协议书》而使用，不存在侵权的主观故意和行为。盛世公司在开具《〈盛世长运名店〉核销单》上使用的“新百伦”字样是对新百伦公司名称的合法使用。

(4)原告从未发函通知被告盛世公司关于商标侵权问题，被告盛世公司已撤下天猫网站上的涉案标识，原告要求两被告共同承担支付维权费用的责任没有依据。综上所述。盛世公司没有侵犯原告对“新百伦”注册商标的专用权，不应承担赔偿责任。

(5)新百伦公司使用“新百伦”基于善意，并非仿冒“百伦”商标。新平衡公司早在 2003 年就已在运动产品上广泛使用“新百伦”一词、当时涉案的“百伦”商标尚未进行商业使用，新平衡公司也无法得知涉案“百伦”商标，故不存在仿冒的基础。“新百伦”一词是新平衡公司结合“new balance”的意译和音译得出，“新”为“New”的意译，“百”为“ba”的英文音译，“伦”即是 new balance 第三个音节的音译，也是新平衡公司产品之前“纽巴伦”的最后一个字。新平衡公司的高知名度商品无须仿冒原告的低知名度商品,且运动鞋与原告的皮鞋不属于同类商品,不存在仿冒的基础。

(6)被告使用“新百伦”不侵犯原告的商标权。

第一,新百伦公司使用“新百伦”作为知名产品的名称,没有侵害原告的“百伦”商标。“新百伦”在2003年起作为“NEW BALANCE”品牌知名商品的中文名称使用,从未误导过消费者或相关公众。

第二,被告新百伦公司使用了企业字号“新百伦”,没有侵害原告的“百伦”商标。新百伦公司的企业字号于2006年12月经合法登记注册取得,该企业字号来源于其前身新百伦运动用品(深圳)有限公司。新平衡公司2003年就已将“新百伦”作为其国内总代理的企业字号使用,远早于原告“百伦”商品于2007年开始市场销售的时间。新百伦公司合法有效地使用其公司名称,既没有将“新百伦”作为企业字号在商品上突出使用,也没有使消费者或相关公众产生任何误认,因此不构成侵害原告的商标权。对于官方网站上显示专卖店的名称使用“新百伦”字样的事实没有异议。

第三,新百伦公司的关联公司拥有广告和销售项目的“新百伦”注册商标,新百伦公司并不生产涉案商品,新百伦公司在销售和宣传中使用“新百伦”,不侵犯原告的“百伦”商标权。

第四,原告在本案中所指控的行为不属于在相同商标的行为,也没有造成消费者的混淆误认,两商标不构成商标侵权意义上的近似,因此,被告将“新百伦”作为其他标识使用不构成商标法所规定的侵权。

首先,新百伦公司所销售的产品为运动类商品,最主要的商品为运动鞋,而原告的“百伦”商品为正式商务类皮鞋,两种产品从材质、款式、颜色、用途、销售途径以及受众群体等负面都不相同,两者属于不同商品。

其次,被告新百伦公司使用的“新百伦”与原告的“百伦”商标的字数和读音均不相同。

最后,“新百伦”三个字为新平衡公司所独创,属臆造词,经被告新百伦公司及关联公司的长期使用和广泛宣传,成为一个固有的专有词指向被告及其关联公司的运动商品。因此,不能将“新”字简单地理解为通常意义的修饰性词,就如同“新华社”、“新东方”等专用词,不会被认为与“华社”“东方”构成近似,“新百伦”与“百伦”没有也不可能造成相关公众的混淆,不构成商标法意义上的近似。

(7)被告使用“新百伦”的行为没有也不会造成消费者的误认混淆。

第一,被告所销售运动鞋与原告商标的核定使用商品不属于相同商品。原告商标注册的商品为:鞋(脚上的穿着物),属于在商标注册分类中的第25大类第250003号商品项目,而被告生产的运动鞋属于商标分类中的第25大类第250132号商品项目。第250132号运动鞋吧不属于原告商标核定使用商品。新平衡公司拥有自己的"NEW BALANCE"、"NB"或"N"等知名商标,被告新百伦公司仅仅是将"新百伦"作为产品中文名称或企业字号使用。

第二,新平衡公司的运动商品为知名商品,"N"、"NB"和"NEW BALANCE"商标为知名商标,在相关公众中拥有极高的知名度,而原告仅生产正装皮靴,且知名度极低。消费者在选购被告销售的标有"N"、"NB"和"NEW BALANCE"商标的运动鞋时,所联想到的是新平衡公司的产品,不会与原告的正装皮鞋产生混淆。

第三,新平衡公司将新百伦与"NEW BALANCE"商标共同使用,经过长期、持续、广泛的结合使用及大量广告宣传,使"新百伦"与"NEW BALANCE"之间形成了固有的、稳定的对应关系。被告新百伦公司及其关联公司使用"新百伦"销售商品时间远远早于原告使用"百伦"销售商品的时间,新百伦公司的关联公司2003年开始使用"新百伦"作为"NEW BALANCE"产品的中文名称或其总销售代理商的企业名称,而原告于2004年才继受取得"百伦"商标,且"百伦"皮鞋在市场销售的时间是2007年之后,消费者根本不知道"百伦"品牌商品。

(8)"新百伦"为新平衡公司知名商品的特有名称,使用时间远远早于原告商标的申请注册时间,被告使用在先的知名商品特有名称,不侵犯原告在后取得的商标权。

早在原告"新百伦"商标注册和申请之间,"新百伦"就是已经是知名商品"new balance"运动产品的特有名称。知名商品特有名称的权利在法律中早已明确规定并予保护,被告使用在先的知名商品特有名称不侵犯原告的商标权。新平衡公司对"新百伦"标识具有"在先使用权"。《商标法》第59条第3款规定"商标注册人申请商标注册前,他人已经在同一种商品或者类似商品上先于商标注册人使用与注册商标相同或者近似并有一定影响的商标的,注册商标专用权人无权禁止该使用人在原使用范围内继续使用该商标,但可以要求其附加适当区别标识。"本案中,新平衡公司在原告申请注册之前就已经对"新百伦"标识进行广泛使用,经过新平衡公司在市场上的长期宣传和推广已经为相关消费者所熟知,具有很高的知名度和影响力,并且新平衡公司一直是在原有的运动用品范围内持续使用。新平衡公司对"新百伦"的使用完全符合"在先使用权"的条件。

关于反向混淆的问题。首先,反向混淆要求注册商标权取得在先,反向混淆行为在后。本案中,被告新百伦公司及其关联公司使用"新百伦"的时间远远早于原告商标的申请时间。其次，由于原告商标的核定商品为第 250003 号商品项目"鞋(脚上的穿着物)"，其不能在第 250132 号商品项目"运动鞋"上使用"新百伦"作为注册商标。因此，本案并不存在反向混淆的问题。

(9)原告的"新百伦"商标是抢注取得，对在先使用人进行起诉索赔的行为不应得到法院的支持。

在原告申请注册"新百伦"商标之前，新平衡公司就已将"新百伦"一词作为商品名称和标识在全国范围内广泛使用，并进行了大量的宣传，在相关公众中具有了影响力，消费者已经将"新百伦"与新平衡公司或"new balance"产品相对应，"新百伦"一词已经承载了新平衡公司的商誉。原告在 2004 年 4 月受让取得"百伦"商标，之后抢注新平衡公司的"新百伦"标识，还申请注册了与"new balance"非常近似的"new bolune"商标。原告的行为侵犯被告新百伦公司及新平衡公司的合法权益，扰乱被告新百伦公司及新平衡公司的正常经营，严重浪费司法资源。

(10)原告的诉讼请求没有根据，原告通过诉讼获得高额利益的意图不应获得支持。

第一，由于被告使用"新百伦"的时间早于原告商标申请时间，不构成侵权，不存在停止使用的问题，原告要求新百伦公司停止使用"新百伦"没有依据。

第二，本案属于民事权利纠纷，不属于人格权纠纷，被告新百伦公司未侵权，原告要求被告新百伦公司致歉没有法律依据。原告没有损失，被告既未侵权也无非法获利，被告新百伦公司不应承担赔偿责任。

在原告受让取得"百伦"商标并恶意抢注"新百伦"之前，新平衡公司在商业上进行的大量投入，才有"新百伦"一词在运动产品上的大量投入，才有"新百伦"一词在运动产品上的商业价值，被告在经营中所获利利益是基于自身及新平衡公司合法经营取得。原告不进行商业投入，却通过诉讼索要高达近一亿元的巨额赔偿，没有任何事实和法律依据。综上所述，请求法院依法驳回原告的诉讼请求。

2. 法律依据

《关于审理不正当竞争民事案件应用法律若干问题的解释》

第一条　在中国境内具有一定的市场知名度，为相关公众所知悉的商品，应当认定为《反不正当竞争法》第 6 条第 2 项规定的"知名商品"。人民法院认定知名商品，应当考虑该商品的销售时间、销售区域、销售额和销售对象，进行任何宣传的持续时间、程度和地域范围,作为知名商品受保护的情况等因素,进行综合判断。原告应当对其商品的市场知名度负举证责任。

在不同地域范围内使用相同或者近似的知名商品特有的名称、包装、装潢,在后使用者能够证明其善意使用的,不构成反不正当竞争法第五条第(二)项规定的不正当竞争行为。因后来的经营活动进入相同地域范围而使其商品来源足以产生混淆,在先使用者请求责令在后使用者附加足以区别商品来源的其他标识的,人民法院应当予以支持。

3. 提交的证据

第一组

①新平衡公司于1983年4月15日获国家工商行政管理局商标局核准在第54类"鞋"上使用第175151号"N"商标;

②新平衡公司获国家工商行政管理局商标局核准在第25类"鞋"上使用第175153号"New Balance"商标;

③新平衡公司获国家工商行政管理局商标局核准在第25类"衣服"上使用第749746号"NB"商标;

④新平衡公司获国家工商行政管理局商标局核准在第18类"运动员用手提包"上使用第783142号"NB"商标;

⑤新平衡公司于2008年6月1日向被告新百伦公司出具的《商标授权书》;

⑥新平衡公司被国家工商行政管理局商标局授予第11263416号"新百伦"商标,核定使用的服务项目类别为第35类,包括:"广告;替他人推销";

⑦原告于2004年6月4日申请第4100880号" New Bolune"商标,并于2008年5月7日获得注册公告;

⑧《类似商品和服务区分表》;

⑨2003~2004年期间的报纸期刊38份及2007~2008年间的报纸期刊6份;

⑩浙江省杭州市中级人民法院于2006年4月13日作出的(2004)杭民三初字第393号民事判决。

第二组

①上海市第二中级人民法院于2012年12月28日作出的(2012)沪二中民五(知)终字第26号民事判决认定;

②深圳市市场监督管理局于2013年9月9日出具的《(企业档案)查询结果

答复函》及其附件；

③深圳市工商行政管理局于2003年10月10日出具的《字号查询证明》；

④东莞市公安局于2013年11月1日出具的东公(万)扣字〔2013〕2250189号《扣押决定书》；

⑤东莞市公安局于2013年11月1日出具的东公(万)扣字〔2013〕2250190号《扣押决定书》；

⑥厦门市思明区工商行政管理局于2014年2月28日出具的《委托鉴定书》；

⑦武汉市公安局汉江区分局于2014年4月14日向被告新百伦公司出具的《鉴定聘请书》；

⑧被告新百伦公司出示由各地海关作出的《通知书》及《告知书》等共计7份；

⑨被告盛世公司(甲方)与被告新百伦公司(乙方)签订的《专柜协议书》；

⑩被告新百伦公司向被告盛世公司开出的发票号为18522304的《增值税专用发票》。

第三组

①被告盛世公司所持有的第175151号“N”商标，第175152号“NB”商标、第175153号“NEW BALANCE”商标、第749746号“NB”商标、第783142号“NB”商标的《商标注册证》、《商标注册说明函》、《商标注册证明》、《核准续展申请书》等复印件；

②新平衡公司的《商标授权书》。

三、二审过程

(一)上诉人新百伦贸易(中国)有限公司主张的事实和理由，以及提交的相关证据

1. 主张的事实和理由

(1)在民事侵权责任的认定方面，原审判决认定事实不清。

第一，新百伦公司组合使用“New Balance/新百伦”、“NB/新百伦”或“New Balance新百伦及NB图形”等标识不会与周乐伦“百伦”商标产生混淆，因此不侵犯周乐伦“百伦”商标专用权。无论是在网上专卖店、实体店，还是广告宣传中，新百伦公司对“新百伦”字号的使用基本上都是与“New Balance”、“NB”和

或“N”商标结合使用，指明了相关产品及服务的来源。

第二，新百伦公司的行为没有侵犯周乐伦第4100879号“新百伦”商标专用权。“新百伦”、“New Balance/新百伦”和“NB/新百伦”均属于知名商品（New-Balance运动产品）的特有名称，新百伦公司享有在先的知名商品之特有名称权。“新百伦”、“New Balance/新百伦”、“NB/新百伦”、“New Balance新百伦及NB图形”标识都是新百伦公司在先使用并具有一定影响的未注册商标。在周乐伦申请注册“新百伦”商标之前，“新百伦”、“New Balance/新百伦”、“NB/新百伦”和“New Balance新百伦及图”就已经在中国大陆市场内获得了很高的知名度和影响力，构成在先使用并具有一定影响的未注册商标。新百伦公司作为New Balance品牌在大陆地区的独家经销商，经授权，理应享有继续使用前述商标的权利。综上所述，新百伦公司对“新百伦”标识享有多项在先权利，不侵害周乐伦的“新百伦”商标专用权。

第三，周乐伦恶意取得、抢注与New Balance标识近似的“百伦”和“新百伦”商标，违反诚实信用原则，其恶意诉讼行为不应受到法律的支持。其一，周乐伦恶意取得、抢注涉案“百伦”、“新百伦”商标，以期获得不正当的利益。其二，周乐伦的证据无法证明其实际生产、销售了“新百伦”产品。周乐伦提交的“新百伦”产品更像是为了诉讼而准备的配套措施。针对“新百伦”商标，周乐伦没有提供任何令人信服的证据，证明其实际生产、销售该品牌。周乐伦所提交的使用证据根本无法证明其对“新百伦”有过任何的实际使用行为。反而证明了其注册“新百伦”商标就是为了从新百伦公司处获得不当经济利益的意图。其三，周乐伦利用其抢注得到的商标，进行恶意诉讼的行为不应得到法律的支持。周乐伦作为行业内的从业人员，显然早就知道New Balance品牌的存在。新百伦公司有理由相信，当周乐伦从媒体报道和New Balance的广告中获知New Balance公司将正式使用“新百伦”作为其中文名称后，恶意抢注涉案“新百伦”商标，并进而恶意提起本案诉讼，以获得不正当的经济利益。新百伦公司的行为明显违反了诚实信用原则，损害了新百伦公司的合法权益和社会公共利益，故不应当获得法律的保护。

第四，New Balance公司拥有第35类广告和销售项目“推销（替他人）”等服务上的“新百伦”注册商标，新百伦公司经New Balance公司授权，在销售和宣传中使用“新百伦”商标的行为不侵害周乐伦的商标权。新百伦公司基于在先权利使用“新百伦”标识不存在任何的主观恶意，原审判决对此认定有误。新百伦公司使用“新百伦”标识实际上是在为New Balance公司提供销售其“NEW BALANCE”品牌运动鞋的服务，是为了向公众说明提供“NEW BALANCE”品牌运动鞋销售服务的是新百伦公司,而并不是为了指明“NEWBALANCE”品牌运动鞋的产源。同时,鉴于 New Balance 品牌总公司 New Balance 公司在中国大陆地区第35类别“推销(替他人)”等服务上合法取得并拥有“新百伦”注册商标,因此,在产品本身并不使用“新百伦”的情况下,新百伦公司经 New Balance 公司授权,在销售服务中使用“新百伦”标识是合理使用前述注册商标的行为,不侵害周乐伦的商标权。

第五,新百伦公司基于在先权利使用“新百伦”标识不存在任何的主观恶意,原审判决对此认定有误。原审法院仅依据“新百伦”不是 New Balance 的唯一音译或意译,就认为新百伦公司使用“新百伦”的行为具有主观恶意是没有任何事实及法律依据的。事实上,New Balance 作为全球知名的运动品牌,早在20世纪九十年代就在国际上获得了大量的奖项及荣誉。“新百伦”和“New Balance”既有音译对应,也有意译对应,且不论音译、意译,都是公众所熟悉的简单中英文互译方式,如前所述,两者完全构成近似标识,商标抢注者完全有动机抢注“新百伦”三个字,以达到攀附知名品牌,攫取不当利益的目的。

(2)在民事侵权责任的承担方面,原审判决认定事实不清、适用法律错误。

第一,计算商标侵权赔偿数额的方法应当首先采用计算商标权利人损失的方式。根据《商标法》第63条的规定,在判断商标侵权的赔偿数额时,应当首先采用计算商标权利人的损失的方法,在无法确定商标权利人的损失的情况下,才考虑采用被诉侵权人因侵权行为而获得的盈利。然而在本案中,原审法院在确定计算赔偿数额的方式时,没有采用这一顺序,而是根据周乐伦的选择确定了以新百伦公司因侵权行为所获盈利的方法进行计算,属于适用法律的错误。

第二,周乐伦没有任何证据证明“新百伦”标识对于新百伦公司销售获利的贡献,应当承担举证不能的不利后果,原审判决的结论也因此证据不足。由于周乐伦并没有举证证明其因被侵权而受到的实际损失、新百伦公司因侵权行为而获得的利益或者商标许可费,法院难以通过《商标法》确定的计算方法认定赔偿数额,因此法院应当采用法定赔偿数额,即根据侵权行为的情节判决三百万元以下的赔偿。

第三,新百伦公司之净利润是基于众多因素的贡献,并非仅仅依靠商标的贡献,抑或是“新百伦”的贡献。即便本案以新百伦公司的侵权获利来确定侵权赔偿数额,也需要考虑因果关系,即新百伦公司的被诉侵权行为对新百伦公司盈利的实际贡献。为此,新百伦公司也举证了大量的直接或者间接证据以证明“新百伦”标识在新百伦公司所获净利润中所占权重之低。

第四,周乐伦没有充分证明其对涉案商标的实际使用,因此原审法院高达

9800 万元的赔偿,是极为不公正的,违反了民事赔偿的填平原则。本案中,周乐伦取得涉案"百伦"和"新百伦"商标的目的就是为了向新百伦公司索要巨额的赔偿,其实际使用涉案"百伦"和"新百伦"商标的行为非常有限。而对于涉案"新百伦"商标,周乐伦除了提交三双皮鞋和一份合同之外,没有任何其他的证据用以证明其实际使用了该商标。由此可知,周乐伦因新百伦公司之被诉侵权行为所造成的实际损失也是非常有限的。在这种情况下,原审法院将新百伦公司利润中的 9800 万元拿出来作为侵权赔偿数额来弥补周乐伦的"损失",违反了民事赔偿的填平原则。

综上,新百伦公司恳请二审法院依法撤销一审判决,驳回周乐伦全部诉讼请求,并判令由周乐伦承担本案全部诉讼费用。

2. 提交的相关证据

第一组证据包括证据 1、2、23、25。

证明:新百伦公司受母公司新平衡公司的授权对"新百伦"字号享有在先的企业名称权以及与之相关的所有权益,周乐伦不能以在后取得的涉案"新百伦"商标对抗新百伦公司在先的"新百伦"字号权。其中:证据 1,新百伦运动用品(深圳)有限公司董事长罗珮萍出具的《声明》(实际上未提交)。证据 2,新平衡公司出具的《声明》。证据 23,上海市高级人民法院(2004)沪高民三(知)终字第 27 号杭州张小泉集团有限公司与上海张小泉刀剪总店等商标侵权及不正当竞争纠纷上诉案二审判决书。证据 25,《关于周乐伦诉新百伦贸易(中国)有限公司、广州市盛世长运商贸连锁有限公司商标侵权二审案件的专家意见》。

第二组证据包括证据 3 ~ 9、15、24、26。

证明:New Balance 品牌及"新百伦"字号在周乐伦获得涉案"百伦"商标和抢注涉案"新百伦"商标之前就已拥有了很高的知名度;周乐伦获得"百伦"商标,进而抢注"新百伦"商标明显具有恶意。周乐伦生产的鞋子恶意抄袭 New Balance 品牌的知名款型 574。其中:证据 3,国家图书馆检索报告,是 2004 年 6 月前有关新百伦公司使用"新百伦"标识在中国大陆报纸中的相关报道。证据 4,(2015)京长安内经证字第 20279 号《公证书》,是 2004 年 6 月 4 日前有关新百伦公司使用"新百伦"标识的部分网终检索信息。证据 5,《SIZE 尺码》杂志 2004 年 5 月刊。证据 6,国家图书馆检索报告,是 2003 年 11 月 1 日至 2004 年 6 月 30 日期间"New Balance"在中国大陆期刊中的相关报道。证据 7,(2015)京长安内经证字第 18982、18983 号《公证书》,是 2003 年 11 月 1 日至今与"New Balance"品牌相关的部分网络检索信息。证据 8,New Balance 品牌于 1976 年至 1994 年期间在全球的部分获奖记录。证据 9,New Ba lance 品牌于 1994 年至

2004年期间在全球的部分获奖记录。证据15,央视市场研究股份有限公司就2003年至2004年6月1日期间New Balance广告投放量的调查报告。证据24,(2015)京长安内经证字第25033、25034、25097号公证书,是对有关购买、收取"新百伦NEW BOLUNE"男休闲鞋及实物过程的公证,并当庭提交公证购买物鞋一双。证据26,广东省高级人民法院(2002)粤高法民三终字第87号新平衡公司与深圳市龙浩鞋业连锁有限公司等商标侵权纠纷上诉案的二审判决书。

第三组证据包括证据7、10、11。

证明:新百伦公司所经营的公司及New Balance品牌产品在中国具有极高的知名度和声誉,完全没有攀附他人商标的主观恶意。其中:证据7,(2015)京长安内经证字第18982、18983号《公证书》,是2003年11月1日至今与"New Balance"品牌相关的部分网络检索信息。证据10,New Balance品牌于2004年至今在全球的部分获奖记录清单。证据11,新百伦公司于2011年至2013年期间在中国地区所获荣誉。

第四组证据包括证据16、17、22、25。

证明:新百伦公司使用"新百伦"字号的方式根本不会与周乐伦的"百伦"、"新百伦"商标构成混淆,不构成对"百伦"和"新百伦"商标权的侵犯。其中:证据16、17属保密证据,分别是北京零点市场调查有限公司出具的《某品牌标识认知调查报告1(北京)》、《某品牌标识认知调查报告2(北京、广州)》,测试消费者是否对广东马内尔公司的"百伦"品牌产品与新百伦公司的"New Balance"品牌产生混淆。证据22,最高人民法院(2014)民提字第24号再审判决书,是再审申请人深圳歌力思服饰股份有限公司、再审申请人王碎永及一审被告杭州银泰世纪百货有限公司侵害商标权纠纷一案。

第五组证据包括证据10~14、18、20、21、25。

证明:新百伦公司在被诉侵权期间的净利润是由众多因素所贡献,相比其他因素,"新百伦"中文标识所占权重极低;即使认定新百伦公司侵权,原审法院对赔偿数额的确定也存在严重错误。其中:证据12,北京名牌资产评估有限公司出具的《执行商定程序的追溯评估报告书》,关于对"新百伦"中文标识在2011年7月28日至2013年11月30日的市场价值及在此期间"新百伦"中文标识对新百伦公司的利润贡献值执行商定程序的追溯评估项目。证据13,New Balance品牌2011年至2013年期间广告汇编,该广告汇编由新百伦公司2011年至2013年期间所聘用的外部广告公司提供。证据14,New Balance品牌2011年至2013年期间媒体报道汇编。证据18,北京零点市场调查有限公司出具的《某品牌标识认知调查报告3(北京)》,测试"新百伦"标识对消费者购买或有意愿购买

New Balance 品牌产品的影响权重。证据 20，New Balance 公司在 2011 年至 2013 年期间在中国拥有的专利清单。证据 21，New Balance 公司在 2011 年至 2013 年期间在中国拥有的商标清单。

第六组证据包括证据 19、22、25。

证明：周乐伦多次、大量抢注他人知名商标，主观恶意明显；其恶意获得的商标权不应受到法律的保护。其中，证据 19，是周乐伦抢注的其他商标，被抢注商标的相关品牌及企业之简介。补充证据 27，是针对"百伦"、"新百伦"商标异议及无效理由，证明新百伦公司已基于与此前异议程序中不同的事实和理由针对涉案商标提交了无效宣告申请，即以新百伦公司的在先权利作为无效理由，涉案商标权利状态不稳定。

补充证据 28，是北京市长安公证处出具的（2015）京长安内经证字第 14239 号公证书。证明：第一，南京东方商城仅仅销售"百伦"品牌的皮鞋，未见有"新百伦"品牌的皮鞋销售，涉案商标"新百伦"并未实际使用；周乐伦一审中第一次提交的证据 5、二审中提交的证据 27 关于"新百伦"的许可合同与这些公开报道并不一致，很有可能这些合同并未实际执行。第二，周乐伦恶意抢注新百伦公司"新百伦"字号作为商标。第三，周乐伦恶意获得与 New Balance 近似的"百伦"商标。

（二）被上诉人周乐伦主张的事实和理由，以及提交的相关证据

1. 主张的事实和理由

（1）周乐伦的"百伦"、"新百伦"商标经由善意合理的方式取得，即使经异议程序也仍获国家商标局注册，权利合法有效，依法受法律保护。

（2）新百伦公司对"新百伦"的使用构成商标性使用，构成对周乐伦"百伦"、"新百伦"注册商标的侵权。

第一，新百伦公司对"新百伦"的使用构成商标性使用。根据双方的证据及原审判决查明的事实，新百伦公司在经营鞋子产品的过程中，未经周乐伦许可，使用了本应属于周乐伦的"新百伦"标识。

第二，依照《商标法》规定，新百伦公司对"新百伦"字样的使用，构成对周乐伦"百伦"、"新百伦"注册商标的侵权。

（3）原审判决判赔数额合理合法，依法有据。

原审判决依据《商标法》（2001 年）第 56 条、最高人民法院《关于审理商标民事纠纷案件适用法律若干问题的解释》第 13 条的规定，以新百伦公司在侵权期间所获利益为计算赔偿数额的依据，符合法律规定。原审判决判令新百伦公

司赔偿周乐伦9800万元，数额合理合法。

(4)新百伦公司无论是所谓的在先权利还是第35类注册商标的抗辩均不成立，新百伦公司的上诉请求应依法予以驳回。

综上所述，原审判决认定事实清楚，适用法律正确，判决结果合理合法，给予了权利人公平公正的司法保护。因此，恳请二审法院依法驳回上诉，维持原审判决。

2.提交的相关证据

第一部分证据包括证据1～29。

证明：周乐伦持有的第865609号“百伦”注册商标1994年8月25日由周乐伦的家族企业提出申请，并由周乐伦的家族企业或家族成员持有至今；“百伦”商标1994年起由周乐伦的家族企业开始使用并延续使用至今，经过长期的使用、宣传和推广，周乐伦家族的“百伦”、“新百伦”商标在行业内早已具有较高的知名度。其中，证据1，潮阳鞋帽公司《企业机读档案登记资料》。证据2，亲属关系。证据3，深圳市百伦实业有限公司企业登记相关资料。证据4，广州市百伦鞋业有限公司相关资料。证据5，1994年9月“‘百伦’95系列皮鞋信息发布暨订货会”录像光盘。证据6，发布会现场相片(1994年9月24日)。证据7，发布会现场的“百伦”品牌产品宣传单张广告(共5张)(1994年)。证据8，函告(1995年2月12日)。证据9，百伦男士皮鞋代理商参考条例。证据10，95国内百伦皮鞋报价单(1995年5月12日)。证据11，电视广告片(1995年10月)。证据12，1996年日历广告。证据13，百伦宣传广告单张(1996年)。证据14，“百伦产品在杭州大厦开业”录像(1999年10月)。证据15，浙江银泰百货《祝贺信》(2003年1月)。证据16，《今日早报》(2003年3月17日)。证据17，2003年杭州大厦供货商新春联谊会(2003年3月8日)。证据18，《钱江晚报》(2004年2月25日)。证据19，杭州大厦“关于表彰2003年度优秀供货商的决定”(2004年2月23日)，《每日商报》(2004年2月27日)。证据20，大连国际商贸大厦《短期销售协议》(2005年3月1日)。证据21，沈阳新玛特购物广场《联销合同》(2008年9月1日)。证据22，2008年6～7月份，多家商场出具的证明文件(10份)。证据23，武汉广场《厂商嘉许函》(2009年5月)。证据24，银泰百货宁波天一广场《专柜经营合同书》(2009年8月16日)。证据25，武汉广场《经营合同书》(2013年1月1日)。证据26，广州友谊集团《专柜协议书》(2013年3月1日)。证据27，南京东方商城《专柜经营合同》(2013年4月1日)。证据28，“百伦”品牌获得的多个奖项的奖杯、奖牌、奖状。证据29，“新百伦”2015年新款产品宣传画。

第二部分证据包括证据30～36。

证明:周乐伦家族为保护"百伦''商标,除"新百伦"商标外,还先后注册了"百伦王"、"仟伦"、"万倫"、"亿伦"、"百伦2"等多个联合商标;"新百伦"既是周乐伦家族"百伦"商标的联合商标之一,也是周乐伦家族与"百伦"品牌一起经营的另一重要品牌。其中,证据30、31,分别是"Bolune"、"百伦王"商标的《商标注册证》、《核准转让注册商标证明》、《注册商标转让证明》、《核准续展注册证明》。证据32、33、34,分别是"纤伦"、"万倫"、"镱倫"的《商标注册证》和《核准续展注册证明》。证据5,"百伦2"、"BOLUNE－II"《商标注册证》。证据36,"NEW BOLUNE"《商标注册证》。

第三部分证据包括证据31～52。

证明:周乐伦与新百伦公司的关联公司新平衡公司之间发生的一系列商标权属行政争议案件,相关行政机关均确认了周乐伦对于"百伦"、"新百伦"、"NEW BOLUNE"等商标享有的合法权利;周乐伦为维护自己的"百伦"、"新百伦"等商标权益不受侵害,投入了大量的时间、精力和费用,对于可能损害自己"百伦"、"新百伦"商标权益的行为,及时根据法律规定的程序提出了商标异议申请和无效宣告申请。其中,证据31,(2011)商标异字第25001号《"BOLUNE－II"商标异议裁定书》。证据32,(2011)商标异字第25005号《"百伦2"商标异议裁定书》。证据33,(2011)商标异字第31814号《"NEW BOLUNE"商标异议裁定书》。证据34,(2012)商标异字第16104号《"百伦BOLUNE HANDMADE及图"商标异议裁定书》。证据35,(2012)商标异字第16277号《"BOLUNE HANDMADE及图"商标异议裁定书》。证据36,(2012)商标异字第16287号《"百伦BOLUNE HANDMADE及图"商标异议裁定书》。证据37,(2012)商标异字第16293号《"新百伦NEW BOLUNE"商标异议裁定书》。证据38,(2012)商标异字第16601号《"百伦BOLUNE HANDMADE及图"商标异议裁定书》。证据39,(2012)商标异字第20585号《"百伦BOLUNE HANDMADE及图"商标异议裁定书》。证据40,(2012)商标异字第21048号《"百伦BOLUNE HANDMADE及图"商标异议裁定书》。证据41,商评字(2015)第0000029929号《关于第5608739号"纽百伦"商标无效宣告请求裁定书》。证据42,商评字(2015)第0000029928号《关于第5608741号"新巴伦"商标无效宣告请求裁定书》。证据43,《商标评审申请受理通知书》及商标详细信息(编号:20140000038174,商标:佰伦世家BAILUN及图)。证据44,《商标评审申请受理通知书》及商标详细信息(编号:20140000038085,商标:安百伦)。证据45,《商标评审申请受理通知书》及商标详细信息(编号:20140000038093,商标:安百伦

ANBAILUN)。证据46,《第12806922号"恩百伦ENBAILUN"商标异议申请书》及商标详细信息。证据47,《第12643054号"百伦美BAILUNMEI"注册商标无效宣告申请书》及商标详细信息。证据48,《第13787549号"尚百伦"商标异议申请书》及商标详细信息。证据49,《第13241907号"哥百伦GEBAILUN"商标异议申请书》及商标详细信息。证据50,《第14172319号"鑫百伦"商标异议申请书》及商标详细信息。证据51,《第14204692号"赛百伦SAIBAILUN"商标异议申请书》及商标详细信息。证据52,《第14465050号"星百伦"商标异议申请书》及商标详细信息。

第四部分证据包括证据53~56。

证明:由于新百伦公司的长期侵权行为,导致经营者、消费者都对"百伦"、"新百伦"品牌产生混淆误认,且侵权形成的影响仍在蔓延,严重制约了"百伦"、"新百伦"品牌的发展空间。其中,证据53,天猫审核结果回单。证据54,在"淘宝"网站搜索"新百伦"的结果。证据55,在"京东商城"网站搜索"新百伦"的结果。证据56,在"百度"网站搜索"新百伦"的结果。证据60,(2015)粤广广州第179822号《公证书》(淘宝指数)。证据61,(2015)粤广广州第179823号《公证书》(百度指数)。证据62,淘宝指数和百度指数,证明:(1)淘宝指数曲线显示,"新百伦"、"纽巴伦"和"New Balance"搜索指数曲线完全一致,意味着在淘宝商城内,凡是搜索"新百伦"、"纽巴伦",搜索结果都指向"New Balance"产品。(2)新百伦公司的上述行为构成不正当竞争,不仅侵害了周乐伦的"新百伦"商标权益,同时还损害了"纽巴伦"商标权人的商标权益,可见新百伦公司的侵权行为特别霸道、恶劣。(3)百度指数曲线显示,对"新百伦"的搜索量远远高于"New Balance"及"纽巴伦",也意味着"新百伦"商标标识对新百伦公司产品销量和利润的贡献率远远高于"New Balance"及"纽巴伦"。

四、本案对于公司商标权保护的思考

商标,往往代表着一个品牌,一个企业。它是企业无形资产的重要组成部分,也是企业长时间的品牌价值积累的表现。所以,商标也被人们称为"永动的印钞机"。企业应该注意保护商标这一类无形的资产,以免在这一个小小的环节被别人利用被迫付出高额的代价。

中国《商标法》"注册在先"原则,只有注册商标才能产生商标专用权,受法律保护。值得注意的是,在一系列以中文译名商标为核心的争议纠纷中,中国的商标管理机构如商标评审委员会和各级人民法院作出的裁决结果往往大相径庭。

我国实行的是商标注册保护制度，商标一经注册，便当然地享有法律赋予的专用权，在未因法定原因并经法定程序被撤销之前，其法律地位是平等的，都应得到法律的保护，而不应人为区别对待，无论其知名度如何、企业规模如何、企业经营状况如何。它们对商标都享有平等的在先权。

制止反向混淆旨在保护弱势企业的在先商标权利。若法律对反向混淆听之任之，任由强势企业肆意抢夺弱势企业的商标，则违背了法律的公平和正义。而在品牌经营时代，作为商标权人，其希望建立起的商誉与商标价值，在被后商标使用人淹没后，其注册商标的价值也因此而被抑制，在先使用人的商誉将被他人控制，通过商标吸引消费者及保有忠实顾客的经济目的将受到他人实际经营的影响，这对于在先商标使用人来说，进入新的消费市场的能力也将大大削弱。

虽然与此同时，法律同样规定了一系列例外制度来保护部分未注册商标使用者的正当权益，以防止恶意抢注带来的不正当竞争乱象，但新百伦公司的侵权行为并不符合现行法律规定取得形式，实质是恶意侵犯商标权。

该案的审理也体现了广州市中院、广东高院在适用《商标法》、区分各种形式的混淆和反向混淆的辨别能力和水平。有法学专家表示，本案更重大的意义在于，提醒国内企业的知名品牌的商标权人，慎防国外企业进入中国市场时，巧立名目搞混淆，窃取国内企业名牌商品的商誉价值，将国内企业的品牌价值窃为己有，导致知名企业经营多年的品牌价值被侵权而被窃取。也要慎防国外企业把这种混淆方式作为进入中国市场的途径，破坏中国公平竞争的市场建设。

在实践中，“NEW BALANCE”面临的品牌困境其实已有前车之鉴。例如，乔丹体育和飞人迈克尔·乔丹之间的商标权纠纷。北京市高级人民法院二审认定迈克尔·乔丹代理人提交的10份证据不属于新证据范畴，均不予采纳。在业内人士看来，迈克尔·乔丹胜诉率并不高，此案可能不会延续阿迪达斯和阿迪王的和解方式，即“阿迪王”中文商标和三角标LOGO被无偿转让给阿迪达斯，该中文商标及三角标LOGO将不能再继续使用并出现在阿迪王终端店面中。而另一个案件是，意大利奢侈品牌Bottega Veneta（BV）在中国耳熟能详的“宝缇嘉”名称遭到抢注，无奈于2013年启动了新的中文名字“葆蝶家”。

那么，为何频频发生国外企业进入中国市场遭遇商标权纠纷？许多外企进入中国市场之前不看好市场前景，疏忽了商标权利方面的事务。尽管许多外企在中国已打出知名度，也有了中文符号，但在已存在的注册商标面前，外企往往因为“理亏”而更名换姓。

此外，外企入华后使用的中文符号确实无人注册，但在打出品牌知名度后，才发现已被他人先行注册。外企如果想拿回中文符号使用权，必须要证明其是该中文符号的最先使用者,但证明过程往往比较艰难。这提醒外资企业应当端正在中国市场的商标权意识,否则在未来还会像 New Balance 一样,付出高昂的代价。所以,外国企业计划进入中国市场时,应委托熟悉中国市场的代理人进行商标检索,并尽早申请商标注册。注册商标时,尽可能将对应的中文文字商标申请注册。外国企业可以实施监控市场中可能涉及的商标侵权或被侵权情况,以便及时应对。此外,外国企业要了解中国法律,熟悉中国法院所作的相关商标案件的判决,以了解法院对商标案件审理的新动态。

从上述案件中总结以下几点启示供跨国公司在域外经营中参考:

(一) 知己知彼

所谓"知己知彼"即跨国公司在进军海外市场的准备阶段,在品牌保护方面要提前做足功课。商标作为品牌在法律层面的一个主要体现形式,其专业性非常强且有着地域性的差异。因此,企业尤其应该对比本国与目标地的商标相关的法律、法规、规章、政策、司法实践等的差异点,全面评估自身现状,做好预案。

(二) 入乡随俗

跨国公司拟开拓海外业务时,如何践行"市场未动,商标先行"这条定律尤为关键。要清醒地认识到需要"先行"的商标远不止基于商标权的地域性特点拷贝过来的那些本国商标,切记主品牌以及那些重要的子品牌一定要及时移植过来做好"本地化"。否则,以后的实际经营过程中可能会有很多困扰。"本地化"定标时,企业要做好充分地市场调研,要考虑本地消费者的识读习惯,对于音译,意译来的相关商标要提早布局,对后面的市场开拓会有事半功倍的效果。

(三) 眼疾手快

商标监控是跨国公司在域外经营的过程中必不可少的环节。企业一方面要做好自己现有商标状态的监控,另一方面要实时监控与自己相关的近似商标的动向。监控自己现有商标的状态可以有效防止商标权过有效期或者权利遇到挑战时(如中国的商标续展程序、异议及撤销等程序)应对不及时导致的商标权利的丧失。监控与自己相关的近似商标是针对他人相关商标的使用情况及申请注册的状态进行实时追踪,例如可以实时监控市场使用情况,如卖场及网络销售渠道,便于及时发现搭便车或侵权等情况从而积极应对,同时,监控商标的申请注册状态是为了保证能够有效利用各个程序对抗相对方的商标，避免错失打击对方的时机。总之在异国他乡经营品牌要更加提高警惕，做到“眼疾手快”，才能防患于未然，保障自身商标权利布局的稳定。

（四）当断则断

当企业发现自己已经“后知后觉”，选定的商标已经是别人的注册商标或者已经被他人在先申请注册，此时需要做好相关的商标权尽职调查，同时全面评估自身的商标及使用状况，进而采取对策。即使在先注册的商标非善意取得，只要当前它的状态是“已注册商标”，他人都应该保持对在先权利的尊重和避让，否则陷入纠纷官司缠身，势必影响品牌形象，得不偿失。品牌有大小，但商标权权利本身无高低之分。因此，企业理性的做法是及时做好备选方案，该放手时要果断放手，集中投入到新品牌的建设和维护中。

（五）脚踏实地

商标管理是任何企业品牌经营的基础，正所谓皮之不存毛将焉附。跨国公司在域外经营过程中尤其需要做好自身的商标管理，要建立规范的商标管理体系。一方面对生产经营过程中涉及的各种商标的使用环节（如商品包装装潢，广告宣传，对外合作等）进行严格的规范，以免引起权利的瑕疵；另一方面，需要规范商标使用证据的归档留存，由于商标权自身的特点决定商标要靠不断地使用使其自身保值和增值，商标使用证据对于其权利本身及对外攻防都是有力的支撑，因此商标使用证据需要做好归档留存以备商标确权维权环节使用。域外经营中要脚踏实地地做好商标管理工作，才能期待后顾无忧。

要想在异国他乡经营好自己的品牌，会有很多困难和风险。无论是走出去的中国公司，还是走进来的外国公司，在开启海外业务的过程中可以把握以上几点，以期在海外市场的品牌经营过程中都能够多些安心，少些困扰。

总之，一件商标不会在注册时就会有很高的知名度，更不会在一夜之间就会成为知名商标、著名商标乃至于驰名商标，它需要一个培育过程，需要全社会的呵护。我国法律在加大力度维护知名商标、著名商标、驰名商标合法权益时，也应当依法采取及时有效的手段保护中小企业尚在“起步”的注册商标的生存权、成长权，这也是我国知识产权法制建设的题中应有之义。

教学指导手册

教学对象及目标

本案例供法律硕士案例教学使用,法学本科(大四)、经济法学硕士、民商法学硕士也可以参酌试用。

通过对本案例的分析和讨论,培养学生的综合分析思维能力,帮助学生了解企业在注册商标的申请、知名商品特别保护、商标保护方面的知识,同时注意在企业的经营管理过程中,运用商标法、反不正当竞争法等法律,维护自己的注册商标专用权。同时也对外资企业的商标的保护和发展引起重视,为企业的发展营造良好的氛围。

教学内容

本案可遵循如下分析思路:首先,了解新百伦贸易(中国)有限公司、广州市盛世长运商贸连锁有限公司与周乐伦侵害商标权纠纷不正当竞争纠纷一案的大致案情;其次,分析本案原被告双方争议的主要事实焦点和理由并引导学生论证其合理性;再次,分别从反不正当竞争法等多角度来分析本案原被告双方行为的法律效力以及相关理论依据;最后,分析本案原被告双方提供的证据及其证明力。

(一)商标权纠纷的基本理论

1. 商标的理论综述

(1)商标的概述

商标是用来区别一个经营者的品牌或服务和其他经营者的商品或服务的标记。《商标法》第 3 条规定,经商标局核准注册的商标,包括商品商标、服务商标和集体商标、证明商标,商标注册人享有商标专用权,受法律保护,如果是驰名商标,将会获得跨类别的商标专用权法律保护。

《商标法》第 8 条规定,任何能够将自然人、法人或者其他组织的商品与他人的商品区别开的标志,包括文字、图形、字母、数字、三维标志、颜色组合和声音等,以及上述要素的组合,均可以作为商标申请注册。

商标通过确保商标注册人享有用以标明商品或服务,或者许可他人使用以获取报酬的专用权,而使商标注册人受到保护。保护期限自商标注册公告之日起十年,但期满之后,需要另外缴付费用,即可对商标予以续展,次数不限。从广义上讲,商标通过对商标注册人加以奖励,使其获得承认和经济效益,而对全世界的积极和进取精神起到促进作用。商标保护还可阻止诸如假冒者之类的不正当竞争者用相似的区别性标记来推销低劣或不同产品或服务的行为。这一制度能使有技能、有进取心的人们在尽可能公平的条件下进行商品和服务的生产与销售,从而促进国际贸易的发展。

按商标用途分类,主要有以下八种,分别是营业商标、证明商标、等级商标、组集商标、亲族商标、备用商标、防御商标、联合商标。其中,联合商标,是指同一商标所有人在相同或类似商品上注册的几个相同或者近似的商标,有的是文字近似,有的是图形近似,这些的商标称为联合商标。这种相互近似商标注册后,不一定都使用,其目的是防止他人仿冒或注册,从而更有效地保护自己的商标。

(2)注册商标的保护范围

保护商标专用权,是指国家运用法律手段制止、制裁商标侵权行为,以保护商标注册人的商标专用权。根据《商标法》及《商标法实施条例》的有关规定,商标一经核准注册,该商标即成为受法律保护的注册商标。注册商标的权利保护范围主要体现在两个方面:一是时间和地域的效力;二是核准注册的商标与核定使用商品效力。

2. 商标权的理论综述

(1)商标权的概述

商标权是商标专用权的简称,是指商标主管机关依法授予商标所有人对其注册商标受国家法律保护的专有权。商标注册人拥有依法支配其注册商标并禁止他人侵害的权利,包括商标注册人对其注册商标的排他使用权、收益权、处分权、续展权和禁止他人侵害的权利。商标是用以区别商品和服务不同来源的商业性标志,由文字、图形、字母、数字、三维标志、颜色组合、声音或者上述要素的组合构成。

(2)商标权的取得

商标权取得的原则有以下三种:其一,使用原则。使用原则,即使用取得商标权原则,是指商标权因商标的使用而自然产生,商标权根据商标使用事实而得以成立。其二,注册原则。注册原则,即注册取得商标权原则,是指商标权因注册事实而成立,只有注册商标才能取得商标权。其三,混合原则。混合原则,即折中原则,是指在确定商标权的成立时,兼顾使用与注册两种事实,商标权既可因注册而产生,也可因使用而成立。

商标权取得的方式分为两种:原始取得与继受取得。商标权的原始取得,也称为商标权的直接取得,是指商标权由创设而来,其产生并非基于他人既存之商标权,也不以他的意志为根据。商标权的继受取得,也称为商标权的传来取得,是指以他人既存的商标权及他人意志为基础而取得商标权。

(3)商标权的价值

商标权是一种有价值的财产,具有商品属性,有相关的交易市场、交易价格和交易行为。商标最基本的作用是标示商品及服务的来源,客观上又具有表示商品及服务内在质量的作用。商标权人还可以发挥商标的广告作用,使商标在区别商品来源的同时区分商品的使用者。

商标权价值可以分解为收益价值和自身价值。商标权收益价值是权利人通过使用或许可他人使用商标产生的直接收益。商标权自身价值由两部分组成:指示商品来源价值和市场声誉价值。

商标权自身价值的获得和增加通常取决于将商标使用于优质商品、对商标的宣传以及对商标专用权的维护。商标的转让价格就是商标权自身价值的货币表现,随着商标权自身价值的变化上下波动。例如,长虹商标的评估价为245亿元,2010年6月的评估价为682.58亿元。

商标权本质上是一种财产权,当侵权行为发生时,商标权价值的减少即权利人所受到的损失,包括两部分:收益价值的减少和自身价值的贬值。

首先,侵权造成商标权收益价值的减少。这是一种显性的间接损失。侵权人每多销售一件侵权商品,商标权人的期待收益就减少一份。此部分损失无论以权利人使用商标收益的减少来推算,还是以侵权人侵权实际获利来计算,都有据可查,可计算出确定的数值。

其次,侵权造成商标权自身价值的贬损。这是一种隐性的直接损失。使商标权自身价值贬值的侵权行为可分为两种类型:混淆产品来源的侵权和贬损产品市场声誉的侵权。这两种侵权行为互相排斥、非此即彼。从直接损失和间接损失的角度看,这两种侵权行为造成的损失都是商标权现有自身价值的减少,属于直接损失。这种损失不像侵权人侵权获利或权利人利润减少可以用直接证据证明,因此称为隐性损失。在本案中,被告系同行业中知名企业在中国的关联公司,被告在产品销售和宣传中使用了原告的商标,使被侵权企业与其商标的产品来源指示联系被割裂,造成消费者的反向混淆,严重损害了该商标权的产品来源指示价值,给原告带来的损失是隐性的直接损失。

3. 商标权侵权的损害计算

《商标法》第 63 条规定损害赔偿的计算依据有 4 种,即权利人的损失、侵害者利润、许可费用、法定赔偿。对其适用遵循相应的位阶。即在前一种计算方式无法确定时,适用下一种计算方式。

根据最高人民法院《关于审理商标民事纠纷案件适用法律若干问题的解释》第 15 条的规定,侵权获利的计算公式为:被告侵权获利 = 侵权商品销售量 × 该商品单位利润或注册商标商品的单位利润。在反向混淆中,被告往往是一些具有较高知名度的公司,消费者购买被告产品更多地考虑该商品或者服务较高的声誉以及良好的质量,被告的侵权行为不是对原告商誉的利用,不同于传统商标侵权人的"搭便车"行为,被告因商标侵权所获利润难以量化。被告侵权产品往往销量巨大,若以被告所获巨大数额利益作为依据计算损害赔偿额,会远远超过原告的合理使用费用。

4. 未注册商标在先使用权与商标性使用

(1)未注册商标在先使用权

眼看周乐伦注册商标的宝座坐得稳稳的,新百伦公司主张在周乐伦申请注册"新百伦"商标前,"New Balance/新百伦"等标识作为未注册商标就已经在中国大陆市场内获得了很高的知名度和影响力,构成在先使用并具有一定影响的未注册商标。

新百伦公司这一主张是根据《商标法》第 32 条的规定:"申请商标注册不得损害他人现有的在先权利,也不得以不正当手段抢先注册他人已经使用并有一定影响的商标。"对于在注册商标申请日之前,就已经在相同或者类似商品或服务上善意地、连续地使用的与注册商标相同或者近似的商标,在先使用人有权在原商品或者服务上继续使用该商标。这就是未注册商标在先使用权,是对在先使用的未注册商标的特殊保护。注册商标一战失利,新百伦公司将目标转向了未注册商标从而寻求转机。

但是终审判决书表明,法院认为,首先,根据新百伦公司提供的证据,并不能证明新百伦公司的关联公司在 2003 年 11 月进入中国市场时至 2004 年 6 月周乐伦对"新百伦"商标申请注册这段时间内,新百伦公司对于"新百伦"标识的使用是商标性使用。其次,"新百伦"标识与"百伦"注册商标仅一字之差,属于近似商标,上述证据证明新百伦公司的关联公司进入中国市场的时间晚于"百伦"商标的申请甚至注册时间。所以现有证据不足以证明新百伦公司对"新百伦"标识享有未注册商标先用权。

(2)商标性使用

关于法院提到的"商标性使用",其含义应该是紧密围绕商标本身用于区分商品或服务来源的目的,将商标使用于商业活动中,让相关公众能够通过商标来区分商品或服务来源的使用。

"商标性使用"在本案终审判决书中共出现三次。

第一次是认定周乐伦对"百伦""新百伦"商标进行了商标性使用,故而没有支持新百伦公司提出的周乐伦没有实际使用两个涉案商标的主张。而对于商标是否进行了商标性使用,在本案中事关该商标权利的存亡,因为《商标法》第 49 条第 2 款规定:"注册商标成为其核定使用的商品的通用名称或者没有正当理由连续三年不使用的,任何单位或者个人可以向商标局申请撤销该注册商标。商标局应当自收到申请之日起九个月内做出决定。"在中国商标网进行查询时就注意到,周乐伦的商标是被提出过"撤销连续三年停止使用注册商标"的,若因没有商标性使用而被撤销一旦成功,这个故事也就戛然而止了。

第二次即是不能认定新百伦公司的关联公司在 2003 年 11 月进入中国市场时对于"新百伦"标识的使用是商标性使用。因为没有看到新百伦公司对此提供的证据,也就无从得知法院如何适用。但是,如果 2003 年 11 月新百伦公司将"新百伦"标识作为商标性使用,就有可能对 2004 年 6 月申请注册的"新百伦"商标构成在先使用权。

第三次是法院认为新百伦公司在周乐伦诉称的进行销售和广告宣传其运动鞋产品的行为时商标性使用了"新百伦"标识,该运动鞋商品与涉案注册商标核定使用的商品属于相同商品,足以引起相关公众的混淆,从而法院认定新百伦公司侵害了周乐伦涉案注册商标专用权。

商标性使用在终审判决中发挥的作用分别是:第一次肯定了周乐伦商标权的有效性,捍卫了权利的基石。第二次否定了新百伦公司构成未注册商标在先使用权,拒绝了新百伦公司的继续使用。第三次认定了新百伦公司侵害了周乐伦的注册商标专用权,判定新百伦公司的行为构成商标侵权。商标性使用的三次出现可谓意义重大。

5. 关于涉及反向混淆问题

(1)反向混淆的概念

反向混淆(reverse confusion),与传统意义上的混淆(正向混淆)相对而言的,是指消费者将在先商标所有人提供的商品或者服务,错误地当成了在后商标所有人的商品或者服务。在实际的商业活动中,绝大多数的商标侵权都是"正向混淆",即在后的竞争者使用与在先商标相同或者近似的商标,让消费者产生一种错误印象,自己的商品或者服务来源于在先的商标所有人。

通常所说的混淆是正向而言,即后来的市场竞争者为攀附在先的商标商誉,试图与其发生混淆,常常表现为小企业具有搭大企业便车的意图。与之相反,反向混淆却是跨国知名企业使用了不知名企业的商标,虽不具有“搭便车”之意义,仍然容易造成消费者混淆。

反向混淆中,同样是在后的商标使用人在相同或类似商品上使用了与在先注册商标相同或近似的商标,但在后的商标使用人通过大规模的广告宣传和市场营销,往往具有更高的商品信誉和市场影响力,由此使消费者误认为在先注册商标的产品来源于在后商标使用人或认为二者之间存在某种联系,由此割裂了在先商标权人与其注册商标之间的联系,使其注册商标丧失了区别的功能。

在后的商标所有人利用了在先的商标所代表的声誉,有可能混淆、误导或者欺骗消费者。[1] 实践中,在后商标使用人可能将他人在先注册的商标用作商标、商号、商品名称等商业标识。

(2)认定构成商标“反向混淆”的原则

司法实践中,商标的反向混淆理论为法院解决纷繁复杂的商标侵权新问题延伸了视野和空间,逐渐成为解决商标侵权纠纷的重要理论。在商标反向混淆的具体认定中,要符合如下构成要件:

在后商标使用人处于市场强势地位。在商标正向混淆中,在先商标一般具有较高显著性和知名度,在先商标权人处于市场强势地位,而在后使用人往往市场地位不高,其使用在先商标意在“搭便车”以傍名牌。但反向混淆与之不同,消费者看到标识后会产生在先商品来源于在后使用人,或者两者存在某种关系的错误联想。这是因为在后商标使用人往往处于市场强势地位,其凭借强大的经济实力和市场控制力对贴附着他人商标的商品进行广泛“轰炸”宣传、促销等商业行为,引起消费者产生混淆可能。并且,在后商标使用人的不当使用行为使该商标具有的知名度越高、在后企业的市场占有程度越高,发生反向混淆的可能性就越大。

反向混淆不以主观恶意为构成要件。商标反向混淆理论依法保护在先商标注册人在市场中的独立身份并自由提升商誉的合法权益。反向混淆案件中,原、被告双方往往在经济实力、企业知名度上相差悬殊。处于强势地位的在后商标使用人在商品上使用他人在先商标并不必然出于恶意,也可能系使用之前检索或注意不周导致,其不会也没必要“傍名牌”或“攀附”处于弱势地位的在先商标

---

[1] 李明德:《美国知识产权法》(第2版),法律出版社2014年版,第589页。

注册人。因此,反向混淆并不以主观恶意为构成要件。在后使用人是否知晓在先注册商标的存在和使用,以及是否恶意利用在先商标的商誉,并不影响商标反向混淆的成立。只要侵权行为客观上造成了"混淆可能"的损害后果,即构成反向混淆的商标侵权行为。当然,在确定侵权赔偿责任时,侵权人的主观过错程度仍是法院考量的因素之一,主观过错对于确定赔偿数额仍具有重要意义。

反向混淆的损害后果不同于一般混淆。商标法律保护的本质在于防止发生"混淆的可能"。就一般混淆而言,其损害结果在于侵权人借助他人的商誉获利,使消费者将在后使用人的商品误认为来源于在先商标注册人,危害在先权利人的商品市场空间和正常经营活动。但反向混淆不同于正向混淆,产生"混淆可能"的损害后果也并非在后使用人意图攀附他人商标价值,而是其通过大规模的不当促销和宣传活动,导致消费者将在先商标权人的商品误认为来源于在后使用人或认为两者存在关联性。使合法商标权人与注册商标之间的特定联系被割裂;法律为商标权人预留的注册商标使用空间受到侵害或侵占,商标权人寄予商标拓展市场空间的愿望受到抑制;最终造成商标权人商誉和企业身份的淹没、弱化,造成商标权人的发展权益受到侵害。

反向混淆与正向混淆不同,侵权人无意攀附在先商标的知名度,从在先商标所有人的商誉中获得利益,而是试图将在先商标据为己有。因此,对于此类案件,法院在计算在先商标对侵权获利所做的贡献度时,根本不应当考虑在先商标本身的知名度。

6. 本案的分析归纳

本案的侵权期间是 2011 年 7 月至 2013 年 11 月,早于新商标法的施行日期 2014 年 5 月 1 日,所以本案应该适用修改前的法律,即 2001 年商标法及其配套法律法规。

根据 2001 年《商标法》第 28 条之规定,申请注册的商标,凡不符合本法有关规定或者同他人在同一种商品或者类似商品上已经注册的或者初步审定的商标相同或者近似的,由商标局驳回申请,不予公告。也就是说,如果认定"新百伦"和"New Balance"构成近似(二者显然并不相同),商标局就应该驳回原告的注册申请。

新百伦商标是否与 New Balance 商标构成近似? 根据最高人民法院《关于审理商标民事纠纷案件适用法律若干问题的解释》第 9 条第 2 款的规定,商标近似,是指被控侵权的商标与原告的注册商标相比较,其文字的字形、读音、含义或者图形的构图及颜色,或者其各要素组合后的整体结构相似,或者其立体形状、颜色组合近似,易使相关公众对商品的来源产生误认或者认为其来源与原告注册商标的商品有特定的联系。

从以上标准上来看,认定新百伦和 New Balance 近似是有争议的。二者因为是不同的语言,所以外形上差别很大。有争议的是含义是不是相同。广州市中院认为,新百伦既非 New Balance 的中文意译(新平衡),也非 New Balance 的音译名。但是,在翻译过程中,翻译方法的选择除了音译和意译,还可以二者交叉,考虑到翻译结果在中文语境中的传播效果,新百伦完全是 New Balance 的合理甚至是理想翻译结果。

那么,如果可以肯定新百伦是 New Balance 的合理翻译之一,是否可以认定为二者具有相似性?根据最高人民法院《关于审理商标民事纠纷案件适用法律若干问题的解释》第 10 条的规定,认定商标相同或者近似按照以下原则进行:原则一,以相关公众的一般注意力为准;原则二,既要进行对商标的整体比对,又要进行对商标主要部分的比对,比对应当在比对对象隔离的状态下分别进行;原则三,判断商标是否近似,应当考虑请求保护注册商标的显著性和知名度。

在 2004 年原告提出申请之前,New Balance 已经是世界知名的运动鞋品牌,在中国的知名度也相当高。根据被告提交的 2003~2004 年的 38 份报纸报道,在 2004 年原告申请注册之前,被告就已经使用新百伦作为 New Balance 的中文翻译(虽然不是唯一的翻译),考虑到被告品牌的知名度和中文译名在中国市场的宣传,在 2004 年时,公众完全容易将新百伦和 New Balance 联系起来。因此,准许原告注册新百伦商标会导致公众对商品的来源产生误认和混淆。

并且,根据 2001 年《商标法》第 31 条的规定,申请商标注册不得损害他人现有的在先权利,也不得以不正当手段抢先注册他人已经使用并有一定影响的商标。如果在 2004 年以前新百伦作为 New Balance 的中文翻译,已经有一定影响(当然会附带 New Balance 本身的影响),就可以认为原告 2004 年申请注册"新百伦"商标是恶意抢注,但这一点说服力相对有限。

此外,还有很重要的一点需要考虑。根据 2001 年《商标法》第 13 条第 1 款规定:就相同或者类似商品申请注册的商标是复制、摹仿或者翻译他人未在中国注册的驰名商标,容易导致混淆的,不予注册并禁止使用。第 2 款规定,就不相同或者不相类似商品申请注册的商标是复制、摹仿或者翻译他人已经在中国注册的驰名商标,误导公众,致使该驰名商标注册人的利益可能受到损害的,不予注册并禁止使用。

这两个条款是对驰名商标的保护,但仅从字面理解上看,漏掉了在相同类似商品申请注册商标是复制、摹仿或者翻译他人已经在中国注册的驰名商标的情形。一般这种情况直接适用 2001 年《商标法》修订的第 28 条:申请注册的商标,凡不符合本法有关规定或者同他人在同一种商品或者类似商品上已经注册的或者初步审定的商标相同或者近似的,由商标局驳回申请,不予公告。

但是,由于2001年《商标法》修订的第28条仅仅用了相同或者近似,与2001年《商标法》修订的第13条的复制、摹仿或者翻译在字面上还是有差。在某种程度上,二者本质是相同的。2001年《商标法》修订的第13条和第28条是配套使用的关系,认定相同或相似可以相互参照。也就是说,如果在相同类似商品申请注册的商标,是复制、摹仿或者翻译他人已经在中国注册的驰名商标,容易导致混淆的,商标局也应该依照2001年《商标法》修订的第28条的规定驳回申请,不予公告。

综合上面的理由,可以认定"新百伦"是与注册商标"New Balance"近似,商标局应该驳回申请。由于商标局2011年已经裁定被告提出的异议不成立,因此依照现行《商标法》(2013年修正)第45条第1款的规定:"已经注册的商标,违反本法第十三条第二款和第三款、第十五条、第十六条第一款、第三十条、第三十一条、第三十二条规定的,自商标注册之日起五年内,在先权利人或者利害关系人可以请求商标评审委员会宣告该注册商标无效。对恶意注册的,驰名商标所有人不受五年的时间限制。"即便本案原告不属于恶意注册,被告最晚也可在2016年7月26日请求商标评审委员会宣告原告"新百伦"商标无效。

最需要讨论的就是被告的使用行为是否侵权。一审法院认为:被告新百伦公司在其"天猫"旗舰店及"京东商城"旗舰店上销售商品时在商品图片下方的文字介绍中使用"新百伦"字样、被告新百伦公司的分公司销售鞋类产品时,在销售小票中使用"新百伦"字样属于商标性使用、被告新百伦公司在其官方网站、新浪微博、宣传手册及视频广告中宣传商品时使用了"新百伦"字样均属于商标性使用。进而认为被告侵犯了原告"百伦"和"新百伦"的商标专用权。

从法院认定的事实来看,笔者同意法院的判断,即被告新百伦公司已经超出了企业名称的合理适用范围,构成商标性使用。但存在的问题是,是否可以就此简单的认定其构成侵权?

根据2001年《商标法》第59条第3款的规定,商标注册人申请商标注册前,他人已经在同一种商品或者类似商品上先于商标注册人使用与注册商标相同或者近似并有一定影响的商标的,注册商标专用权人无权禁止该使用人在原使用范围内继续使用该商标,但可以要求其附加适当区别标识。原告主张其在被告申请"新百伦"商标之前就对新百伦进行广泛适用,并在市场上长期宣传和推广已经为相关消费者所熟知,具有很高的的知名度和影响力,因而符合2001年《商标法》第59条规定的在先使用权情形,但一审法院对此项抗辩未作任何回应,实在不妥。

就本案而言,被告对"新百伦"是否构成在先使用,需要审视以下三个事实:首先,被告新百伦公司于2006年12月经核准取得了"新百伦"的字号,早于原告"新百伦"商标专用权的起始时间2008年1月7日。其次,相关证据显示被告在2003年开始就使用了"新百伦"作为New Balance的中文标示,并且由于New Balance本身的名气使得其对"新百伦"的影响也比较大。最后,被告对新百伦的使用虽然超出了企业字号范围内,但是New Balance本身是知名商品的注册商标,新百伦不是作为独立的商标,而是作为注册商标New Balance的译名配套使用,这和将某个他人的注册商标直接用作商标性使用是不同的。

由于被告对新百伦的使用不是独立的商标使用,而是作为New Balance的中文译名(后来又同时作为企业字号),使用日期又在原告申请注册"新百伦"商标之前,而且由于New Balance本身的名气使得其对新百伦的使用产生了较大的社会影响,故应当认定构成2001年《商标法》第59条的在先使用。原告无权禁止该使用人在原使用范围内继续使用该商标,但可以要求其附加适当区别标识。

本案中,被告的商标性使用行为是否进行了明显的区别标识倒是个仁者见仁、智者见智的事情。依笔者之见,在宣传中,New Balance与新百伦同时出现的场合应当视为已经做了区别标识,新百伦独立使用的,如果是商标性使用,可以视为没有适当区别标识,但是这种行为和普通的商标侵权也是不一样的,性质更轻,判赔金额应当更低。

关于反向混淆注册商标的问题。一审法院将百伦和新百伦放在一起讨论对比是否恰当呢?对新百伦而言,被告主张在先使用权,在逻辑上可以成立的。但与1996年注册的"百伦"商标混同起来讨论,则不太妥。

根据最高人民法院《关于审理商标民事纠纷案件适用法律若干问题的解释》第10条的规定,认定商标相同或者近似按照以下原则进行:原则一,以相关公众的一般注意力为准;原则二,既要进行对商标的整体比对,又要进行对商标主要部分的比对,比对应当在比对对象隔离的状态下分别进行;原则三,判断商标是否近似,应当考虑请求保护注册商标的显著性和知名度。

综合本案的情形,被告对新百伦的使用有反向混淆注册商标"百伦"的嫌疑。被告抗辩指出,加个"新"字不意味着就一定是修饰词。但是否构成混淆,是为相关公众的一般注意力的为判断标准的。尽管新是对"new"的意译,但加在注册商标文字"百伦"之前,确实可能造成公众把新百伦理解为"百伦"的新品牌。尽管新百伦是国际知名品牌的中文译名,而百伦只是中国没什么名气的小品牌,没什么知名度。但是禁止反向混淆制度恰恰是为了防止这种大鱼吃小鱼的情形,给小企业提供一把“保护伞”。

关于赔偿数额的计算问题。本案的侵权期间是在新商标法生效之前,所以应该适用2001年《商标法》。依照2001年《商标法》第56条第1款的规定,侵犯商标专用权的赔偿数额,为侵权人在侵权期间因侵权所获得的利益,或者被侵权人在被侵权期间因被侵权所受到的损失,包括被侵权人为制止侵权行为所支付的合理开支。

最高人民法院《关于审理商标民事纠纷案件适用法律若干问题的解释》第13条的规定:人民法院在依据商标法第五十六条第一款的规定确定赔偿责任时,可以根据权利人选择的计算方法计算赔偿数额。所以法院在判决书中直接因为原告的要求而选择了以侵权人在侵权期间因侵权所获得的利益为确定赔偿数额的依据。仅从法律规定上来说,这种做法是无可非议的。

本案的真正问题在于,即便按照2001年《商标法》的规定,本案应该以侵权人侵权期间的侵权获利为依据,法院将侵权期间利润减半作为侵权获利的做法是不妥当的。法院认为,被告并未在产品本身上适用新百伦表示,而仅仅是在销售和宣传中使用新百伦来介绍和宣传,属于销售行为侵权,酌情确定赔偿数额为获利总额的一半即9800万元(含合理支出)。法院大致考虑了以下几点因素:第一,被告使用新百伦作为New Balance的中文名称是恶意,新百伦不是New Balance的唯一翻译,而且其对商标评审委员会的异议被驳回后依然使用新百伦作为标识,与百伦近似,与新百伦完全相同,极容易造成混淆;第二,被告在产品上使用New Balance标识,但新百伦这一中文名称对于其进入大陆市场发挥了重要作用,故其赔偿责任与此相当;第三,被告宣传模式多样,影响大,侵权获利明显超出商标法规定赔偿额度。尽管笔者已经把法院的8点理由梳理为3点,依然显得很模糊不清。唯一解释赔偿数额为什么是获利“一半”的理由便是第2点,即法院认为新百伦这一中文名称对于其进入大陆市场发挥了重要作用,所以赔偿责任应与这种作用带来的利润“相当”。从结果上看,法院认为新百伦这一中文名称对于New Balance进入大陆市场发挥的作用接近一半(因为要除掉原告维权合理支出),其科学性有待商榷。

这涉及如何理解和解释“因侵权所获得的利益”。从法理上,侵权获得利益就是违法利益,应该理解为比不侵权所多获得的那部分利益。如果假设苹果公司使用小米的商标卖手机的利润是100亿美元,而侵权使用小米的商标最后卖了10亿美元,苹果侵权所得利益就是负数,不应该以此为计算标准。也就是说,侵权行为的获益,所比较的对象是不侵权但采用合法替代措施,而不是不侵权也不采取任何替代措施。反映到本案中,在侵权期间,被告侵权获益的对比对象不是法院所认为的不使用中文名称的盈利、而是采用其他不侵权中文名称的盈利。New Balance 由于自身巨大的名气,即便全部采用英文销售,按照法院的观点也能获得一半多的盈利额,固然采用新百伦促进了盈利,但是新百伦采取不侵权的中文名——比如新平衡必然也可以获得巨额利润,这就使侵权行为的获益没那么容易计算。本案中新百伦和百伦商标均不是知名商标,New Balance 却是世界级品牌,因为侵犯小品牌的商标权而获益的空间极小。

此外,即便按照法院的理解,被告侵权获益是采用中文名称"新百伦"相比于不使用中文名称而增加的获益,而不是比使用其他不侵权名称而增加的获益,9800 万的认定额依然是十分随意而且偏高的。首先,中文名对于 New Balance 的销售所起到的作用为什么是一半而不是其他数字,被告完全可以主张,New Balance 作为世界品牌,即便不起中文名称,New Balance 商标也比较容易理解,销售阻碍也不会那么大;其次,根据最高人民法院《关于审理商标民事纠纷案件适用法律若干问题的解释》第 16 条第 2 款的规定,"人民法院在确定赔偿数额时,应当考虑侵权行为的性质、期间、后果,商标的声誉,商标使用许可费的数额,商标使用许可的种类、时间、范围及制止侵权行为的合理开支等因素综合确定"。本案中,考虑到新百伦本身不是独立的商标性使用,而是与注册英文商标配套使用(作为中文名称)、作为企业字号和宣传之用,即侵权行为是建立在合理的需求之上的不合理扩张,而且新百伦商标本身的价值以及争议程度,判决数字着实有些偏高。本案采取被告侵权获利的方式计算损害赔偿额值得商榷,判决书中没有体现非因侵权获得利润的分割问题,导致最终判定的赔偿数额远远超出原告的实际损失。

本案一审判定赔偿数额的思路较为明确。法院确定本案适用2001 年《商标法》。因原告周乐伦确定以被告侵权获利作为赔偿数额的计算基准,一审法院综合考虑被告新百伦公司的企业性质、侵权主观恶意、侵权标识的使用方式、宣传、销售规模等因素,将被告新百伦公司在侵权期间获利总额的 1/2,即 9800 万元(含合理支出)确定为赔偿数额。

二审法院的判定思路相对复杂,主要分为三个步骤:

第一步,分析本案是否应当根据被侵权人的损失计算赔偿数额二审法院认为。

因为本案属于反向混淆,周乐伦遭受的损失主要在于新百伦公司的侵权行为割裂了周乐伦与"新百伦"商标之间的特定联系,挤占了周乐伦的市场发展空间。由于这种损失的具体数额很难计算,因此不能作为损害赔偿的依据。

第二步,分析否应当以侵权人获利作为赔偿数额的计算依据。

二审判决书中指出,在计算商标侵权赔偿数额时,应当注重侵权人的产品利润总额与侵权行为之间的直接因果关系。二审法院认为:首先,周乐伦没有提供证据证明"百伦"、"新百伦"注册商标在相关公众中具有较高的知名度。其次,新百伦公司对"新百伦"字样的使用基本上系与"N"、"NB"、"NEWBALANCE"组合使用;再次,新百伦公司本身的经营规模、市场销售量和企业声誉较高;最后,侵权产品上使用的是新平衡公司具有较高市场商誉的"N"、"NB"、"NEWBALANCE"商标。综上,二审法院得出结论:消费者购买新百伦公司商品更多地考虑"N"、"NB"、"NEWBALANCE"商标较高的声誉及其所蕴含的良好的商品质量,新百伦公司的经营获利并非全部来源于侵害周乐伦"百伦"、"新百伦"的商标。从而否定了原告周乐伦以被告新百伦公司获取的利润进行索赔。

第三步,根据侵权行为的情节酌情判定赔偿额。

二审庭审中,新百伦公司提供了北京名牌资产评估有限公司出具的京名评报字(2015)第3009号《资产评估报告》,用以证明"新百伦"中文标识在评估基准日期间内对新百伦公司的利润贡献率为0.76%。如果以新百伦公司在2011年1月1日至2013年11月30日净利润为基础,那么"新百伦"中文标识在该期间的利润贡献率为1487907.97元。

根据这份评估报告,二审法院认为,新百伦公司在"被诉侵权期间因侵权所获得的利益最少在145万元以上,即足以证明新百伦"公司因侵权所获得的利益明显超过商标法规定的法定赔偿额最高限额50万元,因此,根据周乐伦的请求并综合考虑全案证据,本案应在法定最高限额以上合理确定赔偿额。

在具体确定新百伦公司的赔偿数额时,二审法院认为新百伦公司"侵权主观故意明显",综合考虑周乐伦因侵权所受损失、新百伦公司对侵权标识的使用方式、侵权规模、侵权持续时间,以及周乐伦为制止侵权所支付的合理费用,确定被告赔偿周乐伦500万元。

本案一审和二审在赔偿数额的确定上最大的区别在于:一审法院直接以被告侵权获利作为赔偿的依据,而二审法院认为在计算商标侵权赔偿数额时,应当注重侵权人的产品利润总额与侵权行为之间的直接因果关系。

北京知识产权法院法官陈志兴在评论文章中写道:"基于企业营业收入影响因素的复杂性以及知识产权价值的无形性,要确定某一商标标识的品牌贡献率恐怕并不是一项能够轻易完成的工作。"他更强调,"尤其是以侵权获利的方式确定经济损失赔偿数额时,要让原告去举证证明被告营业额中特定商标标识的品牌贡献率,难度更大,甚至很难完成举证。"

对于陈志兴法官的上述意见,二审法院采用"直接因果关系"标准要求过高,几乎抹杀了在商标侵权案件中适用以侵权人侵权获利作为赔偿数额计算基准的可能性,不仅使得法条形同虚设,也偏离了民事诉讼采取优势证据规则的原则。因此,笔者认为,对商标侵权行为和侵权获利上因果关系的判定不应采用"直接因果关系"标准。

(二)不正当竞争理论

1. 不正当竞争理论综述

《反不正当竞争法》第2条规定的不正当竞争,是指"经营者违反本法规定,损害其他经营者的合法权益,扰乱社会经济秩序的行为。"

我国现行立法关于企业名称权(指企业全名称,不同于企业名称的核心部分——字号)的保护主要体现在《民法通则》、《企业名称登记管理规定》(以下简称《管理规定》)和《反不正当竞争法》中。《民法通则》在人身权一节中规定,法人、个体工商户、个人合伙享有名称权。《管理规定》第3条规定,企业名称经核准登记注册后方可使用,在规定的范围内享有专用权;第6条规定,企业只准使用一个名称,在登记主管机关辖区内不得与已登记注册的同行业企业名称相同或者近似;第27条规定,擅自使用他人已经登记注册的企业名称或者有其他侵犯他人企业名称专用权行为的,被侵权人可以向侵权人所在地登记主管机关要求处理,也可以直接向人民法院起诉。《民法通则》规定企业享有名称权,《管理规定》进一步规定企业对其名称享有专用权。据以上规定,擅自使用(包括擅自登记使用或擅自非法使用)他人已经登记注册的企业名称便是一种侵犯他人企业名称专用权行为。《反不正当竞争法》第6条第2款规定,擅自使用他人的企业名称或者姓名,引人误认为是他人的商品,是一种不正当竞争行为。

据此,要构成利用企业名称进行的不正当竞争行为,必须首先是一侵犯企业名称专用权的行为,且还要求是能够引起混淆的侵权行为。

反不正当竞争法调整的是包括国家作为一方主体的不平等主体关系,目的在于规范市场、建立公平的竞争秩序,更侧重于社会公益的保护。通常情况下,反不正当竞争法保护的是知识产权法没有提供保护的知识产权客体。反不正当竞争法对与各类知识产权有关,而相关法律不能规制的客体给予保护,以弥补单一法律制度产生的"真空地带",并对各类知识产权客体的交叉部分给予"兜底保护",使知识产权的保护对象连接起来形成一个整体知识产权法在于赋予权利人专有权和排除侵权行为实现权利人的保护;反不正当竞争法不赋予权利人权利,而是通过禁止一些"傍"或"靠"权利人智力成果的不正当竞争行为来保护权利人利益。“违反公认商业道德破坏社会竞争秩序”是不正当竞争行为的本质特点。

商业道德属道德的范畴,并没有上升为国家的意志。侵犯知识产权行为因其违反知识产权法具有违法性,肯定不属于违反商业道德的不正当竞争行为之列。正因为不正当竞争行为和侵犯知识产权行为的相互独立性,决定了两法的保护范围相互独立。

新百伦公司在商标一役中落败后,又吹响了反不正当竞争的号角。其主张对“新百伦”标识享有在先企业名称字号权,以及知名商品特有名称权。

2. 企业名称字号权

关于企业名称字号权,《反不正当竞争法》第 6 条规定:“实施下列混淆行为,引人误认为是他人商品或者与他人存在特定联系:……(二)擅自使用他人有一定影响的企业名称(包括简称、字号等)……”即不能使用具有一定知名度、为相关公众所知悉的企业名称中的字号从事市场交易来损害竞争对手,否则构成不正当竞争。

我们来看看周乐伦是否使用了新百伦公司的企业名称字号。经查询,新百伦公司成立于 2006 年 12 月 27 日,明显晚于 1994 年申请注册的“百伦”和 2004 年申请注册的“新百伦”。而新百伦公司提供的证据,并不能表明之前已经使用“新百伦”作为企业名称的公司与美国新平衡公司和新百伦公司之间有关系,所以新百伦公司使用“新百伦”字号的行为只能是 2006 年 12 月 27 日之后。其在 2003 年 11 月进入中国市场至周乐伦 2004 年 6 月申请“新百伦”商标期间,也没有证据证明“新百伦”字号的使用已经具有一定知名度、为相关公众所知悉,所以新百伦公司并不成立在先企业名称字号权的条件。

3. 知名商品特有名称权

新百伦公司的另一主张,知名商品特有名称权也是在《反不正当竞争法》第 6 条中予以规定:“经营者不得实施下列混淆行为,引人误认为是他人商品或者与他人存在特定联系:……(一)擅自使用与他人有一定影响的商品名称、包装、装潢等相同或近似的标识……”知名商品不是经法定程序评定出来的荣誉称号,而是人民法院等相关主体在个案中认定的法律事实。

终审判决书中称,根据现有证据无法证明在周乐伦申请注册涉案的两个商标之前,新百伦公司及其关联公司使用“新百伦”标识的商品在中国已经是知名商品。所以新百伦公司也不成立知名商品特有名称权的条件。

4. 本案中争议双方竞争行为评析

(1)事件回顾

2013 年 7 月 15 日,该案原告周乐伦以新百伦公司侵犯其“百伦”、“新百伦”

注册商标专用权为由,向广州市中级人民法院提起诉讼,请求判令被告停止侵权,并赔偿其经济损失 9800 万元。

一审法院认为,周乐伦的"百伦"、"新百伦"注册商标合法有效,其注册商标专用权应受法律保护。新百伦公司在类似商品上使用与周乐伦"百伦"、"新百伦"注册商标相同或者近似的"新百伦"标识,导致相关公众的混淆,侵害了周乐伦的注册商标专用权,应承担停止侵权、赔偿经济损失、消除影响等责任。新百伦公司侵权主观故意明显,即新平衡公司针对周乐伦申请注册"新百伦"商标所提出的商标异议被驳回的情况下,新百伦公司明知周乐伦对"百伦"、"新百伦"商标享有权利,但仍无视他人商标权的存在和中国商标法的相关规定。根据法院保全证据来看,新百伦公司在周乐伦所主张的侵权期间的获利共约 1.958 亿元,综合考虑新百伦公司主要是在销售过程中使用"新百伦"来介绍和宣传其产品,属于销售行为侵权等因素,故酌情确定新百伦公司向周某某赔偿的数额应占其获利总额的二分之一。

据此,广州市中院一审判令新百伦公司立即停止侵害周乐伦涉案商标权的行为,赔偿周某 9800 万元(含合理支出),并在其官方网站及"天猫商城"开设的"New Balance 旗舰店"、"newbalance 童鞋旗舰店"的首页刊登声明消除影响。

新百伦公司不服一审判决,提起上诉。

广东高院经审理,原审法院查明的事实属实,予以确认,并认定新百伦公司侵害了周乐伦注册商标专用权。

关于赔偿数额问题,周乐伦主张以新百伦公司被诉侵权期间的全部产品利润作为计算损害赔偿数额的依据,理由不成立。此外,二审法院根据新百伦公司提供的、其委托第三方作出的《资产评估报告》认为,新百伦公司在被诉侵权期间因侵权所获得的直接利益最少在 145 万元以上,明显超过商标法规定的法定赔偿最高限额 50 万元,因此,该案应根据周某某的请求并综合考虑全案证据,在法定最高限额以上合理确定赔偿额。综合全案证据,广东高院最终确定新百伦公司应赔偿周乐伦经济损失及为制止侵权行为所支付的合理开支共计 500 万元。终审判决对一审判决以新百伦公司被诉侵权期间销售获利总额的二分之一作为计算赔偿损失的数额予以纠正,其他事项维持原判判决。

(2)在先使用与商标侵权之争

原告周乐伦于 2011 年 7 月向 New Balance 的中国分公司被告"新百伦贸易(中国)有限公司"与经销其商品的"广州市盛世长运商贸连锁有限公司"提出了商标侵权之诉。原告认为,被告在市场推广活动中,包括在《产品手册》、媒体广告、分支机构名片、专卖店的价签、销售凭证、发票,以及被告在网上开设的旗舰店、被告的官方网站上，均使用了“新百伦”字样，造成消费者对于原告和被告产品的混淆和误认，严重损害了原告的商标权益。

原告周乐伦认为，自 2011 年 7 月至 2013 年 11 月，被告销售额达 17.6 亿元，净利润 1.958 亿元。周乐伦请求判令被告 New Balance 的中国分公司“新百伦贸易（中国）有限公司”立即停止侵权、消除影响，并且赔偿损失 9800 万元及支付维权的合理费用。

被告辩称：“新百伦”用作“NEW BALANCE”商品的中文名称，被告早在 2003 年就开始使用“新百伦”的产品名称，原告于 2006 年 12 月经核准取得了“新百伦”的字号，对于“新百伦”的使用属于对字号的止常使用。另外，被告认为其属于善意在先使用，并援引《商标法》（2001 年版）第 59 条第 3 款进行抗辩。由于其销售商品时间（2003 年）远远早于原告 2007 年使用“百伦”商标以及“新百伦”商标销售商品的时间，其使用方式没有使消费者或相关公众产生任何混淆，没有构成侵权。

（3）孰对孰过

商标应当具备显著性的特点才能使消费者区分出商品或者服务来源，但是通过比对可知，两个涉案商标不仅使用文字相似，在法律上的核准使用范围相同，而且被应用于同一种类的商品，尤其是在鞋类产品上两者具有相当强的关联性，很容易使消费者产生混淆和误认。虽然被告新百伦公司辩称其并未将“新百伦”作为商品标识使用，且使用“新百伦”标识销售商品的时间要早于原告使用其商标销售商品的时间，但是根据原告提供的证据来看，被告在实体专卖店和网络销售中所用的商品介绍、销售小票以及宣传广告中均采用了“新百伦”标识，并使消费者对原被告商品产生混淆和误认。尽管美国法律在商标保护中遵循的是“在先使用”原则，即先使用商标的一方获得商标的所有权，但是根据中国《商标法》第 3 条可知只有经过商标局核准注册的商标才是注册商标，之后商标注册人才能享有受法律保护的商标专用权。由此可知，原告才是商标专用权的所有者，并且至今为止“新百伦”商标在法律上依然是有效的，因此被告新百伦公司“在先使用”的抗辩事由不能成立，属于未经过同意擅自使用“新百伦”商标。

既然被告新百伦公司并非是在先使用商标，那么又是否是善意使用呢？通过前文我们可知，被告的关联公司（新平衡公司）于 2007 年曾经尝试请求商标局驳回原告“新百伦”商标的注册申请，这一举动充分说明被告新百伦公司已然确知该商标已被注册。更何况原告的“百伦”商标早已获得国家商标局的注册，被告完全可以通过公开方式进行查询，因此“百伦”及“新百伦”商标属于原告完全是可知或应当知晓的信息，这就直接否定了被告的行为是善意使用。

如前文所述,《商标法》第57条第1款、第2款明确规定,"未经商标注册人的许可,在同一种商品上使用与其注册商标相同商标的"、"未经商标注册人的许可,在同一种商品上使用与其注册商标近似的商标,或者在类似商品上使用与其注册商标相同或者近似的商标,容易导致混淆的行为即被认定为侵犯注册商标专用权的行为"。同时依据《商标法实施条例》及最高人民法院《关于审理民事纠纷案件适用法律若干问题的解释》中的相关规定,被告新百伦公司的行为应当被认定为商标侵权行为。

但是,在现实中,小企业状告大公司并且在法院审理中胜诉的"新百伦"式的案例其实屡见不鲜,其中影响较大的就比如有美国的"Big Foot "和"Bee Wear"案以及前些年中国的"龙太子"及"蓝色风暴"案,这些典型案例都是对"反向混淆"原则的绝佳阐释。虽然目前我国《商标法》尚未明确规定反向混淆这一侵权形式,但是考虑到如果不承认反向混淆,那么大型公司就能凭借其雄厚的去肆意侵害小企业的合法权益。

新百伦公司虽然在2003年便获得New Balance英文注册商标,但是其进入中国市场不久就选择使用"新百伦"(New Balance)中文标识进行宣传,到本案诉讼时为止使用时间长达数年。根据笔者的体验,即使是中国一线城市的年轻消费者,对New Balance和"新百伦"这两个中英文名称都存在交叉使用的情形,更不用说对英文标识不敏感的其他消费群体。如果说消费者购买新百伦公司商品更多地考虑"N"、"NB"、"NEWBALANCE"商标享有的商誉,未免武断。

(三)民事诉讼中的证据关联性理论

1. 前提问题:本案应适用新商标法还是旧商标法?

2013年修订的《商标法》自2014年5月1日起实施,最高人民法院《关于商标法修改决定施行后商标案件管辖和法律适用问题的解释》第9条规定,除本解释另行规定外,商标法修改决定施行后人民法院受理的商标民事案件,涉及该决定施行前发生的行为的,适用修改前商标法的规定;涉及该决定施行前发生,持续到该决定施行后的行为的,适用修改后商标法的规定。

本案的侵权期间是2011年7月至2013年11月,早于2013年修订的《商标法》的施行日期2014年5月1日,所以本案应该适用修改前的法律,即2001年《商标法》及其配套法律法规。这对本案赔偿数额的确定意义重大。

2. 民事诉讼中的证据关联性理论综述

在民事诉讼中,证据的关联性又称证据的相关性,是证据的客观属性之一。证据的关联性,指的是作为证据内容的事实与案件事实之间存在某种联系。证据具有关联性,应该具备两个构成要素:实质性和证明价值。实质性涉及的是证据与案件之间的关系。它注重的是被提供的证据欲证明的主张和案件中的争议事实的关系。而证明价值则是证据支持其欲证明的主张成立的倾向性。其中,实质性强调的是当事人主张的案件事实能够影响诉讼结果的品质。如果该案件的事实对诉讼结果不能产生影响,能够证明该事实存在与否的证据也不能被认为具有关联性,此所谓"皮之不存,毛将焉附"。[2] 因此,证据的关联性要求作为证据的事实必须与案件有关联,并且对案件的诉讼结果产生影响。

我国在最高人民法院《关于民事诉讼证据的若干规定》(以下简称《若干规定》)中第50条规定:"质证时,当事人应当围绕证据的真实性、关联性、合法性,针对证据证明力有无以及证明力大小,进行质疑、说明与辩驳。"《若干规定》的条文注释中对证据的关联性作了解释,即"关联性",是指证据必须与待证事实之间存在内在的必然的联系。也就是说,证据事实只有符合了关联性的属性,影响诉讼的结果,才能作为证据使用。

3. 本案中的主要证据适用分析

本案进入诉讼程序后,原被告双方都提出了不同的事实主张,并就各自的主张分别依法提交了相应的证据。综观本案,其争议的焦点在于新百伦贸易(中国)有限公司、广州市盛世长运商贸连锁有限公司的行为是否构成不正当竞争。围绕这一争议焦点,法院根据证据规则对各当事人提交的证据分别做了认定,其中主要的有:

周乐伦提交的证据有:

第一组用以证明原告商标注册基本情况和事实的证据

①潮阳市工商经济发展总公司鞋帽公司申请注册第865609号"百伦"商标; ②周乐伦申请注册第4100879号"新百伦"商标; ③《类似商品和服务区分表》中记载第二十五类包括"服装,鞋,帽",其中"鞋(脚上穿着物)"属于250003类,"运动鞋"属于250132类; ④"商标记录"网页打印件记载"百倫"商标的持有人为"ZHOU LE LUN(周樂倫)"。

[2] 李德恩、石浩旭:《证据关联性:一个利益衡量的命题》,载《山西师大学报》2012年第1期,第61~64页。

第二组用以证明标识被使用的情况的杂志书籍、证书、物资证据

①2005 年《生活无限》杂志；
②星珈公司的宣传手册《璀璨星珈》；
③"广东省优秀品牌保护示范榜上榜企业"证书；
④星珈公司的 3 双男皮鞋；
⑤被告公司销售的鞋子；
⑥原告提交用于证实其对"百伦"商标使用情况的照片；
⑦《新百伦英美产品手册》3 本；
⑧《RUNNING BOOK2013》3 本；
⑨ 2013 年 7 月《风尚志》杂志(2013 年第 14 期)；
⑩2013 年 8 月《1626》(2013 年第 14 期)。

第三组用以证明标识被使用的情况的合同证据

①星珈公司与案外人签订的《承包经营百货合同》、《联合销售专柜合同》、《联营专柜协议》、《联营专柜合同书》等 14 份；
②编号"2012 许 2335"、"2012 许 2333"的《商标许可使用合同》；
③被告盛世公司的《专柜协议书》；
④原告(甲方)与广东格林律师事务所(乙方)签订的《民事委托代理合同》(2013 年 4 月 20 日、2014 年 2 月 24 日)。

第四组用以证明取证所开具的相关的发票证据

①由星珈公司向案外人"大庆开发区升达经贸有限公司"开具的《广东增值税专用发票》；
②公证费发票；
③律师费发票。

第五组用以证明被告侵权事实的证据

①广东省广州市广州公证处出具了(2013)粤广广州第 161232 号公证书，原告主张上述网站所涉视频显示的被告新百伦公司使用"新百伦"字样；
②广东省广州市广州公证处出具的(2013)粤广广州第 241861 号公证书，原告主张上述网站内容显示的被告新百伦公司使用"新百伦"字样；
③广东省广州市广州公证处出具的(2014)粤广广州第 020697 号公证书，原告主张上述网站介绍内容中有"新百伦(New Balance)"的表述；

④广东省广州市广州公证处广东省广州市广州公证处,原告主张上述网站内容显示的被告新百伦公司使用"新百伦"字样;

⑤广东省广州市广州公证处出具的(2014)粤广海珠第4296号公证书,原告主张网站展示鞋类产品时使用"新百伦"标识存在侵权恶意;

⑥广东省广州市海珠公证处出具的(2014)粤广海珠第4305号公证书,原告主张上述网站内容显示的被告新百伦公司使用"新百伦"字样;

⑦河南省郑州市黄河公证处出具的(2013)郑黄证民字第5723号《公证书》,原告主张上述网站内容显示的被告新百伦公司使用"新百伦"字样。

第六组用以证明被告侵权事实的相关裁定判决,经证据保全得到的证据

①国家工商行政管理局商标局于2011年作出的(2011)商标异字第25006号《"新百伦"商标异议裁定书》裁定;

②上海市第二中级人民法院作出的(2012)沪二中民五(知)终字第26号民事判决书;

③被告新百伦公司的财务报表(2011年7月至2014年2月);

④被告新百伦公司2011~2014年度的《年检报告》、《本年度生产经营情况表》、《资产负债表》、《利润表》。

新百伦贸易(中国)有限公司、广州市盛世长运商贸连锁有限公司提交的证据有:

第一组用以证明被告商标注册基本情况和事实的证据

①新平衡公司于1983年4月15日获国家工商行政管理局商标局核准在第54类"鞋"上使用第175151号"N"商标;

②新平衡公司获国家工商行政管理局商标局核准在第25类"鞋"上使用第175153号"New Balance"商标;

③新平衡公司获国家工商行政管理局商标局核准在第25类"衣服"上使用第749746号"NB"商标;

④新平衡公司获国家工商行政管理局商标局核准在第18类"运动员用手提包"上使用第783142号"NB"商标;

⑤新平衡公司被国家工商行政管理局商标局授予第11263416号"新百伦"商标,核定使用的服务项目类别为第35类,包括:"广告;替他人推销";

⑥原告于2004年6月4日申请第4100880号"New Bolune"商标,并于2008年5月7日获得注册公告;

⑦被告盛世公司所持有的第175151号"N"商标,第175152号"NB"商标、第175153号"NEW BALANCE"商标、第749746号"NB"商标、第783142号"NB"商标的《商标注册证》、《商标注册说明函》、《商标注册证明》、《核准续展申请书》等复印件。

第二组用以证明标识被使用的情况的杂志书籍、证书、物资证据

2003~2004年期间的报纸期刊38份及2007~2008年的报纸期刊6份。

第三组用以证明标识被使用的情况的合同证据

①新平衡公司于2008年6月1日向被告新百伦公司出具的《商标授权书》;
②被告盛世公司(甲方)与被告新百伦公司(乙方)签订的《专柜协议书》。

第四组用以证明关联关系所开具的相关的发票证据

被告新百伦公司向被告盛世公司开出的发票号为18522304的《增值税专用发票》。

第五组用以证明案件事实的相关裁定判决书

①浙江省杭州市中级人民法院于2006年4月13日作出(2004)杭民三初字第393号民事判决;

②上海市第二中级人民法院于2012年12月28日作出的(2012)沪二中民五(知)终字第26号民事判决认定;

③深圳市市场监督管理局于2013年9月9日出具的《(企业档案)查询结果答复函》及其附件;

④深圳市工商行政管理局于2003年10月10日出具《字号查询证明》;

⑤东莞市公安局于2013年11月1日出具的东公(万)扣字[2013]2250189号、2250190号《扣押决定书》;

⑥厦门市思明区工商行政管理局于2014年2月28日出具的《委托鉴定书》;

⑦武汉市公安局汉江区分局于2014年4月14日向被告新百伦公司出具的《鉴定聘请书》;

⑧被告新百伦公司出示由各地海关作出的《通知书》及《告知书》等共计7份。

首先,现有证据证实"百伦"、"新百伦"注册商标至今合法有效,原告依法享

有两商标的专用权,应受到法律保护。从权利人、注册时间和核准使用类别等因素来看,原告申请“新百伦”注册商标具有合理性和正当性。

其次,被告新百伦公司称在官方网站及微博中使用“新百伦”均属于对企业名称的正常使用而不属于商标使用的意见,但因其在官方网站及微博中对“新百伦”的上述使用方式,均非规范地使用其企业名称,而是径行使用“新百伦”三字。应认定被告新百伦公司存在通过将“新百伦”用于标识和介绍其在网络销售的涉案产品、将“新百伦”用于其专卖店的售货票据及将“新百伦”用于其产品宣传等商标性使用的事实。被告新百伦公司未经注册商标权人原告的同意使用“新百伦”标识的行为构成对原告“百伦”、“新百伦”注册商标的侵权。

最后,依据《商标法》(2001 年修订)第 52 条:“有下列行为之一的,均属侵犯注册商标专用权:(一)未经商标注册人的许可,在同一种商品或类似商品上使用与其注册商标相同或者近似的商标的……”综合分析本案证据,应认定被告新百伦公司侵犯原告“百伦”及“新百伦”注册商标权。

鉴于被告新百伦公司未经涉案“百伦”、“新百伦”注册商标权人原告的许可,在销售过程中使用“新百伦”来标识、介绍和宣传其产品的行为,已构成对原告享有注册商标权专用权的“百伦”及“新百伦”注册商标的侵犯,其应对此承担相应的法律责任,被告新百伦公司停止侵犯其“百伦”及“新百伦”注册商标专用权。否则会造成商品来源的混淆,并违反法律规定和商业道德,影响正当竞争秩序的维护。

在二审中,根据新百伦公司提供的评估报告,法院得出被告侵权获利应在法定赔偿额以上这一结论,但是直接以该评估报告作为考量依据似乎有失偏颇。第一,这份评估报告由当事人一方提供,真实性和客观性难以确定。第二,如前文所述,企业营业收入影响因素具有相当大的复杂性,而知识产权价值无形,所以目前无论在国外还是国内,司法实践都没有总结出一套公认的计算方法来确定某一商标标识的品牌贡献率。民事诉讼证据要求具备“三性”,即客观真实性、合法性、关联性。虽然二审法院并没有直接以该评估报告中提出的 145 万的贡献值确定判赔数额,但是以一审、二审判赔数额 20 倍的巨大差距来看,该单方提交的评估报告或多或少地影响了法官的自由心证。对于被告及其代理律师来说这是一种非常高明的诉讼策略,但从旁观者角度看,整个案件的公正性可能受到了一定的影响。

(四)关键要点

(1)关键点:知名商品、企业名称权、商标权、商号权

(2)关键知识点:商标侵权、不正当竞争行为的认定标准。

(3)能力点:分析与综合能力、批判性思维能力以及实践力。

(五)教训与启发

随着中国经济的快速发展,越来越多的国外品牌开始注重中国市场的开发,这就避免不了中文商标的注册。随着各类假冒品牌的曝光,知识产权已经成为外资在华发展的一大瓶颈。挽救品牌形象耗费了 New Balance 中国区 CEO 罗佩萍大量的精力,"在中国查出的假冒 New Balance 标识的数量令人触目惊心,新百伦为此损失不小。"据了解,每年 New Balance 要花几百万美元来打假,大部分发生在中国。假冒品牌引发的经营危机是 New Balance 始料未及的,New Balance 的品牌形象顿时黯然失色。在经历这一重创后,2003 年 11 月,New Balance 折返一直看好的内地市场,中文名定为新百伦,并开始了一系列的中国战略调整计划。但是,因没有尽到谨慎审查业务,还是侵害到原告"新百伦"的注册商标权。这启示我们,在中国注册商标需要外国企业引起重视,最好在产品未推出之时就其前铺好路,免得日后引起纠纷。

New Balance 商标侵权案虽然还没有结束,但案件的最大意义也许就在于提醒了人们关注外文商标的中文译名保护问题。令人不禁联想到之前的苹果 iPad 商标案、王老吉商标案和乔丹体育商标案。但是本案与之前这些商标案还是会有不同。苹果 iPad 商标案和王老吉商标案是技术问题导致,即由于商标许可或者转让合同约定有争议,最终导致纠纷发生。至于乔丹体育商标案,则是与中英文姓名翻译存在不同认知以及商标保护策略问题有一定的关系。

就外文商标而言,从法律上应分为两类:一类是已经在中国注册的外文商标;另一类是未在中国注册的外国外文商标。

第一,对于已经在中国注册的外文商标的中文译名保护,应该直接引用 2001 年《商标法》第 28 条(现 2013 年《商标法》第 30 条),而不是第 13 条;但笔者前文的分析表明,第 13 条的"复制、摹仿或者翻译",可以作为判断第 28 条二者"近似"的标志之一;

第二,判断一个外文商标和中文商标近似,不要求中文商标一定是英文商标的唯一翻译,但至少得是合理的翻译;

第三,二者构成翻译上的对应关系不是认定为近似商标的充分条件,先注册外文商标所有人还需要证明,在中文商标申请注册日之前,相关公众已经能够将二者联系起来,从而导致如果该中文商标得以注册,会导致相关公众产生混淆。要证明这一点,英文商标所有人必须全力证明:(1)在中文商标申请日前,英文商标名气很大;(2)该中文作为英文的主要译名,并且为大众熟知。要证明这两点,中文商标申请日前的媒体报道、企业宣传和销售过程中使用中文译名的情况是必需的。

对于未在中国注册的外文商标,只能引用《商标法》第 13 条的规定。除了要求未注册外国商标是驰名商标,其他基本上和已在中国注册的外文商标保护差不多。驰名商标的认定依据是《驰名商标认定和保护规定》(2014 年修订)。

另外,我国对于商标的保护实行注册制,未注册的商标只有在作为驰名商标时,才有相关保护,而一些国家或者地区对于商标的保护则实行使用制(美国)。这些不免导致外国企业没有注册中文商标的意识。要避免这类争议,最好把外文商标和对应的中文译名都注册了。

那么,意识到了商标的风险应该采取进一步的防范措施,譬如相应地对标识进行调整等。一旦其商标使用行为被认定为反向混淆,不仅面临承担停止侵权、赔偿损失等侵权责任的风险,还造成了市场营销过程中投入的人力、物力的巨大浪费,同时商标的丧失也削弱了在新市场中的竞争力,甚至影响企业的长远发展。为了避免造成上述不利影响,对大企业而言,在商标使用中应注意以下几点:

首先,应及时进行商标注册。关于商标注册的规划是企业知识产权战略的重要组成部分,在进入某一经营领域前就应对商标注册保持前瞻性,而不是在打开市场以后才回过头来想起注册商标。这样一方面可以防止他人对企业自身已使用并具有一定影响的商标进行抢注,另一方面也可以防止日后发生反向混淆而造成不必要的损失。

其次,使用商标前应进行充分的商标检索。商标检索可以有效帮助企业了解其意图开拓市场领域的商标注册情况,对于已经注册的商标自然不应再行使用。这不仅符合商标使用所要求的必要的注意义务,也是避免日后出现反向混淆侵权行为的有效措施。

最后,应秉承正当竞争原则,尊重商标制度的价值。商标的注册取得给予市场上所有经营主体以平等的竞争机会,企业可以通过自身的诚实劳动、合法经营积累商誉并发展壮大。恶意使用他人商标等不正当竞争行为或许可以带来暂时的优势,但市场竞争的不充分势必将对企业的长远发展造成不利影响。因此企业必须将自身的经营活动置于合法框架之下,维护公平竞争的市场秩序,实现发展过程中的“双赢”、“多赢”。

在全球经济一体化的背景下,跨国企业对商标的地域和类别布局更应当符合甚至超前于业务的发展。中国公司在走向全球的时候,也要完善组织架构,应该注意做好知识产权方面的风险防范和应急预案。

预期效果

通过对本案例的分析和讨论,培养学生的综合分析思维能力,帮助学生了解企业在注册商标的申请、知名商品特别保护、商标保护方面的知识,同时注意在企业的经营管理过程中,运用商标法、反不正当竞争法等法律,维护自己的注册商标专用权。同时也对外资企业的商标的保护和发展引起重视,为企业的发展营造良好的氛围。

课堂时间安排

本案例可以作为专门的案例教学课来进行,整个案例课的课堂安排 6 个课时,每课时 45 分钟。

如下课堂设计,仅供参考。

1. 课前计划:安排学生阅读案例及相关参考资料,对案例所涉及问题进行思考,撰写实践题答案。

2. 课中计划:(1)介绍教学目的,明确讨论主题;(2)分组讨论,回答各项思考题,讨论实践题的撰写要点;(3)小组代表提出撰写要点,学生讨论和分析;(4)教师归纳总结。

3. 课后计划:布置学生进一步思考辩护律师在民事诉讼活动中的职能,以及如何发挥其职能。

思考题和实践题

1. 如何认定"知名商品"?"百伦"、"新百伦"商标是否有实际使用并具有一定知名度?"百伦"、"新百伦"商标本身的知名度是否应作为被告侵权获利的判断依据?
2. 如何认定属于商标性使用行为?对商标权的保护,法律有哪些规定?
3. 字号与商标、商号权与商标权的关系如何?"新百伦"标识是否享有企业名称字号权、未注册商标权、知名商品特有名称权?新百伦公司在中国市场获取的知名度是否主要来源于"N"、"NB"、"NEWBALANCE"英文商标?
4. 如何认定商标侵权?而周乐伦的行为是否恶意抢注"新百伦"商标行为?
5. 如何认定侵权违法赔偿数额?计算商标侵权赔偿强调侵权获利与侵权行为的"直接因果关系"是否妥当?应当根据哪些事实和法律依据?如何承担法律责任?

6. 本案当事人双方提供的证据的关联性和证明力如何？原告提交的评估报告是否可以作为法院审判的依据？

参考文献

1. 全国人大常委会法制工作委员会编:《中华人民共和国商标法释义》,法律出版社 2013 年版。
2. 孔祥俊:《商标法适用的基本问题》,中国法制出版社 2012 年版。
3. 孔祥俊:《商标与不正当竞争法:原理和判例》,法律出版社 2009 年版。
4. 李明德:《美国知识产权法》(第 2 版),法律出版社 2014 年版。
5. 吕艳辉:《福利权与财产自由权的冲突和调适——以正义论为视角》,载《求是学刊》2010 年第 4 期。
6. 李德恩,石浩旭:《证据关联性:一个利益衡量的命题》,载《山西师大学报》2012 年第 1 期。

撰稿人｜谢根成、黄莹莹　广东财经大学法学院

10 CASE 泰州市环保联合会诉江苏常隆农化等六家公司环境污染公益诉讼案

| 摘 要 |

泰州市环保联合会诉江苏常隆农化等六家公司环境污染公益诉讼案被评选为“2015年推动法治进程十大案件”,该案件是由环保组织作为原告,检察机关支持起诉的环境公益诉讼案件,不仅参与主体特殊、诉讼程序完整,而且涉案被告最多、判赔金额巨大,对推进环境保护公益诉讼制度的建立与完善具有重大意义。以该案件为蓝本,重点分析环境污染公益诉讼程序性环节和实体法要素,涉及的知识点和执业技能主要包括:如何认定环境公益诉讼的主体资格、如何认定间接行为人与环境污染损害结果之间的因果关系、环境公益诉讼是否一律采用无过错规则原则、如何履行环境修复责任等。

| 关键词 |

公益诉讼　环保组织　支持起诉　环境修复责任

| 教学目标 |

通过对本案例的分析和研讨,使学生熟悉环境民事公益诉讼程序,能用具体原理解决实际问题,培养学生的实践能力。在锻炼实践能力的同时,发现并认识该案例中所涉及的公益诉讼的理论问题,并通过进一步的理论分析、思考与论证,探寻出改善当前环境公益诉讼困境的有效途径,进而发掘有效推进环境公益诉讼实践的可行对策。

教学案例主文

一、引言

谁曾想到一次群众的举报和媒体的曝光,竟然引发了一起“天价”环境公益诉讼案。2012年的冬天,江苏卫视新闻中心收到泰兴群众的举报,经过调查采访后,江苏卫视于2012年12月19日播出《泰兴疯狂槽罐车工业废酸偷排长江连续多年》的新闻。报道迅速被多家媒体转载,也引起了泰州市有关机关和环保社会组织的关注,随着调查的深入,一个惊人内幕被揭开了。2014年8月4日,泰州市环保联合会向法院起诉6家化工公司污染水体,历经法院一审、二审和再审程序,2016年2月5日该起环境公益诉讼案才尘埃落定,最终被告被判赔1.6亿余元的环境修复费用,该案因此被贴上了"天价环境公益诉讼案"的标签,被评为"2015年推动法治进程十大案件",成为国内环境公益诉讼的一起典型示范性案例。

二、案件背景

本案原告为泰州市环保联合会,于2014年2月21日成立,是一个由泰州市各界热心于环保事业的人士、企事业单位和其他社会组织自愿结成的公益性社会组织,其业务主管单位为泰州市环境保护局。泰州市环保联合会的章程规定联合会的主要任务包括为政府及有关部门提供决策建议,开展环保宣传教育活动,组织和引导群众关心、支持和参与环保,开展环境法律援助,开展有助于环保的公益性活动等。

本案被告为江苏常隆农化有限公司(以下简称常隆公司)、泰兴锦汇化工有限公司(以下简称锦汇公司)、江苏施美康药业股份有限公司(以下简称施美康公司)、泰兴市申龙化工有限公司(以下简称申龙公司)、泰兴市富安化工有限公司(以下简称富安公司)、泰兴市臻庆化工有限公司(以下简称臻庆公司),这六家公司在泰兴市经济开发区内从事化工产品生产。

该案件可追溯至2011年,江苏省泰兴市六家化工企业将生产过程中产生的副产盐酸、硫酸以每吨1元的价格"出售"给以泰州市江中化工有限公司(以下简称江中公司)为主的四家公司,同时又给江中公司以每吨20元至100元不等的运输费补贴。没有危险废物处理资质的江中公司用槽罐车将废酸从企业运到码头后,用管子将酸液注入停泊在河边的危险品运输船里,再经由改装的运输船将废酸偷排到如泰运河、古马干河中,然后流入长江,从而导致水体严重污染。其偷排行为十分隐蔽,很长时间内都没被发现,直到2012年冬季罪行被曝光后,泰兴市环境监察人员顺藤摸瓜,深入调查,会同当地公安部门抓获了14名犯罪嫌疑人,通过审讯和进一步调查,6家涉事公司与江中公司违法处置副产酸的行为才浮出水面。

2013年春节后,泰州市人民检察院到泰兴办理此案,针对环境类案件往往牵涉刑事、民事、渎职等情况，办案组确定了“三检合一”的办案思路：一是监督泰兴市公安部门严格依法办案；二是查清案件中是否存在行政机关人员渎职行为；三是除了追究14名直接倾倒者的刑事责任，还要追究提供酸源的六家化工公司的民事赔偿责任。前两项任务进展较顺利，2014年8月13日，泰兴市人民法院以污染环境罪一审判决戴卫国、姚雪元等14人处有期徒刑2年3个月至5年6个月，并处罚金16万元至41万元，追缴非法所得1009041.9万元上缴国库，没收涉事的5辆危险品运输车和1艘危险品运输船上缴国库。此外，根据相关法律规定，认定泰兴市地方海事处泰兴海事所副所长程庆、副所长周嵘在工作上存在失职，泰兴市人民法院一审认定二人犯环境监管失职罪，判处有期徒刑1年。对于第三项任务，即民事赔偿部分，最初拟订的方案是与企业谈判，而非诉讼索赔。

但如何才能让企业履行赔偿责任？泰兴市人民检察院之前没处理过类似情况，便向泰州市人民检察院请示。而后者同样也没这方面的经验，便找到泰州市环保局进行商量。而泰州市环保局同样也没经验，于是大家只能一起“摸着石头过河”。在此案刑事部分审判过程中，具有专门司法鉴定资质的江苏省环境科学学会鉴定评估认为，正常处理这些倾倒的废酸需要3660余万元。泰州市环保局便拟以此数额为基础与涉案企业谈判。既然是谈判，就必然有博弈有妥协。泰州市环保局与泰州市人民检察院经过反复权衡，认为当时在法律依据尚不充分的情况下，谈判索赔反而会陷入被动局面，因此最终决定不与企业谈判，而是走司法途径提起诉讼，由泰州市环保联合会担任原告起诉六家化工公司。

三、诉讼过程

（一）一审

2014年8月4日，江苏省泰州市环保联合会以社会公益组织身份，向江苏省泰州市中级人民法院提起公益诉讼，8月8日顺利立案。

1. 原告泰州市环保联合会的诉讼请求

2012年1月至2013年2月，常隆公司、锦汇公司、施美康公司、申龙公司、富安公司、臻庆公司违反国家环境保护法律和危险废物管理规定，将其生产过程中所产生的废盐酸、废硫酸等危险废物总计25934.795吨（其中：常隆公司废盐酸12561.785吨、锦汇公司废盐酸5673.339吨、施美康公司废盐酸2686.68吨、申龙公司废盐酸4746.99吨、富安公司废硫酸216吨、臻庆公司废硫酸50吨），以支付每吨20～100元不等的价格，交给无危险废物处理资质的江中公司等主体偷排进泰兴市的如泰运河、古马干河，导致水体严重污染，造成重大环境损害，需要进行污染修复。本案经环保部门调查后，14 名企业责任人被抓获，当地法院以环境污染罪处 2～5 年徒刑，并处罚金 16 万元至 41 万元。根据江苏省环境科学学会(2014)苏环学鉴字第 140401 号《泰兴市 12.19 废酸倾倒事件环境污染损害评估技术报告》(以下简称《评估技术报告》)鉴定意见，常隆公司等 6 家公司在该污染事件中违法处置的危险废物在合法处置时应花费的成本(虚拟治理成本)合计 36620644 元，其中常隆公司 18939279 元，锦汇公司 9470108 元，施美康公司 1880676 元，申龙公司 5878957 元，富安公司 378931 元，臻庆公司 72693 元。根据环境保护部《关于开展环境污染损害鉴定评估工作的若干意见》[环发(2011)60 号]的附件《环境污染损害数额计算推荐方法》(以下简称《推荐方法》)第 4.5 条的规定，应当以虚拟治理成本为基数，按照 4.5 倍计算污染修复费用。上述虚拟治理成本按 4.5 倍计算后的污染修复费用分别为：常隆公司 85226755.5 元，锦汇公司 42615486 元，施美康公司 8463042 元，申龙公司 26455306.5 元，富安公司 1705189.5 元，臻庆公司 327118.5 元。请求判令常隆公司、锦汇公司、施美康公司、申龙公司、富安公司、臻庆公司赔偿上述费用用于环境修复并承担本案的鉴定评估费用(10 万元)和诉讼费。

2. 泰州市人民检察院支持起诉的意见

考虑到此案中被告有 6 家公司，开庭时 6 家公司及其诉讼代理人共同出庭，阵容强大，而原告只有一个，原告负责人及代理人加在一起只有 3 人。为了宣示检察机关大力支持以司法手段保护生态环境的鲜明态度，便创设了检察官作为支持起诉方出庭发表意见的办法，以加大起诉的力度。这不仅在泰州市中级人民法院是第一次，在全国也是创举。一审时，泰州市人民检察院时任副检察长陈学东等 3 名检察官出庭支持起诉，并发表了出庭意见。检察院依职权发现，2012 年 1 月至 2013 年 2 月间，常隆公司、锦汇公司、施美康公司、申龙公司、富安公司、臻庆公司违反法律规定，以每吨补贴 20 元至 100 元不等的费用提供副产酸给无危险废物处理资质的主体偷排于如泰运河、古马干河，导致水体严重污染，损害社会公共利益。根据《民法通则》第 124 条、《侵权责任法》第 65 条、《环境保护法》(1989 年修订)第 41 条第 1 款、《水污染防治法》(2008 年修订)第 85 条第 1 款、《固体废物污染环境防治法》(2013 年修订)第 84 条第 1 款、第 85 条、第 89 条的规定以及环境保护部《关于开展环境污染损害鉴定评估工作的若干意见》的规定，常隆等六家公司应当承担水污染损害赔偿责任。泰州市环保联合会对常隆等六家公司提起民事公益诉讼请求赔偿损失，符合法律规定。

3. 被告企业的辩称

(1)泰州市环保联合会不具有诉讼主体资格。2014 年修订的《中华人民共和国环境保护法》第 58 条规定专门从事环境保护公益活动连续五年以上且无违法记录的社会组织才可以向法院提起诉讼。泰州市环保联合会成立时间尚不满一年,不具有诉讼主体资格。

(2)常隆公司等六家公司生产的副产酸并非危险废物,而是依法生产经营的产品。泰州市江中化工有限公司、泰兴市祥峰化工贸易有限公司(以下简称祥峰公司)、泰兴市鑫源化工贸易有限公司(以下简称鑫源公司)、泰兴市全慧化工贸易有限公司(以下简称全慧公司)等四家公司具备购买副产酸的资格,购买前均经过公安部门备案。常隆公司等六家公司的生产销售行为合法,且对江中公司等单位倾倒副产酸之事并不知情,故环境污染与常隆公司等六家公司无法律上的因果关系。

(3)江苏省环境科学学会出具的《评估技术报告》无鉴定人签名,未见其鉴定资质,没有严格执行国标 GB2085 系列标准,将案涉副产酸鉴定为废物的程序不合法。

(4)如泰运河、古马干河水质已经恢复,无须再通过人工干预措施进行修复,泰州市环保联合会根据虚拟治理成本计算损失没有事实依据。

(5)泰州市环保联合会起诉的常隆公司、锦汇公司、施美康公司、申龙公司、富安公司被倾倒的副产酸数量与证据明显不符。富安公司还辩称该公司已经改进工艺,以树脂代替原工艺中的浓硫酸作为催化剂,生产中已无废硫酸产生。常隆公司等六家公司请求驳回泰州市环保联合会的诉讼请求。

4. 一审判决结果

一审法院经审理查明:常隆公司、锦汇公司、富安公司、施美康公司、申龙公司、臻庆公司系在泰兴市经济开发区内从事化工产品生产的企业,在化工产品生产过程中产生副产盐酸、对羟基苯甲醚催化剂废硫酸、丁酸、二氧化硫、氯乙酰氯、氨基油尾气吸收液(以下简称副产酸)。

江中公司、祥峰公司、鑫源公司、全慧公司分别设立于 2004 年至 2011 年期间,经营范围分别包括危险化学品、化工原料批发、零售等,均领取《危险化学品经营许可证》,但没有固定组织机构和人员,没有处理废酸等危险废物的经营许可证。

常隆公司分别于 2012 年 6 月 20 日、2013 年 1 月 1 日与江中公司签订两份工业品买卖合同,约定常隆公司以每吨 1 元的价格向江中公司出售 2 万吨副产酸,买受方承担运输费。锦汇公司于 2011 年 1 月 1 日与江中公司签订工矿产品购销合同,约定每月向江中公司提供副产酸 800 吨,价格随行就市。2012 年 6 月至 2013 年 3 月,江中公司法定代表人戴卫国等人至常隆公司提取副产酸

17598.92 吨,常隆公司每吨补贴给江中公司 45 元。2011 年 12 月至 2013 年 3 月,江中公司戴卫国等人至锦汇公司提取副产酸 8224.57 吨,锦汇公司每吨补贴给江中公司 20 元。江中公司戴卫国等人将上述副产酸中的 17143.86 吨倾倒至如泰运河、古马干河。常隆公司、锦汇公司按照各自销售数额的比例分摊被倾倒数分别为 11683.68 吨、5460.18 吨。

常隆公司于 2012 年 9 月 15 日与祥峰公司签订工业品买卖合同,约定常隆公司以每吨 1 元的价格向祥峰公司出售 2 万吨副产酸,买受方承担运输费。后祥峰公司法定代表人丁劲光等人至常隆公司提取副产酸 505.94 吨,常隆公司每吨补贴给祥峰公司 40 元。丁劲光等人将上述副产酸倾倒至如泰运河。

施美康公司于 2012 年 10 月至 2013 年 2 月期间以每吨补贴 100 元的价格将 2686.68 吨副产酸交鑫源公司处置,鑫源公司法定代表人蒋巧红又将副产酸交江中公司戴卫国、姚雪元运输处置。戴卫国、姚雪元等人将上述副产酸倾倒至如泰运河、古马干河。

申龙公司于 2012 年年初起,分别以每吨补贴 20 元、30 元、50 元的价格将 691.64 吨、3755.35 吨、300 吨副产酸交给曹海锋、全慧公司王长明及丁劲光处置。曹海锋、王长明、丁劲光等人将上述 4746.99 吨副产酸倾倒至如泰运河。

富安公司于 2012 年 8 月、9 月以每车补贴 1500 ~ 2000 元的价格将 18 车副产酸(216 吨)交给江中公司戴卫国、姚雪元处置。戴卫国、姚雪元等人将上述副产酸倾倒至如泰运河、古马干河。

臻庆公司于 2012 年 8 月以每吨补贴 20 元的价格将 50 吨副产酸交给全慧公司王长明处置。王长明等人将上述副产酸倾倒至如泰运河。

2010 年、2011 年泰州市环境保护局环境质量年报载明:如泰运河、古马干河水质均为Ⅲ类。泰兴市环境监测站 2013 年 1 月 14 日对如泰运河水质采样监测结果为:如泰运河瑞和码头高锰酸盐指数、化学需氧量、氨氮、总磷监测结果分别超标 0.57 倍、0.65 倍、6.93 倍、17.4 倍;瑞和码头向西 300 米化学需氧量、氨氮、总磷监测结果分别超标 0.05 倍、0.19 倍、2.11 倍;新浦大桥前码头高锰酸盐指数、化学需氧量、氨氮监测结果分别超标 0.02 倍、0.55 倍、1.68 倍;三星化工码头高锰酸盐指数、化学需氧量、氨氮、总磷监测结果分别超标 0.05 倍、0.45 倍、0.98 倍、3.42 倍;全慧化工码头高锰酸盐指数、化学需氧量、氨氮、总磷监测结果分别超标 0.05 倍、0.45 倍、3.12 倍、9.85 倍。泰兴市环境监测站 2013 年 2 月 22 日对古马干河水质采样监测结果为:古马干河永兴港务码头西侧第一塔吊下向西 500 米永安大桥下 PH = 4.31,偏酸性,氨氮、挥发酚、化学需氧量监测结果分别超标 1.74 倍、4.94 倍、2.65 倍;古马干河永兴港务码头西侧第一塔吊下向东2000米马甸闸西氨氮、化学需氧量监测结果分别超标0.90倍、0.85倍。江苏省环境保护厅于2013年9月10日向泰兴市环境保护局出具《关于对泰兴市环境监测数据认可的函》，认可泰兴市环境监测站出具的相关监测数据符合国家和省环境监测质量管理体系及相关技术规范要求。

受泰州市人民检察院、泰州市环境保护局委托，江苏省环境科学学会于2014年4月出具《评估技术报告》，载明削减倾倒危险废物中酸性物质对水体造成的损害需要花费2541.205万元；正常处理倾倒危险废物中的废酸需要花费3662.0644万元，根据常隆公司等六家公司副产酸的不同浓度，常隆公司每吨需花费1507.69元、锦汇公司每吨需花费1669.23元、施美康公司每吨需花费700元、申龙公司每吨需花费1238.46元、富安公司每吨需花费1754.31元、臻庆公司每吨需花费1453.85元。专家辅助人东南大学能源与环境学院吕锡武教授在庭审中发表意见认为，向水体倾倒危险废物的行为直接造成了区域生态环境功能和自然资源的破坏，无论是对长江内河水生态环境资源造成的损害进行修复，还是将污染引发的风险降至可接受水平的人工干预措施所需费用，均将远远超过污染物直接处理的费用；由于河水的流动和自我净化，即使倾倒点水质得到恢复，也不能因此否认对水生态环境曾经造成的损害。

一审法院另查明，泰州市环保联合会于2014年2月25日经泰州市民政局批准设立，系接受泰州市环境保护局指导的非营利性社团组织，其业务范围包括提供环境决策建议、维护公众环境权益、开展环境宣传教育、政策技术咨询服务等。

2014年9月10日，在经过整整10小时的审理之后，泰州市中级人民法院当庭宣判了审理结果。依照《侵权责任法》第15条第1款第6项、第65条和《固体废物污染环境防治法》(2013年修订)第85条的规定，判决：(1)常隆公司、锦汇公司、施美康公司、申龙公司、富安公司、臻庆公司在判决生效后九个月内分别赔偿环境修复费用人民币82701756.8元、41014333.18元、8463042元、26455307.56元、1705189.32元、327116.25元，合计160666745.11元，用于泰兴地区的环境修复。(2)常隆公司等六家公司在判决生效后十日内给付泰州市环保联合会已支付的鉴定评估费用10万元，其中：常隆公司给付51473.5元，锦汇公司给付25527.5元，施美康公司给付5267.5元，申龙公司给付16466元，富安公司给付1061.5元，臻庆公司给付204元。案件受理费50元，由常隆公司等六家公司负担。

(二)二审

对泰州市中级人民法院的一审判决结果，六家被告公司的看法并不一致。

常隆等两家公司当庭表示不服,确定上诉;富安、臻庆两家公司表示服从判决,不上诉;还有两家公司当庭未做决定,表示待商量后再做决定。后来,常隆公司、锦汇公司、施美康公司、申龙公司向江苏省高级人民法院提起了上诉。为慎重起见,江苏省高级人民法院院长许前飞法官亲任审判长对此案进行二审。

1. 上诉公司的上诉理由

(1)泰州市环保联合会提起环境公益诉讼不符合《民事诉讼法》(2012 年修订)第 55 条、《环境保护法》(1989 年修订)第 58 条规定的条件,也与司法实践相悖;

(2)一审程序违法,本案不符合共同诉讼的条件,一审法院将本案作为共同诉讼不当;一审法院漏列直接实施倾倒行为的江中公司等单位以及副产酸同样被江中公司倾倒的其他公司为共同被告;一审法院同意泰州市环保联合会当庭增加关于鉴定费用的诉讼请求却拒绝给上诉人举证期和答辩期;

(3)各上诉人未抛弃副产酸,更无非法倾倒的主观故意,上诉人的合法销售行为和江中公司等单位实施的倾倒行为之间没有因果关系;

(4)江苏省环境科学学会出具的《技术评估意见》和《评估技术报告》无鉴定人签字盖章,出庭证人既是《技术评估报告》的鉴定人,又是《专家论证意见》的专家组组长,未对副产酸是否系固体废物进行鉴定便直接确认系危险废物,程序不合法;

(5)根据《推荐方法》规定,水体修复是在采取应急措施后污染依然无法消除情况下采取的人工干预措施。由于长江的流量、流速、自净能力,倾倒行为造成的损害属于期间损害,水体已经恢复到以往的水质标准,客观上已不再需要进行人工干预,判决各上诉人承担环境修复费用不符合规定。长江流域属于国家自然资源,《推荐方法》第 3.2 条规定,生态环境资源的损害评估不适用《推荐方法》,财产损害也不包括国家和集体所有的自然资源,一审法院将被污染河流的环境修复与地区生态环境修复错误混同。本案即使需要承担赔偿责任,也应以《评估技术报告》推荐的试验值法即 2541.205 万元作为依据。

四家上诉公司请求撤销一审判决,驳回被上诉人诉讼请求。

2. 泰州市环保联合会的答辩

(1)泰州市环保联合会具备提起环境公益诉讼的原告主体资格。泰州市环保联合会是经民政部门依法登记设立的非营利性环保组织,其业务范围包含维护公众环境权益,符合《民事诉讼法》2012 年修订第 58 条提起环境公益诉讼条件,提起环境公益诉讼符合机构设立宗旨和设立环境公益诉讼制度的立法目的。新修订后的《环境保护法》自 2015 年 1 月 1 日开始施行,不适用于本案。

（2）上诉人和原审被告与江中公司等单位之间买卖行为不符合买卖合同的基本特征，其实质系以买卖合同形式掩盖非法处置危险废物目的。上诉人与原审被告以补贴方式将其生产产品过程中所附带产生的、对其无利益价值的副产酸“出售”给江中公司等单位处理，抛弃、放弃这些物质的主观意图十分明显。其处置行为与环境污染之间存在因果关系。上诉人和原审被告与江中公司等单位是否具备生产、销售危险化学品资质与其处置行为是否合法不具备关联性。

（3）上诉人和原审被告非法处置的酸性物质属于危险废物。上诉人和原审被告生产过程中产生的副产酸经检测 PH 值均小于 1，根据《危险废物鉴别标准腐蚀性鉴别标准》，PH≤2.0 即具有危险废物的腐蚀性特征。

（4）一审认定被倾倒的副产酸数量正确。一审判决综合销售发票、戴伟平的记账本、曹海峰的记账本、磅码单、刑事上诉人的供述、上诉人和原审被告工作人员的证言等证据，认定上诉人和原审被告各自被倾倒副产酸数量，依据充分。案涉的刑事判决尚未生效，不能作为认定倾倒数量的依据。戴卫平的记账本记载的是戴卫国等人自 2012 年 10 月至 2013 年 2 月间 5 个月运输倾倒数量，不能说明其 2012 年 1 月至 2013 年 2 月间的倾倒量。锦汇公司以报销戴卫国、姚雪元等人运费票据和油票两种方式进行补贴，锦汇公司仅凭运费票据不能证明其被倾倒副产酸数量只有 1702.27 吨。在无法分清同一行为人倾倒的副产酸中常隆公司或锦汇公司的数量，两公司也无法举证证明各自被倾倒数量的情况下，一审判决按照常隆公司和锦汇公司各自交付给江中公司副产酸数量比例来确定各自被江中公司倾倒副产酸数量，认定方法合理。申龙公司认为曹海峰的记账单与申龙公司的磅码单重复计算，但记账单与磅码单的运输时间并不重合。结合其他犯罪嫌疑人的供述，认定其被倾倒数量为 4746.99 吨正确。

3. 江苏省人民检察院出庭意见

（1）检察机关支持泰州市环保联合会对上诉人和原审被告提起本案诉讼于法有据。《民事诉讼法》（2012 年修订）第 15 条规定：“机关、社会团体、企事业单位对损害国家、集体或者个人民事权益的行为，可以支持受损害的单位或者个人向人民法院起诉”。检察机关有权对涉及环境污染行为侵害环境公共利益的民事案件，依法支持或者督促有关单位、公民起诉。本案上诉人和原审被告由于违反规定处置副产酸，导致两万多吨副产酸被倾倒进如泰运河和古马干河，造成水体严重污染，生态环境受到严重损害。检察机关依法支持泰州市环保联合会提起环境公益民事诉讼，追究侵权人的法律责任，是切实维护社会公众的环境权益、促进生态文明建设的体现。

（2）泰州市环保联合会具备提起环境公益民事诉讼的原告资格。根据《环境保护法》(1989 年修订)第 6 条、《民事诉讼法》(2012 年修订)第 55 条的规定，环境公益民事诉讼是一种允许与案件无直接利害关系的民事主体出于保护环境公益的目的，以环境侵权人为被告向法院提起民事诉讼的制度。该制度的本意是鼓励广大民事主体维护公共利益。对严重污染环境的行为，如果无人提起诉讼，使得环境污染者逃避应当承担的法律责任，则将纵容更多的侵权人继续破坏本已非常脆弱的生态环境。泰州市环保联合会作为在民政部门依法登记成立的环保组织，业务范围包括维护环境公共利益，与本案所涉的环境保护事业具有关联性，有权作为原告依法提起环境公益民事诉讼。

(3)上诉人和原审被告的非法处置行为与本案环境污染损害后果之间具有因果关系，且主观上存在过错，应当依法承担赔偿责任。

(4)一审判决认定事实清楚，适用法律正确，审理程序合法。泰州市环保联合会提起本案诉讼具有事实和法律依据，上诉人和原审被告应当依法承担相应的赔偿责任。

4. 二审判决结果

江苏省高级人民法院于 2014 年 11 月 20 日受理上诉，2014 年 12 月 4 日、12 月 16 日两次开庭审理。二审两次庭审之间，许前飞带领江苏省高级人民法院合议庭人员前往泰兴市对部分涉案企业进行了考察，并分别召开了企业和政府人员座谈会，探讨了改进生产工艺、循环利用副产酸的可能性。但二审第二次开庭审理仍没有当庭宣判。

2014 年 12 月 30 日对备受关注的环保公益诉讼案件作出二审判决，认定一审事实清楚，适用法律基本正确，维持泰州市中级人民法院关于六家企业赔偿数额的判决，判令六家企业赔偿 160666745. 11 元用于环境修复，承担环境损害鉴定评估费用和案件受理费，但对赔偿费用的支付方式做出了调整。如果当事人提出申请，且能够在该判决生效之日起 30 日内提供有效担保的，上述款项的 40% 可以延期至该判决生效之日起一年内支付；该判决生效之日起一年内，如常隆等六家公司能够通过技术改造对副产酸进行循环利用，明显降低环境风险，且一年内没有因环境违法行为受到处罚的，可对其已支付的技术改造费用凭有关部门提供以上相关证明向泰州市中级人民法院申请在延期支付的 40% 额度内抵扣。

此外，二审判决书将一审对被倾倒污染物的认定由危险废物改成了副产酸，这意味着副产酸可继续作为化工原料进入流通领域。二审还对一审案件受理费的缴纳与支付做了调整。一审时，泰州市中级人民法院按行政案件仅收取了 50 元受理费，由六家涉案企业负担。二审时，江苏省高级人民法院对四家企业按民事案件收取受理费947298.28元,并判决一审案件受理费973651.72元由六家企业按比例分担。

(三)再审

二审判决生效后,三家企业积极履行了全部判决内容。被判赔偿额最高的常隆公司认为,从保护环境、维护社会公共利益角度出发,二审判决与企业自身发展目标是一致的。为此,常隆公司从源头上解决企业在环境保护方面存在的问题,投入4700余万元用于副产酸循环利用等环境项目建设,现已通过验收并投入运行。

2015年5月8日,被告之一锦汇公司突然不服二审判决,把二审这一判决视为"干预了企业自主经营权",向最高人民法院申请进行再审。其主要理由为:(1)二审法院关于锦汇公司倾倒副产酸的数量认定有误。(2)二审判决认定锦汇公司承担环境修复费用无事实依据,适用法律错误。(3)泰州市环保联合会不具有提起本案诉讼的主体资格,二审判决认定其具有本案原告主体资格错误。(4)锦汇公司不是本案适格责任承担主体。(5)二审判决引用《民事诉讼法》(2012年修订)第170条第1款第1项关于维持原判的规定,但做出改判处理,适用法律错误。(6)二审判决主文第四项内容属于企业自主经营权,不应设置审批程序。(7)二审判决之后,其他公益组织提起的类似诉讼被驳回起诉,造成同案不同判。

2015年5月18日,最高人民法院立案并组成五人合议庭对本案进行再审审查。期间,施美康公司、常隆公司先后申请再审,最高人民法院合并进行再审审查。2016年1月14日、18日,施美康公司、常隆公司因技术改造完成,投入环保项目建设通过验收并投入运行,从源头上解决了企业存在的环保问题,又先后请求撤回其再审申请。2016年1月19日,最高人民法院裁定准许上述两公司撤回再审申请。

2016年1月21日下午,最高人民法院公开开庭,就本案所涉及的事实证据及法律适用问题进行询问。在合议庭主持下,锦汇公司与泰州市环保联合会围绕原告主体资格、再审申请人是否存在侵权行为、其行为与损害后果之间是否具有因果关系、生态环境是否需要修复以及修复费用如何计算等问题进行了充分的陈述、举证质证和辩论。合议庭经休庭评议认为,锦汇公司的再审申请不符合《民事诉讼法》(2012年修订)第200条第1项、第2项、第6项、第11项规定的情形。依照《民事诉讼法》(2012年修订)第148条第2款、第204条第1款之规定,当庭裁定驳回泰兴锦汇化工有限公司的再审申请。法庭将在10日内向各方当事人发送裁定书。

2016年2月5日，江苏省泰州市环保联合会收到了最高人民法院发出的“(2015)民申字第1366号”、“(2015)民申字第1366—1号”及“(2015)民申字第1366—2号”民事裁定书。至此，这起历时3年的环境公益诉讼案才算尘埃落定。

四、典型意义

泰兴“12·19”重大环境污染环保公益诉讼案是一起由环保组织作原告、检察院支持起诉的环境民事公益诉讼经典案件，也是最高人民法院再审审查的首例环境民事公益诉讼纠纷。该案件是在最高人民法院相关司法解释和环境保护部、民政部相关文件出台之前进行一审和二审的，不仅参与主体最特殊、诉讼程序最完整，而且涉案被告最多、判赔金额最大，被众多媒体和专家贴上了“史无前例”、“里程碑”、“标本案件”等标签，被最高人民法院与中央电视台联合评选入“2015年推动法治进程十大案件”。

第一，该案件探索了环境公益诉讼原告主体资格。在2014年修订的《环境保护法》生效之前，环境公益诉讼在全国步履艰难，即使有半官方背景的中华环保联合会，其在2013年提起的8起环境公益诉讼，全被拒绝受理。事实上哪些机关、哪些组织可以提起环境公益诉讼，一直是困扰环保公益诉讼的很大的难题，诉讼主体合法性、如何提起诉讼等需要试点探索，更需要司法部门大力支持并受理。该案件判决关于诉讼主体认定，对今后类似的环境公益诉讼都具有示范作用。

第二，该案件创下了环境污染侵权赔偿额之最。在我国环境污染诉讼判决中尚未有过如此之高的赔偿额，以往的环境侵权损害赔偿和其他普通的损害赔偿一样，只强调对直接经济损失和因环境污染造成的人身伤害的赔偿费用，而不包括对环境修复费用的赔偿，也很少有精神损害赔偿，这使污染者对其污染破坏环境行为付出的代价很小。而该公益诉讼案件要求被告付出高昂代价来支付环境修复费用，可以更有效的遏制污染行为。

第三，该案件创新了赔付金额的履行方式。江苏省高级人民法院不仅确认污染企业应当赔付高额环境修复资金，而且就其具体履行方式做了精心设计：一方面允许企业申请延期一年缴付40%的赔付资金；另一方面在实地踏勘和可行论证的基础上，引导企业通过自行实施技术改造，对产生的副产品和废物循环利用，降低环境风险；同时规定，如果技术改造产生实际效果，可以凭环保部门的守法证明、技改验收意见、技改投入财务报告，在40%额度内抵扣赔付金额。这样必将引导和鼓励企业主动实施环保技术改造，从而有效降低环境风险。这些赔付责任履行方式创新的司法效果、社会效果和环境效果值得肯定。

第四,该案件建立了多部门联动的办案模式。一是在公众举报、媒体曝光之后,地方相关部门立即调查锁定证据,将犯罪嫌疑人抓获。以往行政部门对企业的环境违法行为缺乏有效的打击,现在司法部门提前介入,增强了行政执行力。二是泰州市和江苏省两级检察院作为支持起诉人,有力支援环保组织维护环境公益。三是专业机构主动承担相关职责,会同有关单位和专家,出庭就环境类案件的技术性问题进行说明和解释。四是江苏省环保厅对相关环境监测机构出具的环境监测数据进行了认可,使其成为法律的确凿证据。这些多部门之间的联动配合给其他类似案件提供了有益的先例。

总之,该案件在许多方面具有不可忽视的破冰意义和探索价值,其示范效应值得全面总结和重点评析,将有助于我国环境污染侵权领域公益诉讼的进一步完善。

教学指导手册

教学目标

本案例着重要求学生掌握以下几方面的知识:(1)何为环境公益诉讼;(2)如何确定环境民事公益诉讼的适格原告;(3)如何认定污染行为与损害结果之间的因果关系;(4)如何确认环境侵权责任的归责原则;(5)如何认定此类案件的损害后果;(6)如何确立环境修复责任及其履行方式;(7)如何认定环境污染行为的事实依据;(8)支付环境修复费用的期限和条件进行适当调整是否存有误判;(9)如何撰写环境公益诉讼起诉状、答辩状和代理文书。

教学内容

1. 什么是环境公益诉讼?

目前,我国涉及环境公益诉讼的法律规定主要有《民事诉讼法》(2012 年修订,2013 年实施)、《环境保护法》(2014 年修订,2015 年实施)、《关于审理环境民事公益诉讼案件适用法律若干问题的解释》(2015 年实施)、全国人大常委会《关于授权最高人民检察院在部分地区开展公益诉讼试点工作的决定》(2015 年实施)、《检察机关提起公益诉讼改革试点方案》(2015 年实施)。环境公益诉讼是与原有的私益诉讼相对应的概念,是法律规定的机关和有关组织依据《民事诉讼法》(2012 年修订)第 55 条、《环境保护法》(2014 年修订)第 58 条等法律的规定,对已经损害社会公共利益或者具有损害社会公共利益重大风险的污染环境、破坏生态的行为提起诉讼。即环境公益诉讼制度打破了传统的私益诉讼中原告必须是与案件有直接利害关系的公民、法人和其他组织的限制,基于对环境公共利益的维护,理论上任何公众都可以对污染环境、破坏生态的行为提起诉讼。环境公益诉讼是解决环境保护立法可诉性和司法可行性的关键所在,其保障公众环境权益、维护社会公共利益的核心内涵,亦与环境法所固有的社会属性及为弱势人而战的社会正义相契合。

2. 案件原告泰州环保联合会是否具有诉讼主体资格?

在该案一审期间,2014 年修订的《环境保护法》尚未开始实施,而修改后的《民事诉讼法》没有明确检察机关或环保部门可以作为原告直接提起公益诉讼。2015 年前,一些公益环保诉讼案件就因"起诉人不具备诉讼主体资格",而被挡在法院门外。因此,泰州环保联合会能否作为该案诉讼主体,成为双方争论的一个焦点。

本案件中认为原告泰州环保联合会不具有主体资格的理由如下:

第一,根据《民事诉讼法》(2012 年修订)第 55 条、《环境保护法》(2014 年修订)第 58 条的规定,综合民事诉讼法释义、最高人民法院曾出版过的相关著作、现行司法文件等,理解认为"有关组织"必须"法定",泰州市环保联合虽是依法成立,但是不是法律规定的有关组织,二审并没有给出具体说明。第二,泰州市环保联合会没有专职人员。第三,根据我国司法实践。例如,2013 年年末,海南省高级人民法院因"中华环保联合会主体不适格"裁定驳回其提起的公益诉讼。

认为原告泰州环保联合会完全具备资格的理由如下:

第一,2005 年国务院《关于贯彻落实科学发展观加强环境保护的决定》(以下简称《决定》)首次明确提出鼓励社会组织参与环境监督。第二,《民事诉讼法》修改时,将"社会团体"改为"组织",体现了立法者在公益诉讼主体资格问题上的宽容和开放态度。第三,全国人民代表大会常务委员会法制工作委员会副主任王胜明在 2012 年就《民事诉讼法》修改答记者问时说:"哪些组织适宜提起民事诉讼,可以在制订相关法律时进一步明确规定;哪怕有的问题目前在法律中关于公益诉讼的主体没有明确规定,还可以在司法实践中逐步探索。"第四,认为法定限定机关不限定组织,但应当与起诉事由有一定关联。第五,有没有专职人员属于行政登记机关审查，不属于本案讨论范围。第六，早在《民事诉讼法》修改前，中华环保联合会就曾依据《决定》起诉过并得到法院受理。

经辩驳认为，泰州市环保联合会依据现行法律规定提起诉讼，具备环境民事公益诉讼的原告资格。现行《民事诉讼法》第55条规定："对污染环境、侵害众多消费者合法权益等损害社会公共利益的行为，法律规定的机关和有关组织可以向人民法院提起诉讼"。泰州市环保联合会经泰州市民政局核准成立，并以提供环境决策建议、维护公众环境权益、开展环境宣传教育、政策技术咨询服务为其业务范围，属于依法成立的专门从事环境保护公益活动的社会组织，有权提起环境民事公益诉讼。虽然2017年修订后的《环境保护法》第58条对环境民事公益诉讼主体资格范围作出了新的规定，但该法至本判决作出之日尚未生效，不适用本案。

如今，2017年修订的《环境保护法》第58条规定，依法在设区的市级以上人民政府民政部门登记、专门从事环境保护公益活动连续5年以上且无违法记录的社会组织，对污染环境、破坏生态、损害社会公共利益的行为，可以向人民法院提起诉讼。

最高人民法院《关于审理环境民事公益诉讼案件适用法律若干问题的解释》就《环境保护法》第58条做出了进一步说明：

（1）依照法律、法规的规定，在设区的市级以上人民政府民政部门登记的社会团体、民办非企业单位以及基金会等，可以认定为《环境保护法》第58条规定的社会组织。

（2）设区的市，自治州、盟、地区，不设区的地级市，直辖市的区以上人民政府民政部门，可以认定为《环境保护法》第58条规定的"设区的市级以上人民政府民政部门"。

（3）社会组织章程确定的宗旨和主要业务范围是维护社会公共利益，且从事环境保护公益活动的，可以认定为《环境保护法》第58条规定的"专门从事环境保护公益活动"。社会组织提起的诉讼所涉及的社会公共利益，应与其宗旨和业务范围具有关联性。

（4）社会组织在提起诉讼前五年内未因从事业务活动违反法律、法规的规定受过行政、刑事处罚的，可以认定为《环境保护法》第58条规定的"无违法记录"。

3. 锦汇公司以出售方式处置副产酸的行为与造成古马干河、如泰运河环境污染损害结果之间存在因果关系，依据是否充分？

认为不存在因果关系的考虑有：第一，锦汇公司生产的副产盐酸是经过政府相关部门备案的，各项指标均符合国家规定的标准，是一种可以利用、销售的合格产品;第二,江中公司具有危险化学品经营许可证,每一笔交易都经过公安备案;第三,锦汇公司与江中公司签订的月供800吨,价格随行就市不违反合同法;第四,酸是锦汇公司生产主产品时必不可免的副产品,为保证主产品正常生产经营,行情不好时,降价、低价甚至补贴方式销售是一种市场行为,不能据此得出其是随意处置甚至是抛弃行为。

认为存在因果关系的主要考虑有:申请人继续混淆几个概念,表面的买卖合同掩盖了非法处置之实;混淆了危险化学品经营资质和处置资质;用他人倾倒行为推脱自己的责任。第一,所谓销售,要结合当时背景,2011年以来,盐酸难以销售甚至销售不掉,无害化处理每吨需要2000~3000元不等,锦汇公司既然知道行情也当然应当知道卖给江中公司其同样销售不掉,既然知道每吨20元的价格不足以无害化处理还交给江中公司,不仅提供了污染源,还让其获得非法利益;第二,我国固体废物污染环境防治法等均明确禁止将危险废物委托给没有资质的单位,江中公司只有经营资质没有处置资质;第三,合法的买卖不成立。既然是正常的副产酸出售,为何要倒贴钱?既然支付的是运费,为何不是按路途远近计算而是按照每吨计算;第四,申请人辩称没有具体实施、也没有授意江中公司实施倾倒行为,这是对我国环境污染侵权责任的错误理解。

总体来看,出卖人交付货物,买受人支付相应价款系买卖合同的本质属性。锦汇公司的补贴销售行为明显不符合买卖合同的基本特征。副产酸属于危险化学品,锦汇公司对其生产经营过程中产生的副产酸的处置应具有较高的注意义务。锦汇公司采用补贴运费等方式将副产酸交给不具备处置资质的江中公司,并长期放任江中公司将副产酸倾倒入河,其行为与水体污染损害结果之间具有因果关系,应当承担侵权责任。

4. 污染企业是否应该承担无过错责任?

根据《侵权责任法》第65条的规定,因污染环境造成损害的,污染者应当承担侵权责任。第66条规定,因污染环境发生纠纷,污染者应当就法律规定的不承担责任或者减轻责任的情形及其行为与损害之间不存在因果关系承担举证责任。上述规定体现了环境侵权责任的归责原则,即无论上诉人与原审被告是否存在过错,只要其行为与造成的环境损害之间存在因果关系,都应当对其造成的环境损害承担侵权责任。上诉人及原审被告并未举证证明其存在法律规定的不承担责任或者减轻责任的情形,也未证明其行为与损害结果之间不存在因果关系。因此,污染企业应当对其造成的环境损害承担无过错责任。

5. 二审判决判令锦汇公司承担生态环境修复责任,依据是否充分?

认为缺乏有效依据的考虑有:第一,根据2013年泰兴市《环境状况公报》等,认为本案污染河流已经恢复,无须再进行人工干预修复。如果要承担责任,应当承担的是环境损害赔偿责任,而不是环境修复费用,因为理解污染损害赔偿费用和生态环境修复费用概念不同,适用条件和评估标准都不一样。第二,二审之前,2014年10月24日,环境保护部环境规划院《环境损害鉴定评估推荐方法(第Ⅱ版)》生效,但是二审还在采用已失效的《环境污染损害数额计算推荐方法(第Ⅰ版)》。第三,只认同污染造成的期间损害。不同意二审判决采用的环境修复费用计算方法,认为应当采纳专家们更倾向的实验值法而不是虚拟治理成本法。第四,二审判决没有说明为什么要判决修复费用,并未明确修复河段。如果申请人承担的是地区性环境修复显然不当,因为周边还有几百家化工企业。

认为依据充分的考虑有:第一,申请人混淆了修复费用法和虚拟治理成本法。这两种方法都是《环境污染损害数额计算推荐方法(第Ⅰ版)》推荐的确定污染修复费用所采用的方法。本案中,因为自然水体处于流动状态,倾倒时间长、数量大,到了下游处于扩散状态,因此修复费用难以计算。如果申请人认为易于计算,申请人负有向法庭举证的责任;第二,虚拟治理成本法在第Ⅰ版和第Ⅱ版中并无本质区别;第三,水质达标并不意味着江中公司倾倒的盐酸污染不存在了。《环境状况公报》仅仅是对地表水常规项目的监测,不能完全覆盖水质整体状况,因为某些特征污染物不在检测项目中,某些特征污染物长期积累在自然环境中不能消解;第四,实验值法仅仅载明的是中和盐酸需要的长江水资源费用,计算的是降低污染的方法,而不是环境修复的方法,不适合本案。

经辩论认为,河流虽然具有一定自净能力,但是环境容量有限,向水体大量倾倒副产酸,必然对河流的水质、水体动植物、河床、河岸以及河流下游的生态环境造成严重破坏。如不及时修复,污染的累积必然会超出环境承载能力,最终造成不可逆转的环境损害。因此,不能以水质得到恢复为由免除污染者 应当承担的环境修复责任。水环境具有流动性,污染行为瞬间发生,损害现场无法复原,属于《环境污染损害数额计算推荐方法(第Ⅰ版)》规定的修复费用难以计算的情形,可以采用虚拟治理成本法计算,且第Ⅱ版与第Ⅰ版关于虚拟治理成本法的规定并无本质区别,二审判决计算的环境修复费用,并无不当。经查,泰州市环保联合会的一审起诉状,虽然其诉讼请求表述为赔偿水环境污染损失,但在事实和理由部分明确此赔偿款项系环境修复费用。二审判决判令锦汇公司承担环境修复费用并未超出当事人诉讼请求。

6. 二审判决认定锦汇公司倾倒的副产酸数量为 5460.18 吨，是否有事实依据？

认为缺乏有效证据的考虑有：第一，二审阶段泰州市环保联合会提供给法院的盐酸统计表显示，锦汇公司销售给江中公司的总数是 8224.57 吨。但不止一个倾倒人多次供述其倾倒的数量是 653.08 吨。第二，供述笔录记录 2012 年 8 月、9 月才开始有倾倒锦汇公司副产盐酸的意思表示。因此，统计表记载的 2012 年 8 月之前，2011 年记载的总共 4000 多吨应从总数中扣除。第三，按照一、二审法院及被申请人意见，支付运费的吨数就是支付运费予以补贴，是应当知道倒掉了多少算，锦汇公司开票数量是 1702.28 吨。第四，出具新的证据（泰州市中级人民法院刑事判决书）证明数量认定错误。基于倾倒数量有所调减，二审对部分倾倒人员进行量刑改判，这客观上对锦汇公司的数量认定产生影响。最后得出常隆公司和锦汇公司的倾倒数量是 5123.295 吨。

认为有实施依据的考虑有：第一，申请人以刑事案件被告人的部分供述及某一时期签字确认的倾倒废酸一览表，来试图证明其废酸倾倒数量为 653.08 吨，却故意隐瞒了其数据来源于戴某某的记账本这一个重要事实。事实上，经法庭查证，戴某某等人有三辆危险品运输车，而记账本记录的只是其中一辆；第二，二审计算的锦汇公司倾倒总量的依据是江中公司买过来的盐酸的量，减掉江中公司卖出去的盐酸的量（包括开票和未开票的），剩下的就是倒掉的量。由于江中公司同时倾倒了常隆公司和锦汇公司两家盐酸，无法区分，法院根据两家销售给江中公司的盐酸总量乘以各自销售数量的比例确定；第三，申请人出具的证据反而更加证明了认定数量的正确性。

经辩论，二审判决确定的锦汇公司倾倒副产酸的数量，认定方法合理。锦汇公司再审审查期间提交的江苏省泰州市中级人民法院二审刑事判决确定锦汇公司被倾倒的副产酸数量为 5460.18 吨，与本案二审判决认定数额一致；锦汇公司以戴卫国、姚雪元在公安机关的部分讯问笔录以及部分运输费用票据主张二审判决认定锦汇公司被倾倒副产酸数量错误，不能成立。

7. 二审判决判令锦汇公司需凭环保行政主管部门出具的企业环境守法情况证明、项目竣工环保验收意见和具有法定资质的中介机构出具的技术改造投入资金审计报告抵扣 40% 的生态环境修复费用，是否会侵害企业自主经营权？

锦汇公司认为企业要生存发展，绝不会以牺牲环境为代价；企业不逃避法律责任，但是必须在法律框架下承担责任；认为二审确定的抵扣方式侵犯了企业的经营自主权。因为无论是对产品进行技术升级改造，还是停产，或者进行其他产品升级换代，企业都有自主经营决策权。而抵扣明显是对原有产品的技术改造，如果企业改投放其他产品，无疑这种改造就是浪费。

经审查认为，第一，申请人没有向法院列举侵犯了其哪方面权益。企业在不违反国家法律法规的情况下，拥有调配使用企业人力物力财力的权利，自行组织生产经营。但是，企业必须遵守环保法律法规，采取有效措施预防和治理污染是企业的法律责任；第二，企业承诺投入的技改资金当然需要接受监督。因为追逐利润是企业的天性，企业对环境保护和遵守环保法律的不屑，更需要通过司法机关监督，引导企业将资金投入环境治理中，这符合环保法教育和处罚相结合原则；第三，据了解，申请人目前正在履行二审判决判定的义务，还在申请40%抵扣。

总而言之，出具守法情况证明、验收意见和审计报告的目的是为了证明锦汇公司已经充分履行了判决确定的技术改造义务，与企业的自主经营权无涉，亦非设置审批门槛。

8. 二审判决是否对一审判决进行了改判？适用法律是否有误？

再审申请人锦汇公司认为，第一，二审已对一审部分内容改判，适用法律错误；第二，二审法院判决已超出诉讼人请求范围，作出了扩大性判决，这一点从被申请人起诉书和二审判决中可以看出。被申请人提出的诉讼请求是追究赔偿水环境污染损失，而二审判决的是赔偿环境修复费用。

经审理认为，第一，二审法院对一审法院原有判决作出调整是有司法实践的，对不严谨的文字进行纠正，在最高人民法院《关于适用〈中华人民共和国民事诉讼法〉的解释》中也是有规定的；第二，根据国务院排污费征收条例使用的规定，环境修复费用用于环境修复、污染防治符合规定。在此情况下，40%的抵扣是实现企业从源头上减少污染而对履行条件、方式进行的适当变更，重在引导企业注重技改，变废为宝，减少副产酸对环境的危害，体现了惩治和预防兼顾的原则；第三，二审判决并未超出被申请人诉讼范围，这只是一个文字表述问题。因为本案是根据《环境污染损害数额计算推荐方法》的规定，用了损害赔偿这一概念，人民法院应当按照法律规定，对污染修复费用名称在判决时予以规范。

综上所述，二审判决在维持一审判决的同时，对于锦汇公司支付环境修复费用的期限和条件进行适当调整，并非基于一审判决存在错误而改判，适用法律并无不当。二审判决的裁判方法有利于引导和鼓励企业主动改进生产技术，降低环境风险，从源头上减少环境污染，是值得肯定的司法创新。

课堂时间安排

本案例可以作为专门的案例教学课来进行,整个案例课的课堂安排6个课时,每课时45分钟。

如下课堂设计,仅供参考。

1. 课前计划:安排学生阅读案例及相关参考资料,对案例所涉及的环境公益诉讼制度进行思考,预先思考实践题。

2. 课中计划:(1)介绍教学目的,明确讨论主题;(2)分组讨论,回答各项思考题,讨论实践题的撰写要点;(3)小组代表提出撰写要点,学生讨论和分析;(4)教师归纳总结。

3. 课后计划:布置学生进一步思考环境民事公益诉讼过程中的难点和障碍,以及如何改善这些问题。

思考题和实践题

1. 思考题

(1)根据《环境保护法》,环境民事公益诉讼的起诉条件是什么?与传统环境诉讼的区别是什么?

(2)谁是环境民事公益诉讼中适格的原告?原告起诉时应提供哪些资料?

(3)如何确认环境共同侵权案件中的被告和第三人?

(4)环境民事公益诉讼中原告和被告分别承担什么举证责任?本案例中原被告需要提交的初步证据有哪些?

(5)基于公益诉讼进行的调查取证,可以获得哪些协助途径?

(6)环境侵权损害后果的认定方法和环境侵权的救济方法有哪些?

(7)环境修复费用的计算标准有哪些依据?

(8)如何对案件中的生态损害赔偿费用进行使用和管理?

(9)在环境民事公益诉讼中检察机关的诉讼地位是什么?检察机关在支持起诉有哪些作用?

(10)如何完善环境民事公益诉讼中的支持起诉制度?

2. 实践题

(1)如果你是环保组织的起诉律师,在准备起诉阶段应该做哪些工作?请根据以上案情,编写工作计划。

(2)结合本案案情,撰写一份环境民事公益诉讼的起诉状。

(3)针对以上起诉意见,为被告撰写辩护词。

(4)请根据以上案件信息,为审判法官撰写判决书。

参考文献

1. 最高人民法院环境资源审判庭:《最高人民法院关于环境民事公益诉讼司法解释理解与适用》,人民法院出版社2015年版。
2. 江苏省高级人民法院:《江苏省泰州市人民检察院支持泰州市环保联合会起诉江苏常隆农化有限公司等企业环境污染公益诉讼案》,(2014)苏环公民终字第00001号。
3. 最高人民法院:《泰州市环保联合会与泰兴锦汇化工有限公司等环境污染侵权赔偿纠纷案》,(2015)民申字第1366号。
4. 别涛:《环境公益诉讼的成功探索》,载《中国环境报》2015年1月14日,第8版。
5. 贺震:《从曲折过程品出多重价值——江苏省泰州市天价环境公益诉讼案回顾》,载《中国环境报》2016年2月19日,第8版。
6. 吕忠梅:《环境司法理性不能止于"天价"赔偿:泰州环境公益诉讼案评析》,载《中国法学》2016年第3期。

撰稿人|李丹,广东财经大学法学院讲师,法学博士

11 CASE 广州市人民检察院诉张玉山、邝达尧民事公益诉讼案

| 摘　要 |

广州市人民检察院诉张玉山、邝达尧民事公益诉讼案,是全国人大常委会授权检察机关提起公益诉讼试点工作后,广州市检察机关提起的第一起民事公益诉讼案件,而且也是目前广东省索赔金额最高的民事公益诉讼案。本案例着重介绍了检察机关提起民事公益诉讼的程序要求以及法院审理环境民事公益诉讼时所适用的特殊程序,对检察机关作为公益诉讼人如何调查取证、进行诉前程序、检察机关提起公益诉讼后如何变更诉讼请求、环保专家如何辅助作证以及共同侵权的认定、环境功能损失费用金额的计算等程序和实体问题进行讨论。

通过本案例,了解检察机关办理民事公益诉讼案件的案件来源、调查取证的方式,掌握诉前程序和诉讼程序是检察机关办理公益诉讼案件的两种不同方式,思考检察机关提起民事公益诉讼的意义及当前实施这一制度时存在的问题,进而提出建设性的完善建议。从而使研习案例的同学,对检察机关提起民事公益诉讼既有深刻的实践认知,又能进行理论研究的提升。

| 关键词 |

检察机关民事公益诉讼诉前程序　专家辅助人　环境功能损失

| 教学目标 |

本案例包括了检察机关提起民事公益诉讼时常见的实体问题和程序问题,主要是对检察机关办理民事公益诉讼案件时诉前程序的规则和法理,以及诉讼阶段诉讼请求的内容、举证责任、环境功能损失的认定和费用计算等具体的诉讼活动进行讲授,从而使学生全面掌握检察机关办理公益诉讼案件的流程和方法,明确此类案件应关注的办案重点,在面对检察机关提起民事公益诉讼的案件时,能够厘清办案思路、明确步骤,建立事实认定与法律分析之间的基本框架。

教学案例主文

一、引言

我国近十年来对公益诉讼的理论探讨和现有的司法实践关注的重点主要在环境领域,这与环境问题日益严峻、环保运动逐渐兴起、国家日益注重环境治理的大背景有关。我国快速增长的经济以及工业化、城市化进程,给人类赖以生存的生活环境和生态环境带来了巨大的破坏。环境破坏引发的损害,首先是对环境的损害,然后才是通过环境媒介对人的损害,甚至某些情况下可能不存在对特定人的损害、但却已经造成了对环境的损害,传统的当事人理论无法适用。在个人无法作为原告,专门从事环保的公益组织又相对欠缺时,就造成了环境污染案适格主体的真空。而环境公益诉讼具有显著的社会属性,理应成为社会主义的制度优势,由检察机关提起公益诉讼制度更是中国特色社会主义法治建设进程中一种独特的制度设计。2016 年 2 月,广东省广州市人民检察院针对广州市从化区的污染环境案提起民事公益诉讼,将张玉山、邝达尧两人推上被告席,要求他们赔偿水塘受污染期间,环境功能损失费用 1050 万元,同时对被污染的大石古水塘进行生态修复,这是全国人大常委会授权检察机关提起公益诉讼试点工作后,广州检察机关提起的第一起民事公益诉讼案件,而且也是目前广东省索赔金额最高的民事公益诉讼案,具有重要的标本意义。本案不仅展示了检察机关提起民事公益诉讼的程序要求和具体实践,而且也涉及环境诉讼中共同侵权的判定、环境损害的证明、损害具体数额的计算等问题,为我们理解和思考检察机关提起民事公益诉讼制度提供了生动的素材。

二、双方当事人

公益诉讼人:广东省广州市人民检察院,住所地广东省广州市天河区黄埔大道西 66 号。

法定代表人:欧名宇,检察长。

出庭人员:邱正文,该院检察员。

出庭人员:邓娟,该院检察员。

被告:张玉山,住广东省广州市从化区。

被告:邝达尧,住广东省广州市从化区。

三、基本案情

广东省广州市从化区鳌头镇中塘村大石古水塘(以下简称大石古水塘)深达百米,面积约50020平方米,原为矿坑,后集水成为鱼塘,曾进行过渔业养殖,现状为坑塘水面,属于农用地性质,是广州战略水源的所在地。自2012年5月开始,被告张玉山、邝达尧在没有办理建筑废弃物处置证的情况下,非法在涉案水塘填埋建筑垃圾和生活垃圾。水塘水面被生活垃圾覆盖,臭气熏天,并积聚了大量有毒有害物质,严重影响了周边村民的生活。遇到下雨,塘内有毒有害物质如果外溢,将威胁水源安全;即使不外溢,也会对地下水等造成严重污染。《南方都市报》连续以《百亩水塘塞满垃圾 苍蝇成堆恶臭袭村》、《垃圾满塘只因收垃圾来钱快》为题进行追踪报道,《新快报》、南方网、广东广播电视台、广州电视台也分别进行了媒体曝光,引起社会各界广泛关注。

2015年9月17日,从化区环境保护局对该水塘的水体和周边的空气质量进行应急采样检测。经检测,水塘中水体的氨氮、化学需氧量、石油类、氰化物、悬浮物等指标不同程度超过限值标准,水塘围场内及周边空气中臭气浓度严重超标。广州市从化区人民检察院于2015年11月5日督促鳌头镇政府依法履行职责,镇政府曾责成被告进行垃圾清理工作。同日,广州市从化区人民检察院督促区城管局依法履行职责,督促该局进一步调查大石古水塘垃圾清理问题,并作出相应的处理。城管部门多次向张玉山发出《限期整改通知书》,要求其停止向涉案水塘倾倒垃圾并限期清除已倾倒的垃圾,但被告仅清理水塘表面漂浮垃圾,未清理沉底垃圾,且大量垃圾没有清理即被填上泥土,塘水呈乌黑色,散发恶臭。经鉴定评估,大石古水塘及周边环境受到损害及污染期间环境功能损失为1050万元,涉案水体恢复至V类地表水标准需要费用1250万元以上。

四、案件的诉讼过程

(一)起诉前检察机关调查核实有关情况

1. 实地走访,查实污染者和实施污染的具体情况。检察机关到涉案水塘现场拍摄照片;对鳌头镇城乡清洁办、中塘村村委会、中塘村大石古经济社和地处下游的龙角村村委会有关人员做调查笔录;调取从化区纪委对有关人员的谈话笔录、区城管局的调查笔录和执法记录,以及涉案合同、协议、委托书、转账记录、收据等证据。

2. 从环境保护部推荐的第一批环境损害鉴定评估推荐机构名录中,确定本案的鉴定机构为环境保护部华南环境科学研究所,聘请该所环境专家协助办案。

（二）检察机关履行诉前程序

由于环境损害持续存在，迫切需要法律规定的机关和有关组织来提起公益诉讼。2015 年 11 月，从化区人民检察院根据有关管辖规定，将该线索移送广州市人民检察院。

根据《人民检察院提起公益诉讼试点工作实施办法》第 13 条的规定，人民检察院在提起民事公益诉讼之前，应当履行以下诉前程序：（1）依法督促法律规定的机关提起民事公益诉讼；（2）建议辖区内符合法律规定条件的有关组织提起民事公益诉讼。广州市人民检察院经咨询广州市民政局，得知广州市内没有符合法律规定条件的可以提起公益诉讼的社会公益组织。2016 年 2 月 29 日，广州市人民检察院向广州市中级人民法院提起民事公益诉讼。

（三）诉讼阶段

1. 公益诉讼人的诉讼请求。公益诉讼人广州市人民检察院诉称，大石古水塘受到严重污染，系两被告共同所为。《水污染防治法》第 33 条第 1 款规定："禁止向水体排放、倾倒工业废渣、城镇垃圾和其他废弃物。"《侵权责任法》第 65 条规定："因污染环境造成损害的，污染者应当承担侵权责任。"为维护公共利益不受损害，根据全国人大常委会《关于授权最高人民检察院在部分地区开展公益诉讼试点工作的决定》、《民事诉讼法》第 55 条、最高人民法院《人民法院审理人民检察院提起公益诉讼案件试点工作实施办法》、最高人民检察院《检察机关提起公益诉讼试点方案》、《人民检察院提起公益诉讼试点工作实施办法》的规定，请求：依法判决被告张玉山、邝达尧二人连带承担自判决生效之日起三个月内将涉案水塘水质恢复至符合农业使用用途，并赔偿水塘受污染期间环境功能损失费用人民币 120 万元的法律责任。

2. 法院立案后公告案件受理情况。广州市中级人民法院在受理公益诉讼人提起的诉讼后，在广州日报上对案件的受理情况进行了公告，公告期为 30 日。公告期届满后，没有任何符合提起环境民事公益诉讼条件的组织申请参与本案诉讼。

3. 公益诉讼人明确和变更诉讼请求。庭审过程中，公益诉讼人广东省广州市人民检察院将诉讼请求中的"涉案水塘水质恢复至农业使用用途"明确为"涉案水塘水质恢复至地表水质量标准第Ⅴ类水标准"；同时，由于起诉之后，公益诉讼人取得《环境损害鉴定评估报告》这一新证据，可证明涉案水塘受污染期间环境功能损失费用为人民币 1050 万元，故将"赔偿水塘受污染期间环境功能损失费用人民币 120 万元"变更为"赔偿水塘受污染期间环境功能损失费用人民币1050万元”。

4. 被告的答辩意见。被告张玉山辩称,第一,张玉山不是大石古水塘的实际承包人和管理者,不应作为水污染责任纠纷案的责任主体。虽然张玉山名义上是填埋建筑废料《协议书》上的甲方,但邝达尧才是大石古水塘的实际承包经营者。邝达尧因在其他诉讼中败诉而权利受限,找到张玉山帮忙签订协议,水塘实际上由邝达尧及其工人负责倾倒和管理。邝达尧的银行账户被法院在其他案件的强制执行程序中查封,只好借用张玉山的账号接收弃土堆放款,张玉山没有参与也没有从中获利。第二,张玉山并不是污染者,不应承担相关责任。现有证据能够证明大石古水塘受到污染的原因是因为有人在深夜偷倒垃圾,大石古水塘受到污染与被告张玉山不存在因果关系。第三,邝达尧已经按照从化区环保部门要求,主动采取多种措施清除垃圾,消除污染,水质已经达到农业用水的标准,公益诉讼人提起公益诉讼的目的已经达到,社会公共利益也已经得到了有效的救济,公益诉讼人依法可以撤回起诉。

被告邝达尧辩称,第一,虽然水塘发生了污染事故,但不是其故意所为,而是因为邝达尧在经营管理水塘时的疏忽导致他人向水塘倾倒垃圾。第二,在水塘发生污染事故后,被告邝达尧已经实际采取措施治理,包括聘请专业的公司采取专业的方法进行治理,根据相应的监测,水塘的水质已经达到农田灌溉水质标准,基本恢复原状。第三,在水塘受污染期间造成的影响,被告邝达尧表示歉意,但污染期间,水塘没有溢漏,邝达尧也采取了相应的措施进行治理,造成的影响和损害相对较轻,故认为公益诉讼人提出的应赔偿水塘受污染期间环境功能损失费用过高。第四,公益诉讼人出示的证据和陈述过分夸大了事实。

5. 专家辅助人的意见。具有专门知识的人许振成(中国环境科学学会风险委员会主任,最高人民法院环境资源审判咨询专家)发表以下意见:(1)从专业技术的角度来看,涉案水塘水质受污染之前是地表水Ⅱ类水。本案污染发生后,涉案水塘被采用打捞、黄土覆盖等治理措施虽有一定积极作用,但是这些措施距离完全恢复或消除对生态的影响还有很大的距离。即使水体达到农田灌溉水的标准,但也没有达到完全恢复的地步,特别是对底泥和地下水的影响,仍需跟进采取其他措施进行后续的控制、观测。(2)由于环境功能的多样性、复杂性,在准确计算功能损失的问题上是比较复杂的。根据《环境损害鉴定评估推荐方法》的规定,在不可完全恢复或者恢复费用远远大于收益的情况下,可以适用虚拟治理成本法,而本案符合“不可完全恢复”的情况,故可以适用虚拟治理成本法。因环境功能损失有多个方面,仅用污水治理标准计算是偏低的,所以要加上倍数,倍数区间为1.5~10倍。本案《环境损害鉴定评估报告》采用3倍计算已相对较轻。

具有专门知识的人孙国萍（广东省微生物研究所研究员）发表以下意见：（1）从涉案水塘所在地的角度出发，从化区是地下水源的涵养区，应该按照地下水Ⅲ类水进行保护。但因当地环保部门未明确涉案水塘是按照Ⅲ类水标准来监测，亦没有材料表明涉案水塘的水质基线，以地表水Ⅴ类水的1.5倍到3倍进行计算，是指使用虚拟治理成本法计算时的参照，并非将涉案水塘的塘水定位地表水Ⅴ类水。（2）在生态环境损害评估的所有方法中，应优先考虑环境资源等值分析方法，但适用资源等值分析法要符合一个条件，就是受损的环境能够恢复到原状。本案中最适合的评估方法是虚拟治理成本法，理由有两个：一是涉案水塘不仅仅提供水资源，其遭受环境损伤后很难彻底恢复；二是其恢复的成本远远大于一吨水替换一吨水的价格。另外，涉案水塘底下大约有80米的污染沉积物，这些沉积物很难清除出来还原，即便全部清除出来了，受损的地下水也不可能完全恢复，因为涉案水塘是与地下水相关的，所以采用虚拟治理成本法更为科学。（3）生态环境功能损失费用和生态环境损害费用是两个不同的概念，当事人即便事后对水质进行治理并不影响生态环境损伤的鉴定评估。（4）涉案《环境损害鉴定评估报告》对生态环境损害得出的结论是1050万元，对生态恢复费用评估的结论是1250万元，其中生态恢复费用是指生态修复费用。

6. 专家证人的意见。广州市从化区环境监理二所所长助理熊樱发表如下意见：监理二所的监测结果显示，涉案水塘的水体水质可以达到农业灌溉用水标准。《地表水环境质量标准》第1、2款规定，"这款标准适用于中华人民共和国领域内江河、湖泊、运河、渠道、水库等具有使用功能的地表水的水域，具有特定功能的水域执行相应的专业供水水质标准"，该标准第3款水域功能和标准分类规定，"此类主要适用于农业用水区及一般景观要求水域"；而《农田灌溉水质标准》第1款规定，"本标准适用于全国以地表水、地下水和处理后的养殖业废水以及以农产品为原料加工的工业废水作为水源的农田灌溉用水"。依据以上两款规定标准的适用范围，结合涉案水塘的水在处置过程中，在回填时可能会出现地表水溢出流入农田灌溉的情况，所以在本案中选择农业灌溉用水作为参照标准进行比对。在监测过程中并没有将涉案水塘的水定位为农业灌溉用水。

7. 公益诉讼人对被告财产申请保全。诉讼中，公益诉讼人提出财产保全申请，广州市中级人民法院作出（2016）粤01民初107号民事裁定书，裁定查封被告张玉山价值1370万元的财产。张玉山对此不服申请复议，广州市中级人民法院复议后，作出决定：驳回申请复议人张玉山请求撤销（2016）粤01民初107号民事裁定的复议申请。

五、本案的争议焦点

(一)张玉山是否亦为涉案水塘的承包人,应否与邝达尧承担共同责任

1.公益诉讼人广州市人民检察院主张张玉山亦为承包人,应与邝达尧承担共同责任。以下分三组证据进行举证证明:

第一组证据:

(1)协议书:上面有张玉山及涉案水塘发包人大石古经济合作社(以下简称大石古社)155份股份中的部分代表的签名,约定由张玉山和大石古社155份股份共同提供场地给人倾倒废渣、淤泥。

(2)弃土堆放合同:上面约定工业园区工程弃土堆放款为618万元。

(3)委托书:上面载明大石古社根据《协议书》,将涉案水塘租给张玉山管理并使用。大石古社委托中塘村收取弃土堆放工程款618万元,并把款项分期转给张玉山。

(4)区检察院对中堂村财务汤某甲的谈话笔录(2016年5月17日):汤某甲称"村委只是每日记账,不存票据。大笔金额所需工程合同、票据资料都须送去镇财政所审核盖章才能出款"。

(5)其他证据:银行转账记录、收据、转账记录、股金签收表、鳌头镇财政所的情况说明。

上述证据证实:张玉山是协议书的当事人,其承包水塘后有偿受纳固体废物并实际收款了款项,会计凭证档案原件存放于鳌头镇财政所。进一步证明协议书得到了实际履行。

第二组证据:

(1)区城管局对中堂村村委书记汤某乙的询问笔录(2015年9月22日):汤某甲称"涉案水塘2013年租给了张玉山,签订了承包协议。"

(2)区城管局对中塘村大古社社长张某甲的询问笔录(2015年9月22日):张某甲称"2013年租给了张玉山,签订了承包协议。……前2年都是倒淤泥,村民是许可的。近20天发现有倾倒垃圾的行为,不知是谁倒的,都是现场管理员姓邝的许可的。"

(3)区纪委对中塘村主任张某乙的调查笔录(2015年10月12日):张某乙称"目前鱼塘承包者是中塘村村民且是股份代表之一的张玉山。当时由张玉山作为甲方与我们乙方155股份的代表与2012年11月签订了《协议书》,协议约定期限为4年,从2012年11月10日起至2016年11月9日止。"

(4)区检察院对鳌头镇龙角村书记、主任邱某甲的谈话笔录(2015 年 10 月 13 日):邱某甲称“据我所知,目前鱼塘承包者是中塘村村民张玉山。最初该鱼塘是刘某向经济社承包用来养鱼,后来转包给张玉山。大概在 2012 年年底,张玉山与大石古社以股份制形式签订 4 年的倾倒淤泥合同。”

(5)区检察院对中塘村大石古社财务张某丙的调查笔录(2015 年 10 月 13 日):张某丙称“这个鱼塘原来是鳌头水泥厂的矿坑,大约 80 多亩,100 米深,2006 年间大古石社有 33 户,共 155 人入股向政府经济办买下了该鱼塘。我家占其中 6 股,以 1300 元 1 股的价格入股。目前鱼塘承包者是邝老板(邝达尧)。当时张玉山作为甲方与我们乙方 155 份股份的代表于 2012 年 11 月(应该是在 11 月 10 日前两天)签订了《协议书》。”

(6)区城管局对大石古社村民张某丁的询问笔录(2015 年 10 月 19 日):张某丁称“涉案水塘是由大石古经济社村民 33 名,以 155 股,股份制购买所得。三、四年前承包给张玉山,现承包人不知道。”

(7)区城管局对大石古社村民何某甲的询问笔录(2015 年 10 月 19 日):何某甲称“涉案水塘从 2012 年承包出去,租期是 5 年,承包者是张玉山。”

(8)区检察院对鳌头镇龙角村大一社社长邱某乙的笔录(2015 年 10 月 10 日):邱某甲称“大石古石塘是政府给了大石古经济社,该社承包给张玉山(绰号肥仔山),但我不清楚他何时承包的。”

(9)区检察院对中塘村副主任张某戊的谈话笔录(2016 年 5 月 17 日):张某戊称“《弃土堆放合同》是我和陈某甲签订的,当时在场的还有张玉山、村财务汤某甲。陈某甲是张玉山的员工。该份合同是由张玉山、陈某甲提供,之前谈好的这个钱是鳌头镇政府打到中塘村,再由中塘村转到张玉山的账户,但张玉山不放心,怕钱被村里扣住,所以签了这份合同。”

(10)区纪委对中塘村财务汤某甲的谈话笔录 (2015 年 10 月 12 日):汤某甲称:“鱼塘的承包者是张玉山,因为土方工程的工程款是通过村账户代支付给张玉山的,张玉山与大石古社 155 股份签订的协议书和委托书都是作为支付工程款给张玉山的附件;与我村签订弃土堆放协议的陈某甲是张玉山嘉东房地产公司的员工,与陈某甲主要对接支付问题,弃土堆放款已支付 3 次,分别是 158 万元、105 万元、158 万元,没有支付给签订合同的陈某甲,而是全部转入张玉山的个人农行账户。”

上述证据证实:张玉山是大石古水塘的承包人。协议签订后,水塘开始接收固体废物,协议书得到了实际履行。土方工程款通过村账户代支付给张玉山的,张玉山是实际收款人。

第三组证据：

广州市人民检察院对张玉山的调查笔录（2016 年 3 月 11 日）：张玉山称："400 多万元的弃土费打到我的银行账户上，弃土费总额是 600 多万元，还有一百多万尾款没有付。"

该组证据证实：张玉山实际收取了工程弃土款。

2. 被告邝达尧自认是大石古水塘实际承包人和管理者

被告邝达尧当庭陈述：涉案水塘由其实际承包和管理。对于公益诉讼人提出的有关涉案水塘承包人、经营者的问题，邝达尧作出自认。

3. 被告张玉山坚称其不是涉案水塘承包人。并提交以下证据：

第一组证据：

（1）区城管局对中塘村大古社社长张某甲的调查笔录（2015 年 9 月 23 日）：

城管人员问：什么时候承包出去的？

张某甲答：大概在 2008 年，水塘承包给广州嘉禾一个姓刘的人养鱼。后来在 2012 年姓刘那个又转包给从化一个姓邝的，用来倾倒淤泥。

（2）区纪委对中塘村大石古社财务张某丙的谈话笔录（2015 年 10 月 13 日）：

纪委人员问：你是否知道鱼塘承包给谁？

张某丙答：目前鱼塘承包者是邝老板（邝达尧）。

（3）区城管局对涉案水塘现场工作人员张某己的调查笔录（2015 年 9 月 30 日）：

城管人员问：水塘是属于哪里的？

张某己答：该场地是属于从化鳌头镇中塘村大石古社的，承包租给了我的老板邝达尧。

（4）区城管局对邝达尧的调查笔录（2015 年 12 月 30 日）：

城管人员问：你知道涉案水塘的产权是属于哪里的吗？

邝达尧答：水塘的产权是属于鳌头镇中塘村大石古经济社的，现在由我承包。

（5）区环保局对《关于对鳌头镇中塘村大石古社水塘堆放垃圾相关情况的调查函》的复函，其中载明：我局根据对有关人员调查询问中了解到水塘承包人为邝达尧，水塘内的生活垃圾是夜间被人偷偷倾倒的。认定上述事实的依据来源于有关人员调查询问笔录的陈述，没有其他书证材料。

（6）《大石古社废矿场污染治理协议》，其中载明：乙方（邝达尧）作为废矿场的承包经营人，愿意承担造成废矿场污染的全部责任，并同意承担因废矿场污染治理所支出因此而引起的全部费用。

上述证据,证明邝达尧才是涉案水塘的实际承包人和管理者,负责对水塘进行管理。

第二组证据:

(1)(2011)穗从法民二初字第309号民事判决书。

(2)(2012)穗从法执字第67号财产申报令。

(3)(2112)穗从法执字第67号执行通知书。

上述证据,说明邝达尧与他人之间发生民事诉讼,败诉后被申请强制执行,邝达尧的银行账户被法院依法冻结。因此借用张玉山银行账户收取弃土堆放费。

(二)涉案水塘是否应恢复至地表水质量标准中的第Ⅴ类水标准

环境保护行政主管部门未对涉案水塘在污染前的水质基线进行确定,双方均未能提供直接证据证明涉案水塘在受污染前的水质标准。

1. 公益诉讼人广州市人民检察院主张涉案水塘应恢复至地表水质量标准中的第Ⅴ类水标准,并提出证据如下加以证明:

(1)《从化区鳌头镇中塘村大石古社牌坊水塘倾倒垃圾污染事件环境损害鉴定评估报告》(由环保部华南环境科学研究所、广东省微生物研究所共同出具),其中载明:"根据历年从化区水资源公报,从水源结构上看,从化区主要为地表水源供水,少量地下水供水。"

(2)环境专家许振成和孙国萍所提出的涉案水塘地处广州市从化区,而该区是地下水源的涵养区,故涉案水塘为地表水的专家意见。

(3)《地表水环境质量标准》(GB3838—2002)。根据该规定,地表水划分为5类,所列的各类水质量标准中最低值为第Ⅴ类。

2. 被告张玉山、邝达尧主张涉案水塘在受污染前为农田灌溉用水,其已进行治理,水质已达到农业用水的标准。

(1)被告称:涉案水塘是由原鳌头镇中心石灰石矿厂因采石形成的矿坑。周边曾有大量重污染的水泥厂存在,环境状况并非想象中的良好。

(2)被告称:涉案水塘从未作为周边村民生活水源使用,最初是作为鱼塘,后来则是用于堆放工业园区的弃土,没有具体功能划分。

(3)根据广州市从化区环境监理二所所长助理熊樱的证言,污染事件发生后,环保部门适用《农田灌溉水质标准》进行监测。

(4)从化区环保局委托广州环发环保工程有限公司编制《广州市从化区鳌

头镇中塘村大石古水塘环境影响分析报告》,其中载明:水塘地表水水质可达到《农田灌溉水质标准》(GB5084—2005)中的水质标准。

(5)东莞市红树林环保科技有限公司出具的《广州从化区大石古社牌坊旁废矿场黑臭治理项目》,载明:我公司 2016 年 3 月 8 日与该矿场承包人邝达尧先生签订废矿场黑臭治理合同,于 2016 年 3 月 11 日进场施工,于 2016 年 5 月中旬实现该废矿场臭气治理达标,2016 年 5 月底实现该废矿场湖体水质达到既定排放标准,并于 2016 年 6 月初开始启动黄泥土回填工作,经过三个多月的治理,实现了该废矿场黑臭治理目标。

(6)从化区环保局关于鳌头镇中塘村大石古社水塘监测情况通报(2016 年 7 月 25 日),指出:"水塘内生化处理系统逐步达到平衡,水塘水体符合《农田灌溉水质标准》,可以作为农田灌溉用水使用"。

(三)涉案水塘受污染期间的环境功能损失费用的金额如何确定

公益诉讼人广州市人民检察院明确其诉讼请求中的"环境功能损失费"就是指"生态环境受到损害至恢复原状期间服务功能损失"。根据《环境损害鉴定评估报告》,其采用虚拟治理成本法来评估具体的损失金额。评估机构根据以下数据对生态环境损害费用进行计算:(1)涉案水塘的面积及水深,估算涉案水塘的水量约为 2500000 吨;(2)涉案水塘曾用于农田灌溉和渔业养殖,参考工业用水和经营服务用水的标准,取污水处理费为 1.4 元/吨;(3)取虚拟治理成本的 3 倍作为水塘环境损害数额值。量化结果为:水塘环境损害额 = 水塘污水虚拟治理成本 ×3 = 水塘受污染水量(吨) ×1.4 元/吨 ×3 = 2500000 ×1.4 ×3 = 1050 万元。该评估是权威的,因为环境保护部华南环境科学研究所被列入国务院环境保护主管部门推荐的机构的名录。

两被告对公益诉讼人所确定的损失金额提出异议:

第一,广东省微生物研究所并未被列入国务院环境保护主管部门推荐的机构的名录中,广东省微生物研究所不具有鉴定资质,《环境损害鉴定评估报告》存在重大瑕疵,故不能采纳该鉴定的评估意见。

第二,2015 年最高人民法院发布的环境侵权典型案例中,北京市朝阳区自然之友环境研究所、福建省绿家园环境友好中心诉谢知锦等四人破坏林地民事公益诉讼案同样涉及赔偿环境功能损失费用。该案说明生态环境损害的修复、恢复费用并非环境功能损失费用。

第三,《环境损害鉴定评估推荐方法(第Ⅱ版)》提出:"在生态环境损害评估方法的选择原则中,优先选择替代等值分析方法中的资源等值分析方法或服务等值分析方法。”可见，替代等值分析方法比虚拟治理成本法更应优先适用于环境功能损失数额的确定。

六、法院的判决结果

2017年年2月22日，广州市中级人民法院作出如下判决：(1)自本判决生效之日起三个月内，被告张玉山、邝达尧共同修复广州市从化区鳌头镇中塘村大石古经济合作社水塘（原鳌头镇中心石灰石矿厂地块）水质到地表水第Ⅴ类水标准；逾期未修复的，由人民法院选定具有专业资质的机构代为修复，修复费用由被告张玉山、邝达尧共同承担；(2)自本判决生效之日起十日内，被告张玉山、邝达尧共同赔偿生态环境受到损害至恢复原状期间服务功能损失费用1050万元（以上款项上缴国库，用于修复被损害的生态环境）。

如果未按本判决指定的期间履行给付金钱义务，应当依照《民事诉讼法》第253条规定，加倍支付迟延履行期间的债务利息。

案件受理费84800元，财产保全费5000元，均由被告张玉山、邝达尧共同负担。

教学指导手册

教学对象及目标

本案例供法律硕士案例教学使用。诉讼法学硕士、民商法学硕士、环境法学硕士、经济法学硕士也可参照使用。

本案例包括了检察机关提起民事公益诉讼时常见的实体问题和程序问题，主要是对检察机关办理民事公益诉讼案件时诉前程序的规则和法理，以及诉讼阶段环境民事公益诉讼的诉讼请求内容、责任主体的确认、证据规则的适用、环境修复费用和环境服务功能损失的认定和费用计算等具体的诉讼活动进行讲授。具体要解决的问题包括：(1)如何理解社会公共利益？《民事诉讼法》及司法解释关于民事公益诉讼的案件范围是如何规定的？(2)民事公益诉讼的起诉主体有哪些？不同起诉主体有没有诉讼顺序的限定？(3)检察机关参与公益诉讼的理论依据是什么？(4)检察机关提起公益诉讼的诉前程序的具体要求是什么？其法理基础何在？(5)检察机关办理公益诉讼案件时，有哪些调查核实案情的手段和方法?(6)检察机关提出环境功能损失费由120万元变更为1050万元,这是诉的变更吗?(7)本案中,张玉山是否亦为涉案水塘的承包人,应否与邝达尧承担共同责任?(8)涉案水塘是否应恢复至地表水质量标准中的第Ⅴ类水标准?(9)环境公益诉讼涉及很多技术问题,双方当事人也都邀请了专家参与,诉讼辅助人与专家证人有何区别?(10)环境修复费用和环境服务功能损失费用如何区分和计算?

■ 教学内容

1. 如何理解社会公共利益及公益诉讼?《民事诉讼法》关于民事公益诉讼的案件范围是如何规定的?

社会公共利益是个不确定的法律概念,理论上一般是指不确定多数人的利益,具体而言包括扩散性利益和集合性利益两种类型。前者是指事先没有任何的关系而只是基于特定的事实原因才产生联系的人共同拥有的一种超越个人的不可分的利益(如环境利益);后者也是超越个人并且是不可分的,属于先前在相互之间就有特定法律关系的特殊团体,在成员的身份上也比扩散性的利益要确定(例如消费者团体的利益)。随着社会的发展,公共利益的保护问题得到越来越广泛的关注,2012年我国修改《民事诉讼法》时专门新增了"公益诉讼"制度。

公益诉讼的特点是体现出一整套为实现社会正义而倡导的原则体系、价值和目标,公益诉讼所选择的案件,并不是针对单独的事件或交易,而是针对社会生活的条件和大规模的组织在决定这些条件中所起的作用,它以一个诉讼捍卫很多个人的权利,消解那些威胁到主要的制度价值建立的社会状况,并实现弱势群体的法律援助。作为一个专门以弱势群体为代理对象的权利导向的机制,公益诉讼在于为社会确立一种底线秩序。

根据现行《民事诉讼法》第55条的规定,对污染环境、侵害众多消费者合法权益等损害社会公共利益的行为,法律规定的机关和有关组织可以向人民法院提起诉讼。从解释论上看,虽然仅明确列举了公益诉讼的两种案件类型,但并不意味着其他涉及公共利益的纠纷类型就不得适用公益诉讼,概括式词语"损害社会公共利益"既是兜底,又是限定,这可借由其他法律或司法解释予以明确。

2. 民事公益诉讼的起诉主体有哪些？不同起诉主体有没有诉讼顺序的限定？

侵害公益的案件日益多元、复杂，传统的当事人适格理论要求原告与案件有“直接利害关系”的观点无法适用，各国扩大了公益诉讼的原告范围，行政机关、检察机关、社会团体甚至公民个人都有权发动公益诉讼。《民事诉讼法》第55条将提起民事公益诉讼的主体限定为“法律规定的机关和有关组织”，《环境保护法》《消费者权益保护法》率先在各自的修正案中明确环保组织、消费者组织具有公益诉讼的主体资格。此外，基于公共利益保护的严峻形势，全国人大常委会专门授权检察机关开展公益诉讼，检察机关作为公益代表人的身份被立法机关认可。据此，在现行的法律体系下，我国享有公益诉讼起诉资格的主体包括检察机关、行政机关和社会组织，公民个人被排除出外。张卫平教授认为这种限制的理论依据是国家代表权论，即公共利益的代表只能是国家，组织的代表权也是国家所委托的，因此必须有法律的规定。

检察机关提起公益诉讼面临着与其他主体之间的诉权顺位问题。根据《民事诉讼法》第55条和最高人民检察院《检察机关提起公益诉讼试点工作实施办法》的规定，人民检察院履行职责中发现污染环境、食品药品安全领域侵害众多消费者合法权益等损害社会公共利益的行为，在没有适格主体或者适格主体不提起诉讼的情况下，可以向人民法院提起民事公益诉讼。这一规定将检察机关的起诉置于其他适格主体之后，具有一定的合理性。

因为从公共利益的受众来看，公共利益与每位社会成员有着直接或间接的联系，他们具有维护公共利益的迫切愿望，在此基础上成立的公益组织的宗旨和性质与公益诉讼相契合，由其提起公益诉讼实质上是社会关系的一种调整方式，属于实现社会自治的范畴，为鼓励社会组织积极参与公共治理，社会组织的诉权应在检察机关之前。

行政机关与检察机关同为国家公权力机关，二者提起公益诉讼的先后位序需要明确。行政机关作为公益代表人具有先在性，检察机关作为公益代表人则具有事后性。行政机关直接面对公共事务，能快速发现公共利益受损的情形，而检察机关是法律监督机关，受理的案件往往源于当事人的申诉、控告、信访或者举报，相较而言，行政机关比检察机关更有天然优势，有利于问题的及时解决。检察机关作为司法机关，应保持克制，不能僭越行政权。依此原理，也应把行政机关顺位在先。

3. 检察机关参与公益诉讼的理论依据是什么？

检察机关提起环境公益诉讼具有正当性和可行性。首先，检察机关是公共利益的代表,性质上符合诉讼主体资格。综观英美和大陆两大法系主要国家,检察权虽在行政权和司法权的归属上不尽统一,但均主要在诉讼活动中发挥作用,并普遍作为国家和社会公共利益的代表参加诉讼。在西方国家,检察制度是从"国王的法律代理人"发轫而来,具有很强的行政色彩。检察权并不具有国家权力体系意义上的独立地位,而只是作为政府在诉讼中的代言人,代表行政权对司法权实施监督制衡;检察机关通常被置于行政组织体系内,检察官要接受司法部长的指令。既然检察官被视为行政官员,当然被认为是公共利益的维护者。例如,在英美国家,官方的公益代表组织通常由一位部长级总检察长领导,其下属是同时代表国家及公共利益的检察官。检察官为维护法律及公共福祉,可依据检察长的指示参与联邦或各州法院的程序。例如,巴西通过宪法授权,使检察机关成为环境公共利益进入法庭的首选通道,进而形成独具特色的环境检察司法机制。

其次,环境权具有公益性质,检察机关在起诉主体缺位的情况下适时介入,体现的是一种司法担当。实践中也不乏行政机关出于地方保护主义、部门保护主义的动机或是行政官员出于私利,实施侵害公共利益的不法行为,在此情形下更遑论由其提起公益诉讼。检察机关作为国家法律监督机关,其职务活动代表国家利益,以国家的名义进行,国家根据其职能赋予其公诉权在内的多种公权力,其参与诉讼无疑具有正当性,既可防止侵害公共利益的不法行为被无端放纵,又能保障公民权利在司法过程中不受非法侵犯和剥夺,"国家代表性和公益代表性"的特质十分突出。

4. 检察机关提起公益诉讼的诉前程序的具体要求是什么?其法理基础何在?

检察机关提起公益诉讼必须经过诉前程序,这是一个强制性要求。广州市人民检察院诉张玉山、邝达尧民事公益诉讼案中,检察机关通过查询民政局,得知辖区内并无符合法定起诉条件的社会公益组织,于是才去法院提起诉讼。这一做法是有法律依据的。

根据《人民检察院提起公益诉讼试点工作实施办法》第 13 条的规定,人民检察院在提起民事公益诉讼之前,应当履行以下诉前程序:(1)依法督促法律规定的机关提起民事公益诉讼;(2)建议辖区内符合法律规定条件的有关组织提起民事公益诉讼。有关组织提出需要人民检察院支持起诉的,可以依照相关法律规定支持其提起民事公益诉讼。法律规定的机关和有关组织应当在收到督促起诉意见书或者检察建议书后一个月内依法办理,并将办理情况及时书面回复人民检察院。根据《人民检察院提起公益诉讼试点工作实施办法》第 14 条的规定，经过诉前程序，法律规定的机关和有关组织没有提起民事公益诉讼，或者没有适格主体提起诉讼，社会公共利益仍处于受侵害状态的，人民检察院可以提起民事公益诉讼。

通过诉前程序的规定，可以促进和推动其他适格主体提起诉讼，或支持他们提起诉讼。这样，不仅节约了司法资源，调动了社会力量参与公益保护的积极性，更主要的是可以形成公益保护的梯形层次，确保了公益的维护，造福社会公众。

5. 检察机关办理公益诉讼案件时，有哪些调查核实案情的手段和方法？

广州市人民检察院诉张玉山、邝达尧民事公益诉讼案中，检察机关为了查明案情，做了深入的调查，收集了大量证据。从权力法定的角度来看，检察机关进行调查核实的事项必须有法律依据，不能随意而为。但《民事诉讼法》第 210 条只规定了调查核实权的适用原则，并没有对调查核实的具体事项作出规定。

《人民检察院提起公益诉讼试点工作实施办法》第 6 条的规定："人民检察院可以采取以下方式调查核实污染环境、侵害众多消费者合法权益等违法行为、损害后果涉及的相关证据及有关情况：（一）调阅、复制有关行政执法卷宗材料；（二）询问违法行为人、证人等；（三）收集书证、物证、视听资料等证据；（四）咨询专业人员、相关部门或者行业协会等对专门问题的意见；（五）委托鉴定、评估、审计；（六）勘验物证、现场；（七）其他必要的调查方式。

调查核实不得采取限制人身自由以及查封、扣押、冻结财产等强制性措施。人民检察院调查核实有关情况，行政机关及其他有关单位和个人应当配合。"

6. 检察机关提出环境功能损失费由 120 万元变更为 1050 万元，这是诉的变更吗？

诉的变更在狭义上，仅指诉的客观变更，即诉讼标的变更。在同一诉讼程序中，同一原告对同一被告，以新的诉讼标的替换原诉的诉讼标的，从而将原诉更换为新诉。广州市人民检察院诉张玉山、邝达尧民事公益诉讼案中，检察机关的诉讼请求经过了调整，反映出环境公益诉讼非常复杂，但本案只是诉讼请求在数量上发生变更，将"赔偿水塘受污染期间环境功能损失费用人民币 120 万元"变更为"赔偿水塘受污染期间环境功能损失费用人民币 1050 万元"，属于诉讼请求的增加，并非诉的变更。

检察机关作为公益诉讼人提起民事公益诉讼后又增加诉讼请求的，在没有特别规定的情况下,应当适用民事诉讼法的一般原理。根据最高人民法院《关于民事诉讼证据的若干规定》第 34 条第 3 款的规定,当事人增加、变更诉讼请求或者提出反诉的,应当在举证期限届满前提出。该规定,对增加、变更诉讼请求提出的时间均作了限制,即原告只能在举证期限届满前提出,否则,法院将不准许原告增加或变更诉求的申请。但最高人民法院《关于适用〈中华人民共和国民事诉讼法〉的解释》第 232 条规定:“在案件受理后,法庭辩论结束前,原告增加诉讼请求,被告提出反诉,第三人提出与本案有关的诉讼请求,可以合并审理的,人民法院应当合并审理。”该条与证据规则第 34 条第 3 款规定不同之处有二:一是只规定了增加诉求,未规定变更诉求,二是增加诉求的提出时间为“案件受理后,法庭辩论结束前”。这给实务操作带来了不便,但依据新法优于旧法的原则,对于增加诉讼请求的,应依据民诉法司法解释办理。对变更诉求的提出时间,因证据规则未失效,还应适用。

7. 张玉山是否亦为涉案水塘的承包人,应否与邝达尧承担共同责任?

本案中,公益诉讼人主张张玉山亦为承包人,被告邝达尧、张玉山主张邝达尧是承包人,在责任主体上双方产生对立意见,并分别进行了举证证明。根据最高人民法院《关于民事诉讼证据的若干规定》第 73 条第 1 款的规定,双方当事人对同一事实分别举出相反的证据,但都没有足够的依据否定对方证据的,人民法院应当结合案件情况,判断一方提供证据的证明力是否明显大于另一方提供证据的证明力,并对证明力较大的证据予以确认。应对各方当事人提交的证据进行综合分析:

第一,《协议书》上有张玉山及涉案水塘的发包人大石古社 155 份股份中的部分代表的签名,该协议明确约定由张玉山和大石古社 155 份股份共同提供场地给案外人倾倒废渣、淤泥。

第二,《弃土堆放合同》虽系陈某甲与中塘村民委员会签订,但根据银行电子回单、中国农业银行账户明细信息、中国农业银行个人结算业务申请书、收据、委托书、张某戊和汤某甲的笔录,可以证实涉案《弃土堆放合同》中的款项实际支付给张玉山。

第三,在从化区城市管理综合执法局、从化区纪委、从化区检察院等机关进行执法调查的过程中,中塘村委书记汤某乙,中塘村大古社社长张某甲,中塘村主任张某乙,大石古社村民张某丁、何某甲,鳌头镇龙角村书记、主任邱某甲,龙角村大一社社长邱某乙等人在接受询问和调查时均称张玉山是涉案水塘的承包人。

第四，邝达尧提供的民事判决书、执行通知书虽能显示邝达尧的银行账户因案件被法院强制执行于2011年被冻结，但上述弃土堆放款项支付给张玉山的时间为2014年和2015年，且邝达尧称张玉山代为收取款项的意见与作为涉案水塘的权利人中塘村大石古经济社所出具的《委托书》的意见相左。

第五，张玉山的笔录因属于作出对本人有利的陈述，其证明力比较弱。张玉山提供的张某甲笔录证言（2015年9月23日），跟张某甲之前一天做的笔录（2015年9月22日）有矛盾。而张某丙、张某己的笔录虽有邝达尧为鱼塘承包者的陈述，但即使综合该两份证据亦不足以推翻公益诉讼人所提交的多份针对案外人甚至包括大石古社155份股份中的部分代表的笔录的证明力。

第六，邝达尧陈述其才是承包人，故其完全可以向法院提交涉案水塘的承包合同以及承包费缴纳等方面的直接证据，但邝达尧却一直未能向法院提供。

因此，公益诉讼人所提交的证据证明力明显大于张玉山、邝达尧所提供的证据的证明力，邝达尧虽自认其是涉案水塘的承包人但不能否定张玉山同为涉案水塘的承包人的事实。故应认定张玉山、邝达尧为涉案水塘的承包人。

《侵权责任法》第65条规定："因污染环境造成损害的，污染者应当承担侵权责任。"最高人民法院《关于审理环境民事公益诉讼案件适用法律若干问题的解释》第18条规定："对污染环境、破坏生态，已经损害社会公共利益或者具有损害社会公共利益重大风险的行为，原告可以请求被告承担停止侵害、排除妨碍、消除危险、恢复原状、赔偿损失、赔礼道歉等民事责任。"本案中，张玉山、邝达尧作为涉案水塘的承包人，准许他人向涉案水塘倾倒垃圾并从中获取利益，使涉案水塘被污染，张玉山和邝达尧应就其行为共同承担相应的民事责任。

8. 涉案水塘是否应恢复至地表水质量标准中的第V类水标准？

最高人民法院《关于审理环境民事公益诉讼案件适用法律若干问题的解释》第20条第1款规定："原告请求恢复原状的，人民法院可以依法判决被告将生态环境修复到损害发生之前的状态和功能。"据此，恢复原状主要是指采取修复措施使生态恢复到损害没有发生时的状态。

本案中，经从化区市容环境卫生管理局在2015年9月19日至10月18日期间受纳填埋处理了从涉案水塘打捞的垃圾以及邝达尧在污染行为被发现后，积极主动对涉案水塘的垃圾进行清理，广州市从化区环境保护局出具的《监测报告》显示涉案水塘的水质在经过治理后确有得到改善。邝达尧在污染发生后，主动采取修复措施对涉案水塘进行环境修复的行为应予以肯定。但张玉山、邝达尧据此就认为涉案水塘已恢复至农田灌溉用水标准，公益诉讼人要求将涉案水塘恢复至农业使用用途的诉讼请求已经实现的意见并不成立。

本案中虽环境保护行政主管部门未对涉案水塘在污染前的水质基线进行确定，且双方均未能提供直接证据证明涉案水塘在受污染前的水质标准。但根据环保专家许振成和孙国萍所提出的涉案水塘地处广州市从化区，而该区是地下水源的涵养区，故涉案水塘为地表水的专家意见，以及涉案《环境损害鉴定评估报告》中载明的“根据历年从化区水资源公报，从水源结构上看，从化区主要为地表水源供水，少量地下水供水。”且张玉山、邝达尧未能举证证明涉案水塘在受污染前为农田灌溉用水，亦未能提供相反的证据推翻上述专家意见及评估报告，故认定涉案水塘在受污染前的水质类别为地表水。

根据《地表水环境质量标准》（GB3838—2002），地表水划分为 5 类，所列的各类水质量标准中最低值为第Ⅴ类，公益诉讼人提出的要求将涉案水塘水质恢复至地表水质量标准第Ⅴ类水标准的诉讼请求应予以支持。张玉山、邝达尧主张涉案水塘水质已恢复至农田灌溉用水标准，公益诉讼人的诉讼目的已实现的抗辩意见依据不足。鉴于涉案水塘的水质恢复至第Ⅴ类水标准需要一个较长的时间，且邝达尧亦已对涉案水塘进行了一定程度的修复使水塘水质有所改善，公益诉讼人确定修复时间需要 3 个月亦无不妥之处。

鉴于环境民事公益诉讼的目的在于被污染的环境得到修复，根据最高人民法院《关于审理环境侵权责任纠纷案件适用法律若干问题的解释》第 14 条第 2 款“污染者在生效裁判确定的期限内未履行环境修复义务的，人民法院可以委托其他人进行环境修复，所需费用由污染者承担”的规定，为确保涉案水塘的水质得到修复，如张玉山、邝达尧逾期未能履行上述修复义务的，法院将选定具有专业资质的机构代为修复，该费用应由张玉山、邝达尧共同承担。

9. 专家辅助人与专家证人有何区别？

环境污染案件专业性较强，涉及土壤污染、非法排污、因果关系、环境修复等大量的技术问题，本案有专家辅助人出庭出具意见。

检察机关向法院申请，由环境保护部华南环境科学研究所原所长、研究员许振成教授和广东省微生物研究所研究员孙国萍作为专家辅助人，从专业、科学的角度对案件的专业问题发表了意见。被告提供的专家辅助人广州市从化区环境监理二所所长助理熊樱当庭表示其不是被告的诉讼辅助人，而是专家证人的身份，并向法庭描述了涉案水塘水质的监测情况。

专家证人与专家辅助人表面相似，但功能存在实质性差别。专家辅助人在诉讼中的功能只是单一协助当事人就有关专门性问题提出意见或者对鉴定意见进行质证，回答审判人员和当事人的询问、与对方当事人申请的专家辅助人对质等活动也是围绕着对鉴定意见或者专业问题的意见展开的。其功能和目的只是辅助当事人充分有效地完成诉讼活动。而专家证人在事实发现上，既要为法庭提供帮助，也要辅助当事人进行诉讼，而辅助法庭事实发现的功能是其最主要和优先的功能。

根据最高人民法院《关于适用〈中华人民共和国民事诉讼法〉的解释》第122条和第123条的规定，当事人可以在举证期限届满前申请一至二名具有专门知识的人出庭，代表当事人对鉴定意见进行质证，或者对案件事实所涉及的专业问题提出意见。具有专门知识的人在法庭上就专业问题提出的意见，视为当事人的陈述。人民法院准许当事人申请的，相关费用由提出申请的当事人负担。人民法院可以对出庭的具有专门知识的人进行询问。经法庭准许，当事人可以对出庭的具有专门知识的人进行询问，当事人各自申请的具有专门知识的人可以就案件中的有关问题进行对质。具有专门知识的人不得参与专业问题之外的法庭审理活动。

10. 涉案水塘受污染期间的环境功能损失费用的金额如何确定？

最高人民法院《关于审理环境民事公益诉讼案件适用法律若干问题的解释》第21条规定："原告请求被告赔偿生态环境受到损害至恢复原状期间服务功能损失的，人民法院可以依法予以支持。"本案庭审中，公益诉讼人明确其诉讼请求中的"环境功能损失费"就是指上述司法解释中所指的"生态环境受到损害至恢复原状期间服务功能损失"。《环境损害鉴定评估推荐方法（第Ⅱ版）》将该损失定义为生态环境损害发生至生态环境恢复到基线状态期间，生态环境因其物理、化学或生物特性改变而导致向公众或其他生态系统提供服务的丧失或减少，即受损生态环境从损害发生到其恢复至基线状态期间提供生态系统服务的损失量。最高人民法院《关于审理环境民事公益诉讼案件适用法律若干问题的解释》第20条和第21条分别规定了"恢复原状"和"赔偿生态环境受到损害至恢复原状期间服务功能损失"，该两条所指向的内容并不重合。同时根据《侵权责任法》第15条规定，"恢复原状"和"赔偿损失"可以并列适用。

现两被告对公益诉讼人请求赔偿生态环境受到损害至恢复原状期间服务功能损失的金额存在争议。对此，应从以下方面进行分析：

第一，最高人民法院《关于审理环境侵权责任纠纷案件适用法律若干问题的解释》第8条规定："对查明环境污染案件事实的专门性问题，可以委托具备相关资格的司法鉴定机构出具鉴定意见或者由国务院环境保护主管部门推荐的机构出具检验报告、检测报告、评估报告或者监测数据。”本案中,针对大石古水塘垃圾倾倒污染事件,广州市从化区国土资源和规划局委托了环境保护部华南环境科学研究所和广东省微生物研究所对涉案污染事件的环境损害进行鉴定评估。虽广东省微生物研究所并未被列入国务院环境保护主管部门推荐的机构的名录中,但环境保护部华南环境科学研究所已被列入该推荐名录中,被告以广东省微生物研究所不具有资质为由认为不能采纳该鉴定评估意见的依据不足。

第二,《环境损害鉴定评估推荐方法(第Ⅱ版)》规定生态环境损害评估方法的选择原则如下:“采用资源等值分析方法或服务等值分析方法应满足以下两个基本条件:a)恢复的环境及其生态系统服务与受损的环境及其生态系统服务具有同等或可比的类型和质量;b)恢复行动符合成本有效性原则。如果不能满足资源等值分析方法和服务等值分析方法的基本条件,可以考虑采用价值等值分析方法。如果替代等值分析方法不可行,则考虑采用环境价值评估方法。以方法的不确定为序,从小到大依次建议采用直接市场价值法、揭示偏好法和陈述偏好法,条件允许时可以采用效益转移法。”“以下情况推荐采用环境价值评估方法:a)……b)由于某些限制原因,环境不能通过修复或恢复工程完全恢复,采用环境价值评估方法评估环境的永久性损害;c)如果修复或恢复工程的成本大于预期收益,推荐采用环境价值评估方法。”附录A“常用的环境价值评估方法”中包括虚拟治理成本法。虚拟治理成本法适用于环境污染所致生态环境损害无法通过恢复工程完全恢复、恢复成本远远大于其收益或缺乏生态环境损害恢复评价指标的情形。

涉案《环境损害鉴定评估报告》在“生态环境损害评估方法选择”上载明:本案中,该水塘由于长期倾倒建筑垃圾和生活垃圾等固体废弃物,水塘中的污染物浓度水平比较高,预计长时间内难以通过一次性的恢复工程完全恢复至基线浓度水平,且恢复成本远远大于其收益,故选择环境价值评估方法中的虚拟治理成本法进行生态环境损害量化核算。由此可见,涉案《环境损害鉴定评估报告》选择虚拟治理成本方法符合《环境损害鉴定评估推荐方法(第Ⅱ版)》中适用环境价值评估方法的b)和c)的情形,被告认为在本案中应适用替代等值分析方法,却未能提供充分依据证明本案符合适用替代等值分析方法的基本条件。

第三,虚拟治理成本法,是指工业企业或污水处理厂治理等量的排放到环境中的污染物应该花费的成本,即污染物排放量与单位污染物虚拟治理成本的乘积。评估机构根据以下数据对生态环境损害费用进行计算:(1)涉案水塘的面积及水深,估算涉案水塘的水量约为2500000吨;(2)涉案水塘曾用于农田灌溉和渔业养殖,参考工业用水和经营服务用水的标准,取污水处理费为1.4元/吨;

(3)取虚拟治理成本的3倍作为水塘环境损害数额值。量化结果为:水塘环境损害额=水塘污水虚拟治理成本×3=水塘受污染水量(吨)×1.4元/吨×3=2500000×1.4×3=1050万元。《突发环境事件应急处置阶段环境损害评估技术规范》中对于地表水的损害而确定原则系根据受污染影响区域的环境敏感度分别乘以1.5~10的倍数作为损害环境数额的上下限值。如前所述,因涉案水塘的水质在受污染前为地表水,考虑到涉案水塘长期受纳的建筑垃圾和生活垃圾产生的环境危害大、时间跨度长等因素,确定以3倍计算环境损害数额并未超出上述规定的范围,在被告未能提供充分的证据推翻上述结论的情况下,对被告要求酌情减少环境功能损失费的意见应不予采纳。

第四,涉案《环境损害鉴定评估报告》不仅对生态环境损害进行量化,确定涉案水塘的生态环境损害费用为1050万元。同时,该报告还对生态修复费用进行评估,估算项目包括曝气设备,植物浮床、建设维护成本,修复方案的费用估算需1250万元。由此可见,本案评估部门采用虚拟治理成本法计算所得出的生态环境损害费用与生态修复费用属于两个不同概念,亦未重复进行计算。因此,公益诉讼人主张张玉山、邝达尧赔偿水塘受污染期间环境功能损失费用人民币1050万元有事实和法律依据。同时,根据最高人民法院《关于审理环境民事公益诉讼案件适用法律若干问题的解释》第24条的规定:"人民法院判决被告承担的生态环境修复费用、生态环境受到损害至恢复原状期间服务功能损失等款项,应当用于修复被损害的生态环境",因此,涉案赔偿的费用应用于修复被损害的生态环境。

预期效果

通过本案例的演练,使学生了解检察机关办理环境民事公益诉讼的程序,熟悉民事公益诉讼的诉讼主体、诉讼请求、证明方法、证据规则,深入思考检察机关提起公益诉讼的诉前程序的法理问题,辨析环境损害赔偿中环境的具体损害和环境服务功能丧失的区别,能够对环境共同侵权进行识别和证明,从而使学生全面掌握检察机关办理公益诉讼案件的流程和方法,明确此类案件应关注的办案重点,厘清办案思路、明确步骤,建立民事公益诉讼事实认定与法律分析之间的基本框架。

教学计划

1. 课前计划:安排学生阅读案例及相关参考资料,对案例所涉及问题进行思考。

2. 课中计划:(1)介绍教学目的,明确讨论主题;(2)分组讨论及回答各项思考题,告知发言要求;(3)小组代表提出撰写要点,学生讨论和分析;(4)教师归纳总结。

3. 课后计划:布置学生进一步思考、归纳公益诉讼的意义、现状、问题,对完善我国公益诉讼制度进行思考,撰写论文。

课堂时间安排

本案例可以作为专门的案例教学课来进行,整个案例课的教学课堂安排 6 个课时,每课时 45 分钟。

思考题和实践题

1. 思考题

(1)什么是社会公共利益? 公共利益、国家利益、个人利益有何区分?
(2)请结合时代背景讨论检察机关提起公益诉讼制度的意义。
(3)与其他公益诉讼起诉主体相比较,由检察机关提起公益诉讼有何优势?
(4)检察机关提起民事公益诉讼的案件范围是什么?
(5)如何理解检察机关提起公益诉讼的身份问题?
(6)如何理解检察机关提起公益诉讼的诉前程序?
(7)检察机关如果不服民事公益诉讼一审判决,如何启动二审程序?
(8)检察机关提起公益诉讼后,法院能否裁定不予受理、驳回起诉?
(9)公益诉讼中,如何限制适用处分原则?
(10)公益诉讼中,如何限制适用辩论主义?
(11)环境民事公益诉讼的举证责任和证明规则有何特殊性?
(12)公益诉讼裁判的既判力应如何理解?
(13)公益诉讼判决如何执行?
(14)公益诉讼有何激励机制?
(15)如何理解公益诉讼与私益诉讼的关系?

2. 实践题

(1)如果你是检察机关的办案人员,在发现公益诉讼案件的线索后,应做好哪些准备工作?如何展开案件的调查?请根据本案材料,编写工作计划。

(2)结合本案案情,代表检察机关撰写民事公益诉讼起诉书。

(3)结合本案案情,为张玉山撰写答辩状、上诉状。

参考文献

1. 江伟、肖建国主编:《民事诉讼法》(第7版),中国人民大学出版社2015年版。
2. 张卫平:《民事诉讼法》(第4版),法律出版社2016年版。
3. 汤维建:《民事检察法理研究》,中国检察出版社2014年版。
4. 陈桂明:《陈桂明教授法学文选》,中国法制出版社2011年版。
5. 贺海仁主编:《公益诉讼的新发展》,中国社会科学出版社2008年版。
6. 叶俊荣:《环境政策与法律》,元照出版有限公司2010年版。
7. 沈德咏主编:《最高人民法院民事诉讼法司法解释理解与适用》,人民法院出版社2015年版。
8. 徐全兵:《检察机关提起公益诉讼有关问题》,载《国家检察官学院学报》2016年第3期。
9. 刘辉、姜昕:《检察机关提起民事公益诉讼试点情况实证研究》,载《国家检察官学院学报》2017年第2期。

撰稿人｜黄旭东,华南理工大学法学院讲师

12 CASE 南海救助局与阿昌格罗斯投资公司海难救助合同纠纷案

| 摘　要 |

本案例以 2016 年 6 月最高人民法院审理的一起具有涉外性质的海难救助合同纠纷为蓝本,围绕备受争议的雇佣救助合同的性质及其适用法律展开,是首个最高人民法院通过司法实践的方式对此类合同予以明确的案例。通过对本案一审、二审和再审的分析,首先,本案先从法律适用的角度出发,根据国际条约与国内法的适用原则,明确《1989 年国际救助公约》和我国《海商法》的适用;进而,根据《1989 年国际救助公约》和我国《海商法》的规定,确定雇佣救助合同的性质;最后,结合以上分析,明确案例中雇佣救助合同的法律适用及其他相关法律制度的适用。本案不仅能够帮助学生了解海商法案件的特点,同时也能够帮助学生理解海难救助的相关法律概念与司法实践,更重要的是通过对本案的分析明晰我国在司法实践中对雇佣救助合同性质和法律适用的规定,对海商法案件的处理具有典型意义。

| 关键词 |

《1989 年国际救助公约》　海难救助　雇佣救助合同　共同海损

| 教学目标 |

本案是典型的具有涉外性质的海商法案件,也是最高人民法院首次在《1989 年国际救助公约》和我国《海商法》的框架下明确雇佣救助合同的性质及其法律适用。因此,本案例教学应着重让学生把握以下四个方面的内容:(1)根据海商法案件的特点,从整体结构上掌握分析海商法案件的方法;(2)了解并掌握国际条约——尤其是国际民商事条约——与我国国内法的关系及其在我国的适用;(3)根据《1989 年国际救助公约》和《海商法》的规定,确定雇佣救助合同的性质;(4)结合司法实践,明确雇佣救助合同的法律适用及其他相关法律制度的适用。

教学案例主文

一、本案事实

（一）本案的当事人

原告（一审原告、二审被上诉人、再审申请人）：中华人民共和国交通运输部南海救助局（以下简称南海救助局）。

被告（一审被告、二审上诉人、被申请人）：阿昌格罗斯投资公司（Archangelos Investments E. N. E.）（以下简称投资公司），其为希腊公司。

（二）海难的发生

投资公司所属“加百利”轮系油轮，船籍国为希腊，登记港为比雷埃夫斯，总吨为40682。“加百利”轮载有卡宾达原油54580吨，自香港开往广西钦州，船上船员26人。2011年8月12日5:00时左右，该轮在琼州海峡北水道6#灯浮附近搁浅，左侧上有3度倾斜，船首尖舱在水位线下已出现裂痕且已有海水进舱，船舶及船载货物处于危险状态，严重威胁海域环境安全。

（三）请求南海救助局救助

事故发生后，投资公司立即授权香港安达欧森有限公司上海代表处（以下简称上海代表处）就“加百利”轮搁浅事宜向南海救助局发出紧急邮件请求救助。于是，8月12日20:40时，上海代表处通过电子邮件向南海救助局提交委托书，委托南海救助局派出“南海救116”轮和“南海救101”轮到现场协助“加百利”轮出浅，承诺无论能否成功协助出浅，均同意按每马力小时3.2元的费率付费，计费周期为拖轮自其各自的值班待命点备车开始起算至上海代表处通知任务结束、拖轮回到原值班待命点为止。“南海救116”轮和“南海救101”轮只负责拖带作业，“加百利”轮脱浅作业过程中如发生任何意外南海救助局无须负责。另，请南海救助局派遣一组潜水队员前往“加百利”轮探摸，费用为：陆地调遣费10000元；水上交通费55000元；作业费每8小时40000元，计费周期为潜水员登上交通船开始起算，到作业完毕离开交通船上岸为止。该委托书的部分原文如下，“……无论是否能成功协助“加百利”轮出浅，我司同意按每马力小时

3.2 元的费率付费给贵局,计费周期为……"

(四)南海救助局实施救助

南海救助局按照委托书的约定,对"加百利"轮实施救助,具体的救助过程如下:

1."南海救116"轮的工作情况

南海救助局所属"南海救116"轮为救助船,总吨为3681,总功率为9000千瓦(12240马力)。"南海救116"轮到达事故现场后,因湛江海事局决定采取过驳减载脱浅方案,"南海救116"轮并未对"加百利"轮实施拖带救助,自8月12日0745时至18日19:20时,该轮根据投资公司的指示,一直在事故现场对"加百利"轮进行守护,共工作155.58小时。

2."南海救101"轮的工作情况

南海救助局所属"南海救101"轮为救助船,总吨为4091,总功率为13860千瓦(18850马力)。8月12日09:30时,"南海救101"轮前往事发海域救助"加百利"轮。该轮驶往事发海域途中,南海救助局于15:19时发邮件至上海代表处,称鉴于"加百利"轮船长坚持根据湛江海事局的意见,选择通过减载方式进行脱浅,建议只留"南海救116"轮在现场作业,"南海救101"轮返航回锚地。15:44时,上海代表处回复邮件称,继之前确认,只留"南海救116"轮在现场,取消"南海救101"轮。15:50时,该轮开始返航,未到达事发现场;23:05时,该轮回到锚地;该轮工作时间共计13.58小时。

3."南海救201"轮的工作情况

南海救助局所属"南海救201"轮为救助船,总吨为552,总功率为4480千瓦(6093马力)。8月13日,投资公司提出租用"南海救201"轮将其两名代表从海口运送至"加百利"轮。南海救助局向上海代表处发邮件称,"南海救201"轮费率为每马力小时1.5元,根据租用时间计算总费用。上海代表处回复确认同意。"南海救201"轮与13日、16日、17日、18日运送相关人员及设备,工作时间共计为24.41小时。

4.潜水队员的工作情况

根据约定,南海救助局安排潜水队员探摸,以确认"加百利"轮受损情况及搁浅状况。8月12日15:00时,潜水队员登上交通船,离开交通船的时间为12日23:00时,潜水队员作业时间为8小时。

为预防危险局面进一步恶化造成海上污染,中华人民共和国湛江海事局(以下简称湛江海事局)决定对"加百利"轮采取强制过驳减载脱浅措施。经湛江海事局组织安排,8 月 17 日,中海发展股份有限公司油轮公司所属“丹池”轮对“加百利”轮上的原油进行了驳卸。18 日,“加百利”轮利用高潮乘潮成功脱浅,之后安全到达目的港广西钦州港,驳卸的原油由“丹池”轮运抵目的港。

(五)有关救助费率的事实

8 月 15 日 14:52 时,上海代表处向南海救助局发出邮件协商相关费用问题,请求:(1)由于雇用“南海救 116”轮及约定每马力小时 3.2 元费率的目的是由该轮进行拖带作业,但事实上该轮仅在现场待命、守候,未参与具体救助工作,不能按原约定费率计算救助费用,故将“南海救 116”轮的救助费率降低为每马力小时 2.9 元。(2)由于“南海救 101”轮在驶往事故现场途中即已根据南海救助局的指示返回,更未实际进行任何拖带作业或其他作业,按原约定费率计算显失公平且极不合理,故取消租用“南海救 101”轮,稍微降低收费并报最低价。(3)潜水作业费用降低为 100000 元。(4)13 日租用“南海救 201”轮的费用为 55000 元。(5)欲租用“南海救 201”轮于 16 日运送潜水员、港口船长及检验师登轮,能否把费率定为每马力小时 1.3 元。

1600 时,南海救助局回复称:“南海救 201”轮费率仍为每马力小时 1.5 元,其他因救助“加百利”轮所产生的费用,稍后再作讨论。

二、本案一审情况

广州海事法院受理南海救助局与阿昌格罗斯投资公司海难救助合同纠纷案,原告南海救助局请求法院判令投资公司向南海救助局支付救助费用 7240998.24 元及其迟延付款利息。

广州海事法院认为:

1. 救助合同的成立及效力

搁浅事故发生后,投资公司的代理人上海代表处向南海救助局发出邮件,要求南海救助局安排两艘拖轮进行救助并称同意南海救助局的报价。此外,上海代表处通过邮件向南海救助局提交委托书,约定了救助所使用的船舶、人力(潜水员)及报酬计付标准等。从往来邮件来看,投资公司与上海代表处对“加百利”轮当时的危险状况是清楚的,上海代表处与南海救助局对相关费率等问题进行了充分的讨论,本案不存在重大误解及乘人之危情形。依照《海商法》(以下简称《海商法》)第 175 条第 1 款关于“救助方与被救助方就海难救助达成协议,救助合同成立”之规定,南海救助局与投资公司之间救助合同成立,该合同并未违反现行法律、法规的强制性规定，合法有效，当事人双方应依约履行。

2. 是否应当追加货主中国联合石油有限公司作为第三人参加诉讼

投资公司申请中国联合石油有限公司参加诉讼的理由是本案系船货遭遇共同危险，依据《海商法》第 183 条的规定，救助报酬的金额应由获救的船舶和其他财产的各所有人按照船舶和其他财产各自的获救价值占全部获救价值的比例承担。一审法院认为，南海救助局系以救助合同为依据诉请投资公司依约定的费率支付救助费用，本案所涉法律关系与投资公司主张的共同海损费用分摊属于不同的法律关系，投资公司追加货主作为第三人参加诉讼的主张不能成立。

3. 南海救助局实施的救助是否符合海难救助的构成要件

"加百利"轮是《海商法》第 3 条所称的"船舶"，是《海商法》所承认的救助标的；"加百利"轮搁浅后，船舶及船载货物处于危险状态，可能发生海洋污染事故，严重威胁海域环境安全，情况紧急，投资公司与上海代表处知悉"加百利"轮处于海上危险的事实；南海救助局派出了"南海救 116"轮、"南海救 101"轮、"南海救 201"轮以及一组潜水队员前往事故现场提供交通、守护等，上述作业是成功救助"加百利"轮的重要组成部分。虽然"南海救 116"轮并没有按原约定从事拖带作业，但其根据船东的安排一直在现场守护至"加百利"轮成功脱险，且《海商法》并未明确规定救助行为的具体形式。因此，南海救助局实施的上述行为属于救助行为。在救助过程中，南海救助局与投资公司的作为或不作为完全出于自愿，不存在《海商法》第 186 条规定的无权获得救助款项的情形。从整个救助过程来看，"加百利"轮成功脱浅，船上全部船员及货物最终安全抵达钦州港，成功获救。据此，南海救助局实施的救助符合海难救助的构成要件，其有权依据《海商法》第 179 条的规定获得相应救助报酬。

4. 救助报酬的数额及利息的确定

(1)"南海救 201"轮的救助费用。"南海救 201"轮每马力小时 1.5 元的费率系南海救助局、投资公司充分协商而达成，一审法院予以确认；该轮三次作业时间共 24.41 小时；因该轮总功率为 6093 马力，依此计算，投资公司就该轮应支付的费用为 223095.20 元。

(2)潜水队员的费用。依投资公司发给南海救助局的委托书，潜水队员作业费的计费周期为潜水员登上交通船开始起算，到作业完毕离开交通船上岸为止。依据该约定，即便潜水员未下水作业，只要其登上交通船，投资公司即应向南海救助局支付潜水队员作业费用 40000 元，加上约定应付的陆地调遣费 10000 元、水上交通费 55000 元，三项费用共计 105000 元。

(3)"南海救 116"轮及"南海救 101"轮的救助费用。投资公司对"南海救

116”轮和“南海救101”轮的总功率及工作时间未提出异议，但认为因两轮未实施实际拖带作业，故原约定的费率应予以调低，可参照《交通部国际航线海上救助打捞收费办法》《交通部港口收费规则》《广东省港口收费规则》三个费率标准予以确定。一审法院认为，投资公司所提出的上述标准，第一个标准已废止，第二个、第三个标准仅适用于港口拖航，故上述标准均不适用于本案。

根据《海商法》第180条的规定，确定报酬时应综合考虑救助方所用的时间、支出的费用和遭受的损失，救助方或者救助设备所冒的责任风险和其他风险等。在实际救助工作中，救助方守护作业的成本消耗、技术要求及责任风险等与拖带作业相比均有一定的差距。根据《海商法》第176条第2项的规定，按照合同支付的救助款项明显过高或者过低于实际提供的救助服务的，诉讼或仲裁过程中法院或仲裁机构可以判决或者裁决变更救助合同。由于“南海救116”轮和“南海救101”轮均未按原约定实施拖带作业，南海救助局主张两轮的救助费率仍按约定的每马力小时3.2元计算。投资公司认为过高，提出异议，一审法院认为应予以调整。一方面，在往来邮件中，投资公司一直要求南海救助局调低该费率，南海救助局邮件回复称：其他因救助“加百利”轮所产生的费用，稍后再作讨论。可见当时南海救助局就该救助费率仍留有可调整的余地。另一方面，投资公司将救助方案变更为过驳减载脱浅并将这一变更告知南海救助局后，仍于15日的邮件中询问南海救助局可否将该轮的救助费率调整为每马力小时2.9元。可见，投资公司在变更救助方案后仍愿意以每马力小时2.9元的费率付费，该费率的确定符合《海商法》鼓励救助的原则。据此，一审法院将“南海救116”轮和“南海救101”轮的救助费率调整至每马力小时2.9元。“南海救116”轮、“南海救101”轮的救助费用相应确定为5522467.68元和742350.70元。

上述“南海救116”轮、“南海救101”轮、“南海救201”轮及潜水队员的救助费用合计6592913.58元。

关于南海救助局请求的救助报酬的利息。南海救助局与投资公司未约定救助报酬的支付期限，事后未达成补充协议，也无法按照合同有关条款和交易习惯确定，依照《合同法》第62条关于“履行期限不明确的，债务人可以随时履行，债权人也可以随时要求履行，但应当给对方必要的准备时间”的规定，一审法院酌情认定完成救助作业后的两个月为准备时间，确定本案救助报酬的利息应从2011年10月19日起，按中国人民银行同期流动资金贷款利率计至判决确定应当支付之日止。

综上，广州海事法院作出(2012)广海法初字第898号民事判决：投资公司向南海救助局支付救助报酬 6592913.58 元,及自 2011 年 10 月 19 日起至判决确定支付之日止按中国人民银行同期流动资金贷款利率计算的利息。

三、本案二审情况

投资公司不服广州海事法院的一审判决,向广东省高级人民法院提起上诉,请求二审法院撤销一审判决,依调整后的费率,按 38.85% 的比例改判投资公司承担相应的责任。

二审法院另查明:"加百利"轮搁浅后,该轮船长立即向湛江海事局进行了汇报,湛江海事局责令该轮船长、船东尽快制定并实施脱浅方案。经研究,该轮船东/船长于事故当日决定选择过驳减载脱浅方案。为此,"加百利"轮船东先后从新加坡、荷兰、中国等地派遣了多名造船师、救助专家、检验师等登轮进行协助和指导。虽然湛江海事局的《"加百利"轮应急过驳脱浅综合保障预案》系于 2011 年 8 月 17 日发布,但过驳减载脱浅方案却是由"加百利"轮船方在 8 月 12 日 14:25 时之前即已明确并被湛江海事局认可。

涉案船舶的获救价值为 30531856 美元,货物的获救价值为 48053870 美元,船舶的获救价值占全部获救价值的比例为 38.85% 。

二审法院认为:

1. 关于涉案海难救助合同的效力

投资公司委托南海救助局派遣"南海救 116"轮和"南海救 101"轮到现场协助"加百利"轮出浅,并约定无论能否成功协助该轮出浅,投资公司均同意按照每马力小时 3.2 元的费率付费;"南海救 116"轮和"南海救 101"轮只负责拖带作业,"加百利"轮脱浅作业过程中如发生任何意外无须南海救助局负责。本案救助过程也显示,南海救助局在参与救助的过程中,实际服从于船方指示。故本案救助系合同救助,救助方按照被救助方的指挥进行救助,不论救助是否有效果,被救助方都应该按照《海商法》第 179 条的规定,根据救助方使用的人力和设备,按约定支付报酬。一审判决以"加百利"轮成功脱浅、救助效果良好作为本案救助报酬的取得依据之一,属适用法律不当。

2. 关于南海救助局请求的救助报酬是否合理

涉案委托书记载投资公司委托南海救助局派遣拖轮到现场协助"加百利"轮出浅,同时记载"南海救 116"轮和"南海救 101"轮只负责拖带作业。拖带出浅和过驳脱浅是两种不同的、独立的救助方式,过驳脱浅救助并不必然需要拖轮的守护。此外,投资公司请求南海救助局派遣"南海救 116"轮和"南海救 101"轮进行救助时尚未确定使用过驳减载脱浅方案,结合委托书的文义,应认定投资公司请求派遣拖轮到现场的目的是以拖轮合适的作业方式救助“加百利”轮脱浅,而非待命协助出浅。因拖轮抵达现场之后,投资公司救助方案发生变化,导致拖轮及潜水人员都未实际从事合同约定的救助作业,投资公司以南海救助局未实际实施合同约定的救助事项为由请求变更救助合同,于法有据。鉴于一审已根据投资公司的诉请,综合考虑《海商法》第 180 条规定的因素对涉案救助报酬进行了调整,二审法院不再另行调整。各方当事人对依据一审判决认定的救助报酬基数 6592913.58 元无异议,予以确认。

3. 投资公司是否可以仅按船舶获救价值占全部获救价值的比例承担涉案救助报酬

《海商法》第 175 条规定:“……遇险船舶的船长有权代表船舶所有人订立救助合同。遇险船舶的船长或者船舶所有人有权代表船上财产所有人订立救助合同。”《海商法》第 183 条规定:“救助报酬的金额,应当由获救的船舶和其他财产的各所有人,按照船舶和其他各项财产各自的获救价值占全部获救价值的比例承担。”在上述规定的适用上,《海商法》并未对不同类型的救助作出区分,故本案合同救助亦应适用。船舶在海上遇险,要求船舶所有人或船长亲自签订救助合同,不利于及时展开救助,也不符合海运实践。《海商法》第 175 条规定的两个法定代表权,与代理制度并不相悖,故南海救助局关于本案救助合同并非由“加百利”轮船长或船东签订、上海代表处从未向南海救助局披露其代表货主、本案不适用《海商法》第 175 条的理由均不能成立。

根据《海商法》第 172 条、第 179 条的规定,救助报酬是救助款项的一种形式,在合同救助中,救助方与被救助方可以对包括救助报酬形式在内的救助款项作出约定,南海救助局关于救助报酬仅适用于“无效果无报酬”救助合同的主张缺乏依据。双方约定的是被救助方对救助方的履约行为给予的经济回报,该约定费用应属于救助报酬,依法应适用《海商法》第 183 条的规定。故投资公司可仅按照船舶获救价值占全部获救价值的比例 38.85% 向南海救助局承担救助报酬,投资公司应负担的救助报酬为 2561346.93 元。投资公司未向南海救助局支付救助报酬,构成违约,南海救助局请求其支付迟延付款利息于法有据,应予支持。

广东省高级人民法院作出(2014)粤高法民四终字第 117 号民事判决,撤销一审判决;投资公司向南海救助局支付救助报酬 2561346.93 元及其自 2011 年 10 月 19 日起至判决确定的支付之日止按中国人民银行同期流动资金贷款利率计算的利息。

四、本案再审情况

南海救助局不服广东省高级人民法院的二审判决,向最高人民法院申请再审,请求撤销二审判决,判令投资公司向其支付救助合同项下费用6592913.58元并支付相应利息。

(一)南海救助局认为

1. 按比例支付救助费用不符合合同法规定

投资公司委托书载明:无论能否成功协助"加百利"轮出浅,投资公司同意按每马力小时3.2元的费率付费,表明双方已提前就费率计算等作出了约定,而南海救助局亦依约提供了救助、守护、交通等服务,双方合同已依法成立并履行。二审法院仅判令投资公司支付38.85%的救助费用,违反了合同的相对性,也与合同义务应全面履行之基本原则不符。

2. 申请再审提交的新证据可以证明投资公司应付全部救助费用

南海救助局申请再审时提交的《海损担保函》可以证明,货物的保险人已于2011年8月18日就承担货物所有人应分担的救助费用作出保证,但二审判决未查明这一事实,仅判令投资公司支付部分合同费用,使得船方和货方最终应承担的救助费用减少,也不利于实现《1989年国际救助公约》(以下简称《救助公约》)鼓励海上救助作业的宗旨。该证据足以推翻二审判决。

3. 南海救助局理应获得全部救助费用

作为国家专业海上救助机构的南海救助局,既然参与了"加百利"轮的救助,就有权依据约定获得合同项下的全部救助报酬。二审判决剥夺了南海救助局依约应得的合法权益,与鼓励海上救助之社会公共利益不符。

(二)投资公司认为

投资公司请求驳回南海救助局的再审申请,维持二审判决。理由如下:

1. 按比例承担救助报酬符合《救助公约》和《海商法》的规定

二审法院判决投资公司按船舶获救价值占全部获救价值的比例承担救助报酬,恪守了合同相对性原则,适用法律正确。首先,《救助公约》第6条和《海商法》第175条赋予了船长和船舶所有人两个法定代表权。涉案救助合同是由投资公司代表货方一并与南海救助局订立,投资公司和货方均为合同甲方;其次,《海商法》第183条并未明确规定其所规范的报酬只适用于"无效果无报酬"救助合同而不适用于雇佣救助合同,南海救助局应获取的救助报酬属于《海商法》第183条的调整范围。《海商法》第179条关于"或者合同另有约定外"之但书部分的规定,已对雇佣救助进行了制度设计和规范,救助人和被救助人可以通过约定使救助报酬的获得与否不与救助效果挂钩,无论救助成功与否,救助人均可按约定的固定费率主张救助款项(包括救助报酬、酬金或补偿)。本案救助为财产救助,南海救助局获得的应是、也只能是《海商法》所规定的救助报酬。

2. 南海救助局提交的新证据不属于新证据且无证明力

救助伊始或本案诉讼提起之前,至迟于本案二审庭审结束前,南海救助局应发现《海损担保函》的存在,但南海救助局直至二审结束后才发现该证据,系其主观过失而非客观原因所致,该证据不属于新证据。即使《海损担保函》属于新证据,南海救助局基于该证据要求投资公司全额支付救助报酬毫无依据。因为二审判决是基于船舶获救价值的比例判令投资公司支付其自身应分摊的部分,不涉及《海损担保函》所担保的应由货方分摊的部分。《海损担保函》和二审判决并未要求船方代货方垫付救助报酬,也没有剥夺南海救助局要求货方按比例支付救助报酬的权利,亦未免除货方的此项义务。

3. 共同海损与海难救助是两项独立的制度

共同海损与海难救助是两项独立的制度,不能依共同海损理算规则剥夺投资公司仅需按比例支付救助报酬的法定权利。

4. 变更救助方案属于情势变更

因湛江海事局指示将救助方案从拖带脱浅变更为过驳减载脱浅,若继续依原先约定的针对拖带作业的费率(每马力小时3.2元)计费,将显失公平。根据情势变更原则,该费率应予以变更或调整。

(三)最高人民法院认为

本案系海难救助合同纠纷。中华人民共和国加入了《救助公约》,《救助公约》所确立的宗旨,即鼓励对处于危险中的船舶和其他财产,以及对环境安全构成威胁的事件进行及时有效的救助,同时确保对实施救助作业的人员给予足够的鼓励,本案应予遵循。涉案事故发生后,投资公司及时寻求救助,南海救助局按照约定积极参与救助,对避免海洋污染事故的发生发挥了作用,值得倡导。

1. 南海救助局提交的证据材料不是法律规定的新的证据

南海救助局申请再审期间,向本院提交了中国人民财产保险股份有限公司北京市分公司(以下简称人保财险北京公司)出具的《海损担保函》,目的在于证明投资公司在向南海救助局支付报酬后,可以从人保财险北京公司处获得补偿,认为该证据足以推翻二审判决。投资公司和上海代表处庭审质证称,对该证据材料的真实性、合法性无异议,但认为该证据材料不是新的证据,对其证明效力不予认可。

本院认为,该证据材料系人保财险北京公司针对“加百利”轮船东和其他可能的航程利益相关方而出具,该证据材料虽对本院了解案涉救助款项承担的相关情况有所帮助,但与本案当事人争议的救助报酬问题并无直接关联,本院不予采纳。

2. 如何理解《救助公约》和《海商法》所规定的救助合同

海难救助是一项传统的国际海事法律制度,《救助公约》和《海商法》对此作了专门规定。《海商法》第 9 章关于海难救助的规定,借鉴吸收了《救助公约》的主要内容。《救助公约》第 12 条、《海商法》第 179 条规定了“无效果无报酬”的救助报酬支付原则,《救助公约》第 13 条、《海商法》第 180 条及第 183 条在该原则基础上进一步规定了报酬的评定标准与具体承担方式。上述条款是对当事人基于“无效果无报酬”原则确定救助报酬的海难救助合同的具体规定。与此同时,《救助公约》和《海商法》均允许当事人对救助报酬的确定另行约定。因此,在《救助公约》和《海商法》规定的“无效果无报酬”救助合同之外,还可以依当事人的约定形成雇佣救助合同。

3. 本案所涉合同的性质及法律适用

根据本案查明的事实,投资公司与南海救助局经过充分磋商,明确约定无论救助是否成功,投资公司均应支付报酬,且“加百利”轮脱浅作业过程中如发生任何意外,南海救助局无须负责。依据该约定,南海救助局救助报酬的获得与否和救助是否有实际效果并无直接联系,而救助报酬的计算,是以救助船舶每马力小时,以及人工投入等事先约定的固定费率和费用作为依据,与获救财产的价值并无关联。因此,本案所涉救助合同不属于《救助公约》和《海商法》所规定的“无效果无报酬”救助合同,而属雇佣救助合同。

关于雇佣救助合同下的报酬支付条件及标准,《救助公约》和《海商法》并未作具体规定。一、二审法院依据《海商法》第 180 条规定的相关因素对当事人在雇佣救助合同中约定的固定费率予以调整,属适用法律错误。本案应依据《合同法》的相关规定,对当事人的权利义务予以规范和确定。

4. 关于南海救助局诉请的救助报酬数额如何确定

对于南海救助局诉请的救助报酬数额,投资公司主张,其应依照《海商法》第 183 条的规定,按照船舶获救价值占全部获救价值的比例承担救助报酬。本院认为,《海商法》第 183 条应适用于“无效果无报酬”的救助合同,而案涉合同属雇佣救助合同,南海救助局以其与投资公司订立的合同为依据,要求投资公司全额支付约定的救助报酬并无不当。

投资公司还提出，本案救助方案由此前的拖带作业、探摸作业变更为过驳减载，符合情势变更的有关情形，此前约定的救助报酬费率应予调整。本院认为，最高人民法院《关于适用〈中华人民共和国合同法〉若干问题的解释（二）》第26条规定："合同成立以后客观情况发生了当事人在订立合同时无法预见的、非不可抗力造成的不属于商业风险的重大变化，继续履行合同对于一方当事人明显不公平或者不能实现合同目的，当事人请求人民法院变更或者解除合同的，人民法院应当根据公平原则，并结合案件的实际情况确定是否变更或者解除。"本案救助方案的调整并非基于客观情况的重大变化，而是包括当事人在内的相关方协商讨论的结果，且合同的继续履行对于投资公司并非明显不公平或者不能实现合同目的，救助方案的调整并不属于法律意义上的情势变更。投资公司以此主张降低约定的费率和费用，缺乏事实和法律依据，本院不予支持。

教学指导手册

教学目标

本案是典型的具有涉外性质的海商法案件，也是最高人民法院首次在《1989年国际救助公约》和《海商法》的框架下明确雇佣救助合同的性质及其法律适用。因此，本案例教学应着重让学生把握以下四个方面的内容：(1)根据海商法案件的特点，从整体结构上掌握分析海商法案件的方法；(2)了解并掌握国际条约，尤其是国际民商事条约与我国国内法的关系及其在我国的适用；(3)根据《1989年国际救助公约》和我国《海商法》的规定，确定雇佣救助合同的性质；(4)结合司法实践，明确雇佣救助合同的法律适用及其他相关法律制度的适用。

教学内容

1. 什么是海事诉讼管辖，本案中海事诉讼管辖是如何被适用的？

海事诉讼管辖，是指海事法院与上级人民法院之间，以及各海事法院相互之间，受理第一审海事案件的分工和权限，也即确定哪些第一审海事案件由海事法院或者上级人民法院受理，哪些第一审海事案件由哪个地方的海事法院受理。海事诉讼管辖具有专门性、涉外性，不以行政区划为依据三个特点。

根据最高人民法院《关于海事诉讼管辖问题的规定》第72条的规定,海难救助纠纷案件应由海事法院受理,是故本案应由海事法院专门管辖。同时,涉案事故船舶"加百利"轮的被救助地属广州海事法院的管辖范围,依照《民事诉讼法》第31条的规定,广州海事法院对本案有管辖权。

2.《1989年救助公约》的特点

1989年国际海事组织于伦敦通过了《1989年国际救助公约》(以下简称《救助公约》)。该公约是在《1910年救助公约》的基础上修改并制定完成的。该公约最重要的目的是修改原公约关于救助作业的规定,以便更好地保护海洋环境和鼓励救助人对遇险油轮和其他海上财产进行救助。《救助公约》不仅保持了《1910年救助公约》规定的海上救助人与被救助人的权利、义务和海上救助应遵循的基本原则,公约还扩大了其适用范围、增设了特别补偿条款、增设了船长有权代表船货双方签订救助合同的条款及被救方的义务条款等内容。我国《海商法》第九章就是我国现行有效的海上救助法。它采纳了《救助公约》"无效果无报酬"原则、"无效果无报酬"例外原则、救助海上人命原则和无偿救助人命例外原则等,除了极少数条款以及个别措辞上的差异,《海商法》的实质内容基本是《救助公约》的"翻版"。

3.缔约国如何适用国际条约?

一国以何种方式适用条约,制定何种国内法加以保障,是该国依据主权而确定的,即便一国的国内法与其签订的已生效条约不一致,其国家机关也需按国内法执行,由该国为其国家机关做出的违反国家法的行为对外承担国际责任,因为国际法对此并无统一规定。因此,我们可以将国际条约并入一国法律体系的方式分为两类:一元论的方式和二元论的方式。(1)一元论的方式是整体纳入法,通过概况性的宪法、法律规定或习惯规则,将在国际法上对一国生效的条约全部并入该国的体系。采取此种方式的国家,其签署的条约按照国际法原则对其生效的时间与其在国内法上生效的时间是相同的,该条约缔约程序的完成与其国内法上的条约生效程序时间也是相似的,因此,一旦条约生效即对该国生效,同时,其国内不需要任何特别程序,该条约即成为其国内法的一部分。(2)二元论的方式是个别转化法,通过具体的立法或法令,将需要在国内实施的国际条约有选择地、个别地并入本国法律体系。采取此种方式的国家,通过国内立法机关颁布立法或命令有选择地将需要在国内执行的国际条约个别地并入该国法律体系,在性质上将国际条约转化为国内法。

《宪法》和《缔结条约程序法》等法律法规都未对条约适用方式进行原则性

规定，但无论是从我国的宪法、法律、司法解释以及对外声明中的一致的规定或内容来看，还是从我国缔结和履行国际条约的实际情况来看，我国采取的是“混合适用”的模式，即在需要适用某一或某类国际条约时，直接进行适用，或者制定一项法律将该项条约转化为中国国内法律，间接地予以适用。

4. 国际民商事条约在我国的适用及本案的法律适用

由于国际民商事条约不同于公法性质的国际条约，对消除因各国民商法的歧异而给各国民商事活动造成的障碍起到了积极作用，其在实践中的适用相对频繁，有效地解决了大量国际民商事纠纷。我国对国际民商事条约采取直接适用的方式，根据我国立法的要求和司法审判的实践，主要体现为三类方式：(1)我国法律以规定国际条约调整的事项不再适用国内法的方式表明条约的直接适用性；(2)我国法律以规定国际条约与中国法律冲突时优先适用国际条约的方式表明条约的直接适用性；(3)我国最高人民法院通过关于国际条约的多项司法解释以及适用案例表明在民商事审判中普遍支持条约的直接适用性。

本案中，由于各方当事人在庭审中均选择适用中华人民共和国法律，根据《涉外民事关系法律适用法》第 3 条的规定，应适用中华人民共和国法律作为处理该案实体争议的准据法。《海商法》作为调整海上运输关系、船舶关系的特别法，应优先适用。《海商法》没有规定的，适用《合同法》等相关法律的规定。同时，《宪法》没有对国际法和国内法的关系、国际条约在我国法律体系中的地位作出原则性规定。《涉外民事关系法律适用法》也没有对国际条约、国际惯例的适用作出规定。该案系一起典型的涉外海事案件，依据最高人民法院《关于适用〈中华人民共和国涉外民事关系法律适用法〉若干问题的解释(一)》第 4 条的规定，人民法院应当根据《海商法》第 268 条第 1 款的规定予以适用，即“中华人民共和国缔结或者参加的国际条约同本法有不同规定的，适用国际条约的规定；但是，中华人民共和国声明保留的条款除外。”我国和希腊均是《救助公约》的缔约国。因此，本案可适用《救助公约》和《海商法》。

5. 什么是海难救助及海难救助的类型

海难救助(Salvage at sea)是一项古老的国际海事法律制度，是指救助方对在海上或与海相通的可航水域遭受危险的船舶、货物以及其他财产自愿进行的救助。海难救助一般分为“纯救助”与“合同救助”两种基本形式。

(1)纯救助(pure salvage)，是指救助人在没有法定义务和合同义务的前提下，主动地对海上遇险财产实施的救助。例如，在遇险船的船员弃船逃生，船舶处于无人控制的状态下，或者在遇险船船员依靠自身的努力无法脱险的情况下，由一艘偶然经过的船舶对其实施了救助。海难救助制度原本就是从这种自愿救助的形态上发展起来的。

(2)合同救助(contractual salvage)，是指基于救助方和遇险财产的所有人之间订立的协议所进行的救助。从国际海难救助领域的实践来看，合同救助有两种基本的形式："无效果无报酬"救助合同和雇佣救助合同。

"无效果无报酬"(no cure, no pay)救助合同，是指以救助取得的实际效果确定救助报酬的协议。在国际海难救助领域，无效果无报酬的合同是被业界普遍使用的一种合同格式。由"无效果无报酬"的原则所决定，即使救助方和遇险方事先约定了救助报酬的数额，该数额也不能绝对地约束合同的当事方，换言之，法院有权依据救助效果的有无和大小，对报酬的数额加以调整甚至取消。

雇佣救助合同(contract of employment salvage)，又称实际费用救助合同，是指由救助方与海上遇险财产的所有人签订的，由救助方提供救助服务，并由遇险财产的所有人根据救助方所投入的人力和设备，按照救助所用的时间支付报酬的救助协议。有时，当事方还约定，如果救助成功，或者在约定的期限内成功，可按比例增加报酬。此种救助合同的根本特征是：不论救助有无效果，获救方均应按照约定支付报酬。从传统海商法的意义来讲，雇佣救助也是合同救助的一种。

6. 雇佣救助合同的特点

雇佣救助合同与"无效果无报酬"的海难救助合同有着显著的区别，就其本质属性而言，虽然雇佣救助合同体现了海上雇佣劳务合同的性质，但作为一种特殊的海难救助方式，其具备以下四个特点：(1)以救助方提供的一般性救助劳务为合同标的；(2)关于救助报酬的具体数额或计算救助报酬的方法有着明确的约定，通常按照救助方所提供的人力、物力与时间，采用"日租式"或"一揽子"的计算方式；(3)在实施救助时，救助指挥权在遇险的一方，而非救助方；(4)无论救助活动是否取得效果，被救助方都必须根据合同约定向救助方支付报酬。由于雇佣救助合同有以上特点，对其是否属于海难救助合同存在极大的争议，本案的核心争议点也即雇佣救助合同的性质究竟为何。

7. 雇佣救助合同是否属于海难救助合同？

"无效果无报酬"原则是海难救助法律制度中一项历史悠久的原则，是当今海难救助活动中应用最为普遍的原则，无论是《救助公约》还是《海商法》都体现了这一原则。然而，雇佣救助合同不以效果为依据，只要实施了救助就必须根据合同约定支付报酬,这点与"无效果无报酬"原则泾渭分明,因此,在理论界和实务界对雇佣救助合同的性质问题一直莫衷一是,有的观点认为其属于海难救助合同,有的观点认为其属于海上服务,不属于海难救助合同。最高人民法院通过对本案的审理,明确了雇佣救助合同属于海商法下海难救助合同的一种。

首先,从具体的法律条文进行判断。《救助公约》第 6 条"救助合同"第 1 款所规定的"除合同另有明示或默示的规定外,本公约适用于任何救助作业"明确了合同优先适用。《海商法》第 171 条规定了第 9 章"海难救助"的适用范围:"本章规定适用于在海上或者与海相通的可航水域,对遇险的船舶和其他财产进行的救助。"雇佣救助合同即是救助方依据被救助方的请求实施救助,以通过救助解除海上危险为目的,本案中投资公司与南海救助局订立的雇佣救助合同完全符合海难救助的适用范围。此外,《海商法》第 179 条规定:"救助方对遇险的船舶和其他财产的救助,取得效果的,有权获得救助报酬;救助未取得效果的,除本法第 182 条或者其他法律另有规定或者合同另有约定外,无权获得救助款项。"其中,"合同另有约定外"的措辞表明法律已经确认"无效果,无报酬"的原则可以通过合同约定予以排除。《救助公约》和《海商法》均为雇佣救助的存在提供了空间。

其次,既然《救助公约》和《海商法》都已经确认"无效果,无报酬"的原则可以通过合同约定予以排除,那么《救助公约》所提到的"本公约适用于任何救助作业"中的"救助作业"是否属于雇佣救助范畴?《救助公约》中为"救助作业"确立的定义是:在"可航水域或其他水域中援救处于危险中的船舶或任何其他财产的行为或活动"。这一条款包含了三个构成要件:其一,救助活动须发生于海上或与海相通的可航水域;其二,被救财产须处于危险当中;其三,救助标的物是船舶或其他财产。如果当事方订立了雇佣救助合同,则应按照救助方投入的人力、设备和使用的时间收取报酬,而不论救助有无效果,条件是该项雇佣救助必须是对处于危险中的财产所进行的。我国作为《救助公约》的缔约国,在《海商法》中虽然未对"救助作业"明确定义,但界定了海难救助制度的适用范围。此种规定虽然在语言表述上与公约的规定有所差别,但在实际上与公约中关于"海难救助"的定义条款具有殊途同归的效果。本案中,针对以上三个要件衡量南海救助局对"加百利"轮的救助,可以认为,该项救助作业符合海难救助的法定条件,理由有三:第一,救助发生在琼州海峡,符合海难救助法适用的地理范围;第二,船舶遭遇的是搁浅事故,彼时船上有船员 26 人,并载有五万余吨原油,无论是船舶、船员、船上的货物抑或是海洋环境,均处于危险当中,符合海难救助的前提条件。第三,在救助作业中,救助人救助的船舶及其所载的原油,属于法律认可的救助标的。

再次,雇佣救助仍是由通过救助解除海上危险为目的,且赋予救助人与被救助人之间衡平的结果、效益的保证。当签订合同的当事人中不包括货物所有人时,货物所有人与受雇人之间根据服务的性质构成了纯救助的形态,因此雇佣救助是海难救助领域的一种特别形态。即便为特别形态,其仍然属于一种合同救助,具有契约的性质,只不过这种合同采取的不是通常的"无效果无报酬"的救助合同形式。如果说其具有雇佣劳动的性质,主要是因为雇佣救助作业的指挥权在被救助方且所有风险均由被救助人承担,因此也可以说雇佣救助合同属于合同中的一种——劳务合同。

最后,根据《救助公约》所确立的宗旨,即鼓励对处于危险中的船舶和其他财产,以及对环境安全构成威胁的事件进行及时有效的救助,同时确保对实施救助作业的人员给予足够的鼓励。同时,国际海事组织为海事立法确立的目标是:"让海洋更清洁,让航行更安全,维护公平、合理、安全的海上经济秩序。"无论是《救助公约》的宗旨还是海事立法的目标都与雇佣救助相契合,如果把雇佣救助排除在海难救助之外,将割裂海难救助体系的完整性,对救助方和被救助方都将是一种打击,以上的宗旨和目标都将无法实现。

因此,无论是在理论上还是在法律上,均没有理由将雇佣救助合同下的救助排除在海难救助的范畴之外。

8. 投资公司与南海救助局的所签订的雇佣救助合同是否应适用《救助公约》和《海商法》?

在我国《海商法》的体系和框架之内,关于雇佣救助合同的法律适用存在一对基本的矛盾:一方面,就制度的总体设计而言,由于雇佣救助符合海难救助的基本概念,故没有理由将其排除在海难救助法的适用范围之外;另一方面,从具体的制度设计来看,由于立法中将救助合同局限于"无效果无报酬"合同这种单一的形式,使雇佣救助在适用海难救助法时遇到了不易克服的障碍。针对目前这种制度架构,在司法中只能采取分段适用的方法,即在合同性质的认定上适用《海商法》的规定,但在报酬的确定和支付方式上,可适用《合同法》的规定。具体而言,对于雇佣救助合同,首先,在不与强制性法律规范冲突的情形下,雇佣救助合同约定的条款将取代《救助公约》和《海商法》的相关规定,这也是合同自由原则和海难救助自愿原则的体现;其次,如果需要适用相关法律对合同内容进行调整或解释时,此时应适用《合同法》的规定,而非《救助公约》和《海商法》。

本案中,投资公司与南海救助局经过充分磋商,明确约定无论救助是否成功,投资公司均应支付报酬,且“加百利”轮脱浅作业过程中如发生任何意外,南海救助局无需负责。依据该约定,南海救助局救助报酬的获得与否和救助是否有实际效果并无直接联系,而救助报酬的计算,是以救助船舶每马力小时,以及人工投入等事先约定的固定费率和费用作为依据,与获救财产的价值并无关联。因此,本案所涉救助合同不属于《救助公约》和《海商法》所规定的“无效果无报酬”救助合同,而属雇佣救助合同,应依据《合同法》的相关规定,对当事人的权利义务予以规范和确定。

9.《海商法》第 179 条在一审、二审中是如何被适用的?

一审法院在确定南海救助局实施的救助是否符合海难救助的构成要件时,认为南海救助局实施的救助符合海难救助的构成要件,其有权依据《海商法》第 179 条的规定获得相应救助报酬。但是二审法院在认定涉案海难救助合同的效力时,认为本案救助系合同救助,救助方按照被救助方的指挥进行救助,不论救助是否有效果,被救助方都应该按照《海商法》第 179 条的规定,根据救助方使用的人力和设备,按约定支付报酬。虽然一审与二审法院都认定了涉案合同为海难救助合同,而且同时适用了《海商法》第 179 条,但二审法院认为一审法院适用该条属适用法律不当。

《海商法》第 179 条规定:“救助方对遇险的船舶和其他财产的救助,取得效果的,有权获得救助报酬;救助未取得效果的,除本法第一百八十二条或者其他法律另有规定或者合同另有约定外,无权获得救助款项。”本条款吸收借鉴了《救助公约》的内容,主要对救助报酬的支付原则进行了规定。二审法院之所以认为一审法院适用不当,是因为本条实则包含两类情况:第一种为“无效果无报酬”的海难救助合同下的报酬,如有效果则获得报酬,如无效果且除第 182 条规定的特别补偿外,则无权获得;第二种为非“无效果无报酬”的海难救助合同下的报酬,不以救助效果为依据,根据合同的约定或其他法律的规定获得救助报酬。由于一审法院错误地认为涉案合同是“无效果无报酬”的海难救助合同,南海救助局又成功地实施了救助,获得了效果,因此应根据《海商法》第 179 条关于“无效果无报酬”的海难救助合同的规定确定救助报酬。可见,一审法院首先对合同性质的认定出现了错误,进而将救助报酬按照“无效果无报酬”的海难救助合同进行确定。二审法院虽然仍适用了《海商法》第 179 条,但是其对本条的理解与适用并未发生错误,因为其认为应涉案合同属于本条规定的非“无效果无报酬”的海难救助合同,不必考虑救助是否有效果,应按约定支付报酬。

10. 海难救助报酬应如何确定?

海难救助报酬不仅是对救助方救助服务的补偿,而且是基于公共政策的考虑,赋予海难救助成功者的一笔丰厚"奖励"。确定救助报酬应当遵循鼓励海难救助的原则,鼓励保护海洋环境的原则,适当兼顾被救助方的原则。在考量救助报酬的具体因素时,根据《救助公约》第 13 条第 1 款和《海商法》第 180 条第 1 款的规定,应综合考虑下列各项因素:(1)船舶和其他财产的获救的价值;(2)救助方在防止或者减少环境污染损害方面的技能和努力;(3)救助方的救助成效;(4)危险的性质和程度;(5)救助方在救助船舶、其他财产和人命方面的技能和努力;(6)救助方所用的时间、支出的费用和遭受的损失;(7)救助方或者救助设备所冒的责任风险和其他风险;(8)救助方提供救助服务的及时性;(9)用于救助作业的船舶和其他设备的可用性和使用情况;(10)救助设备的备用状况、效能和设备的价值。除了成文法的规定外,在司法实践中确定报酬数额时,还会采取以下两种不同的方法:(1)参照国际上相关海难救助仲裁案件的结果,按照获救财产价值的一定比例来确定;(2)在救助方成本费用的基础上酌情提高。需要指出的是本题所指的救助报酬是"无效果无报酬"的合同救助下的救助报酬,不包括雇佣救助合同下的救助报酬。

11. 雇佣救助合同下的救助报酬应如何确定?

由于《救助公约》和《海商法》均建立在"无效果无报酬"的救助合同项下,所以该规则并不适用于雇佣救助合同。虽然根据《救助公约》和《海商法》的规定可以明确雇佣救助合同仍然属于合同救助的一种,但在确定雇佣救助合同项下的报酬时,《救助公约》和《海商法》均未作具体规定,因此应依据《合同法》的相关规定,对当事人的权利义务予以规范和确定。

再审中,投资公司曾请求依据《海商法》第 176 条的规定对救助款项予以调整。《海商法》第 176 条规定了受理争议的法院或者仲裁机构可以判决或者裁决变更救助合同的两种情形。第一种情形是合同在不正当的或者危险情况的影响下订立,合同条款显失公平的。这一条件比我国《合同法》第 54 条规定的条件更为严格。本案中显然不应适用。第二种情形是根据合同支付的救助款项明显过高或者过低于实际提供的救助服务的。然而,支付的救助款项是否明显过高或过低于实际提供的救助服务,不应仅仅与救助活动所支付的成本费用进行比较,而应当综合考虑《海商法》第 180 条规定的确定救助报酬所需要考虑的十项因素,同时,本条也参照了《救助公约》第 7 条的规定。从立法本意看,《救助公约》和《海商法》所规定的救助款项变更,针对的均是"无效果无报酬"合同。

雇佣救助合同下的救助报酬,往往低于“无效果无报酬”合同下的救助报酬。因此,即使能够适用《海商法》第 176 条的规定,也很难得出救助款项明显过高于实际提供的救助服务。

12. 本案再审中,投资公司认为变更救助方案属于情势变更是否成立?

情势变更原则,是指合同有效成立后,因不可归责于双方当事人的事由发生情势变更而使合同的基础动摇或者丧失,若继续维持合同会显失公平,因此允许当事人通过协商或者司法程序变更合同内容或解除合同的原则。最高人民法院《关于适用〈中华人民共和国合同法〉若干问题的解释(二)》第 26 条对情势变更原则进行了规定:“合同成立以后客观情况发生了当事人在订立合同时无法预见的、非不可抗力造成的不属于商业风险的重大变化,继续履行合同对于一方当事人明显不公平或者不能实现合同目的,当事人请求人民法院变更或者解除合同的,人民法院应当根据公平原则,并结合案件的实际情况确定是否变更或者解除。”情势变更原则实质上就是在法律的框架下,由双方当事人来分担由于异常损害所造成的风险,以求公平。引用情势变更条款应当具备的条件如下:现实性上,应有情势变更的事实,也就是合同赖以存在的客观情况确实发生变化。突发性上,情势变更,须为当事人所不能预见的。原因上,情势变更的发生不可归责于双方当事人。也就是由不可抗力、正常商业风险以外的其他意外事故所引起。时间上,情势变更的事实发生于合同成立之后,履行完毕之前。后果上,继续维持合同效力,则会对一方当事人显失公平。

本案中,救助方案的调整不是因为客观情况发生了重大变化,而是包括当事人在内的相关方协商讨论的结果,同时湛江海事局决定对“加百利”采取强制过驳减载脱浅措施,其目的是为了预防危险局面进一步恶化造成海上污染。南海救助局一直在事故现场对“加百利”轮进行守护。合同的继续履行对于投资公司并非明显不公平或者不能实现合同目的,救助方案的调整并不属于法律意义上的情势变更。投资公司以此主张降低约定的费率和费用,缺乏事实和法律依据。

13. 最高人民法院为何不同意二审法院依据海难救助报酬的分摊做出的按比例承担救助报酬?

《救助公约》第 13 条第 2 款规定:“按照第 1 款确定的报酬应由所有的船舶和其他财产利益方按其获救船舶和其他财产的价值比例进行支付,但是缔约国可在其国内法中做出规定,报酬须由这些利益方中的一方先行支付,该利益方有权向其他利益方按其分摊比例进行追偿。本条中的任何规定均不影响抗辩权。”当同一救助具有两个或多个被救助方时,各被救助方对应向救助方支付的救助报酬不承担连带支付责任,各被救助方按照各自的获救财产价值的比例向救助方支付救助报酬,除非国内法另有规定。我国《海商法》根据《救助公约》的内容,制定了我国的救助报酬分摊规则,即《海商法》第 183 条:“救助报酬的金额,应当由获救的船舶和其他财产的各所有人,按照船舶和其他各项财产各自的获救价值占全部获救价值的比例承担。”

本案中,二审法院认为依涉案合同约定的是被救助方对救助方的履约行为给予的经济回报,该约定费用应属于救助报酬,依法应适用《海商法》第 183 条的规定。故投资公司可仅按照船舶获救价值占全部获救价值的比例 38.85% 向南海救助局承担救助报酬。最高人民法院认为二审法院适用法律错误,虽然《救助公约》第 13 条及《海商法》第 183 条在《救助公约》第 12 条和《海商法》第 179 条的基础上进一步规定了报酬的评定标准与具体承担方式。但这些条款是对当事人基于“无效果无报酬”原则确定救助报酬的海难救助合同的具体规定,而案涉合同属雇佣救助合同,南海救助局以其与投资公司订立的合同为依据,要求投资公司全额支付约定的救助报酬并无不当,而不应适用《海商法》第 183 条按比例支付救助报酬。

14. 什么是共同海损以及其与海难救助的关系?

共同海损,是指在海洋运输中,船舶和货物等遭受自然灾害、意外事故和其他特殊情况,为了解决共同的危险,采取合理的人为的措施所引起的特殊牺牲和合理的额外费用。《海商法》第十章对共同海损作出专门规定,其中第 193 条第 1 款对共同海损的概念进行了定义:“共同海损,是指在同一海上航程中,船舶、货物和其他财产遭遇共同危险,为了共同安全,有意地合理地采取措施所直接造成的特殊牺牲、支付的特殊费用。”这一定义与由国际海事委员会制定的《2004 约克—安特卫普规则》对共同海损所作的规定相同。

海难救助制度和共同海损制度作为海商法中较为古老的两种制度,虽然都是在航海贸易时期平衡海上特殊风险给海上运输中各方利益而制定的,但是在调整海上货物运输关系和各方利益关系等方面各有其调整范围和目标宗旨,在制度设计和具体规则上也有所区别。从《海商法》条文中也看出两者的不同,在第九章对海难救助做出了规定,其中包含对相关救助费用及报酬等规定,而在第十章对共同海损做出了规定。传统上,救助报酬属于典型的共同海损费用,应由航程中的各受益方按受益财产的比例予以分摊。

15. 雇佣救助合同下的报酬可否被列作共同海损?

自共同海损制度产生以来,为解除船舶和货物的共同危险而产生的救助报酬,一直被视为共同海损费用,应由同一航程中的各个受益方按照受益财产的比例参加分摊。在《2004 约克—安特卫普规则》中,为了简化共同海损理算程序,虽然将大部分救助报酬排除在共同海损之外,并由获救财产的所有人向救助人单独支付,但是,此种修改在实践中并未得到业界的普遍认可,故在《2016 约克—安特卫普规则》中的"规则 6"中又回归了先前的规定,即航程中各有关方支付的救助费用,不论此种救助是否根据合同进行,均可认作共同海损。由此可见,将救助报酬认作共同海损符合国际航运界的普遍要求。在司法实践中,将"无效果无报酬"的救助列入共同海损已不存在任何疑问,然而,就雇佣救助而言,若不承认此种合同具有海难救助合同的性质,则不仅会影响到救助人请求救助报酬的权利,还会妨碍被救船舶的所有人针对救助报酬请求货方分摊共同海损损失的权利。

在本案中,最高人民法院将雇佣救助合同认定为海难救助合同,在客观上为被救船的所有人请求分摊共同海损提供了司法上的依据,也为以后在相同案件中适用共同海损制度预留了空间。如果将雇佣救助合同彻底排除在海商法的适用范围之外,就只能导致一种结果,即所有的雇佣救助都将失去请求分摊共同海损的机会,那么船方就不会采取这种既简便又经济的救助方式,这种结果对于国际贸易和海运事业的发展有百害而无一利。因此,雇佣救助合同下的报酬可列作共同海损费用。

16. 再审中,南海救助局提出的《海损担保函》有何作用?

船舶发生共同海损事故后,在航程终止时,各损失方与各受益方之间的共同海损债权债务关系即以确定,但由于共同海损的各项金额须经理算才能最终确定,之后各分摊方才能就损失费用支付分摊金额。而共同海损理算需要花费较长时间。因而,为了确保各分摊方将来履行其债务,在航程终止时,船方通常宣布共同海损,并要求各受益方提供分摊共同海损的担保。海损担保函和海损协议书,就是共同海损担保的形式,并且两者常常被合并适用。海损担保函一般由共同海损受益人之外的其他人向船方出具,保证履行被担保人共同海损分摊责任的担保方式。海损担保函一般由货物保险人向船方提供。在我国,海损担保函属于《担保法》所规定的保证。海损协议书,是指在船方向收货人交货之前,由货方向船方出具一份由其签署的保证书,保证按照将来共同海损理算结果承担共同海损分摊责任。海损协议书在性质上是一种"自己保证",不构成《担保法》所规定的保证,其履行依赖于货方本身的信誉。

本案中,南海救助局申请再审期间,向最高人民法院提交了中国人民财产保险股份有限公司北京市分公司(以下简称人保财险北京公司)出具的《海损担保函》,目的在于证明投资公司在向南海救助局支付报酬后,可以从人保财险北京公司处获得补偿,认为该证据足以推翻二审判决。由于二审法院适用《海商法》第183条关于海难救助报酬的分摊的规定,判决投资公司可仅按照船舶获救价值占全部获救价值的比例38.85%向南海救助局承担救助报酬。因此,二审适用的海难救助报酬的分摊与南海救助局提出的共同海损是两种不同的法律关系,简言之,海难救助与共同海损是两项独立的海事制度。从法律文本角度分析,虽然《救助公约》和《海商法》均未对海难救助进行定义,但《海商法》第171条规定了该法第九章"海难救助"的适用范围,第181条规定了获救价值的计算方法,第183条规定了救助报酬的分担机制。《海商法》第193条对共同海损进行了界定,第199条第1款规定了共同海损的分摊机制,第199条第2款分摊价值的确定方法。由此可见,共同海损和海难救助具有不同的构成要件,获救价值和分摊价值的确定方式也不相同。因此,《海损担保函》与海难救助分摊所代表的是两种不同的法律关系,不应将两者混为一谈。同时,又由于该证据材料不是新的证据,最高人民法院对其的证明效力不予认可。

预期效果

通过对本案例的讲授及学生的学习,学生应从本案例中了解并学习到以下四个方面的内容:(1)从宏观上了解具有较强涉外性质的海商法案例的分析方法,由于涉外案件的特殊性,首先要进行准据法的确定,然后再对具体问题进行分析;(2)了解并掌握国际海事条约与我国海商法的适用,同时掌握海事案件的特点诸如海事诉讼管辖;(3)由于《救助公约》和《海商法》对海难救助的规定是以"无效果无报酬"的救助合同为主的,雇佣救助合同的性质在学术界和司法实务中都未统一,本案例的主要作用之一就是通过鲜活的案例,帮助学生分析和掌握最高人民法院对雇佣救助合同的定性,不仅能够帮助学生了解最新的司法实践,而且对把握《海商法》的发展有着积极的作用;(4)掌握我国对雇佣救助合同的法律适用,同时分析和明确其他相关制度的适用。

教学计划

1. 课前计划:安排学生阅读案例及相关参考资料(以教科书、期刊文章为主),从本案例中的思考题出发,对案例涉及的问题进行思考。

2. 课中计划:(1)介绍教学目标,明确讨论主题;(2)按照教学目标的分类,就每个问题按顺序进行分析;(3)学生分组对每个问题进行深入讨论;(4)小组代表发言,教师引导其他学生一起讨论、分析;(5)教师进行归纳总结,并引导学生对实践题进行思考;(6)教师安排学生在线观看最高人民法院庭审视频。

3. 课后计划:布置学生进一步思考雇佣救助合同和其他相关法律、法规衔接的问题,并就学生讨论中出现的问题进行归纳和深度剖析。

课堂时间安排

本案例可以作为专门的案例教学课来进行,整个案例课的课堂安排6个课时,每课时45分钟。

思考题和实践题

1. 思考题

(1)本案是如何确定广州海事法院为一审法院的?

(2)我国涉外民商事审判中是如何适用国际民商事条约的?

(3)《救助公约》和《海商法》第九章是什么关系?

(4)什么是海难救助及其分类?

(5)涉案的雇佣救助合同是否属于海难救助合同?

(6)雇佣救助合同应适用何种法律?

(7)为何一审法院和二审法院都适用《海商法》第179条以确定雇佣救助合同的性质,但二审法院认为一审法院适用法律不当?

(8)一审法院对雇佣救助合同适用的法律不当,为何最高人民法院仍维持一审法院作出的判决?

(9)"无效果无报酬"的海难救助合同与雇佣救助合同在确定救助报酬时有何不同?

(10)本案中,变更救助方案是否属于情势变更?

(11)海难救助与共同海损有何关系?

(12)再审中,南海救助局提出的《海损担保函》有何作用?

(13)你是否同意最高人民法院对本案的意见,并说明理由?

(14)你认为本案对我国《海商法》的发展有何作用?

2. 实践题

(1)如果你作为一名涉外律师,你认为在解决海商法案件时,应当注意哪些问题?

(2)如果你是投资公司的代理人,你认为修改哪些条件可以使投资公司胜诉?

(3)假设本案中南海救助局实施的救助不成功,如果你是南海救助局的代理人,你有什么理由帮助南海救助局获得救助报酬?

(4)本案中,如果南海救助局只是实施了拖带服务,而未提供其他有效的救助,此种合同是否仍属于雇佣救助合同?请说明理由。

(5)如果你是船公司的法务律师,当公司的船发生海难时,你会建议公司签订"无效果无报酬"的救助合同还是雇佣救助合同?请说明理由。

参考文献

1. 胡正良:《海事法》(修订本),北京大学出版社2012年版,第104~153、243~369页。
2. 司玉琢:《海商法专论》(第三版),中国人民大学出版社2015年版,第262~273、294~305页。
3. 刘刚仿:《海难救助法初论》,对外经济贸易大学出版社2014年版,第29~40页。
4. 司玉琢、吴煦:《雇佣救助的法律属性及法律适用》,载《中国海商法研究》2016年第3期。
5. 傅廷中:《雇佣救助合同的性质及其法律适用》,载《中国海商法研究》2016年第3期。
6. 沈木珠:《海上救助公约的重大发展及其影响》,载《现代法学》2004年第26卷。
7. 张文广:《"加百利"轮海难救助合同纠纷再审案评析》,载《法律适用》2016年第8期。
8. 王彦君、张永坚:《雇佣救助合同的属性认定和对〈中华人民共和国海商法〉第九章的理解》,载《中国海商法研究》2016年第3期。
9. 赵建文:《国际条约在中国法律体系中的地位》,载《法学研究》2010年第6期。

撰稿人｜沈健,中央财经大学法学院教师

13
CASE

陈某主张代孕子女监护权案

| 摘　要 |

本案例以一起真实的代孕所生子女监护权争议案件为蓝本。陈某与罗某结婚,丈夫罗某已育有两个子女。陈某不孕,夫妻俩协商,由罗某提供精子,购得卵子,委托人代孕,生下一子,由陈某和罗某一起抚养。后罗某因病去世,因财产继承引起纠纷。罗某父母起诉陈某不是孩子父母,要求行使孩子的监护权。上海闵行区人民法院一审判决支持罗某父母诉求。陈某不服,上诉到上海第一中级人民法院,主张自己对孩子现有监护权。后该中级人民法院认定一审法院认定事实清楚,适用法律错误,改判由陈某现有孩子监护权。本案涉及代孕法律关系,代孕所生子女法律地位认定,监护权确认依据原则等问题。本案例涵盖一审、二审两层判决,处理的是非常新颖的代孕问题,对于解决其他类型代孕案件及监护权纠纷案件均具有参考意义。从学科的性质而言,本案涉及民法学、民事诉讼法学、证据法学等多学科的问题,对于解决其他类似案件亦具有参考意义。

| 关键词 |

代孕生子　亲子关系　监护制度　亲属关系　儿童最佳利益原则

| 教学目标 |

知识层面:着重让学生把握三方面内容:(1)代孕法律关系,对此应如何定性;(2)亲子法律关系,代孕所生子女与委托人夫妻间的身份关系如何确定;(3)监护法律关系,监护权争议中的监护人遴选依据。

能力方面:旨在培养学生创新思维,掌握民法学、民事诉讼法、证据法学等学科的相关基本理论、知识、技能,提升素质,提高学生提出问题,分析问题,解决问题的能力。

教学案例主文

一、引言

本案例以一起真实的代孕所生子女监护权争议案件为蓝本。上诉人(原审被告)陈某与罗某结婚。丈夫罗某此前已育有两个子女。陈某不孕,夫妻俩协商,由罗某提供精子,购得卵子,委托人代孕,生下一子,由陈某和罗某一起抚养。后罗某因病去世,财产继承引起纠纷。被上诉人(原审原告)罗某甲,谢某某(罗某父母)起诉陈某不是孩子父母,要求行使孩子的监护权。上海闵行区人民法院一审判决支持罗某甲等的诉求。陈某不服,上诉到上海第一中级人民法院,主张自己对孩子现有监护权。后该中级人民法院认定一审法院认定事实清楚,适用法律错误,改判由陈某现有孩子监护权。

二、代孕子女监护权纠纷案的背景

(一)地域背景:时尚上海

上海,简称“沪”或“申”,是有着两千多万人口的超级大都市, 中华人民共和国直辖市,国家中心城市,超大城市,中国的经济、交通、科技、工业、金融、贸易、会展和航运中心,首批沿海开放城市。地处长江入海口,隔东中国海与日本九州岛相望,南濒杭州湾,北、西与江苏、浙江两省相接。

上海有一种任何城市都无法比拟的气质,就是她的“洋气”。1843 年上海开埠,形成了她五方杂处、中西交融的文化特色。上海新兴的金融证券、期货交易、外汇和技术等全国性市场的建立,确立了上海作为全国资源配置中心的地位,同时也加快了上海经济与国际接轨的步伐。2001 年 10 月,APEC 会议在上海举行,上海作为新世纪国际经济、金融、贸易中心之一的地位已初步确立。今日的上海,是一座极具现代化而又不失中国传统特色的海派文化都市。繁华的大上海处处显现着她的独特魅力,摩天大厦与老式弄堂交相辉映;教堂圣诗穿透佛寺袅袅香烟;酒吧、快餐店与老街茶馆中西合璧……上海是一座国家历史文化名城,拥有深厚的近代城市文化底蕴和众多历史古迹。江南传统吴越文化与从西方传入的工业文化相融合形成上海特有的海派文化,更是使得上海成为一个世界文化荟萃之地。

（二）文化特色：兼收并蓄

上海的文化被称为海派文化。海派文化，是植根于中华传统文化基础上，融汇吴越文化等中国其他地域文化的精华，吸纳消化一些外国的主要是西方的文化因素，创立了新的富有自己独特个性的海派文化，其特点是：海纳百川，善于扬弃，追求卓越，勇于创新。海派文化的基本特征是：具有开放性、创造性、扬弃性和多元性。

上海虽然是在元朝设立上海县的，但是那时的上海只是一个小渔村，上海真正发展是在鸦片战争以后，国门洞开，上海凭借自身的地理优势，成为通商口岸，从此十里洋场渐渐繁荣，因此上海文化在很大程度上与中国传统文化是不同的，她东西交融，西洋文化占有重要地位，因此世人常称之为“海派文化”。中国形态的近代城市市民文化，源于上海城市。鸦片战争后，形形色色的西方文化和中国传统文化的冲突融合，在上海城市形成一种独特的经济、地理和文化环境。其特征要言之，在于它善于兼收并蓄，不受陈规拘束，敢于探索创新。这种风气进而影响至社会各层面，成为状态较稳定的民众文化。这是在这样的背景下，才会催生出代孕事件。在我们的立法者尚对代孕推敲再三、举棋不定之时，本案中的当事人已经很大胆地品尝了这只“螃蟹”，并给我们的司法者奉上了一盘难以下箸的“盛宴”。

（三）案件情况：波澜起伏

罗某甲、谢某某系夫妻，婚生二女一子，长女罗A、次女罗丙、儿子罗某（罗乙）。罗某与陈某于2007年4月28日登记结婚，双方均系再婚。再婚前，罗某已育有一子一女，陈某未曾生育。婚后，陈某以其患有不孕不育疾病为由，建议罗某通过体外授精及代孕方式生育子女。在征得罗某同意后，陈某全权安排代孕事宜，采用非法购买卵子、进行体外授精形成受精卵后再非法代孕的方式生育了异卵双胞胎（罗某丁、罗某戊）。卵子提供方与代孕方非同一人。两名孩子于××年××月××日出生后与罗某、陈某共同生活，陈某办理了孩子的出生医学证明，登记生父为罗某、生母为陈某，并据此申报户籍。2014年2月7日罗某因病经抢救无效死亡，嗣后，陈某携该对子女共同生活至今。另查明，根据陈某提供的病历，其患有不孕不育症。在代孕双胞胎出生后，罗某与陈某将两名孩子接回家中抚养，并为孩子申办了户籍登记，孩子的出生医学证明上所记载的父母为罗某、陈某。

陈某系上海杨浦区××幼儿园在职教师，其一审中提交的单位收入证明记载年收入20万元（以下币种均为人民币），二审庭审中其陈述每月实际净收入不低于1万元。罗某父母均已退休，根据一审中提供的证据，两人每月退休金各自为3400元左右。另罗某父母名下还有两套房屋，并称每年房租收入56400元。罗某父母还表示，可以委托在美国的女儿帮其抚养照顾两名孩子，并提交了女儿罗丙夫妇出具的同意代为抚养孩子的承诺书。

后来诉讼中，双方当事人均明确表示，不知卵子提供者及代孕者的任何身份信息。

2014年3月31日及同年6月10日，罗某父母及陈某先后向原审法院提起法定继承诉讼，后均因故撤回起诉。在法定继承案件中，双方主张继承罗某的遗产范围包括：上海××有限公司80%的股权份额、上海市闵行区××路××弄××号××室产权房、上海市闵行区××街×弄××支弄×号××室产权房等财产。在上述案件审理过程中，法院曾委托司法鉴定科学技术研究所司法鉴定中心对罗某父母与罗某代孕子女之间是否存在祖孙亲缘关系进行鉴定，鉴定意见为：依据现有资料和DNA分析结果，不排除罗某父母与罗某代孕子女之间存在祖孙亲缘关系。双方当事人对该鉴定意见均无异议。

2014年12月29日，罗某父母提起本案监护权之诉。一审庭审中陈某表示，其未曾阻止罗某父母探望孩子，如果获得孩子的监护权，其将以自己的能力抚养，并同意法院将两名孩子继承所得的财产冻结，等孩子年满十八周岁之后交付给孩子。二审中陈某仍表示，如其取得两名孩子的监护权，其同意罗某父母探望孩子。

本案审理过程中，一审法院于2015年3月30日委托司法鉴定科学技术研究所司法鉴定中心对陈某与罗某代孕子女之间有无亲生血缘关系进行鉴定，上述鉴定机构于2015年4月9日出具的鉴定意见为：依据现有资料和DNA分析结果，排除陈某为罗某丁、罗某戊的生物学母亲。陈某为此垫付司法鉴定费人民币5000元。双方当事人对于该鉴定意见均无异议。

三、代孕生子监护权争夺案一审情况

（一）原告罗某父母的诉求

原审过程中，罗某父母诉称，其子罗某与陈某均系再婚，婚后未生育。罗某父母认为，罗某为代孕所生子女的生物学父亲，陈某并非生物学母亲；以非法代孕方式生育子女违反国家现行法律法规，陈某与代孕所生子女之间未形成法律规定的拟制血亲关系；罗某甲、谢某某系罗某之父母，即代孕所生子女之祖父母，在罗某去世而孩子生母不明的情况下，应由其作为法定监护人并抚养两名孩子。故诉请判决：（1）罗某甲、谢某某为代孕所生子女的监护人；（2）陈某将代孕所生

子女交由罗某甲、谢某某抚养。

（二）被告陈某的答辩

陈某辩称，不同意罗某父母之诉请。其与罗某登记结婚后，因患有不孕不育疾病，故向罗某表示希望抚养与罗某有血缘关系的子女。嗣后，其夫妻就购买卵子及委托代孕事宜协商一致，由罗某一手操办并支付了包括购买卵子、体外授精及胚胎移植、代孕分娩的全部费用。两名孩子出生后即随罗某、陈某共同生活，2014 年 2 月 7 日罗某因病去世后，孩子随陈某共同生活至今。陈某认为，采用代孕方式生育子女系经夫妻双方同意，孩子出生后亦由其夫妻实际抚养，故应推定为罗某与陈某的婚生子女，陈某为孩子的法定监护人；如无法认定代孕所生子女为罗某与陈某的婚生子女，则基于两名孩子自出生之日起由其夫妻共同抚养的事实，应认定陈某与之形成了事实收养关系；如无法作出上述认定，则应在卵子提供人或代孕人两者中确定孩子的生母，即法定监护人，在不能确定生母是否死亡或丧失监护能力的情况下，应驳回罗某父母要求作为监护人的诉讼请求。

（三）一审法院判决

原审法院经审理认为，本案的争议焦点是：陈某是否与罗某丁、罗某戊形成父母子女关系，对罗某丁、罗某戊是否享有法定监护权。

1. 陈某与罗某丁、罗某戊是否存在自然血亲关系？

根据两份司法鉴定意见书，排除陈某为罗某丁、罗某戊的生物学母亲，故陈某与罗某丁、罗某戊不存在自然血亲关系。

2. 罗某丁、罗某戊是否可视为陈某与罗某的婚生子女？

最高人民法院 1991 年 7 月 8 日的《关于夫妻关系存续期间以人工授精所生子女的法律地位的函》（以下简称《最高人民法院 1991 年函》）明确规定："在夫妻关系存续期间，双方一致同意进行人工授精，所生子女应视为夫妻双方的婚生子女，父母子女之间的权利义务关系适用婚姻法的有关规定。"该函所指向的受孕方式为合法的人工授精，孕母为婚姻关系存续期间的妻子本人。

原国家卫生部于 2001 年 8 月 1 日施行的《人类辅助生殖技术管理办法》对人类辅助生殖技术的实施做了严格规定，该项技术只能在卫生行政部门批准的医疗机构实施，只能以医疗为目的，并符合国家计划生育政策、伦理原则和有关法律规定。该办法在第 3 条明确规定：严禁以任何形式买卖配子、合子和胚胎；医疗机构和医务人员不得实施任何形式的代孕技术等。

本案中，罗某与陈某在婚姻关系存续期间通过买卖卵子、委托第三方代孕的方式孕生子女,不符合上述司法解释的情形,故不适用上述相关规定。陈某既非卵子提供者而形成生物学上的母亲,又非分娩之孕母,现其请求认定以买卖卵子、代孕方式生育的孩子为其婚生子女之主张,法院不予采纳。

3. 陈某与代孕所生子女间是否存在拟制血亲关系?

在我国,父母子女之间即使没有血缘关系,或没有直接的血缘关系,法律仍然确定了地位与血亲相同的亲子关系,由于此种血亲非自然形成,系依法律设定,故又称"准血亲"或"法定血亲"。婚姻法确认的拟制血亲有两类:一是养父母与养子女以及养子女与养父母的其他近亲属;二是在事实上形成抚养关系的继父母与继子女、继兄弟姐妹。根据法律规定,养父母子女关系的形成应当符合法律规定的条件,并办理收养登记手续。本案中,陈某与代孕所生子女之间因欠缺法定的必备要件而不能成立合法的收养关系。拟制血亲关系必须依据法律规定加以认定,对于代孕过程中产生的"基因母亲""孕生母亲""养育母亲"各异的情况,"养育母亲"是否构成拟制血亲,法律并无规定,亦不符合现行法律规定的拟制血亲条件。代孕行为本身不具合法性,难以认定因此种行为获得对孩子的抚养机会后,双方可以形成拟制血亲关系,故认定陈某与罗某丁、罗某戊不存在拟制血亲关系。

4. 原审判决。

综上所述,原审法院认定,陈某与罗某丁、罗某戊既不存在自然血亲关系,亦不存在拟制血亲关系,陈某辩称其为代孕所生子女的法定监护人之理由,不予采信。在代孕所生子女的生父罗某死亡、生母不明的情况下,为充分保护未成年人的合法权益,现罗某父母作为祖父母要求抚养代孕所生子女,并作为其法定监护人之诉请,合法有据,予以支持。

原审法院审理后,依照《民法通则》第 16 条之规定,于 2015 年 7 月 29 日作出判决 :(1)代孕所生子女由罗某父母监护;(2)陈某于判决生效之日将代孕所生子女交由罗某父母抚养。案件受理费 80 元,由陈某负担,司法鉴定费 5000 元,由陈某负担。

四、代孕子女监护权纠纷案二审情况

上诉人陈某因监护权纠纷一案,不服上海市闵行区人民法院(2015)闵少民初字第 2 号民事判决,向上海市第一中级人民法院(以下简称一中院)提起上诉。一中院于 2015 年 9 月 17 日受理后,依法组成合议庭,于 2015 年 11 月 16 日公开开庭进行了审理,上诉人陈某及其委托代理人方洁、谭芳,被上诉人罗某甲、谢某某及其共同委托代理人乐佳、李辽祺到庭参加了诉讼。

(一)上诉人陈某诉求

原审判决后,上诉人陈某不服,向一中院提起上诉称:

1. 原审判决在认定事实及适用法律上存在严重错误。

(1)原审判决认定上诉人与两名孩子之间不存在亲子关系,系超越当事人的诉请范围作出裁判。根据被上诉人的诉请,本案的审理范围和争议焦点应为被上诉人对孩子是否享有监护权,而原审判决却将争议焦点确定为上诉人与孩子是否具有亲子关系,并作出了否定亲子关系的认定,此超越了本案的诉请范围。而最高人民法院颁布的《〈中华人民共和国婚姻法〉司法解释三》(以下简称《〈婚姻法〉司法解释三》)第2条对否定亲子关系之诉的诉讼主体有严格限制,仅限于夫或妻一方,孩子父母以外的第三人无权提起。上诉人丈夫罗某生前已确认上诉人与孩子的亲子关系,在罗某去世后,被上诉人不具有提起亲子关系否认之诉的主体资格。

(2)原审判决未查明被上诉人是否具有监护能力等事实,属认定事实错误。原审中被上诉人多次提及其年事已高,行动不便,并表示将委托其在美国的女儿抚养两名孩子,而原审判决中对被上诉人的监护能力均未提及,完全置未成年人的利益于不顾,将孩子判给无法确定监护能力的被上诉人,欠负责任。

(3)《民法通则》第16条不能成为被上诉人取得监护权的法律依据。根据该条规定,未成年人的祖父母、外祖父母只有在未成年人的父母已经死亡或者没有监护能力而其本身又具备监护能力的情形下才可以担任监护人。本案中两名孩子的父亲死亡,生母虽不明,但不等于死亡或丧失监护能力,而被上诉人的自述及其证据显示其不具备监护能力,故不能依据上述规定取得监护权。

(4)原审判决将婚生子女定义为亲生子女缺乏法律依据。原审判决认为,由于代孕行为违法,孩子与上诉人又无血缘关系,故并非婚生子女,也未形成拟制血亲关系。如按此逻辑,上诉人丈夫全程参与委托代孕事宜且支付巨款,其行为同样违法,不能因其提供了精子而当然获得父亲身份,进而被上诉人亦不能成为孩子的祖父母,更不能取得监护权。

(5)《人类辅助生殖技术管理办法》不能成为否认亲子关系以及剥夺上诉人监护权的法律依据。该管理办法系原卫生部颁布,属于部门规章,其颁布目的是为了规范医疗机构以及医务人员的行为,而根据《立法法》的规定,民事基本制度只能由法律规定,亲子关系确定是婚姻家庭法的重要组成部分,理应由法律规定。目前,有关代孕所生子女的法律地位问题在立法上仍属空白,无论上述管理办法的规定如何,都无法作为否认上诉人与孩子的亲子关系和剥夺上诉人监护权的法律依据。

2. 原审判决忽略了应该考虑的其他合理因素。

在法律出现空白，情与法有一定冲突的情形下，选择何种价值取向作出裁判，需要法院正确行使自由裁量权。上诉人认为，本案判决应当考虑如下几方面因素：

（1）代孕行为的违法性并不导致孩子丧失应有的法律权利，也不导致上诉人必然丧失监护权。《婚姻法》赋予了非婚生子女与婚生子女同等的法律地位，代孕所生子女亦不应受到歧视。本案需要解决的是孩子的监护权问题，并非讨伐上诉人委托代孕的行为，故法院判决驳回被上诉人的诉请并非是对代孕行为的肯定，而支持被上诉人的诉请也不可能消除代孕现象。本案中上诉人虽非生育母亲，亦未办理收养手续，但事实上已抚养了罗某与案外人所生子女，根据最相近似原则，可推定为有抚养关系的继父母子女关系。

（2）法院判决应当秉承未成年人利益最大化原则。首先，从双方的监护能力来看，被上诉人已是耄耋老人，监护能力有限，甚至自己亦行动不便，难以照顾两名四岁儿童；相反，上诉人年轻且有正当工作，收入亦足以保障孩子的生活，监护能力明显优于被上诉人。其次，从孩子已习惯的生活环境来看，孩子自出生起就由上诉人及其父母抚养照顾，被上诉人从未抚养过，其现强行要求两名孩子离开已经熟悉的生活环境，明显不利于孩子成长。被上诉人亦一再表示能力不够，希望交由孩子的姑母抚养，而孩子姑母远在美国，故监护权判归被上诉人无疑是一纸空文。再次，从与孩子建立的感情来看，上诉人虽与孩子无血缘关系但已抚养照顾孩子四年多，而被上诉人未曾抚养过孩子，亦未建立起深厚的祖孙感情，血缘关系并不当然成为监护孩子的有利条件。最后，从教育孩子的角度来看，年幼的孩子更需要父母的照顾与教育，法律对于祖父母和外祖父母取得抚养权和监护权的情形予以严格限制就是考虑到隔代教育的弊端。原审法院未考虑上述因素，草率作出监护权归被上诉人的判决，背离了未成年人利益最大化原则。

（3）法院判决应当发挥监护权制度的法律作用，保护未成年人的利益不受侵犯。本案缘于双方的遗产纠纷，法庭应充分注意及考虑到，孩子并非也不应成为争夺财产的砝码。若按原审判决，监护权归被上诉人，则在孩子生母不明的情形下，如被上诉人侵犯孩子权益，将无人监督被上诉人监护权的行使情况；若孩子继续由上诉人抚养及监护，如上诉人侵犯孩子利益，则被上诉人作为祖父母仍可通过法律途径寻求保护。

（4）法院判决应当正确适用司法解释的规定。《最高人民法院 1991 年函》规定，如人工授精获得夫妻一致同意，所生子女应视为双方的婚生子女。推及本案，买卖卵子及代孕行为虽被禁止，但因此所生子女的法律地位并无法律规定，原审判决据该函认定两名孩子并非婚生子女,系适用法律错误。相反,根据该函的精神,血缘关系并非判断亲子关系的唯一标准,故不能排除非卵子方或非孕育方的妻子能够成为孩子母亲、从而认定孩子系婚生子女的可能性。

综上所述,上诉人认为,原审判决在事实认定和法律适用方面存在严重错误,故提起上诉,请求撤销原审判决,依法改判驳回被上诉人罗某甲、谢某某的原审诉请。

(二)被上诉人罗某父母答辩

1. 上诉人的上诉请求与其理由不符,如果认为原判违反法定程序,则应请求裁定撤销原判、发回重审,而非请求二审直接改判。

2. 原审判决认定事实基本清楚,不存在应予撤销之情形。就监护权的确定而言,首先应追溯至其源头,查明孩子是如何孕育的,而上述情况原审中已经查明,且亦未抹杀孩子出生后随上诉人共同生活的事实。

关于原审判决是否超越诉请范围的问题。被上诉人是否享有监护权与上诉人是否有权监护孩子,是一个问题的两个方面,理当同时裁断。如果讨论监护权的归属却不认定各方的身份关系,法院判决则缺乏事实基础。而要判定是否可以取得监护权,首先应判定有无权利主体资格,其次方可在有资格的人中考虑谁更有监护能力,故原审判决并未超越诉请范围。

3. 原审判决适用法律正确。《民法通则》是处理监护权、抚养纠纷案件的基本法律,被上诉人作为孩子的祖父母有权主张监护权,原审判决据此支持被上诉人的诉请,当属正确。上诉人主张监护权的身份基础为其系孩子母亲,但上诉人既非基因母亲,亦非代孕母亲,且不符合任何一种拟制血亲关系之法定情形。上诉人援引的《最高人民法院 1991 年函》所针对的情形与本案并不相同,不能适用于本案。据此,两名孩子并非该函中所指的人工授精所生子女,不能认定为罗某与上诉人的婚生子女,仅能视为罗某的非婚生子女,作为生父的罗某享有抚养权,而上诉人则无母亲身份。

4. 上诉人认为原审判决一味批判代孕违法,此是对原判的过度解读。原审判决用语客观公正,未见任何过分强调代孕违法之内容。至于未成年人利益最大化原则,则是以严格执行现行法律法规为前提的,《民法通则》第 16 条对于监护权的顺位规定正体现了未成年人利益最大化原则,即来自血亲的监护和抚养更有利于未成年人,而监护能力、生活环境、感情建立、隔代教育的利弊只能在有监护资格的同顺位人员之间才有比较的余地,原审判决正是通过严格适用上述规定而使未成年人利益最大化原则得以体现。

综上所述，被上诉人认为，原审判决认定事实清楚，适用法律正确，故请求驳回上诉，维持原判。

（三）二审法院判决

一中院经审理查明，原审认定的事实无误，一中院依法予以确认。

1. 关于诉讼主体资格问题。一中院认为，作为祖父母，其取得监护权的前提条件必须是首先否定陈某与两名孩子之间存在法律上的父母子女关系，包括自然血亲关系和拟制血亲关系，故法律上父母子女关系的确认与否与其具有直接利害关系，其符合《民事诉讼法》第 119 条规定的起诉主体资格。另外，本案中罗某甲、谢某某对陈某之法律上母亲身份的否认并非单纯的婚生否认之诉，而是亲子关系确认中的消极否认之诉，根据《〈婚姻法〉司法解释三》第 2 条第 2 款之规定，亲子关系确认之诉的诉讼主体不限于夫或妻，罗某甲、谢某某作为主张监护权的祖父母亦具有诉讼主体资格。

2. 关于案由问题。原审法院将本案确定为监护权、抚养关系纠纷，一中院认为，因罗某甲、谢某某主张的是监护权，至于要求将两名孩子交付其抚养，则是附随于监护权主张中的具体请求，不构成独立的抚养关系纠纷之诉，故案由应确定为监护权纠纷。

3. 关于罗某父母与代孕子女间身份关系问题。一中院认为，本案中作为代孕所生子女的罗某丁、罗某戊，其法律上的亲生母亲应根据“分娩者为母”原则认定为代孕者；关于生父的认定，罗某与两名孩子之间具有血缘关系，故法律上的亲生父亲应为罗某。由于罗某与代孕者之间不具有合法的婚姻关系，故所生子女当属非婚生子女。原审判决否定了陈某提出的两名孩子系其夫妻之婚生子女的主张，本院予以认同。罗某丁、罗某戊的出生证明及户籍登记已记载罗某、陈某为父母，且亦被罗某、陈某实际抚养，表明罗某作为生父已作出实际的自愿认领行为。罗某甲、谢某某系罗某的父母，故为罗某丁、罗某戊的祖父母。

4. 关于陈某与代孕子女间身份关系问题。一中院认为，本案中，罗某丁、罗某戊是陈某与罗某结婚后，由罗某与其他女性以代孕方式生育之子女，属于缔结婚姻关系后夫妻一方的非婚生子女。两名孩子出生后，一直随罗某、陈某夫妇共同生活近三年之久，罗某去世后又随陈某共同生活达两年，迄今为止陈某与孩子共同生活已有五年，其间，陈某已完全将两名孩子视为自己的子女，并履行了作为一名母亲对孩子的抚养、保护、教育、照顾等诸项义务，故应认定双方之间已形成有抚养关系的继父母子女关系，其权利义务关系应当适用父母子女关系的有关规定。

5. 监护权的行使。故此，关于代孕所生子女的监护权归属，一中院认为，首先，根据《民法通则》第 16 条的规定，未成年人的父母是未成年人的监护人，其监护顺序处于第一顺位。本案中陈某虽非其生母，但已与两名孩子形成了有抚养关系的继父母子女关系，根据《婚姻法》第 27 条第 2 款，应适用父母子女关系的规定，从监护顺序而言，陈某优先于作为祖父母的罗某甲、谢某某。其次，根据儿童最大利益原则，从双方的监护能力、孩子对生活环境及情感的需求、家庭结构完整性对孩子的影响等各方面考虑，监护权归陈某更有利于孩子的健康成长。据此，本院认定，代孕所生子女（罗某丁、罗某戊）的监护权应归于陈某。

二审判决

综上所述，一中院认为，陈某与罗某丁、罗某戊已形成有抚养关系的继父母子女关系，其权利义务适用《婚姻法》关于父母子女关系的规定。罗某父母作为祖父母，监护顺序在陈某之后，其提起的监护权主张不符合法律规定的条件，同时，从儿童最大利益原则考虑，由陈某取得监护权亦更有利于该代孕子女健康成长，故对陈某的上诉请求，本院予以支持。据此，依照《民法通则》第 16 条第 1 款及第 2 款、《婚姻法》第 27 条第 2 款、《民事诉讼法》第 170 条第 1 款第 2 项之规定，判决如下：（1）撤销上海市闵行区人民法院（2015）闵少民初字第 2 号民事判决；（2）驳回被上诉人罗某父母的原审诉讼请求。

一审案件受理费人民币 80 元，二审案件受理费人民币 80 元，共计人民币 160 元，由被上诉人罗某父母负担。司法鉴定费人民币 5000 元，由上诉人陈某负担。

本判决为终审判决。

教学指导手册

教学对象及目标

本案例供法律硕士案例教学使用，法学本科（大四）、民法学硕士、民事诉讼法学硕士也可以参酌试用。

本案例主要就代孕、代孕子女法律地位，监护权确定问题进行讲授。具体要解决的问题包括：（1）如何确定代孕行为的法律属性；（2）诉讼主体资格与证据问题；（3）代孕子女的法律地位与监护权的确定。

教学内容

一、代孕行为合法性分析

(一)代孕简介

本案中,原被告均表示不知卵子来源于何人,也不知代孕者为何人,因而使得诉讼无法追加卵子提供者和代孕者。但是这两个人实际参与了代孕行为,成为代孕法律关系中不可忽视的角色。

代孕是人类辅助生殖技术的一种,指用现代医疗技术将精子或经由人工授精培育成功的受精卵或胚胎注入自愿代理怀孕者的体内,待生育后由委托人获得对孩子的亲权并加以抚养。学说上将妻称作委托妻子,将夫称作委托丈夫,将代理怀孕者称作代母,将所生子女称为代孕子女。现今社会医疗技术高度发达,但仍有许多不孕夫妇无法自己生育小孩。随着人工生殖科技的迅速发展,七十年代以来,欧美各国陆续开始有人委托代理孕母怀孕生子,以完成生儿育女的愿望。它已经成为了解决不孕症的一种临床选择。代孕始于美国,截至 1992 年世界各地通过代孕出生的婴儿已有四千多个。

胚胎按精子与卵子的供体不同分为四种情况:一是用夫精与代孕者的卵子;二是供卵(代孕者之外,以下同)与夫精;三是供卵与供精;四是妻卵与夫精。本案属于第一种情况。

(二)代孕的相关立法

代孕兴于国外,考察国外规制代孕的立法,基本上可概括为“完全禁止型”和“限制开放型”两类。

1. 完全禁止型

一些国家禁止代理孕母技术的运用,以大陆法系尤为突出。法国卫生部宣传代理母亲是“奴役妇女”,根据 1994 年通过的《生物伦理法》以及《法国民法典》的相关规定,代孕被禁止,替人怀孕的妇女只能将生下的孩子归为已有;否则将被追究法律责任。在瑞典,代孕被认为是违反基本法律原则,代孕协议是无效的。根据瑞典法律,生下孩子的妇女就是孩子的母亲。德国 1990 年 10 月颁布实施的《胚胎保护法》虽未明文禁止代孕母,但间接表达了禁止代孕母的立场。根据该法,人工授精的卵子只能由亲生母亲的子宫来孕育,如植入其他妇女的子宫,丈夫与代理机构、医生都将受惩罚。德国的判例大多认为“由于此类合同以孩子作为交易行为的客体,因此在大多数情况下被认为是违反善良风俗的"。《魁北克民法典》第541条也规定:"女性承担为他人怀孕或生育子女义务的协议绝对无效。"泰国、新加坡等也禁止代孕。在澳大利亚的昆士兰州、塔斯马尼亚和南澳大利亚地区都对代孕采取了禁止的态度。美国的亚利桑那州、米西根州和哥伦比亚区法律明确禁止有偿和无偿的代孕合同。在这些地区参与代孕合同被认为是犯罪。泰国、新加坡等也禁止代孕。在日本,大多认为代孕被认为违反基本法律原则或公序良俗,因此无效。但是法律也不决然否认。2007年3月23日,最高裁判所推翻了日本东京高级法院的判决,命令东京市政务司力、公室接受一对日本夫妇通过一位美国代孕母亲生下的双胞胎儿子的户口登记申请。虽然如果按照《日本民法典》的规定,孩子的母亲必须是孕育和生产孩子的妇女。日本最高裁判所认为,法律的制定跟不上科技进步的脚步,立法机关应当立即采取应对措施。

2. 限制开放型

据统计,在20世纪70年代的美国,有超过三万五千个婴儿是通过代孕生育的,面对巨大的潜在代孕需求,美国在20世纪70年代末诞生了商业代孕。1987年,被广泛炒作的新泽西州M婴儿案掀起了美国各界对商业代孕行为性质的大反思和大讨论。当时,一个委托代孕父亲起诉要求孕母按照合同约定交还M婴儿。此前,该孕母被这位基因父亲花一万美元雇来生孩子。但是,当这个小生命降临人世之时,孕母却萌生了留下孩子的念头,于是双方就婴儿归属产生了争议。此案引起人们热议,对于是否开放代孕、如果开放代孕,是否开放有偿代孕莫衷一是。依据各国对此所持不同态度,开放代孕也可以进一步划分为有限开放和完全开放两类。

(1)禁止有偿(商业性)代孕

一些国家允许无偿的、或合理补偿的代孕,只禁止商业性代孕。在英国,1984年的《沃诺克报告》(Warnock Report),对代孕持否定态度,认为避免代孕及其负面影响的唯一有效办法是"使其非法化"。但是事实使得沃诺克委员会不得不接受代孕(协议)已经客观存在并且不可能有效禁绝的事实,为此建议政府禁止商业性或者营利性代孕。为了应对"Baby Cotton案"产生的道德恐慌和社会震荡,英国政府于1985年仓促出台了《代孕协议法案》,部分采纳了沃诺克委员会的建议,严禁商业性代孕和代孕中介,而自愿性的代孕和酬金给付却得以合法化。1990年的《人类授精与胚胎学法》进一步重申了《代孕协议法》的立场,并加以补充和修正。2004年,加拿大参议院批准了《辅助性人类生殖法》,禁止商业代孕合同,无偿代孕仍属合法。2008年《澳大利亚代孕法》(SURROGA-

CY BILL 2008）允许非商业的代孕，明确禁止有偿代孕，违反者将处以罚金或监禁。以色列、新西兰、南非等都有类似规定。2000 年 6 月香港立法会通过“人类生殖科技条例”，允许非商业性代孕行为的存在，但禁止非配偶间的精卵进行代孕，并禁止一切胚胎和配子在商业上的应用和交易，也即该条例仅开放非商业的完全代孕。

（2）允许有偿（商业性）代孕

还有些国家对有偿代孕和无偿代孕都不加禁止。例如在美国，家庭事务通常属于“州”立法管辖的范围，而各州对代孕的规定分歧很大。一些州允许商业代孕，而美国国会也一直没有通过任何禁止代孕商业化的法律。美国律师公会 1988 年公布的“代孕母范本草案”建议有偿代孕合法，各州可自行决定组成“代孕费用决策局”，决定代孕费用的最高额和最低额，以确保代孕母得到公平合理补偿。《统一亲子法 2000》（ Uniform Parentage Act 2000 ）认可有偿代孕，该法规定代孕费用和报酬由当事人约定。

其实，由于对必要费用、合理费用和劳务报酬的理解并无统一标准，使无偿代孕、合理补偿的代孕和商业性代孕的界限并非人们想象中那么泾渭分明。从国外的立法例看，美国赞成代孕的州对受术夫妻应给付代孕母的必要费用界定主要为：从订立代孕协议起至代孕子女生下并交还于受术夫妻止，所有的心理咨询费用（代孕母咨询）及代孕母在怀孕期间因怀孕而减少的薪资收入。除上述所提到的必要费用外，英国非营利性代孕中介组织（COTS）（Childlessness Overcome Through Surrogate）的代孕备忘录中提到，代孕所需合理费用还包括孕妇装、营养费、家事协助、电话费、小孩看护费及怀孕结束后的假期花费等，但 COTS 在备忘录首页即声明备忘录是供当事人订立协议时参考用的文件，所以上述费用属开放选择项目，并非绝对必要的费用。美国律师公会版《代孕法范本草案》（Draft ABA Model S）则认为受术夫妻并无支付代孕母薪资损失、小孩看护费，及其他与代孕人配偶相关的各项费用的义务。

英联邦许多国家都有明确法律条文禁止任何形式的代孕技术，但诸多又面临解禁的选择。2006 年 8 月，澳大利亚立法委员会就修改了已实施多年的相关法律，允许商业性借腹生子的父母成为合法父母。新西兰《人工体外授精准则》允许非商业的代孕。

3. 我国代孕相关立法

我国法律对代孕没有明确规定，而部门规章和地方性法规规定不一。卫生部明确禁止代孕技术的使用，2001 年颁布的《人类辅助生殖技术管理办法》第 3 条规定：“禁止以任何形式买卖配子、合子和胚胎；医疗机构和医务人员不得实施任何形式的代孕技术。"

但是一些地方法规的规定实际上又有限度地认可代孕。例如《上海市计划生育条例实施细则》第12条规定:"……农业人口中符合下列条件之一的夫妻,可以按计划生育第二个孩子……(六)同胞兄弟姐妹两人以上,有一人无生育能力,其他均只生育一个孩子的,允许其中一人再生育一个孩子,供无生育能力者收养。"这条规定完全符合代孕的一般特征,即一名妇女替另一对夫妇生育孩子以供其收养。只不过上海市的规定将其限定在同胞兄弟姐妹之间而已。

据报道,在成都、重庆、西安及其他城市都曾相继出现过女性自愿高价出租自己的子宫,充当代理母亲为别人代孕子女的广告,一时应征者众多,在社会上引起了较大的反响。对于代孕,国外法律如何规制,学理上存在哪些争议,我国法律应如何取舍?

本案中,二审法院认为此虽为部门规章,不能作为确认代孕子女法律地位及监护权的法律依据,但国家对于代孕之禁止立场已为明确。私权领域虽有"法无禁止即可为"之原则,却并不代表私权主体的任何权利义务都可通过民事协议来处分,代孕行为涉及婚姻家庭关系、伦理道德等人类社会之基本问题,不同于一般民事行为,故不适用契约自由原则。尽管代孕行为在我国尚不合法,但由于潜在的社会需求,且人工生殖技术已发展至可实现代孕的程度,代孕情况在现实中依然存在。法律可以对违法行为本身进行制裁,但因此出生的孩子并不经由制裁而消失,无论代孕这一社会现象合法与否,都必然涉及因代孕而出生之子女的法律地位的认定,而对其法律地位作出认定,进而解决代孕子女的监护、抚养、财产继承等问题,是保护代孕所生子女合法权益之必需。本案中,罗某与陈某在婚姻关系存续期间通过买卖卵子、委托第三方代孕的方式孕生罗某丁、罗某戊,不符合上述司法解释的情形,故不适用上述相关规定。陈某既非卵子提供者而形成生物学上的母亲,又非分娩之孕母,现其请求认定以买卖卵子、代孕方式生育的孩子为其婚生子女之主张,法院不予采纳。

(三)代孕的学理分析

1. 反对代孕技术应用的主张

由于代孕所涉文化和道德的多元性,学者、民众对此的看法迥然不同,相关的争议相当激烈,法律应该对代孕禁止抑或许可,可谓见仁见智。

(1)反对代孕技术使用的伦理考量

第一,认为代孕侵犯妇女人格尊严,损害代孕妇女健康。如英国代孕协议法案立法委员会认为一个人不可以通过商业代孕行为即有偿代孕合约转让或放弃他做父母亲的权利义务,将生育与金钱挂钩,侵犯了妇女尊严,降低了妇女的人格,贬低了她们的社会地位。因为妇女若以收取酬金为目的,出让其子宫为他人生育孩子,将极易被人看作生育机器,处于被支配的地位,不利于保护自身的权益。虽然代孕本身并不是非法的,但是英国医学协会建议医生不要参与类似行为。在医学上孕期妇女可能会产生预想不到的并发症,如妊娠高血压、妊娠水肿,甚至妊娠高血压综合征等。产期危险性更大,如难产、产后出血、子宫破裂及弥散性血管内凝血,威胁产妇的生命安全。

第二,认为代孕破坏婚姻家庭价值。反对者认为代孕不但使家庭伦理关系产生混乱,而且人工授精给生殖活动不适当地引入了第三者。如母亲代女儿怀孕,姐姐替妹妹怀孕。代孕与充满人道主义关怀、解决无孩夫妇困境而产生的"人工授精"不同,代孕可能出现的不仅仅是一个陌生的新的生命源,更是活生生的"第三者"——代孕者。沃诺克就指出:"反对意见本质上基于这样一种看法:把第三者引入生殖过程中来乃是对于婚姻关系的价值的侵害,生殖过程应该局限于相爱的伴侣之间。"

第三,认为代孕违背公序良俗。德国法认为此类行为违反公序良俗而无效。从 1985 年到 1986 年,全德国一共有三宗代孕案件诉至法院,很不幸这三宗案件全部是关乎代孕引发的金钱纠纷。对这三起案件,法院均坚持了反对代孕的立场,以违反公共政策为由确认代孕协议无效。于是立法机关和公众均先入为主地认为代孕是一种恶劣的行为,应当被禁止。梁慧星先生认为代替她人怀孕的所谓"代理孕母"协议,属于公序良俗违反行为中的危害家庭关系的行为类型。基于公序良俗原则的强行法性格,该行为自应无效。

(2)反对代孕技术使用的制度考虑

反对代孕的第二类理由主要是基于制度上的考虑。

第一,代孕违背现行法律。代孕妇女未能完全执行计划生育政策。《婚姻法》第 2 条规定"实行计划生育"。代孕母亲一般都是已经生育过,并且有健康子女的妇女,应该严格执行计划生育相关法律法规。代替别人生孩子,不符合当前计划生育政策,与《婚姻法》要求每个家庭都实行计划生育相违背。我国有学者还从控制人口方面阐述,认为"在目前需要控制人口生育数量的情况下,即使妻子无法怀孕,也不得代生"。我国卫生部制定了《人类辅助生殖技术管理办法》更是明文禁止医疗机构与医务人员实施任何形式的代孕技术。《人类精子库管理办法》规定,严格禁止精子、卵子、受精卵和胚胎的买卖。这些法律规章使得代孕实际上处于违法之列。

第二,现行法律对代孕可能引发的纠纷尚欠缺必要的应对方案。如有人认为代孕有以下弊端:其一,代孕不利于家庭稳定;其二,代孕不利于子女利益;其三,孕母会破坏家庭结构。单身男子使用代孕技术,会使现行家庭结构解体;其四,孕母使生育动机发生根本变化;其五,孕母导致亲属关系和伦理观念的混乱,如女性亲属间互相代孕;其六,代理孕母侮辱女性;其七,代理孕母会受到心里或生理的长期伤害;其八,代孕不利于人口控制。而代理契约也可能带来诸多问题,包括人工授精、孕母代孕有感染艾滋病的可能;孩子残疾的可能;妊娠中流产或死产的可能;委托方父亲中途改变主意;怀孕期间、委托方父亲死亡;孕母在妊娠中改变主意;孕母生产时死亡;孕母所生婴儿非委托方之父亲所生时;孕母拒绝交付子女时;委托方父亲拒绝交付全部酬金时;上述情况都可能引发难以处理的纠纷。要避免代孕安排所引起的争议,唯一的选择就是全面禁止代理孕母。我国官方对禁止代孕的解释是:一是禁止代孕仅涉及极少部分人的利益,不会对多数人造成影响;二是代孕会带来诸多问题,如果不禁止,一旦出现问题将难以解决。

2. 支持代孕技术应用的主张

支持代孕的理由主要包括:

第一,禁止代孕必将抹杀不育者的生育权利,也限制他们建立家庭的权利。美国新泽西州高等法院法官哈尔维·索尔科在审理“婴儿 M”案中认为:“如果一个人有权以性交方式生育,那么他就有权以人工方式生育。如果生育是受到保护的,那么生育的方式也应受到保护。本法庭认为这种受保护的方式可以扩展到用代孕生孩子。”以选择代孕的方式实现不孕夫妻的生育权是合情合理人性化的。在我国大约有 100 万不能生育的家庭需要运用这一技术。这一小撮人的绝对数量是不可忽视的,而且这个数量还在增长。

第二,禁止代孕侵犯了代母的自由选择权,妇女应该自己决定面对何种风险。例如,美国的安德鲁斯教授认为:“禁止代理孕母似乎意味着,决定妇女面对什么样的风险的是政府,而非妇女个人。这种禁令的依据,正是女性主义分子在堕胎、避孕、非传统家庭和就业等议题下所反对的依据,到头来将会在生育政策和家庭等方面威胁女性主义者。”公民的人格权中包括公民的身体权。作为女性公民自然有权自主支配自己的器官,子宫作为女性的重要生殖器官,也在自主支配的范围之列。自然人的身体不是物,除非其与组成身体的其他器官、组织相分离而又没有与别的人体结合。只要身体的某个器官组织与人的其他器官和生理组织融为一体,成为人的机体的有机组成部分,那它就不是“物”。出租论者严重违背了人的身体并非物这一基本原理,无理论根据地把“腹”当作客体物出租是荒谬的。如果强行把身体之“腹”从人体中分离出来当作物出租,不仅

"腹"失去了其生育的功能意义,而且是一种严重的刑事犯罪。以爱护为名而禁止其支配,实质上是限制了妇女的自由;就如同以前美国法律以爱护为名限制妇女避孕和堕胎一样。

第三,代孕实际上提高了婴儿的福利待遇。婴儿自出生以后,就成为法律上的权利义务的主体而并非客体。认为代孕是买卖婴儿,贬低婴儿价值的说法是不成立的。这些婴儿是被渴望的孩子,而不是生下后被父母遗弃的孩子。美国一位拥护自由市场经济的法官说:"从孩子的福利角度看,那种会出大价钱买孩子的意愿其实就是一种保证,想想看,谁是为了砸电视机才花钱买电视机的呢?所以说,人们花钱买了孩子后就会好好的爱护他们。"

第四,代孕不违背公序良俗,非商业代孕尤其如是。非商业性代孕是在代理孕母自愿的前提下,接受绝孕夫妇的委托,同意将胚胎移入自己的子宫进行孕育的过程,体现了人们之间的互助精神,并不是以买卖婴儿为标的。这虽然和传统伦理道德观念相冲突,但作为一种科学技术,其目的是服务于人类繁衍的福祉,并且体现了社会主义的道德风尚。它虽不为大多数人所必需,但不能因为需求人群小便忽视他们的权利。从这一角度出发,代孕显然不会违背社会公序良俗。代孕不仅弥补了不孕不育夫妇生理上的不足,更抚慰了其在社会、心理上的伤痛,于个人而言是幸福,于家庭、社会而言却是"减压阀",有利于人权保障、家庭幸福与社会和谐。

我国一些学者认为生育权的内容之一即为生育方式的选择权,因此在伦理许可的范围内,应允许代孕。学者支持代孕的理由主要有:代孕可以帮助不孕夫妇实现生儿育女的梦想;代孕有助于医学科技的发展;代孕孕育了崭新的生育观,有利于提高婚姻和家庭的质量。禁止代孕剥夺了无妊娠能力的妇女的生育权以及部分健康男性的生育权和建立家庭的权利,人为地制造了混乱,如导致离婚率升高、更多地下非法代孕出现。

本案中,法官坚持认为代孕不法,但是在我国其他法院判决的一些代孕案件中,也有法官认定代孕合法,确定委托人亲权的做法。

在此,个人的观点不能代替学生的思考,更深层次的论述将不展示,而交由学生进行探索、判断。

二、诉讼主体资格及证据问题

本案程序方面的争议为原审判决是否超越诉请范围以及罗某父母(罗某甲、谢某某)是否具有提起亲子关系否认之诉的主体资格。

本案中作为祖父母的罗某甲、谢某某主张监护权的前提条件是两名孩子的父母已经死亡或者没有监护能力。由于罗某丁、罗某戊的生父罗某已经死亡,生母情况不明,均无可能对其进行监护,而两名孩子出生后一直由罗某、陈某夫妇作为父母共同抚养,罗某去世后陈某仍以母亲身份抚养照顾,故对陈某法律上身份地位的认定便成为判定监护权归属的前提。因此,本案并非属于《民法通则》第16条第2款规定的未成年人父母死亡或丧失监护能力之后的指定监护纠纷,而是包括亲子关系确认(否认)之诉在内的监护权纠纷,原审判决先对当事人的身份关系作出认定,并在此基础上判定监护权归属,不属于超越诉请范围。

关于罗某甲、谢某某的诉讼主体资格。作为祖父母,其取得监护权的前提条件必须是首先否定陈某与两名孩子之间存在法律上的父母子女关系,包括自然血亲关系和拟制血亲关系,故法律上父母子女关系的确认与否与其具有直接利害关系,其符合《民事诉讼法》第119条规定的起诉主体资格。另外,本案中罗某甲、谢某某对陈某法律上母亲身份的否认并非单纯的婚生否认之诉,而是亲子关系确认中的消极否认之诉,根据《〈婚姻法〉司法解释三》第2条第2款之规定,亲子关系确认之诉的诉讼主体不限于夫或妻,罗某甲、谢某某作为主张监护权的祖父母亦具有诉讼主体资格。

关于案由问题,原审法院将本案确定为监护权、抚养关系纠纷,一中院认为,因罗某甲、谢某某主张的是监护权,至于要求将两名孩子交付其抚养,则是附随于监护权主张中的具体请求,不构成独立的抚养关系纠纷之诉,故案由应确定为监护权纠纷。上述观点笔者完全赞同。

案件中否认陈某与代孕所生子女之间自然血亲的关键证据是亲子鉴定。《〈婚姻法〉司法解释三》第2条规定,夫妻一方向人民法院起诉请求确认亲子关系不存在,并已提供必要证据予以证明,另一方没有相反证据又拒绝做亲子鉴定的,人民法院可以推定请求确认亲子关系不存在一方的主张成立。当事人一方起诉请求确认亲子关系,并提供必要证据予以证明,另一方没有相反证据又拒绝做亲子鉴定的,人民法院可以推定请求确认亲子关系一方的主张成立。但这个规定适用于夫妻。本案中,如果陈某拒绝做亲子签订,罗某父母无权强制其进行鉴定。如果罗某父母也无法提供必要证据证明陈某不是子女父母,也不能直接认定亲子关系不存在。亲子鉴定因涉及身份关系,原则上应当以双方自愿为原则。法院也不可以强制当事人进行亲子鉴定。亲子关系可以通过司法鉴定查明。司法鉴定要求有鉴定资质的鉴定机构必须对申请鉴定的委托人进行身份确认,所以需要申请人带大人和孩子的有效身份证件到鉴定机构现场去做。还必须当事人本人到场照相,留取指纹,现场采样,司法鉴定的结果具有法律效力,可作为法庭证据使用,鉴定报告是永久有效的。个人所做的亲子鉴定证据力较弱,如果对方不承认则通常难以被采纳。

三、关于代孕所生子女的法律地位之认定

本案实体方面的争议为代孕所生子女的法律地位及其监护权之确定。无论法律对代孕行为持何态度,代孕所生子女都需严肃对待。如何界定代孕所生子女的亲子关系,其父母是生物学父母,契约上父母还是分娩者为母?收养和抚养事实能否构成父母子女关系?亲属关系如何认定?

对此问题,我国目前法律没有明确规定,尽管如此,法院基于不得拒绝裁判之原则,对于当事人提起的相关诉讼并不因此而可回避,仍得依据民法等法律的基本原则及其内在精神,结合社会道德和伦理作出裁判。据此,本院就本案中涉及的代孕所生子女的法律地位、陈某与罗某丁及罗某戊是否成立拟制血亲关系、罗某丁及罗某戊的监护权归属问题逐一评述如下。

对于代孕问题,世界各国的立法各有不同,即使在允许代孕的国家,其开放程度亦有不同,我国目前规章尚属禁止。尽管代孕行为在我国合法性存争议,但由于潜在的社会需求,且人工生殖技术已发展至可实现代孕的程度,代孕情况在现实中依然存在。法律可以对违法行为本身进行制裁,但因此出生的孩子并不经由制裁而消失,无论代孕这一社会现象合法与否,都必然涉及因代孕而出生之子女的法律地位认定,而对其法律地位作出认定,进而解决代孕子女的监护、抚养、财产继承等问题,是保护代孕所生子女合法权益之必须。

(一)关于代孕子女亲子关系的认定原则

《婚姻法》对于亲子关系的认定未作出具体规定,司法实践中,对于生母的认定,根据出生事实遵循"分娩者为母"原则;对于生父的认定,则根据血缘关系而确定。随着人工生殖技术的发展,人类得以利用人工方法达到使人怀孕生育之目的。现有的人工生殖技术包括人工体内授精、人工体外授精—胚胎移植(俗称试管婴儿)、代孕三种,其中前两种已为大多数国家包括我国所认可。

针对人工授精的情形,《最高人民法院 1991 年函》中明确规定:"夫妻双方一致同意进行人工授精的,所生子女视为夫妻双方的婚生子女。"人工体外授精—胚胎移植的情形与此类似,应亦可适用上述之规定。由此可见,经夫妻双方一致同意以合法的人工生殖方式所生育的子女,其亲子关系的认定,生母根据"分娩者为母"原则,生父则以婚生推定方式确定。上述两种人工生殖方式,生育过程中怀孕分娩的主体均是不孕夫妻中的妻子一方,而代孕与之不同的是,怀孕分娩这一环节从不孕夫妻中的妻子一方转移给了其他女性,从而背离了"分

娩者为母”的原则以及由此建立的法律制度，故不为我国法律所认可。陈某上诉认为，根据《最高人民法院1991年函》之精神，血缘关系并非判断亲子关系的唯一标准，故本案可类推适用该函。

代孕所生子女的亲子关系的认定具有一定的复杂性，其关系到代孕目的的实现、各方当事人的利益、代孕所生子女的权益保护等，更需考虑到公众基于传统的伦理观念、文化背景等的接受程度。目前，我国法律对此缺乏相关规定，理论上主要有血缘说、分娩说、契约说（或称人工生殖目的说）、子女利益最佳说之四种学说。

二审法院采纳了分娩说。一中院认为，“契约说”体现的是私法自治的法律精神，但在身份法中私法自治有严格的限制，即便在代孕合法化的国家，亦须专门立法予以规制。“子女利益最佳说”以子女最佳利益作为认定亲子关系的依据，此与我国传统的伦理原则及价值观念不相符合，缺乏社会文化基础。“血缘说”虽然有着天然的生物学基础，但在民众朴素的伦理观念中，香火延续、传宗接代主要是指父系而言，母子关系的确立更多在于十月怀胎的孕育过程和分娩艰辛所带来的情感联系，在于母亲对孩子在精力、心血、感情上的巨大投入和无形付出，单纯以生物学上的基因来认定母子关系，将缺乏社会学和心理学层面的支撑。更何况，《最高人民法院1991年函》已经突破了纯粹的血缘主义，而在我国尽管合法的卵子捐献渠道极为有限，但亦不能否认存在合法捐卵的情形，故“血缘说”亦不可取。“分娩说”符合传统民法中“分娩者为母”的认定原则，亦与其他两种人工生殖方式中的亲子关系认定标准相同，且符合我国传统的伦理原则及价值观念。另外，“分娩者为母”的认定原则亦与我国目前对代孕行为的禁止立场相一致。对此，一中院认为，该函所针对的是以合法的人工生殖方式所生育子女的法律地位之认定，而代孕行为本身不具有合法性，故不符合类推适用之情形。

综上所述，一中院认为，本案中作为代孕所生子女的罗某丁、罗某戊，其法律上的亲生母亲应根据“分娩者为母”原则认定为代孕者；关于生父的认定，罗某与两名孩子之间具有血缘关系，故法律上的亲生父亲应为罗某。由于罗某与代孕者之间不具有合法的婚姻关系，故所生子女当属非婚生子女。原审判决否定了陈某提出的两名孩子系其夫妻之婚生子女的主张，本院予以认同。罗某丁、罗某戊的出生证明及户籍登记已记载罗某、陈某为父母，且亦被罗某、陈某实际抚养，表明罗某作为生父已作出实际的自愿认领行为。罗某甲、谢某某系罗某的父母，故为罗某丁、罗某戊的祖父母。

这一问题的选择和前述代孕应否合法化的思考是一脉相承的。如果坚持代孕非法,则分娩者为母是顺其自然、水到渠成的选择;如果允许代孕合法化,则契约安排就自然成为确定代孕所生子女亲子关系的原则。

(二)陈某与代孕所生子女是否成立拟制血亲关系

我国法律规定的父母子女关系包括自然血亲关系和拟制血亲关系,后者是指本无血缘关系或无直接血缘关系,但从法律上确认其与自然血亲具有同等权利义务的父母子女关系,包括养父母子女关系和有抚养关系的继父母子女关系。陈某提出,其作为罗某的妻子,基于和罗某共同抚养教育两名孩子的事实,应认定形成事实收养关系或有抚养关系的继父母子女关系。

1. 是否形成事实收养关系

首先,《收养法》对收养应履行的法定手续作出了明确规定,即收养必须向民政部门登记方始成立,而《司法部关于办理收养法实施前建立的事实收养关系公证的通知》,系针对《收养法》实施之前已建立事实收养的情形,本案中陈某与代孕所生的两名孩子之间显然欠缺收养成立的法定条件。其次,如按事实收养关系认定,实际上是认可了代孕所生子女的亲权由代孕母亲转移至抚养母亲,这将产生对代孕行为予以默认的不良效果,此种消极认可态度与我国目前对代孕行为的积极禁止立场不相符合。最后,如果按事实收养关系认定,对我国现行的计划生育政策亦可能造成一定冲击。综合上述因素,上海第一中级人民法院认同原审判决关于陈某与罗某丁、罗某戊之间不成立事实收养关系的认定意见。

2. 是否形成有抚养关系的继父母子女关系

继父母子女关系,通常理解是指生父或生母一方死亡,另一方带子女再婚,或生父母离婚,抚养子女的一方再婚,由此形成的前婚子女与再婚配偶之间的关系。这一概念的形成基础为传统的社会结构。然而,随着人们传统的家庭伦理观念不断受到科技发展的影响及新的价值理念的冲击,稳固的婚姻家庭模式发生动摇,试婚、非婚同居、婚外情等现象日益增多,非婚生子女的数量不断增加,这已经成为现实生活中不容回避的社会问题,其权益理应纳入法律保护范围。《婚姻法》第25条规定:"非婚生子女享有与婚生子女同等的权利,任何人不得加以危害和歧视。不直接抚养非婚生子女的生父或生母,应当负担子女的生活费和教育费,直到子女能独立生活为止。"此为非婚生子女的权益保护提供了法律依据。关于拟制血亲的继父母子女关系,其子女范围理应包括婚生子女与非婚生子女。

《婚姻法》第27条规定:"继父母与继子女间,不得虐待或歧视。继父或继母和受其抚养教育的继子女间的权利和义务,适用本法对父母子女关系的有关规定。”由此可见,《婚姻法》在区分直系姻亲和拟制血亲的继父母子女关系时,系以是否存在抚养教育之事实作为衡量标准。根据上述规定,有抚养关系的继父母子女关系的成立应具备两个条件:一是主观意愿,即非生父母一方具有将配偶一方的未成年子女视为自己子女的主观意愿,双方以父母子女身份相待;二是事实行为,即非生父母一方对配偶一方的未成年子女有抚养教育之事实行为。上述两个条件同时具备,方可成立有抚养关系的继父母子女关系。据此,缔结婚姻之前一方的非婚生子女,因在双方结婚之前孩子已经存在,作为非生父母一方,接受孩子并与之共同生活,是其与孩子生父母一方结婚时的自愿选择,若同时有抚养教育之事实的,则形成有抚养关系的继父母子女关系。本案中需要进一步探讨的是,缔结婚姻之后一方的非婚生子女与其配偶之间是否亦可形成拟制血亲的继父母子女关系?本院认为,缔结婚姻之后一方的非婚生子女,如果作为非生父母的夫或妻一方知晓并接受该子女为其子女,同时与该子女共同生活达相当期限,并对该子女履行了抚养教育之义务的,则具备了上述主观意愿和事实行为两个条件,亦可形成有抚养关系的继父母子女关系。至于子女的出生时间在缔结婚姻之前还是之后,并非《婚姻法》规定的认定形成有抚养关系的继父母子女关系的实质要件。本案中,罗某丁、罗某戊是陈某与罗某结婚后,由罗某与其他女性以代孕方式生育之子女,属于缔结婚姻关系后夫妻一方的非婚生子女。两名孩子出生后,一直随罗某、陈某夫妇共同生活近三年之久,罗某去世后又随陈某共同生活达两年,迄今为止陈某与孩子共同生活已有五年。其间,陈某已完全将两名孩子视为自己的子女,并履行了作为一名母亲对孩子的抚养、保护、教育、照顾等诸项义务,故应认定双方之间已形成有抚养关系的继父母子女关系,其权利义务关系应当适用父母子女关系的有关规定。该拟制血亲的继父母子女关系一旦形成,并不因夫妻中生父母一方的死亡而解除,亦不容继父母随意放弃监护权,仅在生父母与继父母离婚时,继父母不同意抚养的,方仍由生父母抚养,故罗某的死亡并不能使陈某与两名孩子之间已存在的有抚养关系的继父母子女关系自然终止。

罗某甲、谢某某认为,罗某与陈某以非法代孕方式生育子女,违反了国家现行的法律法规,故陈某与两名孩子之间未形成法律规定的拟制血亲关系。对此,一中院认为,将陈某与两名孩子之间认定为有抚养关系的继父母子女关系,并不表明法院对非法代孕行为予以认可。首先,之所以作出这一认定,是基于陈某抚养了其丈夫罗某的非婚生子女这一事实行为,至于该非婚生子女是否代孕所生对此并无影响。如果否定代孕行为并进而否定代孕所生子女的身份及法律地位,则罗某亦不能成为两名孩子的生父,这显然不符合民法的基本原则。其次,本案审理的并非代孕协议纠纷,而是代孕所生子女的监护权纠纷,故法院所面临的首要任务是如何保护未成年子女的合法权益,而非仅着眼于对代孕行为的合法与否进行司法裁判。就本案而言,无论对非法代孕行为如何否定与谴责,代孕所生子女当属无辜,其合法权益理应得到法律保护。因此,无论是婚生子女还是非婚生子女,是自然生育子女抑或是以人工生殖方式包括代孕方式所生子女,均应给予一体同等保护。

(三)本案中罗某丁、罗某戊的监护权归属问题

监护权的归属依据亲子关系确定,而这一传统规则应用的基础是基于当事人之间的血缘联系。当血缘联系不够紧密,应考虑哪些因素为其选定监护人?联合国《儿童权利公约》第 3 条确立了儿童最大利益原则,我国作为该公约的起草参与国和缔约国,亦应在立法和司法中体现这一原则,法院在确定子女监护权归属时,理应尽可能最大化地保护子女利益。就本案而言,无论是从双方的监护能力,还是从孩子对生活环境及情感的需求,以及家庭结构完整性对孩子的影响等各方面考虑,将监护权判归陈某更符合儿童最大利益原则。

首先,从纠纷双方的年龄及监护能力考虑,陈某正值盛年,有正当工作和稳定收入,亦有足够的精力和能力抚养照顾好两名孩子;而罗某甲、谢某某分别已至耄耋、古稀之年,身体状况及精力均不足以抚养照顾两名年幼的孩子,一审中其表示将委托远在美国的女儿帮助抚养照顾,表明其亦意识到自身监护能力之不足。

其次,从生活环境的稳定性、与孩子的亲密程度及孩子的情感需求考虑,罗某丁、罗某戊出生后一直随罗某、陈某夫妻共同生活,罗某去世后由陈某抚养照顾,已与陈某形成了难以割舍的母子感情,而与罗某甲、谢某某并未共同生活过,能否适应环境的改变以及与老人共同生活的状态尚属未知。更何况,对于幼儿来说,母爱是无法替代的,孩子的这一情感需求不能不予以考虑。

最后,从家庭结构关系的完整性考虑,认定陈某与两名孩子为有抚养关系的继父母子女关系,则对罗某丁、罗某戊来说,其家庭结构关系仍是完整的,不因其是代孕所生而有异于常人。人皆有父母,父母子女之情是人类最基本的情感元素,维护正常的亲子关系和家庭内部结构,对幼儿人格的形成具有重要意义。

故此,关于罗某丁、罗某戊的监护权归属,本院认为,首先,根据《民法通则》第 16 条的规定,未成年人的父母是未成年人的监护人,其监护顺序处于第一顺位。本案中陈某虽非罗某丁、罗某戊的生母,但已与两名孩子形成了有抚养关系

的继父母子女关系，根据《婚姻法》第 27 条第 2 款，应适用父母子女关系的规定，从监护顺序而言，陈某优先于作为祖父母的罗某甲、谢某某。其次，根据儿童最大利益原则，从双方的监护能力、孩子对生活环境及情感的需求、家庭结构的完整性对孩子的影响等各方面考虑，监护权归于陈某更有利于孩子的健康成长。据此，本院认定，罗某丁、罗某戊的监护权应归于陈某。

罗某的去世，无论是对罗某甲、谢某某及陈某，还是对两名孩子，都是一个巨大的伤痛，而罗某甲、谢某某与陈某此后又因争夺两名孩子的监护权而发生诉讼，无疑更增彼此的伤害。本院需要指出的是，虽然《婚姻法》规定的探望权主体为离婚后不直接抚养子女的父母一方，祖父母通常只随同父母探望，不单独享有探望权。但考虑探望权的设置目的在于满足亲情需要和保护未成年子女的最大利益，而亲情不应局限在父母子女之间，也包括其他和子女关系密切的近亲属，故本院认为，基于本案的特殊情况以及陈某在诉讼过程中的承诺，应给予作为祖父母的罗某甲、谢某某以探望权，此一方面可使罗某丁、罗某戊感受到来自祖父母的关爱，另一方面亦可令罗某甲、谢某某知悉陈某对两名孩子的抚养监护情况，既慰其思孙之情，又有监督保护之效。关于具体的探望方式，双方可自行协商，若协商不成，亦可通过其他合法途径解决。至于两名孩子将来可通过继承获得罗某遗产一节，与本案监护权的归属并无关联，实不应成为双方争夺监护权的动因，且法律对于监护人的职责权利与民事责任均有明确规定，成为未成年人的监护人并不意味着可因此自由控制处分其财产，更不意味着可获得其财产。裁判虽然是理性而坚硬的，但亲情却是温暖而柔软的，在家庭关系引发的矛盾纠纷中，更需要的是亲情的温和化解，而非裁判的冷硬切割。希望双方能够多以孩子为念，化解不必要的矛盾和摩擦，置怨结欢，处理好今后的探望及遗产继承等事宜，给孩子们营建一个亲睦、和谐的家庭环境，使其能够健康、快乐地成长。

这个案例，不仅考验学生的人文素养，更锤炼其法学理论功底。只有对法律制度背后的立法精神有深刻领悟，才能在制度缺失，分歧巨大，争议尖锐的情形下找到一条法学的中庸之道，寻求到合理的解决方案。通过对该案例的分析，应该培养学生分析案例的法律推理能力。

课堂时间安排

本案例可以作为专门的案例教学课来进行，整个案例课的课堂安排 6 ~ 8 个课时，每课时 45 分钟。

如下课堂设计,仅供参考。

1. 课前计划:安排学生阅读案例及相关参考资料,对案例所涉及问题进行思考,撰写实践题答案。

2. 课中计划:(1)介绍教学目的,明确讨论主题;(2)分组讨论,回答各项思考题,讨论实践题的撰写要点;(3)小组代表提出撰写要点,学生讨论和分析;(4)教师归纳总结。

3. 课后计划:布置学生进一步思考代孕所涉法律问题,以及未来立法、司法、其他实务的应对之策。

思考题和实践题

1. 思考题

(1)代孕所生子女[本案中为罗某丁(男)、罗某戊(女)]的法律父母是谁? 依据何种规则确定?

(2)代孕所生子女与无血缘的委托人父母[本案中卫罗某丁(男)、罗某戊(女)与罗某的妻子陈某]之间是什么关系?

(3)代孕所生子女与委托人父母的亲属间[本案中为罗某丁(男)、罗某戊(女)与罗某甲]是什么关系?

(4)作为一审案件中的原告,否认陈某享有监护权的最有力证据是什么,该怎样取得?

(5)作为二审案件中的上诉人陈某,主张其享有监护权的有力证据是哪些,如何提供?

(6)若代孕女现身,罗某丁(男)、罗某戊(女)的监护权可否由代孕女行使?

(7)若罗某还活着,罗某丁(男)、罗某戊(女)的监护权是否由罗某单独行使?

(8)因代孕女不详,法院将确认陈某与罗某丁(男)、罗某戊(女)形成事实上的收养关系,可以行使监护权。此时代孕女与罗某丁(男)、罗某戊(女)是否还存在法律上的亲子关系?

(9)若代孕女现身主张监护权,罗某丁(男)、罗某戊(女)不愿跟随代孕女一起生活,法院应判决罗某丁(男)、罗某戊(女)的监护权由谁行使?

(10)若捐卵者主张自己为罗某丁(男)、罗某戊(女)的母亲,法律应否承认?

(11)罗某丁(男)、罗某戊(女)的监护权在本案中应确定给谁行使,为什么?

2. 实践题

(1)如果你是陈某的代理律师,请问你在诉讼中应该做哪些工作? 请根据以上案情,编写工作计划。

(2)结合本案案情,为陈某撰写取上诉状。

(3)如果你是罗某父母的律师,根据以上上诉意见,为被上诉人撰写代理词。

(4)如果你是法官,请根据以上案件信息,撰写判决书。

参考文献

1. 廖雅慈:《人工生育及其法律道德问题研究》,赵淑慧等译,中国法制出版社 1995 年版。
2. 黄丁全:《医疗·法律与生命伦理》,法律出版社 2004 年版。
3. 李善国、倪正茂、刘长秋:《辅助生殖技术法研究》,法律出版社 2005 年版。
4. 周平:《法律与生育——生育权制度解读与冲突配置》,人民出版社 2009 年版。
5. [美]理查德·波斯纳:《法律的经济分析》,蒋兆康译,中国大百科全书出版社 1995 年版。

撰稿人|周平,中南民族大学法学院副教授

14 CASE 杨季康诉中贸圣佳拍卖公司等侵犯著作权案

| 摘 要 |

钱钟书及其配偶杨季康、其女钱瑗与李国强系朋友关系，三人曾先后向李国强寄送私人书信百余封，这些信件由李国强保存。2013 年 5 月间，中贸圣佳公司发布公告称，将公开拍卖上述私人信件。随后，杨季康以侵犯著作权、隐私权为由将中贸圣佳公司与李国强诉至法院。案件的争议焦点是拍卖公司是否可以将钱钟书写给他人的私人书信予以展出和拍卖？本案涉及著作权、物权、隐私权等多种民事权利，以及它们之间的界分与冲突问题。

| 关键词 |

书信　物权　著作权　隐私权

| 教学目标 |

可用于法律硕士（或法学硕士）研究生的知识产权法或民法课程的教学案例。本案例涉及著作权、物权、隐私权等多种民事权利，虽然案情相对简单，但涉及的法律关系较为复杂。通过将法学理论、法律条文与实际案例相结合，让学生在真实的情景中观察当事人的不同主张、依据和证据，切实理解不同法律部门相关规则的意义及其相互关系，学习法律解释与适用的技能，也为今后解决类似争议提供样板，培养预防以及解决相关民事纠纷的能力。

教学案例主文

一、引言

2013 年 5 月 20 日，北京中贸圣佳国际拍卖有限公司在其官方网站发布消息，称将于同年 6 月 21 日举办名为“也是集——钱钟书书信手稿”的拍卖会，其中拍品包括66封钱钟书亲笔书信和《也是集》手稿，12封杨绛的书信和《干校六记》手稿，以及6封钱瑗的书信。据悉，这些拍品主要为上世纪80年代钱钟书与香港《广角镜》月刊总编辑李国强的往来书信。因钱钟书与女儿钱瑗已去世，杨绛遂通过媒体发表声明，坚决反对拍卖这些私人书信，并委托律师向北京市第二中级人民法院提交诉前禁令申请，请求责令停止侵害著作权的行为。随后，杨绛诉至法院请求判令中贸圣佳公司与李国强立即停止侵犯自己隐私权、著作权的行为，并公开赔礼道歉，赔偿损失。

二、本案起因与发展过程

（一）本案当事人

1. 钱钟书：本案书信作者。已故著名作家、文学研究家。其幼承家学，文章与书法俱佳，从其为《英汉大词典》《英语世界》《中国翻译》等题写的书刊名称中可略窥其书法水准。

2. 杨季康（笔名杨绛）：本案原告，二审被上诉人。钱钟书妻子，著名作家、翻译家、外国文学研究家。

3. 李国强：本案被告之一。香港《广角镜》月刊总编。李国强与钱钟书相识于1979年，此后一直是钱钟书、杨绛夫妇在海外的重要挚友。钱钟书夫妻二人及女儿钱媛曾先后向李国强寄送私人书信百余封，这些信件由李国强保存。

4. 中贸圣佳国际拍卖有限公司：本案被告之一、二审上诉人，简称中贸圣佳公司。该公司成立于1995年，注册资金3000万元人民币。已开辟的艺术品拍卖种类有：中国古代书画、现代书画、玉器、瓷器等。目前已经形成了每年两场大拍（成交额在6000万元以上）和若干场小拍（成交额在300万元左右）的经营规模，成交金额约1.5亿~2亿元人民币。并且在海内外已建立了三千多个收藏家和艺术家的客户网络，有广泛的市场基础。

（二）书信拍卖行业背景

中国拍卖业经历了21年的发展，信札拍卖屡见不鲜，其中以宋元明清信札居多，也有当代以及在世名人信札上拍，至今为止，并没有出现类似信件当事人要求撤拍的情况。

近年来，在艺术品拍卖市场，藏家由追捧名人字画，转为追捧名人书信。2005年，郁达夫致王映霞的“我很真心，我简直可以为你而死”等8封情书，最终以34万元高价成交。2005年，钱钟书致吴祖光信札，不到十行字，以2.3万元成交。2009年,陈独秀、梁启超、徐志摩等致胡适的一批书信,一举创下744.8万元的成交高价。

在国际拍卖市场上,名人书信早已是重要角色。爱因斯坦给美国前总统罗斯福关于原子弹的信件,1987年在纽约苏富比拍出了22万美元;哥伦布描写发现美洲大陆的信,1991年在伦敦佳士德拍出了44万美元;丘吉尔的7封情书,1994年在伦敦佳士德拍了7.68万英镑;尼克松总统的辞职信,1995年在伦敦苏富比拍了8.28万美元;贝多芬的《第九交响曲》原稿,共57页,2003年在苏富比,被藏家以213万英镑竞得;《教父》作者马里奥·普佐给马龙·白兰度的一封亲笔信——只是一张便条,2005年在佳士得以13.2万美元成交。

北京传是拍卖于2012年秋拍卖了莫言信札,价格达到2万元以上,并被广泛报道,但至今莫言都没有对此公开表示异议。传是拍卖书画古籍经理韩斗分析,国外很多拍卖行都有名人信札拍卖,在世名人信札的拍卖也很多,但至今都没有出现争议。出于市场考虑,现在上拍的过世名人信札比较多,韩斗表示,对于拍卖行来说,只要拍品符合拍卖标准,都可以进入委托拍卖的程序,并不会提前与写信人做特别沟通。

(三)事件起因与发展概述

2013年5月20日,北京中贸圣佳拍卖公司宣布,60件钱钟书毛笔书信、13封杨绛钢笔书信、两人独女钱瑗的6封钢笔书信,将在6月21日公开拍卖,并且,还将在拍卖前举行研讨会和预展活动。同一时间,中贸圣佳公司网站登载了多篇介绍涉案拍卖活动、鉴定活动和部分书信手稿细节内容的媒体报道文章,部分文章以附图形式展示了书信手稿全貌。此后,北京保利国际拍卖公司也宣布,将在6月3日拍卖钱钟书、杨绛信札。

5月26日,杨绛通过媒体发表声明,希望拍卖方尊重法律,停止举办相关研讨会并撤拍,否则将亲自走上法庭维权。杨绛向李国强和拍卖公司提出质问:"完全是朋友之间的私人书信,本是最为私密的个人交往,怎么可以公开拍卖?个人隐私、人与人之间的信赖、多年的感情,都可以当商品去交易吗?"声明也希望有关部门切实履行职责,维护公民的"通信自由和通信秘密"这一基本人权。

5月29日,国家版权局、中国拍卖行业协会、中国作家协会作家权益保障委员会先后发表意见,支持杨绛维权。国家版权局版权管理司负责人指出,书信作为文字作品,其著作权属于作者,即写信人。拍卖活动的相关行为方在对信件进行处分的时候,未经著作权人同意,不得对书信做任何著作权意义上的利用,否则涉嫌侵害著作权人的合法权益。比如,将书信的全部或部分内容公之于众,就可能涉嫌侵犯著作权人的发表权。

6月2日，杨绛第二次发表声明反对拍卖，保利公司宣布将3件相关拍品撤拍。同一天，杨绛委托律师王登山向北京市第二中级人民法院申请诉前禁令。

6月3日，北京市第二中级人民法院作出裁定，责令中贸圣佳不得实施侵害钱钟书、杨绛、钱瑗书信手稿著作权的行为。

6月5日，原上海古籍出版社社长魏同贤发表声明，称保利公司原计划拍卖的“钱、杨二先生给我的信件，全系伪造”，为此有可能诉诸法律。

6月6日，中贸圣佳官方网站发布声明，宣布停止“也是集——钱钟书书信手稿”的公开拍卖。不过该公司坚持认为，为本次拍卖会举办的前期活动均符合中国法律及拍卖行业的相关规定。

6月7日，北京市第二中级人民法院正式受理了原告杨绛诉被告中贸圣佳、李国强侵权纠纷民事诉讼案。

10月30日、11月19日、12月3日，合议庭进行不公开开庭审理本案。

12月20日，北京市第二中级人民法院作出(2013)二中民初字第10113号民事判决，判令被告停止侵权、赔偿经济损失、支付精神损害抚慰金并赔礼道歉。

2014年3月11日，北京市高级人民法院受理中贸圣佳对本案提起的上诉。

2014年4月2日，本案进行不公开开庭审理。

2014年4月10日，北京市高级人民法院作出终审判决，驳回上诉，维持原判。

三、本案主要案情

(一)各方当事人主张

杨季康认为，其及其配偶钱钟书、其女钱瑗与李国强系朋友关系，三人曾先后向李国强寄送私人书信共计百余封。上述信件本由李国强收存，李国强作为收信人应依法保守朋友的通信秘密，保护写信人的隐私权。但2013年5月间，中贸圣佳公司发布公告称其将于2013年6月21日举行“也是集——钱钟书书信手稿”公开拍卖活动，公开拍卖上述私人信件。中贸圣佳公司还计划于2013年6月18日至20日举行预展活动，于2013年6月1日举行相关研讨会，且其已于2013年5月20日举行了“也是集——钱钟书书信手稿”活动，并将上述若干封私人信件公开展览、公之于众。虽然法院于本案诉前作出停止侵权裁定后，中贸圣佳公司停止了对涉案书信手稿的拍卖，但李国强作为收信人将涉案书信手稿交给第三方的行为以及中贸圣佳公司在司法裁定前为拍卖而举行的准备活动,已经构成对杨季康等著作权和隐私权的侵犯,给杨季康造成了严重伤害。杨季康作为钱钟书的继承人,并作为钱瑗的继承人之一,在钱瑗的另一位继承人即其配偶杨伟成出具说明同意杨季康起诉的情况下,有权对上述侵权行为提起诉讼。为使自身权益受到永久保护,杨季康请求法院判令中贸圣佳公司及李国强:(1)停止侵犯杨季康等隐私权和著作权的行为;(2)在新华网、人民网、《光明日报》、《文汇报》、《北京青年报》、《扬子晚报》、中国日报网、《东方早报》、《京华时报》、搜狐网、新民网、《羊城晚报》、中国作家网、《北京日报》、中国新闻网及中贸圣佳公司官方网站等媒体上向杨季康公开赔礼道歉;(3)赔偿因侵害著作权给杨季康造成的经济损失人民币 50 万元,向杨季康支付精神损害抚慰金人民币 15 万元,支付杨季康为制止侵权所支出的合理费用人民币 0.5 万元。

中贸圣佳公司认为,第一,杨季康据以证明其享有钱瑗涉案权益的证据仅为杨伟成出具的说明,在杨伟成无正当理由未出庭的情况下,其证言不能作为单独认定案件事实的依据。该说明不足以证明杨伟成系钱瑗涉案著作权的二继承人之一,不能排除两位继子女可依照法定继承或受遗赠而享有继承权,更不能证明杨季康可以就全部涉案权益提起诉讼。第二,中贸圣佳公司已履行我国相关法律、部门规章、行业规则等规定中的审查义务,委托人在委托拍卖时已就拍品权属等情况提供了保证。中贸圣佳公司还就涉案拍品是否属于文物监管范围主动向相关部门进行了申报,并已获得监管部门的核准。此外,根据业内拍卖活动惯例,中贸圣佳公司无法预见涉案行为存在侵权可能性。第三,本案中相关拍品尚未进入拍卖阶段,亦未进行预展活动,相关拍前鉴定活动也并未侵犯杨季康的合法权益。中贸圣佳公司于获知本案争议后第一时间与委托人进行联系,并于获知委托人撤拍决定后第一时间停止了相关拍卖活动。综上所述,杨季康有关停止侵权、赔偿损失、赔礼道歉的主张没有事实和法律依据。

李国强认为,第一,其与杨季康及钱钟书、钱瑗因朋友关系有过书信往来,曾保存三人的信件。近年来李国强年事渐高,已无力保管大量书画图籍等收藏品,为避免藏品丢失毁损,逐步将藏品转让。2013 年春,案外人香港臻美画苑总经理叶常春女士带两位专家到李国强家参观藏品,提出收购其中的一部分(含钱钟书、杨季康及钱瑗书信),并对拟收购的部分藏品进行了拍照。2013 年 4 月 21 日,叶常春到李国强家,以现金方式向李国强支付转让款项港币 50 万元并取走收购的含钱钟书、杨季康及钱瑗书信在内的相关藏品。该转让行为系合法民事行为,李国强未将涉案信件向不特定的人公开,且完全出于“妥善处理以便存于后世”的善意,绝无以拍卖等行为谋取利益、侵犯他人合法权利的故意,更未直接或间接委托拍卖公司进行拍卖,杨季康所诉侵权行为与李国强没有法律意义上的关系。第二,杨季康未举证证明涉案被拍卖信件的具体数量及被“公之于众”信件的具体内容,亦未举证证明李国强实施了哪些侵权行为。事实上,李国强于2013年5月20日接到杨季康来电后才获悉涉案拍卖活动,其对此深感意外和震惊。李国强于5月21日回信给杨季康告知相关事实情况,但出于尊重行业惯例和为买家保守商业秘密考虑,未向杨季康透露藏品收购人的姓名。对于转让涉案信件给杨季康造成的不快感受,李国强深感歉疚,并多次以书面形式向杨季康致歉,但李国强的致歉行为与杨季康本案所诉无关。第三,法律并未规定私人信件是否属于著作权法保护的作品。钱钟书、杨季康及钱瑗致李国强的信件内容,多为讨论出版细节、代购或赠阅图书及日常问候等事务性、礼节性内容,不具有文学性和艺术性,并非受著作权法保护的作品。即使构成作品,鉴于钱钟书、钱瑗均已去世,在其他权利人未出具书面放弃声明或委托的情况下,杨季康也无权对钱钟书、钱瑗作品的著作权单独提起诉讼。第四,钱钟书、杨季康及钱瑗所写信件内容不涉及隐私,其通过信件传递信息本身也表明其认可这些信件内容不属于隐私,否则其会向李国强作出保密要求,但事实上钱钟书、杨季康及钱瑗并未对此尽到注意义务。即使信件内容涉及隐私,因隐私权是与自然人人格不可分离的人身权利,不能转移、转让和继承,杨季康也无权就钱钟书、钱瑗的隐私权提起诉讼。第五,著作权与隐私权属于不同的法律关系,不应在同一案件中处理。第六,杨季康并未提供任何相关证据证明其精神遭受损害且造成严重后果,故其关于赔偿精神损害抚慰金的主张无事实依据。综上所述,杨季康的诉讼请求没有事实和法律依据,请求法院依法驳回其全部诉讼请求。

(二)法院查明的事实与相关证据

1. 关于杨季康主张权利的书信及权属关系方面的事实

钱钟书(已故)与杨季康系夫妻,二人育有一女钱瑗(已故)。钱瑗于1974年5月4日与第二任丈夫杨伟成结婚,婚内有继子继女各一人:继子杨宏建,1954年1月11日出生;继女杨敏,1956年1月16日出生。钱瑗于1997年3月4日病故。杨伟成于2013年6月1日出具书面说明表示“钱瑗的继子女与钱瑗不存在抚养关系,对钱瑗遗产不享有继承权”,并“同意由钱瑗的母亲杨季康申请法院采取诉前禁令和起诉方式追究中贸圣佳拍卖国际有限公司、李国强及相关单位和人员的侵权行为(包括侵犯著作权和隐私权)”。经查,钱瑗继子杨宏建、继女杨敏在钱瑗与杨伟成结婚时均已成年。钱钟书于1998年12月19日病故,其唯一继承人为杨季康。

杨季康主张中贸圣佳公司作为拍卖人、李国强作为委托人,举办了“也是集——钱钟书书信手稿”公开拍卖活动及相关公开预展、公开研讨等活动，并通过刻制拍品电子版照片光盘及以互联网等方式公开传播杨季康、钱钟书、钱瑗私人书信的行为构成对权利人著作权和隐私权的侵害。杨季康主张涉案书信的具体范围以其提交的光盘中所包含的五个文件夹中书信手稿（电子版照片）内容为准。经原审法院当庭核对，该光盘内包含6个文件夹，杨季康主张权利的5个文件夹分别为：《钱钟书致李国强书信信封》（7页）、《钱钟书致李国强钢笔书信》（3封）、《钱钟书致李国强毛笔手稿》（65封）、《杨绛致李国强书信》（13封）、《钱瑗致李国强（燕莹夫人）书信》（6封）。

杨季康主张该光盘系中贸圣佳公司刻制并散发给不特定人的，但表示对于该光盘的具体来源情况不便透露。对此，中贸圣佳公司不予认可，并主张其虽将相关拍品拍摄成为数码照片，但仅刻制成3份光盘向3位鉴定专家提供，此外并未向任何人提供，且自身亦未留存，故对杨季康所提交光盘的真实性和来源合法性均不予认可。

2. 关于中贸圣佳公司的涉案被控侵权行为方面的事实

中贸圣佳公司成立于1995年，是综合性拍卖公司。2013年5月，其网站首页刊登了2013春季拍卖会拍卖公告，公告显示其将于6月21日13:00在北京万豪酒店拍卖“也是集——钱钟书书信手稿”，预展时间为6月18日至6月20日，拍品主要包括钱钟书、杨绛、钱瑗书信及手稿等共计110件作品。同一时期中贸圣佳公司网站中还登载了新华网、人民网、《光明日报》、中国日报网、中国作家网、《东方早报》、《京华时报》搜狐网等多篇媒体报道，其中介绍了“也是集——钱钟书书信手稿”公开拍卖活动、相关专家参与的鉴定活动等以及拍品中部分书信手稿的细节内容，并介绍称钱钟书手稿如此大规模公之于世尚属首次。

2013年5月27日，杨季康委托律师向中贸圣佳公司寄发了律师函，要求其立即停止相关侵权行为。中贸圣佳公司表示其于5月29日了解到该律师函内容后，立即与委托人取得联系，委托人于5月31日作出了撤拍决定并表示涉案信件并未牵涉到任何个人隐私。

此后杨季康向原审法院提出诉前申请，请求责令中贸圣佳公司及李国强立即停止侵害著作权的行为。原审法院经审查依法于2013年6月3日裁定：中贸圣佳公司在拍卖、预展及宣传等活动中不得以公开发表、展览、复制、发行、信息网络传播等方式实施侵害钱钟书、杨季康、钱瑗写给李国强的涉案书信手稿著作权的行为。

2013年6月6日，杨季康的委托代理人王登山在北京市东方公证处，使用公证处计算机连接互联网,在浏览器地址栏中输入 http://zmsj. artron. net/并回车,进入中贸圣佳公司网站,对相关网页内容进行了截屏并打印。北京市东方公证处对上述过程进行了公证,并出具了(2013)东方内民证字第 4999 号公证书。根据该公证书记载,中贸圣佳公司网站于 2013 年 6 月 6 日发布的《关于停止“也是集——钱钟书书信手稿”公开拍卖活动的决定》一文显示“现决定停止 2013 年 6 月 21 日‘也是集——钱钟书书信手稿’的公开拍卖”。此外,该网站中还刊登了多篇报道文章,包括《钱钟书 66 封书信下月将被拍卖》(搜狐)、《钱钟书手稿现身拍场》(中国日报网)、《钱钟书手稿现身拍场》(新民网)、《钱钟书手稿现身拍场》(羊城晚报)、《钱钟书手稿大规模面世从中可窥其对历史学人真实评判》(中国作家网)、《百余件钱钟书及家眷信札、手稿首次集中公开》(北京日报)、《钱钟书百余信札 6 月上拍》(东方早报)、《钱钟书信中首次评鲁迅》(京华时报)、《钱钟书手稿大规模面世尽显幽默诙谐语言特点》(中国新闻网)、《钱钟书手稿大规模面世(组图)》(搜狐)、《钱钟书手稿大规模面世》(光明日报)、《挥洒臧否字里行间见真情》(北京青年报)、《钱钟书手稿书信集中曝光》(华西都市报)、《钱钟书手稿首次大规模曝光》(成都商报)、《钱钟书手稿曝光展现与杨绛幽默对话》(中国新闻周刊)、《钱钟书手稿首次大规模曝光》(新浪)、《钱钟书手稿首次大规模曝光》(人民网)、《钱钟书手稿首次大规模曝光》(扬子晚报)、《钱钟书手稿首次大规模曝光》(雅昌艺术网)、《钱钟书手稿首次大规模曝光》(99 艺术新闻网)、《钱钟书手稿首次大规模曝光》(艺术财经)、《钱钟书手稿首次大规模曝光书信诙谐如带刺玫瑰》(大众网)、《钱钟书手稿首次大规模曝光》(新华网)、《中贸圣佳国际拍卖有限公司 2013 春季拍卖会》、《钱钟书书信手札专场》等,其中介绍了涉案公开拍卖活动、鉴定活动以及拍品中部分书信手稿的细节内容,并有部分文章以附图形式展示了相关书信手稿全文,包含如下内容:(1)日前,110 件钱钟书、杨绛、钱瑗书信及手稿首次曝光,内容既有钱钟书、杨绛关于稿件出版的种种细节,又有钱钟书对于事件的看法、对于他人评价的直抒胸臆的表达。(2)从书信内容可知,钱家与李国强相识于 1979 年,至钱瑗病逝、钱钟书病重,两家始终保持着密切联系。(3)信中,钱钟书曾几次提到关于现代文学的看法,其中也包括他对同时期文学家的评价。其中包括茅盾、鲁迅、沈从文等。这些褒贬,在著作中都不曾提及,但在书信中便可以直抒胸臆。(4)透露出钱钟书对历史和学人的一些真实态度。如当时《广角镜》刊登了秦德君回忆茅盾的文章,钱钟书看到后很感叹,于 1985 年的信中写道:“历史从来出于胜利者手笔,后死即胜利之一种方式。三年前鲁迅纪念时出版之传记,即出敝所人撰著(应指社科院文学所刘再复、林非所著《鲁迅传》——编者注),中间只字不道其原配夫人,国内外皆有私议而无声言者。"1981 年的信中谈到《红楼梦》的英译本,曾写道:"因思及 Hawkes 近以其新出译本第三册相赠,乃细读之,文笔远胜杨氏夫妇(杨宪益与戴乃迭——编者注),然而此老实话亦不能公开说,可笑可叹。"在为《广角镜》杂志推荐采访对象时,在信中写道:"先暂定五人:俞平伯、吕叔湘、朱光潜、杨荫浏(中国音乐史创始者)、夏承焘;皆海外闻名而报导不多者,且'江湖气'较少。"(5)钱钟书在信中也时常提到他对事物的一些见解和看法。例如,对一些做官者说诳,亦有妙讽:"两事如鸡生蛋蛋生鸡,盖做官必说诳而说诳亦导致做官。常语称客观不实,主观不诚空谈谚语曰:'打电话',即'官'之'话'不作准、不可信,足证说诳乃做官之职业罪过也。"(6)中贸圣佳公司执行董事殷华杰表示,看钱钟书的信非常享受,每封信都是一篇文章,也是一幅书法。(7)远在美国的"钱学"研究权威学者范旭仑已经收到了信札的影印件,他说自己兴奋得连续几晚都没有合眼,赶写出一份长达数千言的信件释文。(8)"'潜德发幽光'、'闇然而日章',悄悄地流布比较少惹是非。像从文先生那封信的牢骚,我是不发的,恐引起一些不愉快的注意而已。"四川师范大学文学院教授龚明德分析称,这可能是指当时沈从文写给有关部门的信,抱怨住房问题。

2013 年 6 月 17 日,杨季康的委托代理人王登山申请北京市东方公证处对名为"明德读书堂"的博客中相关内容(网址为:"http://blog. tianya. cn/blogger. blog_main. asp blogid = 206048")进行了证据保全,该博客中包含《龚明德接受北方某媒体采访谈杨李书信风波》《杨绛的感谢信》《钱杨夫妇与李国强的第一封和最后一封信》《钱钟书西文书单又一页》《钱钟书西文书单一页》《新见钱钟书书信及相关文献》等文章。上述文章中记载了如下内容:龚明德、谢泳、贺宏亮老师到中贸圣佳公司对钱钟书书信及相关文献进行了"整理研究","钱钟书所写的信件主要谈到了国内的改革开放初期的一些情势,大量托李国强购买外文书籍,并谈到了一些文坛精英层次的私房话","其中一封信的末尾在缝隙中以很小的字体写着'阅毕请毁之'……这封信里所说的内容实在当时的环境下不适宜公开谈论,内容其实也非常一般,并不构成隐私之类的个人看法"、"宏亮按:在李国强先生委托中贸圣佳拍卖的拍品中,有一件沈从文手稿。据公司工作人员说,此作一直挂在钱钟书先生家里,后转赠李国强"等内容。

另查,中贸圣佳公司为举行 2013 年春季文物艺术品拍卖会,向北京市文物局进行了请示并向北京市文物局提交了拍品清册。根据清册记载,涉案拍品包含钱钟书毛笔信札 60 封、钱钟书钢笔信札 5 封、钱钟书名片书信 1 封、钱钟书亲笔书信封 7 封、钱钟书杨绛书贺信 2 封、杨绛信札 12 封、杨绛书友人地址笺 1 封、钱瑗致国强燕莹夫人信 6 封、钱钟书题《干校六记》3 封、钱钟书题《也是集》

1封、钱钟书签名《管锥篇》《围城》《将饮茶》各1封、钱钟书杨绛赠李国强卷轴1封、杨绛书法1封、杨绛《干校六记》校对1封、钱钟书《也是集》手稿1本。北京市文物局于2013年5月27日作出《关于中贸圣佳国际拍卖有限公司2013年春季文物艺术品拍卖会文物标的审核的批复》(以下简称批复),根据该批复,上述涉案书信等拍品均不属于文物监管范围。经比对,上述清册中所列相关拍品与杨季康提交的光盘中所含文件名称及数量略有出入。

中贸圣佳公司为证明其履行了对拍品的审查义务以及涉案拍品属于合法拍卖标的,提交了其就涉案拍卖活动与委托人签署的委托拍卖合同复印件及委托人的护照签名页复印件,但未提交原件。中贸圣佳公司称委托人的护照签名页复印件是在涉案纠纷发生后通过电子邮件方式取得并打印的。上述证据材料显示委托人为FrankL. Wang,合同签订日期为2013年4月20日,拍品的内容包括:钱钟书信札61封(毛笔)、钱钟书《也是集》书信手稿、钱钟书杨绛书信1册、钱钟书题字7件、杨绛书法条幅1件、钱钟书杨绛签名书3本、佚名山水画1幅(钱钟书题)。此外,中贸圣佳公司还提交了《中国文物艺术品拍卖企业自律公约》《文物艺术品拍卖规程》《中贸圣佳国际拍卖有限公司业务规则》等相关行业规范和业务规则。根据上述规定,拍卖公司可以对拍品进行鉴定,并应制作拍卖图录、发布拍卖公告、进行标的预展等活动;委托人应就拍卖标的所享有的所有权或处分权、不侵犯第三人合法权益、不违反法律法规的规定等予以保证。

中贸圣佳公司为证明涉案拍品不涉及个人隐私,提交了2013年11月9日凤凰网刊登的《李国强谈公开杨绛信笺:先生永远不再会信任我》报道一文,该文记载,李国强表示:“真正有私密和敏感的信,我很多年前已经烧掉了,没有烧掉的,我以后死了,也会捐出去的,不会永远是我的。”李国强对该报道的真实性不予认可。

中贸圣佳公司为证明涉案书信均已在先公开发表,提交了2008年11月《香港各界文化促进会7周年纪念特刊》(以下简称《特刊》),该刊登载的《配合国内权威学术机构活动纪念国学大师钱钟书逝世十周年》一文记载“本会理事长李国强将以其所藏大批钱钟书、杨绛及其女儿钱瑗珍贵手稿、信笺,配合内地学术机构的纪念活动”,并以附图形式刊发了钱钟书书信手稿13封、杨绛书信手稿4封。其中在钱瑗去世之际杨季康写给李国强的一封信中提到:“近有不肖之徒,因钟书久病,无视著作权法,不择手段,攫获大量钱钟书书札墨宝等,擅出传记多种,向我们身上泼脏水。你手中的书稿信札等务请妥为保藏,勿落此辈人手。”

李国强对中贸圣佳公司的上述主张不予认可,并主张该《特刊》为内部刊物,不向社会公众公开发表。该《特刊》中相关文章作者并非李国强,文中提到的内地纪念活动也并未举行,李国强未将钱钟书等人书信手稿予以公开。该刊仅载有 17 封信件,与本次拍卖的拍品数量、内容均不一致,与中贸圣佳公司网站上公布的信件数量和内容也不一致。杨季康表示对该《特刊》及其中刊载相关书信一事并不知情。

3. 关于李国强涉案被控侵权行为方面的事实

李国强曾担任《广角镜》月刊总编辑。钱钟书与李国强于 1979 年相识后,钱钟书、杨季康及钱瑗与李国强通信频繁,三人曾先后致李国强私人书信百余封,该信件本由李国强保存。在获悉涉案书信将被公开拍卖后,杨季康于 2013 年 5 月 27 日委托律师向李国强寄发了律师函,要求其立即停止相关行为。李国强认可收到了律师函,但表示其已经通过多种方式表达其与此事无关。

李国强为证明其已将涉案书信手稿等文件转让给案外人叶常春,提交了证人郑敏强出具的证言,郑敏强本人亦出庭作证。郑敏强称:其在香港各界文化促进会任职,经常在李国强家中办公。2013 年 4 月,郑敏强在李国强家中工作时遇到案外人叶常春等人正在对李国强收藏的书信手稿等文件资料进行拍照,事后李国强告知郑敏强其已将涉案书信手稿转让给了叶常春,并于 2013 年 4 月 21 日晚进行了转让交付。2013 年 4 月 24 日,郑敏强帮李国强将叶常春交来的交易款港币 50 万元分批次存入李国强在香港汇丰银行有限公司开设的个人账户。后李国强表示因交易时匆忙未作登记,故需要叶常春提供交易信札文献资料数据底本,并希望向叶常春购回有关物品,因此叶常春在 2013 年 6 月 10 日通过电子邮件把有关书画的数码图片传到郑敏强电子邮箱中再转发给李国强,由于邮件保存时间有限,有关数码图片的链接目前已无法下载并提供。2013 年 8 月 6 日及 14 日,叶常春两次通过上述邮件方式发送文件给郑敏强要求其转交李国强,文件内容均系指导李国强如何在本案中进行答辩。郑敏强向原审法院提交了叶常春的名片、叶常春发给郑敏强的 3 封电子邮件打印件以及香港汇丰银行有限公司交易通知书复印件 3 份。

李国强表示其将包含涉案书信手稿在内的多份藏品转让共收取港币 50 万元,但未对买受人进行保密或保藏方面的提示和说明。

四、法院裁判理由与结果

本案一审法院是北京市第二中级人民法院,其依据《著作权法》第 10 条第 1 款第 1 项、第 5 项、第 6 项、第 12 项、第 19 条第 1 款、第 21 条第 1 款、第 48 条第 1、第 49 条第 1 款,《著作权法实施条例》第 15 条第 1 款、第 17 条,《侵权责任法》第2条、第6条、第8条、第15条、第18条、第22条,最高人民法院《关于确定民事侵权精神损害赔偿责任若干问题的解释》第10条第1款之规定,判决如下:(1)中贸圣佳国际拍卖有限公司自本判决生效之日起停止涉案侵害书信手稿著作权的行为;(2)中贸圣佳国际拍卖有限公司、李某某自本判决生效之日起停止涉案侵害隐私权的行为;(3)中贸圣佳国际拍卖有限公司自本判决生效之日起十日内赔偿杨某某经济损失人民币十万元;(4)中贸圣佳国际拍卖有限公司、李某某自本判决生效之日起十日内共同向杨某某支付精神损害抚慰金人民币十万元;(5)中贸圣佳国际拍卖有限公司、李某某自本判决生效之日起十日内就其涉案侵权行为在《北京青年报》上刊登向杨某某赔礼道歉的声明;(6)中贸圣佳国际拍卖有限公司自本判决生效之日起十日内就其涉案侵权行为在其官方网站(网址为"http://www.zmsj.cc/")首页上连续72小时刊登向杨某某赔礼道歉的声明;(7)驳回杨某某的其他诉讼请求。

之后,拍卖公司提起上诉,经二审法院审理,认为原审判决认定事实基本清楚,适用法律正确,判决结果正确,依法应予维持。依据《民事诉讼法》第170条第1款第1项之规定,故驳回上诉,维持原判。

本案终审是北京市高级人民法院的二审判决,故以上诉法院的裁判文书作为依据而加以阐述。上诉法院判决主要涉及如下争议。

(一)杨季康是否有权提起本案诉讼

《侵权责任法》第18条第1款规定,被侵权人死亡的,其近亲属有权请求侵权人承担侵权责任。最高人民法院《关于确定民事侵权精神损害赔偿责任若干问题的解释》第3条规定:"自然人死亡后,其近亲属因下列侵权行为遭受精神痛苦,向人民法院起诉请求赔偿精神损害的,人民法院应当依法予以受理:(1)以侮辱、诽谤、贬损、丑化或者违反社会公共利益、社会公德的其他方式,侵害死者姓名、肖像、名誉、荣誉;(2)非法披露、利用死者隐私,或者以违反社会公共利益、社会公德的其他方式侵害死者隐私;(3)非法利用、损害遗体、遗骨,或者以违反社会公共利益、社会公德的其他方式侵害遗体、遗骨。"

根据上述规定,杨季康作为钱瑗的母亲,是钱瑗的近亲属,在钱瑗去世后,其有权就涉案侵权行为请求侵权人承担侵权责任。

此外,根据《继承法》第10条的规定,继子女获得继承权的条件是与继父母形成扶养关系。扶养关系是建立在一定的亲属关系之上的,而继子女和继父母之间是因姻亲关系(继父母和生父母的结婚)而产生的一种拟制关系,这种拟制关系并不像血亲关系那样直接产生法定扶养义务,特别是在继子女与被继承人形成继父母子女关系时继子女已经成年的情况下，双方之间是否形成扶养关系需要证据证明。

本案中，在钱瑗与杨伟成结婚时，杨伟成的子女均已成年，且在案证据不能证明钱瑗与其继子女之间形成扶养关系，故该继子女无权继承钱瑗的遗产，原审法院就此所作认定正确。鉴于钱瑗的继子女对钱瑗的遗产并不享有继承权，故其继子女是否声明放弃行使涉案权利与本案无关。

根据《著作权法》第 19 条、《著作权法实施条例》第 15 条第 1 款、第 17 条的规定，著作权属于公民的，公民死亡后，其著作权中的财产权在著作权法规定的保护期内，依照继承法的规定转移。其著作权中的署名权、修改权和保护作品完整权由作者的继承人或者受遗赠人保护。作者生前未发表的作品，如果作者未明确表示不发表，作者死亡后 50 年内，其发表权可由继承人或者受遗赠人行使。

杨伟成和杨季康作为钱瑗的继承人，有权依法继承钱瑗著作权中的财产权，依法保护钱瑗著作权中的署名权、修改权、保护作品完整权，依法行使钱瑗著作权中的发表权。

综上，原审法院认为杨季康有权提起本案诉讼是正确的。中贸圣佳公司有关现有证据不足以证明杨季康有权依法行使钱瑗的涉案权益、原审法院就此所作认定事实不清、证据不足的上诉理由，缺乏事实和法律依据，上诉法院对此不予支持。

（二）中贸圣佳公司接受拍卖委托是否存在过错，是否侵犯著作权与隐私权

根据最高人民法院《关于民事诉讼证据的若干规定》第 74 条的规定，当事人自认对己方不利的事实和认可的证据，人民法院应当予以确认，但当事人反悔并有相反证据足以推翻的除外。

本案中，中贸圣佳公司虽主张其并未就涉案作品举行研讨会，原审法院就此所作认定错误，但中贸圣佳公司在原审庭审的陈述及其委托代理人在笔录后所作的更正中均认可举行过研讨会。现中贸圣佳公司虽表示反悔，提出其认可的上述研讨会实为专家鉴定会，但并未提供相反证据推翻其上述自认，故本院对原审法院对此所作认定予以确认。中贸圣佳公司的相关上诉理由，依据不足，不能成立。

《拍卖法》第 42 条规定，拍卖人接受委托的，应当与委托人签订书面委托拍卖合同。根据上述规定，中贸圣佳公司作为涉案作品的拍卖人，应当与委托人签订委托拍卖合同，并就此承担举证责任。

根据最高人民法院《关于民事诉讼证据的若干规定》第 10 条的规定，当事

人向人民法院提供证据，应当提供原件或者原物。如需自己保存证据原件、原物或者提供原件、原物确有困难的，可以提供经人民法院核对无异的复制件或复制品。本案中，中贸圣佳公司仅提供了委托拍卖合同的复印件，并未提供合同原件，故不能据此认定中贸圣佳公司与拍卖人签订委托拍卖合同的事实。

此外，就中贸圣佳公司申请原审法院调查核实委托拍卖事实一节，根据最高人民法院《关于民事诉讼证据的若干规定》第 17 条的规定，当事人及其代理人申请人民法院调查收集的证据包括国家有关部门保存并须人民法院依职权调取的档案材料；涉及国家秘密、商业秘密、个人隐私的材料；当事人及其诉讼代理人确因客观原因不能自行收集的其他材料。而中贸圣佳公司作为委托拍卖合同的签约一方，理应持有合同原件。而且，中贸圣佳公司提交的委托拍卖合同复印件虽不能作为认定中贸圣佳公司与拍卖人签订委托拍卖合同的证据，但该复印件内容应视为中贸圣佳公司自认的事实。该合同复印件显示合同一式四份，中贸圣佳公司执三份，据此应确认中贸圣佳公司自认其持有三份合同原件。作为委托拍卖合同原件的持有人当然具备提供原件的能力，其申请原审法院调查委托拍卖的事实不属于人民法院调查取证的范围，故原审法院未予准许并无不当。

根据《拍卖法》第 41 条的规定，委托人委托拍卖物品或者财产权利，应当提供身份证明和拍卖人要求提供的拍卖标的的所有权证明或者依法可以处分拍卖标的的证明及其他资料。

中贸圣佳公司在本案中虽提交了一份护照签名复印件，但其自认该复印件系涉案纠纷发生后取得的，据此难以认定中贸圣佳公司在接受委托时即查验了委托人的身份证明。另外，上述规定中的其他资料，应结合不同的拍卖标的确定。涉案拍卖标的是属于作品的私人书信，因此中贸圣佳公司除审查委托人的身份证明、拍卖标的的所有权证明、委托人依法可以处分拍卖标的的证明外，还应结合拍卖标的上所负载的著作权、隐私权要求委托人提供与著作权、隐私权相关的其他资料。而中贸圣佳公司并未举证证明其要求委托人提供了与著作权、隐私权相关的其他资料，也未举证证明就涉案拍卖标的的著作权归属等进行了审查，故其并未履行上述规定赋予拍卖人的法定义务。

综上所述，中贸圣佳公司作为拍卖人未能举证证明其履行了《拍卖法》规定的与委托人签订委托拍卖合同、查验委托人提供的身份证明、要求委托人提供与著作权、隐私权相关的其他资料等法定义务，主观上存在过错，对因拍卖涉案标的侵害他人著作权、隐私权的行为应承担相应的侵权责任。

著作权、隐私权均属私权，他人使用杨季康等人书信的行为是否侵犯著作权、隐私权完全取决于权利人的意志，是否追究他人侵犯著作权、隐私权的侵权责任也完全由权利人自行决定。杨季康在本案发生前未就其他拍卖人拍卖相关书信的行为主张著作权或隐私权,并不构成中贸圣佳公司无法预见侵权可能性的合理理由。此外,中贸圣佳公司自述委托人是在撤拍时才表示涉案书信不涉及他人隐私,却并未举证证明其在接受委托时委托人即向其保证涉案书信不侵犯他人隐私。而且,即便委托人作出过不涉及个人隐私的保证,也不构成中贸圣佳公司难以预见侵犯他人隐私权的合理理由。中贸圣佳公司据此主张其不存在主观过错,依据不足,不能成立。

综上所述,原审法院有关中贸圣佳公司曾召开研讨会,以及中贸圣佳公司未履行审查义务,主观上存在过错的认定并无不当。在案证据虽不能证明中贸圣佳公司向媒体展示、提供过涉案书信,原审法院就此所作认定有误,但中贸圣佳公司认可其曾复制过含有涉案书信的光盘,并提供给鉴定专家,故中贸圣佳公司实施了复制、发行涉案书信的行为。而且,中贸圣佳公司并未与专家就不得对外公开、提供或通过信息网络传播涉案书信等事项进行约定,也未对专家就此作出明示,导致涉案书信在提供给专家后实际处于一种可能被公之于众的状态。同时,中贸圣佳公司在本院诉讼中表示不排除包括专家在内的案外人向媒体公开、提供涉案书信。因此,中贸圣佳公司的上述行为与涉案书信被未经权利人同意而发表,进而导致杨季康等隐私权遭受侵害之后果间存在因果关系。此外,中贸圣佳公司在其网站上大量转载媒体文章的行为还构成通过信息网络传播涉案书信。因此,原审法院有关中贸圣佳公司侵犯杨季康等人对涉案书信享有的复制权、发行权、信息网络传播权、获得报酬权以及杨季康等人隐私权的认定结论正确。

虽然中贸圣佳公司已经停止了涉案书信的拍卖,但其并未举证证明涉案侵权行为已经全部停止,故原审法院判令中贸圣佳公司停止涉案侵权行为并非缺乏事实依据。中贸圣佳公司的相关上诉理由,亦不成立。

（三）确定损害赔偿的依据

根据《著作权法》第49条的规定,侵犯著作权或者与著作权有关的权利的,侵权人应当按照权利人的实际损失给予赔偿;实际损失难以计算的,可以按照侵权人的违法所得给予赔偿。赔偿数额还应当包括权利人为制止侵权行为所支付的合理开支。权利人的实际损失或者侵权人的违法所得不能确定的,由人民法院根据侵权行为的情节,判决给予50万元以下的赔偿。

最高人民法院《关于确定民事侵权精神损害赔偿责任若干问题的解释》第10条规定,精神损害的赔偿数额根据以下因素确定:(1)侵权人的过错程度,法律另有规定的除外;(2)侵害的手段、场合、行为方式等具体情节;(3)侵权行为所造成的后果;(4)侵权人的获利情况;(5)侵权人承担责任的经济能力;(6)受诉法院所在地平均生活水平。

就本案而言,在权利人的实际损失和侵权人的违法所得均无法确定的情况下,原审法院根据涉案书信的知名度和影响力、中贸圣佳公司的过错程度及侵权行为的时间、规模、性质、情节等因素酌定10万元的著作权侵权赔偿,并根据中贸圣佳公司、李国强的过错程度、侵害手段、场合、行为方式、侵权行为所造成的后果以及侵权人承担责任的经济能力等因素酌情确定10万元的精神损害抚慰金,尚属恰当。对中贸圣佳公司有关原审法院判决赔偿经济损失10万元、支付精神抚慰金10万元均缺乏事实和法律依据的上诉理由,本院不予支持。

综上所述,中贸圣佳公司的上诉理由均不成立,其上诉请求不予支持。原审判决认定事实基本清楚,适用法律正确,判决结果正确,依法应予维持。

上诉法院即北京市高级人民法院依据《民事诉讼法》第170条第1款第1项之规定,判决驳回上诉,维持原判。

五、结尾

此案件最终以杨绛胜诉收尾,社会媒体对此事件的报道与评论也已消退。但热闹过后,也需要一些冷静的思考。本案涉及的标的广泛,除钱钟书书信外,还有包括原告杨绛在内的他人书信以及他们的手稿。为讨论便利计,本案例教学仅以钱钟书未发表之书信为讨论对象。从法律上讲,这些书信可能承载三种权利,即物权(载体)、著作权(表达)和隐私权(事实或思想)。然而,上文中提到的国家版权局的意见或者法院的保全裁定,似乎都只偏重于著作权一端,未及于其余两者;即使就著作权而论,其中的裁决理据也不无值得商榷之处。因此,本案确有诸多值得进一步研讨之处。

教学指导手册

教学对象及目标

本案例供法律硕士案例教学使用,也可适用于知识产权法、民商法学硕士课程。

知识产权属于民事权利,不同民事主体之间可能发生权利的交叉与冲突。

例如知识产权领域不同权利种类,例如商标权与在先著作权,著作权与外观设计专利之间,都可能发生冲突。更为复杂的是,知识产权可能与其他民事权利之间发生冲突,比如著作权与物权、著作权与隐私权等。当前,随着我国经济社会发展,生产与生活中的各种关系日益复杂,而不同主体的利益诉求不断多元化,使得各种涉及权利冲突的案例层出不穷。另外,由于这些民事权利的法律渊源各有不同,当事人往往各依其规,规定之间甚至相互抵触,从而导致法律适用的困难。这就需要律师与法官运用法律解释的知识与技能,针对当事人的利益诉求,准确适用法律,公平、妥当地提出解决方案。

选取本案例作为教学案例,正是考虑本案涉及著作权、物权、隐私权等多种民事权利,以及它们之间的界分与冲突问题。案情虽然相对简单,但涉及法律关系较为复杂,且案件难度适中,比较适合作为法律硕士的教学研究案例。

▩ 教学内容

1. 涉案书信的定性:文字作品、美术作品(书法作品)

涉案信件完成于 20 世纪 80 年代。钱钟书先生作为一代大家,文章与书法俱佳。涉案信件系由作者以毛笔手书,其中自然具有文字意义,但也体现出书家风范。钱钟书幼承家学,从先生为《英汉大词典》《英语世界》《中国翻译》等题写的书刊名称中也可略窥其书法水准。从名家书信的收藏、拍卖和展览的角度讲,收藏家或买家自然也是以兼顾这两方面意义的作品为首选。书法,即文字的书写艺术,特指以毛笔表现汉字的艺术。书法既有语言文字所具有的实用价值,也具有欣赏性的艺术价值。自古迄今,中国不少书法作品正是以书信传世,也是由于书法作品的收藏而使今人得以知晓古代的书信。典型的例子如王羲之的《丧乱帖》《快雪时晴帖》。从文字内容看,它们就是书信;但从汉字书写形式而论,又都是书法之杰作。近代的例子如梁启超,他一生写下的书信(包括函电文稿)总数有 4000 件左右,字数在 100 万字以上。这些书信包括与社会各界友人交往的信札,又包括写给儿女们的家书。1994 年中华书局将这批书信手迹影印出版,名曰《梁启超未刊书信手迹》。书信手迹是梁启超传世墨宝的重要组成部分,具有很高的艺术价值。

我国《著作权法》未对作品作出完整的定义,但以列举作品种类的方式规定了作品的种类与范围。《著作权法》第 3 条规定:"本法所称的作品,包括以下列形式创作的文学、艺术和自然科学、社会科学、工程技术等作品:(一)文字作品;……(四)美术、建筑作品……"《著作权法实施条例》第 4 条进一步界定了《著作权法》所列举的各类作品:"文字作品是指小说、诗词、散文、论文等以文字形式表现的作品";"美术作品,是指绘画、书法、雕塑等以线条、色彩或者其他方式构成的有审美意义的平面或者立体的造型艺术作品。"著作权法上的作品分类与文学艺术作品的分类并不完全一致,但它毕竟是对社会实践的基本反映。

法律并没有排除同一作品因符合不同要件而被归入不同作品种类的可能性。本案所涉及的钱钟书的手书信件,就可能既是文字作品,也是作为书法的美术作品。

2. 文字作品与美术作品在著作权法上的区分意义

同样都是作品,在法律上区分文字作品与美术作品的意义何在?关键点在于,若为文字作品,不管以何种书写方式表达,也不管其为原件还是复制件,从艺术价值和法律意义上看,均无区别。但若为美术作品,则原件与复制件不仅价值迥异,而且著作权法还对美术作品原件的所有人设有专门规定,以定分著作权与物权的界限。

本案所涉及对象为作者用毛笔手写的书信,故它们既可以属于文字作品,也可能构成美术(书法)作品。这种文字与书法合一的情形,既是历史现象,也是客观事实。这也正是本案的特殊性所在。如果这些书信可以被认定为美术(书法)作品,那么,根据《著作权法》第 18 条,美术作品原件的所有人(收信人或受让人)享有原件的展览权。这实际上是对写信人著作权的一种限制。因此,收信人既可以作为物权所有人而处分这些信件(例如出售、拍卖或赠与图书馆收藏),也可以将该信件以展览原件的方式公之于众。当然,如果涉案书信只被认定为文字作品,那么,收信人只能对书信原件进行物权处分,并不能行使展览权。

3. 从被拍卖书信的原件所有人的角度思考:物权与知识产权的冲突

原件所有人(收信人或受让人)对于这些书信的载体(信件)肯定享有所有权。因为,书信通常是写给他人的,表现为作者与收件人的分离,因此,若非作者明确要求返还信件或明确授予权利,通常的结果就是,物权与著作权各归其主:写信人保留书信之为作品的著作权,而收信人(或者受让人)就享有书信之载体(信件)的所有权。

一般认为,当知识产权与物权发生冲突时,知识产权通常要让位于物权。比如,在著作权保护期内,在一幅绘画上的物权与著作权是并存的。当绘画的物权转让时,基本上不影响原有的著作权关系。在物权与著作权分别属于不同权利人的情况下,著作权的实现定然受到物权的制约。如果著作权人行使权利,须以接触或使用作品原件为前提，有赖于物权人的许可，这势必和物权发生冲突。当两个权利人不能就此达成一致时，尽管两种权利并无高下、优劣、尊卑、先后之分，但基于物权人依法享有对该绘画实物的独占、排他的支配权，往往导致著作权会因物权的对抗而难以实现。

站在被拍卖书信的原件所有人的立场，再结合社会实践，本案所涉及的钱钟书的手书信件原件与复印件必然价值迥异，书信原件更应该视为作为书法的美术作品。《著作权法》第 18 条规定："美术等作品原件所有权的转移，不视为作品著作权的转移，但美术作品原件的展览权由原件所有人享有。"根据此条规定，在保护美术作品著作权人权益的同时，也应维护美术作品原件所有人的权益，甚至需要为此而限制著作权人之利益。因此，原件的所有人享有原件之展览权，故其既可作为物权之所有人处分该信件（例如出售、拍卖或赠与图书馆收藏），即使作品尚未发表，原件所有人亦可借此行使发表权，将该信件以展览方式公之于众。

4. 从书信作者著作权人的角度思考

被拍卖的书信均为写信人独立创作的表达个人情感及观点或叙述个人生活及工作事务方面的内容，是以文字、符号等形式表达出来的文学、艺术和科学领域内的智力成果，符合作品独创性要求，构成我国著作权法保护的作品。同时，书信作为人类沟通感情、交流思想、洽谈事项的工具，通常是写信人独立构思并创作而成的文字作品，其著作权应当由作者即发信人享有。钱钟书对自己创作的书信作品享有著作权，应受我国著作权法保护。此次被拍卖的书信若作为文字作品，则不管以何种书写方式表达，也不管其为原件还是复制件，从艺术价值和法律意义上看，均无区别。

根据《著作权法》第 19 条、《著作权法实施条例》第 15 条第 1 款、第 17 条的规定，著作权于公民的，公民死亡后，其著作权中的财产权在著作权法规定的保护期内，依照继承法的规定转移。其著作权中的署名权、修改权和保护作品完整权由作者的继承人或者受遗赠人保护。作者生前未发表的作品，如果作者未明确表示不发表，作者死亡后 50 年内，其发表权可由继承人或者受遗赠人行使。

因此，杨季康作为钱钟书的继承人，有权依法继承钱钟书著作权中的财产权，依法保护钱钟书著作权中的署名权、修改权、保护作品完整权，依法行使钱钟书著作权中的发表权，有权允许或者阻止他人（包括收信人）对书信进行复制并发表。原件所有人可以通过出售、出借等方式处分该信件，但不享有任何著作权,即,原件所有人要想将尚未发表的信件内容公之于众,必须先取得著作权人的同意;此案中的拍卖公司在拍卖、预展及宣传活动中,也不得以公开发表、展览、复制、发行、信息网络传播等方式,实施侵害涉案书信手稿著作权的行为。

5. 从隐私权相关当事人的角度思考

书信,尤其是私人书信,通常涉及写信人与收信人之间未对外公开的交流内容。涉案书信均为钱钟书写给李国强的私人书信,内容包含学术讨论、生活事务、观点见解等,均为与公共利益无关的个人信息、私人活动,属于隐私范畴,应受我国法律保护。钱钟书有权保护自己的隐私权不受侵犯。死者同样有隐私,对死者隐私的披露必然给死者近亲属的精神带来刺激和伤痛,死者的近亲属具有与死者隐私相关的人格利益,而该利益应当受到法律的保护。

6. 物权与著作权的相互独立性

书信通常是写给他人的,表现为作者与收件人的分离,因此,若非作者明确要求返还信件或明确授予权利,通常的结果就是,物权与著作权各归其主:写信人保留书信之为作品的著作权,而收信人享有书信之载体(信件)的所有权。有学者对书信在著作权法上的特征归纳如下:其一,它们类似于委托作品,即书信的创作通常是为特定接受方而为;其二,它们的功能决定了书信必须要对作品载体转移占有;其三,它们的内容通常被认为在发信人与收信人之间是保密的。

据此特征,著作权法对待书信的一般规则是,书信作者保留其著作权,而收信人获得书信作品之载体的所有权。这就导致了某种奇怪的权利二分法(dichotomy of rights)。收信人享有绝对的权利,可以将书信销毁,或保留并允许其被他人有限地观看,或将之转让他人。书信的作者享有著作权,从而可以允许或者阻止他人(包括收信人)对书信进行复制并发表。当然,这是在书信作为文字作品的情况下可适用的规则。但正如前文所指出的,如果书信兼具美术作品之特征,则书信原件的所有人拥有的权利将更多,其价值也将更大。

7. 书信上物权对著作权的限制

针对美术作品、摄影作品以及在少数情况下的建筑作品,多数国家的著作权法设有专门规定,以解决这些作品的著作权与载体物权之间互相分离与冲突的问题。整体而言,法律一般规定物权优先,从而限制著作权人的部分权利。

(1)展览权。基于物权人依法享有对作品实物的独占、排他的支配权,往往导致著作权会因物权的对抗而难以实现。《著作权法》第18条规定,“美术等作品原件所有权的转移,不视为作品著作权的转移,但美术作品原件的展览权由原件所有人享有",也正是上述观念的体现。

其他国家也有类似的立法例,而且在展览权的权利范围上较我国著作权法的规定为宽。以下所引用外国著作权法的条文,除特别说明外,均引自《十二国著作权法》翻译组:《十二国著作权法》,清华大学出版社 2012 年版。

先来看大陆法系国家的情况。《德国著作权法》第 18 条所规定的展览权,即指"将未发表的美术著作,或者未发表的摄影著作的原件或者复制件公开展示的权利";该法第 44 条第 2 款规定,"美术或者摄影著作原件即使从未发表过,其所有人也有权公开展示该著作,除非著作权人在让与著作原件时明确表示对此予以禁止"。《日本著作权法》第 45 条第 1 款规定:"美术作品或者摄影作品原件的所有权人或者经其许可的人,可以公开展览该美术作品或者摄影作品的原件。"《俄罗斯民法典(著作权部分)》第 1291 条规定:"在作品专有权未转归其原件获得者的情形下,获得者有权不经作者同意,不向其支付报酬,而展示所得并归自己所有的作品原件,在针对其收藏品的展览会目录和出版物的目录中复制该作品原件,并将该作品原件转至他人组织的展览会上展示。"《韩国著作权法》第 11 条第 3 款规定:"如果作者将艺术作品、建筑作品或摄影作品(以下简称艺术作品等)的原件进行了转让,受让方有权以展览方式公开作品。"

英美法系国家也有同样的规定,并且展览权的调整范围更广。《美国版权法》第 106 条第 5 项规定了展览权(public display right),其对象是"文学、音乐、戏剧、舞蹈作品、哑剧及绘画、图形或雕塑作品,包括电影或其他视听作品的单个图像"。有意思的是,虽然法律规定的内容如此广泛,然而自 1976 年美国版权法创设该种权利以来,截至 2001 年,在美国发生的涉及展览权的案件只有 8 起。有学者分析,此类案件之所以罕见,主要原因在于《美国版权法》第 109 条。该条规定了著作权法的首次销售原则(first sale doctrine),即对合法取得作品原件或复制件的物权所有人而言,无须征得著作权人的许可即可自由处分其财产,包括将该财产予以公开展示。(Julie Cohen et al., Copyright in a Global Information Age, Aspen Publishers, 3d ed.,2010, p. 422.)。《美国版权法》第 109 条 C 款明确规定:"虽有第 106 条第(5)项的规定,依本编合法制作的特定制件(particular copy lawfully made under this title)的所有人或该所有人授权的任何人,有权不经著作权人许可而直接地或者一次放映不超过一个图像向该制件所在地的观众公开展出该制件。"这一规定正是对著作权人所享有的展览权的限制。需要指出的是,这里的"copy"很容易被理解为"复制件",但它实际上包括了复制件和原件,故笔者将其译作"制件"。可资作为直接证据的是,该法第 101 条在

“copy”的定义中就包括将作品首次固定于其中的载体(原件)。

(2)基于特定目的的有限复制权。部分国家的著作权法还进一步规定,作品原件或复制件的所有人在依据规定行使展览权或处分权时,还可因此实施有限的复制权。例如,《德国著作权法》第 58 条规定:“(1)本法允许举办人复制、发行和公开提供公开展览的,或者用于公开展览,或者公开出售的特定美术著作和摄影著作,以制作促进举办活动所必需的广告。(2)本法还允许公众可达的图书馆、教育机构或者博物馆复制与发行本条第 1 款所称著作,以出版在内容和时间上与展览或者馆藏文献有关,且不谋求独立的营利目的的目录。”《日本著作权法》第 47 条规定:“公开展览美术作品或者摄影作品原件的人,在不损害第 25 条规定的权利的情况下,在为了向参观者解说、介绍这些作品而制作的小册子上,可以登载该美术作品或者摄影作品。”日本在 2009 年修订著作权法时还增设第 47 条之二,规定为了美术作品等的许诺销售也可以进行复制或者向公众传播。《韩国著作权法》第 35 条第 3 款也规定:“根据第 1 款展览艺术作品的人或者意图销售艺术作品原件的人,可以为了解释和介绍作品的目的而在手册中复制、发行作品。”

我国著作权法没有类似规定。因此,美术作品原件的所有人虽然有权展览或拍卖原件,但没有明确的法律依据可以复制该作品。不过,从展览、拍卖的惯例来看,多有在限定范围内印制宣传海报或拍卖图录的做法。因此,若依惯例,此类复制行为是否一定构成侵权,恐怕不能一概而论;当然,今后若能参酌前述国外立法例而对著作权法作相应修订,则必然有助于解决类似争议。值得注意的是,此类复制行为须以实现拍卖、展览之目的为限,且需严格控制复制的对象、方式、范围等,以免对著作权人的复制权、发行权和潜在的市场构成实质性损害。

8. 书信上著作权对物权的限制

(1)接触权。大多数国家的著作权法为作品原件或复制件的所有人设有特别规定,以克服其行使物权之障碍,但从另一个角度看,在著作权人无法获得原件的情况下,其著作权的行使也会面临障碍。对于后者,有一些国家规定了著作权人对于作品原件或复制件的接触权。但此类立法例相对较少,且限制较多。也有些国家否定此项权利。

承认接触权的立法例有德国、巴西、俄罗斯等国。《德国著作权法》第 25 条的标题就是“对著作物的接触”,其中分设两款:“(1)如果为制作其著作复制件或者改作之必要,且不损害占有人的合法利益,著作人得要求占有其著作原件或者复制件的占有人使其接触该原件或者复制件。(2)占有人无义务将原作或者复制件提供给著作人。"《巴西著作权法》第 24 条规定的著作人身权，除发表权、署名权、保护作品完整权之外，还专设一款规定著作权人对作品载体的接触权："如果作品唯一或稀有的复制件为第三人所合法占有，作者为了保留对作品的记录，有权接触该复制件；对作品的接触应当以对占有者造成最少不便的摄影或类似方式或视听手段进行，如果占有者因此而遭受任何损害，应当获得赔偿。"《俄罗斯民法典（著作权部分）》第 1292 条也规定了"接触权"："（1）造型艺术作品的作者有权要求作品原件所有人提供行使自己作品复制权的机会（接触权）。但是，不能要求作品原件所有人将作品交给作者。（2）合同未作另外规定的，造型艺术作品的作者有权要求作品原件所有人提供对作品摄影和录像的机会。"

有的国家虽规定了接触权，但同时限定其行使方式，尤其在当事人无法协商一致时，应由法院裁决是否给予接触。例如，《法国知识产权法典》第 L. 111 -3 条第 2 款规定："这些权利只属作者及其权利继受人本人，但作者及其权利继受人不得要求原件所有人交出原件供其行使权利之用。但原件所有人明显滥用权利妨碍发表权的行使时，大审法院可根据第 L. 121 -3 条的规定采取一切适当之措施。"

包括我国在内的大多数国家没有规定接触权。此外还有个别国家则否定此类权利。例如，《埃及知识产权保护法》第 152 条第 2 款规定："原件受让人不受强迫命令以实现作者对该原件的复制、转让或者展览；当事人另有约定的除外。"

（2）追续权，是指作品的著作权人享有从作品原件的再销售中获得收益的权利。显然，这是对原件所有人物权的一种限制。此项权利在典型的大陆法系国家有规定，而在英美法系国家则无此规定。例如，《法国知识产权法典》第 L. 122 -8条、《德国著作权法》第 26 条针对美术作品原件设立追续权。而《俄罗斯民法典（著作权部分）》第 1293 条规定的追续权不仅针对美术作品原件，也包括作品的亲笔手稿。该条第 2 款规定："依照本条第一款规定程序，作者同样享有对文学和音乐作品创作手稿（亲笔手稿）的追续权。"

综合上述比较分析可知，书信原件的所有权与书信的著作权通常分属不同主体，他们各自享有权利，各行其是，相互独立。如果书信仅仅作为文字作品，则原件所有人可以通过出售、出借等方式处分该信件，但不享有任何著作权；若信件同时也构成美术作品的，则原件所有人不仅可以出售、出借，而且享有原件的展览权；即使作品尚未发表，原件所有人亦可借此行使发表权，将作品公之于众。我国著作权法规定了美术作品原件所有人享有展览权，但对于原件所有人能否为拍卖、展览等目的而进行有限的复制，未予明文规定；对于接触权和追续权，则完全没有规定。

9. 书信上的隐私权与发表权

书信,尤其私人书信,通常涉及写信人与收信人之间未对外公开的交流内容,很容易让人想到隐私权的问题。在"钱钟书书信拍卖案"中,原告还提出保护"通信自由与通信秘密"这一基本人权。我们先来看后面这一点。《宪法》第40条规定的通信秘密,是指在公民与他人通信或打电报、电话的过程中,任何组织或者个人不得偷听、偷看或者涂改其内容。显然,通信秘密更多的是为了防止与限制公权力对于公民私权的侵犯。因此,我国宪法、刑法、刑事诉讼法均设有专门规定。第三方干涉通信双方的通信秘密的,可能构成民事侵权,但是,通信秘密权并不涉及通信双方的行为。换言之,即使收信人自愿将通信内容公开,只可能涉及侵犯隐私权或著作权,而不可能违反宪法关于通信自由与通信秘密的规定。

10. 对未发表作品合法行使发表权即表明作者放弃隐私权

根据《著作权法》第10条,在一般情况下,著作权人享有发表权,即决定是否以及如何将作品公之于众的权利。如果作品的著作权人与作品原件的所有人为同一人,则著作权人行使发表权,即表明其放弃自身的隐私保护。从著作权制度的历史看,作者对作品发表权的控制实际上就是隐私权的一种保护方式。英美法早期曾经普遍承认对未发表作品的普通法上的著作权(common law copyright)。隐私权研究的开山之作,即沃伦与布兰代斯1890年发表在《哈佛法律评论》上的《论隐私权》一文,就是从英美法的普通法著作权保护引申出保护隐私的原则。"强调著作权法对个人思想和情感的保护只不过是在保护个人的一项更加普遍的权利,即独处权(right to be let alone)。著作权法对个人作品的保护,不仅是保护私人财产,而且是保护个人人格神圣不受侵犯。保护个人作品、智慧和情感,这一原则正是隐私权的根据。"该文也强调,隐私权不禁止发表涉及公共和普遍利益的报道。当个人自愿发表自己的情况或同意他人发表时,隐私权即不复存在。因此可以认为,在决定予以发表之前,作品属于作者的隐私。

从书信的发表权与隐私权的关系可见,如果书信由作者自己发表、许可他人发表或者根据法律规定而由他人发表的,作者即放弃其隐私权主张。由前文分析可知,书信若同时为美术(书法)作品的,书信原件的所有人依法享有原件的展览权;而发表权通常不能单独行使,需和其他著作财产权的任何一种一起行使。作者不可能在将其他财产权转让出去的情况下,自己还保留发表权。既然根据法律规定,收信人可由此获得原件的展览权并因此得行使发表权,就表明作者即写信人已经放弃其隐私权。当然,如果书信涉及第三人隐私的,则作者并不能因此而放弃他人隐私权。写信人与收信人均对此负有保护之责,除非第三人自己放弃或者具有法定免责情形。不过,这是另一重法律关系,本文暂不予讨论。

如果书信仅仅作为文字作品的,情况又将如何?收信人对此不享有任何的著作权,发表权仍保留在写信人手中。收信人或书信原件的合法所有人若擅自发表该书信,不仅涉及侵犯发表权,也可能侵犯隐私权。然而,这里需要进一步追问的是,对于尚未发表的作品,他人可否以合理使用而对抗著作权与隐私权。

所谓"合理使用"(fair use),是指著作权人以外的第三人无须征得同意就可以合理方式使用其作品的一种特权(privilege)。我国《著作权法》虽未采用"合理使用"这一术语,但第 22 条通常就被认为是有关合理使用的规定。该条规定:"在下列情况下使用作品,可以不经著作权人许可,不向其支付报酬,但应当指明作者姓名、作品名称,并且不得侵犯著作权人依照本法享有的其他权利。"需要注意的是,在该条所列举的 12 种情形中,合理使用的对象几乎都被限定为"已经发表的作品"。因此,按照我国现行法律规定,对于未发表作品进行合理使用,恐怕不太可能。大陆法系其他国家的著作权法也大多没有"合理使用"制度之设,而是规定了具体的"著作权的限制与例外"。同样的,所谓的对著作权限制的对象,也通常是指已发表的作品。而在英美法系,合理使用制度源于衡平法,更具有包容性与开放性。以下将分别述之。

11. 未发表作品的合理使用:"塞林格案"与《美国版权法》第 107 条的修订

美国版权法在上世纪后期对此问题进行重大调整,体现了由完全不承认对未发表作品的合理使用到逐步予以承认的过程。未发表作品的典型例子是书信,而与书信之合理使用相关的典型案件就是"塞林格诉兰登书屋案"

该案原告塞林格是小说《麦田守望者》(The Catcher in the Rye)的作者,他由此而在美国乃至世界文坛享有盛名。但在这部小说于 1965 年出版之后,作者选择隐居生活,这更增加了人们对其私生活的关注。与兰登书屋签约的一位独立作家未经允许,研究并撰写了塞林格的传记。该传记有多处直接引用或以改写方式引用塞林格致他人书信的内容,而这些信件当时由几家大学的图书馆收藏,并未公开发表。该案争议的核心问题是,该作家在研究撰写传记时能否合理使用主人公的这些未发表的书信。一审判决由纽约南区法院的勒瓦尔法官(Pierre N. Leval)所撰,他同意合理使用的抗辩理由,从而驳回了原告即书信作者的初步禁令请求。上诉法院(美国第二巡回上诉法院)的纽曼法官(Jon Newman)则不认可合理使用的主张,裁决授予初步禁令。

上诉法院判决的主要法律依据是美国最高法院不久前所作的"哈泼出版社诉《国家》杂志案"判决,特别是关于未发表作品是否适用合理使用原则问题的裁判理由。这是美国版权法上合理使用的典型案例。其核心争议是,被告杂志社未经同意,将原告即将出版的福特总统自传的一小部分(约三百多个单词)在其杂志上先行引用刊载,是否属于合理使用。在"哈泼出版社案"中,美国最高法院认为"合理使用在传统上并不是对尚未发表作品进行复制的一种抗辩事由",但是,这项"绝对规则"因"合理使用原则的衡平法性质而在实践中有所缓和"。美国最高法院指出,根据1976年《美国版权法》,1976年《美国版权法》将以往由法院在判决中所形成的判断合理使用的要素予以法典化,即第107条第1款与第2款的规定。著作权所保护之全部权利,包括首次发表权(right of first publication)在内,都受到合理使用原则的约束。但是,美国最高法院明确拒绝了被告《国家》杂志所提出的合理使用之主张,以此表明"在一般情况下,作者控制其首次将作品公之于众的权利优先于合理使用"。美国第二巡回法院在"塞林格案"中指出,在涉及未发表信件时,尤其应当强调美国最高法院在"哈泼出版社案"中所强调的这种观念,即未发表的书信一般有权免受合理使用式复制。

在塞林格案以及两年之后的"新时代出版公司诉亨利公司案"中,法院的判决均不利于被告对未发表作品提出合理使用的抗辩主张,这就引起了美国学术界与出版界的高度警觉。他们认为,按照这些判决,任何对于未发表作品的复制都可能难以被法院列入合理使用的范围。他们转而寻求国会的立法支持,遂有1992年对《美国版权法》第107条的修订,即在该条前两款规定合理使用的目的以及判断是否合理的四个要素的基础上,增设第3款规定:"作品未发表这一事实本身不应妨碍对合理的认定,假如该认定系考虑到上述因素而作出的。"由此,根据《美国版权法》,作品即使尚未发表,也可以构成合理使用,只要该种使用符合该法第107条的所有考量因素。

"塞林格案"在20世纪80年代名噪一时,而且其判决思路一直影响至今。该案的两位主审法官事后也分别撰文,介绍其判决并探讨关于未发表作品的著作权、合理使用以及隐私权保护等更为广泛的问题。此两案之后,美国《新闻周刊》记者针对传记作家和历史研究者在面对未发表作品而不得使用时的困境,撰文指出如此判决是否将导致"历史的终结",因为若不构成合理使用,"图书出版者开始做自我审查"以免构成侵权,而"写作者则试图解决如何在身受束缚的情况下书写历史"。对此诘问,负责审理塞林格案的纽曼法官撰文《并非历史的终结:第二巡回法院与合理使用的纠结》予以反驳,认为“塞林格案与新时代出版公司案产生了相当大的争议……不过,令人遗憾的是,对这些案件的一些批评者反应过度,并且得出草率而错误的结论,以为我们法院的立场就是完全反对使用未发表的作品。”纽曼法官的观点是,对于未发表的信件,可以而且应当考虑隐私权,并且以著作权法保护之。勒瓦尔法官则不同意此种观点,他进一步发展并且提出这样的主张,即《美国版权法》第107条所具体列示的关于合理使用认定的四项标准是法院所应当考虑的因素,从而应排除将隐私权作为合理使用的一个额外考虑因素;他同时认为,应当排除以著作权保护为手段而保护隐私权。从后来的发展看,《美国版权法》第107条的修订实际上采纳了勒瓦尔法官的主张。有研究者因此提出,著作权不是保护隐私权益的适当手段。但是,如果在主张著作权保护背后的主要动机是为了保护隐私,那么,著作权人诉讼背后的这一动机就只是考虑合理使用的一个因素。对于未发表作品而言,尤其如此。与纽曼法官的意见相反的是,对于未发表的作品,如果著作权人的动机是为了保护其隐私,那么,这一点应当不利于著作权人而有利于使用作品并主张合理使用抗辩的一方。

12.大陆法系国家对于未发表作品(尤其是书信)的隐私权保护

与美国法相比,大陆法系国家的著作权法对于“合理使用”规定较为保守,通常不同意对于未发表作品的合理使用。这在一定程度上反映出美国与欧洲大陆国家在表达自由与隐私保护之关系处理上的分歧。有学者在比较大西洋两岸欧美国家对隐私保护的差异之后指出,欧洲大陆法系国家认为隐私权的核心是个人肖像、名字和名誉的权利以及德国法所称的信息自决权(informational self-determination);美国法上的隐私权的核心则更多的是对国家或他人侵入其家庭的防御,而不是对媒体利用资讯的禁止。因此,一般而言,美国人对于表达自由给予更广阔的空间,而大陆法系国家的法律更注重对隐私权的保护。

在德国,包括著作权法在内的法律承认并保护“在信件、日记以及其他私密表述上的权利”。尽管这些表述大部分并没有达到智力作品的构成条件,但它们受到一般人格权的保护。“根据一般人格权,人们可以推导出法律为撰写人所提供的保护,这种保护使得撰写人可以对抗那些对自己的表述非法予以发表以及作出修改的行为。这种保护使得撰写人有权决定是否、何时以及以何种方式将自己的书面表述予以发表。这些书面表达的所有权人(如收信人)在没有相应的约定的情况下也无权将它们予以发表。”而关于撰写人死后的权利保障问题,雷炳德认为,应当类推适用肖像权的有关规定。在德国,肖像人格权的保护期为肖像者本人终生加上其死后 10 年。德国对于私人书信之类的私密表述给予法律上的特别保护。由于受到《德国基本法》第 19 条第 2 款以及第 1 条第 1 款的保护，即使在存在重大公共利益的情况下，人们也不能对它们实施干预。而且，文化方面的利益也通常不能构成对知名人士的私人信件或者日记进行发表的辩解理由。当然，在一些个案中，由于涉及重大的公共利益或者私人利益，法律允许将那些不属于不可干预的私生活领域的某些私人的表述在一个较宽的范围内被人们查询。

在法国，法院早在 19 世纪 80 年代就对未发表信件的保护形成了这样一项原则，即保密信件的收信人在未经写信人同意时不得将信件公开。法国在传统上之所以视"手书信件"的秘密有别于其他秘密，在很大程度上是从文学与艺术所有权的角度来考虑的。即使收信人因信件的转移而享有所有权，但公开（发表）信件的权利，是一种属于原作者的文学作品权利。法国曾有这样一个案例：罗曼·罗兰写给另外一位知名作家的一些信件不知何故落到一个生意人手中，他想拍卖这些信件，并在拍卖目录上刊载了这些信件的摘要。法院认为，这些信件中只有一封属秘密的信件不能被拍卖，其他信件反映的是罗曼·罗兰已在一些书和文章中公开发表过的观点，所以这些信件可以拍卖，但是被告在拍卖目录上印刷信件的摘要是错误行为，故责令被告赔偿 2000 法郎。此外，如果当事人具有正当的理由，例如在法庭上出具信件作为证物，那么，他可以不经过写信人同意而公开其信件。

《意大利著作权法》对于涉及书信、肖像的著作权与隐私权、肖像权之间的关系设有更加专门而具体的规则。该法第 93 条规定，凡具有机密性质或者涉及个人生活隐私的书信、书信集、家庭和个人便笺及性质类似的书写物，未经作者及收信人的许可，不得发表、复制或者用任何方式公之于众。作者或者收信人死亡的，应当经其配偶或者子女的许可；如无配偶及子女的，应当经其父母的许可；如无配偶、子女或者父母的，应当经其兄弟姐妹的许可；如无兄弟姐妹，应当经其第四亲等的尊亲或者卑亲的许可。如前款所述人员为两人以上并发生争执时，司法机关在听取检察院意见后作出裁判。死者的遗嘱用书面文字表述的，在任何情况下都应当获得尊重。这一条尽管规定繁复，但其意思很明确：书信涉及个人隐私的，通信双方（而非写信人单方）有权决定是否发表、复制或以其他方式公之于众，在其去世之后，继承人有权决定是否发表，但须尊重死者的遗嘱规定。同时，该法第 94 条规定，为民事诉讼或者刑事诉讼，或者为维护有关个人或者家庭尊严、声誉而需要得知上述书写物内容时，无须经前条所述人员的许可。第 95 条还规定，即使该书信已进入公有领域，上述规定仍予适用。

■ 预期效果

本案例教学需达到两种效果:

一是基本效果。按照现行法律规定,分析法院裁判的事实、证据与理由。这里涉及几个主要法律问题:(1)给涉案书信的正确定性是本案的关键;(2)厘清未发表书信的物权、隐私权与著作权的关系;(3)解决未发表作品的合理使用问题。

二是深化效果。从书信作为文字作品的角度看,法律是否允许他人未经许可而加以使用。这个问题不仅涉及书信,而且包括日记、文稿等未发表作品的完全保护与合理使用的问题,争议颇多,也有待深入探讨。这里就涉及公民人格尊严、隐私保护(私人利益)与表达自由、言论自由(公共利益)等重大原则问题。而目前无论《著作权法》还是《民法通则》《侵权责任法》等,均未给予直接规定。可借助法理学、比较法学等方法,通过深入讨论而形成进一步的观点。

■ 教学计划

本案例教学需要学生已经掌握民法、著作权法相关基本知识,故需做好相应的教学进度安排。

至少在课前两周布置材料,并且进行适当分组。

在完成课堂讨论之后,可结合案例补充资料或实践题要求,延续对案例讨论所涉及问题的深入思考与实践应用。

■ 课堂时间安排

本案例作为专门的案例讨论课,也可作为相关教学内容的补充。以下按照时间进度提供的课堂计划建议,是采用专门案例讨论课形式,仅供参考。

整个案例课的课堂时间控制在 90 ~ 120 分钟。

1. 课前计划:(1)发放案例材料,提出启发思考题,请同学们在课前完成阅读和初步思考。(2)根据课堂人数进行分组,分成三个组,分别代表杨季康、李国强和拍卖行;并安排相关组的同学做好模拟法庭对抗的准备。

2. 课中计划:(1)简要的课堂前言,明确主题(5 ~ 10 分钟)。(2)模拟庭审,告知模拟法庭的辩论发言要求(正式辩论控制在 70 ~ 90 分钟)。(3)负责老师担任法官,根据庭审过程,引导全班进一步讨论,并进行归纳总结(15 ~ 20

分钟)。

3. 课后计划:请同学们采用报告形式给出更加具体的解决方案,以用于完善本教学案例。

思考题和实践题

1. 思考题

(1)本案涉及哪些民事权利?

(2)民事权利之间具有优先性吗?

(3)权利之间的边界如何划定?

(4)发表权与隐私权有何关系?

(5)关于著作权合理使用的立法模式应当是怎样的?

(6)为什么英美法系与大陆法系在著作权合理使用规则上存在差异? 我国应当如何处理?

(7)为何保护死者的隐私? 如何保护?

2. 实践题

结合相关新闻报道或者选取其中一家拍卖公司,了解拍卖流程中各方当事人之间的法律关系,以进一步了解当前书信、日记、文稿拍卖中可能存在的法律问题。

参考文献

1. 刘春田主编:《知识产权法》,高等教育出版社、北京大学出版社 2010 年版。
2. 邱小平:《表达自由——美国宪法第一修正案研究》,北京大学出版社 2005 年版。
3. 张俊浩主编:《民法学原理》,中国政法大学出版社 1997 年版。
4. [德]M. 雷炳德:《著作权法》,张恩民译,法律出版社 2005 年版。
5. [法]弗朗索瓦·泰雷、[法]菲利普·森勒尔:《法国财产法》,罗结珍译,中国法制出版社 2008 年版。
6.《十二国著作权法》翻译组:《十二国著作权法》,清华大学出版社 2012 年版。
7. Melville B. Nimmer, Nimmer on Copyright, Matthew Bender, § 5.04. (2003).
8. Julie Cohen et al., Copyright in a Global Information Age, Aspen Publishers, 3d ed. 2010.
9. Paul Goldstein, Goldstein on Copyright, Aspen Publishers, 2011, Vol. Ⅱ, 12:1.
10. 金海军:《论书信上的物权、著作权与隐私权及其相互关系——从"钱钟书书信拍卖案谈起"》,载《法学》2013 年第 10 期。
11. 李先波、杨建成:《论言论自由与隐私权之协调》,载《中国法学》2003 年第 5 期。
12. R. Anthony Reese, The Public Display Right: The Copyright Act's Neglected Solution to the Controversy over RAM "Copies", 2001 U. Ill. L. Rev. 104 (2001).

13. Samuel D. Warren and Louis D. Brandeis, The Right to Privacy, 4 Harv. L. Rev. 193 (1890).

14. David A. Kaplan, The End of History?, Newsweek, Dec. 25, 1989.

15. Jon O. Newman, Not the End of History: The Second Circuit Struggles with Fair Use, 37 J. Copyright Soc'y U. S. A. 12 (1989).

16. John B. Gaffney, The Fair Use of Unpublished Works: Where Privacy and Copyright Collide, 34 Conn. L. Rev. 233 (2001), note 62.

17. SeeJon O. Newman, Copyright Law and the Protection of Privacy, 12 Columbia – VLA Journal of Law & the Arts 459 (1988).

18. Pierre N. Leval, Toward a Fair Use Standard, 103 Harv. L. Rev. 1105 (1990).

19. James Q. Whitman, The Two Western Cultures of Privacy: Dignity v. Liberty, 113 Yale L. J. 1162 (2001).

20.《钱钟书书信拍卖后续:中拍协尊重杨绛意愿》,载中国新闻网:http://www.chinanews.com/cul/2013/05－29/4870007.shtml,最后访问日期:2016 年 6 月 7 日。

21.《名人信札拍卖价格节节升》,载中国国家博物馆:http://www.chnmuseum.cn/Default.aspx?TabId=138&InfoID=84999&frtid=40&AspxAutoDetectCookieSupport=1,最后访问日期:2016 年 6 月 7 日。

22.《解析钱钟书书信拍卖事件:各方观点不一》,载新浪网:http://collection.sina.com.cn/auction/zjgd/20130604/0740115565.shtml,最后访问日期:2016 年 6 月 7 日。

23.《国家版权局:钱钟书书信拍卖或涉嫌侵权》,载新民网:http://news.xinmin.cn/domestic/2013/05/30/20496559.html,最后访问日期:2016 年 6 月 7 日。

撰稿人｜金海军,中国人民大学法学院教授

15 CASE "狼牙山五壮士"系列案

| 摘　要 |

本系列案件的起因是《炎黄春秋》杂志社的执行主编洪某某多次发表歪曲民族英雄"狼牙山五壮士"的言论,所涉及的纠纷皆为原告以《侵权责任法》为依据、以名誉权或荣誉权受到侵害为由向法院提起诉讼要求被告赔偿。本案例涵盖与名誉权侵权相关的实体法与程序法的内容,包括死者的名誉权、荣誉权是否受保护;侵犯名誉权的构成要件及精神损害赔偿;当事人适格及委托代理人的资格;电子数据的收集与认定;包含民族情感之众所周知事实的认定;证明标准问题;名誉权保护与言论自由权的边界等。对本系列案件的梳理可以为司法实践中名誉权侵权案件的审理提供有益的参考,也有利于实现本类型侵权案件裁判结果的统一。

| 关键词 |

狼牙山五壮士　死者名誉权　死者荣誉权　当事人适格

| 教学目标 |

本案例主要就网络环境下名誉侵权的认定问题进行讲授。具体要解决的问题包括:(1)死者是否享有名誉权?(2)死者是否享有荣誉权?(3)名誉侵权有哪些构成要件,如何认定名誉侵权行为?(4)洪振快起诉维护名誉权纠纷,法院应如何裁判?(5)"狼牙山五壮士"亲属起诉维护名誉权、荣誉权纠纷,法院应如何裁判?(6)侵害死者名誉权的责任承担形式有哪些?(7)死者名誉权侵权案件中,如何确定适格的原告。(8)因新闻报道或者其他作品引起的名誉权纠纷,如何确定被告?(9)在民事诉讼活动中,如何认定诉讼代理人是否具备代理资格?(10)如何进行电子数据证据的收集?(11)当包含了民族情感的众所周知的事实成为庭审争议焦点时,法官应当如何判定?(12)法官认定案件事实时,需要达到怎样的证明标准?

教学案例主文

一、引　言

随着社会的发展，民众除了要求物质层面的权益得到充分的保障外，对人格利益的需求也越来越重视。作为人格利益的典型代表，实践中出现了越来越多的名誉权侵权纠纷。本系列案件即因某网民发表歪曲民族英雄"狼牙山五壮士"的言论而引起。

2013 年 8 月 27 日，网民张广红在其微博上公开发表歪曲狼牙山五壮士的言论，称"老师袁腾飞拍'狼牙山五壮士'电影编剧，邢某去当地了解实情，村民说：这五人只不过是几个散兵游勇土八路，来村里后要吃要喝，稍不如意就打人。由于几人手上有枪，村民们也不敢惹。后来有人想出了个办法，偷偷地把他们的行踪告诉日本人。日本人就来围剿了。村民故意引 5 人绝路逃跑。"张广红的行为造成不良的社会影响，诋毁了革命先烈的光辉形象。经公安机关侦查，张广红承认自己虚构信息、散布谣言的违法事实，公安机关于 2013 年 8 月 30 日作出穗公越行罚决字(2013)第 03759 号《行政处罚决定书》，决定对张广红处以行政拘留七日，收缴作案工具笔记本电脑一台。[1]

公安机关对网民张广红的处罚并没有起到警示作用，反而引起社会上某些人的不满，其中就包括本系列案件的"主人公"洪振快，为《炎黄春秋》杂志社执行主编。2013 年 9 月 9 日，洪振快针对张广红事件，在财经网公开发表《小学课本"狼牙山五壮士"有多处不实》一文，称"越秀警方以虚构信息、散布谣言的罪名直接抓人，这开了一个谈论历史有可能获罪被抓的先河"。该文迅即被多个网站转载。

2013 年 11 月 8 日，洪振快又在《炎黄春秋》2013 年第 11 期杂志上发表了

---

〔1〕 在将近两年的时间里，张广红先后通过行政复议、行政诉讼的方式对公安机关的行政处罚提出异议：张广红对原处罚决定不服，向广州市公安局申请行政复议，该局于 2013 年 10 月 30 日作出穗公复决字(2013)154 号《行政复议决定书》，决定维持上述处罚决定；之后张广红向广州市越秀区人民法院提起行政诉讼，该院作出(2013)穗越法行初字第 368 号行政判决，驳回张广红的诉讼请求；张广红提起上诉，2015 年 5 月 20 日，广东省广州市中级人民法院以(2015)穗中法行终字第 570 号行政判决书判决驳回张广红的上诉，维持原一审判决，支持行政处罚。至此，张广红"狼牙山五壮士"行政诉讼案尘埃落定。

《“狼牙山五壮士”的细节分歧》一文。该文分为几个部分,分别为“在何处跳崖”“跳崖是怎么跳的”“敌我双方战斗伤亡”“五壮士是否拔了群众的萝卜”。文章通过援引不同来源、不同内容、不同时期的报刊资料等,对狼牙山五壮士事迹中的细节提出质疑。文中写道:“当我们深入狼牙山五壮士有关叙述的细节时,就发现上述人员在不同时间、不同场合下的陈述存在诸多相互矛盾之处。而对于同一件事,相互矛盾的描述可能都不符合事实,也可能有一个符合事实,但不可能同时都符合事实。”关于跳崖地点,洪振快在文中写道:“训令和《神兵》给人造成的印象,是五壮士在棋盘坨顶峰跳下了‘万丈’或‘二十丈’的悬崖,三人在沟底成了‘三堆血肉’,‘壮烈殉国’,而两人‘给树枝挂在半空’,‘光荣负伤’,这也正是壮烈的狼牙山五壮士故事的核心所在……可是按照 1957 年 7 月 15 日出版的《红旗飘飘》第二集刊出了狼牙山五壮士之一葛振林的口述,最后跳崖的地方并不是在棋盘坨顶峰。”关于“跳崖是怎么跳的”,洪振快在文中写道:“‘狼牙山五壮士’的核心情节是跳崖,训令和《神兵》对跳崖的细节都不明确……文革中红卫兵对此表示怀疑……实际上,从 1957 年刊出的葛振林自己的口述中,也是可以印证‘溜’的说法……后来葛振林又有新的说法。根据在葛振林《狼牙山跳崖那悲壮的一幕》回忆,似乎跳下去后也不是‘溜’,而是在树间‘窜’。”关于“五壮士”是否拔了群众的萝卜,洪振快在文中写道:“葛振林说:‘刚才忙着打仗倒不觉得,这会歇下来,才觉得又饿又渴……正巧山地里有些散种的萝卜,我们顾不得了,每人拔个吃着。’……”

自此,“狼牙山五壮士”系列名誉权案件拉开帷幕。

二、洪振快起诉维护名誉权〔2〕

洪振快故意抹黑五壮士的行为引起众多网民的不满,受到网民的抨击,洪振快认为自己的名誉权受到损害,因而提起诉讼。

2013 年 11 月 23 日,网民梅新育在经认证的新浪微博上说:“《炎黄春秋》的这些编辑和作者是些什么心肠啊?打仗的时候都不能拔个萝卜吃?说这样的作者和编辑属狗娘养的是不是太客气了?”同日,网民郭松民在经认证的新浪微博上转发梅新育的上述微博,并评论称:“反对历史虚无主义,不动这帮狗娘养的就是笑话!。”上述微博所指的文章为《“狼牙山五壮士”的细节分歧》,刊发在《炎黄春秋》杂志 2013 年第 11 期,分别由黄钟编辑、洪振快写作。

---

〔2〕 本系列包括两个案件。第一,黄钟、洪振快诉梅新育名誉权纠纷案;第二,黄钟、洪振快诉郭松民名誉权纠纷案。

洪振快一方认为:梅新育发表上述言论时,其新浪微博拥有粉丝数逾 18 万人,上述言论发出后,被网友 357 次转发,32 次评论,其侵权言论已被广泛传播。梅新育在新浪微博这样影响巨大的媒体上公然辱骂、肆意侮辱他的人格,其行为已严重侵犯了我方的人格尊严和名誉权利。梅新育拥有博士头衔,任职于国家部委,本应谨遵法纪,懂得自重,但却无视宪法和法律,目无公序良俗,以污言秽语公开侮辱我方二人,肆意侵犯我方的名誉权。我方发现后致函梅新育,要求尽快终止侵权,及时认错,改过自新,但梅新育不为所动,不加理睬。为维护我方的合法权益,依照我国相关法律法规规定,请求法院判令梅新育停止侵权、删除相关侵权言论;判令梅新育在其新浪微博上公开道歉,且置顶 30 天,同时在《新京报》《北京晚报》《南方都市报》《环球时报》等媒体公开道歉,道歉内容须事先经我方同意;判令梅新育向本人支付精神损害赔偿金 5000 元;判令梅新育承担本人为本案支付的公证费用 1000 元;判令梅新育承担全部诉讼费用。

郭松民发表上述言论时,其新浪微博拥有粉丝数逾 18 万人,上述言论发出后,被网友 357 次转发,32 次评论,其侵权言论也已经被广泛传播,造成恶劣影响。黄钟、洪振快认为郭松民在其经认证的新浪微博上对自己公然辱骂。对我方发出的律师函非但不予理睬,而且在其微博上公开,不思悔改继续辱骂,其行为已严重侵犯了我方的人格尊严和名誉权利。根据法律规定,公民的名誉权受法律保护,利用互联网侵犯他人合法权益构成民事侵权的,应当依法承担民事责任。为维护我方的合法权益,起诉至法院请求:判令郭松民停止侵权,及时删除相关侵权言论;判令郭松民在其新浪微博上道歉,且置顶 60 天,同时在《新京报》《北京晚报》《南方都市报》《环球时报》等纸媒上连续 7 天刊登道歉广告,道歉内容须事先经本人同意;判令郭松民向我方支付精神损害赔偿金共 1 万元;判令郭松民承担我方为本案支付的必要费用 1000 元;判令郭松民承担全部诉讼费用。

梅新育认为:第一,其没有因为个人私事骂人,是出于社会公益感才在网上发表不当语言,所发表的争议语言,反映了其正义感的流露,是在特殊环境下产生,其回帖是维护社会公序良俗的行为,引起回帖之文章的目的是用细节引起读者对狼牙山五壮士的怀疑。洪振快描写的手法引起本人对文章作者和责任编辑的义愤,任何公民在行使言论自由时,有权对恶行进行差评。第二,洪振快一方的行为是对英雄的玷污,是对社会正面的挑战,所以洪振快一方的人格权是不完整的。第三,本人有证据表明,洪振快一方并无精神伤害。如果受到伤害,一般人会掩饰或回避伤害的细节,洪振快一方却大肆宣扬,洪振快 204 条微博中的 203 条是在其起诉后写的,并反复说本人辱骂洪振快一方,其实是借事件炒作自己。第四,互联网为特殊语境,是宽泛的语言,日常骂人的话大量出现,不能按正常语境标准进行判断。所以，本人的行为不构成侵权，不应当承担侵权责任。

郭松民认为：第一，其发表的微博是在阅读并转发了其他网民关于“炎黄春秋：狼牙山五壮士曾拔过群众的萝卜”的微博后，针对那些试图污蔑、玷污抗日英烈，丑化人民英雄，侵害社会公德的历史虚无主义者进行的评价。第二，对历史虚无主义的批判和驳斥是其一贯公开坚持的立场。此前的微博中也有类似批驳意见的表达，并非只针对黄钟、洪振快个人。第三，其与黄钟、洪振快从不相识，没有接触，不存在个人间的联系。本人微博对梅新育微博的转发只是网络微博发布的常见做法，本人微博内容与梅新育的微博内容并无必然关系。本人认为，革命先烈不容亵渎，人民英雄不容玷污，每个公民都有自觉维护社会公德，维护人民大义的义务和责任。法院应当依法驳回黄钟、洪振快的全部诉讼请求。

庭审过程中，法院分别从双方当事人的言论及其背景、各自言论是否超出必要限度、言论所针对的对象、因果关系以及损害后果等方面综合判断。最终，判决被告梅新育及被告郭松民不构成名誉权侵权。

原告黄钟、洪振快不服一审判决，以原判认定事实错误，梅新育和郭松民违背司法原则、侵犯本人合法权利为由，提起上诉，请求撤销原判，依法改判支持其原审诉讼请求或发回重审。

三、“狼牙山五壮士”亲属起诉维护名誉权〔3〕

狼牙山五壮士的近亲属因不满洪振快的歪曲性言论，对洪振快提起名誉权和荣誉权侵权诉讼。

葛长生（五壮士之一葛振林之子）、宋福保（五壮士之一宋学义之子）认为，洪振快无视史实，公开发表《小学课本“狼牙山五壮士”有多处不实》和《“狼牙山五壮士”的细节分歧》两文，对民族英雄进行污蔑。《“狼牙山五壮士”的细节分歧》一文不顾狼牙山五壮士英勇抗击日寇，为掩护老百姓和主力部队转移，主动将日寇引上与主力部队撤退方向相反的山峰绝路，且战且退，直至退至狼牙山绝顶，最后弹尽毁枪，高呼口号，英勇跳崖，慷慨就义的事实，而是使用隐晦阴暗的手法，通过所谓考据历史的名义或者假借网民、红卫兵之口等手段，引用不同信息来源细节表述上的轻微差异，以断章取义、主观推断和故意误导等方式，污蔑、抹黑狼牙山五壮士。其言：狼牙山五壮士不是五个人，是六人，其中一人中途当了汉奸；五壮士不是掩护老百姓和主力部队，只是追赶主力部队；五壮士不是跳崖，其中二人是溜下山坡；五壮士战斗期间拔地里萝卜，违反三大纪律等。洪

〔3〕 本系列案件包括：葛长生诉洪振快名誉权、荣誉权纠纷案和宋福保诉洪振快名誉权、荣誉权纠纷案。

振快的微博和文章,肆意抹黑狼牙山五壮士,在社会上产生了恶劣的负面影响。原告方认为,狼牙山五壮士的英雄事迹,早在抗日战争年代就广为流传。1943年晋察冀军区授予五名战士“狼牙山五壮士”荣誉称号。狼牙山五壮士,是中国人民解放军的英雄,是中国共产党的英雄,是中华民族的英雄。狼牙山五壮士的英名,决不允许被人侮辱诽谤。侮辱诽谤狼牙山五壮士的英雄名誉,就是侮辱诽谤中国人民解放军,侮辱诽谤我们社会主义国家,侮辱诽谤我们中华民族。被告洪振快以历史细节考据,学术研究为幌子,以细节否定英雄,企图达到抹黑狼牙山五壮士英雄形象和名誉,进而否定中国革命斗争史,否定共产党领导和社会主义道路的历史必然性,是典型的历史虚无主义手法,也是近几年,一股历史虚无主义的阴暗势力,系统抹黑中华民族英雄计划的一部分。遂诉至法院并提起如下诉讼请求:判令洪振快立即停止侮辱、诽谤、侵犯葛振林、宋学义等狼牙山五壮士的民族英雄名誉;判令洪振快在其新浪微博上公开道歉,并在《人民日报》《解放军报》《中国日报》、人民网、新浪网、搜狐网、财经网公开向本人赔礼道歉,消除影响,并向葛振林、宋学义等狼牙山五壮士在天英灵登报谢罪。

庭审过程中,被告洪振快辩称,第一,不能确定原告葛长生与葛振林的关系,如果原告葛长生不是葛振林之子,其不具备诉讼主体资格。王立华与狼牙山红色文化发展研究会没有任何法律关系,其作为原告的委托代理人,不符合我国民事诉讼法的相关规定,其代理资格应认定无效。第二,针对原告方提出的第一项诉讼请求,洪振快认为没有事实根据,认为其所发表的文章是学术文章,没有侮辱性的言词,且这些文章每一个事实的表述都有相应的根据,而不是自己凭空捏造或者歪曲事实,不构成侮辱和诽谤。原告方在起诉书中也没有指出本人发表的文章哪一处不真实,哪一处有侮辱性的语言,因此不构成对原告方名誉权的侵害。被告还认为,进行历史研究的目的是探求历史真相,行使的是宪法赋予公民的思想自由、学术自由、言论自由权利,任何人无权剥夺。第三,针对原告第二项诉讼请求,被告洪振快认为,只有建立在被告发表的文章存在侮辱、诽谤侵权的情形才可能产生侵权的后果,由于被告发表的文章不存在侮辱和诽谤,因此不存在向谁道歉的问题。第四,原告要求其向五壮士在天英灵登报谢罪的诉讼请求,没有任何法律根据。原告起诉书中所述事实和理由,是一种意识形态领域观点的表达,更多地是对本人写作目的、写作动机的一厢情愿的推断和主观臆测,没有事实依据。被告洪振快不同意原告的全部诉讼请求。

葛长生、宋福保诉洪振快名誉权、荣誉权纠纷案于2016年6月27日作出一审判决,被告败诉。被告不服后上诉,请求二审法院撤销原判,驳回葛长生、宋福保的所有诉讼请求,或者发回重审。

教学指导手册

教学对象及目标

本案例供法律硕士案例教学使用,法学本科(大四)、民法学硕士、民事诉讼法学硕士也可以参酌使用。

本案例主要就网络环境下名誉侵权的认定问题进行讲授。具体要解决的问题包括:(1)死者是否享有名誉权?(2)死者是否享有荣誉权?(3)名誉侵权有哪些构成要件,如何认定名誉侵权行为?(4)洪振快起诉维护名誉权纠纷,法院应如何裁判?(5)“狼牙山五壮士”亲属起诉维护名誉权、荣誉权纠纷,法院应如何裁判?(6)侵害死者名誉权的责任承担形式有哪些?(7)死者名誉权侵权案件中,原告的适格问题。(8)因新闻报道或者其他作品引起的名誉权纠纷,如何确定被告?(9)在民事诉讼活动中,如何认定诉讼代理人是否具备代理资格?(10)如何进行电子数据证据的收集?(11)当包含了民族情感的众所周知的事实成为庭审争议焦点时,法官应当如何判定?(12)法官认定案件事实时,需要达到怎样的证明标准?

教学内容

1. 死者是否享有名誉权?

名誉,是指公众对某公民或法人的形象、品德、才干、声望及信誉等各方面的综合评价。名誉权即为公民或法人保持并维护自己名誉的权利,是人格权的一种。在我国,关于死者是否享有名誉权的争论由来已久。一种观点认为,根据自1987年开始实施的《民法通则》第9条的规定,公民的民事权利始于出生、终于死亡。名誉权是一项民事权利,权利主体一旦消亡,就无法享有该权利。

但人们普遍认为,公民死亡以后,他的名誉仍然存在,换言之,死者是有名誉权的。所谓死者的名誉,是指死者因其生前的行为而获得的社会评价,这些社会评价并未随着死者的离去而立即消亡,而是还要或长或短地存续一段时间。现代民事立法中,一些国家在规定公民民事权利能力始于出生、终于死亡的同时对公民的人身权作出延伸保护的规定,将法律保护延伸到民事主体出生之前或死亡以后的一段时间之内,如对胎儿权利的保护。

关于死者名誉权是否受保护和由谁行使诉权的问题是司法实务中早已遇到的问题。最高人民法院在1989年《关于死亡人的名誉权应受法律保护的函》、1990年《关于范应莲诉敬永祥等侵害海灯法师名誉权一案有关诉讼程序问题的复函》已经提出死者名誉权应得到法律保护。而1993年《关于审理名誉权案件若干问题的解答》第5条,则对此作出了明确的回答,即公民死亡后,其名誉权应依法受到保护。死者名誉权受侵害的,其近亲属有权向人民法院起诉,近亲属包括:配偶、父母、子女、兄弟姐妹、祖父母、外祖父母、孙子女、外孙子女。

2001年,最高人民法院通过《关于确定民事侵权精神损害赔偿责任若干问题的解释》进一步对死者名誉权保护问题作出了更详细的规定。该解释第3条指出:"自然人死亡后,其近亲属因下列侵权行为遭受精神痛苦,向人民法院起诉请求赔偿精神损害的,人民法院应当依法予以受理:(一)以侮辱、诽谤、贬损、丑化或者违反社会公共利益、社会公德的其他方式,侵害死者姓名、肖像、名誉、荣誉;(二)非法披露、利用死者隐私,或者以违反社会公共利益、社会公德的其他方式侵害死者隐私;(三)非法利用、损害遗体、遗骨,或者以违反社会公共利益、社会公德的其他方式侵害遗体、遗骨。"可见,自然人死亡后,其生前人格利益仍然受法律的保护。本条进一步规定了死者近亲属因死者名誉、荣誉等人格权利受侵害而遭受精神痛苦时诉请精神损害赔偿的权利。

但值得注意的是,2010年通过的《侵权责任法》并没有关于死者名誉权保护的规定。

2. 死者是否享有荣誉权

荣誉权,是指公民、法人所享有的,因自己的突出贡献或特殊劳动成果而获得的光荣称号或其他荣誉的权利。名誉权与荣誉权虽然只有一字之差,但有本质区别,名誉权为人格权,荣誉权为身份权。但死者荣誉权与名誉权的保护问题,在诉讼程序上具有一定程度的相通性,均为死者近亲属代为维护死者个人享有的权利或因自己受到精神损害而提出相应的主张,但是,对于死者是否享有荣誉权的问题仍然存在争议。

荣誉权是由宪法和法律作出规定的公民权利,因而受到保护。权利包括作为和不作为两个方面。一方面,公民有权按照宪法和法律的规定,以作为或不作为的方式实现自己的愿望;另一方面,公民有权要求其他主体以作为或不作为的方式,实现本人的利益,并受到法律的保护。以上所说的权利是指一般情况,对于死者来说,某些权利会随着人的死亡而消亡,而另一些权利却会被保留下来,如荣誉权。当然,这些被保留下来的权利不是完全的权利,而是部分的权利,即死者不可能通过自己作为的方式来实现自己的权利,只能通过不作为或要求他人以作为或不作为的方式来实现。如果死者生前曾获得过某种荣誉,这种荣誉权并没有随死者的死亡而中止,而是被永远地保留下来。这种荣誉权是以要求他人不得侵犯的方式享有的。

自2001年的最高人民法院通过的《关于确定民事侵权精神损害赔偿责任若干问题的解释》才对死者荣誉权的保护问题作出了规定。该解释第3条指出:"自然人死亡后,其近亲属因下列侵权行为遭受精神痛苦,向人民法院起诉请求赔偿精神损害的,人民法院应当依法予以受理:(一)以侮辱、诽谤、贬损、丑化或者违反社会公共利益、社会公德的其他方式,侵害死者姓名、肖像、名誉、荣誉……"根据本条,由于荣誉权的身份权性质,法条仍然规定死者的荣誉不受侵害,应当认定死者享有荣誉权。

结合本案,五壮士的近亲属(葛长生、宋福保)提出名誉权、荣誉权诉讼,查阅本案的判决书可以发现,法院判令"被告洪振快立即停止侵害葛振林、宋学义名誉、荣誉的行为",可见,法院不仅对死者享有名誉权进行了认定,也对死者享有荣誉权进行了认定。

3. 名誉侵权有哪些构成要件,如何认定名誉侵权行为?

关于一般类型侵权案件的构成要件,2010年施行的《侵权责任法》第6条规定:"行为人因过错侵害他人民事权益,应当承担侵权责任。根据法律规定推定行为人有过错,行为人不能证明自己没有过错的,应当承担侵权责任。"本条文第1款既是对过错责任原则的规定,也是对一般侵权行为构成要件的规定。可见,一般侵权责任的构成要件包括:加害行为、损害、因果关系和过错。

关于名誉侵权案件构成要件的具体规定,可参见1993年最高人民法院《关于审理名誉权案件若干问题的解答》第7条:"是否构成侵害名誉权的责任,应当根据受害人确有名誉被损害的事实、行为人行为违法、违法行为与损害后果之间有因果关系、行为人主观上有过错来认定。以书面或者口头形式侮辱或者诽谤他人,损害他人名誉的,应认定为侵害他人名誉权。"据此,在认定行为人是否侵害他人名誉权,应从以下四方面来确定:(1)受害人确有名誉被损害的事实。(2)行为人有侵害名誉权的行为,方式有侮辱、诽谤等。(3)违法行为与损害结果之间有因果关系。(4)行为人主观有过错。

具体到本案,因撰写、发表批评文章引起的名誉权纠纷,应如何认定是否构成侵权?1993年最高人民法院《关于审理名誉权案件若干问题的解答》第8条规定:"因撰写、发表批评文章引起的名誉权纠纷,人民法院应根据不同情况处理:文章反映的问题基本真实,没有侮辱他人人格的内容的,不应认定为侵害他人名誉权。文章反映的问题虽基本属实,但有侮辱他人人格的内容,使他人名誉受到侵害的,应认定为侵害他人名誉权。文章的基本内容失实,使他人名誉受到损害的,应认定为侵害他人名誉权。"本条文是对构成要件中何为侵权行为之界定,当撰写或发表的文章反映的问题不属实或文章包含侮辱他人人格的内容,使他人名誉受到侵害的,就应当认定为侵犯了他人的名誉权。

4. 洪振快起诉维护名誉权纠纷,法院应如何裁判?

黄钟、洪振快诉梅新育、郭松民名誉权纠纷案,由洪振快撰写、黄钟编辑并发表在《炎黄春秋》杂志上的《"狼牙山五壮士"的细节分歧》(以下简称《细节》)一文经微博传播后,梅新育一方在微博上转发或评价所引发。因此,梅新育一方是否构成侵权,应从侵权行为、损害后果、因果关系以及主观过错等方面综合判断。

就是否构成侵权行为而言,应从三个方面考虑。

首先,洪振快、黄钟应当认识到,中国共产党在抗日战争中发挥了中流砥柱的作用,这已经成为全民族的共识。对这些英雄人物和事迹的不当言论和评价,都将会伤害社会公众的民族感情,将会引发社会公众的批评,甚至较具情绪化的批评。《细节》一文,从形式上看虽然立足于细节问题,但全文意在质疑甚至颠覆"狼牙山五壮士"的英雄形象。在此意义上,洪振快一方对该文所引发的社会公众的负面评价等应当有所预见,其应当承担的容忍义务也相对较高。

其次,郭松民批评了以《细节》一文为代表的历史虚无主义,这一言论所代表的思想,符合我国社会的主流价值观,并未超出批评的必要限度。关于微博所针对的对象问题,郭松民涉诉微博并非针对洪振快个人,郭松民还进一步提交了涉诉微博撰写之前以及之后自己的微博内容作为对自己一贯态度和立场的佐证。

最后,梅新育一方是否构成侵权,还应考察涉诉微博的具体内容。梅新育微博其中的一句"《炎黄春秋》的这些编辑和作者是些什么心肠啊?"并未使用明显不当的言辞,不具有违法性。另一句"打仗的时候都不能拔个萝卜吃?"质疑的是《细节》一文所反映的观点,而非特定人的人格,不构成侵犯名誉权的责任。另一句"说这样的编辑和作者属狗娘养的是不是太客气了?",对本句应作如下考虑:侵害名誉权的构成,不仅要求具备侵害名誉权的行为,还要求具备相应的损害后果。梅新育的微博并未直接指出"这样的编辑和作者"的姓名,公众需进一步点击梅新育转发的网民"鲍迪克"的微博中所提供的链接并查阅《细节》一文，才能具体知晓该文的编辑和作者，此种表述方式限制了该条微博对黄钟、洪振快的影响。同时，公众对梅新育微博的32条评论中，无一提到黄钟、洪振快的姓名。现有证据也未显示转发梅新育微博的用户在转发时对黄钟、洪振快予以点名道姓的评论。社会公众主要集中于对《炎黄春秋》进行评论。涉诉微博被大量转发或评论这一事实本身，不足以证明涉诉微博造成了名誉权侵权的损害后果。另外，洪振快将案件审理情况公布于其实名微博，引发公众对本案的关注，主动扩大了梅新育微博对黄钟、洪振快的影响。因此，从损害后果来看，不能认定被告一方的行为造成了原告方社会评价降低的后果。

综上所述，鉴于梅新育一方的微博言论意在维护英雄形象，而且不能认定梅新育一方的行为造成了原告方社会评价降低的后果，梅新育一方的行为不构成对黄钟、洪振快的名誉权侵权。

5.“狼牙山五壮士”亲属起诉维护名誉权、荣誉权纠纷，法院应如何裁判？

在葛长生、宋福保诉洪振快名誉权、荣誉权纠纷案中，因洪振快撰写、黄钟编辑并发表在《炎黄春秋》杂志上的《“狼牙山五壮士”的细节分歧》一文经微博传播后，得到大量转发，引起公众对五壮士英雄事迹的质疑，进而导致五壮士家属的强烈不满而提起诉讼。

洪振快一方是否构成侵权，应分别从侵权行为、损害后果、因果关系以及主观过错等方面综合判断。

首先，关于案涉文章是否属于实施了侵权行为的问题。案涉文章为《多处不实》和《细节》两文，案涉文章自始至终未对狼牙山五壮士英勇抗敌的事迹和舍生取义的精神这一基本事实作出正面评价。而是以考证细节为主要线索，通过援引不同时期的材料、相关当事者不同时期的言论，甚至“文化大革命”时期红卫兵迫害宋学义的言论为主要证据，全然不考虑历史的变迁、各个材料所形成的时代背景以及各个材料的语境。在无充分证据的情况下，多处作出似是而非的推测、质疑乃至评价。尽管案涉文章并无明显侮辱性的语言，但洪振快一方的行为符合以贬损、丑化的方式损害他人名誉和荣誉权益的特征。

其次，从损害后果上看，案涉文章经由互联网传播，已经在全国范围内产生了较大的影响。它们不仅损害了五壮士的名誉及荣誉，而且伤害了五壮士近亲属的个人感情，在一定程度上也伤害了社会公众的民族和历史情感，也损害了社会公共利益。

最后，洪振快一方在主观方面存在过错。侵害名誉或名誉权案件中的过错，是指知道或应当知道到其行为会造成他人社会评价降低的后果而仍然为之的主观状态。此类案件中,对行为人主观过错的认定往往依据通常人的认知并辅之以社会常识、行为人的职业或专业及控制危险的成本等客观因素加以判断。本案的被告方作为中国公民,对"狼牙山五壮士"的历史事件所蕴含的精神价值,应当具有一般公民所拥有的认知。尤其是作为具有一定研究能力和能够熟练使用互联网工具的人,更应当认识到案涉文章的发表及其传播将会损害"狼牙山五壮士"的名誉及荣誉,会对其近亲属造成感情和精神上的伤害,更会损害到社会公共利益。被告方有能力防止损害后果的发生而未加以禁止,在主观上显然具有过错。

综上所述,可以认定被告方的行为侵害了原告方的名誉和荣誉,应当承担相应的侵权责任。

6. 侵害死者名誉权的责任承担形式有哪些?

根据最高人民法院2001年《关于确定民事侵权精神损害赔偿责任若干问题的解释》第8条:"因侵权致人精神损害,但未造成严重后果,受害人请求赔偿精神损害的,一般不予支持,人民法院可以根据情形判令侵权人停止侵害、恢复名誉、消除影响、赔礼道歉。因侵权致人精神损害,造成严重后果的,人民法院除判令侵权人承担停止侵害、恢复名誉、消除影响、赔礼道歉等民事责任外,可以根据受害人一方的请求判令其赔偿相应的精神损害抚慰金。"

根据五壮士亲属诉洪振快名誉权、荣誉权纠纷案一审的裁判结果"被告洪振快立即停止侵害葛振林、宋学义名誉、荣誉的行为。判决生效后三日内,被告洪振快公开发布赔礼道歉公告,向原告葛长生、宋学义赔礼道歉,消除影响",可以发现,法院判决结果符合以上规定。

7. 死者名誉权侵权案件中,原告是否适格?

关于原告的适格问题,《民事诉讼法》第119条作了一般性的规定,原告是与本案有利害关系的公民、法人和其他组织。

具体到死者名誉侵权案件中原告的适格问题,1993年最高人民法院《关于审理名誉权案件若干问题的解答》规定死者的近亲属可以就保护死者名誉不受损害提起诉讼。可见,死者近亲属可以作为适格原告提起诉讼,近亲属的范围包括:配偶、父母、子女、兄弟姐妹、祖父母、外祖父母、孙子女、外孙子女。2001年最高人民法院《关于确定民事侵权精神损害赔偿责任若干问题的解释》第3条规定,自然人死亡后,其近亲属因行为人以侮辱、诽谤、贬损、丑化或者违反社会公共利益、社会公德的其他方式侵害死者姓名、肖像、名誉、荣誉的,有权向人民法院提起诉讼。2015年最高人民法院《关于适用〈中华人民共和国民事诉讼法〉的解释》第69条规定,对侵害死者遗体、遗骨以及姓名、肖像、名誉、荣誉、隐私等行为提起诉讼的,死者的近亲属为当事人。由此可知,死者的近亲属有权就侵害死者的名誉、荣誉等行为提起民事诉讼,死者的近亲属是正当当事人。

具体到本案,根据中国人民解放军湖南省衡阳警备区离职干部休养所提供的证明材料以及公证书等证据可以认定,葛振林与葛长生系父子关系,葛振林系狼牙山五壮士之一,已去世,所以,葛长生是本案原告适格。因此,洪振快对本案葛长生主体资格提出的异议不能成立。

8. 因新闻报道或者其他作品引起的名誉权纠纷,如何确定被告?

1993年的最高人民法院《关于审理名誉权案件若干问题的解答》第6条规定,因新闻报道或其他作品发生的名誉权纠纷,应根据原告的起诉确定被告。只诉作者的,列作者为被告;只诉新闻出版单位的,列新闻出版单位为被告;对作者和新闻出版单位都提起诉讼的,将作者和新闻出版单位均列为被告,但作者与新闻出版单位为隶属关系,作品系作者履行职务所形成的,只列单位为被告。

具体到本案中,五壮士的近亲属只起诉了发表涉诉文章的作者,而并未起诉出版社,符合法律规定。

9. 在民事诉讼活动中,如何认定诉讼代理人是否具备代理资格?

诉讼代理人,是指根据法律规定或者当事人的委托,代替当事人参加诉讼活动,代替当事人行使部分或全部诉讼权利的法律自然人。

其中依法律规定而产生的代理人称为法定代理人。无诉讼行为能力人由他的监护人作为法定代理人代为诉讼。如幼儿由他的父母作为法定代理人参加诉讼活动;严重精神疾病患者由他的配偶或父母作为法定代理人参加诉讼活动。法定代理人之间互相推诿代理责任的,由人民法院指定其中一人代为诉讼。

另一种就是依当事人委托而产生的代理人,称为委托代理人。《民事诉讼法》第58条规定:"当事人、法定代理人可以委托一至二人作为诉讼代理人。下列人员可以被委托为诉讼代理人:(一)律师、基层法律服务工作者;(二)当事人的近亲属或者工作人员;(三)当事人所在社区、单位以及有关社会团体推荐的公民。"当事人委托他人代为诉讼,必须向人民法院提交由委托人签名或者盖章的授权委托书。授权委托书必须记明委托事项和权限。诉讼代理人代为承认、放弃、变更诉讼请求,进行和解,提起反诉或者上诉,必须有委托人的特别授权。

最高人民法院《关于适用〈中华人民共和国民事诉讼法〉的解释》第87条进

一步规定:“根据民事诉讼法第五十八条第二款第三项规定,有关社会团体推荐公民担任诉讼代理人的,应当符合下列条件:(一)社会团体属于依法登记设立或者依法免予登记设立的非营利性法人组织;(二)被代理人属于该社会团体的成员,或者当事人一方住所地位于该社会团体的活动地域;(三)代理事务属于该社会团体章程载明的业务范围;(四)被推荐的公民是该社会团体的负责人或者与该社会团体有合法劳动人事关系的工作人员。专利代理人经中华全国专利代理人协会推荐,可以在专利纠纷案件中担任诉讼代理人。”该解释第88条规定:“诉讼代理人除根据民事诉讼法第五十九条规定提交授权委托书外,还应当按照下列规定向人民法院提交相关材料:(一)律师应当提交律师执业证、律师事务所证明材料;(二)基层法律服务工作者应当提交法律服务工作者执业证、基层法律服务所出具的介绍信以及当事人一方位于本辖区内的证明材料;(三)当事人的近亲属应当提交身份证件和与委托人有近亲属关系的证明材料;(四)当事人的工作人员应当提交身份证件和与当事人有合法劳动人事关系的证明材料;(五)当事人所在社区、单位推荐的公民应当提交身份证件、推荐材料和当事人属于该社区、单位的证明材料;(六)有关社会团体推荐的公民应当提交身份证件和符合本解释第八十七条规定条件的证明材料。”

根据2012年《民事诉讼法》的规定,已不允许普通公民代理人参加诉讼活动。即普通公民,如与当事人无亲属关系,非有关社会团体和所在单位推荐的人,则不能再作为代理人参加诉讼活动。而五壮士近亲属诉洪振快纠纷中,被告正是以此理由提出抗辩。

本案中,根据原告葛长生提供的相关材料,葛长生、宋福保和王立华已于2015年3月被补选为保定狼牙山红色文化发展研究会副会长,会议记录、社会团体负责人备案表等资料已交当地民政部门登记备案。保定狼牙山红色文化发展研究会作为社会团体,推荐王立华作为为原告葛长生的委托代理人,符合最高人民法院《关于适用〈中华人民共和国民事诉讼法〉的解释》第87条和第88条的相关规定。

10. 如何进行电子数据证据的收集?

在洪振快维护名誉权纠纷案中,洪振快对梅新育、郭松民博文的网页内容进行了保全证据公证,公证书内容显示:梅新育的粉丝数为181063人,该博文被转发360次,被评论32次。根据评论的内容,社会公众主要集中在对《炎黄春秋》进行评论,如有评论称:“炎黄春秋的目的就是要搞乱当前国人的信仰,使是非不清!用心险恶至极!背后一定有大文章!胳膊肘外拐者”“萝卜留给烧光杀光抢光的日军吃？按炎黄春秋的逻辑，反扫荡，坚壁清野、烧粮食、水投毒就是共产党八路军罪大恶极？”等。

本案对电子数据采取一种公证保全的方式，但具体应当如何操作《民事诉讼法》及其司法解释并无相关规定。对此，可以参照两高一部于2016年10月实施的《关于电子数据收集提取判断的规定》第5条的规定：“对作为证据使用的电子数据，应当采取以下一种或者几种方法保护电子数据的完整性：（一）扣押、封存电子数据原始存储介质；（二）计算电子数据完整性校验值；（三）制作、封存电子数据备份；（四）冻结电子数据；（五）对收集、提取电子数据的相关活动进行录像；（六）其他保护电子数据完整性的方法。”

11. 当包含了民族情感的众所周知的事实成为庭审争议焦点时，法官应当如何判定？

最高人民法院2001年《关于民事诉讼证据的若干规定》第9条规定：众所周知的事实无须提供证明，当事人有相反证据足以推翻的除外。2015年根据最高人民法院《关于适用〈中华人民共和国民事诉讼法〉的解释》第93条的规定，众所周知的事实当事人无须举证证明，但当事人有相反证据足以反驳的除外。所以，众所周知的事实属于免证事实。

众所周知的事实，是指为具有一定知识经验的一般人共同知晓的常识性事实。一般说来，众所周知的事实是众人皆知且对其真实性不存争议的事实，所以成为免证事实。众所周知的事实，其范围包括自然规律及定理、历史事件、时事新闻、法定节日、国界省界、日常生活知识和经验，等等。

本系列案件中，“狼牙山五壮士”的英雄人物和英勇事迹就成为庭审争议的事实出现，但“狼牙山五壮士”事迹显然属于众所周知的事实，在没有相反证据达到足以推翻该众所周知事实的情形下，法官应当作出认可该众所周知事实的判定，从而认定洪振快的言论不属实。

另外，该众所周知的事实包含了民族情感，一旦误判将会对民众的情感造成伤害。所以，对证明众所周知的事实不存在的相反证据所达到的证明标准之要求应该更为严格，法官对该众所周知的事实的否决应该更谨慎。

12. 法官认定案件事实时，需要达到怎样的证明标准？

证明标准又称证明要求，是指法官在诉讼中认定案件事实所要达到的证明程度。证明标准确定以后，一旦各个证据的证明力已达到这一标准，就可以认为待证事实得到了证明，法官就应当认定该事实，以该事实的存在作为裁判的依据。反之,法官就应当认为待证事实未被证明为真或者仍处于真伪不明状态。

根据最高人民法院2001年《关于民事诉讼证据的若干规定》第73条的规定,“双方当事人对同一事实分别举出相反的证据,但都没有足够的依据否定对方证据的,人民法院应当结合案件情况,判断一方提供证据的证明力是否明显大于另一方提供证据的证明力,并对证明力较大的证据予以确认”,这是我国对高度盖然性证明标准的明确规定。

2015年最高人民法院《关于适用〈中华人民共和国民事诉讼法〉的解释》第108条规定:“对负有举证证明责任的当事人提供的证据,人民法院经审查并结合相关事实,确信待证事实的存在具有高度可能性的,应当认定该事实存在。对一方当事人为反驳负有举证证明责任的当事人所主张事实而提供的证据,人民法院经审查并结合相关事实,认为待证事实真伪不明的,应当认定该事实不存在。法律对于待证事实所应达到的证明标准另有规定的,从其规定。”该解释第109条规定:“当事人对欺诈、胁迫、恶意串通事实的证明,以及对口头遗嘱或者赠与事实的证明,人民法院确信该待证事实存在的可能性能够排除合理怀疑的,应当认定该事实存在。”

故根据上述法律规定,我国民事案件采用高度盖然性的证明标准。所谓高度盖然性的证明标准,是将盖然性占优势的认识手段运用于司法领域的民事审判中,在证据对待证事实的证明无法达到确实充分的情况下,如果一方当事人提出的证据已经证明该事实的发生具有高度盖然性,人民法院即可对该事实予以确定。“高度盖然性”是一个以“间主观”形式而存在的概念,是法官群体经过长期的经验交流得出的共识,是该群体对何谓“足以相信待证事实高度为真”这一概念形成的相对统一的认识。这种认识超越于纯粹个体的认识,具有一定程度的客观性。

本案中,法院根据众所周知的事实的认定,可以认为洪振快侵权行为的事实已经达到了民事诉讼法规定的证明标准。

预期效果

学生能够掌握死者是否享有名誉权、荣誉权的问题;名誉权侵权构成要件及其认定;侵害死者名誉权的责任承担形式;死者名誉权侵权案件中原告的适格问题;新闻报道或者其他作品引起的名誉权纠纷中被告的确定;在民事诉讼中诉讼代理人的资格;电子数据证据的收集;包含民族情感的众所周知的事实的认定;法官认定案件事实时的证明标准。

课堂时间安排

本案例可以作为专门的案例教学课来进行,整个案例课的课堂安排6个课时,每课时45分钟。

如下课堂计划,仅供参考。

1. 课前计划:安排学生阅读案例及相关参考资料,对案例所涉及问题进行思考,撰写实践题答案。

2. 课中计划:(1)介绍教学目的,明确讨论主题;(2)分组讨论问题及解决对策,告知发言要求;(3)小组代表发言,提出解决方案,并对其他小组提出的方案进行评述;(4)教师进行引导性分析,并作最后归纳总结。

3. 课后计划:布置学生课后进一步思考诉讼代理人在民事诉讼中的各种诉讼活动内容及作用,以及网络环境下应当如何加强对名誉权的保护。

思考题和实践题

1. 思考题

(1)宋福保和葛长生应当向哪个法院提起诉讼?

(2)宋福保对洪振快可以提出哪些诉讼请求?可以提出精神损害赔偿吗?

(3)宋福保诉洪振快发表的文章侵害自己的家属以及自己的人格权益应当提供哪些证据支持自己的诉讼请求?

(4)五壮士的近亲属可以以谁为被告提起诉讼?

(5)保护公民名誉权与保障他人言论自由权的边界是什么?

2. 实践题

(1)如果你是宋福保的诉讼代理人,试为他拟一份起诉状。

(2)如果你是洪振快的代理人,试为他拟一份上诉状。

(3)如果你是宋福保诉洪振快名誉侵权案二审的法官,试制作一份判决书。

撰稿人 | 徐昀,燕山大学文法学院副教授,法学博士

王森炎、储伟曼、王乙竹、郭彦娥,燕山大学法律硕士研究生

16 CASE

潘××与×××开发有限公司书证鉴定意见质证案

| 摘 要 |

本案例以一起真实的民事诉讼案例为例，围绕涉案书证的真实性判断推进诉讼程序，让学生熟悉和了解有关书证（以及其他实物证据）的鉴真规则以及由此衍生出的司法鉴定方式的证明方法，书证真实性证明所基于的系统鉴定原则，书证常见的伪造变造手法，申请鉴定人、专家辅助人出庭的法律程序，针对鉴定意见的庭审质证程序与询问规则，法官对鉴定意见的审查与认定规则，法官对补充鉴定或重新鉴定的程序性裁判，裁判说理制度，并通过模拟庭审获取上述法律知识并完成实务经验的积累。本教学案例不仅适用于民事诉讼，其基本原理以及教学附件内容同样覆盖了刑事诉讼、行政诉讼领域，对法官、检察官、律师、鉴定人、专家辅助人、法律专业学生了解鉴定意见质证均有重要的理论价值和实践意义。

| 关键词 |

书证　司法鉴定　鉴定意见质证　鉴定人　专家辅助人　有专门知识的人

| 教学目标 |

让学生学习和掌握如下知识技能：(1)书证的鉴真规则与司法证明方法；(2)书证常见的伪造变造手法以及二次添加打印变造文书的检验要点；(3)鉴定人、专家辅助人出庭作证申请、决定程序；(4)鉴定人、专家辅助人同时出庭情形下的鉴定意见质证程序与询问规则；(5)对鉴定意见的审查与认定；(6)庭审质证结束后法官对补充鉴定、重新鉴定的程序性裁判；(7)裁判说理制度；(8)模拟庭审。

教学案例主文

一、案件背景

书证作为诉讼证据的重要类别,在民事诉讼中高居不下,在不少案件中甚至是唯一关键性证据,因此,判断书证的真实性也就成为查明案件事实真相的首要前提。书证的真实性判断涉及专门性技术知识,如笔迹书写人、印文的真伪、文件的形成时间、文件是否存在伪造变造等,因此文书鉴定也就成为司法鉴定的重要领域。

而随着办公自动化技术日新月异的发展,手写文书一枝独秀的状况日渐式微,电子打印文书逐渐成为书证的新类型。电子打印文书涉及不同种类打印机、不同墨水、软件、字库以及具体打印技术等复杂、深奥的技术领域,这对传统文检人员的知识结构提出了挑战,也为鉴定意见的潜在错误埋下了伏笔,同样也为系统掌握文书鉴定知识的某些专家辅助人挑战错误或不利鉴定意见提供了同庭对抗鉴定人的机会,这对于推动庭审实质化、辅助查明案件事实真相,无疑具有积极价值。

本文即聚焦一起诉讼案件中打印文书形式的书证,旨在说明书证是由纸张、打印字迹、笔迹、墨水、印文、朱墨时序关系、形成时间、污损变化、伪造变造等多种要素构成,这些多方面要素相互关联,共同发挥作用以证明案件待证事实;对书证真实性的判断,切不可一叶障目、不见泰山,而应聚焦于书证真实性证明这一司法证明目标,从书证的多个构成要素入手,综合全面地进行系统检验,庭审中也应系统审查鉴定意见的科学可靠性以及鉴定意见与待证事实之间的相关性、证明力高低;在此过程中,要充分发挥鉴定人、专家辅助人出庭作证制度的诉讼功能,以实现兼听则明的对抗式质证效果。

二、基本案情介绍

(一)案由、证据及诉讼主张

潘××诉××××开发有限公司合同纠纷一案中,潘××诉称:1993年8月5日,潘××在××××房地产开发有限公司任职期间,××××房地产开发有限公司与××省贫困地区农业贸易实业公司签订《联合兴建住宅合作协议书》,双方约定由××省贫困地区农业贸易实业公司负责提供土地,被告负责建楼全部资金。因××××房地产开发有限公司与××省贫困地区农业贸易实业公司的合作建住宅楼项目发生纠纷。1995年××××开发有限公司"全权委托"潘××负责处理××××房地产开发有限公司与××省贫困地区农业贸易实业公司合作兴建住宅项目的土地纠纷及项目建设事宜,其间所有费用都由潘××垫付。2008年3月20日,××××房地产开发有限公司向潘××出具《欠款确认书》。2008年4月7日,××××房地产开发有限公司向潘××出具《抵押还款函》。2008年5月13日,××××房地产开发有限公司向潘××出具《承诺书》。

2015年7月8日,潘××以××××房地产开发有限公司拖欠欠款为由,将××××房地产开发有限公司诉诸法庭,要求××市××区人民法院判令××××房地产开发有限公司向其支付欠款795366元及相应利息并承担本案诉讼费用,同时向法院提交了前述三份书证,也即加盖有"××××房地产开发有限公司"鲜章印文的《欠款确认书》《抵押还款函》《承诺书》打印件。

(二)诉讼争点及司法鉴定情况

一审审理过程中,被告对原告潘××提交的三份书证的真实性存在异议,认为系伪造形成,因此向法院提出鉴定申请,要求就以下事项进行司法鉴定:(1)上述三份书证落款位置处"××××房地产开发有限公司"印文是否为被告公司印章盖印形成;(2)上述三份书证落款位置处"××××房地产开发有限公司"印文与同部位打印字迹形成的先后顺序。主审法官认为,上述三份书证系本案核心证据,其真实性判断涉及专门性技术问题,对查明案件事实具有十分重要的作用,因此同意启动司法鉴定程序。经诉讼双方协商,××省×××市×区人民法院报经××省×××市中级人民法院同意,由××省×××市中级人民法院向××××司法鉴定机构书面递交了《司法鉴定委托书》。

××××司法鉴定机构受理×××市中级人民法院的司法鉴定委托,并于30个工作日内出具了鉴定报告,其鉴定意见为:(1)上述三份书证落款位置处"××××房地产开发有限公司"印文是被告公司印章盖印形成;(2)上述三份书证落款位置处"××××房地产开发有限公司"印文均形成于落款部位打印字迹之后。(见附录1)

被告对××××司法鉴定机构的鉴定意见有异议,要求法院依法通知该案鉴定人出庭作证,同时向法院申请西南政法大学司法鉴定中心专家W作为被告方聘请的专家辅助人出庭,协助被告及其代理律师向鉴定人发问。法院准许被告方要求鉴定人及专家辅助人出庭质证的申请，同时要求被告提交专家辅助人的书面质证意见概要。

为此，被告代理律师向法院进一步提出申请，要求诉讼双方在场的情况下，准许专家辅助人携带检验设备到法院对三份书证材料原件进行现场无损检验，以保障专家辅助人质证意见的客观可靠性。主审法官依职权决定予以准许。

2016年7月6日，在诉讼双方及法官的见证下，被告方聘请的专家辅助人W携带图像扫描设备、显微照相设备对涉案的三份书证材料原件进行了图像扫描，并进行了显微观察检验及照相固定。2016年7月20日，专家辅助人向法庭提交了鉴定意见质证概要，认为三份书证都是变造的，其主要依据是正文与落款文字不是同机一次性打印形成，也就是说正文字迹是在落款字迹、印文之后二次添加打印上去的，是典型的文书变造。

二次添加打印变造的相关检验依据如下：

1. 检材1正文为喷墨打印机打印，落款为激光打印机打印（见附录2之《图片说明1》）。

2. 检材2正文打印字迹与落款打印字迹的文字行不平行，出现明显倾斜（见附件2之《图片说明2》）。

3. 检材3正文为激光打印机打印，而落款为喷墨打印机打印；检材3正文打印字迹与落款打印字迹的文字行不平行，出现明显倾斜（见附录2之《图片说明3、4》）。

（三）鉴定意见质证及裁判情况

2016年8月8日，法院组织鉴定人、专家辅助人、原被告双方及其代理律师就鉴定意见进行公开庭审质证。

鉴定人在庭审作证中坚称严格遵守了委托方的鉴定要求，鉴定意见本身是客观科学的，其潜在的推论是三份书证都是真实的，但庭审中鉴定人并未直接做出"三份书证是真实的"表述，而是将这一"皮球"踢给了法官，表示只愿意回答鉴定委托事项范围内的问题，不就书证真实性发表意见，这属于法官的垄断性职权范畴。

专家辅助人却认为，就鉴定意见与鉴定委托事项的对应关系而言，鉴定意见本身并无错误，对此专家辅助人也是认可的；但专家辅助人认为，现有鉴定委托事项以及鉴定意见并未直接服务于三份书证是否真实这一司法证明目的，具体而言，鉴定人并未遵守《SF/Z JD0201001—2010文书鉴定通用规范》的要求对书证各构成要素进行系统检验，如未对书证材料上印文、落款打印字迹、正文打印字迹等构成要素进行综合分析，未采用各种检验手段分析文书构成要素与案件争议事实间的关系以尽可能地鉴别书证的真伪。鉴定人的疏忽与经验欠缺是导致鉴定意见证明力低下、鉴定意见与案件待证事实之间缺乏相关性的内在原因，这种相关性、证明力缺失的鉴定意见极易误导法官，使事实裁判者错误地认为只要印章真实、落款部位先打印后盖章的正常顺序就意味着书证整体真实可靠，这是极大的陷阱。专家辅助人基于对书证材料的复检，直观经验及显微观察结果即可发现三份书证的正文与落款部位打印字迹均不是同机一次性打印形成，其正文字迹均为二次添加打印形成，这充分说明三份书证材料都是利用一份事先打印好单位名称字迹、日期字迹并加盖“××××房地产开发有限公司”印文的纸张，事后基于不法目的而在纸张空白位置处二次添加打印正文字迹内容，从而达到文书变造目的，这充分说明了三份书证的虚假性。庭审中专家辅助人运用多媒体设备展示各种检验图片以支持其质证意见，同时接受了原被告双方及法官的询问，也与鉴定人当庭进行了面对面的对质询问。

在鉴定人、专家辅助人出庭作证完毕之后，被告代理律师在总结陈词中要求法官排除本案中不具证明力与相关性的鉴定意见，要求采用专家辅助人质证意见，或者启动补充鉴定程序，进一步鉴定三份书证正文字迹与落款字迹是否为同机一次性连续打印形成，以准确查明案件事实真相。（见附录3）

法院未当庭裁决。

教学指导手册

教学目标

本教学案例设计目标在于让学生着重学习和掌握以下知识技能：(1)书证的鉴真规则与司法证明方法；(2)书证常见的伪造变造手法以及二次添加打印变造文书的检验要点；(3)鉴定人、专家辅助人出庭作证申请、决定程序；(4)鉴定人、专家辅助人同时出庭情形下的鉴定意见质证程序与询问规则；(5)对鉴定意见的审查与认定；(6)庭审质证结束后法官对补充鉴定、重新鉴定的程序性裁判；(7)裁判说理制度；(8)模拟庭审。

教学内容

1. 书证的鉴真规则与司法证明方法

书证是以文书内容证明案件事实真实性的证据材料。书证能够得以成为定案根据,源于书证的真实性,书证的真实性判断也就成为证据调查的核心问题。

判定书证或其他实物证据真实性的证据规则,也称鉴真规则。最高人民法院《关于民事证据的若干规定》第77条确立了国家机关、社会团体依职权制作的公文书以及经公证、登记的书证较高的真实性与证明力,而对于诉讼当事人自己提交的非公文书形式的书证,其真实性往往难以判定,通常需要通过司法鉴定程序提供专家的判断意见。

书证是否真实,这是庭审证据调查首先需要解决的问题,也是司法证明的核心目标。书证真实性的司法证明方法,有时只需求诸经验、常识即可判断,如一张落款时间为1993年并加盖有某公司印文的《对账单》,声称该单位欠原告100万元,该《对账单》书写于一张印刷有单位名称、地址(重庆地区)、电话等信息的稿纸上,被告发现稿纸上印刷的固定电话区号为023,而重庆是在1997年直辖后电话区号才由0811升为023,这充分说明《对账单》不是1993年形成,充分说明了材料的虚假性。但书证真实性的司法证明更多时候还是需要求诸司法鉴定,由司法鉴定人进行专业判断。

对书证进行司法鉴定,必须紧扣书证的构成要素,从多个角度对文件进行系统鉴定,以鉴别书证的真伪。书证的构成要素一般包括:文件的形式、内容、言语、笔迹、材料、工具、印迹、污损、防伪及其他痕迹等,这些构成要素又与案件事实有关的其他外部要素密切联系起来,如与案件有关的人、物、事、时间、地点、方法、物质条件等,因此书证自身的构成要素与案件争议事实之间存在关联,对二者关联的有无、关联的强弱即成为司法证明的核心内容,也是查明案件争议事实的基本手段。

对书证进行司法鉴定必须遵守系统鉴定的原则,充分、全面探究书证各种构成要素与书证真实性这一司法证明目标之间的逻辑联系,从而查明案件争议事实。具体而言,也就是说要从具体案件出发,把书证作为与案件事实相互联系的有机整体,通过把文件系统构成要素和与案件事实有关的其他要素结合起来综合分析,采用各种检验手段,综合判断文件要素之间以及与案件待证事实的相关要素在时间和空间上的分布规律或相互关系,从而鉴别文件的真伪。

以本案为例,不能仅以印文真实、落款部位先打印后盖章即认定书证真实,而应结合正文打印字迹与落款打印字迹的时序关系、印文盖印时间与落款时间是否相符等其他要素,从多个角度对书证进行检验,以准确判明其真实与否,否则极易蒙蔽案件事实真相。同样,当一份材料上加盖的印章真实、朱墨时序关系正常而印文形成时间检验难以有效实施时,基于系统鉴定原则及真实性司法证明目标,何不尝试打印文件是否显示出历时性损伤特点以此推断书证的实际形成时间,进而判明书证的真伪。

2. 书证常见的伪造变造手法以及二次添加打印变造文书的检验要点

(1)书证常见的伪造变造手法。诉讼活动中一方当事人提交的书证,未必一定真实,必须受鉴真规则与辨认规则的验真与辨认。虚假的书证,除了采用纯粹的整体伪造手法(如伪造雕刻一枚对方单位公章、打印机打印纸质钞票、火车票等票据),更多情况下采用变造手法,也即"半真半假"的伪造方式,如本案中利用事先打印好落款单位名称、日期字迹并偷盖好公章的纸质材料,事后基于不法目的而在空白部位添加打印正文字迹内容,以实现书证的变造。此案中落款印文是真的,甚至可能将落款日期就打印为偷盖印章的实际日期,也即印文形成时间也可能是真的,但二次添加打印的正文内容却是虚假的,也即正文系变造形成。

故,简要归纳,书证的变造,是指变造者为了达到某种非法目的,采用擦刮、消退、添写、改写、涂污、挖补、拼接、裁切、换页等一种或多种手法,将真实文书的部分内容加以改变而制成局部虚假的文书,上述多种伪造手段统称"变造"。

(2)二次添加打印变造文书的检验要点。[1] 就本案中的二次打印添加类型的变造文书,认定系二次添加打印形成,通常有以下几方面的依据,或者说应从以下几方面检验入手:真实文字与争议文字的行字迹出现相对倾斜;二者行距可能存在差异;二者左右页边距差异;二者打印机种类或个体特征可能存在差异;二者墨迹色料种类可能存在差异。在具体的案例中,可能出现其一,也可能组合出现。

之所以出现上述差异,源自二次添加打印的手法不同,文书上的痕迹特征表现也不相同。一种特征表现为二次添加打印的共性特征(倾斜度、行距差异、左右页边距差异),其原理是:二次添加打印必然伴随着二次进纸动作,而由于打

[1] 王跃:《添加打印文书检验方法新探》,载《中国司法鉴定》2008 年第 2 期;王跃:《打印变造文书的检验流程及要旨》,载《中国司法鉴定》2012 年第 2 期;王跃:《静电打印/复印文书的周期性转印痕迹检验》,载《中国司法鉴定》2016 年第 4 期;喻彦林、易旻、王跃:《一例易被误判的排版打印特征检验》,载《中国司法鉴定》2011 年第 4 期。

印机进纸、走纸机构故障导致的走纸打滑、机械失效等因素,以及纸张在纸盒中摆放的前后、左右位置以及是否摆放歪斜等因素的影响,必然造成二次添加打印的文字内容不可避免地出现以下共性特征:行字迹横轴线倾斜差异(系走纸歪斜造成)、行距差异(系打印机部件故障阻碍走纸或纸张前后位置摆放误差造成)、左右页边距差异(由于纸张摆放位置偏移或者左右位置误差造成)。另一种特征表现为打印机种类是否相同、是否为同一台打印机、打印机墨水介质(另包括墨粉、色料、色带等)差异的影响,由此表现为添加打印文字内容与其他真实文字内容不是同种类打印机打印形成,或者不是同一台打印机打印形成,或者虽为同种类打印机打印但墨水色料等存在差异。

对是否二次添加打印的认定,应结合上述共性特征以及打印机具有的种属特征、个体特征、黑水色料特征进行综合检验。

3. 鉴定人、专家辅助人出庭申请决定程序

从法理上讲,申请鉴定人、专家辅助人出庭,通常被视为诉讼当事人的一项基本诉讼权利,是实现公正审判与庭审实质化的基本要求。然而,现行立法上并未明确将传唤鉴定人、专家辅助人出庭规定为当事人的基本诉讼权利,实践中当事人仅享有申请权,法院享有决定权。也就是说,鉴定人、专家辅助人是否应当出庭,取决于法官的自由裁量,其裁量依据在于是否有出庭的必要性。不仅如此,法官对出庭必要性审查的严苛程度还存在刑民之别:通常在刑事诉讼中限制更为严格(当事人提出申请,并且人民法院认为有必要),[2]但在民事、行政诉讼中较为宽松(当事人提出申请,或者人民法院认为有必要)。[3]

在以下情况下,当事人可以申请鉴定人出庭,人民法院也可以依职权决定传唤鉴定人出庭作证,常见情形如下:(1)鉴定结论明显存在疑点的;(2)鉴定文书阐释不清或存在明显矛盾的;(3)鉴定意见与其他证据材料相反或存在严重分歧的;(4)存在补充鉴定、重新鉴定等多种鉴定意见情形,且鉴定意见间不一致的情形;(5)鉴定意见所涉问题专业性很强的;(6)鉴定意见对定罪量刑有重大影响的;(7)案件有重大社会影响的;(8)当事人对鉴定结论有异议、人民法院已决定鉴定人出庭的。[4] 鉴定人出庭作证应当作为一般原则,而不出庭作证仅能作为例外,鉴定人可以不出庭的例外情形如因重病、身体不便、交通不便、身处异

[2] 《刑事诉讼法》第187条、第192条。

[3] 《民事诉讼法》第78条、第79条。

[4] 王跃:《对质权如何适用于科学证据——Williams v. Illinois 判例及启示》,载《现代法学》2014年第4期。

国等客观原因而短期无法出庭,此时鉴定人可通过视频等方式作证。

专家辅助人出庭以面对面质疑鉴定人及其鉴定意见为诉讼目标,因此,如果专家辅助人出庭,则鉴定人通常必须出庭。而对于专家辅助人出庭必要性的审查,可参照前述鉴定人出庭必要性情形。也就是说,在符合鉴定人必须出庭的情况下,只要当事人对鉴定结论有异议而申请专家辅助人出庭,或者对方也申请了专家辅助人出庭并且法院已经同意的,则法院应当同意当事人要求传唤专家辅助人出庭的申请。

按照最高人民法院《关于适用〈中华人民共和国刑事诉讼法〉的解释》(以下简称《刑诉法司法解释》),法院除了审查出庭必要性,往往还要求当事人在申请时附具理由,[5]实践中这一规定往往成为法院限制当事人行使专家辅助权的潜在手段,如以"理由不充分""未提交质证意见""质证意见不详细"等而不同意传唤专家辅助人出庭。对此,笔者认为,在当事人申请专家辅助人出庭的请求尚未批准、当事人尚未获得专家辅助的审前阶段,要求当事人提供比较详细的申请理由或对鉴定意见的质证意见,这对外行的当事人甚至律师都是高难度挑战。因此,法院对当事人要求专家辅助人出庭的申请理由审查应尽量形式化,要求详述理由的责任不应当加之于申请人,相反,法院拒绝当事人申请则应充分说明理由。同样,向法院提出专家辅助人出庭申请时,也不应当要求当事人提交专家辅助人详细的质证意见,而只需提交专家意见的大致异议即可。主要原因在于,如果提交详尽的专家质证意见,就会提前泄露有关发问内容、质证策略等,会降低质证效果。

总之,在当前以审判为中心的诉讼制度改革背景下,为实现程序公正与实体正义,对当事人要求鉴定人、专家辅助人出庭的申请,法院审查应尽量形式化、宽松化,[6]只要当事人提出鉴定人、专家辅助人出庭的申请,人民法院原则上应当同意,这也是对抗式庭审改革的内在要求。

4.鉴定人、专家辅助人同时出庭情形下的庭审质证程序与询问规则

(1)庭审质证程序。撇开庭审质证前的准备程序不言,单就庭审询问程序而言,相关司法解释规定,通常由申请鉴定人出庭的一方先问,再由各方询问;但在实践中,不少庭审询问事实是就是英美式典型的交叉询问顺序,如在刑事庭审中,鉴定人若为侦查机关的鉴定人,则由检察官先进行主询问(examination in -

---

〔5〕 最高人民法院《关于适用〈中华人民共和国刑事诉讼法〉的解释》第217条。

〔6〕 沈德咏:《论以审判为中心的诉讼制度改革》,载《中国法学》2015年第3期。

chief)，再由被告方反询问(cross - examination)。但无论何种方式，法官都有询问权以及庭审指挥权，英美法系、大陆法系概莫能外，只不过两大法系下庭审询问中法官职权强弱不同。以下是两类常见的庭审询问顺序(以刑事庭审为例)：[7]

规范做法1：典型交叉询问方式(假定专家辅助人为辩方聘请，参考附件之3)：其一，核实鉴定人、专家辅助人身份，如实作证声明；其二，公诉人向鉴定人发问(主询问)；其三，专家辅助人向鉴定人发问(反询问)；其四，公诉人向鉴定人补充性发问(再主询问)；其五，专家辅助人向鉴定人补充性发问(再反询问)；其六，鉴定人总结性陈述；其七，专家辅助人总结性陈述(鉴定人、专家辅助人签字退庭)

规范做法2：非典型交叉询问方式(假定专家辅助人为辩方聘请)：其一，核实鉴定人、专家辅助人身份，如实作证声明；其二，专家辅助人向鉴定人发问；其三，公诉人向鉴定人发问；其四，专家辅助人向鉴定人补充性发问；其五，公诉人向鉴定人补充性发问；其六，专家辅助人总结性陈述；其七，鉴定人总结性陈述(鉴定人、专家辅助人签字退庭)

上述做法1、2代表了比较规范的质证程序，其主要特点为：将专家辅助人定位于控辩双方各自的技术辅助人，其职能主要在于辅助当事人，因此，专家辅助人能够对鉴定人进行面对面的询问、质疑，专家辅助人沦为"被审对象"的现象得以避免，专家辅助人与鉴定人之间也不用相互回避，质证效果好。

实践中存在某些不规范、甚至是错误的庭审质证程序，[8]即将鉴定人、专家辅助人分别过堂，专家辅助人与鉴定人无法在庭审中面对面交锋，而是由诉讼当事人、法官轮番对鉴定人、专家辅助人进行询问，专家辅助人被客体化而非询问主体，这是极其错误的，是对立法精神的错误解读，很难发挥专家辅助人制度的积极功效，今后应当尽量避免此种现象。

不规范做法1("浙江案"，鉴定人、专家辅助人同时出庭)：其一，鉴定人、专家辅助人身份核实与如实作证声明；其二，控辩双方询问鉴定人；其三，专家辅助人发表质证意见；其四，控辩双方询问专家辅助人；其五，鉴定人询问专家辅助人并作补充说明；其六，法官对鉴定人、专家辅助人进行补充发问；其七，鉴定人总结性陈述；其八，专家辅助人总结性陈述；其九，控方就鉴定意见、专家辅助人意见发表总结陈词；其十，辩方就鉴定意见、专家辅助人意见发表总结陈词。

---

〔7〕 王跃：《刑事诉讼中的鉴定意见质证制度研究》，西南政法大学2016年博士学位论文。

〔8〕 胡铭：《鉴定人出庭与专家辅助人角色定位之实证研究》，载《法学研究》2014年第4期。

不规范做法2(“黄山案”,专家辅助人出庭,鉴定人未出庭):其一,专家辅助人向法庭递交书面质证意见并口头阐述主要观点;其二,辩护律师(委托方律师)向专家辅助人发问;其三,公诉人向专家辅助人发问。

(2)庭审询问规则。在诉讼双方、代理律师、鉴定人、专家辅助人、法官多元主体参与的鉴定意见质证程序中,除了合理安排询问程序,还应设置相应的庭审询问规则,以防止庭审询问无序,影响诉讼效率与发现真实目标。依据国内外普遍实践以及笔者长期出庭观察,我国的庭审询问并无系统规则,或散见于相关司法解释,或在实践中通行,常见询问规则如下:

第一,问答规则。通常有“一问一答”或“始末连续陈述”两种,而以“一问一答”形式最适合于对鉴定人的询问。“始末连续陈述”更适合于普通事实证人,而不太适合于对鉴定人的询问。

第二,禁止诱导性询问规则。诱导性询问,是指“暗含询问者想要的答案的问题”。[9] 交叉询问规则中最为重要的是诱导性询问规则,一般而言,主询问中不允许提出诱导性问题,但反询问中可以提出诱导性问题。禁止诱导性询问主要针对主询问一方以诱导方式询问己方证人,而且主要针对就案件事实问题的发问,其目的是确保证人自由如实陈述,防止证人被询问人误导而作出虚假陈述;而反询问中允许提出诱导性问题,是因为询问者与被询问证人分属对立阵营,通过诱导性提问,可以有效地质疑和攻击对方专家证言的不可靠性,从而促进案件事实真相的发现。无论是在英美法还是大陆法的询问程序中,诱导性询问都是一项重要的询问规则。然而,对于鉴定人或专家证人而言,无论是在主询问还是反询问中,通常都允许对其提出诱导性问题,这是因为鉴定人或专家证人不同于普通事实证人,他并不就案件目击事实发表证言,而仅就案件专门性技术问题发表意见;加之其专家而非外行证人的身份属性,他应当清楚理解询问人提问的真正意思;同时,专家良好的职业操守也并不易使一个严谨客观的专家证人因询问人的诱导性发问而故意作出虚假陈述,否则容易在对方专家证人犀利的盘问下丢尽颜面,这是得不偿失的。因此,对专家证人或鉴定人进行诱导性询问,与对普通事实证人进行诱导性询问的风险完全不同。

根据《刑诉法司法解释》第213条的规定,一律禁止诱导性询问,但法条并未界定何为诱导性询问,因此庭审质证中一方面取决于询问人、被询问人如何利

---

〔9〕 [美]约翰·W.斯特龙主编:《麦考密克论证据》,汤维建等译,中国政法大学出版社2003年版,第47~49页。

用或规避禁止诱导性询问规则，另一方面取决于法官的自由裁量。

第三，意见排除规则。我国现行《民事诉讼法》《刑事诉讼法》将“鉴定结论”的证据表述修改为“鉴定意见”，这表明鉴定意见仅是鉴定人基于检验所获得的数据、结果并进行推论而形成的专家个人意见，明确了鉴定意见的言词证据属性。

鉴定意见证据的意见证言属性，表明鉴定人较之于普通事实证人具有较多的意见表达与评价自由，因此鉴定人就检验方法原理、操作程序、检验结果等对于案件事实的证明价值进行评价，其并不属于意见禁止范畴，因而也不违背询问规则。但鉴定人的意见表达自由也会受到一定限制，鉴定人不应就被告人是否构成被指控犯罪构成要件或者刑事责任能力等法律问题发表意见，也不得就某些本属法官职权判断范围内的争点进行法律评价，这一限制虽未被法律及相关司法解释明确规定，但笔者认为，这应当是鉴定人、专家辅助人应当知晓并理解的基本法律常识，故在法庭询问中应当遵守此项规则。

第四，相关性规则。就询问鉴定人而言，询问是否相关，每个人可能有不同的理解角度或看法，因此询问的相关性难以形成完整的技术规则，故相关性判断通常属于法官的自由裁量权范围内。笔者认为，就相关性规则而言，“相关的询问应当助益于鉴定意见与案件待证事实之间的司法证明过程”，因此，无助于司法证明并查明案件事实的询问可界定为无关询问。《刑诉法司法解释》第213条规定“发问的内容应当与本案事实有关”，指的就是发问内容应与案件争议事实的证明相关，或者说有助于查清案件争议事实的发问才具有相关性。

第五，询问鉴定人、专家辅助人时不得有威胁其人身安全、损害其人格尊严的言行。

上述五项询问规则是我国庭审询问的主要规则，违反上述规则即可形成我国《刑诉法司法解释》中统称的“不当询问”或“无关询问”，但是我国《刑诉法司法解释》第214条的“发问方式不当”并未进行界定或列举，导致其含义不明，故实践中也由诉讼各方自由利用、法官自由裁判。依据笔者的出庭经验并参考国内外研究文献，庭审中的“不当询问”或“无关询问”通常表现为以下具体情形，[10] 例如，欠缺关联性的提问；欠缺重要性的提问；涉及法律评价的提问；不当诱导性发问；容易混淆、误导争点以及意思含混不清而难以理解的提问；复合性提问；重复提问；不当弹劾专家可信性的提问等。

诉讼一方对鉴定人进行交叉询问时，另一方如遇上述不当询问或无关询问，

---

〔10〕 王国忠：《刑事诉讼交叉询问之研究》，中国政法大学2006年博士论文。

应向审判长适时声明异议，否则，该不当询问的瑕疵则视为治愈。

5. 对鉴定意见的审查与认定

对鉴定意见的审查与认定，《刑诉法司法解释》第 84 ~ 87 条作了详细的规定，主要规定了庭审中法官对鉴定意见的审查内容以及不得作为定案根据的情形（鉴定意见的强制排除规则）。在以审判为中心的诉讼制度改革背景下，侦查取证、公诉审查以及对鉴定意见的庭审质证，都应围绕司法解释对鉴定意见的审查与认定规则进行，而鉴定意见的强制排除规则不仅是排除不适格鉴定意见的依据，也是法官对补充鉴定、重新鉴定进行程序裁量的直接依据。

依据《刑诉法司法解释》对鉴定意见审查与认定的相关规定，庭审询问内容应围绕上述规定进行，因此从某种意义上讲，鉴定意见审查内容也就是庭审质证中询问的主要内容，但就个案而言，因询问人的水平、技巧策略不同以及个案存在差异，其询问内容多寡、询问顺序安排、询问的实际效果各有不同。通常而言，英美法系下对专家证人进行交叉询问，通常涉及专家证人资格及其可信性、专家意见方法原理的可靠性、物证来源可靠性、专家意见的基础是否可靠、鉴定过程有无质量控制程序、是否存在影响专家意见的偏见因素、专家意见是否超出专家的资格能力范畴等。[11] 换言之，其询问内容与顺序安排通常由质疑对方专家证人的资格与可信性开始，再质疑专家证言方法原理的可靠性，最后质疑专家意见的准确性。但大陆法系的辩护律师可能更习惯于从鉴定意见的证据能力与证明力各个击破，或者从证据的三大基本属性入手，质疑鉴定意见证据与案件事实间的相关性、从鉴定对象（如物证的来源）质疑鉴定意见的合法性，从其方法原理、检验过程等入手质疑鉴定意见的客观性（可靠性与准确性）；也有学者以其他方式质证鉴定意见证据，如将质疑问题分为技术问题与法律问题，从技术与法律两方面进行发问。[12] 上述实践中的询问内容与顺序安排，亦难以评价孰优孰劣，这取决于不同法系的证据法传统以及询问者自身对证据法基本原理与实践的理解与掌握。

6. 庭审质证结束后法官对补充鉴定、重新鉴定的程序性裁判

庭审质证结束后，根据诉讼双方、鉴定人、专家辅助人的质证意见以及法官的心证结果，法官应视情况决定鉴定意见是否可以采信，是否应当启动补充鉴定

---

〔11〕 Wes R. Porter, Expert witnesses: criminal cases, Thomson West , 2014, para 6:13.

〔12〕 张斌：《科学证据采信基本原理研究》，中国政法大学出版社 2012 年版。

或重新鉴定程序。《司法鉴定程序通则》吸纳了《刑诉法司法解释》第84~87条相关规定并进行了细化,确立了补充鉴定、重新鉴定的启动条件。

(1)补充鉴定。《司法鉴定程序通则》第30条对补充鉴定规定如下:“有下列情形之一的,司法鉴定机构可以根据委托人的要求进行补充鉴定:(一)原委托鉴定事项有遗漏的;(二)委托人就原委托鉴定事项提供新的鉴定材料的;(三)其他需要补充鉴定的情形。补充鉴定是原委托鉴定的组成部分,应当由原司法鉴定人进行。”

需要特别说明的是,补充鉴定应当在原鉴定机构、由原鉴定人进行,可以新增鉴定人。另外,其他需要补充鉴定的情形,事实上就是由法官依据《刑诉法司法解释》第84~87条相关规定并结合案件具体情况自由裁量的情形。

(2)重新鉴定。《司法鉴定程序通则》第31条、第32条对重新鉴定作出规定。

该通则第31条规定:“有下列情形之一的,司法鉴定机构可以接受办案机关委托进行重新鉴定:(一)原司法鉴定人不具有从事委托鉴定事项执业资格的;(二)原司法鉴定机构超出登记的业务范围组织鉴定的;(三)原司法鉴定人应当回避没有回避的;(四)办案机关认为需要重新鉴定的;(五)法律规定的其他情形。”

该通则第32条规定:“重新鉴定应当委托原司法鉴定机构以外的其他司法鉴定机构进行;因特殊原因,委托人也可以委托原司法鉴定机构进行,但原司法鉴定机构应当指定原司法鉴定人以外的其他符合条件的司法鉴定人进行。接受重新鉴定委托的司法鉴定机构的资质条件应当不低于原司法鉴定机构,进行重新鉴定的司法鉴定人中应当至少有一名具有相关专业高级专业技术职称。”

需要特别说明的是,重新鉴定情形实际上为《刑诉法司法解释》第85条有关原鉴定意见强制排除情形下需要重新鉴定的情形,多为完全无证据能力或证明力不足的鉴定意见所致。另外,为了防止反复重新鉴定,提高司法鉴定意见的权威性与公信力,对鉴定机构、鉴定人的资质、职称等级作出了更高的规定;而且规定通常情况下不得在原鉴定机构、由原鉴定人再次实施重新鉴定,其主要目的是防止鉴定机构及鉴定人将错就错、死不认错地维护初次鉴定的错误意见。

7. 裁判说理制度

无论是针对鉴定意见采信与否的裁判,还是针对质证过程中有关补充鉴定、重新鉴定的程序性裁判,一项裁判都需要经过推理(reasoning of judicial decisions),也即裁判说理。裁判说理有助于诉讼当事人知晓法庭有关证据审查的内容,因而更乐意服判息诉;另外,这也促使法院将其理由建立于客观的争辩之上,进而保护辩方的权利。然而,裁判说理义务的具体内容却是随着具体案件中裁判种类属性而变化,因而必须根据具体案件情况进行决定。虽然法庭并无义务对任何提起的争点都给出详细的回答,但是涉及案件主要争点的裁判理由必须得到清晰的说明。

裁判说理原则,也被明确规定于中共中央《关于全面推进依法治国若干重大问题的决定》以及最高人民法院《关于全面深化人民法院改革的意见——人民法院第四个五年改革纲要》之中,[13]这对遏制司法实践中普遍存在的恣意裁判、枉法裁判具有极强的现实意义。尤其是对于鉴定意见质证而言,法官对鉴定人是否应当出庭、被告人聘请专家辅助人的请求是否应当被批准、补充鉴定及重新鉴定的申请是否被准许、鉴定意见采纳或排除的决定等裁判事项,法官具有完全的决定权,并且几乎不告知裁判理由,也很少提供法律救济,这些都不断刺激着公众对司法公正的敏感神经,使司法鉴定制度以及质证制度不具备公正性几乎成为公众的普遍性看法。在此情况下,为防止法官裁量权滥用以及庭审质证沦为法律仪式,促进庭审实质化,有关鉴定意见质证过程的程序性裁判及实体裁判均应当进行必要的说理。也就是说,所有的裁判结果都应当是法庭质证后形成的、具有内在逻辑关系的必然结果,[14]这就是裁判说理制度。[15]

8. 模拟庭审质证活动

本案中涉及书证的鉴定意见质证,有诉讼当事人、代理律师、鉴定人、专家辅助人、法官等多元质证主体参与,在模拟庭审环节,同学们可以自主扮演鉴定人、专家辅助人、侦查取证人员、律师、检察官、法官等主要角色,依据不同角色本身的诉讼功能,通过参加庭审,达到熟悉鉴定意见质证的庭审程序、询问规则、询问内容以及质证技巧等教学目标。

---

〔13〕《中共中央关于全面推进依法治国若干重大问题的决定》之“四(四)”:“加强法律文书释法说理。”最高人民法院《关于全面深化人民法院改革的意见——人民法院第四个五年改革纲要(2014—2018)》之“三”:“34. 推动裁判文书说理改革。”

〔14〕贺小荣:《依法治国背景下的司法改革的路径选择》,载《人民法院报》2014 年 10 月 31 日,第 5 版。

〔15〕关于说理制度,本文赞同胡云腾观点,司法裁判中的说理包括“裁判文书说理”与“裁判活动说理”,这就能够把程序性裁判与实体性裁判一并纳入。参见胡云腾:《论裁判文书说理与裁判活动说理》,载中国法院网:http://old. chinacourt. org/html/article/201108/10/460873. shtml,最后访问日期:2014 年 11 月 15 日。

预期效果

通过本教学案例,使学生熟悉鉴定意见的质证程序以及书证、鉴定意见证据的审查规则,并从律师、鉴定人、专家辅助人、侦查人员、检察官、法官等不同诉讼角色角度,了解各诉讼主体所需的职业技能与专业知识,为在校期间完成法学相关知识储备、技能训练奠定基础,以期将来能够驾轻就熟地从事法律实务工作。

具体而言,通过本教学案例,预期达到以下效果:第一,熟悉书证、鉴定意见证据的审查与认定规则,能够大致看懂鉴定书并发现其错误或瑕疵;第二,了解文书鉴定的一般原理以及文书伪造变造的常见手法,懂得针对个案中不同形式的书证合理设定有针对性、有助于真相探究的鉴定委托事项;第三,作为律师,能够有理有据地及时申请鉴定人、专家辅助人出庭作证,能够撰写针对鉴定意见的书面质证意见,能够撰写补充鉴定、重新鉴定申请书并附具充分理由;第四,作为律师及其专家辅助人,熟悉针对鉴定意见的庭审程序,并在审前准备程序阶段熟悉庭前准备内容,两者相互配合,共同设定交叉询问策略、准备询问大纲、预测问题与回答以及庭审中的灵活应变以及 PPT 演示稿、电脑、投影仪、激光笔等软硬件的准备,上述工作同样适用于鉴定人、公诉人庭审前的准备;第五,作为庭审法官,熟悉庭审程序安排以及询问规则,熟练行使法官对庭审程序的控制与指挥权;第六,作为法官,在作出实体性裁判或程序性裁判时应充分说理。

教学计划

本案例可以作为专门的实务案例教学课来进行,整个案例课的课堂安排 6 个课时,每课时 45 分钟。

如下课堂设计,仅供参考。

1. 课前计划:授课老师应为学生实施模拟庭审创造必要的物质、设备条件,如使用模拟法庭、司法鉴定中心设备、司法鉴定中心专家咨询等。

人员分工:按照模拟庭审的要求,由全体学生分组,分别扮演诉讼双方代理鉴定人、专家辅助人、律师、检察官、法官,如果条件许可,也可邀请班级之外的学生担任人民陪审员、旁听人员,以客观公允地评价庭审质证效果。

各组选定负责人,成员之间协同工作,正式模拟庭审中代表出庭。

鉴定书的选择:可到西南政法大学司法鉴定中心调取真实鉴定档案作为模拟庭审的质证对象;如果学生中有熟悉鉴定专业知识的刑事科学技术专业学生

或物证技术方向的研究生，也可以选择真实的鉴定材料，由学生自主完成鉴定工作，以此鉴定报告作为模拟庭审的质证对象。

诉讼利益相冲突的主体之间（如法官与律师之间、原被告律师之间、鉴定人与专家辅助人之间）不得相互沟通、私下打听有关庭审程序、设问与回答内容、诉讼策略等方面的信息。

安排学生自行阅读案例及相关参考文献，对案例所涉及问题进行思考，撰写实践题答案。

2. 课中计划：(1)介绍教学目的，明确课程教学主题与教学目标；(2)分组讨论，回答各项思考题，讨论实践题的撰写要点；(3)小组代表提出撰写要点，学生讨论和分析；(4)授课教师对模拟庭审、思考题、实践题进行点评或归纳总结。

3. 课后计划：布置类似的案例，或者稍稍加大难度系数的案例，让学生独立评价鉴定报告、撰写质证意见及询问大纲、独立判断鉴定意见是否可采、是否应当启动补充鉴定或重新鉴定、合理提出鉴定委托事项等。

思考题和实践题

1. 思考题

(1)何种情形下鉴定人、专家辅助人应当出庭？

(2)鉴定人不出庭的合法例外情形有哪些？有无替代措施？

(3)专家辅助人制度有何种积极的诉讼价值？

(4)庭审中鉴定意见质证的一般程序。

(5)庭审询问规则有哪些？

(6)简要阐述鉴定人、专家辅助人出庭质证的规范操作程序。

(7)简要阐述对书证、鉴定意见证据的审查与认定规则。

(8)简要阐述实物证据的辨认与鉴真规则。

(9)简要阐述补充鉴定、重新鉴定的申请条件。

(10)简要阐述书证的系统鉴定原则。

(11)简要阐述书证伪造、变造的基本手法。

(12)认定计算打印文书是否存在伪造变造，其主要的检验依据有哪些？

(13)书证材料上签名、指印、印文真实，该书证是否一定整体真实并可采为定案根据？

2. 实践题

(1)假设你作为专家辅助人出庭，请撰写一份《专家辅助人质证意见书》。

(2)假设你作为鉴定异议方的代理律师，你如何与你方聘请的专家辅助人进行庭审前的沟通协作？

(3)假如诉讼双方以及鉴定人、专家辅助人之间对鉴定意见争议较大,如果你是本案主审法官,对鉴定意见是否采信、是否启动补充鉴定/重新鉴定程序,你作出决定的理由和依据是什么?

参考文献

1. 陈瑞华:《实物证据的鉴真问题》,载《法学研究》2011 年第 5 期。
2. 王跃:《添加打印文书检验方法新探》,载《中国司法鉴定》2008 年第 2 期。
3. 王跃:《打印变造文书的检验流程及要旨》,载《中国司法鉴定》2012 年第 2 期。
4. 王跃:《静电打印/复印文书的周期性转印痕迹检验》,载《中国司法鉴定》2016 年第 4 期。
5. 喻彦林、易旻、王跃:《一例易被误判的排版打印特征检验》,载《中国司法鉴定》2011 年第 4 期。
6. 王跃:《对质权如何适用于科学证据——Williams v. Illinois 判例及启示》,载《现代法学》2014 年第 4 期,第 192 ~ 193 页。
7. 王跃:《刑事诉讼中的鉴定意见质证制度研究》,西南政法大学 2006 年博士学位论文。
8. 沈德咏:《论以审判为中心的诉讼制度改革》,载《中国法学》2015 年第 3 期。
9. 胡铭:《鉴定人出庭与专家辅助人角色定位之实证研究》,载《法学研究》2014 年第 4 期。
10. [美]约翰 · W. 斯特龙主编:《麦考密克论证据》,汤维建等译,中国政法大学出版社 2003 年版。
11. 王进喜:《美国〈联邦证据规则〉(2011 年重塑版)条解》,中国法制出版社 2012 年版。
12. 王国忠:《刑事诉讼交叉询问之研究》,中国政法大学 2006 年博士学位论文。
13. 张斌:《科学证据采信基本原理研究》,中国政法大学出版社 2012 年版。
14. 贺小荣:《依法治国背景下的司法改革的路径选择》,载《人民法院报》2014 年 10 月 31 日,第 5 版。
15. 胡云腾:《论裁判文书说理与裁判活动说理》,载中国法院网:http://old. chinacourt. org/html/article/201108/10/460873. shtml,最后访问日期:2016 年 11 月 5 日访问。
16. Wes R. Porter, Expert witnesses: criminal cases, Thomson West , 2014, para 6:13.

附录

附录 1　本教学案例的鉴定书、检验图片及检材等

××× 司法鉴定中心

司法鉴定意见书

××××××司法鉴定中心[2016]文鉴字第×××号

一、基本情况

委 托 人:××省×××市中级人民法院

鉴定材料:

检材:

1. 落款时间为"2008 年 3 月 20 日"的《欠款确认书》原件一份,以下简称为 JC1。

2. 落款时间为"2008 年 5 月 13 日"的《承诺书》原件一份,以下简称为 JC2。

3. 落款时间为"2008 年 4 月 7 日"的《抵押还款函》原件一份,以下简称为 JC3。

印文样本:

1. 落款时间为"2008 年 7 月 9 日"函原件一份,简称为 YB1。

2. 落款时间为"2008 年 7 月 2 日"法律事务委托合同原件一份,简称为 YB2.

受理日期:2015 年 12 月 15 日

鉴定事项:

1. 三份检材上的"海南宏建房地产开发有限公司"印文与送检的两份同名样本印文是否为同一枚印章盖印形成。

2. 三份检材上的文字内容与盖章形成的先后顺序。

鉴定日期:2015 年 12 月 15 日至 2016 年 1 月 30 日

鉴定地点:××××司法鉴定中心

二、检案摘要

委托人因案件审理需要,特委托本中心对上述专门性问题进行司法鉴定。

三、检验过程及分析说明

(一)印文检验

JC1、JC2、JC3 落款位置处加盖有"海南宏建房地产开发有限公司"印文三枚,盖印清晰完整,特征明确,具备鉴定条件。

YB1、YB2 上的"海南宏建房地产开发有限公司"印文总体盖印清晰,经比较,其各方面图文特征相同,是同一枚印章所盖,具备比较条件。

对上述检材印文与样本文,采用观察法、内容核对法、测量法、图像比较法进行检验,

两者大小、形态、图文结构、图文排列方式、图文间距、字间距、字体、字形、字号等特征一致,相同单字细节特征相同,如"建"字、"地"字、"开"字、"有"字、"限"字、"公"字、"司"字等字的搭配比例、笔画间相互位置、笔画转折与笔画起末端形态等特征相同,单字、线条、数字个体特征未出现本质性差异。(见附件《印文特征比对表》)

基于上述检验结果,检材印文与样本印文存在足够数量的符合特征,且没有本质的差异特征,检材印文与样本印文间相同特征反映于各个方面,数量多且为独特稳定的细节特征,其总体反映了同一枚印章印面结构特有的图文属性。

(二)朱墨时序检验

检材印文与同部位打印字迹均有多处笔画交叉重叠,且交叉重叠部位未检见人为处理及异常痕迹,具备朱墨时序的鉴定条件。

运用3DM2000型三维立体显微镜对检材印文与同部位打印字迹交叉重叠部位进行检验,结果显示:JC1、JC2打印字迹为激光打印形成,JC3打印字迹为喷墨打印,检材手写字迹均为签字笔字迹,印文均为红色印油所盖。

显微镜下观察,JC1落款部位手写字迹与印文未发生交叉重叠,落款部位打印字迹与印章印文有多处交叉重叠,经显微检验,交叉部位的打印字迹笔画墨粉表面检见红色印油附着,层次关系明显,呈现出先字后印的时序特点。

JC2印文与落款部位手写字迹、打印字迹均存在交叉重叠,经显微检验,交叉部位的打印字迹、手写字迹笔画墨粉表面均检见红色印油附着,层次关系明显,呈现出先字后印的时序特点。

JC3落款部位手写字迹、打印字迹与印文均存在交叉重叠,经显微检验,落款部位打印字迹为喷墨打印形成,其交叉部位的打印字迹、手写字迹笔画表面均检见红色印油附着,层次关系明显,呈现出先字后印的时序特点(见《图片说明1、2、3》)。

基于上述检验结果,检材1、2、3落款部位印文均形成于同部位字迹之后。

四、鉴定意见

1. 落款日期为"2008年3月20日"《欠款确认书》、"2008年5月13日"的《承诺书》、"2008年4月7日"的《抵押还款函》上的"海南宏建房地产开发有限公司"印文与送检样本印文是同一枚印章盖印形成。

2. 落款日期为"2008年3月20日"《欠款确认书》、"2008年5月13日"的《承诺书》、"2008年4月7日"的《抵押还款函》上印文均形成于同部位打印字迹、手写字迹之后。

司法鉴定人签名或者盖章　×××(×××)

《司法鉴定人执业证》证号:××××××××××

司法鉴定人签名或者盖章　××××(××××)

《司法鉴定人执业证》证号:××××××××××

司法鉴定人签名或者盖章　××××(×××)

《司法鉴定人执业证》证号：××××××××××××

××××年××月××日

本鉴定参照 SF/Z JD0201003—2010《印章印文鉴定规范》、SF/Z JD0201007—2010《朱墨时序鉴定规范》实施鉴定。

附件：

《印文特征比对表》；图片说明 1、2、3；检材 1、2、3 扫描件。

附件

印章印文特征比对表

案件编号：

检材印文	样本印文
 JC1	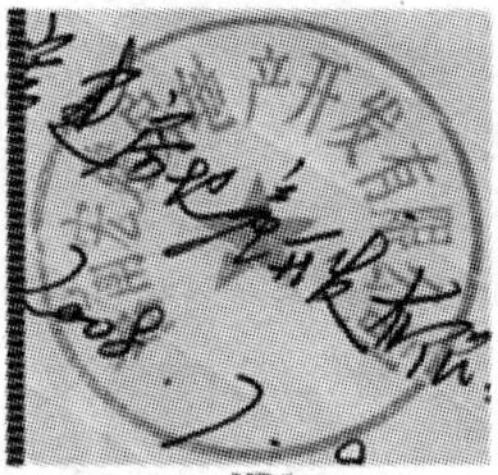 YB1
 JC2	 YB2
 JC3	

编号：FSC07-RF-86-3　记录格式发布日期：2012-04-01　制作人：　　第　页，共　页

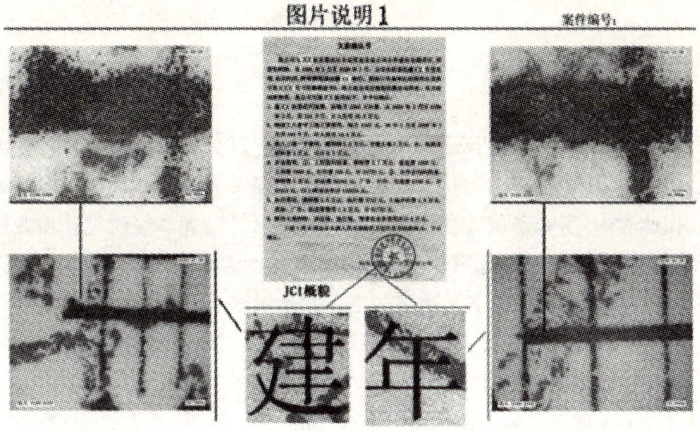
图片说明1
案件编号：
JC1概貌
建
年

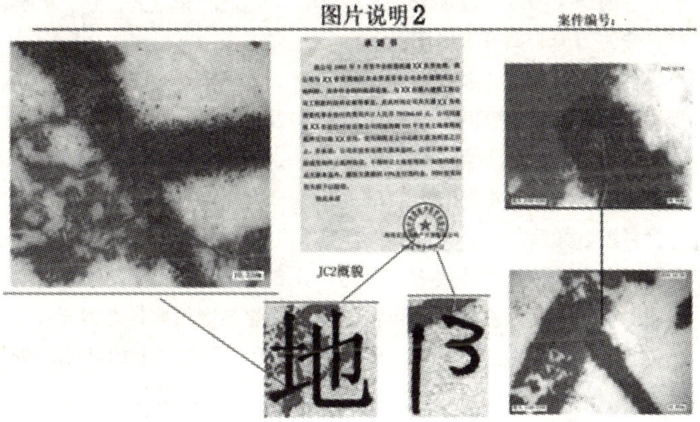
图片说明2
案件编号：
JC2概貌
地

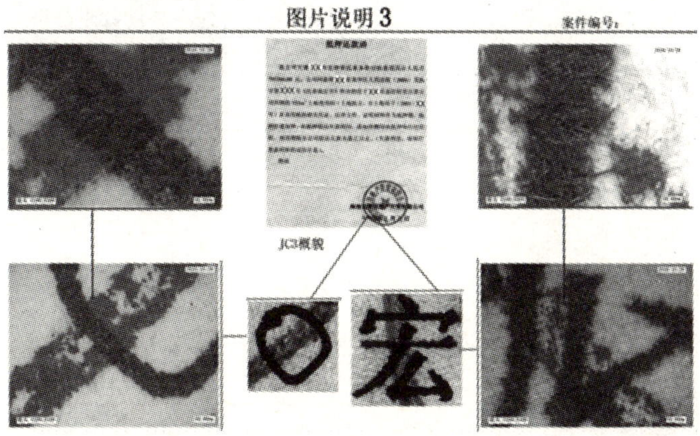
图片说明3
案件编号：
JC3概貌
宏

欠款确认书

检材 1

我公司与XX省贫困地区农业贸易实业公司合作建住宅楼项目，因发生纠纷，从1995年5月至2008年3月，公司全权委托潘XX负责处理，在此时间，所有费用均由潘XX垫付。现XX市龙华区法院作出龙执字第XXX号《民事裁定书》，将土地及项目抵偿给我公司所有。双方经结算费用，我公司欠潘XX款项如下，并予以确认：

1. 潘XX的委托代理费，按每月2000元计算，从1995年5月至2008年3月，共154个月，计人民币30.8万元。
2. 聘请工人看守工地工资费用，每月1000元，96年3月至2008年3月共144个月，计人民币14.4万元。
3. 投入三通一平费用，建围墙2.5万元。平整土地2万元，水、电装及材料费4万元，共计8.5万元。
4. 诉讼费用：①、工程款纠纷案、律师费2.1万元，鉴定费1500元、上诉费1900元、打印费320元，计24720元。②、合作合同纠纷案，律师费5万元，诉讼费36184元，广告、打印、交通费5100元，计91914元。以上两项合作计116634元。
5. 执行费用、律师费2.5万元，执行费3732元，土地评估费1.8万元，查封、广告、拍卖等费用1.5万元，计61732元。
6. 解决土地纠纷、诉讼案、执行案、等事宜业务费用共计8万元。

上述1至6项总计欠款人民币柒拾玖万伍仟叁百陆拾陆元，予以确认。

海南宏建房地产开发有限公司

2008年3月20日

检材 2

承诺书

我公司 1995 年 5 月至今全权委托潘 XX 负责处理，我公司与 XX 省贫困地区农业贸易实业公司合作建楼项目土地纠纷，及合作合同纠纷诉讼案，与 XX 市第六建筑工程公司工程款纠纷诉讼案等事宜，在此时间公司共欠潘 XX 为处理委托事务垫付的费用共计人民币 795366.00 元，公司同意将 XX 市盐灶村省百货公司用地西侧 555 平方米土地使用权抵押交付潘 XX 使用，使用期限至公司还清欠款及利息之日止。并承诺：公司在没有还清欠款本息时，公司不得单方解除或变相终止抵押协议，不得转让土地使用权。如违约除归还欠款本息外，愿按欠款额的 15%支付违约金，同时按实际损失额予以赔偿。

特此承诺

海南宏建房地产开发有限公司

2008 年 5 月 13 日

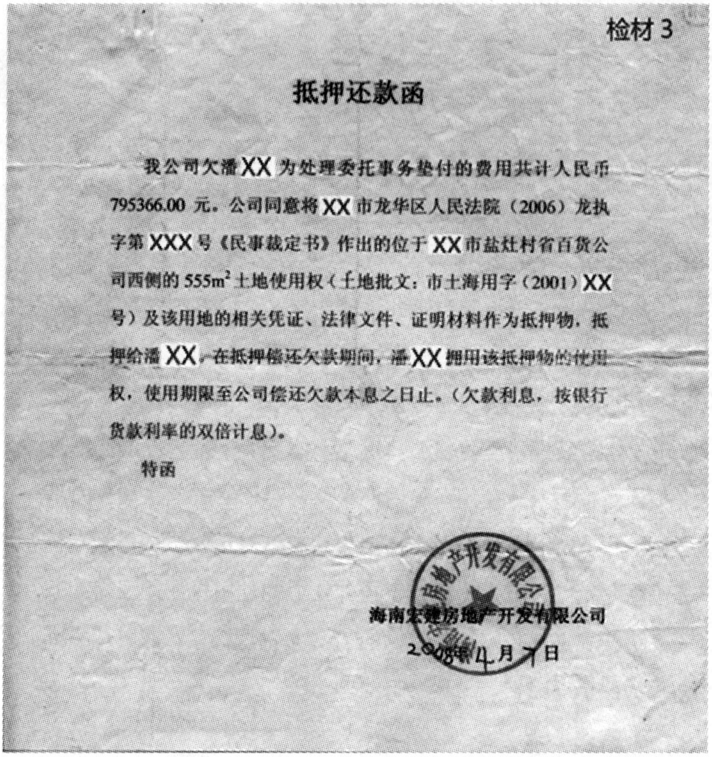
检材3

抵押还款函

我公司欠潘XX为处理委托事务垫付的费用共计人民币795366.00元。公司同意将XX市龙华区人民法院（2006）龙执字第XXX号《民事裁定书》作出的位于XX市盐灶村省百货公司西侧的$555m^2$土地使用权（土地批文：市土海用字（2001）XX号）及该用地的相关凭证、法律文件、证明材料作为抵押物，抵押给潘XX，在抵押偿还欠款期间，潘XX拥用该抵押物的使用权，使用期限至公司偿还欠款本息之日止。（欠款利息，按银行贷款利率的双倍计息）。

特函

海南宏建房地产开发有限公司

2008年1月7日

附录2　专家辅助人质证意见中所附检验图片

图片说明1

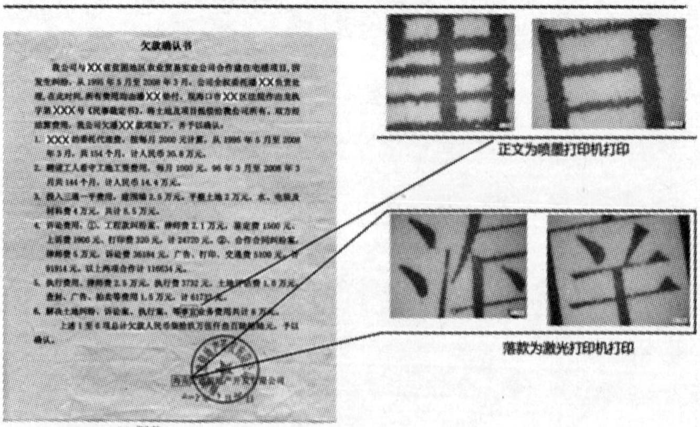

JC1概貌

图片说明 2

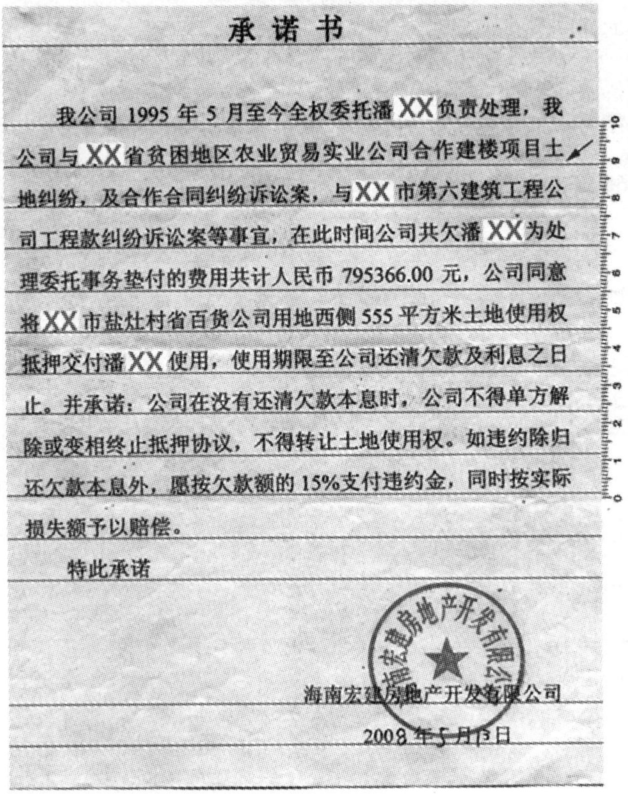

承诺书

我公司 1995 年 5 月至今全权委托潘XX负责处理，我公司与XX省贫困地区农业贸易实业公司合作建楼项目土地纠纷，及合作合同纠纷诉讼案，与XX市第六建筑工程公司工程款纠纷诉讼案等事宜，在此时间公司共欠潘XX为处理委托事务垫付的费用共计人民币 795366.00 元，公司同意将XX市盐灶村省百货公司用地西侧 555 平方米土地使用权抵押交付潘XX使用，使用期限至公司还清欠款及利息之日止。并承诺：公司在没有还清欠款本息时，公司不得单方解除或变相终止抵押协议，不得转让土地使用权。如违约除归还欠款本息外，愿按欠款额的 15%支付违约金，同时按实际损失额予以赔偿。

特此承诺

海南宏建房地产开发有限公司

2008 年 5 月 13 日

JC2

图片说明 3

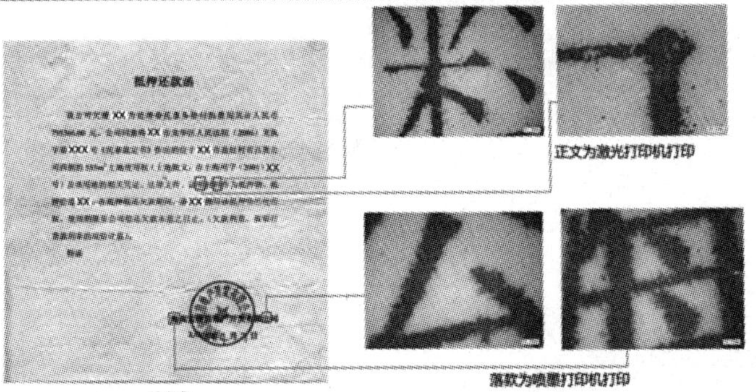

JC3

图片说明 4

抵押还款函

我公司欠潘 XX 为处理委托事务垫付的费用共计人民币 795366.00 元。公司同意将 XX 市龙华区人民法院（2006）龙执字第 XXX 号《民事裁定书》作出的位于 XX 市盐灶村省百货公司西侧的 555m^2 土地使用权（土地批文：市土海用字（2001）XX 号）及该用地的相关凭证、法律文件、证明材料作为抵押物，抵押给潘XXX。在抵押偿还欠款期间，潘XXX拥用该抵押物的使用权，使用期限至公司偿还欠款本息之日止。（欠款利息，按银行贷款利率的双倍计息）。

特函

海南宏建房地产开发有限公司

2008年4月7日

JC3

附录3 鉴定意见质证范例及鉴定书

庭审流程

【字幕1】略。

【字幕2】案情摘要:重庆市人民检察院职务犯罪侦查局在办理侯书钊涉嫌贪污罪一案的过程中,嫌疑人律师提供一份《关于电教大楼弱电工程洽商协议书》证明并非嫌疑人贪污。侦查人员为核实该《协议书》的真实性,特委托重庆市人民检察院司法鉴定中心进行检验鉴定。

【字幕3】侯书钊涉嫌贪污案庭审实录(鉴定人、专家辅助人出庭质证部分)

庭审焦点:控辩双方对《关于电教大楼弱电工程洽商协议书》是否变造形成存在争议。

【字幕4】庭审相关人员(以图示表示诉讼参与人位置,标明鉴定人、专家辅助人的证件照、名字、单位、身份)

【字幕5】庭审现场(法庭坐席安排)

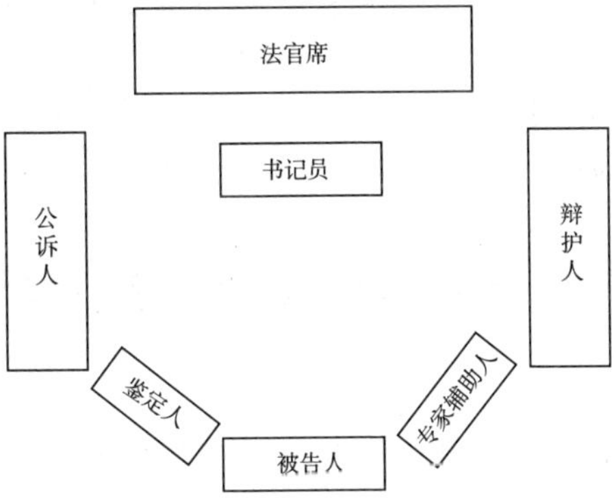

【宣布开庭】

审判长:重庆市第一中级人民法院(公开审理的)重庆市人民检察院第一分院起诉指控的侯书钊涉嫌犯贪污罪一案现在继续开庭,执庭法警带被告人侯书钊到庭。被告人可以坐下。在上次的庭审中,辩护人出示了一份《关于电教大楼弱电工程洽商协议书》证明并非被告人贪污,公诉人对此文书提出异议,并向法庭申请了司法鉴定。现在由公诉人举证。

公诉人(李佑琪):审判长,根据庭前会议的安排,现在公诉人向法庭举示鉴定意见,为充分展示说明鉴定意见内容,并保证举证、质证过程突出重点,现公诉人向法庭申请鉴定人出庭接受法庭询问,请法庭准许。

审判长:法庭予以准许。

辩护人(李光林):审判长,辩护人申请发言,请准许。

审判长:法庭予以准许。

辩护人(李光林):审判长,根据庭前会议的安排,辩护人也申请了专家辅助人出庭,为有效质证,现申请专家辅助人一并出庭参与质证,请法庭准许。

审判长:法庭予以准许。执庭法警,带鉴定人梁宏、彭兆君,专家辅助人文宁出庭。

【法警带鉴定人、专家辅助人出庭】

审判长:本院公开审理的侯书钊涉嫌犯贪污罪一案,根据控辩双方的申请,本院依法通知鉴定人,辩方专家辅助人出庭。根据《中华人民共和国刑事诉讼法》第187条、第192条的规定,鉴定人、专家辅助人,有义务出庭作证,不得拒绝或虚假作证,否则要负法律责任,鉴定人、专家辅助人,清楚没有?

鉴定人:清楚。

专家辅助人:清楚。

审判长:鉴于庭前,法庭已经核实鉴定人、专家辅助人的身份,法庭不再重复进行核实。

【法警传递相关证件】

审判长:辩护人、被告人,是否申请鉴定人回避?

辩护人(李光林):不申请。

审判长:下面由鉴定人宣读鉴定意见。鉴于庭前会议时本庭已经就鉴定意见听取了控辩双方的意见,鉴定人可择要宣读。

【鉴定人简要宣读】

鉴定人(彭兆君):(鉴-PPT)审判长、各位诉讼参与人,我中心于2015年11月23日受理了重庆市人民检察院职务犯罪侦查局委托的《关于电教大楼弱电工程洽商协议书》的检验申请,送检检材是《关于电教大楼弱电工程洽商协议书》原件,送检样本包括四个部分,样本1是《关于电教大楼弱电工程补充协议》原件,样本2是《关于电教大楼弱电工程付款协议》原件,样本1和样本2的比对内容是甲方签字栏内的"侯书钊"的亲笔签名手写字迹,和乙方签字栏内的"北解省集局市中心有限责任公司"样本印文,样本3是侯书钊本人书写的实验字迹样本,样本4是"北解省集局市中心有限责任公司"印章盖印的实验样本印文。委托要求是送检的《关于电教大楼弱电工程洽商协议书》是否变造形成。受案后,我中心指定了梁宏、彭兆君对该案进行办理。首先鉴定人对检材的五项要素分别进行了标识,将甲方签字栏内的"侯书钊"的署名字迹标识为检材1,乙方签字栏处的"北解省集局市中心有限责任公司"印文标识为检材2,送检的洽商协议书正文第二段"乙方代配置"一段打印文字标识为检材3,送检的洽商协议书除检材3外的其他打印字迹标识为检材4,检材纸张标识为检材5。我们按照相关方法对检材进行了全面的检验,主要检验内容包括四项,第一部分内容是侯书钊的署名字迹,第二部分内容是"北解省集局市中心有限责任公司"印文的真实性,第三项是该处印文、乙方签字栏处的印文与检材4的朱墨时序关系,第四项内容是打印字迹。前三项内容也就是侯书钊本人的署名字迹,印文的真实性,印文与打印文字的朱墨时序关系,与我们最终的鉴定意见没有直接性的关联,这里我就不再一一赘述,在这里我主要具体阐述第四项检验内容,关于打印字迹的检验。我们用透光检验法对检材进行了全面的检验,我们发现检材上检材3与检材4在色泽上存在明显差异,检材3部分打印文字字迹比检材4明显要淡,我们通过测量比较,发现检材3和检材4在排版特征上存在明显差异,我们在显微放大观察发现检材3与检材4在字迹表面的特征上存在明显差异,这是打印机具差异的具体呈现,通过测量比较我们发现,检材3这段文字与检材4在行基线上存在不平行的情况,说明检材3与检材4不是同版一次性打印形成,据此我们认为,送检检材是添加打印的变造文件。鉴定书简要宣读完毕。

【公诉人发问】

审判长:被告人,你对鉴定意见有无意见?

被告人:我觉得……我记得我当时就是一次性打印完了之后,大家一起签字盖章,没有什么变造。我觉得他的鉴定意见是错的。

审判长:辩护人有无质证意见?

辩护人:辩护人认为该鉴定意见的鉴定程序存在瑕疵,且鉴定意见不具有客观性,不能作为定案依据。

审判长:公诉人有无答辩意见?

公诉人(李佑琪):审判长,对此问题公诉人将在对鉴定人询问完毕之后,结合询问情况,进行综合答辩说明。

审判长:下面控辩双方向鉴定人发问,首先由公诉人发问。

公诉人(李佑琪):好的,审判长。请问鉴定人,在鉴定实践中,一般通过什么方法判断文件的真伪?

鉴定人(梁宏):在司法实践中,我们根据委托要求和检材要素来判断选择方法。在本案中,我们是依据公安部物证鉴定中心的相关方法进行检验鉴定的。

公诉人(李佑琪):请你向法庭详细地阐述一下,在本案中你们采用了哪些方法得出上述鉴定意见?

鉴定人(梁宏):(鉴-PPT)本案检材涉及签名、印文、打印文字等构成要素,所以我们采用了《正常笔迹检验》《印章印文检验》《朱墨时序鉴别》《打印文件检验》四个方法进行检验。我们发现检材上签名、印文真实,印文与打印文字的朱墨时序正常,但检材正文的第二段与检材其他打印文字不是一次性打印的,所以我们认为检材3是添加打印形成,整个文件是变造形成的。

公诉人(李佑琪):好的,谢谢鉴定人。审判长,公诉人发问暂时到此。

【辩护人发问】

审判长:被告人,你对鉴定人是否发问?

被告人:由我的辩护律师代表我来问。

审判长:辩护人对鉴定人有无发问?

辩护人(李光林):有发问。

审判长:辩护人可以发问。

辩护人(李光林):鉴定人,您认为文书中的检材3是添加打印形成的,请问你能否鉴定出检材3是何时打印的?

鉴定人(梁宏):根据本案的委托要求,我们没有对检材3打印时间进行鉴定。

辩护人(李光林):既然你没有对检材3的打印时间进行鉴定,你如何鉴定出检材3是事后添加打印的?

鉴定人(梁宏):理由很简单,我们即可以通过打印的形成时间来判断,也可以通过打印的细节特征来判断。

辩护人(李光林):鉴定人,既然你不能判断正文第一段和检材3的打印时间,那你凭什么认为检材3是事后添加打印的?为什么不是正文第一段事后添加呢?

鉴定人(梁宏):这是当然可以的,因为检材的标题、正文的第一段以及落款等部分的内容打印的细节特征是一致的,正文第二段打印文字的细节特征与前面不一致,我们可以确定检材第二段是添加打印形成的,我们来做个测试,如果检材3是先打印,那么这份文书是这样的,请展示,可以看见这种文书内容符合常理吗?显然是不符合的。所以之前的假设是不成立的。

辩护人(李光林):请问你,文书内容有添加,是否就意味着文书存在变造?

鉴定人(梁宏):文书内容添加,并不意味着文书有变造,但是在真实的文书上添加内容但缺乏合理理由的,这就是变造文书。

辩护人(李光林):你刚才告诉法庭变造的前提是文书真实,请问你通过鉴定,能判断添加打印的检材3必然形成于这个文书的签名、盖章之后?

鉴定人(梁宏):根据委托要求,我们没有对这个做相应的鉴定。

辩护人(李光林):既然没有鉴定,万一添加打印的检材3是先添加,后签名盖章呢？这时候还叫变造吗？

鉴定人(梁宏)：刚才被告人在陈述事实的时候，已经很清楚地表示文书是一次性打印后签名盖章，这就表明你的假设是不成立的。

辩护人(李光林)：你刚才提到了被告人，那我请问你通过鉴定能够鉴定出本案中添加打印的检材3是被告人侯书钊添加打印的吗？

鉴定人(梁宏)：您提的问题和本案的鉴定意见是无关的，是法庭调查需要综合判断来解决的，所以鉴定人无法回答。

辩护人(李光林)：既然通过鉴定你都不能确定这个文书的添加是侯书钊添加的，那你的鉴定意见和本案有什么关联性呢？

公诉人(李佑琪)：反对。公诉人认为，就辩护人提到的鉴定意见与本案的关联性问题，已经超出了鉴定意见本身的范畴，不属于应当向鉴定人发问的内容，请审判长予以制止。

审判长：法庭对公诉人的反对意见予以支持，辩护人还有其他问题需要向鉴定人发问吗？

辩护人(李光林)：审判长，辩护人的发问到此。鉴于本案涉及专业知识，下面请专家辅助人参与质证。

【专家辅助人发问】

审判长：专家辅助人，你对鉴定意见有什么看法？

专家辅助人(文宁)：审判长，专家辅助人对鉴定意见有两点意见，一是鉴定程序有瑕疵，二是鉴定意见有不科学之处，鉴于此，我向审判长申请向鉴定人发问，请准许。

审判长：准许。

专家辅助人(文宁)：(辩－PPT) 鉴定文书第4页第7行提到"YB2、YB3、YB4上的样本印文"，我们查对YB3，上面没有印文，请鉴定人解释这是什么原因。

鉴定人(彭兆君)：经过我们对鉴定文书的仔细核对，发现此处是打印错误，准确的内容应该为"YB1、YB2、YB4"，鉴定人当庭作出口头更正。

专家辅助人(文宁)：(辩－PPT) 鉴定文书第3页倒数第2行将"部首和笔画间的搭配比例等一般特征方面"，据我所知搭配比例是细节特征，而鉴定人把它归为一般特征，请鉴定人回答这是为什么？

鉴定人(彭兆君)：就"部首和笔画间的搭配比例"究竟属于一般特征还是细节特征，在学理上存在一定争议，本案中该特征到底是一般特征还是细节特征并不影响鉴定意见的客观性。

专家辅助人(文宁):鉴定文书第4页最后一段,对检材5的检验看不出与鉴定意见有何联系,这又是怎么回事,请鉴定人解释?

鉴定人(彭兆君):这部分检验是根据委托要求来的,本案的委托要求是鉴定这份文件,送检的这份洽商协议书是否有伪造变造,我们要通过全面的、综合性的手段去检验这份文件,排除了其他伪造的可能,才能够得出最终意见。像本案,我们通过前面字迹,就是甲方签字栏处侯书钊的本人签名字迹,乙方签字栏处的印章印文,还有纸张等其他检验,排除了用擦刮、消退,盗用签名的其他方法来变造文书的可能。你刚才提到对纸张的检验就是这些检验的其中一个部分。回答完毕。

专家辅助人(文宁):鉴定人,你在鉴定意见中认为,检材3与检材4是由不同打印机具形成,主要依据是“字迹表面露白较多”“字迹表面色泽不同”,但是我们知道,同次打印时,如果将不同的文字设置不同的灰度、不同的色彩,也可能出现上述状况,那你的结论怎么具有科学性呢?

鉴定人(彭兆君):专家辅助人的这个问题,我们在检验中已经充分考虑过,通过打印模式、灰度、色彩不同设置从而导致打印文字表面出现露白特征,它与本案中的特征是完全不一样的,通过改变打印设置,而导致打印文字表面出现露白是网格状,是有规律性的,而本案我们检验发现,检材3字迹表面的露白特征是非规律性的,这就排除了是因打印设置不同造成的这种情况。我们做了图片,像左边这样,这个“通”字,它的露白就是因为打印设置不同造成的,而本案中的,像右边这个“电”字,是检材3中出现的,我们可以直观地看到两种露白差异,回答完毕。

专家辅助人(文宁):鉴定附图记录里我只看到一个“整”字做检验,整段文字有二十几个字,请问鉴定人,只选择一个字做检验是否具有抽样的代表性?

鉴定人(彭兆君):你提到的情况是我们制作鉴定文书的范畴,我们在制作鉴定文书时,不能够把我们所有的检验内容都体现到鉴定文书中,事实上本案我们是从整体到局部、从宏观到微观对整个检材都进行了全面细致的检验。对检材上所有的打印字迹都进行了逐字逐笔画的检验,每一个阶段,每一种检验方法,每一次检验程序,我们都做了详细的记录。我们只能选取了部分具有典型性、代表性的进行标识,放到鉴定文书中,这个“整”字就是这样来的。

专家辅助人(文宁):《字符重合检验》附图记录中,“整”字未完全重合,从图片上看,差异并不明显,很可能是因为操作不当造成的。请问鉴定人是如何对“整”字进行检验的?

鉴定人(彭兆君):提到这个“整”字检验,我们对检材3和检材4的相同字符进行检验,是对它的相同字符进行平行移动来重合比对的,我们通过重合比对发现,检材3部分的相同字符,只经过平行移动可以完全重合,检材4的相同字符经过平行移动也可以实现完全重合。而检材3与检材4之间的相同字符,只经平行移动是不能完全重合的。这一部分检验是这样完成的。

专家辅助人(文宁):请问鉴定人,你在鉴定意见中认为,检材3是不同次打印形成的重要依据是行基线的不平行,那么行基线不平行就能说明是不同次打印形成的吗?

鉴定人(彭兆君):是。刚才我已提到,行基线不平行,是可以直接认定是不同次打印的。我这个观点是符合当前的实务通说的,也是业内公认的。在权威期刊《中国司法鉴定》2008年第2期上有篇文章,《添加打印文书检验方法新探》这篇文章明文指出:"倾斜度、行距、页边距三个特征中,倾斜度特征的鉴定价值最高,是认定打印添加的直接依据,检见该特征即可径直认定打印添加变造事实。"本案,我们检验出了检材3和检材4的行基线和行倾斜度不一致,通过对行基线,行倾斜度的测量和比较,判断是否一次性打印形成的方法,是成熟科学的,通过这个方法得出的鉴定意见是客观的,本案中我们就是按照这个方法判断的。我的回答完毕。

专家辅助人(文宁):请问鉴定人"不是同次排版形成",能否得出"添加打印形成"的结论?

鉴定人(彭兆君):排版特征差异不能得出不同次打印的鉴定意见,当它还伴随着诸如打印质量差异,诸如行基线不平行等其他高质量特征时,才能够得出不同次打印的鉴定意见。回答完毕。

专家辅助人(文宁):审判长,我的提问完了。

【审判长发问】

审判长:鉴定人,请向法庭明确陈述,你得出鉴定意见的依据是什么?

鉴定人(彭兆君):审判长,本案检材是这份洽商协议书,鉴定要求是这份协议书是否有伪造变造,我们首先排除了这份文书擦刮、消退、盗用签名、盗用印文来变造的可能性,我们通过对打印文字的检验,发现这份检材存在添加打印的事实,据此我们判断出这份检材是添加打印变造文件。回答完毕。

审判长:公诉人,对专家辅助人是否发问?

公诉人:审判长,鉴于专家辅助人并未对本案的争点事项提出确定的、独立的意见,所以公诉人对专家辅助人暂不发问。

【总结陈述】

审判长:刚才发问情况,本庭已经听清,专家辅助人、鉴定人是否需要总结陈述?

专家辅助人(文宁):需要。

鉴定人(彭兆君):需要。

审判长:首先请专家辅助人总结陈述。

专家辅助人(文宁):审判长,通过质证,我们可以得出这样的结论,一是鉴定书中印文样本来源不清,说明鉴定程序有瑕疵;二是鉴定人对搭配比例特征的分类搞不清,说明鉴定人的专业素质还不高;三是鉴定依据都不能直接得出鉴定结论,鉴定依据与鉴定结论之间缺乏必然的逻辑关系,所以我认为最终的鉴定意见缺乏科学性。我的陈述完毕。

审判长:请鉴定人总结陈述。

鉴定人(彭兆君):我们认为虽然本次我们的鉴定文书存在个别打印瑕疵,但是关于检材是否存在变造的检验及逻辑分析过程是严谨的,论据是充分的,尤其是行基线不平行、打印机具特征的明显差异、排版特征存在明显差异,这三项内容足以认定检材是变造形成,我们的鉴定意见是客观、科学、可靠的。我的陈述完毕。

审判长:针对鉴定意见部分公诉人还有无发问?

公诉人(李佑琪):没有。

审判长:被告人是否还有发问?

被告人:没有。

审判长:辩护人是否还有发问?

辩护人(李光林):没有。

审判长:鉴于鉴定人和专家辅助人已经充分发表意见,法庭对鉴定意见部分的调查结束,请鉴定人和专家辅助人核对庭审笔录,签字确认后退庭。现在休庭。

×××人民检察院司法鉴定中心

参加单位编号:B213

文件检验鉴定书

一、委托单位:最高人民检察院检察技术信息研究中心

二、送检人:×××

三、送检材料:

(一)检材

落款日期为2008年4月21日,北方工业技术联合学院与北解省集局市中心

责任有限公司签订的《关于电教大楼弱电工程洽商协议书》原件1页，编为JC（详见附件1：检材全貌复制件）。

（二）样本

1. 落款日期2008年4月21日，北方工业技术联合学院与北解省集局市中心责任有限公司签订的《关于电教大楼弱电施工补充协议》原件1页，编为YB1（详见附件2：样本全貌复制件）；

2. 落款日期2008年4月21日，北方工业技术联合学院与北解省集局市中心责任有限公司签订的《关于电教大楼弱电工程付款协议》原件1页，编为YB2（详见附件2：样本全貌复制件）；

3. 2015年11月11日，A省人民检察院反贪局提取的候书钊本人签名笔迹实验样本原件1页，编为YB3（详见附件2：样本全貌复制件）；

4. 2015年11月11日，A省人民检察院反贪局提取的北解省集局市中心责任有限公司公章印文样本原件1页，编为YB4（详见附件2：样本全貌复制件）。

四、委托要求

落款日期为2008年4月21日，北方工业技术联合学院与北解省集局市中心责任有限公司签订的《关于电教大楼弱电工程洽商协议书》是否为伪造或变造形成。

五、受理日期：2015年11月23日

六、开始鉴定日期：2015年11月23日

七、简要案情

A省人民检察院反贪局在办理2015年9月立案侦查的“北方工业技术联合大学原党委书记候书钊涉嫌贪污”一案的过程中，嫌疑人律师提供一份《关于电教大楼弱电工程洽商协议书》，称涉案款项中有三十余万是用于单位配置电教大楼电教设备，并非嫌疑人贪污。

侦查人员前往嫌疑人所在单位查证，该单位图书馆大楼弱电工程施工确实委托给北解省集局市中心责任有限公司，由于搬迁中部分资料丢失，这份《关于电教大楼弱电工程洽商协议书》没有档案留存。侦查人员前往北解省集局市中心责任有限公司查证，该公司由于经营不善已经于2012年4月变更法人和经营项目，知情人员已先后调离，相关资料难以调取核实。

办案部门对这份《关于电教大楼弱电工程洽商协议书》的真实性存有疑问，委托我单位进行文件检验鉴定。

八、检验及分析论证

在自然光条件下观察发现，JC为A4规格打印纸一页，其上有黑色印刷文字

若干，黑色署名字迹一处，红色印文一枚，印文与黑色印刷文字有交叉。在VSC5000型文检仪上分别用荧光、紫外光观察发现，JC上印刷字迹、署名字迹与印文的颜色反映不同（详见附件4：荧光检验；附件4：紫外光检验），透光观察JC发现，正文末段与其他印刷字迹色泽明显不同（详见附件4：透光检验），纸张表面颜色反映均匀，未发现涂改、擦刮、拼接等痕迹。将JC上"侯书钊"的署名字迹编为JC-1，印文编为JC-2，正文末段印刷字迹编为JC-3，其余印刷字迹编为JC-4，JC的纸张编为JC-5（详见附件1：检材全貌复制件）。

以下检验依据正常笔迹检验方法（IFSC 09-01-01-2006）、印章印文检验方法（IFSC 09-03-04-2006）、朱墨时序鉴别方法（IFSC 09-04-03-2006）、打印文件检验方法（IFSC 09-03-02-2006）。

（一）对JC-1的检验

JC-1为甲方落款处"侯书钊"署名字迹，笔画上有笔痕，笔画边缘有洇散痕迹，应为黑色墨水手写形成，书写熟练程度较高，运笔流畅自然，无伪装，是正常笔迹，字迹特征清晰，具备鉴定条件；送检侯书钊的字迹样本有同时期案前自然样本YB1、YB2和实验样本YB3，数量充分，书写特征反映稳定，具备比对条件。

将JC-1与侯书钊的样本签名字迹进行比对，发现两者的字体、字形、书写水平、部首和笔画间的搭配比例等一般特征方面符合较好，在相同字、相同笔画的起收笔、运笔、连笔等细节特征方面也符合较好（详见附件3：特征比对表），充分反映出相同的书写习惯，可以判断它们是同一人书写形成。

（二）对JC-2的检验

JC-2为乙方落款处红色圆形印文，中心图案为五角星，内容文字"北解省集局市中心有限责任公司"由左至右环形排列，印文特征清晰，具备鉴定条件。在显微镜下放大观察可见该印文有抑压、挤墨特征，是盖印形成。YB2、YB3、YB4上的样本印文均完整清晰，特征稳定，具备比对条件。

将JC-2与样本印文分别进行扫描提取，用Photoshop软件进行重叠比对，发现两者重合较好（详见附件4：重叠比对检验附图记录）；用特征标识法比对，发现两者图文有10个以上细节特征符合（详见附件3：特征比对表），充分说明其符合的本质属性，两者是同一枚印章盖印形成。

（三）对JC-2与JC-4朱墨时序的检验

在体式显微镜下观察JC-2发现，红色色料均匀，透光观察可见图文边缘有洇散痕迹，应为印油印文；在体式显微镜下观察JC-4发现，该处印刷文字为熔融状墨粉颗粒堆积形成，应为激光打印字迹。用奥博6000型显微镜放大观察JC-2与JC-4交叉处可见，打印字迹表面附着有红色物质（详见附件4：朱墨时序检验附图记录),由此判断JC－4形成在先,JC－2形成在后。

(四)对JC－5的检验

显微放大观察JC－5,可见有品红、蓝、黄等彩色墨点遍布纸张表面,其余未见异常(详见附件4:纸张一般检验附图记录),说明JC－5经过了彩色激光打印机。

(五)对JC－3、JC－4的检验

用Photoshop软件打开JC的扫描图片放大观察JC－3、JC－4,添加平行辅助线进行比对,发现两者的段落首行缩进不同,行间距存在明显差异(详见附件4:排版检验附图记录),说明两者不是同次排版形成。

JC－3与JC－4均为宋体打印字迹,将其中相同字符进行重叠比对,发现相同字符相同笔画的粗细长短不同,字符整体形态不能完全重合(详见附件4:字符重合检验附图记录),说明两者所用字库不同。

将JC－3与JC－4整行平移重叠比对发现,两者行倾斜度不一致(详见附件4:排版检验附图记录),说明两者不是同次打印形成。

透光观察检材,发现JC－3与JC－4在色泽上有明显差异(详见附件4:透光检验附图记录);显微放大可见JC－3字迹表面露白较多,且与JC－4字迹表面墨迹色泽不同,表面微观形态不同(详见附件4:打印文字检验附图记录),说明两者由不同的打印机具打印形成。

综上所述,JC－1与侯书钊样本字迹是同一人书写形成;JC－2与送检样本印文是同一枚印章盖印形成;JC－2与JC－4的朱墨时序关系为先文字后印文;JC－3与JC－4不是同版一次性打印形成,可以判断JC－3为添加打印形成。

九、鉴定意见

落款日期为2008年4月21日,北方工业技术联合学院与北解省集局市中心责任有限公司签订的《关于电教大楼弱电工程洽商协议书》是变造形成。

附件1:检材全貌复制件1页

附件2:样本全貌复制件4页

附件3:特征比对表2页

附件4:鉴定文书附图记录9页

鉴定人:(技术职称,可选):×××(签名)

(技术职称,可选):×××(签名)

(司法鉴定专用章)

二〇一五年十二月十日

附件1：

XXX司法鉴定中心

检材全貌复制件

参加单位编号： B213

B213

关于电教大楼弱电工程洽商协议书

JC-5
（纸张）

甲方：北方工业技术联合学院

乙方：北解省集局市中心责任有限公司

JC-4
（JC-3以外其他打印字迹）

针对北方工业技术联合学院电教大楼弱电工程施工的具体变更，经双方协商，电教大楼施工款金额确定为壹佰柒拾叁万捌千元整。尚欠柒拾叁万捌千元整。

乙方代配置电教大楼电教设备叁拾万捌千元整。尚欠叁拾万捌千元整。

JC-3
（JC正文末段打印字迹）

甲方签字：

JC-1
（签名字迹）

乙方签字：

2008年4月01日

JC-2
（印文）

JC

说明：扫描分辨率为600dpi，唯一性标识为鉴定人添加。

第1页 共1页

附件2：

XXX司法鉴定中心

样本全貌复制件

参加单位编号： B213

B213

关于电教大楼弱电工程施工内容补充协议

甲方：北方工业技术联合学院

乙方：北解省集局市中心责任有限公司

1. 一层需要布线的地方有：配电室敷设2条网线；建议将主干光缆24芯扩容至36芯；

2. 二层会议室机柜到会议桌加8根200*100金属槽，4根100×100金属槽。

3. 二、三层会议室大屏后设备间各加12芯光缆，12根网线；主机房电话安装配线架；

4. 四层需要布线的地方有：音控室敷设2条网线；

5. 四层会议室每面墙体预留6条网线、2条2芯光缆。

甲方签字：

YB1-1

乙方签字：

2008年4月01日

1

YB1

说明：扫描分辨率为600dpi，唯一性标识为鉴定人添加。

第 1 页 共 4 页

附件2：

XXX司法鉴定中心

样本全貌复制件

参加单位编号： B213

B213

关于电教大楼弱电工程付款协议

甲方：北方工业技术联合学院

乙方：北解省集局市中心责任有限公司

北方工业技术联合学院电教大楼弱电工程付款方式，经双方协商，由乙方先行垫资，项目中期验收后甲方付50%工程款，工程全部验收后甲方再付30%工程款，乙方以20%工程款做质保，工程全部验收后两年，甲方再付20%工程款的尾款。

甲方签字：侯书钊 乙方签字：

YB2-1 2008年4月21日

1

YB2

说明：扫描分辨率为600dpi，唯一性标识为鉴定人添加。

第 2 页 共 4 页

附件2：

XXX司法鉴定中心

样本全貌复制件

参加单位编号： B213

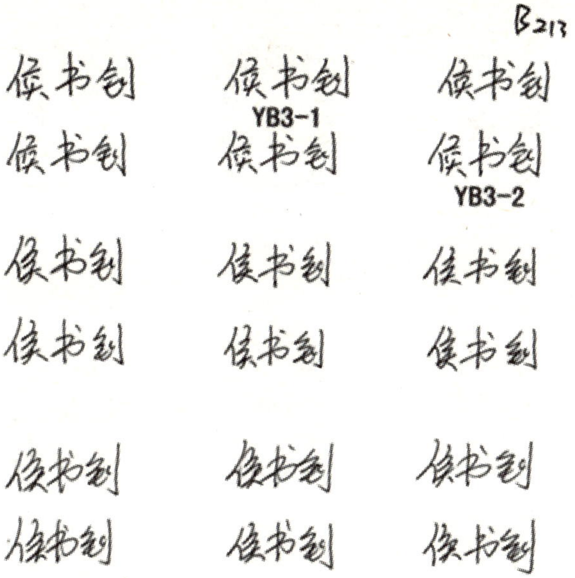

YB3

说明：扫描分辨率为600dpi，唯一性标识为鉴定人添加。

第 3 页 共 4 页

附件2：

XXX司法鉴定中心

样本全貌复制件

参加单位编号：　　B213

B213

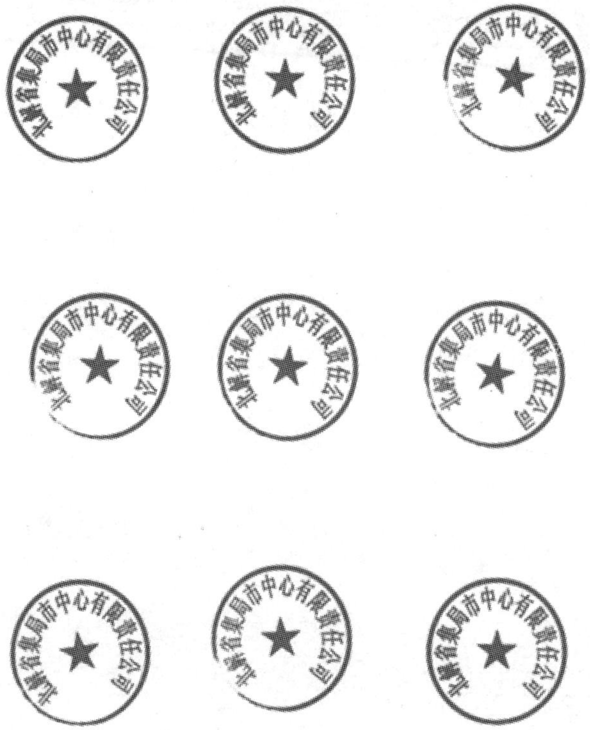

YB4-1

YB4

说明：扫描分辨率为600dpi，唯一性标识为鉴定人添加。

第 4 页　共 4 页

附件3：

XXX司法鉴定中心　参加单位编号：B213

特征比对表

检材	样本
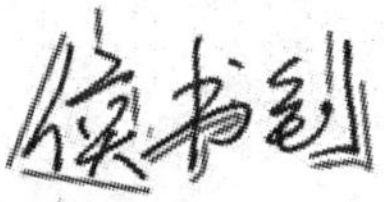 JC-1	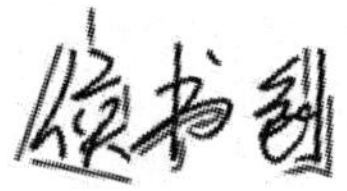 YB1-1 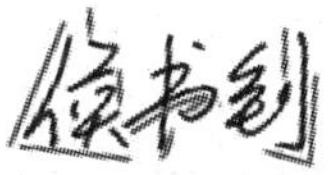 YB2-1  YB3-1  YB3-2

第1页　共2页

附件3：

XXX司法鉴定中心　参加单位编号：B213

特征比对表

检材	样本
 JC-2	 YB4-1

第2页　共2页

附件 4:

XXX 司法鉴定中心
鉴定文书附图记录

参加单位编号：B213

荧光检验

在 VSC5000 型文检仪上荧光观察发现，JC-1 消退，JC-2 有荧光反应，JC-3、JC-4、JC-5 未检出消退、擦刮、拼接等痕迹。

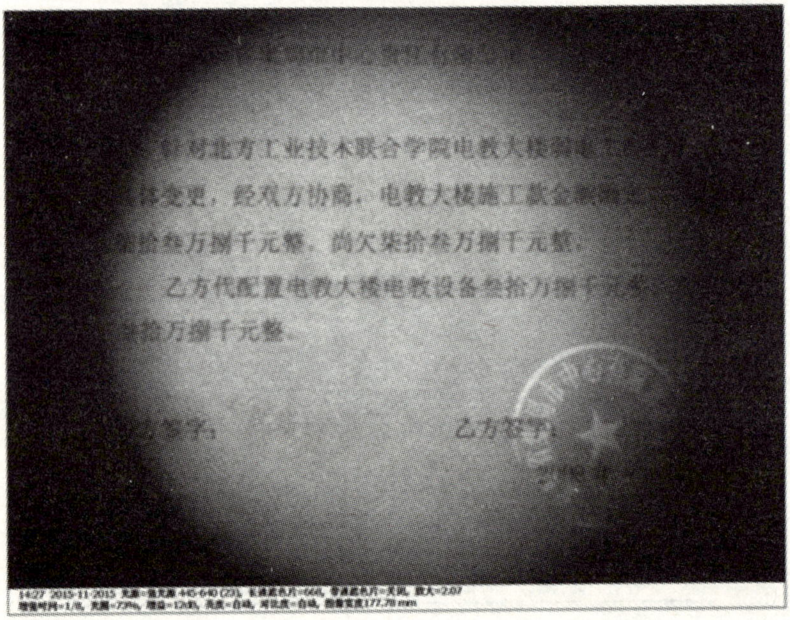

JC

附件4：

XXX司法鉴定中心

鉴定文书附图记录

参加单位编号： **B213**

紫外光检验

在VSC5000型文检仪上紫外光观察发现，JC-1、JC-2、JC-3、JC-4、JC-5未检出消退、擦刮、拼接等痕迹。

JC

附件4：

XXX司法鉴定中心

鉴定文书附图记录

参加单位编号： B213

透光检验

在翻拍仪上透光观察发现，JC-3与JC-4在色泽上有明显差异。

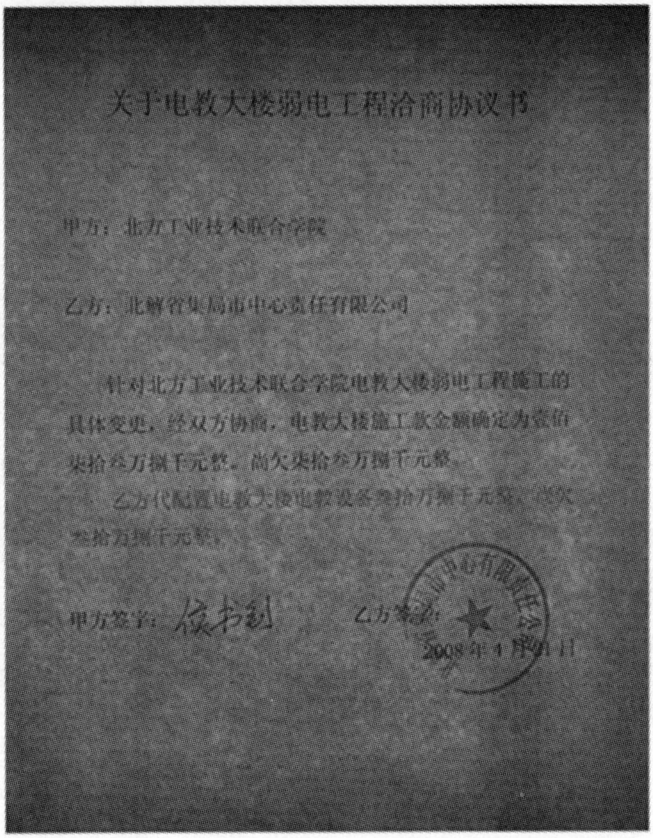

关于电教大楼弱电工程洽商协议书

甲方：北方工业技术联合学院

乙方：北解管集局市中心责任有限公司

针对北方工业技术联合学院电教大楼弱电工程施工的具体变更，经双方协商，电教大楼施工款金额确定为壹佰柒拾叁万捌千元整。尚欠柒拾叁万捌千元整。

乙方代配置电教大楼电教设备叁拾万捌千元整，尚欠叁拾万捌千元整。

甲方签字：侯书刻　　乙方签字：

2008年4月01日

JC

附件 4:

XXX 司法鉴定中心

鉴定文书附图记录

参加单位编号： B213

透光检验

在翻拍仪上透光观察发现，JC-3 与 JC-4 在色泽上有明显差异。

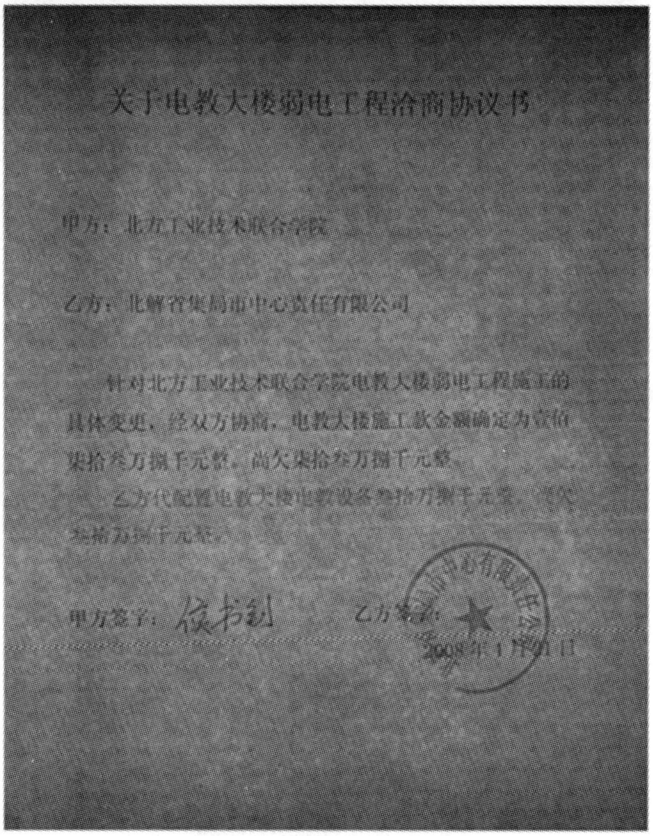

关于电教大楼弱电工程洽商协议书

甲方：北方工业技术联合学院

乙方：北解官架局市中心责任有限公司

针对北方工业技术联合学院电教大楼弱电工程施工的具体变更，经双方协商，电教大楼施工款金额确定为壹佰柒拾叁万捌千元整。尚欠柒拾叁万捌千元整。

乙方代配置电教大楼电教设备[illegible]万捌千元整，尚欠[illegible]万捌千元整。

甲方签字：侯书刻　　乙方签章：

2008年1月01日

JC

附件4：

XXX司法鉴定中心

鉴定文书附图记录

参加单位编号：B213

重叠比对检验

JC-2（正相）与YB4-1（反相）重合完好。

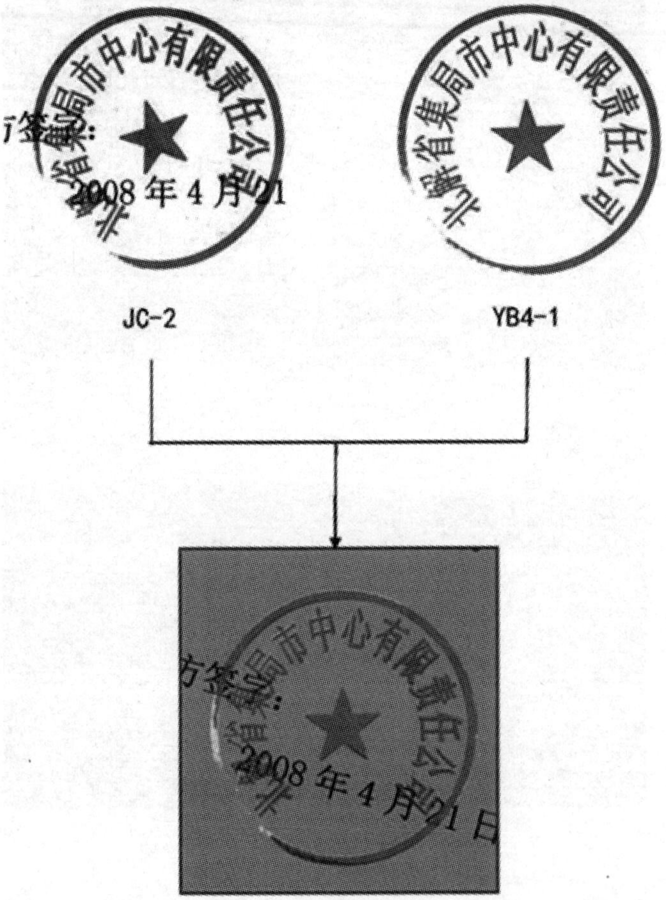

附件4：

XXX司法鉴定中心

鉴定文书附图记录

参加单位编号：B213

朱墨时序检验

奥博6000显微镜放大观察发现，JC-2与JC-4交叉处打印字迹表面上附着有红色物质。

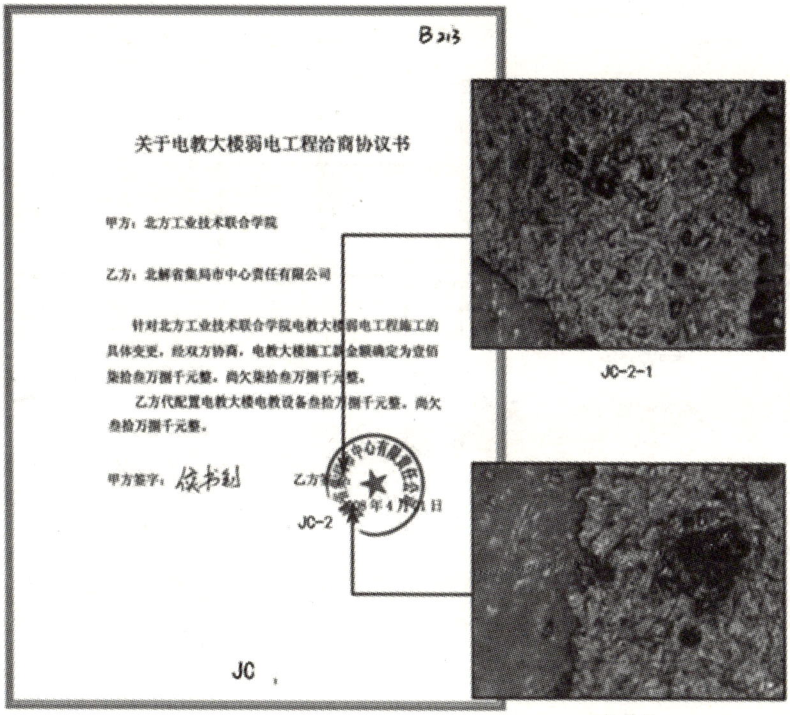

JC-2-1

JC-2-2

附件 4： **XXX 司法鉴定中心**

鉴定文书附图记录

参加单位编号： B213

纸张一般检验

显微镜放大观察 JC-5，可见品红、蓝、黄等彩色墨点。

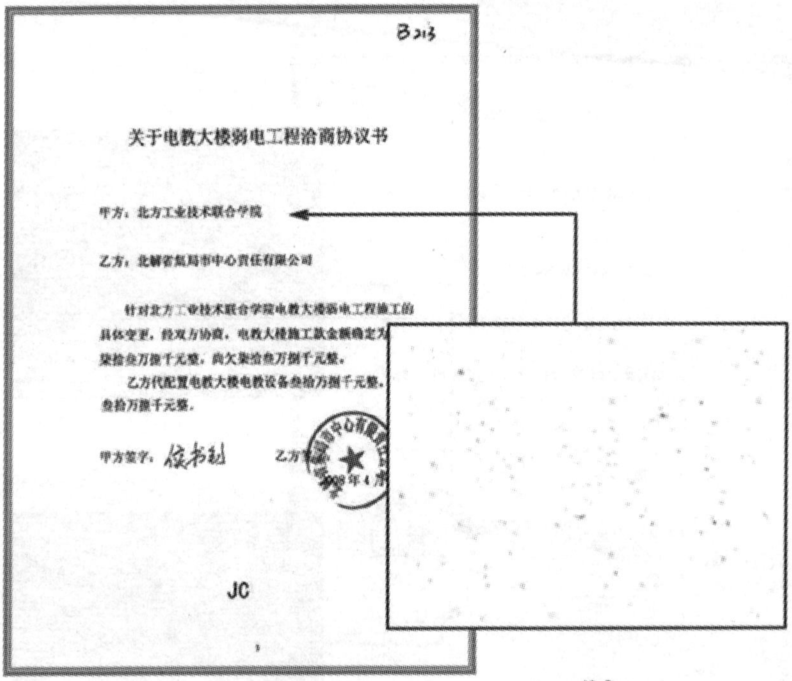

JC-5

附件 4：

XXX 司法鉴定中心

鉴定文书附图记录

参加单位编号：B213

排版检验

JC-3 与 JC-4 首行缩进、行间距、行倾斜度不同。

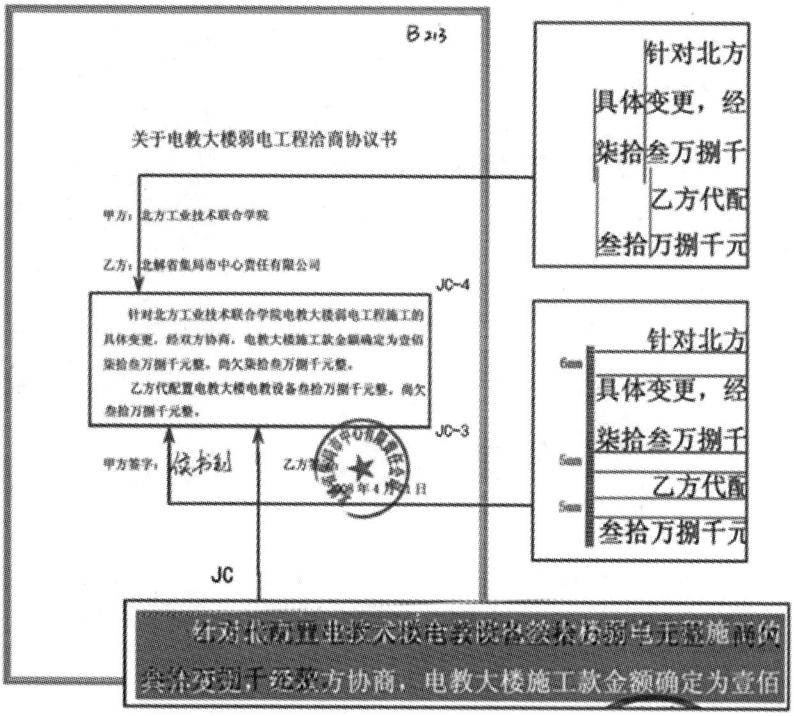

附件4：

XXX 司法鉴定中心

鉴定文书附图记录

参加单位编号：B213

字符重合检验

JC-3 的相同字符可以完全重合；JC-4 的相同字符可以完全重合；JC-3 与 JC-4 的相同字符不能完全重合。

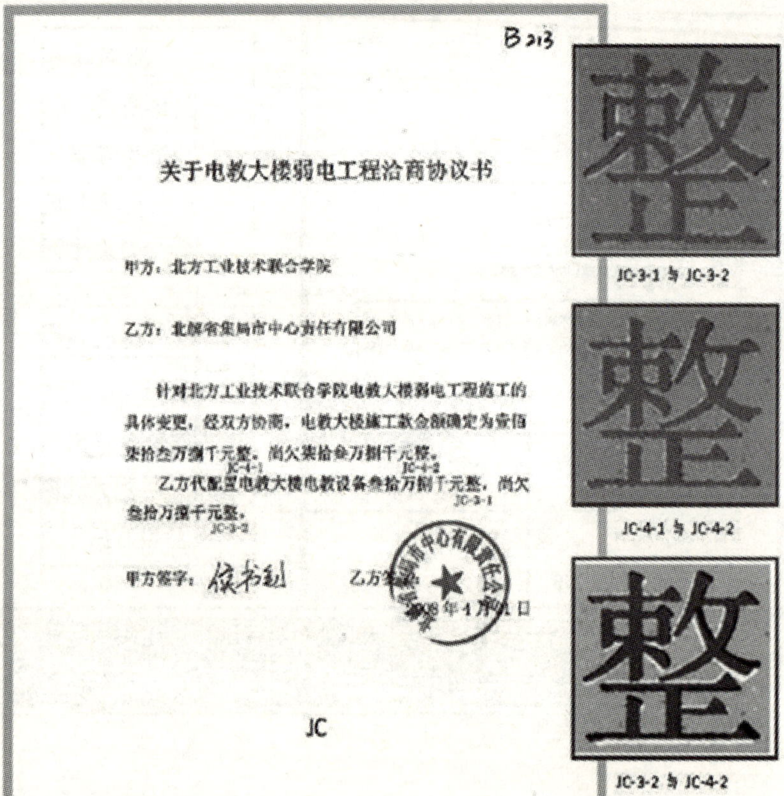

B213

关于电教大楼弱电工程洽商协议书

甲方：北方工业技术联合学院

乙方：北疆省集尚市中心责任有限公司

针对北方工业技术联合学院电教大楼弱电工程施工的具体变更，经双方协商，电教大楼施工款金额确定为壹佰柒拾叁万捌千元整，尚欠柒拾叁万捌千元整。

JC-4-1　JC-4-2

乙方代配置电教大楼电教设备叁拾万捌千元整，尚欠叁拾万捌千元整。

JC-3-1　JC-3-2

甲方签字：徐书剑　　乙方签字：

年1月　日

JC

1

附件 4： **XXX 司法鉴定中心**

鉴定文书附图记录

参加单位编号：B213

打印文字检验

蔡司 V20 体式显微镜放大观察发现，JC-3 与 JC-4 的相同字符的墨迹色泽不同、表面微观形态不同。

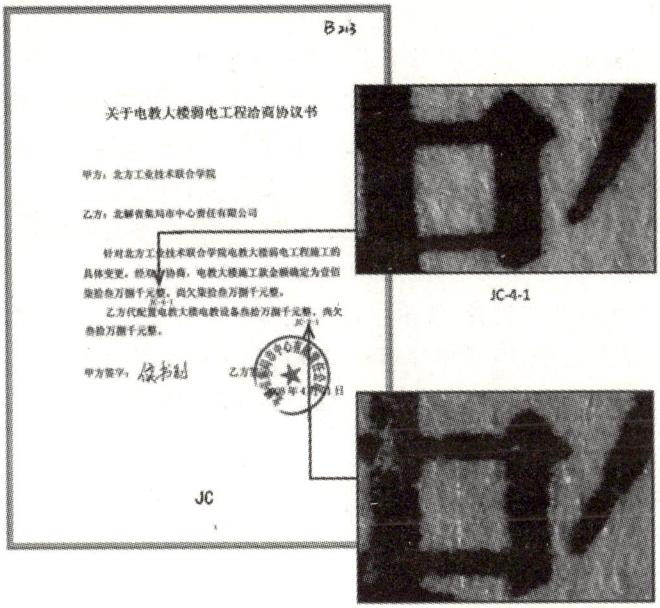

第 9 页 共 9 页

撰稿人　王跃，法学博士，硕士研究生导师，西南政法大学刑事侦查学院副教授，西南政法大学司法鉴定中心鉴定人

17 CASE 北京庆丰包子铺诉山东庆丰餐饮公司侵害商标权与不正当竞争案

| 摘　要 |

本案例以一起真实的商标侵权与不正当竞争案件为蓝本，主要围绕商标侵权及不正当竞争等法律问题展开讨论，其中涉及的程序问题包括代理律师如何参与商标民事诉讼活动，商标侵权及不正当竞争案件的证据收集、事实认定与法律适用等。实体问题包括商标近似的认定标准、企业名称权和商标权冲突时的认定标准、个人姓名权合理使用的认定标准；涉及的证据和事实问题包括，商标侵权证据的收集、被告攀附他人注册商标知名度恶意证据的分析判断、证明标准等问题。通过案例的分析与讲授，使学生能够理解并综合运用《商标法》《反不正当竞争法》最高人民法院《关于审理商标民事纠纷案件适用法律若干问题的解释》等相关规定。同时，本案例对于办理其他商标专用权的侵权案件也具有一定的参考价值。

| 关键词 |

商标专用权　商标侵权　企业字号　不正当竞争

| 教学目标 |

让学生学习和掌握以下知识技能：(1)在一审阶段，原告代理律师接受委托后如何确定受理法院；(2)作为原告代理律师，如何指导委托人收集侵权使用证据、确定被告侵犯了原告哪些权利，法律依据是什么，如何撰写起诉状；(3)作为被告代理律师，如何指导委托人收集不侵权的证据，如何进行答辩、撰写答辩意见；(4)认定商标专用权侵权时，应当具备哪些条件；(5)对"在类似商品上使用与其注册商标相同或者近似的商标"如何判定；(6)申请商标注册时与他人的在先权利相冲突时如何处理；(7)认定驰名商标时应当考虑哪些因素；(8)在先使用且具有一定影响力的商标应当如何判断；(9)对知名商标为相关公众所知悉中的"相关公众"如何界定。

教学案例主文

一、案情当事人基本信息

庆丰包子铺始于1956年,主要经营面食、包子、炒肝等北京的传统小吃,是北京市著名的老字号餐饮企业。其于1998年获得"慶豐"注册商标专用权,指定使用在第42类(现为第43类)的餐馆、临时餐室、自助餐室、快餐馆、咖啡馆等服务项目上。2003年获得"老庆丰 + laoqingfeng"注册商标权,指定使用在第30类——方便面、糕点、面包、饺子、大饼、馒头、元宵——等商品上。

庆丰餐饮公司成立于2009年,其商号中含有"庆丰"二字,经营范围为餐饮管理及咨询。创始人及法定代表人名叫"徐庆丰"。

二、案情概要

(一)一审案情介绍

一审中,庆丰包子铺认为,庆丰餐饮公司下面经营的八家门店餐厅,商号中均使用"庆丰"二字,而"庆丰"二字恰与庆丰包子铺的注册商标文字相同,经营范围也与其注册商标核定的商品或服务相同或近似。而且,庆丰餐厅公司在经营场所突出使用"庆丰"服务标识,且在网站设置"走进庆丰""庆丰文化""庆丰精彩""庆丰新闻"等栏目,在餐厅内打出"庆丰餐饮全体员工欢迎您"横幅等行为侵犯了其注册商标专用权。

故请求:(1)判令庆丰餐饮公司立即停止商标侵权行为,包括拆除销毁含有"庆丰"标识的宣传;(2)判令庆丰餐饮公司立即停止使用含有"庆丰"字号的企业名称;(3)判令庆丰餐饮公司在《济南日报》上发表声明,以消除影响;(4)判令被告赔偿原告经济损失50万元和律师费、公证费及调查取证费等9万元。

本案一审中,庆丰包子铺提交如下四组证据用以证明庆丰包子铺涉案注册商标专用权内容和效力、庆丰包子铺及其商标在行业内的影响、庆丰餐饮公司侵权行为、庆丰包子铺主张的赔偿损失和维权费用。

证明庆丰包子铺涉案注册商标专用权内容和效力的证据有:(1)"慶豐"商标注册证、核准续展注册证明、变更证明;(2)"老庆丰"商标注册证、核准续展注册证明、变更证明。

证明庆丰包子铺及其商标在行业内的影响的证据有：（1）庆丰包子铺的公司登记信息；（2）2011 年 6 月“慶豐”商标被认定北京市著名商标的证书；（3）庆丰包子铺在北京市级全国范围内获得的部分荣誉证书及称号；（4）新京报、北京晚报等多家媒体对庆丰包子铺的宣传报道；（5）2007—2012 年庆丰包子铺广告宣传资料；（6）网点收入证明；（7）加盟意向材料。

证明庆丰餐饮公司侵权行为的证据有：（1）庆丰餐饮公司公司登记材料；（2）公证书；（3）证人证言。

证明庆丰包子铺主张的赔偿损失和维权费用的证据有：（1）特许经营合同和收费凭证；（2）民事代理合同、律师代理费发票和公证费发票。

庆丰餐饮公司对上述证据进行了质证，同时辩称：（1）庆丰餐饮公司名称经工商部门依法核准，在济南范围对该企业名称享有专用权。庆丰餐饮公司在经营中正常使用其企业字号，没有突出使用原告注册商标。（2）庆丰餐饮公司使用的字号和原告的注册商标不尽相同，使用范围既不相同也不类似。（3）庆丰包子铺的商标并非驰名商标，且在北京使用，对济南区域没有任何影响力，庆丰餐饮公司使用自己的企业字号并不造成相关公众误认。（4）庆丰餐饮公司注册企业字号使用了企业法定代表人姓名徐庆丰中的“庆丰”二字，并不知道北京庆丰包子铺，在公司经营中也不存在冒用、借势、搭乘“庆丰”品牌的情形。（5）庆丰餐饮公司在网站上的宣传和使用是对公司商号的使用，仅是简化使用，不属于侵权行为。（6）庆丰餐饮公司对自己企业字号的使用并未给原告造成任何损害，原告主张的赔偿数额及损失没有事实和法律依据。

庆丰餐饮公司为证明其经营范围为餐饮管理，而且没有使用庆丰包子铺的注册商标，亦未攀附其品牌利益，故提出如下证据：（1）工商登记材料，证明合法成立，经营范围为餐饮管理，字号为法定代表人的姓名；（2）济南吉利汽车有限公司招标文件和证明；（3）浪潮集团有限公司餐饮承办商招标文件；（4）山东大学齐鲁医院东院区食堂招标文件；（5）山东太古飞机工程公司出具的证明；（6）菜品价目表、名片、服装、餐厅管理制度复印件。

一审判决认为：在中国传统商业文化中，商家喜欢选择使用带有喜庆祥和含义的词汇作为企业的字号或商标。而从字号或商标的商业标识性权利属性来看，这类字号或者商标的自由显著性并不明显，有赖于商家后天的使用和维护，以赋予其特定的含义，并与商家建立特定的联系。

本案庆丰包子铺起诉庆丰餐饮公司的侵权行为包括两类：（1）庆丰餐饮公司注册并使用“济南庆丰餐饮管理有限公司”企业名称侵害庆丰包子铺的注册商标专用权；（2）庆丰餐饮公司在其网站设立“走进庆丰”等栏目，在经营场所打出"庆丰餐饮全体员工欢迎您"横幅侵害庆丰包子铺的注册商标专用权。

对于主张的第一类侵权行为,即庆丰餐饮公司注册并使用"济南庆丰餐饮管理有限公司"企业名称是否侵害庆丰包子铺的注册商标专用权。商标是区分商品或服务来源的商业标识。注册商标由国家公司行政管理总局商标局核准,注册商标专用权效力及于全国。企业名称是区别市场主体的标志,依次由企业所在地的行政区划、字号、行业或经营特点、组织形式等四部分组成。其中字号是区别不同企业的主要标志。企业对其企业名称和字号的专用权受限于其企业名称核准的行政区划和行业或者经营特点。就本案而言,庆丰餐饮公司注册并使用其企业名称始于 2009 年 6 月 24 日,其经营地域为济南。两涉案商标分别核准于 1998 年 1 月 28 日和 2003 年 7 月 21 日,庆丰包子铺受让两涉案商标的时间分别是 2008 年 8 月 14 日和 2008 年 11 月 13 日,庆丰包子铺无证据证明在庆丰餐饮公司注册并使用其企业名称时,其经营地域和商誉已经涉及或影响济南和山东,也无证据证明庆丰餐饮公司注册并使用企业名称有佳节庆丰包子铺商标商誉的可能。同时,庆丰包子铺提供的现有证据也不能证明相关公众有将庆丰包子铺与庆丰餐饮公司误认或者存在误认的可能,故庆丰餐饮公司注册并使用"济南庆丰餐饮管理有限公司"企业名称具有合理性,并未侵害庆丰包子铺的注册商标专用权。

针对第二类侵权行为,因庆丰餐饮公司使用"庆丰"二字时与其使用环境一致。并未从字体、大小和颜色等方面突出使用,是对企业名称简称或字号的合理使用。

据此,一审判决驳回了庆丰包子铺的全部诉讼请求。

(二)二审案情介绍

庆丰包子铺不服一审判决,向二审法院提起上诉。主要理由是:(1)庆丰餐饮公司将庆丰字号在经营场所和网站单独使用的行为构成对"庆丰"二字的突出使用,侵害了涉案注册商标专用权。(2)庆丰餐饮公司将与涉案注册商标相同的"庆丰"文字作为企业字号并使用的行为,具有主观恶意,构成不正当竞争。(3)一审法院认为庆丰包子铺无证据证明其经营地域和商誉影响到山东,庆丰餐饮公司的行为不会造成相关公众的混淆误认的判决不当。(4)本案应对适用《商标法》《反不正当竞争法》及最高人民法院《关于审理商标民事纠纷案件适用法律若干问题的解释》等法律及司法解释,一审法院适用的《企业名称登记管理实施办法》不当。

庆丰包子铺在二审过程中补充提交了如下证据:(1)北京烹饪协会证;

(2)2009—2013年庆丰包子铺的审计报告;(3)庆丰包子铺连锁店历年网店开发情况附图;(4)庆丰包子铺与加盟商签订的特许经营合同;(5)外省市预加盟庆丰的意向表;(6)申请者资料表;(7)加盟咨询记录;(8)《济南时报》《齐鲁晚报》等对庆丰包子铺的报道情况;(9)庆丰商标被侵权信息记录;(10)工商部门主动执法案例。

庆丰餐饮公司质证称,对证据1、证据3、证据5、证据6、证据7、证据10的真实性有异议。对证据2的真实性无异议,但认为与本案无关。对证据4的真实性无异议,但仅能证明在北京地区的加盟情况,无法证明山东的情况。对证据8的真实性无异议,但报道时间为2013年之后,与本案无关。对证据9中被诉侵权照片的真实性无异议,但与本案无关。

二审法院认为:证据1、证据4仅能证明庆丰包子铺在北京地区的知名度,未能证明涉案商标在山东及全国的知名度。证据2与涉案商标的知名度无关。证据3、证据5、证据6、证据7、证据10均系庆丰包子铺自行制作,对其真实性无法确认。证据8形成时间均为被诉侵权行为发生之后,无法证明被诉侵权行为发生时涉案商标的知名度情况。证据9仅表明案外人使用庆丰作为字号的情况,与本案无关。二审法院认为庆丰包子铺提交的上述证据对其证明对象均缺乏证明力,不予采信。

二审法院认为,本案当事人争议的焦点问题为:(1)庆丰餐饮公司的被诉侵权行为是否侵害庆丰包子铺涉案商标权;(2)庆丰餐饮公司的被诉侵权行为是否构成不正当竞争。

对是否构成商标权侵权问题:首先,庆丰餐饮公司使用“庆丰”二字时并未从字体、大小和颜色等方面突出使用,是对企业名称简称或字号的合理使用。其次,将被诉侵权标识“庆丰”与繁体庆丰文字商标比对来看,两者差别较大,不构成相同商标;将被诉侵权标识“庆丰”与简体老庆丰文字拼音商标比对来看,被诉侵权标识仅与涉案商标文字部分的“庆丰”二字相同,与其他的文字拼音部分也不相同。最后,从庆丰包子铺提交的证据来看,涉案商标知名度主要限于北京地区,其未能证明涉案商标在被诉侵权行为发生时在山东及济南地区具有较高的知名度。

综上所述,被诉侵权标识与涉案商标不构成相同或近似,不会使相关公众对商品的来源产生误认或者认为其来源与涉案注册商标的商品有特定的联系,庆丰餐饮公司的被诉侵权行为不侵害庆丰包子铺的涉案商标权。

对是否构成不正当竞争问题:首先,涉案商标为繁体庆丰文字商标及简体老庆丰文字拼音商标,庆丰餐饮公司的企业字号“庆丰”与涉案商标并不相同。其次,庆丰包子铺未能提供证据证明其涉案商标在庆丰餐饮公司使用庆丰作为企业字号时在山东及济南具有较高的知名度。故庆丰餐饮公司在主观上没有攀附庆丰包子铺商标商誉的意图,客观上不会造成相关公众的混淆误认,不违反诚实信用等原则,不构成不正当竞争。

二审法院驳回庆丰包子铺的上诉请求,维持原判。庆丰包子铺不服二审判决,提起再审。

(三)再审案情介绍

再审期间,庆丰包子铺提交了如下证据:

证据1:特许经营合同。用以证明庆丰包子铺自2008年起许可袁贵斌等在北京工业大学附近使用"庆丰"标识开设庆丰包子铺。

证据2:北京德众会计师事务所出具的庆丰包子铺专项审计报告。用以证明2009年至2013年,庆丰包子铺营业额分别为2.0068亿元、2.7852亿元、3.6487亿元、4.3641亿元、5.1929亿元;"庆丰"直营及加盟店共计293家。分布在北京、天津、河北、山东、山西、等地;媒体宣传范围覆盖全国,广告宣传额合计1043万元。

证据3:商标档案。用以证明庆丰餐饮公司于2013年9月16日分别在第30类"包子"等商品及第43类"饭店、餐厅、快餐馆"等服务上申请注册包含"庆丰"文字的商标,其搭便车行为具有一贯性。

证据4:商标档案。用以证明2007年8月7日,庆丰包子铺申请注册了"Q"图形商标,庆丰餐饮公司使用的图形商标同样是对庆丰包子铺图形商标的摹仿。

证据5:新华网刊登《浪潮投资12亿元在济南建科技园》文章。用以证明北京浪潮集团在济南设立济南浪潮公司,庆丰餐饮公司在济南浪潮公司内经营"庆丰"餐饮店,其中很多员工来自北京,容易导致相关公众的混淆误认。

庆丰餐饮公司对上述证据发表如下质证意见:

对于证据1,徐庆丰的餐厅开设在北京工业大学的另一校区,且仅在北京呆了三四个月;对于证据2,认可审计报告的真实性;对于证据3,认可真实性;对于证据4,庆丰餐饮公司可以注册其他商标,庆丰包子铺认为与其商标相似,超出本案的审理范围;对于证据5,浪潮集团并非在北京注册,不能达到证明目的。

同时,庆丰餐饮公司再审期间提交了一份证据:山东松乔餐饮管理有限公司的证明。证据中显示:徐庆丰2007年11月进入该公司工作,后被派往北京工业大学耿丹学院学习餐厅管理,该学院位于北京市顺义区。该公司于2008年4月安排其回济南,派驻济南工程职业技术学院进行餐厅管理。2008年10月10日离开该公司。

再审法院认为,该案件的主要争议焦点问题为:(1)庆丰餐饮公司在其网站、经营场所使用"庆丰"文字的行为是否侵害庆丰包子铺的涉案注册商标专用权;(2)庆丰餐饮公司将"庆丰"文字作为其企业字号注册并使用的行为,是否构成不正当竞争;(3)庆丰餐饮公司应如何承担民事责任的问题。

针对"庆丰餐饮公司在其网站、经营场所使用'庆丰'字的行为是否侵害庆丰包子铺的涉案注册商标专用权",法院作出如下解释:首先,关于庆丰餐饮公司对"庆丰"文字的使用状况。庆丰餐饮公司在其公司网站上开设"走进庆丰""庆丰文化""庆丰精彩""庆丰新闻"等栏目,在经营场所挂出"庆丰餐饮全体员工欢迎您"的横幅,相关公众会将"庆丰"文字作为区别商品或者服务来源的标识,庆丰餐饮公司的使用行为属于对"庆丰"商标标识的突出使用,其行为构成商标性使用。其次,关于庆丰包子铺涉案注册商标的知名度情况。根据一审、二审法院查明的事实,庆丰包子铺的"慶豐"商标、"老庆丰 + laoqingfeng"商标的核准注册时间也比庆丰餐饮公司成立的时间早。庆丰包子铺的连锁店早于2007 年被北京市商务局认定为"中国风味特色餐厅"。在媒体宣传上投入大量资金。庆丰包子铺采用全国性连锁经营的模式,经过多年诚信经营和广告宣传,取得了较高的显著性和知名度。再次,关于庆丰餐饮公司使用的"庆丰"文字与涉案注册商标的近似性判断。庆丰包子铺在餐馆服务上注册的"慶豐"商标及在方便面、糕点、包子等商品上注册的"老庆丰 + laoqingfeng"商标,在全国具有较高的知名度和影响力。"慶豐"与"庆丰"是汉字繁体与简体的对应关系,其发音相同;"老庆丰 + laoqingfeng"完全包含了"庆丰"文字。庆丰餐饮公司将"庆丰"文字商标性使用在与庆丰包子铺的上述两注册商标核定使用的商品或服务构成类似的餐馆服务上,容易使相关公众对商品或服务的来源产生误认或者认为其来源庆丰餐饮公司与庆丰包子铺之间存在某种特定的联系,可能导致相关公众的混淆和误认。最后,关于庆丰餐饮公司使用"庆丰"文字的合理性判断。庆丰餐饮公司主张其对"庆丰"文字的使用属于合理使用其企业字号,且系对其公司法定代表人徐庆丰名字的合理使用。对此,法院认为,庆丰餐饮公司的法定代表人为徐庆丰,其姓名中含有"庆丰"二字,徐庆丰享有合法的姓名权,当然可以合理使用自己的姓名。但是,徐庆丰将其姓名作为商标或企业字号进行商业使用时,不得违反诚实信用原则,不得侵害他人的在先权利。徐庆丰曾在北京餐饮行业工作,应当知道庆丰包子铺商标的知名度和影响力,却仍在其网站、经营场所突出使用与庆丰包子铺注册商标相同或相近似的商标,明显具有攀附庆丰包子铺注册商标知名度的恶意,容易使相关公众产生误认,属于前述司法解释规定的给他人注册商标专用权造成其他损害的行为，其行为不属于对该公司法定代表人姓名的合理使用。因此，庆丰餐饮公司的被诉侵权行为构成对庆丰包子铺涉案注册商标专用权的侵犯。

针对“庆丰餐饮公司将‘庆丰’文字作为其企业字号注册并使用的行为，是否构成不正当竞争”，再审法院作出如下解释：根据一审、二审法院查明的事实，庆丰包子铺自 1956 年开业，1982 年 1 月 5 日起开始使用“庆丰”企业字号，至庆丰餐饮公司注册之日止已逾二十七年，属于具有较高的市场知名度、为相关公众所知悉的企业名称中的字号，庆丰餐饮公司擅自将庆丰包子铺的字号作为其字号注册使用，经营相同的商品或服务，具有攀附庆丰包子铺企业名称知名度的恶意，其行为构成不正当竞争。

针对“庆丰餐饮公司应如何承担民事责任的问题”，再审法院作出如下解释：庆丰餐饮公司的被诉侵权行为构成侵害庆丰包子铺注册商标专用权的行为和不正当竞争，应当承担停止上述行为并赔偿损失的民事责任。因庆丰包子铺未提供因庆丰餐饮公司上述侵权行为所遭受的损失或庆丰餐饮公司所获利润的证据，故本院结合侵权行为的性质、程度及庆丰餐饮公司上述侵权行为的主观心理状态等因素，酌定庆丰餐饮公司赔偿庆丰包子铺经济损失及合理费用人民币 5 万元。因庆丰包子铺未举证证明其商标商誉及企业信誉因庆丰餐饮公司的侵权和不正当竞争行为受到的损害，本院对其要求庆丰餐饮公司在《济南日报》上发表声明消除影响的诉讼请求不予支持。

综上所述，最高人民法院判定：庆丰包子铺的再审申请符合《民事诉讼法》第 200 条规定的情形。依照《民事诉讼法》第 207 条第 1 款、第 170 条第 1 款第 2 项之规定，作出如下判决：（1）撤销山东省高级人民法院（2014）鲁民三终字第 43 号民事判决；（2）撤销山东省济南市中级人民法院（2013）济民三初字第 716 号民事判决；（3）山东庆丰餐饮管理有限公司于本判决生效之日起立即停止使用“庆丰”标识的侵害北京庆丰包子铺注册商标专用权的行为；（4）山东庆丰餐饮管理有限公司于本判决生效之日起立即停止在其企业名称中使用“庆丰”字号的不正当竞争行为；（5）自本判决生效之日起十日内，山东庆丰餐饮管理有限公司赔偿北京庆丰包子铺经济损失及合理费用 5 万元；（6）驳回北京庆丰包子铺的其他诉讼请求。

教学指导手册

教学对象及目标

本案例供法律硕士案例教学使用,法学硕士及法学本科也可以参酌使用。

本案例主要就商标专用权的侵权问题、反不正当竞争的构成要件等问题进行讲授,内容涉及对商标法、反不正当竞争法等法律条文的解释与适用。希望通过教师引导学生训练,让学生学习和掌握相关法律知识和法律技能,尤其是培养学生探寻法律事实和寻找法律条文的能力,并在此基础上训练法律逻辑推理能力。

让学生学习和掌握以下知识技能:(1)在一审阶段,原告代理律师接受委托后如何确定受理法院;(2)作为原告代理律师,如何指导委托人收集侵权使用证据、确定被告侵犯了原告哪些权利,法律依据是什么,如何撰写起诉状;(3)作为被告代理律师,如何指导委托人收集不侵权的证据,如何进行答辩、撰写答辩意见;(4)认定商标专用权侵权时,应当具备哪些条件;(5)对"在类似商品上使用与其注册商标相同或者近似的商标"如何判定;(6)申请商标注册时与他人的在先权利相冲突时如何处理;(7)认定驰名商标时应当考虑哪些因素;(8)在先使用且具有一定影响力的商标应当如何判断;(9)对知名商标为相关公众所知悉中的"相关公众"如何界定。

教学内容

1. 在一审阶段,原告代理律师接受委托后如何确定受理法院?

依据最高人民法院 2010 年 1 月 28 日发布的《关于调整地方各级人民法院管辖第一审知识产权民事案件标准的通知》第 2 条规定:除应当由经最高人民法院指定具有一般知识产权民事案件管辖权的基层人民法院管辖的以外,均由中级人民法院管辖。

而根据同日最高人民法院发布的《关于印发基层人民法院管辖第一审知识产权民事案件标准的通知》,虽然山东省济南市的历下区人民法院具有对第一审一般知识产权民事案件的管辖权,但其受案范围仅为:"诉讼标的额在 50 万元以下的第一审一般知识产权民事案件以及诉讼标的额在 50 万元以上 100 万元以下且当事人住所地均在其所属中级人民法院辖区的第一审一般知识产权民事案件。”

本案庆丰包子铺要求赔偿额超过 50 万，且原告一方所在地是北京，不适用基层人民法院管辖的标准，因此，本案由济南市中级人民法院管辖。

2. 作为原告代理律师，任何代为收集侵权使用证据、确定被告侵犯了原告哪些权利，法律依据是什么？如何撰写起诉状？

在民事侵权案件中，侵权证据的收集尤为重要，其不但影响到原告方权利能否得到救济，还影响到法院的判赔数额。本案中，作为原告代理律师，在接受委托后，应当亲自实地调查，对被告使用与原告近似的商业标识方式和状态进行取证并固定相关证据，并去工商部门调取相关的企业登记信息。为了使法院最大范围内支持请求判赔数额，一方面，可以到税务部门及进行访问等方式来确定被告的经营收入情况及时间等；另一方面，可以指导原告收集己方由于被告的行为而在相关地域业务受到影响的证据。此外，原告通过使用相关标识，获得知名度的高低也会影响到法院对实体问题的判断，因此，原告方在经营过程中使用“庆丰”商标或商号的证据也需要原告一并收集提交。

在收集好相关证据后，代理律师进一步分析、判断相关侵权证据显示被告实施了一种行为还是多种行为，被告行为侵犯了原告的一种权利，还是多种权利。如果是多种权利，是否涉及法条竞合的问题。

涉及商业标识侵权的案件一般与《商标法》或者《反不正当竞争法》法有关，应根据具体侵权行为表现，对应相关法条的规定。在本案中，被告在牌匾招牌上使用“庆丰”的行为，可以归为商标性使用，因此该行为涉及 2013 年修订的《商标法》中第 56 条第 1 项和第 5 项规定。此外，还因为“庆丰”也是庆丰包子铺的企业名称，且具有一定知名度，庆丰餐饮公司擅自将“庆丰”商号作为自己的字号注册使用，其行为也违反了《反不正当竞争法》第 5 条第 3 项规定。

在明确具体侵权行为的表现方式，并确定法律依据后，可以起草起诉状。起诉状内容一般包括：当事人信息、诉讼请求、事实与理由、法律依据、结语。根据已有分析，结合证据，有条理、逻辑性地撰写。

3. 作为被告代理律师，如何指导委托人收集不侵权的证据，如何撰写答辩意见？

被告代理律师在接到起诉状后，与委托人充分沟通，了解情况，分析相关事实关系,判断相关行为是否构成侵权,指导当事人收集对乙方有利的证据。本案中,需要指导当事人收集较早使用“庆丰”商业标识,并且经过规范使用,已获得一定知名度的证据。这些证据体现在被告在经营过程中与合作方签署的合同、产生的发票,媒体宣传、报道,纳税情况等。

答辩意见要紧扣起诉状的要点并结合事实进行答辩,被告方收集的证据可以用以证明己方合理使用或者无责,从而从法律上避免被追责。

4. 认定商标专用权侵权时,应当具备哪些条件?

商标侵权行为,是指侵害他人注册商标专用权的行为。商标专用权侵权应具备以下几个条件:(1)侵权人在公共场合突出使用与他人商标中相同或相近的字样或图形;(2)致使相关公众发生认识上的混淆和误认;(3)侵害他人的商标专用权,给专用权人带来一定的经济损失或破坏其商业信誉。

5. 对“在类似商品上使用与其注册商标相同或者近似的商标”如何判定?

《商标法》第 57 条第 2 项规定,“未经商标注册人的许可,在同一种商品上使用与其注册商标近似的商标,或者在类似商品上使用与其注册商标相同或者近似的商标,容易导致混淆的行为”属于侵犯注册商标专用权。也就是说,未经商标注册人的许可,在同一种商品上使用与其注册商标近似的商标,或者在类似商品上使用与其注册商标相同或者近似的商标时,除非存在混淆的可能性,否则不应当认定构成商标侵权。这里所称的“类似商品”指在商品的功能、用途、消费对象、生产经营者等方面具有大致相像的特征,易使消费者难于辨别其来源而产生误认、误购商品;“近似的商标”指通过对商标进行整体比较,不易辨别,以具有一般谨慎程度的消费者,用普通注意力观察时,易于对商品或服务的来源或者相关信息产生混淆或者误认的可能性作为判断标准。

6. 申请商标注册时与他人的在先权利相冲突时如何处理?

《商标法》第 32 条明确规定申请商标注册不得损害他人现有的在先权利。“他们现有的在先权利”是指在商标注册申请人提出商标注册申请之前,他人已经取得权利,如企业名称权、外观设计专利权、著作权等。

7. 认定驰名商标时应当考虑哪些因素?

结合《巴黎公约》和《与贸易有关的知识产权协定》中有关对驰名商标保护问题的规定,我国《商标法》第 14 条明确规定了认定驰名商标应当需要考虑的因素。这些因素包括:第一,相关公众对商标的知晓程度。为与《与贸易有关的知识产权协定》相一致并应一般公众的心理要求,商标法规定认定驰名商标中的首要因素是公众知晓程度。而“相关公众”则指与使用该商标的商品和服务有关的公众,并不是所有的公众。“知晓程度”则可以通过调查消费者和做民意测验来最终确定。第二,该商标使用的持续时间。无论商标是否注册,只有通过长期使用该商标才能真正地被广大公众知晓并被认同。也就是说,该商标使用的时间越长,越符合驰名商标的认定标准。第三,该商标的任何宣传工作的持续时间、程度和地理范围。要让公众更好地知悉驰名商标就必须要进行必要的宣传,只有通过长时间地在不同地域范围内进行宣传,驰名商标的知名度才会有更好的提升。第四,该商标作为驰名商标受保护的记录。依据《巴黎公约》和《与贸易有关的知识产权协定》之规定,驰名商标在成员国中均受到保护,故如能提供该驰名商标被保护过得记录及相关的作证材料,会对在我国认定该商标为驰名商标是起重要的作用。第五,该商标驰名的其他因素。

8. 在先使用且具有一定影响力的商标应当如何判断?

有一定影响的商标在知名度方面未达到驰名商标的状态,但其在一定范围内为相关消费者所知且具有一定的知名度。判断商标是否具有一定的影响力应当看该商标是否已经“使用”,该“使用”应当从以下三个方面来考量:

(1)实际使用。商标应当使用在市场上进行销售的商品或提供的服务上,而不是将商标仅用于对其的广告宣称或其他交易文书中。

(2)公开使用。以普通消费者可接触、感知的方式使用,而不是生产或销售活动中商标所有人和关联企业在内部使用该商标。

(3)持续使用。带有商标的商品在市场上连续销售一段时间,时间太短不足以达到被相关消费者认知的程度。

9. 对知名商标为相关公众所知悉中的“相关公众”如何界定?

这里的“相关公众”,是指与使用该商标的商品和服务有关的公众,而非所有的公众,并不以全社会公众为标准。同时,相关公众不应限于该商品的购买者和实际使用者,对于该商品有购买意向的潜在需求者也应该考虑在内。

课堂时间安排

本案例可以作为专门的案例教学课来进行,整个案例课的课堂安排 4 个课时,每课时45分钟。

如下课堂设计,仅供参考。

1.课前计划:安排学生自行阅读案例及相关参考资料,对案例所涉及问题进行思考,撰写实践题答案。

2.课中计划:(1)介绍教学目的,明确讨论主题;(2)分组讨论,回答各项思考题,讨论实践题的撰写要点;(3)小组代表提出撰写要点,学生讨论和分析;(4)教师归纳总结。

3.课后计划:布置学生进一步思考辩护律师在知识产权诉讼活动中的职能,以及如何发挥其职能。

思考题和实践题

1. 思考题

(1)商标民事侵权案件一审的受理法院是哪一级人民法院?

(2)何为商业标识的商标性使用?

(3)商标近似的判断标准是什么?本案中,法官在判断商标近似时,考虑了哪些因素?为何各级法院得出不同的结论?

(4)商标和商号产生冲突时,如何界定权利边界?认定侵权的考虑要件有哪些?

(5)个人姓名权的合理使用的要件和认定标准。

(6)认定损害赔偿额的考虑因素是什么,律师在其中的作用有哪些?

(7)民事案件中,对在不同阶段提交的证据的采信标准是什么?

2. 实践题

(1)如果你是庆丰餐饮公司的代理律师,在一审阶段应该做哪些工作?请根据以上案情,编写工作计划。

(2)结合本案案情,为本案一审撰写起诉书。

(3)针对以上起诉理由和请求,为被告撰写答辩书。

(4)请根据以上案件信息,分析庆丰餐饮公司的行为是否构成侵犯他人商标专用权及不正当竞争。

参考文献

1. 陈灿平:《驰名商标司法认定新探》,载《法学杂志》2014年第9期。

2. 王太平:《论驰名商标认定的公众范围标准》,载《法学》2014年第10期。

3. 杜颖:《商标先用权解读〈商标法〉第59条第3款的理解与适用》,载《中外法学》2014年第5期。

4. 黄朝玮:《商标先用权制度应删去"有一定影响"要件——评〈商标法〉第 59 条第 3 款》,载《中华商标》2015 年第 8 期。
5. 何莹:《我国商标法上的"销售侵犯注册商标专用权的商品":历史、逻辑与制度》,载《西南政法大学学报》2015 年第 6 期。
6.《钱瑜、郭白玉,庆丰包子铺三年反侵权仅获赔 5 万》,载《北京商报》2016 年 11 月 18 日,第 4 版。
7. 凌宗亮:《商标侵权与涉商标不正当竞争行为的届分》,载《中华商标》2015 年第 11 期。
8. 欧阳福生:《企业字号异地使用造成商品混同构成不正当竞争》,载《人民司法》2015 年第 6 期。
9. 莫曼芝、陈浩鹏:《使用他人注册商标作为企业字号不必然构成不正当竞争》,载《法治与社会》2014 年第 11 期。
10. 吴汉东:《知识产权法》,法律出版社 2014 年版。
11. 法律出版社法规中心:《商标常见法律问题及纠纷解决法条速查与文书范本》,法律出版社 2013 年版。

撰稿人 | 崔金珍,天津财经大学法学院副教授,硕士生导师
孟爱华,北京德和衡律师事务所合伙人,律师

18 CASE 浙江圣大建设集团有限公司诉浙江玻璃股份有限公司动产浮动抵押权纠纷案

| 摘　要 |

本案例以一起真实的债权担保纠纷案件为蓝本，主要围绕浮动抵押设立的认定以及抵押财产的客体范围展开讨论，其中涉及设定担保性质的辨析、合同书形式的要求，浮动抵押结晶行权的条件、优先受偿范围划定等法律问题。通过案例的分析与讲授，有助于学生直观地理解在我国法律框架下，浮动抵押适用的空间和效力，对其设立方式、客体范围、应用特征、实现方法有更加深入的认识和思考。同时，对实务中签署此类担保合同需要防范的商业风险和法律问题提供参考和规范思路。

| 关键词 |

浮动抵押设立　动产抵押范围　浮动抵押行权　担保物权纠纷

| 教学目标 |

本案例教学应着重让学生掌握以下几方面内容：(1)浮动抵押与固定抵押的区别和联系；(2)浮动抵押的制度内涵与现实价值；(3)浮动抵押设立与否的参考标准；(4)我国《物权法》中关于浮动抵押的具体规定及其存在的问题；(5)浮动抵押与保证并存的认定与比较；(6)浮动抵押优先效力的认定和顺序；(7)浮动抵押实现的方式和途径；(8)抵押权人使用浮动抵押的风险控制。

教学案例主文

一、引言

2007 年 10 月 1 日正式实施的《物权法》首次引进了“浮动抵押制度”，这是我国担保法律制度上的一次重大立法突破。该制度的确立在一定程度上完善了担保物权体系，扩大了抵押财产的范围，特别是浮动抵押中抵押财产可自由流转经营的特点，对于抵押人的益处非常明显。

但与此相对，抵押权人的利益如何得到有效保护却面临诸多法律问题。由于《物权法》第181条的规定较为原则化，只是笼统规定设立浮动抵押需要签署书面协议，但该协议中究竟应该列明哪些事项，是否需要注明“浮动抵押”等字样并不明确，以其现有和将来的财产提供担保，是否构成浮动抵押，容易引发当事人的争议；而相应的登记机关也未提供专门的登记程序，对浮动抵押的浮动性认识不清；再加上制度引进时，没有赋予抵押权人在结晶后自行处置抵押财产，派出接管人接管抵押标的的保护性权利，多数仍依靠法院来保障实施，给浮动抵押权利的实现造成了极大的不便。

因此，在商业实践中，银行等债权人往往并不愿意接受债务人采取浮动抵押的方式，为其债务履行提供担保，即使偶有适用，也会面临较大的商业风险或法律问题。

这样产生的后果是，该项制度的引进并没能发挥其便利融资，为中小企业解决融资困局，促进社会资源有效配置的初衷和功能。所以，我们有必要借鉴国外的成熟经验，对该项制度的运行模式以及司法实践中出现的疑难问题进行分析和反思，更加深入地理解其制度内涵，完善配套措施、挖掘制度红利。

二、案情概要

2008年8月，浙江圣大建设集团有限公司（以下简称圣大公司）作为债权人与债务人光宇集团有限公司（以下简称光宇公司）签署《借款协议》，向其提供资金借款。同时，为担保其债权顺利实现，圣大公司分别与浙江玻璃股份有限公司（以下简称浙玻公司）以及自然人冯某签署了《补充协议》，约定由浙玻公司与冯某为该笔债务提供连带保证。

基于该债权债务关系，浙玻公司又于2008年10月7日向圣大公司开具了一份《浙江玻璃股份有限公司产品出库单》，上面注明“以其1~4生产线的玻璃在4000万元范围内向原告提供担保”。

后圣大公司依据借款协议向光宇公司发放了借款。借款期满后，光宇公司仅归还500万元本金，其余借款本金及利息均未按期归还。

2010年9月13日，圣大公司向法院起诉，要求债务人光宇公司清偿全部欠款及利息，并要求浙波公司以及自然人冯某承担连带责任。该案经二审审理，Z省高级人民法院作出生效判决：确认上述借款关系合法有效，债务人及其连带保证人应向债权人圣大公司偿还包括借款本金（4250万元）、相关利息以及实现该案债权所支付的全部费用。

据此,圣大公司又于2011年9月13日以浙波公司为被告,向Z省S市中级人民法院提起诉讼,希望确认:(1)圣大公司与浙玻公司订立的4000万元玻璃抵押权合法成立,圣大公司就抵押财产享有优先权利;(2)圣大公司为实现抵押权所花费的合理费用216200元由浙玻公司承担,并在抵押财产范围内承担担保责任;(3)本案诉讼费用由浙玻公司承担。

庭审中,圣大公司进一步明确本案所涉的担保性质系浮动抵押担保。

被告浙玻公司辩称:浙玻公司从未作出抵押担保的意思表示,双方也从未就此达成合意,也未订立抵押合同,圣大公司所称的抵押合同并不成立,圣大公司无权就该类玻璃优先受偿。请求驳回圣大公司的全部诉讼请求。

三、争议焦点

本案的争议焦点在于被告所提供担保的性质应如何认定,以及该担保是否成立。

原告圣大公司认为,被告浙玻公司在收到主债务人光宇公司要求其提供货权担保的联系单后,主动向原告出具玻璃出库单的行为,已经明确了其为主债务人提供担保的意思表示。被告通过交付出库单的方式,以其1~4生产线生产的玻璃为原告提供担保,表明讼争担保系物的担保。

出库单并未对用于抵押的玻璃进行具体界定,也未对被告的处分权能作出限制,抵押物具有浮动性,符合《物权法》第181条规定的动产浮动抵押的特征,故原被告之间成立浮动抵押的担保关系。

同时,根据《合同法》第11条之规定:"书面形式是指合同书、信件和数据电文(包括电报、电传、传真、电子数据交换和电子邮件)等可以有形地表现所载内容的形式。"原告为主张抵押权利,提供了抵押担保设立过程中形成的联系单、出库单,可以证明本案抵押担保的设立已存在书面形式。被告主张未签署书面协议而不符合浮动抵押设立条件的说法并不成立。

浮动抵押自抵押合同生效时设立;未经登记,不得对抗善意第三人。本案中并不涉及第三人利益,故浮动抵押未经登记并不影响其物权效力,自合同生效时,抵押权利同时设立。

被告抗辩认为,联系单中明确,开具价值4000万元的玻璃提货单是为货权质押,但双方最终并未就质押标的的规格、品种达成一致,未加盖印章,未记载有效期。故双方之间只是就质押设立进行过协商,但最终并没有达成一致,并未设立动产质押。

退一步说,即使按照原告认定,双方之间设立的是浮动抵押,但依据《物权法》第181条的规定,设立浮动抵押,必须签署书面的抵押协议,该抵押担保因未经双方书面协议而不能成立,联系单、出库单的存在并不能替代抵押合同的书面效力,浮动抵押并未依法设立,故原告不能在4000万元范围内享有优先受偿的权利。

四、主要证据示例

证据1:借款协议三份、补充协议二份、浙江省高级人民法院民事判决书一份(均为复印件)。证明光宇公司的借款事实。

证据2:2008年9月6日,光宇公司(债务人)向浙波公司(保证人)出具的联系单一份(复印件)。内容为:"浙江玻璃销售部、财务部:兹因向浙江圣大建设集团有限公司借用资金需要,需你部开具价值4000万元玻璃提货单,作为货权质押,望予以办理。"另在该联系单顶部,载有"请王伟丽协办冯光成"内容。

证据3:2008年10月7日,浙波公司向圣大公司出具的载有"浙玻公司财务专用章"的"浙江玻璃股份有限公司产品出库单"两份(提货联和客户联)。上面注明:以其"1~4"生产线玻璃在4000万元范围内向原告提供担保。

证据4:委托合同、发票、进账单、转账支票(复印件)。证明原告为实现抵押权所支出的费用。

证据5:圣大公司与浙玻公司在前述借款协议中约定,浙玻公司的保证范围包括借款本金、费用、违约金和圣大公司为实现债权支出的全部费用。

证据6:圣大公司为本案诉讼已支付律师费216200元。

教学指导手册

教学对象及目标

本案例供法律硕士案例教学使用,法学本科(大四)、民商法学硕士、金融法学硕士也可以参酌使用。

本案例主要就浮动抵押的设立、抵押财产的客体、抵押权利的实现以及保证与抵押共存时的处理等法律问题进行讲授,内容涉及对物权法、担保法相关条文的解读与适用,并结合现实,对我国现行浮动抵押制度的运行和法律体系进行反思和评价。

希望通过案例教学的方式,让学生掌握和理解以下知识:(1)浮动抵押的含义和起源;(2)浮动抵押的性质、价值与风险;(3)浮动抵押设立与否的参考标准;(4)我国《物权法》中关于浮动抵押的一般规定;(5)保证与第三人浮动抵押并存的法律处理;(6)浮动抵押优先效力的认定和顺序;(7)浮动抵押实现的方式和途径;(8)抵押权人使用浮动抵押的风险控制。

在掌握以上知识的基础上,进一步培养学生分析法律事实、寻找法律依据、进行法律阐释、法律推理的分析和思辨能力。

教学内容

1. 浮动抵押的含义和起源

抵押可以是固定的,也可以是浮动的。固定抵押(fixed charge)指当抵押设立的时候,就立即依附于抵押物上,抵押权人取得抵押物上的权利,有权限制抵押人处分或损坏抵押物。抵押权人可以申请法院禁令,阻止抵押人未经授权处分抵押物。如果抵押人非法转让了抵押物,依法善意取得抵押物的第三人有权对抗抵押权人,因为他事先并不知道固定抵押的存在,但是如果他是恶意取得,则应当排除在外。固定抵押是依附于抵押物的抵押。固定抵押项下的抵押物既可以是现在的财产,也可以是将来取得的财产。原则上,区分固定抵押和浮动抵押的标准在于,抵押设立后抵押人是否有权自由处分抵押物。在固定抵押中,无抵押权人的同意,抵押人人无法处分其财产。在浮动抵押(floating charge)中,抵押人则可在无抵押权人同意的情形下,自行处分抵押物,将所有权移转或在抵押物上设定其他权利。抵押人是否有权自由处分抵押物,取决于该抵押的性质。

英国的判例对浮动抵押的含义一直处于争论与发展当中。最先阐述浮动抵押含义的是 Macnaghten 法官,他认为:“浮动抵押是对持续经营的企业财产上设立的抵押。它依附于时时变化着的财产。这种抵押的本质是它发挥着强大的作用,一直到提供抵押的企业停业或者抵押权人干涉为止。抵押权人干涉的权利当然可以通过契约推延,但是如果没有推延契约,债务人违约后,他可以在任何高兴的时候行使权利。”在另一个案例中,Macnaghten 法官进一步阐述,“我认为与固定抵押相比,给浮动抵押下个定义不是非常困难……浮动抵押的本质是流动的和不确定的,在不断变化着,可以说随着它试图要影响的财产而飘浮,直到促使它在可触及和掌握的范围内固定下来并依附于抵押物的特定事件的出现或者特定行为的发生。”

Romer 法官则提道:“如果一个抵押具有我所谈到的三个特征,那么我当然认为它是浮动抵押:(a)如果它是对公司现行的和未来的财产设定的抵押;(b)如果那些财产在公司的日常经营活动中随时都在变化着;(c)如果你发现该抵押,除非将来被或代表着抵押利益的权利人采取了特定的措施,就我所谈的特定财产,公司可以开展正常的经营活动。”但他强调,这些并不是浮动抵押的精确定义。缺少其中一个或多个特征并不意味着抵押就不是浮动抵押。

如上所述,浮动抵押是相对于固定抵押而言的,固定抵押与大陆法系抵押权的概念相似,包括德国法上的财团抵押。浮动抵押制度始创于英格兰衡平法,普遍应用于公司发行债券的担保。1870 年英国上诉法院审理的 Panama, New Zealand and Australian Royal Mail Co. 案可视作正式确立浮动抵押制度的第一个案例。此案中公司发行的抵押债券上规定:“将企业及其产生的金钱,连同公司所有的不动产、权利、所有权及利益作为本金和利息的担保。”Giffard 认为:“undertaking 一词指公司的所有财产,不仅发行债券之日存在的还包括日后公司可能取得的财产;同时公司享有继续在抵押财产上经营的权利。”也就是说,上诉法院认为:出抵一家企业现有的和将来取得的全部资产的效力等于出抵整个企业,但抵押权人不得干预企业的经营管理,也不得阻止出抵人处分企业的资产。

允许在一个公司全部或部分财产权利上设立担保,这种担保可以及于担保公司未来之财产;被担保公司享有对该财产一定的处分权利。经过一个多世纪的发展和总结,浮动抵押制度在英国法上建立起来。

2. 浮动抵押的性质、价值与风险

对浮动抵押性质的讨论一直没有中断。传统学说认为,它是一种担保利益,即意味着债权人拥有的在债务人财产上的财产性利益,债务人保留对财产的自由处置权,就如它们没有被抵押一样。Pennington 教授总结了目前比较流行的两种观点。一个是“许可理论”,认为浮动抵押人之所以有权处置抵押物,是因为债权人允许他们这样做。另一个是“对未来财产的抵押理论”,认为浮动抵押是一种担保利益,在设定时即赋予债权人对公司财产的财产性权利,尽管这种抵押在结晶之前并不依附于特定的财产。

虽然已经达成的共识是,浮动抵押的财产性利益有别于、甚至少于固定抵押的财产性利益,但是很难用精确的语言来解释浮动抵押所产生的财产性利益的本质。Goode 建议,虽然浮动抵押给予权利人在财产上现行的权利,债务人在日常经营中仍可自由处置该财产。Gough 反对“未来财产的抵押”理论,根据他的观点,虽然浮动抵押是现行衡平法上的担保,但抵押在结晶之前没有给予权利人任何衡平法上的财产性利益。他认为,浮动抵押产生了一种延迟的衡平法上的利益,在结晶之前,浮动抵押的权利人只享有人身上的或根据担保合同所产生的衡平法上的权利。

浮动抵押是一种特别抵押,抵押人以其现在和将来的财产为债权人设定担保。在行使抵押权之前,抵押人对抵押财产保留在正常经营过程中的处分权。但当特定事件或行为发生后,设押财产结晶固化,对抵押债权优先受偿。

浮动抵押最大的特点即是抵押物的不确定性和浮动性,在行使抵押权之前,抵押人仍可以在正常的经营中处分其财产,抵押人可以不经权利人的同意而自由将财产出售、出租、设定二次抵押。在财产固化之前,抵押权人无权主张对某一特定的物享有抵押权。

其浮动的特征既可以理解为抵押物的浮动,也可以理解为抵押权的浮动。抵押物的浮动,是指被作为债权担保的财产在抵押权人实现抵押权之前可以发生增减变化,处于浮动状态;抵押权的浮动,是指抵押权人的抵押权在抵押物固定化之前悬浮于抵押财产之上,处于浮动状态。

但正因为如此,在极大的便利抵押人对财产运用的同时,也可能损及抵押权人的利益。为防止抵押权人的利益受损,抵押权人可以根据当事人之间约定或者法律规定的条件行使抵押权。

浮动抵押权的行使(或称抵押权的实现),必须将抵押物固定化,固定化的过程也是清算的过程,英美等国赋予抵押权人派员接管抵押公司的权利,或者在诉讼的情况下,直接由法院派人接管,以尽快确定并保障担保权的实现。

3. 浮动抵押设立与否的参考标准

英国法上并没有对浮动抵押协议作过多形式上的要求,通过债权证设立只是一种可选方式。而且英国债权证通常只是很概括地描述浮动抵押下的浮动抵押物,包括公司现在及将来的业务、财产、存货及原料等流动资产。但英国《1985 年公司法》明确规定:“浮动抵押设立后,债务人公司如果未能将该担保的规定项目连同担保设立的文件或证明文件一道在该担保设立之日后的 21 天之内提交登记或被登记官依法接受,那么该担保在清算程序或管理程序中对公司的清算人或行政管理人及公司的任何债权人均无效。”简言之,英国目前采取的是登记生效主义,浮动抵押权的设立以登记为要件,未经登记,不发生物权的效力,因为有严格的登记程序作为保障,故不会产生过多的权利争议。

我国则采取的则是登记对抗主义,《物权法》第 181、189 条规定浮动抵押的设立必须采取书面的形式,抵押权自抵押合同生效时设立,未经登记的,不得对抗善意第三人。与登记生效主义不同，登记对抗主义模式下抵押权的设立只能依赖于书面的协议文本。但我国法律或细化规则并没有规定该类书面协议的格式文本。抵押协议是否必须标明“浮动抵押”字样？抵押协议对抵押物的描述是否必须足够清晰，足以明确抵押物的范围和最低要求？如果只作出一般性描述是否足以构成浮动抵押担保？对于以上问题，法律或者相关配套条例并没有给出明确答案。

本案中，法院采取了实质重于形式的判断标准，认定当事人双方已经达成了担保意向，意思表示真实可信，担保债权也真实确定。抵押财产，虽然规格数量等约定并不明确，但已经通过书面形式列明为“1～4 生产线生产的玻璃”，属于以公司现有和将来的产品设立浮动抵押的情形。故虽然书面协议中并未明示该担保的性质为浮动抵押，但法院仍然支持了债权人优先受偿的物权请求。

4.《物权法》关于浮动抵押的一般规定及其制度评析

(1)《物权法》第 181 条规定：企业、个体工商户、农业生产经营者都可以作为浮动抵押的设立主体。抵押人主体范围十分宽泛，但执行却较少。

综观各国的浮动抵押制度，对于抵押人的范围，除美国等少数国家不作限制外，一般国家都作了特别规定。如英国法规定将浮动抵押抵押人的范围限于公司，而日本法的规定则更加严格仅限于股份公司。如此“苛刻”的规定，主要基于维护交易安全的考虑：原因在于公司普遍规模较大，经营状况较稳定，信誉较好，有信息披露制度，其财产状况及经营状况较透明，偿债能力较强。

反观《物权法》，将抵押人主体范围规定为“企业、个体工商户和农业生产经营者”。对此，全国人大法工委的解释是：“考虑到我国设立浮动抵押，主要是为了解决中小企业和农民贷款难的问题，促进经济发展，因此将浮动抵押的主体规定为企业、个体工商户和农业生产经营者。”我们认为，立法者的出发点固然用心良苦，但是却忽视了我国当前的现实情况和实践中的可操作性，结果反而不尽如人意。

首先，我国市场经济发展尚不成熟，信用管理机制很不健全，目前对公司以外的其他各类型企业没有良好的制度约束。而且，我国的资产评估制度和登记制度也不健全，难以有效地监管浮动抵押物的流转。在这种情况下允许浮动抵押，不仅难以保障抵押权人的利益，还可能因信用机制的不完善而助长了骗贷行为。其次，中小生产经营者抗风险能力普遍较弱，并且其资金财产有限，在经营过程中很可能部分丧失甚至完全丧失偿债能力。在我国尚未实行个人财产申报制度以及个人破产制度的情况下，把个体工商户以及农业生产经营者纳入浮动抵押的主体范围,在制度上存在衔接真空。因此,银行往往并不愿意接受个体工商户或农业生产者提供的浮动抵押,实践中,银行通过接受浮动抵押,为个体工商户或农业生产者提供贷款的案例几乎为零。

(2)抵押物种类过于狭窄导致浮动抵押担保功能过低。

与抵押人主体范围的过于宽泛相反,《物权法》规定的浮动抵押物种类则又显得十分狭窄。从各国的法律规定来看,浮动抵押物的种类都较为广泛,除了禁止流通的财产、处于依法被查封、扣押、监管期间的财产以及所有权不属于抵押人的财产外,几乎没有其他特别的限制。

《物权法》第 181 条却以明文列举的方式将浮动抵押物限于部分特定动产,仅限于“以现有的以及将有的生产设备、原材料、半成品和产品”设定抵押,将交通工具、办公设备、知识产权和股票、票据等证券债权以及不动产等价值较大的财产排除在外。抵押物种类过于狭窄无疑会使浮动抵押的担保功能大大降低,既不利于抵押人融资,也不利于抵押权人降低风险。

本案中,企业以其生产线生产的玻璃作为抵押物,属于合格的抵押标的,相当于在企业部分产品上设立了抵押,但协议并没有明确玻璃的编号、数量、品种规格,抵押标的并不确定,企业在正常经营的过程中也并不受到抵押权的限制,可以自由处分自己的产品。无疑给担保权人的权利实现造成了一定的风险。

(3)《物权法》第 196 条规定了浮动抵押标的物特定化的四种情形,英美法系形象地称为结晶。具体可以解释为:

第一,债务履行期届满,债权未实现的,抵押财产确定。这种情况下,无论抵押权人是否向抵押人提出实现抵押权的要求,抵押财产均应确定,自债务履行期届满之日起,抵押人不得再处分抵押财产。

第二,抵押人被宣告破产或者被撤销的,抵押人停止营业,进入清算程序,由于其财产不再发生变动,抵押财产随之确定,抵押权人对抵押财产享有优先受偿的权利。

第三,发生当事人约定的实现抵押权的情形的,抵押财产确定。抵押权人为保障自己的债权得到清偿,可以与抵押人约定提前实现抵押权的情形,比如可以约定:抵押人从事关联交易或者低价交易为提前实现抵押权的情形,抵押人用于抵押的库存的产品数量低于库存总量的一定比例为提前实现抵押权的情形等。当事人约定了实现抵押权的情形的,一旦发生了该情形,抵押财产即被确定,抵押权人可以要求实现抵押权。

第四,发生严重影响债权实现的其他情形的,抵押财产确定。严重影响债权实现的情形,范围比较广泛:既可以是因经营不善导致抵押人经营状况恶化或者严重亏损;也可以是因抵押人放弃其到期债权、无偿转让财产或者以明显不合理的低价转让财产,致使其财产明显减少;还可以是抵押人为逃避债务而隐匿、转移财产。

抵押人有上述行为,严重影响债权实现的,抵押权人为保全抵押财产达到一定的数额,以起到担保其债权优先受偿的作用,可以向抵押人要求确定抵押财产,以实现抵押权。抵押财产一经固化,浮动抵押就转变为固定抵押,抵押权人就有权对该类财产优先受偿。抵押人对抵押权人的要求有异议的,抵押权人可以向人民法院请求确定抵押财产。

本案属于浮动抵押结晶固化的第一种情形,即在履行期届满,债权未实现之日,浮动抵押就自动转为固定抵押,抵押权人有权就固定化的财产优先受偿。但就如本案实际发生的情况一样,实践中,担保人常常拒不承认浮动抵押权人的优先权利,继续处分抵押财产,抵押权人也缺乏有效的手段控制抵押标的,满足自己的受偿要求;即使通过向法院起诉,请求法院确定其优先权利,也可能错过最佳的控制时机。

5. 保证担保与第三人设立浮动抵押的比较分析

保证的一个特点是:作为第三人的保证人介入,提高了债务人的偿债信用。保证之第三人是以自己的信用作保,实际上是以自己所有的财产作为债权人之债权实现的总担保。这一点实际上与第三人以其全部财产(目前我国法律只允许在部分动产上设立浮动抵押)为债务人设定浮动抵押的情况比较类似,但保证担保的程度不如浮动抵押。

保证的优势在于,与债权人相比,由于保证人一般与债务人存在亲缘或相互关联的法律关系(比如相互之间是母子公司,或是被同一控制人控制的关联公司),保证人能以更低的成本来监督债务人,督促债务人履行义务。同时,保证人的加入使债权的实现多了一层保障,可以降低债权人发放借款的风险。

但其劣势也相当明显,保证并没有赋予债权人充分的担保利益,债权人无法控制保证人。债权人一般无权干涉保证人继续向第三人提供担保,或者在主债权到期前,自由处分自己财产的行为。债权人虽然可以在借款协议中限制公司在获得借款后向他人提供保证,但这种限制不能对抗第三人。而且由于债权的平等性、非排他性以及非追及性的特征,债权人无论是对债务人本人,还是对保证人享有的债权都是普通债权,并不优先于债务人及保证人的其他债权。有一定财产的债务人、保证人在其财产总量不变的情况下,可能因新的债务产生或转让其财产而导致债权人之债权不能够得到清偿或不能够得到完全清偿。

而浮动抵押却可以通过设定消极担保条款,禁止设立优先于该抵押受偿权的担保。一旦发现抵押人违背该承诺,抵押权人有权提前收回贷款。

浮动抵押一般还配有"自动结晶条款",在特定事件发生或特定条件满足时,浮动抵押将直接依附于抵押财产,结晶固化:锁定现有的财产和之后取得的所有财产,从而具有固定抵押的性质,保证抵押权人的债权得以顺利实现。并且由于物权的优先性,转变为固定抵押的浮动抵押,可以保证抵押权人得以优先受偿。

引入浮动抵押以后,保证分化为两种:一种是保证人明确在其全部财产上设立浮动抵押,此时保证的性质变为抵押;另一种是保证人承诺承担担保责任,为原来的保证。但是,中国目前的法律规定只能在"生产设备、原材料、半成品、产品"上设立浮动抵押,所以对于设立浮动抵押的这部分财产,在其结晶固化,满足行使条件之后,债权人可以优先受偿获得更好的保护;而对于其余财产,只能受到概括担保的一般保护,并不优于保证人的其他债权人。比如本案中,浙波公司既是设定浮动抵押的抵押义务人,又是承担连带保证责任的连带保证人,故债权人可以先就浙玻公司拥有的"1 ~4 生产线"生产的所有玻璃优先受偿,其不足的部分,再以普通债权人身份向浙波公司继续追偿。

6. 浮动抵押优先效力

《物权法》由于没有对浮动抵押进行单独设节,因此,实现浮动抵押权时,对于同一标的物上有多个担保物权的,其先后顺序一般按照法定担保物权先于意定担保物权、先设立的担保物权优于后设立的担保物权的顺序进行。《担保法》第 54 条、最高人民法院《关于适用〈中华人民共和国担保法〉若干问题的解释》第 76 条至第 79 条、《物权法》第 199 条等也作了详细规定。

由此可以得出的结论是:若同一标的物上既有留置权又有浮动抵押权,显然留置权优先,这是由留置权的法定担保物权属性效力强于浮动抵押权的意定担保物权属性决定的。若同一标的物上既有质权又有浮动抵押权,则依照登记(或确权)先后处理。对于仅设立了浮动抵押权的标的物来说,浮动抵押权转化为固定抵押权的,抵押权人优先于一般债权人受偿。

可是,《物权法》却没有对作为特殊制度的浮动抵押的时间基准点作规定,这不得不说是一种缺漏,也给现实生活对其制度的适用带来了困惑。比如,如果已经设立了浮动抵押,之后抵押人在正常经营中又以其财产向第三人设立固定抵押,在抵押人破产时,两个抵押权的优先效力如何认定,法律并没有进行明确的规定。

我们可以参考香港地区《公司条例》关于浮动抵押优先顺序的相关规定,香港地区法律承继于英国的判例法规则,对其进行了总结和提炼,具有一定的借鉴意义。其确定优先顺序的基本原则是:对于浮动抵押,以其固定化的时间作为时间基点。在固定化之前,即使该浮动抵押已经登记,也不享有优先于其他一般债权或抵押权的权利。

具体来说,浮动抵押固定化之前浮动抵押人不能阻止公司向一般债权人清偿债务,公司可以自由地在其所有的财产上设定固定抵押,这些固定抵押优先于浮动抵押的清偿。

浮动抵押固定化之后,浮动抵押优先于普通债权,并且结晶后,公司在未经权利人同意的情况下,不得在该结晶财产上设定其他固定抵押。

有数个浮动抵押,相互之间清偿次序依登记先后而定。然而,在全体财产上设定的浮动抵押不能阻止公司在部分财产(比如账面款项)上设立比其优先的浮动抵押,当部分财产上的浮动抵押优先结晶后,可以比前一个抵押权人优先受偿。

当然,浮动抵押权人可以设定"消极担保条款"以保证其受偿的优先性,比如规定:在浮动抵押之后设定的所有其他抵押权不能优先于该浮动抵押受偿。但是,若第三人不知道浮动抵押的存在,或虽然知道,但对限制性条款不知情,则第三人所获得的担保权益可以对抗浮动抵押权人。若第三人对限制性条款知悉,则浮动抵押权人的抵押权优先。

7. 浮动抵押实现的方式和途径

《物权法》第 195 条规定:"债务人不履行到期债务或者发生当事人约定的实现抵押权的情形,抵押权人可以与抵押人协议以抵押财产折价或者以拍卖、变卖该抵押财产所得的价款优先受偿……抵押财产折价或者变卖的,应当参照市场价格。"由此可见,《物权法》允许浮动抵押关系双方以协商的方式处理抵押物,用以清偿债务。

但是,对于浮动抵押这类特殊的抵押方式,由于抵押物本身的不确定性和浮动性,通过协商拍卖、变卖或折价方式,一般难以满足浮动抵押的担保要求,往往会引发当事人之间的争端和对立,通过司法程序又需要耗费大量时间,不能及时控制和确定抵押财产的变动转移。

英美国家,是通过任命接管人的方式来实现制度的配套和完善的。接管人,是指当浮动抵押权的标的物处于危险时,抵押权人可以依照约定或请求法院指派特定人员,对抵押标的进行保管。该保管行为可以是收取孳息、获得收益,也可以是处分标的物。从这个角度来讲,接管人制度是一项极大扩大抵押权人权利的制度,而且能较快实现抵押权。

目前,我国法律并不支持这种做法,当发生争议时,浮动抵押权人多是通过向法院提请诉讼,以确认其优先权利。如同本案中,圣光公司起诉浙玻公司,要求法院判决其对浙玻公司4000万元的玻璃享有抵押权,并要求优先受偿。但可能发生的风险是,即使法院最终承认其优先权,但由于我国财产保全的成本高、程序难,权利人往往缺乏好的手段来提前控制抵押物的转移流失,其玻璃的存量或价值很可能早已达不到4000万元的担保价值,最终陷入"赢了官司却无法执行"的现实困局。所以,引入接管人制度,在抵押物固定化之后,由抵押权人或者法院指派专人对特定化的抵押财产进行管理或处分是值得尝试的探索。

总之,在实现抵押权的方式方面,浮动抵押的实现方式可分为私力救济和公力救济两类。当固定化事由成就时,抵押财产固定化,抵押权人对抵押财产享有以下权利:占有及处分的权利(比如出售);就抵押物向法院申请拍卖,优先受偿的权利;在英美国家,还可以委任管理人来接管和处理抵押物,以对抵押权人利益最大化的方式处理该部分抵押财产。

8. 抵押权人使用浮动抵押的风险控制

(1)谨慎选择浮动抵押的合作对象。中小经营者的信用度的问题,是造成其融资难的重要原因。由于我国物权法将浮动抵押人的范围扩大为所有类型的企业、个体户和农业生产经营者,加之浮动抵押制度本身具有浮动性,因此抵押权人会承担更高的风险。在我国信用管理机制不健全且法律规定的抵押人主体范围过宽的情况下,最佳的风险防范措施是在设定浮动抵押时谨慎选择抵押人。

例如,对银行来说,为确保贷款的安全,应注意选择规模较大且公司治理及信息披露较为完善的公司法人作为抵押人。而且,在贷前调查要细致,要认真审查抵押物的所有权是否明晰、是否存在瑕疵,抵押物的市场需求是否旺盛、是否存在供过于求的情况,以及抵押物是否便于保存、价值是否相对稳定、变现能力的强弱等问题。总之,应力求全面掌握抵押人动产的实际价值、贷款人经营管理的实际情况、信用状况,从而合理确定贷款额度。以此,为浮动抵押的实施奠定良好的基础。

(2)加强对抵押物的监管。浮动抵押设定后,一方面,在正常经营范围内抵押人有权自由处分设押财产;另一方面,浮动抵押权的实现程度又依赖于抵押权确定时抵押财产的数额。由于生产设备、原材料、半成品、产品等动产的流动性较高,抵押人对其处分非常便利,故一旦抵押人的信用出现问题,很容易给抵押权人造成较大的损害。因此,加强对抵押物的监管是保证抵押权人利益的重要有效手段,具有不可替代的意义。抵押权人只有切实做好监管中的细节工作,措施得当,监管到位,方能为规避浮动抵押的浮动风险打下坚实的基础。

目前市场上通行的监管手段主要有两种:一是订立三方监管协议,由第三方负责监管:二是抵押权人自己派专人进行监管。

对于第一种监管方式,可以参照“存货质押”的操作方法,即由抵押权人、抵押人和第三方签订三方协议,由第三方作为监管人对货物承担监管责任,提供货仓,存放抵押财产。三方对所存放的财产登记入册,如抵押财产需要进出时,须经过抵押权人书面同意,并由监管人做好登记。如出仓货物较多时,抵押人应在一定时间内补足,如不能及时补足,监管人应及时通知抵押权人。如监管人导致货物减少或灭失,则由监管人与抵押人对抵押权人的损失承担连带责任。

与第一种监管方式相比,抵押权人自行派人监管的方式具有减少债务人融资成本从而提高其市场竞争力的优势。但如果抵押权人成为监管方,则需要自行选聘保管人员、寻找仓储场地等,不可避免地要对货物损失、自然灾害、治安风险、道德风险等造成的损失承担相应后果。此外,自行监管与第三方监管相比,少了第三方的赔偿责任保障。

通过上面的比对,从尽可能保护抵押权人的角度来讲,我们认为采用第一种方式对抵押物进行监管,更有利于保护抵押权人的利益。当然,采取这种做法将不可避免地增加债务人的融资成本,可以通过谈判的方式,将费用适当地向抵押权人转嫁。

从规避风险的角度,需要特别强调的是,事前订立一份完备、详细的监管协议和监管规则,并且将监管协议作为抵押合同不可撤销的附件进行登记非常必要,这将为将来胜诉和权益的实现奠定良好的基础。同样重要的是,在履行中监管措施到位也是必不可少的。抵押权人为规避风险应至少做到:第一,要求保管人定期提供关于抵押物的报告,说明抵押物的现状、抵押财产目前的数量等;第二,定期或不定期到抵押物保管场所进行检查,了解抵押物的保管情况,与保管人提供的清单进行核对;第三,一旦发现异常,应及时根据合同的约定,要求提前实现抵押权,必要时应毫不迟疑地采取财产保全措施。

(3)通过设计合同限制性条款约束抵押人。浮动抵押制度的最大问题主要为债务人在“正常经营范围”内对其抵押财产享有自由处分权,从而导致担保能力的下降。这个问题通常表现为如下方式:一是债务人在正常经营活动中以某种方式处分掉了抵押物;二是在浮动抵押财产上设定了一般抵押权;三是浮动抵押财产上再设立一个或多个浮动抵押。对此,抵押权人可以通过在抵押合同

（或监管协议）中设定限制性条款的方法来对债务人的自由处分权予以合理限制，以弥补我国《物权法》规定的不足。

限制性条款，即在浮动抵押合同（或监管协议）中约定禁止抵押人在抵押物范围内新设其他抵押、质押的条款。更广义的限制性条款还包括：限制抵押人未经抵押权人同意以某些方式处分其财产的约定，或者限制抵押人进行某些明显降低自身偿债能力的行为以及设定抵押权提前实现的其他具体情形。根据抵押权人的不同需要，限制性条款主要起到以下作用：其一，约束抵押人将资产转移给后来的其他抵押权人；其二，维持同一顺序抵押权人之间的平等待遇；其三，有利于阻止债务人进行过多贷款；其四，方便抵押权人及时主张抵押权的实现。

需要注意的是，限制性条款是抵押人与抵押权人之间的约定，对于第三人原则上不具有约束力。抵押人即便违反了该限制性的约定，在抵押财产上新设固定抵押或浮动抵押的，其行为属于违约行为，由抵押人对抵押权人承担违约责任；但抵押权人不能以此为由主张新设立的固定抵押或浮动抵押无效。但是我们坚持认为，设置限制性条款有其积极的意义，至少对诚信的债务人来说是一个约束，在某些情况下也有利于债权人提前实现抵押权。

预期效果

本案例案情概要较为清晰，学生通过阅读和教师指导，应该能够归纳案件争议焦点问题、直观地理解浮动抵押设立的条件、抵押的财产、抵押权行使等抽象概念，并通过课堂讨论和分析，进一步加深对浮动抵押制度的理解。对我国现行法律框架下存在的问题以及如何通过合同设计，规避、防范相关风险提供了学习资料和思考方向。同时，希望在掌握以上知识的基础上，培养学生的思辨能力和实际解决问题的技能。

课堂时间安排及教学计划

本案例可以作为专门的案例教学课来进行，整个案例课的课堂安排 4 个课时，每课时 45 分钟。

如下课堂设计，仅供参考。

1. 课前计划：安排学生阅读案例及相关参考资料，对案例所涉及问题进行思考，撰写思考题答案。

2. 课中计划:(1)介绍教学目的,明确讨论主题;(2)分组讨论,告知发言要求,回答各项思考题;(3)小组代表归纳观点,发言汇报,并对其他小组的发言进行评述分析;(4)教师进行引导分析,并做最后的归纳总结。

3. 课后计划:布置学生在课后进一步思考我国浮动抵押制度存在的漏洞和可改进的空间,在现行法律框架下,如何通过合同设计或双方的约定,规避风险,发挥该制度最大的价值。

思考题和实践题

1. 思考题

(1)英美法系的浮动抵押与大陆法系的财团抵押有什么异同?

(2)浮动抵押的本质特征是什么,请简要评析其制度价值与固有风险。

(3)《物权法》第189条提出"应当"登记,而后又说"抵押权不登记不对抗",是否矛盾?应如何理解?

(4)请对我国浮动抵押制度的建立进行简要评析,分析其制度优势和存在的弊端。

(5)如果企业已经在先办理了浮动抵押,是否还可以在相同的标的物上设立固定抵押,如果可以,那么建立在相同物上的浮动抵押和固定抵押效力如何?谁更优先?

(6)如何界定我国《物权法》第189条第2款中"正常经营活动"的概念和内涵?如果第三人明知抵押人存在破产风险,仍然以合理的市场价格购买其产品,抵押权人是否可以撤销该交易行为?

(7)如何理解第三人提供浮动抵押与第三人提供保证担保的差别与联系?既有物的担保,又有人的担保,在实现时需要区分优先顺序吗?

(8)浮动抵押在什么条件下转换为固定抵押?抵押权人如何实现其担保利益?

2. 实践题

(1)请起草一份浮动抵押合同,注意列明担保债权的价值、抵押财产的范围、行使权利的条件,在不违背法律强制性规定的前提下,尽可能地规避和防范风险。

(2)如果你是该案的法官,请以我国现行的法律为依据,结合案件事实,对案件作出判决,并阐明理由。

参考文献

1. 刘剑文:《国际借贷中的消极担保、浮动担保及其在中国之法律效力》,载《中外法学》1998年第3期。

2. 陈本寒:《财团抵押、浮动抵押与我国企业担保制度的完善》,载《现代法学》1998年第4期。

3. 鲍为民:《Floating Charge——浮动抵押》,载《河北法学》2004年第11期。

4. 彭贵:《英国浮动抵押制度的理论基础探析》,载《重庆师范大学学报》(哲学社会科学版)2006 年第 2 期。

5. 关涛:《浮动抵押刍议》,载《法学论坛》2007 年第 3 期。

6. 彭贵:《中英浮动抵押制度之比较》,载《法律适用》2008 年第 21 期。

7. 董学立:《浮动抵押的财产变动与效力限制》,载《法学研究》2010 年第 1 期。

8. 王仰光:《动产浮动抵押抑或特别动产集合抵押?——对我国〈物权法〉第 181、189 及 196 条的理解》,载《法治研究》2012 年第 11 期。

9. W. J. Gough, Company Charges (2nd ed), Butterworths, 1992.

10. Joshua Getzler, Jennifer Payne, Company Charges: Spectrum and Beyond, Oxford University Press, 2006.

11. 彭贵:《英国浮动抵押制度研究》,法律出版社 2008 年版。

12. 王仰光:《动产浮动抵押权制度研究》,法律出版社 2012 年版。

撰稿人 | 葛伟军,上海财经大学法学院教授

19 CASE WTO 美国诉中国取向电工钢反倾销和反补贴案

| 摘　要 |

本案例以一起历时 5 年的国际贸易救济措施争端解决案件为蓝本，涉及的参考文书包括专家组和上诉机构两次裁决文书；涉及知识点和执业技能内容包括当事国如何参与的各个阶段国际贸易争端解决，案件证据收集和提交、事实认定与法律适用等。本案例涵盖案件裁决前的磋商和调解阶段、专家组裁决阶段、上诉机构裁决阶段和执行四个阶段，涉及的实体问题包括反倾销规则及计算方法、反补贴规则及计算方法、外部基准规则的适用和因果关系等内容。本案例对解决其他类型的国际贸易救济措施案件具有参考意义。

| 关键词 |

世界贸易组织争端解决　反倾销　反补贴　因果关系

| 教学目标 |

本案例为中英文双语教学，着重让学生掌握如下内容：(1) 世界贸易组织争端解决机构的基本程序；(2) 反倾销规则及计算方法；(3) 反补贴规则及计算方法；(4) 因果关系；(5) 以“双反”措施为例，提出国际贸易争端案件的解决思路、分析步骤、事实认定与法律分析之间的基本框架。

教学案例主文

一、引言：案件的基本背景和起因

近几年来，国际贸易摩擦对我国外贸影响逐渐加大。

第一，从贸易摩擦的时间跨度来看，其负面影响往往是持续多年。仅以 2011—2015 年国外对中国发起的案件为例，每年涉案平均金额约 110 亿美元。

国外贸易救济措施一般实施5年,累计涉案金额约550亿美元;而实际上大多数针对我国的措施实施期限达到10年甚至更长,这就对中国出口的预期限制作用更为负面。

第二,贸易保护措施表面上针对的是产品,受到打击的则是涉案产品相关的整个行业,进而影响到上下游产业的发展。当前国际贸易保护主义的矛头主要指向国内产品,这种做法不但减损贸易保护实施国自身外部环境的优化,也导致我国一些出口企业对拓展国际市场持观望态度。国内遭受国外贸易摩擦影响的行业主要集中在钢铁、轻工业等劳动密集型产业以及机电、化工等附加值较高的企业,涉及的企业数量很多,贸易摩擦直接影响中国相关产业的就业,也削弱了相关产业的竞争力。

第三,"替代国价格"等歧视性规则的使用,人为推高了反倾销反补贴税率并加大了中国企业的应对难度,挫伤了中国企业应诉的积极性,这反过来又进一步诱发了进口国国内产业提起更多针对中国的贸易救济调查申请。从数据上看,2015年和2016年贸易救济调查的涉案数量和金额都有所下降,但这并不意味着贸易摩擦对我国外贸带来的影响趋缓。

2009年,中国商务部根据相关法律法规决定对原产于美国的进口取向电工钢进行反倾销和反补贴调查,这是中国首次对进口商品实施"双反调查"。2010年4月,中国商务部裁定,对从美国进口的取向电工钢征收反倾销税和反补贴税。取向电工钢又称冷轧取向硅钢(grain oriented flat - rolled electrical steel, GOES),是电力工业不可缺少的一种软磁材料,主要应用于变压器、整流器、电抗器及大电机等行业。

二、涉案主体与基本案情

本案争议措施为中国对美国产取向电工钢(GOES)征收的反补贴税和反倾销税,具体涉及中国商务部〔2010〕第21号公告及其附件。中国根据争议措施决定自2010年4月11日起,对原产于美国和俄罗斯的进口取向电工钢征收反倾销税,对原产于美国的进口取向电工钢征收反补贴税,上述措施实施期限为5年。2010年9月15日,美国依据《关于争端解决规则与程序的谅解》(DSU)第4条、《关税和贸易总协定》(GATT)第22条、《补贴与反补贴措施协定》第30

条、《反倾销措施协定》第 17.3 条请求与中国进行磋商。[1]

2011 年 2 月 11 日，美国依据 DSU 第 6 条、《反倾销措施协定》第 17.4 条、《补贴与反补贴措施协定》第 30 条，要求争端解决机构（Dispute Settlement Body，以下简称 DSB）设立专家组。

2011 年 3 月 25 日，DSB 专家组成立，主席：Mr John Adank，成员：Mr Anthony Abad 和 Mr Jan Heukelman 。第三方成员：阿根廷、欧盟、洪都拉斯、印度、日本、韩国、沙特阿拉伯和越南。

2012 年 6 月 15 日，专家组报告散发给各成员。中国于 2012 年 7 月 20 日提起上诉。2012 年 10 月 18 日，上诉机构如期向各成员散发了报告。2012 年 11 月 16 日，DSB 通过了上诉机构报告和经上诉机构修改的专家组报告。专家组和上诉机构裁定中国“双反”措施违反了《反倾销措施协定》和《补贴与反补贴措施协定》相关条款。

上诉机构认定，在没有充分证据显示美国企业获得政府违规补贴的情况下，中国政府就启动反补贴程序，并认为中国政府在进口这类电工钢对国内同种企业造成损害方面，缺乏证据。上诉机构虽未推翻专家组的主要结论，但支持了中方关于调查机关在价格影响评估中不需要证明价格影响与倾销或补贴进口之间具有因果关系等观点，并指出专家组的相关法律解释和适用是不适当的。

2013 年 5 月 3 日，依据 DSU 第 21.3（c）条仲裁员发布仲裁裁决，裁定本案合理执行期限为 8 个零 15 天，截至 2013 年 7 月 31 日结束。

2013 年 7 月 29 日，商务部公布了《执行世界贸易组织贸易救济裁决暂行规则》（商务部令 2013 年第 2 号），对于中国如何执行世贸组织贸易救济裁决作出规定。

2013 年 7 月 31 日，商务部发布了《关于取向性硅电钢执行世贸裁决的公告》（商务部公告 2013 年第 51 号），在合理期限内修改了已被裁决违反世贸规则的“双反”措施。相比最初反倾销税和反补贴税，新的反倾销税和反补贴税有所下降。

2013 年 8 月 19 日，中国和美国将 DSU 第 21 条和第 22 条程序协议通报

---

〔1〕 Articles 4 of the Understanding on Rules and Procedures Governing the Settlement of Disputes (the DSU), Article XXⅡ:1 of the General Agreement on Tariffs and Trade of 1994 (the GATT 1994), Article 30 of the Agreement on Subsidies and Countervailing Measures (the SCM Agreement) (to the extent that Article 30 incorporates Article XXⅢ of the GATT 1994), and Article 17.3 of the Agreement on Implementation of Article VI of the General Agreement on Tariffs and Trade 1994 (the Anti – Dumping Agreement) .

DSB。

由于对中国执行本案裁决的情况不满意，美国于2014年1月13日提起DSU第21.5条执行之诉。2015年7月31日，执行专家组发布报告，裁定中国没有完全执行本案DSB建议和裁决。2015年8月31日，DSB通过了专家组报告。

注：2015年4月10日，商务部发布《关于终止原产于美国和俄罗斯的进口取向电工钢反倾销措施及原产于美国的进口取向电工钢反补贴措施的公告》（2015年第11号），鉴于公告规定时限内国内产业或代表国内产业的自然人、法人或有关组织未提出期终复审申请，商务部亦决定不主动发起期终复审调查。因此自2015年4月11日起，对原产于美国和俄罗斯的进口取向电工钢所适用的反倾销措施及对原产于美国的进口取向电工钢所适用的反补贴措施终止实施。

三、本案争议焦点

1. 调查启动的使用（initiation of investigation-application）。专家组得出结论，《反倾销措施协定》第11.3条要求WTO成员方评估申请中的证据是否充分，这条规定应当与《反倾销措施协定》第11.2条一并阅读。因为后者规定了充分证据的要求。专家组认为，没有足够的证据证明中国商务部对11个方案进行了反补贴税调查，这与《反倾销措施协定》第11.3条相违背。

2. 证据中的可用事实（evidence-facts available）。专家组认为，中国商务部不适当地使用事实计算未知出口商的“所有其他”倾销幅度和补贴税率，并且使用事实计算两个已知受访者的采购程序时不合适地使用100%利用率，这与《反倾销措施协定》第6.8条和附件Ⅱ以及《补贴与反补贴措施协定》第12.7条相违背。

3. 损害决定中价格影响和数量的证据（injury determination-evidence on price effects and volumes），上诉机构解释《反倾销措施协定》第3.2条和《补贴与反补贴措施协定》第15.2条，这些条款要求调查当局考虑标的进口和国内类似产品价格之间的关系，以便了解标的进口这个因素是否能对产品价格大幅度下跌或者销量抑制的发生提供解释。上诉机构维持专家组的调查结果，即中国商务部错误地认定进口标的通过相对于国内价格的“低价格”来实现价格效应，但是一个客观公正的调查当局无法通过现有证据确定标的进口价格低于国内产品的价格。

4. 损害决定中的积极证据和客观检查（injury determination-positive evidence

and objective examination)。专家组认为,中国商务部未能适当审查国内 GOES 生产能力的快速增长是否同时伤害了国内产业,这与《反倾销措施协定》第 3.1 条、第 3.5 条和《补贴与反补贴措施协定》第 15.1 条、第 15.5 条相违背。

5. 证据中的基本事实(essential facts)和通知要求(notification requirements)。专家组认为,中国商务部公布的关于解决现有事实的公告和解释、价格影响分析和关于非标的进口的因果关系分析存在不足之处,与《反倾销措施协定》第 12.2 条、第 12.2.2 条和《补贴与反补贴措施协定》第 22.3 条、第 22.5 条相违背。上诉机构维持专家组关于价格影响的认定。专家组驳回美国关于公布用于确定倾销幅度的计算公告,以及根据政府采购法规确定利益的结论。

6. 证据中的机密信息(confidential information)。专家组认为,中国商务部没有要求申请人提供足够详细的非机密摘要,以便能够合理地了解提交信息的实质内容,这与《反倾销措施协定》第 6.5.1 条和《补贴与反补贴措施协定》第 12.4.1 条相违背。

四、争端解决中提出的事项

1. 在评估中国商务部作出的大幅价格压低和价格抑制的认定时,专家组作出的中国违反了《反倾销措施协定》第 3.1 条和第 3.2 条以及《补贴与反补贴措施协定》第 15.1 条和第 15.2 条的认定是否有误,尤其是:(1)专家组对《反倾销措施协定》第 3.2 条和《补贴与反补贴措施协定》第 15.2 条的解释是否有误;(2)专家组结合对《反倾销措施协定》第 3.1 条和《补贴与反补贴措施协定》第 15.1 条的理解,对《反倾销措施协定》第 3.2 条和《补贴与反补贴措施协定》第 15.2 条的适用是否有误;以及(3)专家组的行为是否与其在《关于争端解决规则与程序的谅解》第 11 条项下作出客观评估的义务不符。

2. 关于中国商务部的价格影响认定,专家组作出的中国由于没有披露"基本事实"而违反了《反倾销措施协定》第 6.9 条和《补贴与反补贴措施协定》第 12.8 条的认定是否有误。

3. 关于中国商务部的价格影响认定,专家组作出的中国由于没有披露"事实问题的所有相关信息"而违反了《反倾销措施协定》第 12.2.2 条和《补贴与反补贴措施协定》第 22.5 条的认定是否有误。

五、中国上诉的主要内容

在提交的 WTO 上诉通知中,中国寻求上诉机构对专家组关于《反倾销措施协定》第 3.2 条和《补贴与反补贴措施协定》第 15.2 条的解释与适用问题进行复审，因为其与中国商务部作出的涉案进口不利价格影响的认定相关，该不利影响即大幅度价格压低和价格抑制。因此，中方的上诉通知中没有包括关于上诉机构重申专家组认定的申请，因为这与第 3.1 条和第 15.1 条相关。尽管如此，在其作为上诉方提交的文件中，中国在其宣称的专家组对第 3.2 条和第 15.2 条的解释和适用有误的基础上，请求上诉机构推翻专家组作出的如下最终认定，即中国商务部的价格影响认定违反了《反倾销措施协定》第 3.1 条和第 3.2 条以及《补贴与反补贴措施协定》第 15.1 条和第 15.2 条。中国辩称，第 3.1 条和第 15.1 条规定了首要原则，告知调查机关根据第 3 条和第 15 条的随后各段作出分析，而第 3.2 条和第 15.2 条则规定了调查机关在考虑不利价格影响义务的"所有实质性内容"。中国补充道，尽管其未对专家组关于第 3.1 条和第 15.1 条的解释和适用问题提出异议，但其对专家组在描述调查机关在第 3.2 条和第 15.2 条项下义务的实质性内容方面如何适用第 3.1 条和第 15.1 条规定的首要原则的问题提出了异议。

六、被诉方和第三方的不同主张

（一）被诉方美国的主张

1.《反倾销措施协定》第 3.2 条和《补贴与反补贴措施协定》第 15.2 条——解释与适用。

美国认为，专家组就《反倾销措施协定》第 3.2 条和《补贴与反补贴措施协定》第 15.2 条中"[倾销或补贴]进口的影响"一词得出的结论是恰当的。此外，专家组在适用这些条款涵盖的法律标准时，正确地得出了以下结论：根据《反倾销措施协定》第 3.1 条和《补贴与反补贴措施协定》第 15.1 条，中国商务部关于涉案进口产品"低价"以及所谓的进口商"定价政策"既没有肯定性证据的支持，也未得到商务部的客观审查。

(1)对《反倾销措施协定》第 3.2 条和《补贴与反补贴措施协定》第 15.2 条的解释。

美国称，《反倾销措施协定》第 3.1 条和《补贴与反补贴措施协定》第 15.1 条提供了解释第 3.2 条和第 15.2 条的重要情境。根据第 3.1 条和第 15.1 条的规定，调查机关对损害的确定必须基于"肯定性证据"，而且必须对倾销或补贴进口产品的数量、倾销或补贴进口产品对国内市场同类产品价格的影响，以及这些进口产品随之对此类产品国内生产者的影响作出"客观审查"。随后，第 3.2 条和第 15.2 条就涉案进口产品对国内价格的影响的审查标准作出了详细规定。

美国强调,专家组对第 3.2 条和第 15.2 条的解释是恰当的,即条款要求调查机关要在倾销和补贴进口以及任何大幅价格压低或价格抑制这两头之间构建因果关系。在美国看来,专家组的解释与第 3.2 条和第 15.2 条的规定相符,这两个条款特别规定调查机关应考虑“(倾销或补贴)进口对价格的影响”在很大程度上压低了价格或抑制了在其他情况下本应发生的价格上涨。因此,专家组的解释“是直接”从第 3.2 条和第 15.2 条中使用的“浅显易懂的措辞中演化而来的”,美国对于中国的下列主张表示了异议,即专家组“从本质上在第 3.2 条和第 15.2 条第二句话中移植了在这两个条款中本不存在的法律义务”。

美国认为,专家组对第 3.2 条和第 15.2 条中“影响”一词的解释也与这些条款的上下文情境相符。根据美国的观点,尽管第 3.5 条和第 15.5 条在关于因果关系的分析问题上对调查机关提出了重要的要求,第 3 条和第 15 条的其他条款也包含了涉及调查机关评估涉案进口产品对国内产业的因果影响义务的措辞。因此,第 3.5 条和第 15.5 条并不包含《反倾销措施协定》和《补贴与反补贴措施协定》中关于损害认定条款的唯一的因果关系分析义务。反而第 3.2 条和第 15.2 条也有意体现反倾销和反补贴调查中调查机关因果关系分析的各个具体方面。但是美国强调,与第 3.5 条和第 15.5 条不同的是,第 3.2 条和第 15.2 条并未强制性地规定要进行非归因分析的义务。在美国看来,这种差异解释了专家组在埃及螺纹钢案(Egypt – Definitive Anti – Dumping Measures on Steel Rebar from Turkey, DS211)中作出的认定,即调查机关在审查进口产品对国内产业的影响时,无须根据第 3.5 条和第 15.5 条规定的类别进行非归因分析。

(2)《反倾销措施协定》第 3.2 条以及《补贴与反补贴措施协定》第 15.2 条的运用。

美国称,中国关于商务部在其价格影响分析中发现平行价格趋势是关键要素的抗辩存在以下几个问题:第一,中国从未对专家组提出这一主张,因此其关于专家组应当处理这一问题的主张是没有依据的。第二,在最终裁决中没有迹象表明,一项关于平行定价趋势的认定是其价格影响分析的独立依据。相反地,中国商务部认为,涉案进口产品以“低价”销售是价格压低的两个原因之一,而不是平行定价趋势。第三,中国商务部披露的定价信息无法支持平行定价趋势导致价格压低的认定。因为涉案进口产品的价格和中国产品的价格在 2007 年和 2008 年均出现上涨,该价格并未导致任何价格压低。第四,美国观察到,中国并未对专家组的以下结论提出异议,即涉案进口产品价格在 2008 年出现了 17.57% 的升幅,因此涉案进口产品价格随后出现的 1.25% 的降幅不可能产生压低国内价格的影响。美国认为,中国因此没有理由对专家组的分析提出异议,

"因为该认定切中了专家组确定的关于中国商务部定价分析的分析性问题的要害"。

关于专家组对涉案进口产品数量影响的评估,美国称,专家组得出的以下结论是正确的,即中国商务部的最终裁决并不支持中方关于数量影响是商务部作出价格压低是涉案进口产品的影响这一认定的主要依据的主张。美国进一步辩称,由于中国商务部一贯且反复依据涉案进口产品的"低价"作为其认定存在大幅价格压低和价格抑制的核心依据,专家组在"评估中国商务部以书面形式提交的最终认定"的做法是合理的,因此在评估商务部是否提供了"肯定性证据"支持其"低价"认定,并对该证据作出了"客观审查"决定的做法也是合理的。

(3)《关于争端解决规则与程序的谅解》(DSU)第 11 条。

美国提出,中国根据《关于争端解决规则与程序的谅解》第 11 条提出的主张仅仅是对中国已经在涉及专家组解释、适用、推理和认定问题上提出的抗辩的重复。美国提及其此前作出的抗辩,证明专家组关于中国商务部价格影响认定作出的分析是正确的。美国进一步指出,上诉机构已经要求根据第 11 条提出的主张不应仅仅被作为一项补充抗辩或主张。美国补充道,要达到违反第 11 条的水平,专家组方面所需犯的错误中必须包括"故意忽视证据或达到恶意程度的重大疏忽"。美国称,专家组并非没有对整体的证据作出考虑,专家组并非错误地未能对中国商务部的"低价"认定或中国商务部肯定性价格影响认定的其他方面给出恰当的权重。根据美国的观点,专家组驳回了中国关于仅进口数量的增加一项就能支持商务部作出大幅价格压低和价格抑制的主张,并正确地指出"专家组在认定是否要对调查机关自身没有作出的分析进行分析时必须万分谨慎"。美国进一步指出,最终裁决并未表明其对平行定价趋势和旨在削减涉案进口产品价格的定价策略的认定给予了较之于涉案进口产品"低价"认定更大的权重。因此,美国辩称,专家组正确地作出了以下认定:其没有依据得出结论认为这些认定自身能够支持中国商务部的定价分析。

2.《反倾销措施协定》第 6.9 条和《补贴与反补贴措施协定》第 12.8 条——基本事实的披露。

美国提出,专家组正确地得出了中国商务部未能披露《反倾销措施协定》第 6.9 条和《补贴与反补贴措施协定》第 12.8 条项下的"基本事实"的结论。美国对中国提出的如下抗辩提出了辩驳:中国认为专家组对《反倾销措施协定》第 3.2 条和《补贴与反补贴措施协定》第 15.2 条的解释有误,从而使其根据第 6.9 条和第 12.8 条作出了错误的认定。具体而言,美国对中国的下列主张存有异议:由于第 3.2 条和第 15.2 条仅要求中国商务部作出价格压低和价格抑制在市场上存在的认定，其唯一需要披露的"基本事实"就是国内价格的下降（与价格压低相关）以及中国国内产业价格—成本比例的变化（与价格抑制相关）。这在美国看来，忽略了第 3.2 条和第 15.2 条均规定的价格压低或价格抑制是调查涉及的进口的"影响"的要求。事实上，美国认为，中国商务部试图通过涉案进口产品的"低价"来满足这一要求。

此外，美国还提出，中国商务部未能披露支持其涉案进口产品价格"低"的结论的基本事实，而这是商务部作出大幅价格压低和价格抑制认定的基础。专家组认为，由于中国商务部关于涉案进口产品"低价"的结论是支持其价格压低和价格抑制认定的基础，因此根据要求，商务部需要披露的不仅仅是关于存在"低价"的结论，也应披露支持该结论的"基本事实"，以使得利害关系方能够对其权益作出抗辩。对此，美国表示赞同。美国强调，中国商务部在最终损害披露中唯一披露的信息包括涉案进口产品的平均使用价值数据，而不包括任何与国内产品平均使用价值相关的或对比的信息。

3.《反倾销措施协定》第 12.2.2 条和《补贴与反补贴措施协定》第 22.5 条——公告要求。

美国称，专家组的下述认定是恰当的：中国商务部未将其最终裁决中的信息材料纳入价格影响分析的做法违反了《反倾销措施协定》第 12.2.2 条和《补贴与反补贴措施协定》第 22.5 条关于公告要求的规定。中国提出抗辩认为，专家组对《反倾销措施协定》第 3.2 条和《补贴与反补贴措施协定》第 15.2 条的错误解释导致其根据《反倾销措施协定》第 12.2.2 条和《补贴与反补贴措施协定》第 22.5 条作出了错误的认定。对此，美国进行辩驳。在美国看来，中国关于最终裁决仅仅需要包含一项存在价格压低和价格抑制的证明的抗辩忽视了第 3.2 条和第 15.2 条规定的价格压低和价格抑制是涉案进口的"影响"的要求。

美国进一步指出，专家组并未对中国商务部未能披露价格削减本身的具体幅度提出指责。相反地，"专家组认为存在这些幅度……以证明'中国商务部拥有涉案进口产品的价格信息和国内产品的价格信息，并对该信息作出了比较分析。'"美国强调，中国商务部的最终裁决没有披露比较涉案进口产品和国内产品价格的有意义的信息，或确定进口商的"定价策略"是如何影响与国内产品价格相对的销售价格的。

（二）欧盟（第三方主张）

欧盟提出，尽管对《反倾销措施协定》第 3.2 条和《补贴与反补贴措施协定》第 15.2 条的"字面理解"显示，调查机关必须考虑条款中罗列的价格影响是否是由于涉案进口产品引起的，这些条款必须与《反倾销措施协定》第 3 条及《补贴与反补贴措施协定》第 15 条的其他条款结合起来理解。在欧盟看来，第 3.2 条和第 15.2 条规定的含义是审查涉案进口和价格压低/价格抑制之间存在因果关系的义务可以预见且不需要复制关于调查机关必须根据第 3.5 条和第 15.5 条作出完整因果关系分析的部分内容。

关于“基本事实”的披露问题，欧盟认为，根据《反倾销措施协定》第 6.9 条和《补贴与反补贴措施协定》第 12.8 条，调查机关被要求披露所有与其对根据《反倾销措施协定》第 3.2 条和《补贴与反补贴措施协定》第 15.2 条审查出的所有价格影响分析相关的基本事实。此外，关于披露要求规定的第 6.9 条和第 12.8 条的目标是通过对调查机关分析和裁决作出过程中必不可少的事实进行评述，为调查中的利害关系方提供有效行使其抗辩权利的机会。因此，与价格分析相关的基本事实的任何披露涉及的都不仅仅是调查机关关于存在价格影响的结论，也应包括得出这些结论所使用的基础数据和方法。

关于公告要求，欧盟提出，根据《反倾销措施协定》第 12.2.2 条和《补贴与反补贴措施协定》第 22.5 条，调查机关必须在公告中提供事实问题和法律问题的所有相关信息，以及导致实行最终措施，还包括其作出的价格影响认定的理由的所有相关信息。在欧盟看来，既然中国商务部没有在终裁公告中纳入与价格削减有关的所有相关信息，那么上诉机构就应当维持专家组作出的中国违反了第 12.2.2 条和第 22.5 条的认定。

（三）日本（第三方主张）

日本坚决主张，《反倾销措施协定》第 3.1 条要求调查机关就倾销进口产品对国内同类产品的价格影响作出“客观审查”，且该审查应基于“肯定性证据”作出。相应地，第 3.2 条进一步明确了该项义务，要求调查机关考虑条款中罗列的三种价格影响中的一种。日本不同意中国对第 3.2 条作出的解释，因为中国未将《反倾销措施协定》第 3.1 条和第 3.2 条中的“影响”一词与“倾销进口”结合起来考虑。关于“基本事实”的披露问题，日本认为，当调查机关意欲基于价格压低或价格抑制作出最终损害认定的情况下，根据《反倾销措施协定》第 6.9 条，调查机关必须披露对认定这些价格影响必不可少的事实。日本提出，如果中国商务部对该关系的认定是基于对涉案进口产品的价格和国内同类产品价格之间的比较得出的，那么中国商务部需要披露的基础事实中就应包括这些价格。

日本称，根据《反倾销措施协定》第 12.2.2 条，终裁公告需包含“事实问题、法律问题和理由的所有相关信息”的规定必须在第 12.2 条的情境下进行理解，这就要求调查机关对"调查机关认为重要的所有事实和法律问题"作出详尽的解释。据此,调查机关必须在其终裁裁决中对与损害的确定相关的问题,或是在损害的确定中重要的问题作出解释,"这样调查机关得出结论的理由就能够被看清、被理解"。

(四)韩国(第三方主张)

关于《反倾销措施协定》第 3.2 条和《补贴与反补贴措施协定》第 15.2 条的解释,韩国坚持认为,这些协定的其他条款涉及了因果关系要求的事实,"的确"为解释第 3.2 条和第 15.2 条提供了重要的线索,而且应当对中国在这一问题上提出的抗辩作出仔细分析。但是韩国并不同意第 3.2 条和第 15.2 条明确排除了因果关系分析的观点。韩国进一步指出,第 3.4 条和第 15.4 条中的动词"影响"(affect)的含义是"对什么产生影响"。因此,在第 3 条和第 15 条的语境下,"影响"[effect,名词(译者注)]和"影响"[affect,动词(译者注)]的解释"实际上是相同的"。最后,韩国—商船案专家组认为,《补贴与反补贴措施协定》第 6.3 条中的"补贴的影响"一词要求进行因果关系分析,并称该案专家组认定可以为本案的条款解释问题提供有用的语境。

关于中国根据《关于争端解决规则与程序的谅解》第 11 条提出的主张,韩国认为,尽管调查机关在评估所搜集的证据方面以及在采取具体方法评估该证据方面拥有广泛的选择权,但这种自由裁量"不是无约束的……是仅在涉案相关条款规定的范围内才允许作出的"。韩国补充道,第 3 条和第 15 条中涉及的义务应当与第 3.1 条和第 15.1 条中出现的"肯定性证据"和"客观审查"的首要要求结合起来加以解释和实施。从这一点来看,韩国认为,至于调查机关的做法是否与其在第 3 条和第 15 条项下的义务相符的问题,调查机关被给予自由裁量权可能并不是"决定性的要素"。

(五)沙特阿拉伯(第三方主张)

沙特阿拉伯提出,《反倾销措施协定》和《补贴与反补贴措施协定》反映了反倾销和反补贴调查当事方利益和负有完全、及时完成调查职责的调查机关利益之间的微妙平衡。沙特阿拉伯要求上诉机构根据这一平衡对这些协定的相关条款作出解释。

教学指导手册

教学对象及目标

本案例供法律硕士案例教学使用,法学本科(大三、大四)、国际法硕士和诉讼法学硕士也可以参酌使用。

本案例主要就世界贸易组织贸易救济案件的相关法律问题进行中英文双语讲授,包括专家组裁决报告(414R,英文 174 页)和上诉机构裁决报告(414ABR,英文 119 页),可从 WTO 网站下载(https://www.wto.org/english/tratop_e/dispu_e/cases_e/ds414_e.htm)。具体要解决的问题包括:(1)世界贸易组织争端解决机构的基本程序;(2)反倾销规则及计算方法;(3)反补贴规则及计算方法;(4)因果关系的认定。

教学内容

1. 世界贸易组织争端解决机构的背景

《马拉喀什建立世界贸易组织协议》附件二《关于争端解决规则与程序的谅解》(DSU)是世界贸易组织(WTO)关于争端解决的最基本的法律文件。它规定了适用于乌拉圭回合各项协议下可能产生的争端的一套统一规则,确立了 WTO 争端解决机制。WTO 争端解决机制是以 GATT 四十多年争端解决实践为基础,经过发展和重新谈判而确立起来的。

1947 年《关税与贸易总协定》(GATT)第 22 条和第 23 条规定了执行 GATT 各项协议过程中缔约方之间争端解决的核心规则,包括磋商、申诉、专家组建议及执行等方面的规定。GATT 争端解决机制的这套规则存在内容太过粗略、操作性不强等弊端,特别是 GATT 理事会采用协商一致的原则通过专家组的建议或作出其他决策。为了自身的利益,败诉方政府可以行使否决权阻止整个过程。出于同样原因,在确定专家组的职权范围、选择专家组的人员组成、在败诉方政府采取改正措施等方面,有关进程都有可能被进一步拖延。这样就损害了人们对 GATT 争端解决制度的信心,使得谈判各方决定要为 WTO 建立一套统一的、约束力更强的争端解决机制。

经过(1986—1994 年)GATT 乌拉圭回合多边贸易谈判,终于形成了 WTO 争端解决机制的基本法律文件《关于争端解决规则与程序的谅解》(DSU)。DSU 包括 27 条和 4 个附件,主要内容是涉及 WTO 争端解决机制的适用范围、管理机构、一般原则、基本程序和特殊程序。DSU 合理地吸收了 GATT 争端解决机制中经实践证明行之有效的一系列制度,并对之进行了有机的结合;另外,它又在总结经验与教训的基础上,针对原机制存在的各种弊端,采取了大胆的改进与革新;同时,进一步拓宽了争端解决机制的适用范围,丰富了解决争端的各种手段。通过 DSU 建立了争端解决机构(DSB)。

WTO 争端解决机制适用于乌拉圭回合各项协议,包括 GATT、《WTO 协议》本身及其所附全部货物贸易协议、GATS、TRIMs 和 TRIPs 等。WTO 的新机制在保留了 GATT 体制中的一些核心内容外,还采用了上诉程序,规定了补偿和交叉报复措施等,加强了这一体制的作用,增强了约束力。

DSU 是乌拉圭回合谈判中多边关系的一个焦点。DSU 所有条款的精神都在第 3 条 2 款中得到了体现。DSU 第 3.2 条规定:"WTO 争端解决机制是为多边贸易体制提供保证和可预见性的一个中心环节。各成员承认该机制用以保障各成员有关协议项下的权利和义务,以及按照国际公法解释的习惯规则,澄清有关协议的现有条文。DSB 的各项建议和裁决不得增加或减少各有关协议所规定的权利和义务。"实践证明,DSU 在执行过程中是非常有效的。使用争端解决机制的案例越来越多,反映了成员国对 WTO 争端解决机制的兴趣和重视。

2. 世界贸易组织争端解决机构的基本程序

争端解决机制机构是由专家组(panel)和上诉机构(appellate body)组成的。专家组由 3 名(有时是 5 名)来自不同国家的专家组成,负责审查证据并作出裁决;由 7 名具有公认权威并在法律、国际贸易和 WTO 各适用协定所涉专题方面具有公认专门知识的人员组成常设上诉机构,负责审理专家组案件的上诉,任何一个案件由其中 3 人组成。专家组和上诉机构人员由争端解决机构任命。DSB 采取"反向一致的做法"——在协商一致的情况下才能否决裁决报告。每一个案件的专家组成员可以从一份常备的符合资格的候选人名单中选择,或从其他地方选择。他们以个人身份任职,不能接受任何政府的指示进行斡旋、调解或调停。

DSB 争端解决各阶段时限概览

<table>
<tr><td rowspan="10">争端当事方提出或者不提出上诉的案件</td><td>各步骤程序</td><td>时限</td></tr>
<tr><td>磋商、调解程序</td><td>60 天</td></tr>
<tr><td>成立专家组或者由 WTO 总干事指定专家组成员</td><td>45 天</td></tr>
<tr><td>DSB 向争端当事方散发专家组报告</td><td>6 个月</td></tr>
<tr><td>DSB 向 WTO 成员散发专家组报告</td><td>3 周</td></tr>
<tr><td>DSB 通过专家组报告</td><td>60 天</td></tr>
<tr><td>全部时限</td><td>1 年</td></tr>
<tr><td>DSB 向争端当事方散发上诉机构报告</td><td>60 ~ 90 天</td></tr>
<tr><td>DSB 通过上诉机构报告</td><td>30 天</td></tr>
<tr><td>全部时限</td><td>15 个月或者 16 个月</td></tr>
</table>

3. 反倾销(anti – dumping)规则及计算方法

WTO《反倾销措施协定》要求判定一成员实施反倾销措施,必须遵守三个条件:第一,确定存在倾销的事实;第二,确定对国内产业造成了实质损害或威胁,或对相关产业造成实质阻碍;第三,确定倾销和损害之间存在因果关系。按照倾销的定义,若产品的出口价格低于正常价格,就会被认为存在倾销。出口价格低于正常价格的差额被称为倾销幅度。相应地,确定倾销经过三个步骤:确定出口价格;确定正常价格;对出口价格和正常价格进行比较。

欧美"归零法":"归零法"就是在计算整体产品的倾销幅度的过程中,将那些出口价格高于正常价值的交易的比较结果视为零,而不将其与出口价格低于正常价值的交易的比较结果进行的抵销的做法。

4. 反补贴(countervailing)规则及计算方法

补贴是由一国政府或任何公共机构提供,使接受者得益的财政资助。除了农产品协议的规定之外,从法律上或事实(in law or in fact)上,以出口实绩(export performance)或进口替代(import substitution)作为唯一条件或多个条件之一所给予的补贴是应当禁止的。

WTO《补贴与反补贴措施协定》将补贴分为三种基本类型:禁止性补贴、可诉补贴和不可诉补贴。

5. 国际贸易调查中“价格效果”与“产业损害”之间的关系

在贸易救济案件中作为法律术语使用的“价格效果”,通常仅用于对“产业损害”的某种事实认定。一般而言,一国在征收反倾销税或者平衡税时,政府除了要证明倾销或补贴情况存在以外,还须证明国内产业遭受了实质损害(material injury)或实质损害威胁(threat of material injury),并且倾销与实质损害之间存在因果关系。对于损害的认定可通过多种因素加以证明,在《反倾销措施协定》第3条与《补贴与反补贴措施协定》第15条分别列明了损害计算的原则、损害构成要件以及各要素间的整合关系等规定,这对调查机关在产业损害证明和因果关系分析两方面设定了具体的框架和遵守的纪律。其中,《反倾销措施协定》第3.2条及《补贴与反补贴措施协定》第15.2条规定了国内价格冲击被视为造成国内产业损害的其中一种方式,即在进口产品倾销或接受补贴的情况下,(1)与进口国的同类产品相比,进口产品存在大幅度降价(price undercutting)销售的情况,或者(2)进口产品引发严重抑制价格(price depression)的情况,或者(3)在很大程度上会导致阻碍产品价格提高(price suppression)的情况,这三种情况被《反倾销措施协定》及《补贴与反补贴措施协定》列为进口产品效果国内价格的主要现象,简称为“价格效果”(price effect)。

损害分析的两种模式:一种是欧盟模式,该模式下的损害分析分两个步骤完成,首先认定损害的各个因素中相关指标变化情况,再认定因果关系以及是否有其他因素打破因果关系链。另一种是美国模式,该模式下不提倡将损害和因果关系分步认定,而是主张通过全面分析市场竞争条件,国内产业各个指标间的变化及关联情况,以及通过举证和听证会对各项裁定进行验证。

预期效果

1. 能够掌握前述教学内容。
2. 能够对后面的拓展思考题形成自己的思路和答案。
3. 能够对同类型的国际贸易救济争端案件作出基本判断。

课堂时间安排

本案例可以作为专门的案例教学课来进行,整个案例课的课堂安排7个课时,每课时45分钟。

如下课堂设计,仅供参考。

1. 课前计划:要求学生课前掌握世界贸易组织的设立目的、争端解决程序及背景等内容,并安排学生阅读近三年世界贸易组织争端解决中涉及中国的案例(提供专家组和上诉机构案件裁决报告),对这些案例所涉法律问题予以整理,进行初步思考。

2. 课中计划:(1)课时1:简要介绍我国贸易形势、中美反倾销和反补贴争议的背景;(2)课时2、3、4:着重分析案件专家组和上诉机构裁决的争议问题;(3)课时5、6:将学生分组,进行模拟法庭的演示;(4)课时7:教师归纳总结。

附:国际贸易案件的专业性较为突出,加上本案例采用双语教学,希望教师在教学过程中能利用多媒体等设备,深入浅出地介绍背景知识,引导学生更好地理解案情以及运用法理、法律法规处理案件。

3. 课后计划:布置学生进一步思考在全球化背景下世界贸易组织争端解决的职能,以及如何如何改革或者进一步发挥其职能,使其更有利于国际贸易环境的改善和国际经济的发展。

思考题和实践题

1. 思考题

(1)探讨国际贸易救济措施中裁决的严谨性和逻辑性。

(2)探讨美国对华“双反”措施中外部基准规则的适用。

(3)探讨《补贴与反补贴措施协定》第14条“私人投资基准”的内涵和外延。

2. 实践题

(1)WTO争端解决程序主要规定在《关于争端解决规则与程序的谅解》中,关于斡旋、调解和调停,见于该谅解第5条的规定。如果你是中方所委托的代理人,请结合本案案情,为中国政府设计一份磋商和调解方案。

(2)如果磋商/调解失败,你是美方所委托的代理人,请结合本案案情,为美国政府撰写一份申诉状。

(3)如果磋商/调解失败,你是中方所委托的代理人,请结合本案案情,为中国政府撰写一份应诉状。

(4)替中国政府的应诉要求编写证据清单。

参考文献

1. 曹建明、贺小勇:《世界贸易组织》(第3版),法律出版社2011年版。

2. 陈卫国:《世界贸易组织的逻辑》,对外经贸大学出版社2013年版。

3. 余劲松、吴志攀主编:《国际经济法》(第 4 版),北京大学出版社、高等教育出版社 2014 年版。

4. 汤婧:《贸易救济调查机构“价格效果”评估义务问题研究——以中美电工钢为例》,载《国际贸易》2013 年第 6 期。

5. 张斌:《外部基准:另一种替代价格》,载《世界经济研究》2013 年第 9 期。

6. 甘瑛:《WTO〈补贴与反补贴措施协定〉第 14 条的适用前提之辨——以对外贸易补贴利益与数额计算基础即“市场”为核心》,载《政治与法律》2013 年第 11 期。

7. 刘彤:《论贸易救济措施裁决的逻辑性要求——以 WTO 争端解决机构取向电工钢案为视角》,载《国际贸易》2014 年第 1 期。

8. 李晓郛:《中国 DSB 争端解决案件研究(2001 ~ 2013)》,载《北京理工大学学报》(社会科学版)2014 年第 4 期。

9. 李本、姚云灿:《美国对华“双反”措施中外部基准规则的适用问题》,载《国际商务研究》2016 年第 4 期。

10. 蒋奋:《论判定补贴利益的私人投资基准:法解释学与法经济学的视角》,载《浙江大学学报》(人文社会科学版)2016 年第 5 期。

撰稿人｜李晓郛,法学博士,上海财经大学博士后

20 CASE 山西西山煤电股份有限公司、山西孝义新禹煤焦有限公司与天津丰宇正泰金属材料贸易有限公司票据损害赔偿纠纷案

摘 要

本案例以一起真实的票据纠纷案件为蓝本,围绕票据出票、背书、贴现等各个环节进行分析,涉及的知识点和执业技能内容包括:如何通过确定背书的连续性来确定票据转让的合法性;找到真正的票据权利人;实务中票据公示催告程序如何完成。本案例涵盖票据纠纷的多种类型,既涉及实体权利,也包括司法程序中法律的适用、管辖法院的确定等问题;同时,本案例还涉及票据诈骗罪名的成立,是较为复杂的票据纠纷案件。本案例对于准确认识和解决票据有关纠纷案件具有重要的参考意义。

关键词

票据权利　票据利益　票据返还　票据贴现　票据诈骗罪认定

教学目标

本案例通过对具体票据纠纷的法律分析,采用讲授和课堂讨论结合的方式,重点让学生把握以下六方面内容:(1)票据权利与票据上的权利的关系;(2)票据法律关系与票据基础关系;(3)票据的背书转让;(4)票据的公示催告程序;(5)票据纠纷管辖法院的确定标准;(6)票据涉罪的认定。以此案例,指导学生在掌握相关票据法基础知识的前提下,学习如何解决票据纠纷以及相关票据犯罪的问题,尤其是掌握处理具体案件的步骤、事实认定和法律分析之间的基本思路。

教学案例主文

2012年11月30日,《人民法院报》第2版,刊登了两份公告,主要内容为申

请人天津丰宇正泰金属材料贸易有限公司（以下简称天津公司）因遗失银行承兑汇票，向张家口市桥东区人民法院申请公示催告。该公告要求自公告日起60日内，利害关系人须向该法院申报权利，如届时无人申报，则该法院将依法作出判决，宣告有关凭据无效。公告也写明，在公示催告期间，转让该票据权利的行为无效。公告期满后，因无人申报权利，张家口市桥东区人民法院于2012年2月29日分别对票号31300051××××××27（票面金额500万元，出票人为张家口市宣化区古城建筑工程有限公司，收款人为张家口同力建设工程有限公司）、31300051××××××10（票面金额500万元，出票人为张家口市宣化区古城建筑工程有限公司，收款人为宣化县荣新物资经销处）的银行承兑汇票无效，自判决日起，申请人有权向支付人请求支付。

一、西山煤电股份有限公司诉天津丰宇正泰金属材料贸易有限公司案基本情况

（一）原告被告主要诉求

原告：山西西山煤电股份有限公司（以下简称山西煤电公司）

被告：天津丰宇正泰金属材料贸易有限公司（以下简称天津公司）

原告诉称：其通过背书转让的方式合法取得了票号为3130005120433627的银行承兑汇票，被告天津公司以票据遗失为由向张家口市桥东区人民法院申请公示催告，法院于公告期满后作出除权判决，该票据无效。被告天津公司可依据该除权判决直接向付款银行请求支付汇票款项。原告是该汇票的唯一合法票据权利人，被告不享有该承兑汇票的票据权利，无权申请公示催告。被告的公示催告行为导致原告合法所持有的承兑汇票被宣告无效，无法行使承兑票据的权利，被告的行为侵害了原告的票据支付请求权，应依法承担赔偿责任。请求判令被告支付其500万元及利息损失。

被告辩称：其为涉案承兑汇票的合法持有人，依法享有该票据权利。张家口市中级人民法院对本案没有管辖权，应由被告住所地法院管辖。2011年11月26日与万全县安鑫工贸有限公司签订合同《产品购销合同》，同日票据交付，符合法律规定，在票据丢失后为维护自身合法利益，依法申请公示催告，桥东区人民法院的除权判决不存在侵权行为。原告无法证明取得承兑票据的时间及取得承兑票据的真实交易基础，无法认定原告是本案所涉承兑票据的合法持有人，其不具备原告自治，应依法驳回。另原告在承兑票据流转中存在重大过失，背书行为无效，不应享有承兑票据权利。请求依法驳回原告的诉讼请求。

(二)庭审中,双方证据的提供情况

1. 原告提供的证据(共三组)

第一组:

(1)票号为31300051××××××27银行承兑汇票及背书粘单;

(2)与唐山友利焦化有限公司签订的《煤炭购销合同》一份;

(3)结算单一份(2011年12月16日);

(4)增值税发票;

(5)唐山友利公司证明一份。

拟证明:原告与前手之间具有真实交易关系,涉案票据背书连续,被告系合法持票人,依法享有票据权利,被告天津公司不是该汇票的背书人及被背书人,不曾合法持有该票据。被告辩称原告的证据并不能证明其是否在公示期间拿到票据,无法查清,应提供证据证明。

被告的质证意见:对证据的真实性无异议,但不能证明原告的诉讼主体资格;12月16日发出的停止支付通知,票据是否在公示催告期间取得的,原告需要提供证据证明。对2、3、4证明对象和案件的关联性有异议,原告前手唐山公司的证明不能证明原告是何时取得的涉案票据。

第二组:

(1)被告天津公司的公示催告申请书;

(2)被告与万全县安鑫工贸公司签订的《产品购销合同》一份;

(3)万全县安鑫工贸公司2011年11月25日出具证明一份;

(4)孙年儒谈话笔录一份;

(5)付维阳调查笔录一份;

(6)被告万全公司在工商局的注销资料一组;

(7)张家口市桥东区人民法院(2012)东民初字第4号民事判决书一份;

(8)被告天津公司设立登记审核表一份;

(9)孙年信询问笔录一份。

拟证明:证据2、3、4、5之间存在诸多矛盾且违背客观事实之处,足以证实涉案票据不是丢失的。万全公司已注销且清算完毕,意味着其与天津公司的交易已完成,但其不能提供合同履行的证据及发票,证明了被告与万全公司之间并无真实交易关系,万全公司在注销且公章已收纳的情况下仍向法院提交证明材料,充分证明了其证据的虚假性。

被告的质证意见:对上述证据真实性无异议,对证明目的有异议。1月26日签订合同,同日票据交付,符合法律规定,否定不了被告的真实交易关系。原告要求提供发票过于苛刻,恰恰证明了被告的真实交易关系,一共丢失了四张票据,张家口市桥东区人民法院对四张票据作出除权判决,不存在侵权行为。《产品供销合同》明确约定预付定金2000万元,无须全部履行完毕,目前证据显示已完成了2000万元的供货。

第三组:

利息计算明细单。

拟证明:因被告的侵权行为给原告造成的利息损失。

被告质证意见:这是单方计算的,我方没有侵犯原告任何权利。

第四组:

西山煤电公司物资供应分公司营业执照、组织机构代码、证明各一份。

拟证明:西山煤电公司于2011年12月8日将涉案票据背书交付给下属的物资供应分公司,物资供应分公司即为涉案票据的最后一手持票人,取得票据的时间在公示催告之前,该分公司对外不能独立承担权利义务,故我方是本案的适格原告。

被告质证意见:因物资供应分公司是原告的下属公司,对其证明效力、目的及该证据的真实性、合法性、关联性均不认可。

2. 被告提供的证据(共两组)

第一组:

(1)与万全县安鑫工贸有限公司签订的《产品购销合同》一份;

(2)银行承兑汇票及背书复印件一份;

(3)万全县安鑫工贸公司2011年11月25日出具的证明一份;

(4)人民法院公告一份;

(5)张家口市桥东区人民法院除权判决书一份。

拟证明:被告与万全公司之间存在真实的交易关系。票据丢失后依法申请公告及除权。

原告的质证意见:对证据(1)、(3)的真实性有异议,通过本案其他证据可以证明两份证据的证明目的是不成立的。对证据(2)、(4)、(5)真实性无异议,对证明目的有异议,公示催告期间转让票据无效,但公示催告是在12月30日开始的,并不是12月16日,原告是在公示催告前取得的票据,是合法持票人。

第二组:

(1)委托调查函一份;

(2)调查说明一份;

(3)调查取证申请一份(对背书人);

(4)调查取证申请一份(对银行);

(5)笔迹鉴定申请。

拟证明:申请法院调取相关证据及对笔迹的真实性和做出时间的鉴定。

原告的质证意见:(1)原告作为合法持票人,只要证明其前手的真实交易关系和签章的真实性,即能证明持票权利,无须调查期其间接前手的交易情况。(2)根据最高人民法院《关于审理票据纠纷案件若干问题的规定》,持票人在票据背书栏记载自己的名称与背书人有同等的法律效力。

涉案票据的基本情况:

票号:31300051××××××27;

出票日期:2011年11月24日;

出票人:张家口市宣化区古城建筑工程有限公司;

收款人:张家口同力建设安装工程有限公司;

背书情况:张家口同力建设安装工程有限公司—万全县安鑫工贸有限公司—廊坊市正泰物资有限公司—河北津西钢铁集团股份有限公司—唐山友利焦化有限公司—山西西山煤电股份有限公司物资供应分公司。

其他说明:背书均没有填写背书日期。唐山友利焦化有限公司之前的被背书人名称由同一人填写。

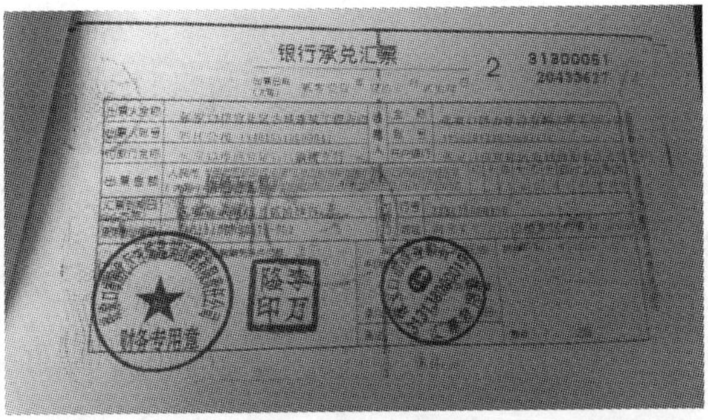

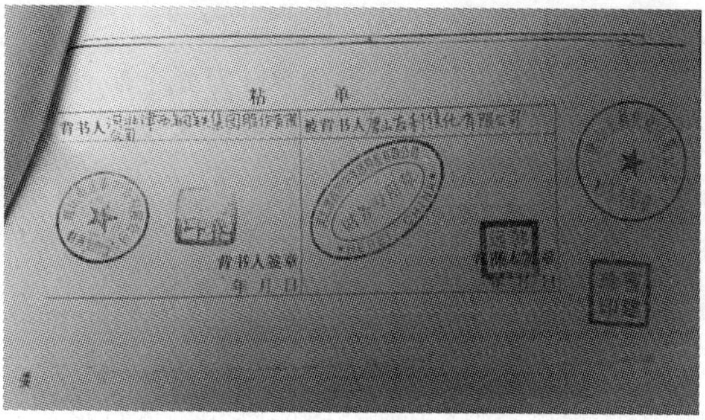
粘 单
背书人
被背书人
背书人签章
年 月 日

粘 单
被背书人
被背书人

二、山西省孝义市新禹煤焦有限责任公司诉天津丰宇正泰金属材料有限公司案

（一）基本情况

2011 年 12 月 1 日山西省孝义市新禹煤焦有限责任公司（以下简称新禹煤焦）与河北钢铁集团荣信钢铁有限公司（以下简称荣信公司）签订《工矿产品购销合同》，向其销售焦炭 13000 吨。2011 年 12 月 20 日，荣信公司将其持有的编号为 31300051 × × × × × ×10 的银行承兑汇票背书转让给新禹煤业用以支付 500 万元合同款。2012 年 1 月 2 日，新禹煤业又依据其他交易合同，将该汇票背书转让给汾阳市华一泰煤业有限公司，后者又背书转让给他人，最后持票人太原市钢企源不锈钢有限公司准备再次背书转让时，发现该汇票已于 2011 年 12 月 30 日被张家口市桥东区人民法院在《人民法院报》公示催告。因公示期间转让无效，新禹煤业经与后手背书人协商后退票，成为合法持票人。

在新禹煤业合法持有该承兑汇票期间，天津丰宇正泰金属材料有限公司（以下称天津公司）以票据丢失为由，向张家口市桥东区人民法院申请公示催告，桥东区人民法院立案后于 2011 年 12 月 30 日进行公告，因无人在公告期间申报权利，桥东区人民法院依法于2012年2月29日判决宣告该银行承兑汇票无效,并于2012年3月10日进行公告,天津公司对票面500万元金额有权请求支付。

新禹煤业在得知上述情况之后,向张家口市桥东区人民法院提起诉讼,要求撤销宣告该银行承兑汇票无效的判决。答辩期间,天津公司以该案纠纷非票据权利纠纷为由,提出管辖权异议。张家口市桥东区人民法院经审理,认为该案性质为票据返还请求权纠纷,属非票据权利纠纷,后作出裁定[(2012)东民初字第1481号]移送天津市津南区人民法院审理。新禹煤业不服该判决提起上诉,以原审裁定移送适用法律错误,违反最高人民法院相关文件规定,案由认定错误为由,要求撤销前述(2012)东民初字第1481号民事裁定,并申请由张家口市中级人民法院直接审理或继续由张家口市桥东区人民法院继续审理。张家口市中级人民法院于2012年5月25日作出终审裁定,认定该案性质为票据返还请求权纠纷,属非票据权利纠纷范畴,上诉提出的管辖异议成立,根据级别管辖的规定,撤销(2012)东民初字第1481号民事裁定,案件移送张家口市中级人民法院管辖。

张家口市人民法院公开开庭审理了此案。

(二)庭审过程中,双方提供证据的情况

原告:山西省孝义市新禹煤焦有限责任公司

被告:天津丰宇正泰金属材料贸易有限公司

1. 原告提供的证据(共四组)

第一组:

(1)票号为31300051××××××10承兑汇票及背书粘单;

(2)与荣信公司签订的《矿产品购销合同》一份;

(3)原告向荣信公司出具收据、华一泰公司向原告出具的收据各一份;

(4)增值税发票五份;

(5)张家口市桥东区人民法院(2012)东民初字第2号民事判决书一份;

(6)原告于华一泰公司签订的《精煤购销合同》一份;

(7)证明三份。

拟证明:原告是承兑汇票记载的背书人(汇票当事人),原告与荣信公司具有真实的交易关系,原告的后手均是在公示催告期间转让票据,属无效转让,不享有票据权益,原告的前手及付款人背书连续,没有任何问题,被告不该是票据的当事人,不曾合法持有该票据。

被告质证意见:除证据3外,对其他证据的真实性无异议,退票证明不能证明原告的诉讼主体资格问题,2011年12月26日发出停止支付通知,原告是公示期间取得的票据。汇票及粘单均无书写日期,从笔迹看应为同一人所写。收据有一份为原告自己出具,无证明力。

第二组:

(1)被告公示催告申请一份;

(2)被告与万全县安鑫工贸公司签订的《产品购销合同》一份;

(3)万全县安鑫工贸有限公司于2011年11月26日出具的证明一份;

(4)孙年儒谈话笔录一份;

(5)付维阳调查笔录一份。

拟证明:被告与万全县安鑫公司曾陈述双方就包括涉案汇票在内的四张承兑汇票于2011年11月26日进行交付,以上事实是被告的自行陈述,也是张家口市桥东区人民法院作出除权判决的依据,但是被告提供的证据本身是互相矛盾的。两者签订合同的时间是2011年11月26日,但万全县安鑫公司为被告申请公示催告出具的证明也是2011年11月26日,这份证明说明了双方在签订合同时就知道票据丢失了,故向桥东法院提供的证据侵害了原告的合法权益。被告申请公示催告及除权判决只有一份《产品购销合同》,没有提货单及增值税发票等最有效证据,系被告虚假进行的除权,已构成了侵权。

被告质证意见:对证据无异议,对证明目的有异议。我方与万全县安鑫公司在2011年11月26日签订合同,同日把票据交付是符合法律规定的,否定不了我们双方是真实交易关系,要求提供发票对本案要求太苛刻,这是考虑因素之一。我方移动丢失了四张汇票,张家口市桥东区人民法院对四张票据作出除权判决,不存在侵权行为。《产品购销合同》明确约定预付定金2000万元,就无须合同履行完毕。

第三组:

利息计算明细。

拟证明:被告的侵权行为给我方所造成的损失,应继续计算至实际侵权之日。

被告质证意见:给证据是原告单方作出的,我方没有侵犯原告任何权利,不予质证。

第四组:

(1)荣信公司出具证明、营业执照、机构代码证各一份,拟证明荣信公司是在被告公示催告前将涉案票据背书转让给我方的;

(2)华一泰公司出具证明,拟证明原告与华一泰公司之间的背书转让行为在被告公示催告之后。

被告质证意见:荣信公司的证明不能与双方之间的合同、发票形成证据链条,与本案无关联性。对华一泰公司的证明不予质证。

2. 被告出具的证据

(1)万全县安鑫公司出具的情况说明一份;

(2)人民法院公告一份;

(3)张家口市桥东区人民法院除权判决书一份;

(4)桥东法院送达回证一份。

拟证明:我方依据真实的交易关系从万全县安鑫公司取得涉案票据,是该汇票的合法持票人。我方申请公示催告及除权是为了维护自身权益,并无不当。张家口市桥东人民法院发出止付通知是2011年12月20日,可以看出原告取得该票据时,此票据已存在瑕疵,没有起到审核义务。由万全县安鑫公司的情况说明能够证明唐山市左利商贸公司与前手之间没有实际交易行为;由人民法院公告证实从2011年12月30开始60日的催告期间;由送达回证证明是2011年12月16日进行的停止支付。除权判决本身证实本案原告没有在公示期间维护权益。

原告质证意见:对于情况说明,只能证明没有与左利公司形成任何关系,对真实性无异议,对证明目的有异议,我们没有义务对前手、后手进行审查,只有义务审查票据的连续性;对公告、判决、送达回证均无异议,对证明目的有异议,公示催告期间转让票据无效,公告是从12月30日开始的,并不是12月16日,原告持票期间是合法的,是在公示催告10天前取得的。

本案的争议焦点主要为新禹煤业是否为合法的票据权利人。

1. 关于当事人身份

天津公司主张新禹煤业并非正当的持票人,其提交了万全县安鑫工贸有限公司(以下简称万全公司)的一份情况说明,万全公司在该说明中,证明"其将票号31300051××××××10的银行承兑汇票转让给天津公司,而汇票上记载的其直接后手唐山市左利商贸有限公司,与其无无任何业务往来,其也未通过其他任何方式将该汇票转让、交付"。对此,新禹煤业分别提供了汇票及背书粘单、其与河北钢铁集团荣信钢铁有限公司签订的《工矿产品购销合同》、收据、增值税发票。同时提出,天津公司与万全公司签订合同的时间为2011年11月26日,但天津公司为申请公示催告,出具的证明也是2011年11月26日,故其在签订合同时就已经知道票据丢失,侵害了新禹公司的合法权益,而万全公司出具证明的行为已构成共同侵权,应追加其为共同被告,万全公司于2012年10月12日,经公司决议解散,已完成注销登记。

2. 关于票据的取得时间

庭审中被告天津公司通过提供相关证明材料，主张张家口桥东区人民法院发出支付通知时间是2011年12月16日，原告取得该票据时，票据已存在瑕疵，新禹煤业未尽到审核义务。万全县安鑫公司出具的情况说明证明被告与前手没有实际交易行为，人民法院公告证实从2011年12月20日开始的60日为公告期间，桥东法院送达回证证明2011年12月16日法院发出了停止支付的通知。而原告新禹煤业则主张，万全公司作出的情况说明只证明其没有与左利公司形成任何关系，但其无义务对前手、后手进行审查，只有义务审查票据有无连续性；张家口市桥东区人民法院的公告期间从2011年12月30日开始，原告于2011年12月16日取得票据，完全合法。

在案件审理过程中，另查明，2011年12月1日，天津公司经理孙年信向天津市公安局津南分局南环路派出所报案称被骗。依据天津市第二中级人民法院（2012）二中刑初字地0183号刑事判决书以及证据说明，证明票号为3130005120433710的银行承兑汇票，由天津公司经理孙年信通过刘宝祥给高光亮违规贴现，高光亮为谋取经济利益，以收取低于银行承兑汇票贴现率的费用的方式，骗取他人银行承兑汇票，转卖他人，通过非正常途径贴现后获取大量流动资金，将所得款项据为己有，用于归还其所欠债务。天津市第二中级人民法院依法判决，高光亮犯诈骗罪，处无期徒刑，并处没收个人全部财产。

涉案票据基本情况

票号：31300051××××××10；

出票日期：2011年11月25日；

出票人：张家口市宣化区古城建筑工程有限公司；

收款人：宣化县荣新物资经销处；

付款人：张家口市商业银行红旗楼支行；

到期日：2012年5月25日；

背书情况：宣化县荣新物资经销处—万全县安鑫工贸有限公司—唐山市左利商贸有限公司—绥芬河市津银贸易有限公司—河北津西钢铁集团股份有限公司—北京津西投资控股有限公司—河北钢铁集团荣信钢铁有限公司—山西省孝义市新禹煤焦有限责任公司—汾阳市华一泰煤业有限公司—太原钢企源不锈钢有限公司；

其他说明：背书均没有填写背书日期，新禹公司之前的被背书人名称由同一人填写。

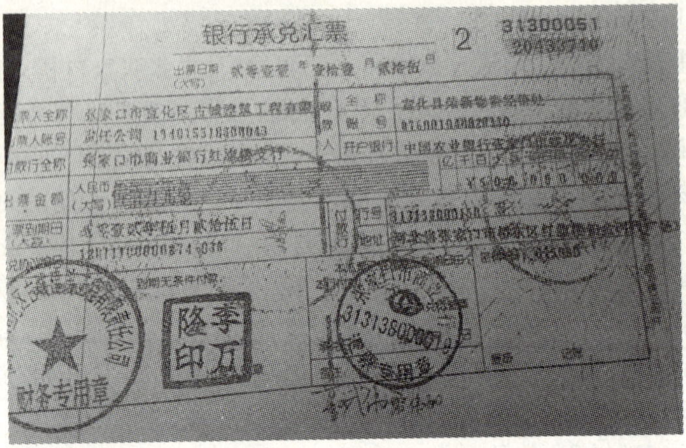
银行承兑汇票
2
31300051
李万隆印
财务专用章

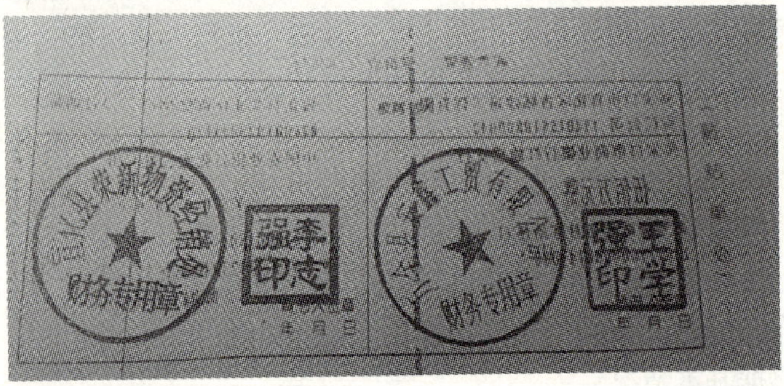
财务专用章
李志强印
财务专用章
王学强印
年 月 日
年 月 日

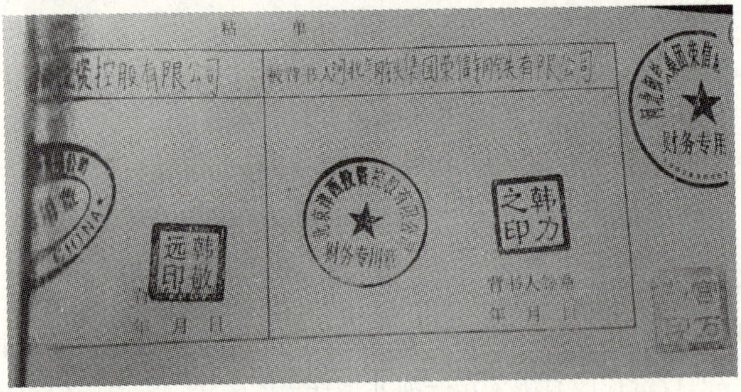
粘 单
韩敬远印
年 月 日
财务专用章
韩力之印
年 月 日

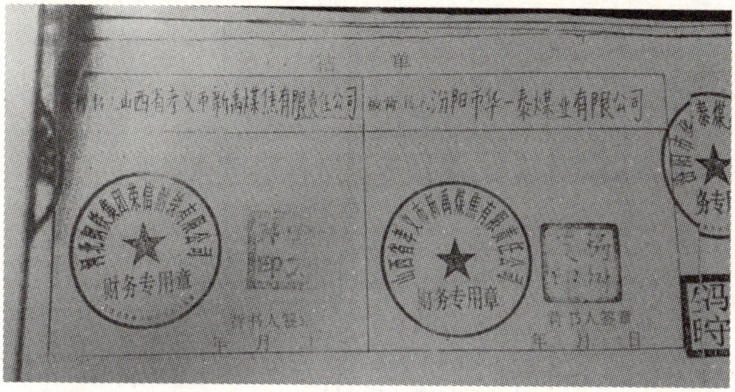

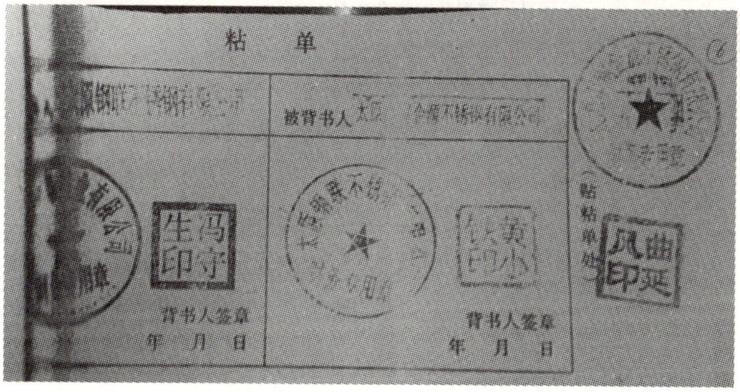

教学指导手册

教学对象及目标

本案例供法律硕士案例教学使用。

本案例主要通过对具体票据纠纷的法律分析，采用讲授和课堂讨论结合的方式，重点让学生把握以下六方面内容：(1)票据法律关系与票据基础关系；(2)票据权利与票据上的权利的关系；(3)票据的背书转让；(4)票据的公示催告程序；(5)票据纠纷管辖法院的确定标准；(6)票据涉罪的认定。以此案例指导学生在掌握相关票据法基础知识的前提下，学习如何解决票据纠纷以及相关票据犯罪的问题，尤其是掌握处理具体案件的步骤、事实认定和法律分析之间的基本思路。

教学内容

1. 如何理解票据法律关系、票据关系以及票据基础关系？它们之间的关系如何？

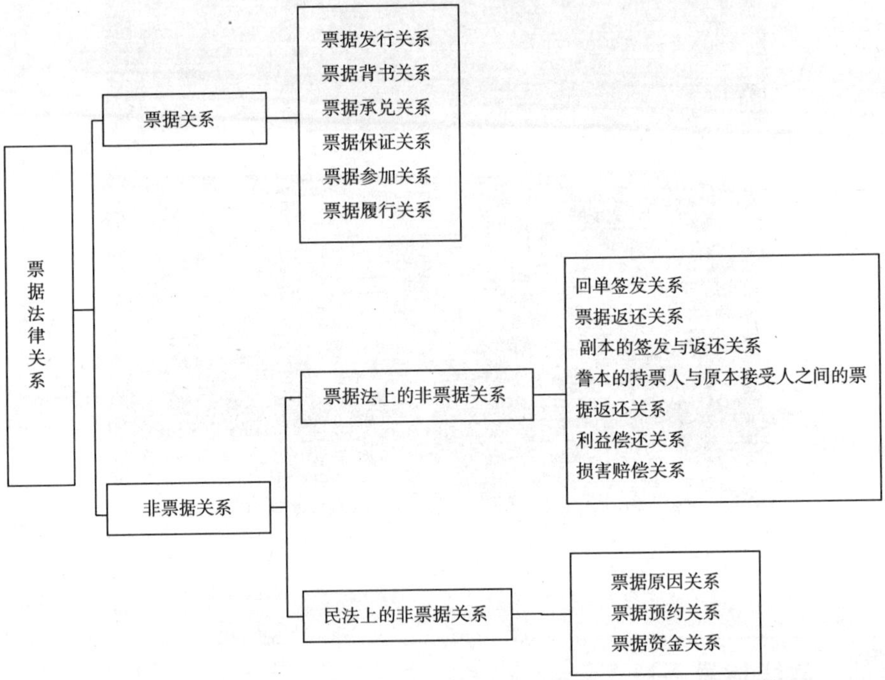

如上图所示，票据法律关系包括票据关系与非票据关系。票据关系为票据所固有的法律关系，而非票据关系则为非票据所固有，但与票据密切相关的法律关系。

票据关系是因发生于票据上的票据行为而产生，非票据关系则是在票据关系之外，与票据行为密切相关的权利义务关系，包括票据法上的非票据关系和民法上的票据关系。票据关系的成立，以基础关系为关键，若无基础关系的合理存在，有可能构成不当得利。此外，除基于税收、继承、赠与等无偿取得票据的情形，取得票据均应以给付对价为基础。但票据无因性决定票据关系一旦成立即脱离基础关系。

本案在审理过程中，天津公司曾指出本案非票据权利纠纷，而是票据返还请求权纠纷，此处即涉及对票据关系具体类型的区分；而关于原告主体资格的争论则考查学生掌握票据关系与基础关系的相关内容。教师在授课中,要注意引导学生将这几个概念正确掌握并准确区分。

2. 票据权利与票据上的权利的关系

票据权利属于债权,具有双重性(付款请求权和追索权),同时其与票据密不可分。取得票据权利需满足的条件中,一定引导学生注意背书连续的确定、是否支付对价、是否满足票据法的规定;而对于善意取得票据的情形,则要强调从无权利人手中获得票据时的主观状态以及是否支付对价。

本案中,对于原告主体资格之争,其实就需要在结合第一个知识点的背景下,结合票据权利取得与丧失的有关内容进行认定。教师在授课过程中,不仅要引导学生关注票据权利取得与丧失的基本知识,更要引导其注意到票据权利取得、丧失以及保全、救济的各种措施应用,充分保证理解票据流通性的重要性。

3. 票据的背书转让

通过背书的方式进行转让,是继受取得票据的主要途径和方式。基于票据的要式性和文义性,票据的背书也具有要式性,对其记载事项及方式均有要求,同时背书将产生权利转移、责任担保及权利证明的效力。对此,要引导学生对于相关内容从实践的角度加以综合应用,而不是简单的知识点的掌握。

4. 票据的救济(公示催告程序)

失票时,如何保护持票人的权利是非常重要的,因票据的无因性和文义性,对于票据的救济首先要及时,挂失止付作为一个临时性的措施,并不能解决根本问题,所以,向人民法院申请公示催告是十分重要的手段。在这一部分,教师在课堂讨论的过程中,可引导学生对失票后的救济方式和途径进行总结,对于专门程序,课堂上须引导学生不仅关注程序的完成,更要了解在此程序中票据的各种权利状态。

5. 票据纠纷管辖法院的确定标准

管辖法院的选择和确定,对诉讼的进行有很大的影响。

预期效果

通过本案例的教学,预期实现以下效果:

1. 学生通过对案情的分析,结合所学知识,可以对案件准确定性并能制定合理可行的诉辩意见,形成法律分析文书。

2. 掌握本案例中涉及法律文书的写作要求。

教学计划及时间安排

本案例可以作为专门的案例教学课来进行,整个案例课的课堂教学应安排为 6 课时,每课时 45 分钟。

如下课堂教学设计,仅供参考。

1. 课前计划:因本案例涉及票据法多个知识点及实践环节,故在课前要安排学生对案例及相关参考资料进行阅读,针对案例所涉及问题进行思考,准备有关实践题目 。

2. 课中计划:(1)介绍教学目的,明确讨论主题(1 课时);(2)分组讨论,回答各项思考题,讨论实践题的撰写要点(2 课时);(3)小组代表提出撰写要点,学生讨论和分析(2 课时);(4)教师归纳总结(1 课时)。

3. 课后计划:布置学生进一步思考票据转让过程中应注意事项,就本案例所涉及问题,完成一篇小论文。

思考题和实践题

1. 思考题

(1)票据背书转让应注意哪些问题?若你收到一张银行承兑汇票,在第一时间应当审查票据的哪些方面?

(2)票据纠纷中,确定管辖法院的标准有哪些?本案是否存在管辖不当的情形?

(3)票据权利的取得与灭失的条件分别是什么?

(4)如何保全票据权利?

(5)票据法律关系有哪些类型?本案所涉及的票据法律关系分别有哪些?

(6)失票后如何完成票据公示催告程序?应注意什么问题?

(7)银行承兑汇票相较普通票据而言,具有哪些特点?法律有哪些特别规定?

(8)票据贴现的意义及如何办理票据贴现?

2. 实践题

(1)根据所给情节,撰写原告起诉书。

(2)根据所给情节和内容,撰写被告答辩状。

(3)结合附件给出的判决内容及理由,分析其是否合理。

(4)总结本案例的现实意义。

参考文献

1. 施天涛:《商法学》,法律出版社 2010 年版。
2. 吕来明:《票据法判例与制度研究》,法律出版社 2012 年版。
3. 江苏省高级人民法院课题组、何方:《关于票据公示催告与除权救济法律适用若干问题研究》,载《法律适用》2014 年第 6 期。
4. 秦拓:《票据取得中重大过失的认定》,载《人民司法》2012 年第 4 期。

撰稿人 | 梁慧瑜,山西大学法学院,讲师

21 CASE 杭州大头儿子文化公司与央视动画公司著作权侵权纠纷案

摘　要

长期以来,我国在知识产权司法裁判中一直遵循着“停止侵害当然论”。但在近年来的司法实践中,开始出现知识产权停止侵害救济例外。2016年2月,杭州市中级人民法院对杭州大头儿子文化公司诉央视动画公司案作出终审判决,支持一审法院以提高赔偿额的方式作为央视动画公司停止侵权行为的责任替代方式的判决。一审法院认为,无论是动画片,还是木偶剧,均具有公共文化的属性,著作权法的立法宗旨在于鼓励作品的创作和传播,使作品尽可能地被公之于众和得以利用,不停止上述作品的传播符合著作权法的立法宗旨和公共利益的原则。故,一审法院在综合考虑大头儿子动画片的创作背景、该案实际情况、平衡原作者、后续作品及社会公众的利益以及公平原则的基础上,判令央视动画公司不停止侵权。本案例对深入了解和把握知识产权停止侵害救济例外的适用具有参考意义。

关键词

大头儿子文化公司　停止侵害　救济例外　著作权　知识产权

教学目标

本案例以大头儿子文化公司诉央视动画公司著作权侵权案为基础,介绍案件的审理过程和判决结果。通过学生对案件的阅读、分析,指导其对案情进行梳理和归纳研究。在此基础上,指导学生主要把握两个方面的内容:(1)通过本案了解我国知识产权停止侵害救济例外的现状和适用条件;(2)更加透彻地理解有关知识产权停止侵害救济例外的相关理论。

教学案例主文

2016年2月22日，浙江省杭州市中级人民法院就杭州大头儿子文化发展有限公司(以下简称大头儿子文化公司)与央视动画有限公司(以下简称央视动画公司)著作权侵权纠纷案(以下简称大头儿子案)作出终审判决，维持原判，仅支持一审原告要求赔偿损失的诉讼请求，没有支持其要求原审被告停止侵害的诉讼请求。

在以往的知识产权司法判决中，一旦被告被判侵权成立，原告要求被告停止侵害理所应当，毋庸置疑。但是，当下案件却变得越发复杂起来，有的案件如果判令侵权者停止侵害，则有可能损害社会公共利益，大头儿子案正是考虑此种情况，因而没有判令侵权者承担停止侵害的民事责任。

目前，我国知识产权停止侵害救济例外面临着双重困境。一方面，我国知识产权停止侵害救济例外在司法实践中"破而无据"。"知识产权是绝对权、支配权，一旦权利人支配其权利对象的圆满状态被打破，就有权要求恢复其权利。任何在客观上妨害知识产权的当事人都必须承担停止侵害的责任，无论该当事人在主观上有无过错。"长期以来，我国司法实践一直遵循着这种"停止侵害当然论"。比如在专利侵权案件中，"无论专利权人指控被控侵权人侵犯其专利权中的哪一项具体权限，只要认定侵权指控成立，均判决侵权人立即停止侵权行"。不过，至本世纪初，"停止侵害当然论"受到了来自司法的挑战。

另一方面，我国知识产权停止侵害救济例外在立法上"突而不破"。近些年，知识产权停止侵害救济例外在司法实践中的一次次突破，开始引发司法政策和立法上的回应。

2008年2月28日公布的《专利法(修改稿)》第75条曾对停止侵害救济例外问题进行过尝试。可以说，该规定是知识产权立法关于停止侵害救济例外的一次重大尝试。遗憾的是，该修改稿的规定只是昙花一现。2008年12月27日，全国人民代表大会第六次会议公布的《关于修改〈中华人民共和国专利法〉的决定》删除了关于停止侵害救济例外的内容，停止侵害救济例外最终没能实现在立法上的突破。

尽管停止侵害救济例外在立法上没有突破成功，但是，司法实践中的突破还是影响了司法政策和司法解释。2009年，最高人民法院在其公布的最高人民法院《关于当前经济形势下知识产权审判服务大局若干问题的意见》(以下简称《意见》)第15项即指出既要充分发挥停止侵害的救济作用,又要妥善适用停止侵害责任,该《意见》将停止侵害例外归结为三种情况:一是停止有关行为会造成当事人之间的重大利益失衡;二是停止有关行为有悖于社会公共利益;三是停止有关行为实际上无法执行。可以看出,《意见》中列举的停止侵害例外情形已不限于基于社会公共利益的考虑。不过,《意见》毕竟属于司法政策性文件,效力层次明显偏低。2016年3月,最高人民法院公布了《关于审理侵犯专利权纠纷案件应用法律若干问题的解释(二)》(以下简称《专利权纠纷解释二》),第26条规定:"被告构成对专利权的侵犯,权利人请求判令其停止侵权行为的,人民法院应予支持,但基于国家利益、公共利益的考量,人民法院可以不判令被告停止被诉行为,而判令其支付相应的合理费用。"《专利权纠纷解释二》只采纳了《意见》中列举的第二种情形,即停止有关行为有悖于社会公共利益,对于另外两种情形并未采纳。司法解释虽然不是立法,但在一定程度上,也可以说是立法的前奏。

正是在上述背景下,本案例展开对大头儿子文化公司诉央视动画公司著作权侵权纠纷案的分析与研究。

一、一审环节

(一)当事人意见及理由

原告大头儿子文化公司诉称:"围裙妈妈"美术作品的原著作权人是刘某,原告经合同转让继受成为该美术作品的著作权人。被告央视动画公司在未经著作权人许可且未支付报酬的情况下,利用"围裙妈妈"美术作品形象改编为新人物形象,并对改编后的新人物形象进行展览、宣传,制作成动画片,并发行、复制、销售、播放、网络传输该动画片,侵犯了原告的著作权,并给原告造成了经济损失。原告特诉至法院,请求判令:

1. 被告立即停止侵权,包括停止《新大头儿子和小头爸爸》动画片的复制、销售、出租、播放、网络传输等行为,不再进行展览、宣传、贩卖、许可根据"围裙妈妈"美术作品改编后的形象及其衍生的周边产品;

2. 被告赔偿原告经济损失人民币50万元;

3. 被告赔偿原告为制止侵权所支付的调查取证费3520元、律师费20000元,合计人民币23520元;

4. 被告在央视网(www.cctv.com)和《中国电视报》上连续15天刊登致歉

声明,以向原告赔礼道歉、消除影响;

5. 被告承担本案的诉讼费用。

被告央视动画公司答辩称:原告不享有涉案美术作品的著作权,其诉讼请求应予驳回,认为涉案美术作品是动画片三个主要人物造型,是刘某与央视共同创作,属于合作作品,刘某不是权利人,无权与洪亮签署著作权转让合同。原告为2013年6月新成立的公司,从未对涉案美术作品进行过创作,只是在知道央视与刘某未签订过涉案美术作品的协议后诱导刘某签订了著作权转让合同,并伪造合同倒签日期,其主观恶意明显。综上所述,原告大头儿子文化公司的主张缺乏事实和法律依据,请求驳回其全部诉讼请求。

(二)一审法院(杭州市滨江区人民法院)审理意见

1. 刘某创作作品的性质及其权利归属

央视动画公司提出涉案作品系央视委托刘某创作,其著作权应归央视所有,同时还认为该作品是刘某与央视共同创造,属于合作作品。对此,本院认为,《著作权法》第17条规定:"受委托创作的作品,著作权的归属由委托人和受托人通过合同约定。合同未作明确约定或者没有订立合同的,著作权属于受托人。"关于委托作品,首先,央视动画公司并不能证明当年是央视委托了刘某创造涉案作品,刘某对该节事实予以明确否认;其次,央视动画公司并没有提供当时央视委托刘某创作作品的书面合同,因此,其主张的涉案作品属于委托作品,并约定了作品著作权归属的主张没有事实依据。关于合作作品,《著作权法》第13条第1款规定:"两人以上合作创作的作品,著作权由合作作者共同享有。"本案中,根据各方所提供的证据以及证人证言,可以确认,刘某当时是独立完成创作,其与央视并无合作创作的约定,故涉案作品并不构成合作作品。央视动画公司的该点主张亦不能成立。根据相关证据以及证人的当庭证言和对质,可以认定,1994年刘某是受崔某的委托,独立创作了"大头儿子""小头爸爸""围裙妈妈"三幅美术作品,因双方之间没有签订委托创作合同约定著作权归属,故刘某作为受托人对其所创作的三幅美术作品享有完整的著作权。

2. 大头儿子文化公司受让的著作权权利归属及其保护范围

本案中,刘某于不同日期分别与洪亮、央视动画公司签订了《著作权(角色商品化权)转让合同》《大头儿子和小头爸爸》美术造型委托制作协议、《大头儿子和小头爸爸》美术造型委托制作协议补充协议,还出具了一份《说明》,上述四份文件中均涉及刘某对其创作的三幅美术作品著作权归属的处分问题,从时间上看,其与洪亮签署的转让合同时间早于另几份合同签署时间。央视动画公司主张,洪亮之所以和刘某签订《著作权(角色商品化权)转让合同》是因洪亮偶尔得知央视未与刘某签订涉案作品的委托创作协议,故诱导刘某签订了著作权转让合同,并伪造合同倒签日期。本院认为,《合同法》第4条规定:“合同当事人依法享有自愿订立合同权利,任何单位和个人不得非法干预。”同时,根据《著作权法》第10条第3款的规定,著作权人可以全部或部分转让除人身权以外的权利,并依照约定获得报酬。经庭审查明,刘某将其享有完整著作权的作品著作权转让给洪亮,系双方真实意思表示,亦不违反法律规定,且双方对合同内容的真实性以及落款时间均明确表示认可,故刘某和洪亮签订的《著作权(角色商品化权)转让合同》合法有效。洪亮依据该合同合法取得了刘某创作的三幅美术作品的除人身权以外的著作权。之后,大头儿子文化公司依据其与洪亮签订的著作权转让协议,亦取得了上述作品除人身权以外的著作权。央视动画公司的抗辩理由与事实不符,不予采纳。

至于洪亮和大头儿子文化公司取得著作权的作品范围及内容,虽然目前原告大头儿子文化公司不能提供该作品的载体,致使该作品的具体表现内容不能确定。但在庭审中,无论是当时创作的刘某、获得作品原稿的崔某、创作当时在场的汤某,还是参与再创作的周某,均认可刘某确实在1994年创作了“大头儿子”“小头爸爸”和“围裙妈妈”三幅美术作品初稿,况且在1995年版动画片片尾播放的演职人员列表中也载明“人物设计:刘某”,因此本院认为,虽然刘某不能提供当初创作的作品底稿,但并不影响其依法享有作品的著作权。同时,本院认为,由于我国实行作品自愿登记制度,著作权登记本身并不能成为登记人当然能够获得著作权保护的依据。尤其在涉及著作权转让的权利归属及范围时,受让人取得的著作权应当以转让人享有的著作权范围为限,并不能简单地以作品登记证书中记载的事项为依据,在个案发生争议时,法院还是应当对权属及作品内容等问题重新作出审查判断。根据庭审中刘某、崔某和周某的证言,洪亮进行著作权登记的作品是双方签订合同时由崔某提供,而崔某提供的是上海科影厂在原稿基础上改编的正面、背面和侧面标准设计图,并非当时刘某创作的原稿,与原稿存在一定的区别。因此,根据刘某创作作品的内容,以及其与洪亮签订的转让合同,可以认定原告大头儿子文化公司通过受让取得,并在本案中主张著作权保护的作品应是刘某1994年创作的“围裙妈妈”美术作品,而非洪亮于2013年1月23日通过作品登记取得的11-2013-F-1732号作品登记证书中所记载的作品。

关于刘某与央视动画公司签订的《大头儿子和小头爸爸》美术造型委托制作协议、《大头儿子和小头爸爸》美术造型委托制作协议补充协议和《说明》,本院认为,首先,关于2013年1月4日的《大头儿子和小头爸爸》美术造型委托制作协议,协议约定央视动画公司委托刘某创作“大头儿子”“小头爸爸”“围裙妈妈”三个人物造型,交付时间2013年2月28日,央视动画公司向刘某支付10000元费用。从约定的内容看,刘某系接受央视动画公司新的委托创作作品,并不涉及刘某1994年创作作品的任何归属。因此,该协议与涉案作品著作权归属没有关联。其次,关于2013年8月8日的《大头儿子和小头爸爸》美术造型委托制作协议补充协议和2013年8月29日《说明》,协议明确央视动画公司通过委托创作方式取得了刘某1994年创作的三幅美术作品除署名权以外的著作权,同时《说明》对刘某与洪亮签订的转让合同予以否认。然而,在庭审中,刘某出庭作证,当庭明确陈述了当时与央视动画公司签署两份协议及在《说明》上签字的背景情况,认为该两份协议均非其真实意思表示,更明确表示其与洪亮签署的转让合同才系其真实意思。因此,本院认为,在刘某与洪亮签署转让合同、洪亮已经取得涉案美术作品著作权的情况下,刘某再次将作品著作权转让给他人本已无权利基础,同时结合刘某的真实意思,可以认定,央视动画公司不能依据其与刘某签订的《大头儿子和小头爸爸》美术造型委托制作协议、《大头儿子和小头爸爸》美术造型委托制作协议补充协议及《说明》中关于涉案美术作品著作权归属的条款内容而取得该美术作品的著作权。

3. 央视动画公司被控侵权作品的性质及其权利归属

本案中,原告大头儿子文化公司指控被控央视动画公司构成侵权的被控侵权作品是2013年版《新大头儿子和小头爸爸》中的人物形象。被告央视动画公司则抗辩其系经央视授权在对原人物形象进行改编后创作了2013版新美术作品。根据《著作权法》第12条“改编、翻译、注释、整理已有作品而产生的作品,其著作权由改编、翻译、注释、整理人享有,但行使著作权时不得侵犯原作品的著作权”的规定,演绎者对作品依法享有演绎权,演绎权是在原作品的基础上创作出派生作品的权利,这种派生作品使用了原作品的基本内容,但同时因加入后一创作者的创作成分而使原作品的内容发生改变。演绎者对其派生作品依法享有著作权,但行使著作权时应取得原作者的许可,不得损害原作者的著作权。如前所述,虽然大头儿子文化公司依据其与洪亮的转让合同取得了涉案作品的著作权,但该作品仅限于刘某1994年创作的“大头儿子”“小头爸爸”“围裙妈妈”三个人物形象正面图。而该三幅美术作品被1995年版动画片美术创作团队进一步设计和再创作后,最终创作成了符合动画片标准造型的三个主要人物形象即“大头儿子”“小头爸爸”“围裙妈妈”的标准设计图,并将该美术作品在1995年版动画片中使用。因此,根据创作人及参与人的证言,可以明确,1995年版动画片中三个人物形象包含了刘某原作品的独创性表达元素,在整体人物造型、基本形态构成实质性相似,但央视1995年版动画片美术创作团队根据动画片艺术表现的需要,在原初稿基础上进行了艺术加工,增添了新的艺术创作成分。由于这种加工并没有脱离原作品中三个人物形象的"基本形态",系由原作品派生而成,故构成对原作品的演绎作品。由于该演绎作品是由央视支持,代表央视意志创作,并最终由央视承担责任的作品,故央视应视为该演绎作品的作者,对该演绎作品享有著作权。

央视动画公司是2007年由中央电视台动画部建制转制,并由央视投资成立的公司。根据央视的授权,央视动画公司有权行使1995年版动画片的全部著作权及动画片中包括但不限于文学剧本、造型设计、美术设计等作品除署名权之外的全部著作权,故央视动画公司有权在2013年版《新大头儿子和小头爸爸》中使用1995年版动画片中的人物形象。

4. 央视动画公司是否构成侵权及责任承担

央视动画公司在被控侵权作品中使用的是央视享有著作权的演绎作品,根据著作权法的规定,其在行使演绎作品著作权时不得侵害原作品的著作权。具体而言,演绎作品应当标明从何作品演绎而来,标明原作者名称,不得侵害原作者的其他人身权;在行使财产权时,需要取得原作品著作权人的许可。《著作权法》第47条规定:"有下列侵权行为的,应当根据情况,承担停止侵害、消除影响、赔礼道歉、赔偿损失等民事责任……(六)未经著作权人许可,以展览、摄制电影和以类似摄制电影的方法使用作品,或者以改编、翻译、注释等方式使用作品的",故被告央视动画公司未经原告大头儿子文化公司许可,在2013年版《新大头儿子和小头爸爸》动画片以及相关的展览、宣传中以改编的方式使用原告大头儿子文化公司的作品并据此获利的行为,侵犯了原告大头儿子文化公司的著作权,应承担相应的侵权责任。

关于侵权责任的承担:(1)关于原告大头儿子文化公司要求责令被告立即停止侵权,包括停止《新大头儿子和小头爸爸》动画片的复制、销售、出租、播放、网络传输等行为,不再进行展览、宣传、贩卖、许可根据原告"围裙妈妈"美术作品改编后的形象及其衍生的周边产品的诉讼请求,本院认为,首先,应当充分考虑并尊重当时的创作背景,从崔某作为1995年版动画片导演委托刘某创作作品,1995年版动画片片尾对刘某予以署名等事实看,央视及央视动画公司使用刘某的原作品进行改编创作,主观上并没有过错,双方当时没有约定作品的权利归属有其一定的历史因素。其次,本案中原告请求保护的原作品至今无法提供,刘某在有关作品权属的转让和确认过程中存在多次反复的情况,且其自1994年创作完成直至 2012 年转让给原告的长达 18 年期间,从未就其作品被使用向央视或央视动画公司主张过权利或提出过异议。再次,由于著作权往往涉及多个权利主体和客体,因此在依法确定权利归属和保护范围的情况下,还应当注重合理平衡界定原作者、后续作者以及社会公众的利益。原创作品应当受到法律保护,他人在此基础上进行改编等创造性劳动必须尊重原作品权利人的合法权益,但也应当鼓励在原创作品基础上的创造性劳动,这样才有利于文艺创作的发展和繁荣。央视及之后的央视动画公司通过对刘某原作品的创造性劳动,制作了两部具有很高知名度和社会影响力的动画片,获得了社会公众的广泛认知,取得了较好的社会效果。如果判决被告停止播放《新大头儿子和小头爸爸》动画片,将会使一部优秀的作品成为历史,造成社会资源的巨大浪费。最后,确定是否停止侵权行为还应当兼顾公平原则。动画片的制作不仅需要人物造型,还需要表现故事情节的剧本、音乐及配音等创作,仅因其中的人物形象缺失原作者许可就判令停止整部动画片的播放,将使其他创作人员的劳动付诸东流,有违公平原则。故鉴于本案的实际情况,本院认为宜以提高赔偿额的方式作为央视动画公司停止侵权行为的责任替代方式。至于赔偿金额,本院将综合以下因素予以酌情确定:第一,央视动画公司不停止侵权行为;第二,央视动画公司系对原作品的演绎使用;第三,1995 年版动画片对刘某予以署名;第四,刘某创作的三个人物形象在动画片中所体现出的价值;第五,动画片《新大头儿子和小头爸爸》于 2013 年播出,据央视动画公司陈述已经完成了 230 集的制作;第六,洪亮支付给刘某三个人物形象的著作权转让费为 3 万元;第七,大头儿子文化公司在本案中指控侵权的是三个人物形象之一“围裙妈妈”,另两个人物形象已在另案中主张;第八,大头儿子文化公司成立于 2013 年 6 月,其为本案维权支出律师费 20000 元,并为三案支出公证费 6120 元。(2)由于本案中原告大头儿子文化公司是受让取得著作权,其无权主张与人身权相关的权利,且原告也没有证据证明被告行为损害其声誉,故其要求被告央视动画公司在央视网(www. cctv. com)和《中国电视报》上连续 15 天刊登致歉声明,赔礼道歉、消除影响的诉讼请求本院不予支持。

(三)一审法院(杭州市滨江区人民法院)判决

一审法院(杭州市滨江区人民法院)判决如下:(1)被告央视动画有限公司于本判决生效之日起 10 日内赔偿原告杭州大头儿子文化发展有限公司经济损失人民币 40 万元;(2)被告央视动画有限公司于本判决生效之日起 10 日内赔偿原告杭州大头儿子文化发展有限公司为维权所支出的合理费用人民币 22040

元;(3)驳回原告杭州大头儿子文化发展有限公司的其他诉讼请求。

如果未按照本判决指定的期间履行给付金钱义务,应当按照《民事诉讼法》第253条之规定,加倍支付迟延履行期间的债务利息。

本案案件受理费人民币9035元,由原告杭州大头儿子文化发展有限公司负担876元,被告央视动画有限公司负担8159元。

二、二审环节

(一)上诉人上诉请求及理由

上诉人请求判令:(1)央视动画公司立即停止侵权,包括停止《新大头儿子和小头爸爸》动画片的复制、销售、出租、播放、网络传输等行为,不再进行展览、宣传、贩卖、许可根据"大头儿子"美术作品改编后的形象及其衍生的周边产品;(2)央视动画公司赔偿大头儿子文化公司经济损失人民币50万元;(3)央视动画公司赔偿大头儿子文化公司为制止侵权所支付的调查取证费3520元、律师费20000元,合计人民币23520元;(4)央视动画公司在央视网(www.cctv.com)和《中国电视报》上连续15天刊登致歉声明,以向大头儿子文化公司赔礼道歉、消除影响;(5)央视动画公司承担本案的诉讼费用。

理由如下:

第一,原审判决对侵权责任承担的处理方式不符合法律规定,也不足以制止央视动画公司的侵权行为,更无法解决大头儿子文化公司与央视动画公司之间的争议。首先,根据《中华人民共和国著作权法》第47条的规定,一旦认定侵权事实成立,就应该依法判决侵权者承担"停止侵权"的侵权责任。其次,原审判决所述的"央视动画公司不停止侵权行为"实质是指"不停止2013版动画片的播放",并不包括展览、宣传、贩卖、许可根据大头儿子文化公司"大头儿子"美术作品改编后的形象及其衍生的周边产品等其他侵权行为。但是,原审判决在判决主文部分并未区分,这给央视动画公司扩大解释、继续侵权创造了机会,不能制止央视动画公司除不停止播放2013年版动画片之外的其他侵权行为。最后,大头儿子文化公司和央视动画公司最大的争议在这三个形象衍生的周边产品上,大头儿子文化公司作为文化创意公司,主要产品是原形象的衍生产品,包括玩具、书籍、游戏、舞台剧、主题公园等。因此,若不制止央视动画公司在衍生周边产品上的使用、许可等行为,则双方的纠纷就不可能得到真正解决。

第二,原审判决认为"根据央视的授权,央视动画公司有权行使1995年版动画片的全部著作权及动画片中包括但不限于文学剧本、造型设计、美术设计等作品除署名权之外的全部著作权,故央视动画公司有权在2013年版动画片中使用1995年版动画片中的人物形象”,该认定不符合法律的规定。首先,1995年版动画片三人物形象是从大头儿子文化公司享有著作权的原三人物形象演绎而来,属于演绎作品,央视对该演绎作品享有的著作权不能独立行使,应得到原著作权人的许可。其次,2013年版动画片中的“大头儿子”“小头爸爸”和“围裙妈妈”三人物形象又是从1995年版的演绎形象中改编而来,而改编本身就是对1995年版演绎形象的使用,该使用并未得到原作者刘泽岱或者原著作权人大头儿子文化公司的许可。最后,原审判决的上述认定,与其后的侵权认定相互矛盾,应予以一并纠正。综上所述,请求改判央视动画公司立即停止侵权,包括停止《新大头儿子和小头爸爸》动画片的复制、销售、出租、播放、网络传输等行为,不再进行展览、宣传、贩卖、许可根据大头儿子文化公司“大头儿子”美术作品改编后的形象及其衍生的周边产品。

(二)被上诉人答辩意见

刘泽岱所创作的三幅动画形象正面草图与1995年版动画片中的人物形象无任何关联,刘泽岱与大头儿子文化公司签订的著作权转让合同没有法律依据,是一种无效的行为,大头儿子文化公司以此提起本案侵权诉讼,于法无据。请求依法驳回大头儿子文化公司的上诉请求。

(三)二审法院认定事实及审理意见

本案二审双方当事人争议的焦点之一在于,若侵权成立,央视动画公司应承担的民事责任,原审判决以提高赔偿额的方式作为央视动画公司停止侵权行为的责任替代方式是否合理。

大头儿子文化公司认为原审不判令央视动画公司停止侵权行为,不符合法律规定,且无法解决双方之间的争议。本院经审查认为,根据原审中大头儿子文化公司提交的证据,本案所认定的央视动画公司实施的侵权行为包括:使用改编后的新人物形象拍摄2013年版动画片并在CCTV、各地方电视台、央视网上进行播放;将2013年版动画片的人物形象进行宣传、展览;将2013年版动画片的人物形象许可中国木偶艺术剧院进行舞台剧表演。无论是动画片,还是木偶剧,均具有公共文化的属性,著作权法的立法宗旨在于鼓励作品的创作和传播,使作品能够尽可能地被公之于众并得以利用,不停止上述作品的传播符合著作权法的立法宗旨和公共利益的原则。同时,无论是1995年版动画片,还是2013年版动画片的人物形象均集合了刘泽岱和央视两方面的独创性劳动,虽然刘泽岱为

1995 年版动画片创作了人物形象的草图，但该作品未进行单独发表，没有任何知名度的积累，而央视创作团队最终完成了动画角色造型的工作和整部动画片的创作，并随着动画片的播出，使大头儿子、小头爸爸、围裙妈妈成为家喻户晓的知名动画人物，其对动画片人物形象的知名度和影响力的贡献亦应当得到充分考量。原审法院在综合考虑当时的创作背景、本案实际情况、平衡原作者、后续作品及社会公众的利益以及公平原则的基础上，判令央视动画公司不停止侵权，但以提高赔偿额的方式作为责任替代方式并无不妥，既符合本案客观实际，也在其合理的裁量范围之内。至于大头儿子文化公司所称央视动画公司授权他人制作玩具、开发游戏等衍生周边产品的许可和使用行为，因大头儿子文化公司在原审中未提供有效的证据而未予认定。故大头儿子文化公司据此提出的相关上诉请求及理由缺乏事实和法律依据，本院不予支持。

（四）二审法院判决

原审判决认定事实清楚，适用法律正确，实体处理得当，上诉人杭州大头儿子文化发展有限公司、央视动画有限公司的上诉主张均不成立，依照《民事诉讼法》第 170 条第 1 款第 1 项、第 175 条之规定，判决如下：

驳回上诉，维持原判。

二审案件受理费人民币 900 元，由上诉人杭州大头儿子文化发展有限公司负担；二审案件受理费人民币 7630.6 元，由上诉人央视动画有限公司负担。

教学指导手册

教学对象及目标

本案例提供法律硕士案例教学使用，法学本科（大二）、知识产权法学硕士也可以参酌使用。

本案例主要就知识产权法中停止侵害救济例外的适用问题进行讲授。具体要解决的问题包括：（1）知识产权停止侵害救济例外适用的条件是什么？（2）知识产权停止侵害救济例外的理论基础是什么？（3）域外知识产权停止侵害救济例外的立法例有哪些？（4）如何构建我国的知识产权停止侵害救济例外制度？

教学内容

1. 知识产权停止侵害救济例外的适用条件

2009 年,最高人民法院在其公布的《意见》第 15 条指出,既要充分发挥停止侵害的救济作用,又要妥善适用停止侵害责任。该《意见》将停止侵害例外归结为三种情况:一是停止有关行为会造成当事人之间的重大利益失衡;二是停止有关行为有悖于社会公共利益;三是停止有关行为实际上无法执行。2016 年 3 月,最高人民法院公布的《解释二》第 26 条规定:"被告构成对专利权的侵犯,权利人请求判令其停止侵权行为的,人民法院应予支持,但基于国家利益、公共利益的考量,人民法院可以不判令被告停止被诉行为,而判令其支付相应的合理费用。"可以看出,《解释二》只采纳了《意见》中列举的第二种情形,即停止有关行为有悖于社会公共利益,对于另外两种情形并未采纳。在理论界,学者认为停止侵害的不适用条件可分为以下几类:公共利益遭受损害(李扬,2010;何怀文,2015;陈如文,2015)、侵权人无过错且将遭受重大大损失(梁志文,2008;李扬,2010;陈武,2011)、权利人具有可责性(梁志文,2008;李扬,2010)、停止侵害的履行费用过高(陈武,2011;何怀文,2015;陈如文,2015)。另外,何怀文和陈如文(2015)还单独提出了"违反诚实信用原则""法律上不能履行""事实上不能履行"三种限制适用条件。陈武(2011)还提出"复杂知识产权产品上的单一部件侵权"也不应适用停止侵害救济。

2. 知识产权停止侵害救济例外的理论基础

(1)"公共利益说"。该学说是最常见的也是普遍被人们所接受的给予停止侵害救济例外的理论依据。在已出现的停止侵害救济例外的司法裁判案件中,人民法院阐述排除停止侵害适用的理由也无不涉及社会公共利益问题。"由于知识产权是通过法律对他人行为进行人为制约的一种特权,知识产权的正当化依据并不仅仅只考虑权利人的利益,还应考虑有益于更广泛多数人的利益,知识产权的行使应当更多地受到来自公共利益的限制。"[1]"知识产权立法的宗旨,不仅仅是为了促进知识的创作和公开,更重要的是为了促进知识的利用,以实现产业发展和文化繁荣。"[2]正基于此,"知识产权领域中对于权利人的保护应该

〔1〕 李扬、许清:《知识产权人停止侵害请求权的限制》,载《法学家》2012 年第 6 期。

〔2〕 参见和育东:《美国专利侵权救济制度研究》,中国政法大学 2008 年博士学位论文。

弱于有体财产权领域，因为知识产权必须更多地考虑权利人利益之外的公共利益。由此可以得出一个结论，即当遇到公共利益的需要时，对停止侵害请求权进行适当限制是符合知识产权制度理念的”。[3]

将公共利益作为排除停止侵害适用的理由并无不可，毕竟任何权利的行使都不能损害公共利益。但是，如果仅以此为由，又是不充分的。因为将知识产权设计为一种合法的“特权”恰恰是基于公共利益考虑，或者说是基于更为长远的公共利益考虑。如果为了当前的公共利益考虑而停止适用停止侵害，必将损害更为长远的公共利益，将极大挫伤知识产权人创新的积极性。

(2)“禁止权利滥用说”。禁止权利滥用是一项古老的法律原则，滥觞于古代罗马。该原则起初适用于有形财产上，后来被引入到知识产权领域。何谓权利滥用？权利滥用是指溢出权利的、社会的、经济的目的或社会所不容的界限之权利行使。权利不独为保护个人之利益，同时亦为社会全体之向上发展而认许，谓之权利之社会性及公共性。权利之行使，应于权利者个人之利益与社会全体之利益调和状态为之……或权利人因权利之行使所得利益极小，而于他人损害莫大，不能相比者，皆为权利滥用。[4]

禁止权利滥用说认为停止侵害请求权的行使应受到禁止权利滥用原则的限制。如果侵害人没有过错或过错轻微，停止侵害会导致侵害人的利益或社会资源遭受重大损失而知识产权人获益甚微，且知识产权人的利益完全可以通过其他方式得到补救时，则不应当支持停止侵害请求权。[5]“权利滥用在一定情况下可成为不适用停止侵害责任的依据，从而能够为不令侵权行为停止提供正当性论证。”[6]

可以看出，禁止权利滥用说其实是立基于权利人利益与侵权人利益或者社会利益权衡之上。该学说在司法适用中存在的最大问题在于如何确定“利弊得失”。如果不能确定，那么该原则将无法适用。

(3)“添附说”。有学者认为，民法上的添附与停止侵害救济例外有许多相似之处：其一，都存在结合因素，不同点仅在于添附是物与物的结合，而知识产权侵权则是物与知识产权对象的结合，或者知识产权对象之间的结合；其二，从所涉及的社会关系看，两者都涉及对他人排他权的侵犯以及新物或新对象的归属，不同点在于添附涉及的是单个物的归属，而在知识产权侵权行为中，往往涉及复

---

〔3〕 李扬、许清：《知识产权人停止侵害请求权的限制》，载《法学家》2012 年第 6 期。

〔4〕 史尚宽：《民法总论》，中国政法大学出版社 2000 年版，第 713 ~ 714 页。

〔5〕 李琛：《知识产权法关键词》，法律出版社 2006 年版，第 235 页。

〔6〕 李扬：《知识产权法基本原理》，中国社会科学出版社 2010 年版，第 127 ~ 129 页。

数物或者复数对象的处分。据此,将传统的添附理论用于诠释停止侵害救济例外的合理性问题最为可行。最为关键的是,添附理论与停止侵害救济例外具备同样的鼓励创新与保全经济价值的公共政策目的和替代救济特点,这两点恰好可以将添附理论用来解释停止侵害救济例外的合理性。〔7〕

不可否认,添附与停止侵害救济例外的确存在相似之处,将添附理论用于解释停止侵害救济例外看似能行得通,但是,该学说忽略了一个重要的问题:添附解决的是权利归属问题,而停止侵害救济例外涉及的是权利救济问题。两者之间存在本质的差别。添附是所有权取得的一种方式,而停止侵害救济例外是指一种权利救济方式的排除。与添附不同,停止侵害救济例外不涉及归属问题,所谓的结合物或者结合对象无可争议地归侵权者所有。如果用添附理论来解说停止侵害救济例外的合理性,那么就会导致所有的停止侵害救济都可以被排除适用。侵害可以不停止,而用合理的使用费来替代停止侵害。如果真如此,那么停止侵害救济所能带给知识产权权利人的特权何以实现?或许添附理论可以用来解释当排除停止侵害适用时用合理的使用费替代停止侵害的合理性,但是却无法用来解释停止侵害救济例外的合理性。

(4)"适当性原则说"。适当性原则本是行政法上的一项重要原则,起源于19世纪的德国。该原则要求行政机关所采用的手段能切实完成立法者的预期目的。〔8〕德国有学者将这一公法原则引入私法领域,认为针对无过错的加害人所行使的排除妨碍请求权以及不作为请求权可能会导致不公平的状况发生,比如,与正常情况下所需要支付的许可使用费相比,在履行不作为请求权或者排除妨碍请求权的过程所产生的损失也会非常大(不符合比例原则或适当性原则)。也就是说,也会发生极其不适当的情形,在这种情形下,人们必须通过支付适当的补偿费而对权利人的损失进行补救,而这种情况,只有在涉及轻微地侵犯作者权的时候才会发生。〔9〕

在德国的法律适用中,适当性规则是权利侵害人作为一个抗辩理由而出现的,从权利侵害人角度思考问题,其目的在于追求公平正义,以求实现立法者的预期目的。

(5)"责任规则说"。责任规则理论是英美普通法上的产权保护理论,是由卡拉布雷西(Guido Calabresi)和梅拉米德(Douglas Melamed)于1972年在其经

〔7〕参见贾小龙:《知识产权侵权与停止侵害》,知识产权出版社2014年版,第156~158页。

〔8〕参见蔡宗珍:《公法上之比例原则初论——以德国法的发展为中心》,载《政大法学评论》1999年第62期。

〔9〕[德]M.雷炳德:《著作权法》,张恩民译,法律出版社2004年版,第585~586页。

典文章“Property Rules, Liability Rules and Inalienability: One View of the Cathedral”中首次提出。同时提出的理论还包括财产规则理论。财产规则理论为停止侵害救济提供理论依据,而责任规则理论则为停止侵害救济例外提供理论支撑。责任规则是“使用者未经权利人同意而可以行使该权利,但是应当支付相应对价,是在不限制或禁止他人使用财产的基础上,通过侵权人对财产所有人利益损失进行合理弥补的责任承担方式,推动相关利益与责任的合理配置,实现各当事人之间的利益互惠”。[10]

从某种程度上讲,责任规则的适用实属无奈之举,因为许多情况下,财产规则所能提供的停止侵害救济已属姗姗来迟,此时,在法律上“通过责任规则,赋予人们在自愿交易之外的另一个选择:通过司法定价促成‘强制交易’”,[11]以替代性补偿代替停止侵害,或许更能使权利人的权利得到实现。

3. 域外知识产权停止侵害救济例外的立法例有哪些?

(1)美国的禁令救济例外(eBay 案)。美国的禁令制度对应我国的停止侵害制度。美国虽是判例法国家,但是美国却有《专利法》《版权法》等成文知识产权立法。在这些成文法中,美国确立了禁令制度,同时也为排除适用禁令救济留有空间。比如,美国《专利法》第 283 条规定:“为了防止侵犯专利权所赋予的任何权利,依据公平原则,法庭可以以自己认为合理的条件,下达禁令。”[12]美国《版权法》第 1009 条规定:“法院可以在其认为合理的条件下发出临时和永久禁令,以防止或制止此种违法行为。”[13]美国《兰哈姆法》第 1116 条规定:“法院应有权按照衡平法原则和法院认为合理的条件颁布强制令。”这里所谓“合理的条件”,[14]其实就是美国法院在限制禁令救济适用时遵循的“四要素测试法”。[15]不过,在很长一段时间内,受自动禁令原则影响,法院很少采用或者全面运用

---

〔10〕 参见李扬:《著作权法个人使用问题研究——以数字环境为中心》,社会科学文献出版社 2014 年版,第 228 页。

〔11〕 凌斌:《法律救济的规则选择:财产规则、责任规则与卡梅框架的法律经济学重构》,载《中国法学》2012 年第 6 期。

〔12〕 李明德:《美国知识产权法》,法律出版社 2003 年版,第 78 页。

〔13〕 《十二国著作权法》翻译组:《十二国著作权法》,载《美国版权法》,孙新强译,清华大学出版社 2011 年版,第 804 页。

〔14〕 《十二国商标法》翻译组:《十二国商标法》,载《美国版权法》,汤蔚译,清华大学出版社 2011 年版,第 499 ~ 500 页。

〔15〕 颁发禁令须考量的四个因素:(1)原告是否遭受不可挽回的损害;(2)普通法上的金钱救济不充分;(3)考虑到原、被告所面临的损害之间的平衡;(4)公共利益不能因永久禁令而受损。

"四要素测试法"来拒绝颁布禁令。直到2006年出现的eBay案〔16〕推翻了美国法院之前遵循的自动禁令原则,才使法院开始重新运用"四要素测试法"拒绝颁布禁令。eBay案对于美国的禁令救济限制具有里程碑意义。它明确法院对颁发禁令享有自由裁量的权力,应根据个案运用"四要素测试法"进行裁量并慎重颁布永久禁令。eBay案的效应是明显的:"一方面,法院给予永久禁令救济的比例在总体上出现了明显的下降;另一方面,在是否给予永久禁令的裁判中,法院在形式上都详细考察和分别分析了'四要素检测法'。"

(2)德国的停止侵害救济例外。德国在限制停止侵害适用时,往往会考虑侵权者的主观心理状态。德国《著作权法》第100条规定:"侵害人既非出于故意,又非出于过失,如果为履行本法第97条(停止侵害)的要求会引起其过度损失,并且可推定受害人同意金钱赔偿,得避开上述要求而赔偿受害人金钱。〔17〕""针对无过错的加害人所行使的排除妨碍请求权以及不作为请求权可能会导致不公平的状况发生,因此,《著作权法》赋予他一种抗辩权。"〔18〕可以看出,德国的停止侵害救济例外适用比较慎重,不仅会考虑侵权者的主观心理状态,还会考虑受害人的感受。

4. 我国知识产权停止侵害救济例外制度的构建

(1)立法宗旨——停止侵害救济例外制度构建的指导思想。知识产权是一项比较复杂的无形财产权,它主要包括著作权、专利权和商标权。当下世界各国很少进行统一的知识产权立法,多是单独立法,其主要原因在于各项知识产权的权利取得、行使和保护的方式存在差别,集中表现在立法宗旨上的差异。立法宗旨其实就是具体制度的建构基础。当下我国是否应该设置停止侵害救济例外,如何构建,无不取决于立法宗旨。

第一,推动发明创造的应用——专利权停止侵害救济可以例外。根据《专利法》第1条规定,"为了保护专利权人的合法权益,鼓励发明创造,推动发明创

---

〔16〕 该案案情是:原告MercExchang拥有在线拍卖专利权,向经营网上拍卖交易的eBay及其下属公司Half1com提起专利侵权诉讼,认为两被告侵犯了其拥有的有关在线拍卖的三项专利,要求向两被告发布永久禁令。一审地区法院判决认定eBay等构成专利侵权,但拒绝颁布永久禁令。二审联邦巡回上诉法院认为,在专利保护期内,一旦被告侵权成立,如果没有极度损害公共利益的例外情况,则应发布永久禁令。美国联邦最高法院下发调卷令,重审该案并撤销了二审法院判决,将案件发回重审。

〔17〕 《十二国著作权法》翻译组:《十二国著作权法》,载《德国著作权法》,许超译,清华大学出版社2011年版,第181页。

〔18〕 [德]M. 雷炳德:《著作权法》,张恩民译,法律出版社2004年版,第585页。

造的应用,提高创新能力,促进科学技术进步和经济社会发展,制定本法”。专利权又被称为法律授予专利权人的一种合法的“垄断权”,而法律给予专利权人一定期限“垄断权”的目的在于推动其发明创造的应用,借此促进科学技术进步和经济社会发展。而从专利权人而言,仅拿到专利权证书并不能使其获利,其发明创造只有被应用了,发明创造的价值才能够得到实现。当出现专利侵权之后,专利权人的“垄断权”的确受到挑战,但同时专利权人发明创造的价值却体现出来了。此时,如果排除停止侵害救济,发明创造继续得到应用,而专利权人则从中获利,这无疑是一个“双赢”的结果。

第二,鼓励创作和传播——著作权停止侵害救济可以例外。根据《著作权法》第1条的规定,“为保护文学、艺术和科学作品作者的著作权,以及与著作权有关的权益,鼓励有益于社会主义精神文明、物质文明建设的作品的创作和传播,促进社会主义文化和科学事业的发展与繁荣,根据宪法制定本法”。创作与发明创造类似,都是为了实现作品繁荣,前提是作品需要广泛传播,可以是著作权本人传播,也可以是他人传播。当他人未经著作权人许可而传播时,其行为就构成了侵权。与专利权类似,法律给予著作权人一定期限“垄断权”的根本目的并不在于使作者的创作劳动得到回报,而在于通过作品广泛传播而促进作品繁荣,并最终使公众受益。因此,当出现著作权侵权行为之后,如果不适用停止侵害救济,作品还能继续传播。反之,则作品传播受限。因此,从著作权立法宗旨看,著作权停止侵害救济可以例外。

第三,维护商标信誉——商标权停止侵害救济原则上无例外。我国《商标法》第1条规定:“为了加强商标管理,保护商标专用权,促使生产、经营者保证商品和服务质量,维护商标信誉,以保障消费者和生产、经营者的利益,促进社会主义市场经济的发展,特制定本法。”可以看出,维护商标信誉,保障消费者和生产、经营者的利益是《商标法》的立法宗旨。维护商标信誉的关键因素在于防止商品或者服务来源上的“混淆的可能性”,停止侵害无疑是防止“混淆的可能性”最有力的方式。如果允许停止侵害救济例外,势必会给消费者造成混淆的可能性,这不仅会损害到商标权人的利益,而且会损害到消费者的利益,这必将违背商标立法的宗旨。因此,为了防止出现在商品或服务来源上的“混淆的可能性”,商标权停止侵害救济原则上无例外,除非侵权者的行为不会导致出现商品或服务来源上的“混淆的可能性”。

(2)停止侵害救济例外的立法模式选择。当下域外规定停止侵害救济例外的国家立法模式主要有美国的开放式和德国的封闭式。在美国模式下,停止侵害救济由权利人提起,是否适用停止侵害救济则由法官根据合理的条件进行自由裁量。在德国模式下，权利人向法院提起停止侵害救济，侵权人则根据法律规定的抗辩理由提出停止侵害救济例外，法官根据原被告双方的主张作出裁决。从我国立法传统和现有的立法体系上看，我国与德国更为接近，采用德国的封闭模式立法成本似乎更少。但是德国的封闭模式存在最大的缺陷在于缺少灵活性，无法适应知识产权法日新月异的变化。从当下知识产权法的立法趋势看，立法机关多会选择开放型立法模式，以避免封闭式立法模式带来的局限性。以与停止侵害救济例外制度类似的著作权合理使用制度为例，在《著作权法》送审稿中就一改现在封闭式的立法模式，而采取更具灵活性的开放式的立法模式，不限于列举合理使用的情形，而是在列举的基础上，增加弹性条款。因此，为了增加法律的灵活性，我国可以借鉴美国的开放式立法模式。

实际上，就停止侵害救济例外而言，我国采用美国开放式并无障碍。比如，根据《著作权法》第 47 条、第 48 条的规定，有相应侵权行为的，应当根据情况，承担停止侵害、消除影响、赔礼道歉、赔偿损失等民事责任。如果我国采用美国模式，可以在这句话后面再加上一句："人民法院可以根据实际情况，不判令侵权人停止侵害，而判令其支付相应的合理费用。"这里的"根据实际情况"类比美国的"根据合理的条件"。至于"实际情况"的具体内涵，可以比照美国的"四要素检测法"作进一步的解释。

预期效果

通过本案例的介绍，学生可以了解知识产权停止侵害救济例外的适用条件、司法实践以及立法现状，进而引发对知识产权停止侵害救济例外制度的深入思考，以期构建我国的知识产权停止侵害救济例外制度，以便司法机关合理把握停止侵害救济方式的适用条件。

课堂时间安排

本案例可以作为专门的案例教学课来进行，整个案例课的课堂安排 2 个课时，每课时 40 分钟。如下课堂设计，仅供参考。

1. 课前准备：提前一周将本案例正文以纸质材料或电子版形式发给学生，要求学生在课前即已熟知基本案情及主要争议点；将启发思考题在课前发给学生，要求学生在阅读案例正文时对这些启发思考题进行初步思考。

2. 课中计划：老师简介基本案情(0.5 课时)；学生发言(0.5 课时)；老师做

总结发言(1课时)。

3. 课后计划:要求学生将课堂发言、讨论、总结的内容整理成书面材料,对本案例涉及的主要法律问题进行梳理、归纳。

思考题和实践题

1. 简述我国知识产权停止侵害救济例外的适用现状。
2. 知识产权停止侵害救济例外的适用条件是什么?
3. 域外有哪些可以参照的知识产权停止侵害救济例外制度的立法例?
4. 结合相关理论,谈谈如何构建我国的知识产权停止侵害救济例外制度?

参考文献

1. [日]田村善之:《日本知识产权法》,周超、李雨峰、李希同译,知识产权出版社2011年版。
2. [美]威廉·M. 兰德斯、理查德·A. 波斯纳:《知识产权法的经济结构》,金海军译,北京大学出版社2005年版。
3. [德]卡尔·拉伦茨:《德国民法通论》(上),王晓晔、邵建东、程建英、徐国建等译,法律出版社2013年版。
4. [澳]彼得·德霍斯:《知识产权法哲学》,周林译,商务印书馆2008年版。
5. [德]布吕格迈耶尔、朱岩:《中国侵权责任法学者建议稿及其立法理由》,北京大学出版社2009年版。
6. [德]M. 雷炳德:《著作权法》,张恩民译,法律出版社2004年版。
7. 史尚宽:《民法总论》,中国政法大学出版社2000年版。
8. 王利明:《侵权责任法研究》(上),中国人民大学出版社2010年版。
9. 李明德:《美国知识产权法》,法律出版社2003年版。
10. 杨立新:《侵权损害赔偿》,法律出版社2008年版。
11. 张新宝:《侵权行为法》,浙江大学出版社2008年版。
12. 张民安、王荣珍主编:《民法总论》(第4版),中山大学出版社2013年版。
13. 杨立新:《请求权与民事裁判应用》,法律出版社2011年版。
14. 李琛:《知识产权法关键词》,法律出版社2006年版。
15. 贾小龙:《知识产权侵权与停止侵害》,知识产权出版社2014年版。
16. 崔建远:《绝对权请求权抑或侵权责任方式》,载《法学》2002年第11期。
17. 郑成思:《侵权责任、损害赔偿责任与知识产权保护》,载《环球法律评论》2003年第129期。
18. 吴汉东:《试论知识产权的"物上请求权"与侵权赔偿请求权》,载《法商研究》2001年第5期。

19. 陈锦川:《试论我国知识产权请求权的初步确立》,载《人民司法》2002 年第 10 期。
20. 梁志文:《反思知识产权请求权理论——知识产权要挟策略与知识产权请求权的限制》,载《清华法学》2008 年第 4 期。
21. 陈武:《权利不确定性与知识产权停止侵害请求权之限制》,载《中外法学》2011 年第 2 期。
22. 杨涛:《请求权抑或侵权责任:知识产权法中"停止侵害"性质探析》,载《知识产权》2014 年第 4 期。
23. 文希凯:《知识产权法律中责令停止侵权罚则的探讨》,载《知识产权》2012 年第 4 期。
24. 杨涛:《知识产权法中停止侵害救济方式的反思与完善》,载《知识产权》2014 年第 3 期。
25. 李扬:《知识产权请求权的限制》,载《法商研究》2010 年第 4 期。
26. 何怀文、陈如文:《我国知识产权停止侵害请求权限制的法律原则》,载《浙江大学学报》(人文社会科学版)2015 年第 2 期。
27. 朱东:《知识产权间接侵权中停止侵害适用的障碍及克服——以大陆法系为考察对象》,载《法学家》2012 年第 5 期。
28. 康添雄:《专利侵权不停止的司法可能及其实现》,载《知识产权》2012 年第 2 期。
29. 张晓都:《专利侵权诉讼中的停止侵权与禁止双重赔偿原则》,载《知识产权》2008 年第 6 期。
30. 和育东:《专利法上的停止侵权救济探析》,载《知识产权》2008 年第 6 期。
31. 何炼红、邓欣欣:《类型化视角下中国知识产权禁令制度的重构》,载《中南大学学报》(社会科学版)2014 年第 6 期。

撰稿人 | 张春艳,江苏师范大学法学院教授
张波,江苏师范大学法学院教授

图书在版编目(CIP)数据

法律硕士教学指导案例. 民事诉讼实务卷. Ⅲ / 全国法律专业学位研究生教育指导委员会编. -- 北京 : 法律出版社, 2018

ISBN 978-7-5197-2246-3

Ⅰ. ①法… Ⅱ. ①全… Ⅲ. ①民事诉讼－案例－中国－研究生－教学参考资料 Ⅳ. ①D920.5

中国版本图书馆 CIP 数据核字(2018)第 086391 号

法律硕士教学指导案例·民事诉讼实务卷Ⅲ
FALÜ SHUOSHI JIAOXUE ZHIDAO ANLI·MINSHI SUSONG SHIWUJUAN Ⅲ

全国法律专业学位研究生教育指导委员会 编

责任编辑 郑怡萍
装帧设计 凌点工作室

编辑统筹 法律教育出版分社
出版 法律出版社
总发行 中国法律图书有限公司
经销 新华书店
印刷 三河市兴达印务有限公司
责任印制 沙 磊

开本 710 毫米×1000 毫米 1/16
印张 28.75
字数 509 千
版本 2018 年 6 月第 1 版
印次 2018 年 6 月第 1 次印刷

法律出版社/北京市丰台区莲花池西里 7 号(100073)
网址/www.lawpress.com.cn
投稿邮箱/info@lawpress.com.cn
举报维权邮箱/jbwq@lawpress.com.cn
销售热线/010-63939792
咨询电话/010-63939796

中国法律图书有限公司/北京市丰台区莲花池西里 7 号(100073)
全国各地中法图分、子公司销售电话:
统一销售客服/400-660-6393
第一法律书店/010-63939781/9782
西安分公司/029-85330678
重庆分公司/023-67453036
上海分公司/021-62071639/1636
深圳分公司/0755-83072995

书号:ISBN 978-7-5197-2246-3 **定价**:69.00 元
(如有缺页或倒装,中国法律图书有限公司负责退换)